Wilhelm Voßkamp
Emblematik der Zukunft

Wilhelm Voßkamp

Emblematik der Zukunft

Poetik und Geschichte literarischer Utopien
von Thomas Morus bis Robert Musil

DE GRUYTER

ISBN 978-3-11-061051-2
ISBN (PDF) 978-3-11-036532-0
ISBN (EPUB) 978-3-11-038586-1

Library of Congress Cataloging-in-Publication Data
A CIP catalog record for this book has been applied for at the Library of Congress.

Bibliografische Information der Deutschen Nationalbibliothek
Die Deutsche Nationalbibliothek verzeichnet diese Publikation in der Deutschen Nationalbibliografie; detaillierte bibliografische Daten sind im Internet über http://dnb.dnb.de abrufbar.

© 2018 Walter de Gruyter GmbH, Berlin/Boston
Dieser Band ist text- und seitenidentisch mit der 2016 erschienenen gebundenen Ausgabe.
Einbandabbildung: Karte der Insel Felsenburg aus: Johann Gottfried Schnabel, Insel Felsenburg – Wunderliche Fata einiger Seefahrer. Nordhausen 1731 Druck und Bindung: CPI books GmbH, Leck

♾ Gedruckt auf säurefreiem Papier
Printed in Germany

www.degruyter.com

Inhalt

I Poetik literarischer Utopien

1. Einleitung: Möglichkeitsdenken —— 3
2. Thomas Morus' *Utopia*: Konstituierung eines Prototyps —— 17
3. Utopische Gattungen als literarisch-soziale Institutionen —— 32
4. Utopie und Ritual —— 49
5. Entzeitlichung von Utopien in Institutionen —— 63

II Utopien von Morus bis Goethe

1. Utopiegeschichte: Zusammenfassende Übersicht —— 77
2. Literaturgeschichte als Funktionsgeschichte der Utopie —— 92
3. Interferenzen zwischen pikareskem und utopischem Erzählen bei Grimmelshausen —— 110
4. Utopie und Geheimnis von Bacon bis Goethe —— 121
5. „Fortschreitende Vollkommenheit": Der Übergang von der Raum- zur Zeitutopie —— 135
6. Von der Staats- zur Bildungsutopie in Johann Valentin Andreaes *Christianopolis* —— 150
7. Homo Oeconomicus und Homo Poeticus bei Daniel Defoe und Johann Gottfried Schnabel —— 160
8. „Ein irdisches Paradies": Johann Gottfried Schnabels *Insel Felsenburg* —— 173

9 Politische Macht der Tugend im Staatsroman: Johann Michael von Loëns *Der redliche Mann am Hofe* —— 183

10 Utopie und Utopiekritik in Goethes *Wilhelm Meister*-Romanen —— 189

III Utopien von Wieland bis Musil

1 Transzendentalpoetik: Wielands *Goldner Spiegel* —— 209

2 Friedrich Schleiermachers Utopie der Geselligkeit —— 220

3 Die Organisation der Arbeit als Voraussetzung für das allgemeine Glück: Edward Bellamys *Looking Backward 2000–1887* —— 226

4 Vollkommenheit und Vervollkommnung: William Morris' *News from Nowhere or an Epoch of Rest* —— 233

5 Konstruktionen des Möglichen und Machbaren in Wissenschaft und Technik —— 245

6 Selbstkritik und Selbstreflexion der Utopie —— 255

7 Ernst Blochs Theorie der Apokalypse als Voraussetzung einer Konzeption der Kunst —— 264

8 Messianismus und Geschichte der Utopie bei Ernst Bloch —— 273

9 „Höchstes Exemplar des utopischen Menschen": Ernst Bloch und Goethes *Faust* —— 284

10 Abschied von Utopien und Wiederkehr des Utopischen: Ernst Jüngers *Heliopolis. Rückblick auf eine Stadt* —— 296

11 Zwischen Utopie und Apokalypse: Glücksphantasien in Bertolt Brechts *Aufstieg und Fall der Stadt Mahagonny* —— 305

12 Gentechnologische Dystopie als Sprachkunstwerk: Arno Schmidts *Die Gelehrtenrepublik. Kurzroman aus den Rossbreiten* —— 317

I Poetik literarischer Utopien

13 Martin Buber und die Tradition der Utopie —— 328

14 „Wenn es Wirklichkeitssinn gibt, muß es auch Möglichkeitssinn geben":
Traditionen des utopischen Denkens bei Robert Musil —— 339

Publikationsnachweise früherer Textfassungen —— 353

Literaturverzeichnis —— 359

Abbildungsverzeichnis —— 384

1 Einleitung: Möglichkeitsdenken

Literarische Utopien sind Medien einer spezifischen kulturellen Kommunikation. Ihre textuelle Organisation, die sie von anderen Gattungen unterscheidet, besteht in einer Mobilisierung von Bildern der satirisch beschriebenen Wirklichkeit und im Entwurf imaginärer Gegenbilder. Diese Gegenbilder sind narrativ und bildhaft zugleich. Sie beziehen sich implizit oder explizit kritisch auf die jeweilige gesellschaftliche Wirklichkeit, in der sie entstehen – ob als Wunsch- oder als Schreckbild. Im utopischen/dystopischen Entwurf und seiner ästhetischen Vermittlung besteht die Form- und Funktionsgeschichte literarischer Utopien.

Von besonderer Bedeutung sind literarische Entwürfe im Vorwegnehmen von Zukunft und in der Gegenüberstellung von Wirklichem und Möglichem im Sinne eines Möglichkeitsdenkens. Literarische Utopien erlauben fiktionales Probehandeln; deshalb sind ihre unterschiedlichen künstlerischen Ausprägungen zugleich der Ort ihrer Selbstreflexion.

I Möglichkeitsdenken

Möglichkeitsdenken ist die Voraussetzung für jede Form philosophischer, anthropologischer, gesellschaftlicher und künstlerischer Utopie oder Dystopie. Bereits in der aristotelischen Kategorienlehre, in der der Modus des Möglichen durch Widerspruchsfreiheit und Potentialität definiert ist, geht es im Gegensatz zum Wirklichen und Notwendigen um „das Noch-nicht-Seiende. Es steht am Anfang jedes Werdens, Entstehens, jeder Bewegung, Veränderung und ist in den Materialursachen begründet"[1]. Vermögen (dynamis) wird der Wirklichkeit (energeia) gegenübergestellt.

Nicht anders bei Leibniz: „*Möglich* ist eine Realität, die nicht existiert, aber zur Existenz gelangen kann, [...]."[2] Leibniz beschreibt den „Drang des Möglichen zur Existenz [...] weil ein Grund für ein Zurückhalten von gewissem Möglichen in allem nicht gefunden werden kann [...]"[3].

---

[1] Horst Seidl: Art. „Möglichkeit". In: Historisches Wörterbuch der Philosophie. Bd. VI. Darmstadt 1984, Sp. 72–92; hier Sp. 77.
[2] Ebd., Sp. 86.
[3] Zit. Wilhelm Schmidt-Biggemann: Theodizee und Tatsachen. Das philosophische Profil der deutschen Aufklärung. Frankfurt am Main 1988, S. 24.

An diese für die ‚Metaphysik' der deutschen Aufklärung grundlegenden Gedanken anknüpfend,[4] suchen Karl Mannheim,[5] Robert Musil[6] und Ernst Bloch[7] den Begriff des Utopischen und der Utopie in den ersten Jahrzehnten des 20. Jahrhunderts zu entwickeln. Karl Mannheim bezeichnet ein „Bewußtsein, das sich mit dem es umgebenden ‚Sein' *nicht* in Deckung befindet, [als] utopisch"[8] und „[...] unterscheidet das utopische vom ideologischen Bewußtsein". Darüber hinaus grenzt er das Utopische „auf jene Art wirklichkeitstranszendente Orientierung [ein], die zugleich eine bestehende Ordnung auch sprengt [...]"[9].

Noch jüngst hat Martin Seel in seinen „Drei Regeln für Utopisten" betont: „Utopien sind in Raum und Zeit unerreichbare Zustände, deren Erreichbarkeit dennoch gedacht werden kann und gedacht werden soll. Sie soll gedacht werden, um innerhalb des Wirklichen den Sinn für das Mögliche zu schärfen [...]. Alle Utopien lassen *ferne* Möglichkeiten absehbar werden, um hier und jetzt *ergreifbare* Möglichkeiten sichtbar werden zu lassen."[10] Die Entwicklung eines „Möglichkeitssinns" entspricht dem „Wirklichkeitssinn", der die jeweilige Realität als potentiell veränderbar ansieht. Der Möglichkeitssinn ist deshalb keine bloß romaneske Erfindung, er liegt vielmehr in der Wirklichkeit selbst begründet.

Die konstitutive Verbindung von Möglichkeitsdenken und Utopien lässt sich als Kennzeichen der Moderne bezeichnen. Mit ihrem Beginn, in der die Erwartung an die Zukunft die Erfahrung der Vergangenheit übersteigt, entstehen in der je aktuellen Gegenwart – der „nächsten Gesellschaft"[11] – Entwürfe, die unter An-

---

4 Vgl. ebd. außerdem: Ingetrud Pape: Von den „möglichen Welten" zur „Welt des Möglichen". Leibniz im modernen Verständnis. In: Studia Leibnitiana Supplementa. Bd. I. Wiesbaden 1968, S. 266–287 (Akten des internationalen Leibnizkongresses Hannover 14.-19.11.1966).
5 Karl Mannheim: Ideologie und Utopie (1929), zit. Ausg. Frankfurt am Main 1978.
6 Robert Musil: Der Mann ohne Eigenschaften (1930ff), zit. Ausg. Reinbek bei Hamburg 1987.
7 Ernst Bloch: Geist der Utopie (1908), zit. Ausg. der 2. Fassung von 1923. Frankfurt am Main 1964; ders.: Das Prinzip Hoffnung (1938ff), zit. Ausg. Frankfurt am Main 1959. Vgl. außerdem Nicolai Hartmann: Möglichkeit und Wirklichkeit. Meisenheim 1938.
8 Mannheim, Ideologie und Utopie, S. 169.
9 Ebd. Zu den „anthropologischen Grundgesetzen" („Das Gesetz des utopischen Standorts. Nichtigkeit und Transzendenz") zählt Helmuth Plessner die Vielfalt von Möglichkeiten als das für den Menschen eigentümliche Charakteristikum. Vgl.: Die Stufen des Organischen und der Mensch. Einleitung in die philosophische Anthropologie. Berlin. New York ³1975, S. 346. Vgl. auch Erik Zyber: Homo Utopicus. Würzburg 2007; zum Staatsverständnis in klassischen Utopien vgl. Idealstaat oder Gedankenexperiment. Hrsg. von Thomas Schölderle. Baden-Baden 2014.
10 Martin Seel: Zukunft denken. Nach den Utopien. In: Merkur-Sonderheft Jg. 5 (2001), S. 747–755; hier S. 747 und S. 753.
11 Vgl. Dirk Baecker: Studien zur nächsten Gesellschaft. Frankfurt am Main 2007. Der Gegenwart, so Baecker, fehle es an einer „übergreifende[n] Ordnung und [...] an jedem Gesamtsinn" (ebd. S. 9).

knüpfung an das klassische traditionsbildende Werk von Thomas Morus „Utopien" genannt werden. Die Kontinuität von Vergangenheit und Zukunft wird unterbrochen. Die Temporalisierung der Erfahrung macht Projektionen in die Zukunft möglich und nötig, da sich der „überkommene Erfahrungsraum immer weniger mit den auftauchenden und hochschnellenden Zukunftserwartungen zur Deckung bringen" lässt.[12]

Zukunft bleibt indes stets auf Gegenwart fixiert; die damit verbundene „Entscheidungsabhängigkeit künftiger Zustände" ist dadurch bedingt.[13] Utopien sind deshalb, wie oft und zu Recht betont worden ist, stets hervorragende Indikatoren für das Verständnis jener Gegenwart, die sie hervorbringt. Aber: „In welchen Formen präsentiert sich die Zukunft in der Gegenwart? [...] Heute haben wir mit extrem verunsicherten Zukunftsperspektiven zu leben, und die Verunsicherung hat ihren Grund nicht im Heilsplan Gottes, sondern im System der Gesellschaft, das sich selbst zu verantworten hat".[14] Deshalb kann über Zukunft nur im Hier und Jetzt einer Gesellschaft (vor)-entschieden werden.[15] Das hat jenen Experimentalcharakter von Utopien zur Folge, der sich nicht auf spezifische Diskursstrategien festlegen lässt. Entscheidend ist ein Kommunikationsmodus des Alternativdenkens im Weltverhältnis.[16]

II Utopien und Dystopien

Zukunftsprojektionen sind nie eindeutig. Sie liefern mehrdeutige Wunsch- und Schreckbilder (Utopien und Dystopien) auch in eigentümlichen Verschränkungen, wie Norbert Elias am Prototyp der Gattung, der *Utopia* von Thomas Morus, gezeigt

---

12 Reinhart Koselleck: Art. „Geschichte, Historie". In: Geschichtliche Grundbegriffe. Historisches Lexikon zur politisch-sozialen Sprache in Deutschland. Bd. II, S. 593–717; hier S. 703.
13 Niklas Luhmann: Die Beschreibung der Zukunft. In: ders.: Beobachtungen der Moderne. Opladen 1992, S. 129–147; hier S. 136.
14 Ebd., S. 130.
15 Vgl. ebd.
16 Vgl. dazu: Inge Münz-Koenen: Kommunikationsform Utopie. In: Kommunikationsformen als Lebensformen. Hrsg. von K. Ludwig Pfeiffer, Michael Walter. München 1990, S. 261–289. Zur utopischen Methode vgl. Raymond Ruyer: L' Utopie et les Utopies. Paris 1950; Ludwig Stockinger: Ficta Republica. Gattungsgeschichtliche Untersuchungen zur utopischen Erzählung in der deutschen Literatur des frühen 18. Jahrhunderts. Tübingen 1981. Zur Begriffsgeschichte: Lucian Hölscher: Art. „Utopie". In: Geschichtliche Grundbegriffe, Bd. VI, S. 733–780; zusammenfassend: Wilhelm Voßkamp: Art. „Utopie". In: Handbuch der literarischen Gattungen. Hrsg. von Dieter Lamping. Stuttgart 2009, S. 740–750.

hat.[17] Die Einsicht in diese Dialektik nimmt mit dem Grad der Selbstreferenzialität von Zukunftsentwürfen zu – sie ist aber historisch nicht neu. „Endzeitstimmung und Zukunftserwartung sind in der jüdisch-christlichen Tradition [...] in merkwürdiger und vielleicht historisch einzigartiger Weise miteinander verbunden".[18] Die Konfiguration von Apokalypse und Utopie gehört zu jenen komplementären Denkfiguren, die sowohl Angst vor radikaler Veränderung als auch Hoffnung auf Zukunft artikulieren. Dabei sind ‚Utopie' und ‚Apokalypse' (als Grundfigur jeder Dystopie) keine fest umrissenen, semantisch ‚sicheren' Begriffe. Auch handelt es sich nicht um einen temporären Vorgang, der auf einer Zeitachse abbildbar wäre, sondern um ein dauerndes Oszillieren zwischen Apokalyptischem und Utopischem bzw. Utopischem und Apokalyptischem und damit um einen unabschließbaren Prozess. Es geht, wie Jaques Derrida betont hat, zudem eher um die Wahrheit des Offenbarens, als um die „geoffenbarte Wahrheit".[19]

Wenn man die Herkunft des Utopie-Dystopie-Schemas aus der Tradition apokalyptischen Denkens betont, fällt insbesondere auf, dass durchgehend einprägsame Topoi und spezifische narrative und bildhafte Verfahren gewählt werden – ein Vor-Augen-Stellen mittels Techniken der Veranschaulichung und eine Sprache, die das Visionäre betont, treten hervor. Nicht selten finden sich Formen rhetorischer Steigerung und Überbietung, um das Neue zu betonen oder gerade erst zu evozieren, wobei sich Bilder und Imaginationen von Utopien immer auch aus ihren eigenen Traditionen speisen.

---

17 Norbert Elias: Thomas Morus' Staatskritik. In: Utopieforschung. Interdisziplinäre Studien zur neuzeitlichen Utopie. Hrsg. von Wilhelm Voßkamp. Bd. 2. Stuttgart 1982, S. 101–150. Thomas Schölderle (Utopia und Utopie. Thomas Morus, die Geschichte der Utopie und die Kontroverse um ihren Begriff. Baden-Baden 2011) rückt Morus ins Zentrum seiner rezeptionsorientierten Geschichte und betont insgesamt die sozialkritischen Möglichkeiten von Utopien, ohne ihren fiktionalen Status genauer zu berücksichtigen. Götz Müller (Gegenwelten. Die Utopie in der deutschen Literatur. Stuttgart 1989) konzentriert sich ausschließlich auf deutsche Texte mit dem Nachteil, die zentrale Rolle der *Utopia* damit auszuklammern.
18 Kurt-Victor Selge: Endzeitangst und Kirchenreform im Mittelalter: Joachim von Fiore. In: Kassandra die Ahnungsvolle. Propheten des Endes – Propheten neuer Zeiten. Hrsg. von Gebhard Fürst. Stuttgart 2002, S. 28–48; hier S. 29. Zur Konzeption und Geschichte der Apokalypse in der Moderne vgl. Klaus Vondung: Die Apokalypse in Deutschland. München 1988; Wolfgang Braungart: Apokalypse und Utopie. In: Poesie der Apokalypse. Hrsg. von Gerhard R. Kaiser. Würzburg 1991, S. 63–102; Jürgen Brokoff: Die Apokalypse in der Weimarer Republik. München 2001; Utopie und Apokalypse in der Moderne. Hrsg. von Reto Sorg, Bodo Würffel. München 2010; Voßkamp: Utopie und Apokalypse. Zur Dialektik von Utopie und Utopiekritik in der literarischen Moderne. In: Die Gegenwart der Utopie. Zeitkritik und Denkwende. Hrsg. von Julian Nida-Rümelin, Klaus Kufeld. München 2011, S. 54–65.
19 Jacques Derrida: Apokalypse. Hrsg. von Peter Engelmann. Wien 1985.

Die Dialektik von Katastrophe und Erlösung bleibt auch in ihrer säkularen Variante als Geschichte der Verschränkung von literarischer Utopie und Dystopie erkennbar, selbst dann, wenn das Motiv der Erlösung schwindet. Das biblische Schema von „Verheißung und Erfüllung" bestimmt dennoch den Kern apokalyptischer Rede, die in der säkularisierten Variante „einer Verzeitlichung der Existenzspannung zwischen Defizienz und Fülle"[20] wiederkehrt. Dabei sind literarische Techniken der Vergegenwärtigung und rhetorische Überredungsstrategien beobachtbar, um die intendierte Wirkungsabsicht zu erreichen.[21]

Überleben Utopien heute vornehmlich in apokalyptischen Dystopien? Sind Dystopien vor totalitären Tendenzen eher gefeit als Utopien? Nach dem Ende des in Deutschland artikulierten Utopieverdachts am Beginn der 1990er Jahre[22] (die angelsächsische und französische Utopieforschung ist davon unbeeindruckt geblieben)[23] geht es heute um eine Bestandsaufnahme von Zukunftspotentialen und Zukunftskonstruktionen in der Spannung von utopischen und dystopischen Momenten.

III ‚Renaissance' der Utopie

Noch 1994 konnte Niklas Luhmann unter Hinweis auf die Bielefelder Utopieforschungen am Zentrum für interdisziplinäre Forschung in den 1980er Jahren in seiner ihm eigenen Ironie formulieren:

> Die Utopie-Diskussion liegt fest in den Händen von Literaturwissenschaftlern und Philosophen, die sich mit von Mäusen zerfressenen, alten oder auch nicht so alten Texten beschäftigen. Über Kapitalismus wird dagegen von Leuten diskutiert, die meinen etwas von Wirtschaft zu verstehen und vielleicht Teile des *Kapitals* von Karl Marx gelesen haben.[24]

---

20 Vondung, Die Apokalypse in Deutschland, S. 20.
21 Vgl. Voßkamp, Utopie und Apokalypse, S. 56.
22 Vgl. vor allem Joachim Fest: Der zerstörte Traum. Vom Ende des utopischen Zeitalters. Berlin 1991.
23 Vgl. etwa die kontinuierlich erscheinenden Veröffentlichungen von Lyman Tower Sargent und der „Utopian Studies" in den USA; außerdem die großen zur Jahrtausendwende 2000 veranstalteten Utopie-Ausstellungen in der Bibliothèque National in Paris und der Public Library in New York (umfassender Katalog: „Utopie. La Quête de la societé à L'Occident". Sous la direction de Lyman Tower Sargent et de Roland Schaer. Paris 2000) oder einen Review-Essay von Patrick Parrinder „Modern Utopias. Major Minor" [zu Büchern von Simon J. James] über H. G. Wells; Matthew Beaumont über science fiction im Fin de Siècle und Rosalyn Gregory und Benjamin Kohlmann über „Utopian Spaces of Modernism". In: Modernism/ Modernity 19 (2013), Johns Hopkins University Press, S. 793–798.
24 Niklas Luhmann: Kapitalismus und Utopie. In: MERKUR 48 (1994), S. 189–198; hier S. 190.

Das hat sich geändert. Ohne hier einen Gesamtüberblick über die Utopieforschungen der letzten Jahrzehnte geben zu können, lässt sich gegenwärtig von einer „Renaissance der Utopie"[25] sprechen. Es zeigt sich, dass das Ende der „großen [utopischen] Erzählungen" (Francois Lyotard) keineswegs zu einer Verringerung von Zukunftsentwürfen geführt hat.[26] Im Gegenteil: unsere Gegenwart produziert immer neue, miteinander rivalisierende Utopien und Utopiekonzepte. Dabei scheint die gattungsgeschichtliche Instabilität und kritische Selbstreflexion eine paradoxe, aber offensichtlich erfolgreiche Kontinuität von Utopieproduktionen zu ermöglichen. Auch die Wiederkehr oder Fortsetzung traditioneller Verheißungsrhetorik ist auffallend: „Die Utopie ist da. ‚Timeline', das neue Angebot von Facebook, macht es möglich: Das Leben und das Leben im Netz verschmelzen".[27]

Ohne Zweifel spielen neben der Ökologiedebatte (Ulrich Beck spricht von einem Übergang von der „Risiko"- zur „Möglichkeitsgesellschaft") und der Humangenetik die außerordentliche Beschleunigung in der Produktion von Netzutopien eine vorherrschende Rolle. Joseph Vogl hat im Blick auf die „Auflösung der Welt in Datenströme und der Alleinherrschaft des binären Codes" von einem „Angriff der Zukunft auf die übrige Zeit" gesprochen.[28] Unter Gesichtspunkten einer ebenso ambivalenten wie kontroversen Utopie-Dystopie-Diskussion scheint der anthropologische Zusammenhang zwischen den beobachtbaren technischen

---

25 Vgl den unter diesem Titel von Rudolf Maresch und Florian Rötzer hrsg. Bd. über „Zukunftsfiguren des 21. Jahrhunderts" (Frankfurt am Main 2004). Zur Utopieforschung der letzten Jahre vgl. Richard Saage: Utopische Profile, Bde. I-IV. Münster 2001, 2002, 2003; Utopie heute I und II. Zur aktuellen Bedeutung, Funktion und Kritik des utopischen Denkens und Vorstellens. Hrsg. v. Beat Sitter-Liver, 2 Bde. Stuttgart 2007; und die Zusammenstellungen von Andreas Heyer: Studien zur politischen Utopie. Theoretische Reflexionen und ideengeschichtliche Annäherungen. Hamburg 2005; ders.: Der Stand der aktuellen deutschen Utopieforschung. Bd. 1: Die Forschungssituation in den einzelnen akademischen Disziplinen. Hamburg 2008; ders.: Der Stand der aktuellen deutschen Utopieforschung Bd. 2: Ausgewählte Forschungsfelder und die Analyse der postmodernen Utopieproduktion. Hamburg 2008; ders.: Der Stand der aktuellen deutschen Utopieforschung. Bd. 3: Theoretische und methodische Ansätze der gegenwärtigen Forschung, 1996–2009. Hamburg 2010.
26 Peter Sloterdijk (Im Weltinnenraum des Kapitals. Frankfurt am Main 2006, S. 13) vermutet, dass die Erzählung vom Ende der ‚grands récits' bereits wieder zur „bequemen Meta-Großerzählung geronnen" ist.
27 Nina Pauer: In Die Zeit Nr. 40, 29.9.2011, S. 49f. Die Autorin spricht von einem „anthropologischen Neuland vor dem wir stehen" (ebd. S. 50). Vgl. auch Miriam Meckel: NEXT. Erinnerungen an eine Zukunft ohne uns. Reinbek bei Hamburg 2011.
28 Joseph Vogl: Das Gespenst des Kapitals. Zürich 2010, S. 12. Netztheoretiker sprechen von einer „Post-Privacy" einer „diskriminierungsfreie[n] Welt, in der es nicht mehr notwendig ist, sich ins Privatleben zurückzuziehen" (Der Spiegel 10 [2012], S. 145).

Veränderungen entscheidend zu sein, weil sie nicht nur Aspekte des Politischen und Gesellschaftlichen betreffen.[29]

Deutlicher noch veranschaulicht die Diskussion über Theorien des „Transhumanismus" (Hans Moravec, Marvin Minsky, Ray Kurzweil), dass es um künstliche Erweiterungen des menschlichen Lebens und seines Wirkungskreises geht, bei dem von der jeweiligen Identität des Individuums und einer Subjektstruktur des Menschen abgesehen wird:

> Humanity will be radically changed by technology in the future. We foresee the feasibility of redesigning the human condition, including such parameters as the inevitability of aging, limitations on human and artificial intellects, unchosen psychology, suffering and our confinement to the planet earth. [...] We seek personal growth beyond our current biological limitations.[30]

Dass es durchgehend um die Entgrenzung der individuellen und körperlichen Existenz des Menschen zugunsten einer perfekten Mensch-Maschine bzw. eines Informationsmusters oder Computerprogramms geht, wird in der Terminologie des „Transhumanismus" besonders anschaulich. Unter dem Stichwort „Biological Fundamentalism" wird von einem „New conservatism that resists asexual reproduction, genetic engineering, altering the human anatomy, overcoming death" gesprochen.[31]

Die Hoffnung auf die Beseitigung zufallsgenerierter Naturprozesse gehört seit langem zu den Topoi moderner Utopien. Ausgeklammert wird dann allerdings eine Reflexion darüber, dass das Eliminieren des kontingenten Faktors in der menschlichen Existenz und Reproduktion deren Abhängigkeiten von politisch-gesellschaftlichen Macht-Konstellationen und damit individuelle Unfreiheit bedeutet.

---

29 Vgl. Jürgen Habermas: Das Konzept der Menschenwürde und die realistische Utopie der Menschenrechte. Frankfurt am Main 2011; Oskar Negt: Nur noch Utopien sind realistisch. Göttingen 2011; John Rawls: Gerechtigkeit als Fairness. Ein Neuentwurf. Hrsg. von Erin Kelly, Frankfurt am Main 2002. (Originaltitel: Justice as Fairness. A Restatement. 2001).
30 So in einer "Transhumanist Declaration"; zit. Oliver Krüger: Virtualität und Unsterblichkeit. Die Visionen des Posthumanismus. Freiburg i.Br. 2004, S. 145. Außerdem: Tobias Hülswitt und Roman Brinzanik: Werden wir ewig leben? Gespräche über die Zukunft von Mensch und Technologie. Berlin 2010. Vgl. auch in diesem Buch Kap. III 5: Konstruktionen des Möglichen und Machbaren. Wissenschaft und Technik in literarischen Utopien der Neuzeit. Zur Rolle der Kybernetik vgl. Ordnung und Kontingenz. Das kybernetische Modell in den Künsten. Hrsg. von Hans Esselborn. Würzburg 2009.
31 Krüger, Virtualität und Unsterblichkeit, S. 147.

IV Mögliches und Machbares

Damit befindet man sich zugleich in der ‚postbiologischen' Tradition *literarischer* Science Fiction-Utopien, insofern eine Zunahme derjenigen Schilderungen beobachtbar ist, die auf künftige technische Umsetzungen des Geschilderten vorausweist. Die „Trennlinie zwischen Antizipation und Phantastik [...], zwischen wissenschaftlicher Prognose und Science Fiction [wird] in hohem Maß porös. Science Fiction als literarisch-filmische Gattung ist nicht vollkommen losgelöst von der faktischen technischen Entwicklung, sondern erprobt, mehr oder minder realistisch, deren Potentiale".[32] Sind die Darstellungen frühneuzeitlicher Utopien, etwa der Renaissance (bei Morus, Campanella und Bacon) in dem, was sie vor Augen führen, noch weit entfernt von einer technisch-praktischen Realisierung, ändert sich dies im Zuge der Modernisierung, wenn deutlich wird, dass das in neueren Utopien Dargestellte durchaus auch realisierbar ist, etwa in der Raumfahrt und der Gentechnologie. Das Kennzeichen moderner literarischer Utopien besteht deshalb darin, dass das als möglich Gedachte auch zum technisch Machbaren wird und damit Ängste erzeugt, die den Übergang von der Utopie zur Dystopie bestimmen; aus Wunschbildern werden Schreckbilder.[33]

Die Nähe der Literatur zur technisch-wissenschaftlichen Forschung und des Möglichen zum Machbaren ist deshalb das auffallende Kennzeichen der gegenwärtigen Science Fiction-Literatur. Dabei sind die Übergänge zwischen Formen literarischer Utopien und rein technisch orientierter Science Fiction-Literatur fließend.[34] Allerdings wird das Utopiegenre selbst einer satirischen Kritik unterzogen. So lässt sich eine Traditionslinie von Francois Rabelais über Cyrano de Bergerac und Jonathan Swift bis zu Stanislaw Lem ziehen. Bei Lem werden virtuelles Bewusstsein und reale Welt austauschbar; Menschen spielen Roboter und Roboter einen Menschen. Die Welt ähnelt einem ungeheuren Palimpsest, und am Ende bleibt unklar, ob der Mensch die Maschine oder die Maschine den Menschen geschaffen hat. Das Prinzip der ‚kybernetischen' Autonomie verwischt die Grenze zwischen Authentizität und Fiktionalität.[35]

---

[32] Albrecht Koschorke: Wahrheit und Erfindung. Grundzüge einer Allgemeinen Erzähltheorie. Frankfurt am Main 2012, S. 231 (vgl. auch den Abschnitt „Zukunftsfiktionen", S. 229–236). Außerdem Norbert Groeben: Frauen-Science fiction-Utopie. Vom Ende aller Utopie(n) zur Neugeburt einer literarischen Gattung. In: Internationales Archiv für Sozialgeschichte der deutschen Literatur 19 (1994), S. 173–206.
[33] Vgl. Kap. III 5: Konstruktionen des Möglichen.
[34] Vgl. Darko Suvin: Poetik der Science Fiction. Zur Theorie und Geschichte einer literarischen Gattung. Übersetzt aus dem Amerikanischen von F. Rottensteiner. Frankfurt am Main 1979.
[35] Vgl. Kap. III 5: Konstruktionen des Möglichen.

V Formen der Utopie

Möglichkeitsdenken ist die Voraussetzung für künstlerische Formbildungen von Utopien. Nicht nur geht es um die „utopische Methode",[36] um utopisches Bewusstsein,[37] „utopian propensity"[38] und die Überführung des Möglichen ins technisch Machbare, sondern auch um ästhetische Konstruktionen des Hypothetisch-Möglichen im Medium von Literatur und Kunst.[39] „Der utopische Entwurf überläßt sich [...] in seiner narrativen Kontingenz der Fiktion".[40]

Voraussetzung ist das Spannungsverhältnis und die zentrale Differenz zwischen der je vorgefundenen gelebten Wirklichkeit und einer diese Wirklichkeit negierenden virtuellen, imaginären Welt.[41] Eine der Paradoxien notwendiger „Versinnlichung" der Utopie besteht darin, sich gerade Unvorstellbares vorzustellen.[42] Utopische Gegenbilder als (insuläre) Räume oder Projektionen in die zukünftige Zeit beziehen sich implizit oder explizit kritisch auf die jeweilige Situation, in der sie entstehen. Den „Prozess des kritischen Vergleichens [zwischen der bestehenden und der entworfenen Welt] in Gang zu bringen", ist der spezifische Kommunikationsmodus literarischer Utopien.[43]

Die entworfene imaginäre Welt ermöglicht im Medium der Kunst eine alternative Funktion, die sich nicht nur auf ein gesellschaftspolitisch relevantes Sozialmodell eingrenzen lässt.[44] Vielmehr ist die Heterogenität künstlerischer Ent-

---

36 Ruyer, L'utopie et les utopies.
37 Bloch, Geist der Utopie.
38 Vgl. Frank E. und Fritzie P. Manuel: The Utopian Thought in the Western World. Cambridge, Mass. 1979.
39 Vgl. Hans-Joachim Mähl: Der poetische Staat. Utopie und Utopiereflexion bei den frühen Romantikern. In: Utopieforschung, Bd. 3, S. 273–302; hier S. 285.
40 Reinhart Herzog: Überlegungen zur griechischen Utopie: Gattungsgeschichte vor dem Prototyp der Gattung? In: Utopieforschung, Bd. 2, S. 1–20; hier S. 10.
41 Jurij Striedter spricht von einer „Doppelfiktion"; vgl.: Die Doppelfiktion und ihre Selbstaufhebung. Probleme des utopischen Romans, besonders im nachrevolutionären Russland. In: Funktionen des Fiktiven. Hrsg. von Dieter Henrich und Wolfgang Iser. München 1983, S. 277–330.
42 Vgl. Alois Hahn: Konstruktionen des Selbst, der Welt und der Geschichte. Aufsätze zur Kultursoziologie. Frankfurt am Main 2000, S. 172, unter Hinweis auf eine Passage in Michel Montaignes „Essais".
43 Vgl. Stockinger, Ficta Republica, S. 98.
44 Vgl. etwa die Arkadiendichtung oder die Betonung einer „Intensität von Jetzt-Erfahrung" in der „im Ästhetischen überwinternden Utopie" (vgl. Karl Heinz Bohrer: Subjektive Zukunft. In: MERKUR-Sonderheft 5 (2001), S. 756–768; hier S. 758 und 768). Amir Eshel spricht von „Zukünftigkeit": „Literatur erschafft das Offene, Zukünftige, Mögliche, indem sie unser Vokabular mit innovativen Konstruktionen und Metaphern erweitert, die menschliche Handlungsfähigkeit un-

würfe als Antwort auf die konkrete Wirklichkeit charakteristisch. Dabei geht es stets, wie Hans Blumenberg betont, um die „künstlerische Erschaffung *weltebenbürtiger* Werke",[45] die zukunftsorientiertes fiktionales Probehandeln erlauben. Unter Rückgriff auf Leibniz und Christian Wolff spielt dieser Gedanke vor allem im Roman eine zentrale Rolle. So schreibt Leibniz im Blick auf eine dichterische Theodizee an (den Romanschriftsteller) Herzog Anton Ulrich von Braunschweig-Wolfenbüttel in einem Brief vom 24. April 1713: „[...] niemand ahmet unsern Herrn besser nach als ein Erfinder von einem schöhnen Roman."[46] Um die „Substitution des Universums" geht es ebenso in Goethes Projekt eines „Roman[s] über das Weltall" wie im romantischen Märchen und Roman.[47]

Die „Fiktion der Realität von Realitäten"[48] erfordert Konsistenzbildung. Als „bestimmte Negation" dessen, was ist (Theodor W. Adorno, Lars Gustafsson), bedürfen Gegen-Entwürfe einer vorstellbaren Welt, die versinnlicht werden muss. Welthaltigkeit ist für alle künstlerischen Utopien zentral. Anstelle des politischen Willens, Utopien zu ‚verwirklichen', geht es in der künstlerischen Produktion um die *Form* als Ort der Utopie. Gerade darin ist eine Steigerung des utopischen Bewusstseins möglich – ungeachtet ihrer Vielgestaltigkeit und relativen Geltung.

Allerdings ändert sich die Funktion der ‚Wunderkraft der Fiktion' („Alle Progression [...] fängt mit Illusion an"[49]) insofern, als mit der zunehmenden Fiktionalisierung der literarischen Gattung Utopie ein Selbstreflexionsprozess verbunden ist, der sich – beginnend mit Wielands Roman *Der Goldne Spiegel*[50] – bis in die Gegenwart fortsetzt. Dieser Reflexionsprozess richtet sich nicht allein auf unterschiedliche ästhetische Vergegenwärtigungen utopischer Entwürfe (‚Ästhetisierung' von Utopien), sondern auch grundsätzlich auf die Zukunftsfähigkeit solcher Projektionen. Prinzipiell lässt sich die Autopoiesis der Utopie als selbstreflexive Dialektik von Utopie und Utopiekritik/ Utopie und Dystopie charakterisieren. Die Frage, inwieweit gerade diese Spannung neue Formen utopischen Schreibens ermöglicht und hervorbringt, gehört zum Themenfeld dieses Buches.

---

tersucht und gleichzeitig zu Reflexion und Debatten anregt. Diese Fähigkeit bezeichne ich als ‚Zukünftigkeit'" (Zukünftigkeit. Die zeitgenössische Literatur und die Vergangenheit. Aus dem Englischen von Irmgard Hölscher. Frankfurt am Main 2012, S. 15).

45 Hans Blumenberg: Wirklichkeitsbegriff und Möglichkeit des Romans. In: Nachahmung und Illusion. Hrsg. von Hans Robert Jauß. 2. durchgesehene Aufl. München 1969, S. 9–27; hier S. 18.
46 Zit. Wilhelm Voßkamp: Romantheorie in Deutschland. Von Martin Opitz bis Friedrich von Blanckenburg. Stuttgart 1973, S. 16.
47 Vgl. Hans Blumenberg: Die Lesbarkeit der Welt. Frankfurt am Main 1986, S. 233 ff.; S. 222 f.
48 Blumenberg, Wirklichkeitsbegriff, S. 27.
49 Novalis-Schriften. Hrsg. von Richard Samuel in Zusammenarbeit mit Hans-Joachim Mähl und Gerhard Schulz. Stuttgart 1965–68, Bd. III, S. 372; zit. Mähl, Der poetische Staat, S. 285.
50 Vgl. Kap. III 1: Transzendentalpoetik.

Auch die Poetik und Geschichte literarischer Utopien dokumentieren jene grundsätzliche Paradoxie von Ästhetik und Geschichte, die nur im Prozess einer reflektierenden Darstellung vermittelt werden kann. Skripturale, pikturale, kartographische oder architektonische Verbildlichungsformen reagieren auf Hoffnungen und Befürchtungen von Menschen in unterschiedlichen historisch-gesellschaftlichen Kontexten. Auf dem Weg in die Gegenwart wird die Geschichte der Utopie dabei zunehmend zu einem Diskurs über die Bedingungen der Möglichkeit von Utopien. Welche Richtungen ihre permanenten literarischen Transformationen nehmen, bleibt eine spannende Frage. In den Dystopien der Moderne dominiert mehr und mehr ein doppeltes ‚Scheitern', da die Einsicht in die Problematik menschlich-humaner sozialer Modelle sich mit einer grundlegenden Skepsis gegenüber zunehmenden Selbstverwirklichungsansprüchen von Individuen verbindet. Was können Utopien im Horizont solcher Fragen leisten? Lässt sich ihre Funktion historisch genauer bestimmen? Welche Möglichkeiten bietet das ästhetische Potential, um Wirkungen auch jenseits des Normativen zu erzielen?

Die folgenden Untersuchungen betonen eine Funktionsgeschichte literarischer Utopien als Darstellung poetologischer Form- und Diskursevolution. Die poetologische (strukturalistische) und historische (funktionsgeschichtlich-evolutionäre) Perspektive sind grundsätzlich ineinander verschränkt. Dabei lassen sich Wiederholungen und Redundanzen nicht vermeiden. Ablesbar sind sie im vorliegenden Buch vor allem an wiederholt thematisierten Texten von Morus, Bacon, Schnabel, Mercier, Goethe, Bloch und Musil im Blick auf drei Haupttendenzen: der produktiven Negationsgesten in literarischen Utopien, einer mit der beginnenden Moderne einhergehenden Tendenz zur Projektion in die Zukunft und einem für die Utopieproduktion (notwendig) konstitutiven Möglichkeitsdenken. Die eingeblendeten historischen Überblicke dienen der Gesamtorientierung und Vergegenwärtigung von historischen Zäsuren mit weitreichenden poetologischen Folgen.

* * *

Die vorliegenden Studien sind über einen Zeitraum von drei Jahrzehnten entstanden. Alle Texte wurden überarbeitet. Die neu verfassten Beiträge zu Friedrich Schleiermacher, Edward Bellamy, Ernst Jünger, Arno Schmidt und Martin Buber sollen den Argumentationsverlauf ergänzen und verstärken und den prinzipiell poetologischen Ansatz unterstreichen. Insgesamt handelt es sich bei einer Darstellung literarischer Utopien um den Ausschnitt aus einer umfassenderen Geschichte von Zukunfts-Imaginationen, deren Bildlichkeit mit dem Begriff „Emblematik" im Titel angedeutet ist. Die Sprache literarischer Utopien lehrt in Bildern zu denken.

Im ersten, deutlich gattungstheoretischen Teil wird der Zusammenhang des Möglichkeitsdenkens mit dem funktionsgsgeschichtlichen Ansatz entfaltet und das Antwort-Verhältnis von Utopien gegenüber historischen Konstellationen und Institutionen untersucht (I).

Darauf folgen, nach einer zusammenfassenden Übersichtsdarstellung, im zweiten Teil einzelne Kapitel zu wichtigen Stationen der Utopiegeschichte in der frühen Neuzeit (16.–18. Jahrhundert), die mit einem Beitrag zu Goethes *Wilhelm-Meister*-Romanen abschließen (II). Der dritte Teil beginnt mit einer Analyse von Christoph Martin Wielands utopischer Transzendentalpoetik und einem kurzen Zwischenkapitel zur philosophie- und literarhistorischen Konstellation um 1800, woran sich Beiträge zum 19. bis ins 20. Jahrhundert anschließen (III). Dabei zeigt sich jener literarische Transformationsprozess, in welchem zunehmend ästhetisch-experimentierende Verfahren ebenso dominieren wie dystopisch-apokalyptische. Die konstitutive Einheit von utopischem und/oder dystopischem Entwurf und künstlerischer Form bleibt notwendig bestehen, selbst wenn sich die Texterzeugungsregeln der überlieferten Gattungstradition literarischer Utopien ändern oder außer Kraft gesetzt werden. Utopien haben ihren Zeitkern; sie enthüllen die Wahrheit im Fortgang ihrer Geschichte.

Abb. 1: Thomas Morus: Utopiae Insulae Figura. Löwen 1516
Woodcut map from the first edition of Utopia (Louvain, 1516)

Abb. 2: Ambrosius Holbein: Utopiae Insulae Tabula. Basel 1518

2 Thomas Morus' *Utopia*: Konstituierung eines Prototyps

I

Literarische Gattungen als kommunikative und historisch institutionalisierte Deutungsmodelle sind durch eine spezifische Selektionsstruktur charakterisiert, bei der dominante Text- und Lesererwartungskonstanten eine entscheidende Rolle spielen.[1] ‚Kommunikativer Erfolg' einer literarischen Gattung im Sinne einer institutionellen Verfestigung ist nur möglich auf Grund des Wechselverhältnisses von historisch jeweils unterschiedlichen literarischen und außerliterarischen (psychologischen, sozialen) Erwartungen und (diese wieder mitbestimmenden) literarischen Werkreaktionen durch die Autoren. Erst die Komplementarität von Erwartungen und Werkproduktion als Antwortverhältnis ermöglicht die Gattungskonstituierung.

Die historisch genauere Ermittlung von literarischen und außerliterarischen Erwartungen gehört zu den bisher weitgehend ungelösten Problemen, weil solche Erwartungen nur im Zusammenhang unterschiedlicher geschichtlicher Bedürfniskonstellationen und gesellschaftlicher Interessenlagen von Lesern und Lesergruppen (-schichten, -klassen) deutlicher präzisiert werden können.[2] Erst die Korrelierung von jeweils historischen Situationskontexten und ‚Bedürfnislagen' mit den historischen Ausprägungen und Ausdifferenzierungen literarischer Gattungen dürfte auch deren Geschichte und Funktion genauer erschließen.[3]

---

1 Vgl. Kap. I 3: Utopische Gattungen als literarisch-soziale Institutionen. Zur gattungstheoretischen Diskussion vgl. außerdem Ernst Köhler: Gattungssystem und Gesellschaftssystem. In: Romanistische Zeitschrift für Literaturgeschichte 1 (1977), S. 7–21. Zu den systemtheoretischen Begriffen auch im Folgenden, vgl. vor allem die Aufsätze von Luhmann in den Bänden: Soziologische Aufklärung I, II und III, Opladen ³1972, 1975 und 1981.
2 Wenn im Folgenden (unter Gesichtspunkten von Erwartungen historisch unterschiedlicher Leser) prinzipiell dem Begriff „Bedürfnis" der Vorzug vor dem Begriff „Interesse" gegeben wird, so, um deutlich zu machen, dass es sich bei Bedürfnissen um ein Ensemble von nicht vollständig systematisierbaren Komponenten handelt, bei denen auch emotionale und spontane (also noch nicht reflektierte) Momente impliziert sind. Gegenüber (gesellschaftlichen) Interessen spielt im Begriff „Bedürfnis" zudem der subjektive Faktor eine wichtige Rolle. Mit dem Bedürfnisbegriff verbinde ich keine Vorstellung von ungeschichtlichen anthropologischen Konstanten, sondern von jeweils historisch zu vermittelnden kulturspezifisch sozialpsychologischen Verflechtungen. Zur Geschichte des Bedürfnisbegriffs vgl. Johann Baptist Müller: Art. „Bedürfnis." In: Geschichtliche Grundbegriffe, Bd. I, S. 440–489. Zur terminologischen Unterscheidung von „Bedürfnissen" und „Interessen" vgl. Hans Peter Dreitzel: Die gesellschaftlichen Leiden und das Leiden an der Gesellschaft. Stuttgart ³1980, S. 165 ff.
3 Vgl. Kap. I 3.

Auf Grund ihrer Eigenkomplexität erfüllen literarische Gattungen neben ihrer bedürfnissynthetisierenden Funktion auch Funktionen des Freisetzens und Erzeugens neuer Bedürfnisse. Bedürfnisse werden in literarischen Gattungen als soziokulturelle Institutionalisierungen höchsten Grades deshalb nicht nur erfüllt, sondern ebenso geweckt; Funktionen der Bedürfnissynthese korrespondieren mit solchen der Bedürfniserweiterung und -produktion.[4]

Bringt man den kommunikativen Erfolg von Gattungen im Sinne historischer Gattungsinstitutionalisierungen in einen funktionalen Zusammenhang mit historischen Bedürfnisdispositionen, werden die Grenzen einer solchen Begründung von Gattungsgeschichte schnell deutlich, weil bisher weder eine dafür erforderliche, ausgearbeitete kulturspezifische Bedürfnistheorie, noch eine notwendig sozialanthropologisch und sozialgeschichtlich fundierte Geschichte der Bedürfnisse vorliegt.[5] Zwar gibt es vor allem seit Bruno Malinowski Versuche zu einer Systematisierung und Hierarchisierung menschlicher Bedürfnisse,[6] aber ihr historischer und kulturspezifischer Charakter wird dabei zu wenig beachtet. Außerdem sind jene „Bewußtseinsbedürfnisse höherer Rationalität [...], die die Formen des Selbstverständnisses des Menschen"[7] betreffen, bisher kaum adäquat berücksichtigt worden.

Entscheidend für das Problem der Entstehung und Funktion kultureller Manifestationen, etwa literarischer Gattungen, wäre zudem die Lösung der Frage nach den Gründen des Auftretens neuer Bedürfnisorientierungen. Auch wenn dazu etwa bei Karl Otto Hondrich einzelne Bedingungen angegeben worden sind,[8] bleiben diese noch recht abstrakt und schematisch. Sie müssten zudem im Einzelnen historisch differenziert werden, weil die Art der Bedürfnisorientierung und -befriedigung abhängig ist von der jeweiligen historisch-kulturellen Situation. Zu

---

4 Vgl. dazu insgesamt Kap. II 2: Literaturgeschichte als Funktionsgeschichte der Utopie.
5 Zu Problemen einer Bedürfnistheorie vgl. allgemein Hondrich, Menschliche Bedürfnisse und soziale Steuerung. Zur funktionalistischen Erklärung: Hans Gerd Schütte: Der empirische Gehalt des Funktionalismus. Rekonstruktion eines soziologischen Erklärungsprogramms. Meisenheim am Glan 1971, S. 28 ff. Zur Geschichte von Bedürfnissen: Wolf Lepenies: Soziologische Anthropologie. Materialien. München 1971, S. 38 f.
6 Vgl. Bronislaw Malinowski: Eine wissenschaftliche Theorie der Kultur. Frankfurt am Main 1975, S. 29 f., S. 39 ff. (Zuerst 1944); und die zitierte Literatur bei Karl Otto Hondrich: Soziologische Theorieansätze und ihre Relevanz für die Sozialpolitik. Der bedürfnistheoretische Ansatz. In: Soziologie und Sozialpolitik. Hrsg. von Christian von Ferber, Franz Xaver Kaufmann (Kölner Zeitschrift für Soziologie und Sozialpsychologie, Beiheft 19). Köln 1977, S. 213–231.
7 Helmut Schelsky: Über die Stabilität von Institutionen, besonders Verfassungen. Kulturanthropologische Gedanken zu einem rechtssoziologischen Thema. In: Institution und Recht. Hrsg. von Roman Schnur. Darmstadt 1968, S. 283.
8 Hondrich, Soziologische Theorieansätze, S. 221.

bedenken wäre auch, dass die moderne soziologische Bedürfnistheorie von einer realen Situation relativer Fülle ausgeht, während am Beginn der historischen Moderne generell von einer Situation des Mangels zu sprechen ist.

Wichtig erscheint mir der Hinweis Hondrichs, „[...] daß nicht nur eine tatsächliche Veränderung des Angebots, sondern schon eine Veränderung der *Wahrnehmung* bedürfnisorientierend wirkt"[9], weil damit auf das entscheidende Moment historischer Erfahrung und Erfahrungsbildung aufmerksam gemacht wird.

Solange keine sozialanthropologisch und/oder sozialhistorisch fundierte Geschichte der Bedürfnisorientierungen im Rahmen einer Theorie historischer Erfahrung vorliegt, empfiehlt sich als eine Möglichkeit für Gattungsgeschichte als Funktionsgeschichte, jeweils von dem Text auszugehen, der prototypische Funktionen für die entsprechende Gattungskonstitution und -geschichte gehabt hat, und dabei die jeweilige historische Situation, in der dieser Text entsteht und zeitlich primär rezipiert wird, im Blick auf vorliegende Bedürfnisdispositionen und -orientierungen soweit als möglich zu rekonstruieren.

Der Prototyp der literarischen Gattung ,Utopie' in der Neuzeit, Thomas Morus' *Utopia* (1516), kann dabei eine exemplarische Rolle spielen.[10] Ich gehe vornehmlich von dem zeitgenössischen Interesse des Textes bei seinem Erscheinen im frühen 16. Jahrhundert aus und nehme diese Rezeption als Indiz sowohl für die Erfüllung bestimmter Bedürfnisorientierungen als auch für das Hervortreten neuer Bedürfnisse in einer zahlenmäßig kleinen Schicht gebildeter Humanisten und zeitgenössischer Funktionsträger.

Um das prototypische Wirkungspotential der *Utopia* zu verstehen, untersuche ich zunächst ihre Funktion im literarischen Systemzusammenhang (wobei ich mich vornehmlich auf Ergebnisse einer Arbeit von Gudrun Honke zur Primärrezeption der *Utopia* im frühen 16. Jahrhundert stütze)[11]; danach skizziere ich die Rolle der *Utopia* im historisch-thematischen Diskussionszusammenhang (unter Aspekten gesamtgesellschaftlicher Funktion). Die Analysen der Funktionen im Teilsystem ,Literatur' und der im sozialen Gesamtsystem bleiben aufeinander zu beziehen. Sie verweisen auf die Polyvalenz und Komplexität des *Utopia*-Textes selbst als Bedingung der Möglichkeit für seine funktionale Aktualisierung im Sinne der ,ästhetischen' Funktion.[12]

---

9 Ebd., S. 222. Vgl. dazu auch Hondrich, Menschliche Bedürfnisse, S. 32 ff.
10 Als Textgrundlage wähle ich die kritische Ausgabe der *Utopia*. In: The Complete Works of St. Thomas More. Vol. 4, ed. by Edward Surtz, Jack H. Hexter. New Haven. London 1965; sowie die bereits zitierte deutsche Übersetzung: Morus, *Utopia*.
11 Die Rezeption der *Utopia* im frühen 16. Jahrhundert. In: Utopieforschung, Bd. 2, S. 168–182.
12 Zum Verhältnis von deutschsprachiger und lateinischer Literatur vgl. Gerhard Hess: Deutschlateinische Narrenzunft. Studien zum Verhältnis von Volkssprache und Latinität in der satirischen

II

Im literarischen Kommunikationssystem des frühen 16. Jahrhunderts hat die *Utopia* oppositive, selektive und (gattungs)synthetisierende Funktionen. Alle drei Funktionen sind Bedingungen für die Möglichkeit, dass die *Utopia* als Prototyp für eine künftige literarische Gattung ‚Utopie' gattungsbildend werden konnte.

Eine oppositive Funktion gegenüber anderen zeitgenössischen literarischen Formen (vor allem gegenüber vielen volkssprachigen Texten, etwa der reformatorischen Flugschriftenliteratur)[13] hat die *Utopia* aufgrund ihrer Latinität und durch die bei den Rezipienten implizit (und zu Recht) erwarteten hohen Bildungsvoraussetzungen. Untersucht man die mit der *Utopia* gedruckten Begleitbriefe[14] und die im Zusammenhang der *Utopia*-Publikation gewechselten Briefe der zum Teil mit Morus befreundeten oder bekannten Humanisten, etwa von Erasmus, Petrus Aegidius (Peter Gilles), Buslidius (Jérôme Busleyden), Budaeus (Guillaume Budé) oder Beatus Rhenanus[15] und die ersten Übersetzungen, vor allem die erste deutsche von Claudius Cantiuncula (Basel 1524), wird deutlich, dass der zeitgenössische Kommunikationskreis der *Utopia* in erster Linie aus hochgebildeten, an der Antike orientierten und geschulten Gelehrten und wissenschaftlich interessierten hohen Funktionsträgern, vor allem Juristen in der Verwaltung und in hohen Staatsämtern besteht. Diese Gruppe der humanistischen Intelligenzschicht ist zwar in sich nicht so abgeschlossen wie um 1600[16], aber

---

Literatur des 16. Jahrhunderts. München 1971. Neuere Forschungsliteratur: Marina Leslie: Renaissance Utopias and the Problem of History. Ithaca 1998; Dietmar Herz unter Mitwirkung von Veronika Weinberger: Thomas Morus. Zur Einführung. Hamburg 1999 (dort weitere Literatur); Saage, Utopische Profile. Bd. I; Thomas Morus: Utopia e Renascimento. No. 5. Hrsg. von Carlos Eduardo Ornelas Berriel. Campinas 2008 (Dossier: Utopia, Reforma e Contra-Reforma); Schölderle, Utopia und Utopie.

13 Zur deutschsprachigen Literatur vgl. Flugschriften der Bauernkriegszeit.Hrsg. von Adolf Laube, Hans Werner Seiffert, Akademie der Wissenschaften. Berlin 1975.

14 Vgl. The Complete Works of St. Thomas More. Vol 4 (UTOPIA), S. 2–15; 21–37. Bei diesen Begleitbriefen handelt es sich um von Erasmus angeforderte Briefe.

15 Vgl. Edward Surtz: Utopia as a Work of Literary Art. In: The Complete Works, S. CXLVII ff.

16 Vg. Erich Trunz: Der deutsche Späthumanismus um 1600 als Standeskultur (zuerst 1931). In: Deutsche Barockforschung. Dokumentation einer Epoche. Hrsg. von Richard Alewyn. Köln 1965, S. 147–181; Heinrich Kramm: Besitzschichten und Bildungsschichten der mitteldeutschen Städte im 16. Jahrhundert. In: Vierteljahrsschrift für Wirtschaftsgeschichte 51 (1964), S. 164; S. 454–491. Außerdem: Heinz Entner: Zum Dichtungsbegriff des deutschen Humanismus. Theoretische Aussagen der neulateinischen Poetik zwischen Konrad Celtis und Martin Opitz. In: Grundpositionen der deutschen Literatur im 16. Jahrhundert. Hrsg. von Ingeborg Spriewald u. a. Berlin. Weimar 1972, S. 335 ff.; Werner Lenk: ‚Ketzer'-Lehren und Kampfprogramme. Ideologie-

insgesamt handelt es sich bei den Rezipienten der *Utopia* um Leser, die man als ‚Gesprächsteilnehmer' von Morus bezeichnen kann im Sinne einer „[...] implicit fellowship between author and audience".[17] Die historisch wichtige Rolle dieser Rezipienten bedarf zudem besonderer Aufmerksamkeit:

> Die humanistischen ‚docti' stehen am Anfang der Geschichte der nicht mehr kirchlich gebundenen neuzeitlichen Intelligenz: [...] ‚Gelehrsamkeit' im weitesten Sinne wird zum Ausweis der neuen bürgerlichen Führungselite und rechtfertigt ihre Stellung neben dem Adel am Fürstenhof. Das gilt sowohl für die Selbsteinschätzung dieser Gruppe wie für ihre Einschätzung durch den Adel.[18]

Die Rolle der neuen weltlichen Intelligenz – die das Selbstbewusstsein einer Zwischenschicht (vor allem zwischen feudalen und handelsbürgerlichen Gruppen) entwickelt – wird besonders deutlich, wenn man sie im Kontext des historischen Übergangs von ständisch-stratifikatorischen zu modern-funktionalen Tendenzen sieht. Zugleich ist die philologische Quellenkritik der Gelehrten eine Voraussetzung für mögliche Dogmenkritik in der Auseinandersetzung mit der Spätscholastik.

Die selektive Funktion im Literatursystem des 16. Jahrhunderts ist mit der oppositiven verbunden. Dabei lässt sich zunächst hervorheben, dass die überwiegende Zahl der Rezipienten die *Utopia* zu den ‚literarischen' Texten im Sinne des Fiktiv-Erfundenen rechnet und damit gegen expositorische Texte, z. B. gegenüber einer juristischen Fachprosa, abgrenzt. Die etwa in der Vorrede zur *Utopia* (Thomas Morus grüßt Petrus Aegidius) eingebauten ironischen Fiktionssignale (bei der Diskussion der Quasi-Authentizität des Textes) werden entsprechend entschlüsselt und rezipiert.[19] Insgesamt wird die *Utopia* in der Tradition der antiken dialogischen satirischen Literatur gesehen und das Horazische ‚Prodesse et Delectare', wie bei Morus selbst, als Lese-Leitfaden empfohlen. Der besondere Status und spezifische Charakter seiner Satire lässt sich deshalb genauer be-

---

entwicklung im Zeichen der frühbürgerlichen Revolution. Berlin 1976, S. 13 ff.; Grimm, Literatur und Gelehrtentum in Deutschland, S. 13 ff und den Beitrag von Elias, Thomas Morus' Staatskritik.
17 Surtz, Utopia as a Work, S. CLIII; Ferdinand Seibt (Utopia. Modelle totaler Sozialplanung. Düsseldorf 1972, S. 29) hat im Blick auf Morus „vom Selbstbewußtsein humanistischer Intellektualität" gesprochen.
18 Jan Dirk Müller: Gedechtnus. Literatur und Hofgesellschaft um Maximilian I. München 1982, S. 50; S. 37 f., vgl. insgesamt ebd., S. 48 ff.
19 Vgl. The Complete Works of St. Thomas More, S. 38–45; in der deutschen Übersetzung von Heinisch, S. 13–16. Zur Diskussion von Fiktionsproblemen vgl. die Begleitbriefe von Budaeus und Buslidius (The Complete Works, S. 4–15; S. 32–37).

stimmen, wenn die Parallelen und Unterschiede sowohl zur antiken Tradition als auch zur Satire des 16. Jahrhunderts hervorgehoben werden.[20]

Charakterisiert man die Satire generell als „sprachliche Auseinandersetzung mit einer bedrohlichen Wirklichkeit"[21] durch Ironie, Hyperbel und Groteske mit dem Ziel einer Bewusstseinsänderung des Rezipienten im Sinne von Aufklärung über den ‚wahren' Zustand der historischen Realität, wird die Satire im 16. Jahrhundert pointiert didaktisch-moralisch akzentuiert.[22] Dabei spielt die Konfrontation des negativ beurteilten satirischen Objekts mit einer verbindlichen Norm als Gegenüberstellung von in Sünde gefallener lasterhafter Menschheit und christlichen Tugenden noch eine Hauptrolle. Die Konfrontation des Lobes der Tugend mit der Kritik des Lasters in diesem Sinn (Tugendlohn und Sündenstrafe) wird deshalb auch von mehreren zeitgenössischen Rezipienten als strukturbestimmendes Merkmal der *Utopia* angesehen.[23]

Einen anderen Akzent erhält die Satire-Interpretation der *Utopia*-Rezipienten allerdings dort, wo, wie bei Budaeus, nicht mehr nur auf die zu kritisierenden individuellen Schwächen der Einzelnen gezielt, sondern der von Morus entworfene Idealstaat insgesamt als Norm für die Kritik am christlichen Europa deklariert und die Frage aufgeworfen wird, warum man im christlichen Europa nicht jenen christlichen Lehren folge, die im Staat der Utopie verwirklicht worden seien. Utopia erscheint damit als normative (positive) Gegenwelt, die eine neue Qualität offenbart: Satire tendiert zur konstruktiven ‚Utopie'. Solche Gegenwelt-Interpretationen lassen sich auch unter Anspielung auf die glückseligen Inseln und elysischen Gefilde beobachten, wenn Budaeus in einem Brief an Thomas Lupset Utopia unterhalb der himmlischen aber oberhalb der jetzt bekannten Welt an-

---

20 Zur Rolle und Tradition der satirischen Literatur bei Morus vgl. vor allem die Analysen von Robert C. Elliott: Die Gestalt Utopias. In: Der utopische Roman. Hrsg. von Rudolf Villgradter, Friedrich Krey. Darmstadt 1973, S. 104–125 (zuerst 1963); Theodor S. Dorsch: Sir Thomas Morus und Lucian. Eine Interpretation der ‚Utopia'. In: Interpretationen. Englische Literatur von Thomas Morus bis Lawrence Sterne. Hrsg. von Willi Erzgräber. Frankfurt am Main 1970, S. 16–35 (zuerst 1967); Hans Ulrich Seeber: Wandlungen der Form in der literarischen Utopie. Studien zur Entfaltung des utopischen Romans in England (Göppinger Akademische Beiträge 13). Göppingen 1970; und Willi Erzgräber: Thomas Morus: ‚UTOPIA'. In: ders.: Utopie und Anti-Utopie, S. 24–58.
21 Ulrich Gaier: Satire. Studien zu Neidhart, Wittenwiler, Brant und zur satirischen Schreibart. Tübingen 1967, S. 350; außerdem Hess, Deutsch-lateinische Narrenzunft und Jürgen Brummack: Zu Begriff und Theorie der Satire. In: DVjS 45 (1971) (Sonderheft Forschungsreferate), S. 275–377.
22 Vgl. Brummack, Zu Begriff und Theorie der Satire, S. 386 ff.
23 Vgl. Honke, Die Rezeption der *Utopia*, S. 67 ff.

siedelt: „[...] a kind of heavenly life which is below the level of heaven but above the rabble of this known world."[24]

Nimmt man die Hinweise im Zusammenhang mit der Fiktionalitäts-/Authentizitätsdiskussion (Wahrheits- und Herausgeberfiktion) bei Morus und Anspielungen im Text auf Plato und Aristoteles sowie auf Traditionen der phantastischen und/oder satirischen Reiseliteratur in der Antike (Jambulos, Lukian) hinzu (vgl. die Rolle des Erzählers Hythlodaeus)[25], lassen sich Elemente utopischen Erzählens ausmachen, die für die künftige Gattungsbildung der literarischen Utopie besonders wichtig werden.

Mit Nachdruck bleibt allerdings darauf hinzuweisen, dass Begriffe wie ‚Utopie' und ‚utopisches Erzählen' im 16. Jahrhundert noch nicht unter Gesichtspunkten historischer Antizipation, sondern allein unter Gesichtspunkten normativer Gegenbildkonzepte zu verstehen sind.

Außer der satirischen und einer daraus partiell abgeleiteten (‚utopischen') Gegenwelt-Funktion verweist die Rezeption der *Utopia* im 16. Jahrhundert noch auf eine dritte, *pragmatische* Funktionsmöglichkeit, indem der Text als Reformschrift, konkret als staatstheoretische Abhandlung aufgefasst wird. Neben Äußerungen in einzelnen zeitgenössischen Briefen lässt sich dieser Aspekt am deutlichsten in der ersten deutschen Übersetzung von Claudius Cantiuncula (Basel 1524) beobachten.[26] Der Jurist Cantiuncula übersetzt bezeichnenderweise nur den zweiten Teil der *Utopia* und beachtet literarisch-fiktionale Momente nicht. Stattdessen ordnet er die *Utopia* in die Reihe theoretischer Staatsentwürfe und politischer Verfassungen (etwa der griechischen Stadtstaaten) ein, und sein Hauptinteresse richtet

---

24 Briefe vom 31.7.1517. In: The Compete Works of St. Thomas More, S. 13; vgl. Manuel, Utopian Thought in the Western World, S. 132. Auch Buslidius preist in einem Brief an Morus die im Gegensatz zur historischen Realität vorzüglichen und außergewöhnlichen Qualitäten seines Idealstaats-Entwurfs: „In no other way could you have better or more rightly secured this object than by holding up before reasonable mortals themselves that ideal of a commonwealth, that pattern and perfect model of morality, whose equal has never been seen anywhere in the world for the soundness of its constitution, for its perfection, and for its desirability." (Brief von 1516. In: The Complete Works, S. 32–35).
25 Zur Tradition der antiken Utopie: Horst Braunert: Theorie, Ideologie und Utopie im griechisch-hellenistischen Staatsdenken. In: Geschichte in Wissenschaft und Unterricht 14 (1963), S. 145–158; Bernhard Kytzler: Utopisches Denken und Handeln in der Klassischen Antike. In: Der utopische Roman, S. 45–68; Herzog, Überlegungen zur griechischen Utopie.
26 „Von der wunderbarlichen Insel Utopia genant/das ander Buch/durch den wolgebornen hochgelerten herren thomas Morū fryhern/un des durchlügtigstē/großmechtigsten künigs zu Engellandt Schatzmeister erstlich zu Latin gar kürtzlich beschriben vnd ußgelegt. In der loblichen Statt Basel vollendet." [Basel 1524]. Reprint dieser Ausgabe: Thomas Morus: Von der wunderbaren Insel Utopia. Hrsg. von Heiner Höfener. Hildesheim 1980. Vgl. dazu Honke, Die Rezeption der Utopia, S. 176 f.

sich auf die im Staat der Utopier praktizierten Rechtsinteressen. Von da aus erkennt Cantiuncula zwar das Beispielhafte der Rechtspraxis in der *Utopia* (s. Dedikationsschreiben an den Bürgermeister und Rat der Stadt Basel), aber er interpretiert deren soziale Gesamtstruktur nicht im Sinne einer positiven, wirklichkeitskritischen Norm. Der Text der *Utopia*, in dem eine deutliche Spannung zwischen den beiden Hauptteilen besteht (im ersten Teil lässt Morus eine hochaktuelle und politisch brisante Diskussion über zeitgenössische Missstände in England führen; im zweiten folgt die Vision eines mit ironischen Vorbehalten präsentierten ‚idealen' Staatsentwurfs), verweist ebenso wie die pragmatische Rezeption durch Cantiuncula auf den Gesamtzusammenhang der politischen Reformdiskussionen, in dem sich Morus' *Utopia* und deren Leser am Beginn des 16. Jahrhunderts befinden. Zeitgenössische ‚Reformdiskurse' verschiedenster Art konkurrieren unter Berufung auf antike und christliche Modelle miteinander. Während Morus diese ‚Konkurrenzen' in der *Utopia* selbst thematisiert und sich im Übergang vom ersten zum zweiten Teil seines Textes für den ‚utopischen Diskurs' entscheidet (radikales Gegenbild zur europäischen Realität), nimmt Cantiuncula dem Text die inhärente Spannung und ordnet ihn (im Sinne eines juristischen Diskurses über vorbildliche Rechtspraxis) einseitig den Reformschriften zu.[27]

Betrachtet man die drei angedeuteten zeitgenössischen Interpretationsweisen der Utopia einerseits im Sinne von spezifischen Selektionsleistungen, bleibt andererseits (unter Gesichtspunkten der Funktion des Textes im literarischen Kommunikationssystem des frühen 16. Jahrhunderts) die synthetisierende Funktion der Utopia besonders hervorzuheben. Das unter Aspekten prototypischer Funktionen des Textes entscheidende Merkmal dürfte darin bestehen, dass Morus vornehmlich die drei charakterisierten genrespezifischen Elemente (Satire, utopische Erzählung, Reformschrift als staatstheoretische Abhandlung) selektiv aufnimmt und gleichzeitig in der Weise synthetisiert, dass damit die Voraussetzung für den künftigen Gattungsbildungsprozess der Gattung ‚literarische Utopie' geschaffen wird. In welcher Weise die *Utopia* allein auf der literarischen Formebene Synthetisierungsleistungen erbringt, ließe sich durch Berücksichtigung weiterer Genreelemente (historiographische, panegyrische, geographische) und auf Grund genauer Textanalysen im Einzelnen zeigen. Sinnvoll wäre in diesem Zusammenhang darüber hinaus ein Vergleich mit anderen zeitgenössischen Autoren, vor allem mit Erasmus. Um dies nur anzudeuten: Schreibt Erasmus einerseits im *Encomium Moriae* (1511) ein satirisches Werk und andererseits in der *Institutio Principis Christiani* (1515) einen politischen Fürsten-

---

[27] Jörg Jochen Berns (Utopie und Polizei, S. 105 f.) hat zu Recht betont, dass Cantiuncula mit der Übersetzung und Edition lediglich des zweiten Teils der *Utopia* deren literarischen Charakter verändert und damit zugleich auch die künftige Rezeption vor allem dieses Teils eingeleitet habe.

spiegel, so ‚antwortet' Morus mit seiner *Utopia* (1516) in der Art einer Synthese beider literarischen Formen.[28]

III

Die Analyse der prototypischen Funktionen der *Utopia* im sozialen Gesamtsystem des frühen 16. Jahrhunderts ist erheblich schwieriger als die einer Funktionsbestimmung im literarischen System. Gesellschaftliche Funktionen von Texten im Sinne stringenter Ideenkausalität sind nur sehr bedingt abzuleiten. Für die Untersuchung der *Utopia* könnte deshalb jene vermittelnde Ebene von Themenbereichen gewählt werden, die im Text hauptsächlich diskutiert sind. Solche Themenbereiche gehören zu historischen Diskurs- und Vorstellungssystemen, in denen sich veränderte Bedürfnisdispositionen und neue Bedürfnisorientierungen artikulieren.[29]

Betrachtet man diese vermittelnden Themenbereiche bei Morus und in der zeitgenössischen Rezeptionsdiskussion, lassen sich auch hier sowohl bestimmte Selektionen als auch eine spezifisch synthetisierende Konstruktion von Diskurselementen beobachten. Entscheidend ist dabei, dass die präsentierten Themenbereiche in aktuellen Diskussionszusammenhängen in der frühen Neuzeit stehen und die zukünftige Geschichte utopischer Erzählungen maßgeblich bestimmen.

Hauptthemen und Diskussionsbereiche sind:
- Möglichkeiten einer neuen politischen Ordnung und deren verfassungsgemäße Institutionalisierung.[30]

---

28 Vgl. dazu Werner Welzig: Einleitung. Das Lob der Torheit. In: Erasmus von Rotterdam. Ausgewählte Schriften. 8 Bde. Lateinisch und Deutsch. Hrsg. von Werner Welzig. Bd. 2. Darmstadt 1975, S. XIV; und ders.: Einleitung. Die Erziehung des christlichen Fürsten. In: Erasmus von Rotterdam. Ausgewählte Schriften. Bd. 5. Darmstadt 1968, S. XV. Zu den parallelen Intentionen von Morus und Erasmus vgl. außerdem James H. Hexter: The Composition of Utopia. In: The Complete Works of St. Thomas More, S. LVIIff.; Russell Ames: Citizen Thomas More and his ‚Utopia'. New York o. J., S. 105 ff; außerdem Peggy Currey Meerse: The Ideal of Order and the Process of Experience in More's UTOPIA. Diss. Phil. University of Illinois at Urbana-Champaign 1972, S. 49 ff.; Stephen Greenblatt betont insbesondere die spannungsreiche Balance der *Utopia* von christlichem Humanismus und „Realpolitik". Sie fungiere als ein Spielplatz: „More's act of self-fashioning is precisely an act of self-cancellation, just as his [most daringly iconoclastic] fantasy expresses his most insistent desire for absolute order." (Stephen Greenblatt: Renaissance self-fashioning. From More to Shakespeare. ²1984, S. 57)

29 Zu den Methoden und Problemen mentalitätsgeschichtlicher Forschung, die hier intendiert ist, vgl. Reichardt, Histoire de Mentalités.

30 Schon in Platons *Politeia* besteht „das Geschäft des Staates [...] darin, das Nebeneinanderleben in ein geordnetes Durch und für einander leben zu verwandeln." (Friedrich Daniel Schleiermacher: Einleitung zur Übersetzung Der Staat. Berlin 1828 [Neudruck Berlin 1987], S. 3–48; hier S. 10.

- Der Entwurf einer Eigentumsverfassung auf der Basis des Güterkommunismus, ohne Privateigentum in der Unterordnung des Einzelnen unter das Gemeinwohl.[31]
- Die Konzeption einer Sozialordnung, die einerseits die Rolle von Arbeit (und die Dichotomie von Arbeit und Freizeit) hervorhebt, andererseits aber Gewinnstreben ablehnt. Dies kann in der Praxis nur gelingen, wenn die Menschen sowohl in der Gemeinschaft als auch persönlich als Individuen ein und dasselbe Ziel verfolgen.[32]
- Das Modell einer äußeren und inneren Friedensordnung durch Vermeiden von Kriegen und – mit Einschränkungen (Atheismus-Verbot) – Gewähren von religiöser Toleranz.[33]

Der erste Themenbereich lässt sich als umfassend in dem Sinn bezeichnen, dass er die prinzipiellen Rahmenbedingungen auch für die anderen Bereiche angibt. Das Entscheidende ist das Moment der zweckrationalen Konstruktion eines politischen Rechts- und Verfassungssystems ohne (zusätzliche) theologische Legitimierung. Dies hat (trotz der Anklänge an christliche und monastische Traditionen im Einzelnen)[34] ‚Säkularisierung' zur Folge in dem Sinn, dass Fragen der Ökonomie (Eigentumsordnung, Arbeit) und des Rechts (Gleichheit, religiöse Toleranz) in den Mittelpunkt rücken und das Moment des Funktionalen eindeutig dominiert.[35] Wenn Cantiuncula in seiner deutschen Übersetzung 1524 die beispielhafte Rechtspraxis der *Utopia* rühmt und andere zeitgenössische Rezipienten das Besondere der *Utopia* in der Aufhebung des Privateigentums und dem Entwurf einer Friedensordnung sehen, dokumentiert dies – ohne dass der Prozess der Verweltlichung selbst thematisiert wird – das Interesse an jener säkularen, funktional organisierten, politischen, ökonomischen und sozialen Ordnung, die der theologischen Grundlegung nicht mehr bedarf.

---

31 Auch hier schließt Morus prinzipiell an Traditionen von Platon und Aristoteles an: individuelle Freiheit ist die „Freiheit zur Polis, die das gemeinsame Interesse aller ist. Sie gibt die Würde, die jeder in der Verantwortung für die Polis trägt. Es ist die Freiheit für die Aufgaben der Polis, die dem einzelnen das Bewußtsein gibt, daß die Polis in ihm lebt." (Rudolf Bultmann: Das Urchristentum im Rahmen der antiken Religionen. Reinbek bei Hamburg 1962, S. 100).
32 Vgl. Aristoteles: „Politik." Buch VI/VIII. Über die beste Verfassung. Übersetzt und erläutert von Eckart Schütrumpf. Darmstadt 2005 (Aristoteles. Werke, Bd. 9), S. 11–62.
33 Dies setzt allerdings Einschränkungen einer vorherrschenden, an Epikur orientierten hedonistischen Grundhaltung (Glücksanspruch mittels eines „patriarchalischen Theimus") voraus, da grundsätzlich von der Gemeinschaft her gedacht wird. (Vgl. Herz, Thomas Morus zur Einführung, S. 100 und Anm. 31).
34 Vgl. Surtz, Utopia as a Work, S. CLXV ff.; Seibt, Utopica, S. 36 ff.
35 Zum säkularen Charakter der *Utopia* vgl. Elias, Thomas Morus' Staatskritik.

Dass die Konstruktion im Sinne einer „Rationalisierung und Pazifizierung sozialen Handelns"[36] zu Konsequenzen führt, die bis in Einzelheiten das Utopia-Modell bestimmen, lässt sich an den Regeln für Verhaltensweisen und Handlungsanleitungen oder an den Ausschließungsmechanismen (Arbeitsgebot, Straf- und Sklavensystem) ablesen. Säkulare Vernunft offenbart zugleich ihren instrumentellen Charakter.

Versucht man, diesen zentralen Themen- und Diskussionsbereich bei Morus unter Funktionsgesichtspunkten im bewusstseins- und gesellschaftsgeschichtlichen Kontext des 16. Jahrhunderts zu skizzieren, lassen sich einerseits sozialstrukturelle Korrelationen und andererseits neuorientierende Reaktionen im Sinne einer Antwort auf die Realität hervorheben.[37] Korrelationen insofern, als die Diskussion von Ausdifferenzierungsprozessen bei Morus (politische Verfassung, ökonomische Struktur, Rechtssystem) Entflechtungsprozesse im Sinne sozialer Differenzierung traditioneller Strukturen des späten Mittelalters und der frühen Neuzeit reflektiert. Die Entstehung und Herausbildung von Teilsystemen wie ‚Recht' und ‚Ökonomie' sind konstitutiv für die Ablösung des mittelalterlichen Universalismus zugunsten einer zunehmenden Ausdifferenzierung in Gesellschaften der Moderne. Die Etablierung dieser funktionsspezifischen Teilsysteme wirft nicht nur die Frage ihrer jeweiligen Rollenidentität und wechselseitigen Rollenabgrenzung auf, sondern auch Probleme des „funktionalen Primats" im „gesamtgesellschaftlichen Funktionshaushalt"[38]. Morus zeigt hier eine bemerkenswerte Korrespondenz zur Entstehung der Moderne insofern, als das Problem des „funktionalen Primats" (Politik, Recht, Ökonomie, soziale Wohlfahrt) noch in der Schwebe bleibt und selbst Thema der *Utopia* ist.[39]

---

36 Michael Wolf: System und Subjekt. Aufbau und Begrenzung von Subjektivität durch soziale Strukturen. Frankfurt am Main 1977, S. 214.
37 Zu den Funktionsmöglichkeiten von Utopien in der Neuzeit vgl. insgesamt Thomas Nipperdey: Die Funktion der Utopie im politischen Denken der Neuzeit. In: Archiv für Kulturgeschichte 44 (1962), S. 357–378; ders.: Die UTOPIA des Thomas Morus und der Beginn der Neuzeit. In: Reformation, Revolution, Utopie. Studien zum 16. Jahrhundert. Göttingen 1975, S. 113–146.
38 Vgl. dazu allgemein: Luhmann: Evolution und Geschichte. In: ders.: Soziologische Aufklärung 2, S. 150–160; ders.: Identitätsgebrauch in selbstsubstitutiven Ordnungen, besonders Gesellschaften. In: Identität. Hrsg. von Otto Marquard und Karl Heinz Stierle (Poetik und Hermeneutik VIII). München 1979, S. 328 ff.; Hartmann Tyrell: Anfragen an die Theorie der gesellschaftlichen Differenzierung. In: Zeitschrift für Soziologie VII (1978), S. 188.
39 Im Unterschied zum Platonischen Staat (als „Verwirklichung einer sittlichen Idee, der Gerechtigkeit") einerseits und zu Macchiavellis „reinem Machtstaat" andererseits hat Paul Joachimsen (Die Bedeutung des antiken Elements für die Staatsauffassung der Renaissance. In: ders.: Gesammelte Aufsätze, ausgewählt und eingeleitet von Notker Hammerstein. Aalen 1970, S. 297) den Entwurf der *Utopia* eindeutig als „Wohlfahrtsstaat" charakterisiert.

Historische „Prozesse der Trennung" und „inneren Pluralisierung"[40], wie sie die Geschichte der Ausdifferenzierung und höheren Spezifikation von Teilsystemen in der frühen Neuzeit mit sich bringen, treiben andererseits sogleich das Bedürfnis nach neuen Sinnsynthesen hervor. Der umfassende Säkularisierungsprozess, wie er sich am Beginn der Moderne ankündigt, erzeugt ebenso wie der Vorgang sozialer Differenzierung „einen gesteigerten Bedarf an sinnhafter Koordination" und Deutung.[41] Dabei spielt die Frage möglicher (neuer) Handlungslegitimationen, nachdem die überlieferten nicht mehr ausreichen, eine entscheidende Rolle. Von daher lässt sich die *Utopia* auch als historische ‚Antwort' in dem Sinn bezeichnen, als hier ein ‚konstruktives' Sinnangebot gemacht wird. Entscheidend ist dabei, dass an die Stelle von Religion – als traditionell zentralem Medium der Sinnkonstitution – eine spezifische Form von Literatur tritt, die verschiedene Elemente aus unterschiedlichen diskursiven Feldern, vor allem wissenschaftlichen, verbindet und synthetisiert.[42] Die *Utopia* macht den epochalen Diskurswechsel im Text selbst deutlich, indem der ökonomische bzw. juristische Diskurs den theologischen ablöst. Die zunehmende Nichtidentität von Politik, Religion und Wirtschaft in der Realität wird im Text reflektiert; die literarische Form dieser Reflexion liefert ein Medium der Selbstverständigung und Selbstvergewisserung selbstbewusster Gruppen des gelehrten und gebildeten Verwaltungsbürgertums im 16. Jahrhundert.

Sicherlich dokumentiert die Konzeption der *Utopia* auch den Anspruch der frühneuzeitlichen Intelligenz auf rationale Planung von Gesellschaft und damit zugleich den Anspruch auf eine politische Führungsrolle für diese Gruppe selbst. Im Horizont einer historischen Situation, die durch die allmähliche Auflösung der überlieferten Ordnung geprägt ist und die für Zeitgenossen Züge des Chaotischen und Irrationalen zeigt, enthält die *Utopia* als „funktionelle Totalität"[43] ein ratio-

---

[40] Vgl. Tyrell, Anfragen an die Theorie der gesellschaftlichen Differenzierungen, S. 182 ff.; außerdem prinzipiell: Elias: Über den Prozeß der Zivilisation. Soziogenetische und psychogenetische Untersuchungen. Bd. I, II. Frankfurt am Main ²1977.
[41] Gerd Birkner: Texte in einem Prozeß sozialer Evolution. Ms. Hannover 1980, S. 6; vgl. dazu prinzipiell: Talcott Parsons: Das System moderner Gesellschaften. München 1972.
[42] Dass es sich, bezeichnenderweise (s. die Herausbildung des Teilsystems ‚Wissenschaft' in der frühen Neuzeit), um vornehmlich wissenschaftliche Diskurselemente handelt (etwa aus der Jurisprudenz, Ökonomie), dürfte charakteristisch sein für die Funktion, die dieser Text haben konnte. Zu Recht hat Jörn Rüsen in Diskussionen darauf hingewiesen, dass gerade im Zusammenhang mit Säkularisierungsvorgängen auch Wissenschaft als Strategie von Sinnbildung an die Stelle von Religion treten kann, dass sich jedoch andererseits Religion durch Wissenschaft nicht vollständig substituieren lässt.
[43] Nipperdey, Die Funktion der Utopie, S. 371.

nales, ‚konstruktives' Ordnungsangebot. Ob der in der *Utopia* formulierte Anspruch zugleich als Ausdruck der Erfahrung eigener Ohnmacht der neuen weltlichen Intelligenz anzusehen ist, wäre im Einzelnen zu untersuchen. Gegenüber einer noch de facto vorhandenen feudalen Herrschaftsordnung und Gewaltpolitik bleibt politische Rationalität im frühen 16. Jahrhundert eine noch weitgehend uneinlösbare Forderung.[44]

Weder die *Utopia* noch die künftige Geschichte der literarischen Utopie lassen sich zureichend analysieren, ohne die Rolle der weltlichen Intelligenz zu beachten. Ferdinand Seibt und Thomas Nipperdey haben darauf nachdrücklich hingewiesen.[45] Die Geschichte der Utopie als Geschichte der europäischen Intellektuellen bleibt allerdings noch zu schreiben. Dass es hier besondere Affinitäten gibt, mag mit der sozialen Rolle von Intellektuellen zu tun haben, die, folgt man einer Feststellung Niklas Luhmanns (in der Weiterführung von Karl Mannheim), „qua Distanz, qua Abstraktionsvermögen und vielleicht auch qua Neigung zur Kontroverse [...] eher als andere Gruppierungen der Gesellschaft Kontingenzen formulieren, Variation am semantischen Material anbringen und so evolutionäre Veränderungen auslösen" können.[46]

IV

Die funktionale Rolle der *Utopia* im literarischen und gesamtgesellschaftlichen Zusammenhang verweist stets zurück auf den Text selbst als Bedingung der Möglichkeit einer prototypischen Aktualisierung. Ein Höchstmaß an (strukturierter) Selektivität im Text ist mit einem Höchstmaß an Offenheit für Interpretationsmöglichkeiten verbunden.

Komplexität und Polyvalenz der *Utopia* sind deshalb zu Recht betont worden.[47] Von den verschiedensten Interpreten werden die formalen und thematischen „Dissonanzen" des Werkes hervorgehoben: Die *Utopia* zeige sich „keineswegs aus einem Guß"[48], diese „Schwebe, in die der Autor den Leser mithineinzieht", mache „offenbar gerade den Sinn des Werkes Utopia aus."[49]

---

44 Vgl. dazu van Dülmen, Die Formierung der europäischen Gesellschaft in der Frühen Neuzeit, S. 9 ff.
45 Seibt, Utopica, S. 29 ff.; Nipperdey, Die UTOPIA des Thomas Morus, S. 130 ff.
46 Luhmann, Gesellschaftsstruktur und Semantik, Bd. I, S. 60.
47 Vgl. Hans Ulrich Seeber: Thomas Morus' „Utopia" (1516) und Edward Bellamys „Looking Backward" (1888): Ein funktionsgeschichtlicher Vergleich. In: Utopieforschung, Bd. 3, S. 370 ff.
48 Bloch, Das Prinzip Hoffnung, S. 602.
49 Nipperdey, Die Utopie des Thomas Morus, S. 123.

Solche Hinweise lassen sich an einer Reihe von Beispielen belegen: Der rationale, subjektfeindliche Institutionencharakter des *Utopia*-Modells etwa steht der selbstbewussten Mentalität seines Autors und seiner gebildeten Rezipienten im 16. Jahrhundert entgegen; das liberale Arbeitskonzept (6-Stunden-Tag) widerspricht der an anderer Stelle geschilderten Zwangsarbeit für Straftäter; die Konzeption einer Friedensordnung will nicht mit gleichzeitig geäußerten Annexionsvorstellungen zusammenstimmen.

Diese Nichteindeutigkeiten korrespondieren mit einer komplexen Fiktionsstruktur und literarischen Darstellungstechniken, die ebenso wenig auf Eindeutigkeit zielen. Im ersten Teil bildet der Polyperspektivismus des Dialogs das strukturdominante Prinzip (gerade die dialogische Konstruktion liefert die Bedingung für verschiedene Lesarten in unterschiedlichen historischen Situationen); im zweiten Teil wird das Gesellschaftsmodell der Utopier aus der berichtenden Perspektive eines phantasiereichen und (selbst)ironischen Erzählers geschildert (der griechische Name des Erzählers „Hythlodaeus" bedeutet „Possenreißer")[50]; die Vorrede schließlich reflektiert ironisch-satirisch die unterschiedlichen Darstellungsebenen und -techniken, indem sie prinzipiell das Problem von Fiktionalität als Quasi-Authentizität thematisiert mit dem Ziel, den Leser über die Fiktionalität des ganzen Textes nicht im Unklaren zu lassen.

Das Hauptmerkmal der *Utopia*, so lässt sich pointiert zusammenfassen, bildet einerseits ihre Selektionsstruktur auf Grund einer Selektion aus unterschiedlichen Diskurselementen und „Konventionsbeständen", die sie „entpragmatisiert",[51] und andererseits ihre selbstironische Angebotsstruktur, die eindeutige Festlegungen vermeidet und Synthetisierungen und Folgerungen dem Leser überlässt. Definiert man mit Jan Mukařovský die „ästhetische Funktion" als eine Art „leeres Prinzip", das unterschiedliche praktische Funktionen aufnehmen und verknüpfen kann[52] und die „außerästhetischen Funktionen zum widerspruchsgeladenen, dynamischen Gleichgewicht des Kunstwerks" zusammenbindet[53], so ist die *Utopia* dadurch konstitutiv bestimmt und ihre prototypische Wirkungsmöglichkeit entscheidend darauf zu-

---

[50] Erzgräber (Thomas Morus: ‚UTOPIA') betont: „Dem Bericht über Utopien liegt kein einheitliches Gestaltungsprinzip zugrunde. Wir müssen mit einer doppelten Perspektive rechnen. Utopia *kann* idealisiertes Gegenbild zu Europa sein, *kann* aber auch als Satire auf die scheinbar so ‚praktischen' Lösungen verstanden werden, die die Vernunft den Utopiern nahelegt."
[51] Vgl. Iser, Der Akt des Lesens, S. 100.
[52] Vgl. Jan Mukařovský: Der Standort der ästhetischen Funktion unter den übrigen Funktionen. In: ders.: Kapitel aus der Ästhetik, S. 120 ff; vgl. dazu Jauß, Versuche im Feld der ästhetischen Erfahrung, S. 167 ff.
[53] Günther, Struktur als Prozess, S. 19; vgl. auch K. Chvatik: Tschechoslowakischer Strukturalismus. Theorie und Geschichte. München 1981, S. 133 ff.

rückzuführen. Als ästhetisches „Organisationsprinzip außerästhetischer Funktionen"[54] ermöglicht die *Utopia* in unterschiedlichen historischen Situationen ebenso Bedürfnissynthetisierungen wie Bedürfniserweiterungen. Der literarische Text stellt „Gußformen für mögliche Erfahrungen zur Verfügung"[55] und erhält dadurch die Bedeutung eines gattungsbildenden Prototyps.

---

54 Günther, Struktur als Prozess, S. 21.
55 Vgl. die Formulierung bei Luhmann, Gesellschaftsstruktur und Semantik, S. 24.

3 Utopische Gattungen als literarisch-soziale Institutionen

Neuere Untersuchungen zur Gattungstheorie und -geschichte haben deutlich gemacht, dass die Probleme literarischer Gattungen nur unzureichend gelöst werden können, wenn man einerseits entweder von normativen, dichtungstypologischen ‚Grundbegriffen' („Naturformen der Dichtung"[1]) oder andererseits von lediglich klassifikatorischen Ordnungs- und Einteilungsprinzipien ausgeht. Vielmehr empfiehlt sich ein ‚historischer' (nicht ‚systematischer') Gattungsbegriff[2], der die Geschichtlichkeit literarischer Gattungen ernst nimmt und sie als historisch bedingte Kommunikations- und Vermittlungsformen, d. h. als soziokulturelle Phänomene interpretiert und beschreibt.[3]

Diese Abkehr von einem ontologisch-anthropologischen oder bloß literaturimmanenten Gattungsbegriff macht sozial- und funktionsgeschichtliche Fragestellungen unabweisbar. Welche Folgerungen sind aus der Tatsache zu ziehen, dass literarische Gattungen ihren „Sitz im Leben"[4] haben? Lässt sich die Beziehung zwischen literarischen Gattungen und gesellschaftlichem Wandel präzisieren? Inwieweit ist die Geschichte von Gattungen durch realgeschichtliche Momente bestimmt? Kann umgekehrt eine Einwirkung literarischer Gattungen auf die historische Realität nachgewiesen werden? Ist eine Gattungspoetik als Gattungsgeschichte möglich?

---

1 Vgl. dazu Klaus R. Scherpe: Gattungspoetik im 18. Jahrhundert. Historische Entwicklung von Gottsched bis Herder. Stuttgart 1968, S. 274; Hans Robert Jauß: Theorie der Gattungen und Literatur des Mittelalters. Hrsg. von Hans Robert Jauß, Erich Köhler. Heidelberg 1973, Bd. I (Generalites), S. 111. Zur Erweiterung der Gattungstrias und Rehabilitierung der literarischen Zweckformen im Rahmen einer „literarischen Formenlehre jenseits der alten Rhetorik und Poetik" vgl. Friedrich Sengle: Vorschläge zur Reform der literarischen Formenlehre. Stuttgart ²1969 (zuerst 1967).
2 Vgl. diese Unterscheidung bei Tzvetan Todorov: Einführung in die phantastische Literatur. München 1972 (Einleitungskapitel: Die literarischen Gattungen), S. 16.
3 Vgl. Harald Weinrich: Thesen zur Textsorten-Linguistik. In: Textsorten. Differenzierungskriterien aus linguistischer Sicht. Hrsg. von Elisabeth Gülich, Wolfgang Raible. Frankfurt am Main 1972, S. 161; Gerhard R. Kaiser: Zur Dynamik literarischer Gattungen. In: Die Gattungen in der Vergleichenden Literaturwissenschaft. Mit Beiträgen von Jörg Ulrich Fechner, Gerhard R. Kaiser, Willy Richard Berger. Hrsg. von Horst Rüdiger. Berlin 1974, S. 34 ff; Hans Kuhn: Art „Gattung". In: Handlexikon zur Literaturwissenschaft. Hrsg. von Diether Krywalski. München 1974, S. 150 f. – Zur neueren Gattungstheorie und zur Gattungsgeschichte vgl. Klaus W. Hempfer: Gattung; Voßkamp: Gattungsgeschichte. In: RL, Bd. I (1997), S. 651–658; außerdem Voßkamp: Utopie. In: Handbuch der literarischen Gattungen. Hrsg. von Dieter Lamping. Stuttgart 2009, S. 740–750.
4 Hermann Gunkel: Form und Gattungen. In: RGG, Bd. II, Sp. 998.

I

Antworten auf diese Fragen sind bisher hauptsächlich unter literatursoziologischen Aspekten zu geben versucht worden; andererseits verweisen auch strukturalistische und rezeptionsästhetische Vorschläge zur Gattungsbestimmung auf sozial- und funktionsgeschichtliche Momente.

Die Produktivität literatursoziologischer (besonders hegelianisch und/oder marxistisch orientierter) Arbeiten zur Gattungsgeschichte lässt sich an exemplarischen Untersuchungen von Georg Lukács, Walter Benjamin, Peter Szondi oder Erich Köhler ablesen. Das methodische Problem ist allerdings dabei – so hat es Peter Szondi im Blick auf eine geschichtsphilosophisch begründete (idealistische) Kunstphilosophie formuliert –, das „Spannungsverhältnis zwischen System und Geschichte"[5] darzustellen, wenn vorausgesetzt wird, dass der historische „Prozess [...] im Material stattfindet und [...] die einzelnen Künste hervorbringt" und „dieser Prozess als Modell beispielhaft auch für die Entwicklung innerhalb der Dichtung", d. h. auch „der einzelnen literarischen Gattungen und Formen" ist.[6] Der Nachvollzug des Prozesses der „Transformation der Wirklichkeit in Kunst" bleibt auch dann schwierig, wenn man in deutlicher Abkehr von jeder vereinfachenden Widerspiegelungsästhetik davon ausgeht, dass das „System der Gattungen" sich „als Ganzes [...] zur Totalität des Wirklichen homolog verhält"[7]. Gerade der Homologie-Begriff Lucien Goldmanns zeigt mit aller Deutlichkeit die nur bedingt mögliche sozialgeschichtliche Interpretation historisch-konkreter Literaturformen (vgl. seine *Soziologie des modernen Romans*[8]), so dass die äußerst komplexe Vermittlungs-Frage (Verwandlung der „extensiven geschichtlichen Totalität in die intensive Totalität des geschlossenen Sinnzusammenhangs der literarischen Werke"[9]) auch im Blick auf das Problem der Gattungen weiter offen bleibt.[10]

---

5 Gattungspoetik im 19. und 20. Jahrhundert. In: Poetik und Geschichtsphilosophie II. Hrsg. von Wolfgang Fietkau. Frankfurt am Main 1974, S. 150f.
6 Hegels Lehre von der Dichtung. In: Poetik und Geschichtsphilosophie I. Hrsg. von Senta Metz und Hans-Hagen Hildebrandt. Frankfurt am Main 1974, S. 479.
7 Erich Köhler: Einige Thesen zur Literatursoziologie. In: GRM 24 (1974), S. 257–264 ; hier S. 260.
8 Zuerst 1964; deutsche Übersetzung: Neuwied 1970. Im Unterschied zu Goldmanns Romansoziologie scheint mir dessen Untersuchung zum klassischen französischen Drama und zu Pascal die Produktivität des Homologie-Begriffs überzeugender zu dokumentieren (vgl.: Der verborgene Gott. Studie über die tragische Weltanschauung in den *Pensées* Pascals und im Theater Racines. Neuwied 1973; frz. Originalausgabe Paris 1955).
9 Erich Köhler: Über die Möglichkeiten historisch-soziologischer Interpretation. In: Methoden der deutschen Literaturwissenschaft. Hrsg. von Viktor Žmegač. Frankfurt am Main 1972, S. 240.

In der formalistischen und strukturalistischen Gattungstheorie haben historische Aspekte zunächst nur eine untergeordnete Rolle gespielt, weil „die generelle Einstellung des Formalismus zur ‚Geschichte' und ‚Geschichtlichkeit' eigentümlich unbestimmt und widersprüchlich blieb"[11]. Allerdings verweisen sowohl die intensive Genre-Diskussion[12] als auch die Theorie der literarischen Evolution auf Probleme des historisch-sozialen Wandels und dessen Beziehung zur Literatur. Der funktionsgeschichtliche Aspekt wird dabei jedoch ausgeklammert, was etwa an der Arbeit von Tzvetan Todorov zur fantastischen Literatur[13] beispielhaft deutlich wird, selbst wenn Todorov an anderer Stelle auf die mögliche Koinzidenz einiger Gattungen mit der „öffentlichen Meinung" hinweist.[14] Von Strukturanalysen ausgehende Untersuchungen tendieren stärker zu einer „Semiotik der literarischen Gattungen", wobei auch die „sozialen Implikationen der Bedeutungszonen von Gattungssignalen" Berücksichtigung finden und als Ziel eine „Sozialgeschichte literarischer Konventionen wie Innovationen" anvisiert wird.[15]

Solche, einen kommunikativen Gattungsbegriff voraussetzenden Arbeiten – hier sei an die Untersuchungen von Klaus W. Hempfer und an die Textsortentheorie Wolf-Dieter Stempels erinnert[16] – sind ohne die Aufnahme und Applikation rezeptionstheoretischer und rezeptionsästhetischer Ergebnisse, wie sie insbe-

---

10 Zur „soziologischen, ‚materialistische[n]' Theorie ästhetischer Leistungen" unter Gesichtspunkten der Gattungsinterpretation vgl. außerdem Heinz Schlaffer: Der Bürger als Held. Frankfurt am Main 1973, S. 7 ff. und S. 150 ff; ders.: Musa iocosa. Gattungspoetik und Gattungsgeschichte der erotischen Dichtung in Deutschland. Stuttgart 1981, S. 4 ff., S. 156 ff. Auch „historische Gattungen sind nicht bloß ‚typische Formen' (Eberhard Lämmert) oder ‚Grundbegriffe' (Emil Staiger); sie gehen nach Schlaffer „von einem bestimmten Weltentwurf" aus, „den die literarische Tradition und nicht ein Kategoriensystem der Dichtungswissenschaft festgesetzt hat." (Musa iocosa, S. 5, Anm. 7).
11 Jurij Striedter: Zur formalistischen Theorie der Prosa und der literarischen Evolution. In: Russischer Formalismus. Texte zur allgemeinen Literaturtheorie und zur Theorie der Prosa. Hrsg. von Jurij Striedter. München 1971, S. LXX.
12 Vgl. etwa Eric D. Hirsch: Prinzipien der Interpretation. München 1972, S. 93 ff.
13 Todorov, Einführung in die phantastische Literatur.
14 Im Blick auf das Wahrscheinlichkeitspostulat bei der Romandefinition Pierre-Daniel Huets; vgl. Tzvetan Todorov: Poetik. In: Einführung in den Strukturalismus. Hrsg. von Francois Wahl. Frankfurt am Main 1973, S. 160.
15 Vgl. Fritz Nies: Das Ärgernis ‚Historiette'. Für eine Semiotik der literarischen Gattungen. Zeitschrift für romanische Philologie 89 (1973), S. 421–439; hier S. 439.
16 Klaus W. Hempfer: Tendenz und Ästhetik. Studien zur französischen Verssatire des 18. Jahrhunderts. München 1972; ders.: Gattungstheorie. Information und Synthese. München 1973; Wolf-Dieter Stempel: Gibt es Textsorten? In: Textsorten, S. 175–179; ders.: Pour une description des genres littéraires. In: Actes du XIIe Congrès International de linguistique romane. Bucuresti 1968. Bukarest 1971, S. 565–569.

sondere in den Arbeiten von Hans Robert Jauß und Wolfgang Iser vorliegen, nicht zu erklären.[17] In der hermeneutisch bestimmten Gattungstheorie von Jauß wird die Geschichte der literarischen Gattungen als zeitlicher „Prozess fortgesetzter Horizontstiftung und Horizontveränderung"[18] definiert, während die phänomenologisch orientierte Rezeptionsästhetik Wolfgang Isers das Problem literarischer Gattungen nicht eigens thematisiert, sondern als prinzipielle Frage der „Fiktion als Kommunikationsstruktur"[19] auffasst. Zwar ergeben sich in beiden Fällen Probleme und Schwierigkeiten der konkreten historischen Anwendung (genaue Rekonstruktion eines geschichtlichen ‚Erwartungshorizonts' bzw. präzise Bestimmung des jeweiligen Interaktionsverhältnisses von Fiktion und Realität), dennoch sind beide Ansätze wichtig auch für eine sozial- und funktionsgeschichtlich orientierte Gattungstheorie und -historie. Eine besondere Rolle können hierbei systemtheoretische Begriffe und Kategorien spielen, wie sie von Iser in die rezeptionsästhetische (allerdings nicht gattungstheoretische) Diskussion eingeführt worden und auch bei Rainer Warning und Karlheinz Stierle zu beobachten sind.[20]

Im Folgenden sollen – unter Berücksichtigung der kurz skizzierten literatursoziologischen, semiotischen und rezeptionsästhetischen Positionen – die wichtigsten Problembereiche einer sozial- und funktionsgeschichtlich orientierten Gattungstheorie in vier Punkten erläutert werden, wobei das besondere Augenmerk auf den historisch-institutionellen Charakter von Gattungen im Sinne literarisch-sozialer Konsensbildungen gerichtet wird. Danach werden am Beispiel zweier utopischer Romangattungen, die im 18. Jahrhundert entstanden sind (Robinsonade und Bildungsroman), einige genauere historische Konkretionen gegeben.

---

17 Vgl. vor allem Jauß: Theorie der Gattungen; Wolfgang Iser: Die Wirklichkeit der Fiktion. In: Rezeptionsästhetik. Theorie und Praxis. Hrsg. von Rainer Warning. München 1975, S. 227–324; ders.: Der Akt des Lesens, S. 87–143.
18 Jauß, Theorie der Gattungen, S. 119 und 124.
19 Iser, Die Wirklichkeit der Fiktion, S. 178.
20 Vgl. Rainer Warning: Rezeptionsästhetik als literaturwissenschaftliche Pragmatik. In: Rezeptionsästhetik, S. 9–41; Karlheinz Stierle: Text als Handlung. Perspektiven einer systematischen Literaturwissenschaft. München 1975, S. 141, Anm. 14.

II

1. Literarische Gattungen können generell als „möglichkeitsreiche Selektionen"[21] verstanden werden, in der die Komplexität des literarischen Lebens auf bestimmte kommunikative Modelle reduziert ist.

In noch deutlicherem Maße als literarische Texte sind Gattungen durch ihre „Selektionsstruktur"[22] charakterisiert, bei der die jeweiligen Dominanten (Text- und Lesererwartungskonstanten) eine entscheidende Rolle spielen und die Geschichte der Gattung weitgehend strukturieren.

Hebt man den reduktiven Charakter bzw. die Selektionsstruktur von Gattungen besonders hervor, muss das Verhältnis der Gattungen jeweils zum literarischen und sozialen Kontext, in dem sie eingebettet sind, genauer bestimmt werden. Die Systemtheorie kann dieses Verhältnis zwar formal angeben (Verhältnis vom einzelnen ‚System' zur ‚Umwelt', d. h. vor allem zu anderen Systemen), für die Abgrenzung und Bestimmung einer Gattung ergibt sich aber jeweils die Notwendigkeit, die literarhistorische und realgeschichtliche Konstellation genauer anzugeben, um das Verhältnis einer besonderen Gattung etwa zu anderen literarischen Gattungen und Texten oder zur historisch-sozialen Lebenswelt präzise beschreiben zu können. Die Analyse der einzelnen Gattung setzt deshalb ihre genaue Bestimmung im jeweiligen literarischen Gesamtsystem einer geschichtlichen Epoche voraus. Dies ist nur möglich, wenn man sich dem hermeneutischen Zirkel stellt, insofern die besondere Gattung nur aus dem System aller vorhandenen, dieses System aber wiederum lediglich aufgrund der genauen Bestimmung einzelner literarischer Formen verstanden werden kann. Gattungsgeschichte zielt daher auf ein prozessuales Verfahren in der Charakterisierung der Abfolge einzelner historischer Momente. Kontinuität und Teleologie können nicht erwartet werden, Ablaufstrukturen von Gegenläufigkeit schon.

Prinzipiell dürfte die Beziehung von einzelner Gattung zum literarischen ebenso wie zum sozialen Kontext als bestimmte Reaktion (‚Antwort') aufzufassen sein, was abbildende oder oppositive (negationsästhetische) Momente mit einschließt.[23]

Versteht man literarische Gattungen als historisch bestimmte „Selektionen", muss vor allem auf den dynamischen Prozess der jeweiligen Reduktionen aufmerksam gemacht werden. Bei der Gattungsbildung und Gattungsge-

---

21 Luhmann: Institutionalisierungs-Funktion und Mechanismus im sozialen System der Gesellschaft. In: Zur Theorie der Institutionen. Hrsg. von Helmut Schelsky. Düsseldorf 1970, S. 29.
22 Vgl. dazu Iser, Die Wirklichkeit der Fiktion, S. 302.
23 Vgl. ebd., S. 303.

schichte handelt es sich deshalb um komplizierte, zur Zukunft hin offene Prozesse permanent möglicher Reduktionen und Stabilisierungen, wobei die Komplexität des gesamten literarischen Lebens unter Produktions- wie Rezeptionsgesichtspunkten „als Reservoir von Möglichkeiten zugleich erhalten wird"[24].

2. Der eigentümliche Gebildecharakter literarischer Gattungen lässt sie unter soziologischen Aspekten als literarisch-soziale Institutionen beschreiben; das dynamische Moment der Gattungsgeschichte verweist auf Institutionalisierungs- und Entinstitutionalisierungsprozesse.[25]

Die Begriffe Institution und Institutionalisierung sind zwar gelegentlich zur Charakterisierung literarischer Gattungen (vgl. René Wellek-Warren)[26] bzw. zur generellen Kennzeichnung literarischer Kommunikationsvorgänge (Rainer Warning)[27] verwendet worden, aber bisher liegt noch keine, auch unter sozialen Funktionsgesichtspunkten befriedigende Theorie der Gattungsgeschichte als literarisch-soziale Institutionengeschichte vor.[28] Diese könnte, von bestimmten Habitualisierungsvorgängen ausgehend[29], die Geschichte literarischer Gattungen als Folge eines Auskristallisierens, Stabilisierens und institutionellen Festwerdens[30] von dominanten Strukturen beschreiben, die durch besondere Merkmale geprägt sind.[31] Wichtig ist dabei einerseits, dass Institutionalisierung dazu dient, „Konsens erfolgreich zu überschätzen [...]", so dass beim Leser oder Hörer entsprechende „Kontinuitätserwartungen"[32] gegenüber Gattungen geweckt werden und andererseits die Unvoraussehbarkeit ihrer Funktionalität deutlich wird.[33] Gattungen sind deshalb, wie soziale Institutionen, keine bloßen Zweckeinrichtungen, sondern durch ihre

---

24 Luhmann, Institutionalisierungs-Funktion, S. 29; außerdem ders.: Selbststeuerung der Wissenschaft. In: Luhmann, Aufsätze zur Theorie sozialer Systeme, S. 118.
25 Neuere Literatur zur Theorie der Institutionen vgl. Artikel: Institution (Wolfgang Lipp). In: Evangelisches Staatslexikon. Stuttgart ²1975, Sp. 1011–1018; hier Sp. 1018.
26 Theorie der Literatur. Frankfurt am Main 1963, S. 203; vgl. außerdem Kaiser, Zur Dynamik literarischer Gattungen, S. 46.
27 Rezeptionsästhetik als wissenschaftliche Pragmatik, S. 37 ff.
28 Hempfer, Gattungstheorie, S. 91 f.
29 Peter L. Berger und Thomas Luckmann: Die gesellschaftliche Konstruktion der Wirklichkeit. Eine Theorie der Wissenssoziologie. Stuttgart ³1972, S. 56 f.
30 Vgl. den Begriff „Cultural crystallization" bei Shmuel Noah Eisenstadt: Social change, differentiation and evolution. In: American Sociological Review 29 (1964), S. 375–386; hier S. 375 ff.
31 Vgl. Jauß, Theorie der Gattungen, S. 119.
32 Luhmann, Institutionalisierungs-Funktion, S. 30 und 31.
33 Vgl. Arnold Gehlen: Urmensch und Spätkultur. Philosophische Ergebnisse und Aussagen. Bonn 1956, S. 282.

relative Autonomie, „die Selbständigkeit des Eigenauthentischen", charakterisiert.[34] Diese spezifische Eigengesetzlichkeit dokumentieren vor allem historische Gattungsnormen oder auch Sanktionen, wie sie etwa in der Literaturkritik oder normativen Gattungspoetik vorliegen.[35] Das Problem des Eingespanntseins zwischen der „Sozialabhängigkeit" bzw. sozialen Zweckbedingtheit und dem „Eigengewicht"[36] literarischer Gattungen und ihrer Geschichte kann jeweils nur historisch gelöst werden.

3. Der historische Befund literarischer Gattungen zeigt, dass ihre Geschichte einerseits entscheidend bestimmt wird durch normbildende Werke (Prototypen) und andererseits geprägt ist durch die wechselseitige Komplementarität von Gattungserwartungen und Werkantworten.

Für die gattungs- und damit zugleich traditionsbildende Rolle paradigmatischer Werke lassen sich berühmte Beispiele anführen: die Epen Homers, Boccaccios Novellen oder Richardsons Briefromane. In einer Reihe von Fällen geben die einzelnen Paradigmen der späteren Gattung ihren Namen: Morus' *Utopia* oder Defoes *Robinson*. Um die Rolle solcher Werke unter gattungs- und funktionsgeschichtlichen Aspekten richtig einschätzen und interpretieren zu können, bedarf es der genauen Rekonstruktion ihrer Entstehungsbedingungen im jeweiligen historischen Augenblick. Der Stellenwert der einzelnen Gattung im literarischen und sozialen Kontext lässt sich nur so feststellen. Dabei handelt es sich vor allem um die Vergegenwärtigung konkurrierender, strukturverwandter oder konträrer Ausprägungen im literarischen Gesamtsystem einer historischen Epoche und Situation, so dass auch die vorhandenen Alternativen sichtbar gemacht werden können (etwa bei der Entstehung und Rolle des bürgerlichen Briefromans als Alternative zum bürgerlichen Drama im 18. Jahrhundert). Erst die Kenntnis des „Systems der [poetischen] Alternativmöglichkeiten"[37] erlaubt auch genauere funktionsgeschichtliche Aussagen über die einzelne Gattung im Blick auf ihre initiatorische, summierende, speichernde, affirmative oder kritische Tendenz.

Das Erscheinen eines beispielgebenden gattungsbildenden Werkes stößt immer schon auf literarische Erfahrungen, Kenntnisse und Urteile eines re-

---

34 Vgl. ebd., S. 37 ff.
35 Auch permanente Normabweichungen sind als Gattungsnorm möglich, wie die Theorie und Geschichte des Romans zeigt.
36 Vgl. Martin Raether: Probleme literarischer Gattungen. In: Zeitschrift für romanische Philologie 89 (1973), S. 468–476; hier 472.
37 Vgl. Hans-Jörg Neuschäfer: Boccaccio und der Beginn der Novelle. Strukturen der Kurzerzählung auf der Schwelle zwischen Mittelalter und Neuzeit. München 1969, S. 8 ff; außerdem Jauß, Theorie der Gattungen, S. 134.

zipierenden Publikums. Institutionalisierungs- oder Entinstitutionalisierungsprozesse literarischer Gattungen sind deshalb ohne eine angemessene Berücksichtigung rezeptionsgeschichtlicher Sachverhalte nicht zu klären. Die von Hans Robert Jauß hervorgehobene „fortgesetzte Horizontstiftung und Horizontveränderung" bei der Herausbildung und Geschichte von Gattungen müsste durch sozialgeschichtliche und lesersoziologische Präzisierungen des „Horizont"-Begriffs konkretisiert werden. Inwieweit werden Gattungen „auch immer in den Köpfen der Zuschauer [Leser] produziert, ehe sie einem Autor einfallen?"[38] Besonders bei deutlich zweckgerichteten Gattungen, etwa im theologisch-heilsgeschichtlichen oder politischen Bereich (vgl. z.B. Evangelien, Gleichnisse, Bibelepik, Jesuitendrama, Kirchenlied oder politisches Lehrstück, dokumentarisches Theater) und in vornehmlich durch das jeweilige Medium ermöglichten Gattungen (z.B. Kalendergeschichten, Fortsetzungsromane)[39] bestimmen konstante Erwartungen gegenüber den Gattungsmodellen in entscheidendem Maße die Werkproduktion. Die Geschichte der Gattungen kann deshalb auch verstanden werden als „Ablauf einer durch die Responsion von konstanten Erwartungen und einander beeinflussenden Werkantworten hervorgebrachten literarischen Reihe"[40]. Die Bedingung für eine genaue Rekonstruktion von gattungsbildenden oder –verändernden Prozessen ist die Analyse der historisch unterschiedlichen Komplementarität von Erwartungen und (diese wieder mit konstituierenden oder bestimmenden) Werkreaktionen. Versucht man den Vorgang aus der Sicht des Literaturproduzenten zu formulieren, könnte man von der erwarteten Erwartung sprechen, von der ein Autor ausgeht, oder mit der er sich zumindest auseinandersetzen muss. Solche „Erwartungserwartungen" sind potentiell gattungsrelevant und gattungssteuernd.

4. Über die verschiedenen Funktionen, die literarische Gattungen haben, kann nur ihre Geschichte selbst Auskunft geben. Unter dem Blickpunkt des Institutionencharakters von Gattungen lassen sie sich generell als geschichtliche „Bedürfnissynthesen" bezeichnen, in denen, wie bei literarischen Texten überhaupt, bestimmte historische Problemstellungen bzw. Problemlösungen oder gesellschaftliche Widersprüche artikuliert und aufbewahrt sind.
Eine funktionsgeschichtlich orientierte Gattungshistorie kann jeweils von der doppelten Funktion einer Gattung einerseits im symbolischen und andererer-

---

38 Alexander Kluge: Kommentare zum antagonistischen Realismusbegriff. In: ders.: Gelegenheitsarbeit einer Sklavin. Frankfurt am Main 1975, S. 222.
39 Vgl. Kaiser, Zur Dynamik literarischer Gattungen, S. 48f.
40 Reinhart Herzog: Die Bibelepik der lateinischen Spätantike. Formgeschichte einer erbaulichen Gattung, Bd. I. München 1975, S. XXXVI.

seits im sozialen System ausgehen. Beide Aspekte erlauben eine Bestimmung der einzelnen Gattung unter Gesichtspunkten ihrer historischen Bedeutungshierarchie, deren Verschiebung oder Änderung sozialen Wandel voraussetzt oder anzeigt.[41] Solche Modifikationen im sowohl literarischen wie gesellschaftlichen Gesamtsystem werden etwa an geschichtlichen Ablösungsprozessen von Gattungen deutlich: z. B. Ablösung der dominanten Rolle des Epos durch den Roman im 18. Jahrhundert, oder des aristotelischen Dramas durch das epische Theater im 20. Jahrhundert.[42]

Literarische Gattungen sind weder monofunktional noch kann man von einer kontinuierlichen Funktion ausgehen. Die diskontinuierliche Funktion von Gattungen steuert vielmehr weitgehend ihre Geschichte. Gattungsgeschichte entbehrt zwar nicht einzelner teleologischer Momente: Vorbereitung, Prägung, Erfüllung, Variation, Erweiterung, Korrektur, Verfall, Reaktion, Nachleben, eventuell auch Renaissance[43], aber insgesamt kann man eher von einem temporären „Durchspielen einer begrenzten Zahl von Möglichkeiten"[44] sprechen. Entstehung (Institutionalisierung) und „Verfall" (Entinstitutionalisierung) literarischer Gattungen sind dabei von sozialgeschichtlichen Konstellationen und Prozessen ebensowenig zu trennen, wie die Entwicklung von „einfachen Formen"[45] zu komplizierten, differenzierten literarischen Organisationsprinzipien. Inwieweit hier allgemeinere institutionelle Gesetzmäßigkeiten ermittelt werden können, wie etwa das von Elman R. Service aufgestellte „Gesetz des evolutionären Potentials": „The more specialized and adapted a form in a given evolutionary stage, the smaller is its potential for passing to the next stage"[46], wäre im Einzelnen zu untersuchen.

Geht man prinzipiell von einem ‚Antwort'-Modell aus (Gattungen als bestimmte Reaktion auf andere literarische Texte, Traditionen, Erwartungen, Bedürfnisse und historische Konstellationen), bleibt die genauere Ermittlung von Gesetzen der Gattungsevolution eine Aufgabe der Gattungsgeschichtsschreibung.

---

41 Vgl. den Begriff bei Luhmann, Institutionalisierungs-Funktion, S. 30.
42 Vgl. Köhler, Einige Thesen zur Literatursoziologie, S. 260.
43 Zum Problem von Evolution und Hierarchie vgl. Jauß, Theorie der Gattungen, S. 134f.
44 Vgl. die zitierten Arbeiten von Herzog, Jauß und Hugo Kuhn (Gattungsprobleme der mittelalterlichen Literatur. In: Bayrische Akademie der Wissenschaften. Philosophisch-historische Klasse, Sitzungsberichte, Jg. 1956, Heft 4, München 1956).
45 Vgl. André Jolles: Einfache Formen. Legende, Sage, Mythe, Rätsel, Spruch, Kasus, Memorabile, Märchen, Witz. Halle an der Saale 1930.
46 Evolution and Culture. Ed. by Marshall David Salins, Elman Roger Service. Ann Arbor ^{5}1968, S. 97.

III

Probleme der historischen Gattungsbildung und funktionsbestimmten Steuerung von Gattungen sollen an zwei utopischen Romanformen (der Robinsonade und dem Bildungsroman) zur Diskussion gestellt werden. Beide Gattungen spielen unter sozialgeschichtlichen Aspekten eine besondere Rolle; die Robinsonade lässt sich durch ihre strukturelle Konsistenz und weitgehend zeitlich-historische Begrenztheit dabei vergleichsweise einfacher charakterisieren als der Bildungsroman, der trotz eines relativ konstanten Erzählmodells aufgrund seiner Polyfunktionalität und bis in die Gegenwart fortdauernden Aktualität wesentlich komplexer ist.

1

Daniel Defoes *Robinson Crusoe* (1719) ‚antwortet' nicht nur auf eine Reihe von Literaturtraditionen (etwa Reise- und Abenteuerroman, sozialutopische Texte), er bildet sie auch in einer Weise um und geht über sie hinaus[47], die dem Werk eine für das 18. Jahrhundert exzeptionelle gattungsbildende Rezeptionsmöglichkeit erlaubte. Allein für die Zeit vom Erscheinen der ersten englischen Ausgabe bis zur Publikation von Johann Gottfried Schnabels *Insel Felsenburg* (Bd. I, 1731) liegen in Deutschland fünfzehn Romane vor, die das Defoesche Muster literarisch reproduzieren[48], und bereits 1723 (nur vier Jahre nach der Publikation der Erstausgabe) hat diese Gruppe von Werken ihren Gattungsnamen erhalten. In der Vorrede zum *Schlesischen Robinson* von Christian Stieff heißt es: „[...] der Nahme ROBINSON [sei] in solche decadence gerathen, daß man ihn vor ein Titel=Wort einer neuen ROMAINE angesehen"[49]. Schließlich gibt Johann Christian Ludwig Haken am Übergang vom 18. zum 19. Jahrhundert eine umfangreiche Robinsonaden-Anthologie heraus, die 1805 ff. unter dem Titel *Bibliothek der Robinsone* erscheint und

---

[47] Vgl. Leopold Brandl: „Defoe ist der erste, der die Robinsonade zum Selbstzweck einer Dichtung und somit zur literarischen Gattung erhebt." (Vordefoesche Robinsonaden in der Weltliteratur. In: GRM 5 (1913), S. 233–261; hier S. 260.
[48] Vgl. Fritz Brüggemann: Utopie und Robinsonade. Untersuchungen zu Schnabels Insel Felsenburg (1731–1743). Weimar 1914, S. 105 (unter Berufung auf die Bibliographie von Hermann Ulrich: Robinson und Robinsonaden. Weimar 1898). Zur Wirkungsgeschichte von Defoes *Robinson Crusoe* vgl. auch: Horst Brunner: Die poetische Insel. Inseln und Inselvorstellungen in der deutschen Literatur. Stuttgart 1967, S. 95 ff. Allgemein Erhard Reckwitz: Die Robinsonade. Themen und Formen einer literarischen Gattung. Amsterdam 1976.
[49] Der Schlesische Robinson. Breslau 1723, S. 3.

zugleich eine theoretische Reflexion auf das inzwischen schon historische Phänomen und seine funktionalen Aspekte enthält.

Untersucht man die Rezeptions- und Wirkungsgeschichte in Deutschland im Blick auf die Entstehung der Gattung ‚Robinsonade' wird deutlich, in welchem Maße das im *Robinson Crusoe* entworfene prototypische literarische Modell – fiktive Reisegeschichte und Darstellung zeitweiliger insularer Abgeschlossenheit von der europäischen Gesellschaft und Geschichte, erzählt aus der Perspektive des angeblich Selbsterlebten – eine selektive Funktion besitzt gegenüber anderen vergleichbaren und vorliegenden literarischen Alternativen (Avanturierroman[50], picareske Erzählformen[51], authentische Reiseberichte).[52] Zugleich nehmen Robinsonaden eine oppositive Funktion ein gegenüber dem in den zwanziger und dreißiger Jahren des 18. Jahrhunderts noch dominierenden galanten Roman und anderen Reduktionsformen des hohen ‚Barockromans', denen im Unterschied zu den Ausprägungen niederer Romanformen auch einzig und allein die entweder wohlwollende oder polemische Kritik der Literatur- und Romantheoretiker zuteil wird. Die Autoren in der Nachfolge Defoes verweisen deshalb auch dezidiert auf die „schlechte Schreib-Art" ihrer Romane, die nicht „verfestigt und aufgesetzt worden [sei], [um] der heutigen delicaten und subtilen Welt einen galanten Zeitvertreib [...] zu verschaffen [...]"[53]. Die literarische (selektive und oppositive) Funktion, die Defoes *Robinson* im literarhistorischen System der vorhandenen Alternativen in Deutschland in der ersten Hälfte des 18. Jahrhunderts erfüllt, kann aber den Prozess der Gattungsbildung auf Grund eines allerdings prototypischen Beispiels allein noch nicht erklären. Hinzu kommt eine bestimmte historische Konstellation und dadurch bedingte spezifische Disposition der deutschen Rezipienten, die den dynamischen Wechselprozess zwischen rezeptiver Erwartung und produktiver Bestätigung bzw. Mit- und Neukonstituierung dieser Erwartungen durch die Werkproduktion in Gang setzt. Die gattungsfördernden und -bildenden Kontinuitätserwartungen der Leser richten sich zwar prinzipiell auf das Defoesche Grundmodell, die vorgenommenen Akzentuierungen der deutschen Robinsonromane zeigen jedoch eigentümliche Interessen und Bedürfnisse und damit zu-

---

50 Vgl. etwa Eberhard Happels Romane.
51 Vgl. die Grimmelshausen-Tradition, z. B. Christian Reuters *Schelmuffsky*.
52 Z. B. Hieronymus Benzoni: NOVAE NOVI ORBIS HISTORIAE. Das ist/Aller Geschichten/So in der neueren Welt/welche Occidentalis India, das ist India, nach Abendwerts genent wird /[...]. Helmstedt 1591. Vgl. dazu: Franz Karl Becker: Die Romane J.G. Schnabels. Bonn 1911. Über die Zusammenhänge zwischen Avanturierroman und Robinsonade vgl. vor allem Max Götz: Der frühe bürgerliche Roman in Deutschland (1720–1750). Diss. Phil. München 1958 (Masch.).
53 SELIMENES: Die wunderbahre und erstaunenswürdige Begebenheiten des Herrn von LYDIO [...]. Andere Auflage, Frankfurt 1732 (Vorrede, o.S.).

gleich jene erwarteten Erwartungen, von denen die Autoren beim Schreiben ihrer Werke ausgehen.

Ich möchte auf drei wichtige Momente hinweisen.

a) Robinsonaden sind für Autoren und Leser konstitutiv bestimmt durch das Reise- und Abenteuermotiv. In den deutschen Robinsonaden tritt das Inselleben häufig (im Unterschied zu Schnabels *Insel Felsenburg*) zurück oder erhält bloß marginale Bedeutung. Der stete Hinweis auf die mitgelieferten Fakten („Beschreibung vieler Naturalien, etc."[54]) und wiederholte Versuche zur Annäherung an authentische Reiseberichte kommen pragmatischen Informationsbedürfnissen entgegen, während die abenteuerlichen Momente (zuweilen Gleichsetzung von Robinsonade und Avanturierroman[55]) als Funktion jener Phantasieerwartungen erklärt werden können, die die historische Realität vor allem in Deutschland im 18. Jahrhundert hervorbringt.

b) Die Interpretation von Arbeit, entscheidendes Motiv für den Defoeschen Roman und dessen Analysen und kritische Beurteilung unter dem Gesichtspunkt einer Illustration des „homo oeconomicus"[56], hat in den deutschen Robinsonaden einen sozialgeschichtlich bedingten anderen Stellenwert als in England. Kann der Defoesche Arbeitsbegriff des sich schöpferisch selbst verwirklichenden Tätigseins im quasikünstlerischen Umgang mit den Gegebenheiten der Natur als kritisch-utopisches Gegenbild zu einer Realität verstanden werden, die im ökonomisch weit entwickelten England des frühen 18. Jahrhunderts Formen der kapitalistischen Arbeitsteilung und Entfremdung hervorgebracht hat,[57] charakterisiert die Auffassung der Arbeit in den deutschen Robinsonaden ein idyllisches Moment. Das Utopische, dies zeigt Schnabels *Insel Felsenburg*, liegt dagegen im politischen Bereich: Die Etablierung einer patriarchalischen Republik auf der Grundlage des Majoritätsprinzips hat im Kontext des deutschen Territorialabsolutismus antizipatorischen Charakter. Dass die Bewohner Felsenburgs ihre neue Republik zudem als Asyl und nicht mehr als Exil auffassen, verweist auf die gattungs- und

---

54 Vgl. etwa CALIGNOSUS: Zwey Westphälische so genannte Robinsons oder AVANTURIEURS, Frankfurt 1748 (Vorrede, S. A.2).
55 Vgl. den Titel der oben zitierten Robinsonade.
56 Ian Watt: The Rise of the Novel. Studies in Defoe, Richardson and Fielding. London 1966, S. 65 ff. Vgl. auch Kap. II 7 in diesem Buch.
57 Vgl. Robert Weimann: Interpretation des Robinson Crusoe. In: Der englische Roman. Hrsg. von Franz K. Stanzel. Düsseldorf 1969, Bd. I, S. 108–143, hier S. 121 ff.; und Voßkamp: Formen des satirischen Romans im 18. Jahrhundert. In: Europäische Aufklärung (I. Teil). Hrsg. von Walter Hinck (Neues Handbuch der Literaturwissenschaft, Bd. 11). Frankfurt am Main 1974, S. 169.

funktionsgeschichtlich mögliche Erweiterung der Robinsonade im Sinne der Tradition klassischer Sozialutopien.[58]

c) Eine spezifische, sozialgeschichtlich außerordentlich wichtige, funktionsbestimmte Modifikation und Ausdeutung findet die Robinsonade in Deutschland unter dem Gesichtspunkt des Subjektproblems. In einer charakteristischen Erweiterung der besonderen Rolle, die die puritanische Autobiographie für den Selbstprüfungs- und Reflexionsprozess Robinson Crusoes spielt, wird der Defoesche Roman in Deutschland im letzten Drittel des 18. Jahrhunderts bei Johann Carl Wezel als Geschichte des sich in mehreren Stufen entwickelnden Charakters ausgelegt: „[...] dieser Charakter muss durch eine Reihe von wahrscheinlichen Begebenheiten, ohne alle Abentheuerlichkeit, hindurchgeführt werden [...], um mit unerschütterlichem Ausharren zu seinem letzten Zwecke hindurch zu dringen – zu dem Zwecke, durch nützliche Geschäftigkeit auf einen beträchtlichen Theil seiner Nebenmenschen auf eine Art zu wirken, wie sie in unserer Welt und bei unserer Verfassung möglich ist."[59] Wezel, der diese Interpretation in der Vorrede seiner Bearbeitung des *Robinson Krusoe* 1779 gibt, fügt hinzu, dass er selbst „[...] diese Stufen der Entwicklung deutlich angegeben und hineinzubringen gesucht [habe], so sehr der Plan des Originales es erlaubte", auch wenn es nicht so scheine, „dass Defoe diese philosophische Idee eigentlich dabey gehabt"[60] habe.

Der Verfasser erweitert das vorliegende Modell und die Tradition der Gattung Robinsonade in Richtung auf den Roman der individuellen Ausbildung eines paradigmatischen Charakters. In dessen Bildungsgeschichte spiegelt sich zugleich die „Geschichte des Menschen und seiner fortschreitenden Kultur im Kleinen"[61]. Die ursprünglich „abentheuerliche" Robinsonade verweist auf den das geschichtsphilosophische Fortschrittsprinzip voraussetzenden ‚Bildungsroman'. Dem partiellen historischen Funktionsverlust des ursprünglichen Modells (vgl. *Robinson Crusoe* schon als erfolgreiche Kinder- und Jugendliteratur bei Joachim

---

58 Vgl. Brüggemann, Utopie und Robinsonade; vgl. auch Kap. II,8.
59 Johann Carl Wezel: Robinson Krusoe. Neu bearbeitet. Leipzig 1779 (Vorrede, S. XIV f.). In: Johann Carl Wezel: Kritische Schriften. Im Faksimiledruck hrsg. und mit einem Nachwort und Anmerkungen von Albert R. Schmitt, Bd. III. Stuttgart 1975, S. 16 f. Vgl. den Hinweis auf das Wezelsche Bildungsroman-Programm bei Jürgen Jacobs: Wilhelm Meister und seine Brüder. Untersuchungen zum deutschen Bildungsroman. München 1972, S. 45.
60 Vorrede S. XVIII; Ed. Albert R. Schmitt, S. 20.
61 Johann Christian Ludwig Haken: Bibliothek der Robinsone. In zweckmäßigen Auszügen vom Verfasser der grauen Mappe. Berlin 1805, Bd. I (Vorrede), S. VI.

Campe⁶²) entspricht der Versuch, ihm eine aktuelle Funktion zuzuweisen, die aber eine neu entstandene Romanform (vgl. bereits Christoph Martin Wielands *Geschichte des Agathon* [1767]) auf viel authentischere und adäquatere Weise zu übernehmen im Begriff ist. Die Interpretation der Robinsonade als ‚Bildungsroman' kündigt das Ende einer jahrzehntelang dominierenden Gattung und ihrer Funktion als literarisch-soziale Institution an. Die sich herauskristallisierende ‚neue Gattung' des Bildungsromans antwortet in veränderter Weise auf die sozialgeschichtliche Situation im letzten Drittel des 18. Jahrhunderts.

2

Versucht man den ‚Antwort'-Charakter des utopischen *Bildungsromans* in Deutschland unter funktions- und sozialgeschichtlichen Aspekten zu bestimmen und im Rahmen des historischen Gattungsbildungsprozesses im 18. Jahrhundert zu verstehen, sieht man sich mit einer erheblich komplexeren poetologischen und gesellschaftlichen Situation konfrontiert, als das bei der Robinsonade der Fall ist. Dem sich erweiternden Horizont der literarischen Fiktionen (z. B. neue Prosa- und Romanformen) entspricht eine zunehmende Komplexität der jetzt historisch möglichen Rezeption und des Rezeptionsrepertoires. Die mir am wichtigsten erscheinenden Problembereiche fasse ich kurz zusammen, wobei ich an vorliegende Arbeiten zum Bildungsroman, soweit sie gattungstheoretische bzw. sozial- und funktionsgeschichtliche Fragen aufwerfen, anknüpfe:⁶³

a) Der gattungskonstituierende literarische Selektionsprozess der sich herauskristallisierenden Form des bereits 1810 von Karl Morgenstern als ‚Bildungsroman' definierten Romanmodells⁶⁴ (fiktive Darstellung der Bildung eines individuellen Charakters in der konfliktreichen Auseinandersetzung mit der äußeren Realität) vollzieht sich vor allem in der Abgrenzung zu Romanen der

---

62 Rolf Engelsing bezeichnet Campes Bearbeitung als „das erfolgreichste Kinderbuch der Zeit. Es erzielte von 1779 bis 1881 102 und insgesamt 120 Auflagen." (Analphabetentum und Lektüre. Zur Sozialgeschichte des Lesens in Deutschland zwischen feudaler und industrieller Gesellschaft. Stuttgart 1973, S. 58.)

63 Vgl. die Literaturangaben bei Lothar Köhn: Entwicklungs- und Bildungsroman. Ein Forschungsbericht. Stuttgart 1969; die Arbeiten von Jacobs, Wilhelm Meister und seine Brüder; Hartmut Steinecke: Romantheorie und Romankritik in Deutschland. Die Entwicklung des Gattungsverständnisses von der Scott-Rezeption bis zum programmatischen Realismus. Stuttgart 1975 (Bd. I). Vgl. auch Voßkamp: Roman des Lebens. Die Aktualität unserer Bildung und ihrer Geschichte im Bildungsroman. Berlin 2009.

64 Vgl. Fritz Martini: Der Bildungsroman. Zur Geschichte des Wortes und der Theorie. In: DVjs 35 (1961), S. 44–63.

hohen und niederen Schreibart. Das literarische Möglichkeitssystem des Romans im letzten Drittel des 18. Jahrhunderts ist gekennzeichnet durch die Dualität zwischen den empfindsam-didaktischen ‚Prüfungs'-Romanen (vornehmlich in Briefform) und den Spielarten des „komischen Romans" (vgl. besonders den „satirischen Narrenroman"[65]). Der „mittlere Roman", die „deutsche Schule", wie Jean Paul später formuliert,[66] hat zunächst noch weitgehend Experimentcharakter und liefert damit hervorragende Voraussetzungen für die Herausbildung und Etablierung des bestimmte Momente aus dem hohen wie niederen Roman aufnehmenden neuen Modells (vgl. etwa psychologische Techniken, Nähe zum komischen Roman). Hinzu kommt die für den Bildungsroman ebenfalls konstitutive Rolle der Autobiographie, worauf zu Recht hingewiesen worden ist.[67]

b) Geht man von der gattungsbildenden Funktion historischer „Rezeptionsprozesse" aus, zeigt sich deutlich, dass erst die spezifische Disposition eines neuen Leserpublikums etwa seit der Mitte des 18. Jahrhunderts die Voraussetzungen für die Entstehung neuer „mittlerer" Formen der Literatur bietet. Das gattungssteuernde Lesepublikum des „mittleren Romans" löst die bloß gelehrten Rezipienten ab;[68] ob und inwieweit dieses Publikum auch von jenen Leserschichten unterschieden werden kann, die – zum ersten Mal in der Geschichte – die Entstehung einer massenhaft verbreiteten (‚trivialen') Literatur vor allem am Ende des Jahrhunderts ermöglichen, wäre im Einzelnen zu untersuchen.

c) Die historische Funktion des entstehenden Bildungsromans im 18. Jahrhundert im Sinne einer institutionellen „Bedürfnissynthese" lässt sich unter geschichtsphilosophischen und sozialgeschichtlichen Gesichtspunkten charakterisieren. Zu den geschichsphilosophischen Aspekten rechne ich die Tatsache, dass am Beginn der siebziger Jahre des 18. Jahrhunderts in Deutschland keine Louis-Sébastien Merciers *L'an deux mille quatre cent quarante. Rêve s'il en fut jamais* (1770/71) vergleichbare Zeitutopie entstanden ist,[69] also eine Romanform, die die erwartete ideale politische Gesellschaft

---

65 Vgl. Eva Dorothea Becker: Der deutsche Roman um 1780. Stuttgart 1964, S. 43 ff. und 51 ff.
66 Vorschule der Ästhetik. Hrsg. von Norbert Miller. München 1963, S. 254 f.
67 Vgl. vor allem Jacobs, Wilhelm Meister und seine Brüder, S. 39 ff.
68 Vgl. Engelsing, Analphabetentum, S. 53 ff.; ders.: Der Bürger als Leser. Lesergeschichte in Deutschland 1500–1800. Stuttgart 1974, S. 182 ff.
69 Erst in der Nachfolge Merciers (dessen Utopie 1772 von Christian Felix Weiße ins Deutsche übersetzt wird) erscheinen auch in Deutschland entsprechende Zeitutopien. Vgl. dazu die angegebenen Titel bei Pierre Versin: Encyclopédie de l'utopie, des voyages extraordinaires et de la science-fiction. Lausanne 1972, S. 5 f. (Artikel : Anticipation). Vgl. auch Wilhelm Voßkamp: Utopieforschung.

nicht mehr auf die Erdkugel, sondern in die Zukunft projiziert. Stattdessen zeigt sich die „Verzeitlichung der Erfahrung", so hat Reinhart Koselleck die Ursachen für den Vorgang bei Mercier bezeichnet (Diskrepanz von Erfahrungsdefizit und Erwartungsüberschuss),[70] in Deutschland vornehmlich in der Utopie des vervollkommnungsfähigen und sich permanent vervollkommnenden Individuums. Der politischen Utopie Merciers am Anfang des letzten Drittels des 18. Jahrhunderts in Frankreich korrespondiert, so lässt sich überspitzt formulieren, die individualpsychologische und ästhetische Utopie des deutschen Bildungsromans. In Deutschland vollzieht sich vor allem hier der Übergang von der Raumutopie (Schnabel) zur Zeitutopie (Wieland, Goethe). Auf die sozialgeschichtlichen Ursachen dafür ist wiederholt hingewiesen worden. Die Konzeption des Bildungsromans scheint mir indes nur teilweise begreifbar zu sein „aus dem Zusammenhang mit der optimistischen Mentalität des aufsteigenden Bürgertums: Die Welt [...] als das Objekt handelnder Besitzergreifung und als Medium aktiver Selbstverwirklichung",[71] jedoch stärker noch aus der politisch-sozialen Funktion, die diese spezifische Zeitutopie als identitätsstiftende, politische Defizite ausfüllende literarisch-soziale Institution in Deutschland übernimmt.

d) Betrachtet man die Gattung Bildungsroman unter solchen funktionsgeschichtlichen Aspekten, wird sichtbar, in welchem Ausmaß ihre Entwicklung mit der politischen Geschichte verbunden ist. Das zugrunde liegende Erzählmodell mit einer begrenzten Zahl von entfalteten ‚Lösungsmöglichkeiten': ‚Versöhnung' von Individuum und Wirklichkeit; Unter- und Einordnung des Einzelnen in die Wirklichkeit; individuelles Widerstehen gegenüber der Realität oder (ästhetischer) Ausgleich im Medium des „objektiven Humors" (Hegel)[72] zeigt schon im 18. und beginnenden 19. Jahrhundert, wie weit bestimmte literarische Ausformungen oder theoretische Interpretationen durch gesellschaftlich-funktionale Momente gesteuert sind. Ich nenne hier einerseits nur die bereits in der Restauration bei Carl Nicolai (1819) exemplarisch formulierte Tendenz zur Verinnerlichung[73] oder andererseits die zur politischen Ausdeutung im „Jungen Deutschland" (bei Hermann Münzenberger,

---

70 Vgl. Koselleck: Geschichte, Historie. In: Geschichtliche Grundbegriffe, Bd. II, S. 593–717; Wolf Lepenies: Das Ende der Naturgeschichte. Wandel kultureller Selbstverständlichkeiten in den Wissenschaften des 18. und 19. Jahrhunderts. München 1976.
71 Jacobs, Wilhelm Meister und seine Brüder, S. 274.
72 Vgl. Steinecke, Romantheorie und Romankritik, S. 55.
73 Versuch einer Theorie des Romans. Erster Teil. Quedlinburg 1819, vgl. etwa S. 59 ff.

1825).[74] Warum der „individualistische deutsche Bildungsroman" die „nationale Form der deutschen Prosa-Epopöe"[75] werden konnte (wie Thomas Mann hervorhob), zeigt sich deshalb am besten, wenn man ihre jeweilige historische Funktion untersucht. Dass die Geschichte dieser gattungssteuernden Funktionen nicht abgeschlossen ist, macht das 20. Jahrhundert deutlich, wie ein Vergleich etwa von Peter Handkes *Falsche Bewegung* mit Peter Weiß' *Ästhetik des Widerstands* zeigt.

---

74 Beleuchtung des Romanes oder Was ist der Roman? Was ist er geworden und Was kann er werden? Straßburg 1825. Zur Geschichte der Theorie des Romans im frühen 19. Jahrhundert vgl. Edward McInnes: Zwischen *Wilhelm Meister* und *Die Ritter vom Geist*: Zur Auseinandersetzung zwischen Bildungsroman und Sozialroman im 19. Jahrhundert. In: DVjs 43 (1969), S. 487–514; Friedrich Sengle: Biedermeierzeit. Bd. II: Die Formenwelt. Stuttgart 1972; Voßkamp: Blanckenburg und Blanckenburgrezeption. Probleme der Romanpoetik im 18. und frühen 19. Jahrhundert. In: Jahrbuch für Internationale Germanistik, Reihe A: Internationale Kongressberichte. Bern 1976, S. 193–200.
75 Der Entwicklungsroman. In: Romantheorie. Dokumentation ihrer Geschichte in Deutschland seit 1880. Hrsg. von Eberhard Lämmert u. a., Köln 1975, S. 117. Vgl dazu auch den Vorbericht von Eberhard Lämmert, S. XIIIff.

4 Utopie und Ritual

Utopien und Rituale haben auf den ersten Blick wenig gemein. Die utopische Methode als eine gedankliche Operation des Möglichkeitssinns steht im Widerspruch und Gegensatz zu Konzepten von Ritualen der Ordnung und Wiederholung, jener Disziplinierung und „zerdehnten Situation"[1], die aufgrund entsprechender kultureller Institutionen Stabilität versprechen. So offenbaren Liturgie und Fest typische Formen von Ritualen, an denen das Präsentische als Kennzeichen der „rituellen Kohärenz"[2] beobachtet werden kann. Diese „rituelle Kohärenz" verbürgt jenen Willen zur Ordnung, der gegen das Spielerische und Experimentelle, aber auch Chaotisch-Ordnungslose gesetzt ist.[3]

Im Widerspruch dazu enthalten Utopien als fiktionale, anschaulich gemachte Entwürfe von Gegenbildern, die sich implizit oder explizit kritisch auf eine historische Wirklichkeit beziehen, in der sie entstanden sind, ein utopisches Potential, das auf Zukunft drängt. Das Futurische von Utopien ist so von Raymond Ruyer als „le jeu utopique" oder als „utopische Methode" charakterisiert und von Ernst Bloch zum Ausgangspunkt seiner Hoffnungsphilosophie gemacht worden.[4] Raymond Ruyer formuliert:

„Die utopische Methode gehört ihrer Natur gemäß zum Bereich der Theorie und der Spekulation. Aber anders als die Theorie im herkömmlichen Sinne sucht sie nicht die Kenntnis dessen was ist, vielmehr ist sie eine Übung oder ein Spiel mit

---

[1] Konrad Ehlich spricht im Blick auf die „Überlieferungsqualität einer sprachlichen Handlung" als „Text" von einer „zerdehnten Sprechsituation" (Text und sprachliches Handeln). Ehlich: Die Entstehung von Texten aus dem Bedürfnis nach Überlieferung. In: Schrift und Gedächtnis. Beiträge zur Archäologie der literarischen Kommunikation. Hrsg. von Aleida und Jan Assmann, Christof Hardmeier. München 1983, S. 23–43; hier S. 32f.
[2] Jan Assmann: Das kulturelle Gedächtnis. Schrift, Erinnerung und politische Identität in den frühen Hochkulturen. München 1992, S. 89.
[3] Zur Ritualforschung vgl. Victor Turner: Das Ritual. Struktur und Anti-Struktur. Frankfurt am Main 1989 (zuerst engl.) The Ritual Process. Structure and Anti-Structure. 1969; Jan Platvoet, Karol van der Toorn (Hrsg.): Pluralism and Identity. Studies in Ritual Behaviour. Leiden, New York, Köln 1995; Wolfgang Braungart: Ritual und Literatur. Tübingen 1996; Israel Scheffler: Symbolic Worlds. Art, Science, Language, Ritual. Cambridge 1997; Andréa Bellinger, David J. Krieger (Hrsg.): Ritualtheorien. Opladen 1998; Gunter Gebauer, Christoph Wulf: Spiel – Ritual – Geste. Mimetisches Handeln in der sozialen Welt. Reinbek bei Hamburg 1998; Gerhard Neumann: Begriff und Funktion des Rituals im Feld der Literaturwissenschaften. In: Lesbarkeit der Kultur. Literaturwissenschaften zwischen Kulturtechnik und Ethnographie. Hrsg. von Gerhard Neumann, Sigrid Weigel. München 2000, S. 19–52.
[4] Vgl. Raymond Ruyer, L'utopie et les utopies; Bloch, Das Prinzip Hoffnung; Manuel, Utopian Thought in the Western World (vgl. hier das Konzept der „utopian propensity").

den möglichen Erwartungen der Realität. Der Intellekt [...] hat seine Freude am gedanklichen Erproben von Möglichkeiten, die er über die Wirklichkeit hinausgehen sieht."[5]

Geht man von dieser, die grundsätzliche Intention von Utopien charakterisierenden Eigenart utopischer Texte und Bilder aus, lässt sich vorläufig zusammenfassend von der Darstellung einer imaginären, doch vollständigen und hypothetisch möglichen Welt in Utopien sprechen. Diese Darstellung der Welt, die außerhalb des erfahrbaren Raumes und der geschichtlichen Zeit angesiedelt ist, basiert auf veränderten Prinzipien und Axiomen der realen Welt, der die utopische Welt ihre Entstehung verdankt. Utopien zielen auf ein Moment von Bewegung ins Zukünftige, das Ernst Bloch in der Spannung vom Doch-schon und Noch-nicht begründet sieht.[6]

Stehen Utopien (im Sinne einer utopischen Intention/der utopischen Methode) und Rituale in einem dichotomischen Verhältnis zueinander? Diese Beobachtung einer prinzipiellen Spannung bleibt zu differenzieren.

Bei einer genaueren Untersuchung gerade frühneuzeitlicher Utopien, auf die ich hier den Schwerpunkt lege, zeigt sich eine auffallende Implementation von Ritualen in Utopien. Dabei geht es immer um eine spezifische Form der rhetorischen und literarischen Präsentation, deren Gehalte eher stereotyp wiederkehren. Solche inhaltlichen Aspekte wie richtige Zeitnutzung, Gemeineigentum statt Privateigentum, Wissenschaft und Bildung finden erst ihre literarische Form im Medium einer ritualisierten Darstellung, die sich in Utopien – trotz ihres futuristischen Charakters – ablesen lässt. Deshalb soll im Folgenden zunächst die Frage untersucht werden, welche Funktionen Rituale in Utopien besitzen und in welcher Weise sie die Darstellung selbst strukturieren. Danach wird die Frage zu stellen sein, ob literarische Utopien nicht selbst Verlaufsformen offenlegen, die zu den Strukturmerkmalen von Ritualen gehören. Schließlich wird unter Gesichtspunkten der Funktion von Utopien nach dem literarischen Medium selbst und seinen reflexiven Komponenten gefragt, die das Rituelle wiederum außer Kraft zu setzen suchen.

---

5 Ruyer: Die utopische Methode. In: Utopie. Begriff und Phänomen des Utopischen. Hrsg. von Arnhelm Neusüss. Neuwied. Berlin 1968, S. 339–360; hier S. 339.
6 Vgl. Ernst Bloch: Geist der Utopie. München. Leipzig 1918 (erste Fassung); Berlin 1923 (zweite überarbeitete Fassung), Frankfurt am Main 1964.

I Rituale in Utopien

Der Hiatus zwischen der utopischen Methode im Sinne des Futurischen und Zukunftsoffenen einerseits und Ritualen andererseits kann nirgendwo besser abgelesen werden als in den Utopien selbst.

Dazu ist es erforderlich, zunächst eine allgemeine Charakterisierung von Ritualen zu skizzieren. Ich gehe mit Niklas Luhmann davon aus, dass Rituale „externe Ungewissheiten in einen internen Schematismus [übersetzen], der nur stattfinden oder nicht stattfinden, aber nicht variiert werden kann und dadurch die Fähigkeit [...] zu abweichendem Verhalten neutralisiert."[7] Dies bedeutet, wie Luhmann an anderer Stelle betont hat, dass „Formen stereotypisiert und andere Möglichkeiten ausgeschlossen, also Kontingenz auf Notwendigkeit reduziert [wird]."[8] Rituale wirken damit als eine Art „Quasi-Objekt"[9], das Ansätze für reflexive Kommunikation wenn nicht ausschließt so doch zumindest einschränkt. Selbst wenn man Niklas Luhmanns zugespitztem Begriff von der „Kommunikationsvermeidungskommunikation"[10] nicht folgen mag, so wird man doch zugeben müssen, dass Kommunikation in Ritualen eingeschränkt ist, und Rituale in Utopien liefern dafür exemplarische Beispiele.

Entscheidend sind schließlich spezifische Ordnungsmodelle und Ordnungskonstruktionen, die in literarischen Utopien – und nicht erst in den Dystopien des 20. Jahrhunderts – auch in Ordnungszwang oder gar in Ordnungsterror umschlagen können, wie man besonders anschaulich an Texten von de Sade ablesen kann, dessen an Bentham orientierte Panoptikumsstruktur von Michel Foucault als „Utopie der perfekten Einsperrung" bezeichnet worden ist.[11] Ordnung wird hergestellt über rhythmisch bzw. zyklisch angelegte Wiederholungsstrukturen mit bestimmten Handlungssequenzen, die erlebend nachvollzogen werden können.[12] Hierbei spielen Symbolisierungen insofern eine Rolle, als es stets um die „symbolische Präsenzherstellung von Ordnungsideen und -mustern" geht.[13] Auch in

---

7 Luhmann: Soziale Systeme. Grundriss einer allgemeinen Theorie. Frankfurt am Main 1984, S. 253.
8 Luhmann: Die Gesellschaft der Gesellschaft. Erster Teilband. Frankfurt am Main 1997, S. 235.
9 Michel Serres: Der Parasit. Frankfurt am Main 1981.
10 „Rituale ermöglichen eine Kommunikationsvermeidungskommunikation." (Luhmann, Gesellschaft der Gesellschaft, S. 235).
11 Vgl dazu Michael Winter: Don Quijote und Frankenstein. Utopie als Utopiekritik: Zur Genese der negativen Utopie. In: Utopieforschung. Bd. 3, S. 86–112.
12 Vgl. Braungart, Ritual und Literatur, S. 70ff.
13 Vgl. Karl-Siegbert Rehberg: Weltrepräsentanz und Verkörperung. Institutionelle Analyse und Symboltheorien. Eine Einführung in systematischer Absicht. In: Institutionalität und Symboli-

Utopien finden sich solche Symbolisierungen mit performativem Charakter, die zu einer Legitimationsverstärkung und -erhöhung beitragen.

Insgesamt geht es in den Ritualen, die in Utopien eingeblendet sind, um die Verwandlung eines chaotischen, kontingenten Lebens, das in der satirischen Darstellung der Wirklichkeit vorgeführt wird, um eine (neue) Welt der Ordnung, die Sicherheit verbürgt und für das Leben des einzelnen Individuums Entlastung verspricht. Dies soll zunächst am Beispiel der gattungskonstituierenden literarischen Utopie, Thomas Morus' *Utopia* (1516), erläutert werden, wobei ich mich vornehmlich auf die Einteilung und Organisation von Zeit konzentriere und von da aus einen Blick auf das Gesellschaftsmodell insgesamt werfe.

Nirgendwo lässt sich die Organisation von Zeit in den frühneuzeitlichen Utopien besser ablesen – und dies wird dann modellbildend für die weitere Geschichte aller Utopien – als an der Einteilung von Arbeit und Freizeit. Bei Morus arbeiten alle Mitglieder der utopischen Gesellschaft (und dies ist dediziert gegen die Feudalgesellschaft des 16. Jahrhunderts gerichtet) insgesamt sechs Stunden. Diese sechs Stunden sind streng aufgeteilt auf drei Arbeitsstunden vor dem Mittagessen und drei auf die Zeit nach der Mittagspause. Vor Beginn der vormittäglichen dreistündigen Arbeit findet stets eine öffentliche Vorlesung in den frühen Morgenstunden statt, die der geistigen Weiterbildung dient. Unterbrochen wird die zweimal dreistündige Arbeitszeit durch eine zweistündige Mittagspause. Abgeschlossen wird der Arbeitstag durch ein Abendessen mit anschließender „Freizeit", die durch Spiele, Musik und Gespräche ausgefüllt werden soll; Würfel- und Glücksspiele sind allerdings nicht erlaubt, worin man ein Kennzeichen der durchgehenden Rationalisierung gegenüber jeder Form von kontingentem Spiel erblicken mag. Das Arbeitsritual wird an das Freizeitritual gekoppelt, indem das Mittags- bzw. Abendessen nur eingenommen werden kann, wenn das „gewöhnliche Arbeitspensum" geleistet ist; schließlich wird Zwangsarbeit noch als Strafmittel eingesetzt.

Betrachtet man das Essensritual, erkennt man an der Tisch- und Essensordnung die Strenge der Zeiteinteilung ebenso wie die Hierarchie der organisierten Utopia-Gesellschaft. Der oberste Platz in der Mitte des ersten Tisches ist stets dem obersten Würdenträger und seiner Frau vorbehalten und den „Älteren", denen eine Ehrenstellung aufgrund ihres Alters zugewiesen wird, was bedeutet, dass sie jeweils „das Beste von jedem Gericht und bevorzugte Plätze"[14] erhalten. Auch der Ablauf des Essens ist genauestens geregelt: Jedes Mittag- und Abendessen wird mit

---

sierung. Verfestigung kultureller Ordnungsmuster in Vergangenheit und Gegenwart. Hrsg. von Gert Melville. Köln. Weimar. Wien 2001, S. 3–49.
14 Morus, Utopia, S. 62. Seitenangaben im Folgenden im Text.

der „Vorlesung einer moralischen Abhandlung" eröffnet; danach beginnen die Älteren mit „anständiger, aber nicht grämlicher und witzloser Unterhaltung" (62). Dabei testen sie die Begabung und Qualifikationen der Jüngeren, „da man beim Essen ja gern aus sich herausgeht" (62).

Arbeitsritual und Organisation der Freizeit verbieten „Müßiggang" trotz der vom Erzähler der Utopia-Insel berichteten Neigung zur stoisch-epikureischen Glückseligkeit ihrer Bewohner. Die eingeschränkten Lustbarkeiten (Verbot von Weinstuben, Bierschenken und Freudenhäusern) sind Gegenstand der durchgehenden Fremd- und Selbstbeobachtung und – „vor aller Augen" – wie die Arbeitszeit, öffentlich organisiert.

Ein charakteristisches Merkmal ritueller Organisation lässt sich auch am Festritual bei Morus ablesen; hier geht es um „Erst- und Schlussfeste" (an jedem ersten und letzten Tag des Monats und Jahres). In Anlehnung an den jüdischen Sabbat beginnt das Endfest abends, und das Erstfest wird am nächsten Morgen fortgesetzt mit Beichte, zeremoniellem Einzug in das Gotteshaus (nach Geschlechtern getrennt) und anschaulichen Demutsgesten. Alles endet mit einem „Abschluss", dem gemeinsamen Gebet und einer feierlichen Formel, die so abgefasst ist, „dass jeder einzelne auf sich beziehen kann, was alle zugleich hersagen" (105) – ein klassisches Beispiel für jene Form kollektiver Homogenität und gleichzeitiger individueller Differenz, die im Ritual erlebt und erfahren werden kann.

Schließlich mag unter Gesichtspunkten des Rituals bei Morus noch auf die gesellschaftliche Organisation aufmerksam gemacht werden. Es handelt sich um eine strenggegliederte Dreiklassengesellschaft, insofern der „Stand der wissenschaftlich Gebildeten" (57) die Führungsschicht mit entsprechenden Privilegien wie Forschungsurlaub und Aufstiegsmöglichkeiten bildet. Der zweite Stand verkörpert die Gruppe der Handwerker und der in der Landwirtschaft Arbeitenden mit strengem Arbeitsethos. Hand- und Kopfarbeiter bleiben so strikt getrennt. Genauer differenziert wird die dritte Gruppe im Staat der Utopier, die der Sklaven, bestimmt für „Dienstleistungen, die etwas schmutzig oder mühsam sind" (61). Innerhalb dieser Gruppe der Sklaven wird dann noch einmal unterschieden zwischen denjenigen, „die infolge eines Verbrechens in die Sklaverei" gefallen sind oder „die in ausländischen Städten wegen einer Untat zu[m] Tode verurteilt wurden"; diese Gruppe sei zahlreicher als die erstere. Außerdem gibt es noch eine zweite Gruppe von Verbrechern, die aus fleißigen und armen „Tagelöhnern aus einem anderen Volk [besteht], die es vorziehen, freiwillig bei den Utopiern Sklaven zu sein" (80). Die dargestellte Gesellschaftsstruktur funktioniert aufgrund einer rituellen Organisation von Arbeit im strikt eingehaltenen Zeitrhythmus.

Alle hier kurz skizzierten Rituale bei Morus werden im Rahmen ihrer Beschreibung nicht kommentiert, reflektiert oder zur Diskussion gestellt. Sie sind von „unbegründbarer Geltung" (Alfred Schäfer). Sie bilden eine intern organisierte, durch symbolische Zeichen befestigte Ordnung innerhalb des Gesamttextes der *Utopia*, auf die zurückzukommen sein wird.

Die Strenge des Rituals und der Organisation von Zeit in Utopien mag noch an einem weiteren Beispiel klassischer Utopien erläutert werden, das äußerst folgenreich für die Organisation und das Ritual von Wissenschaft gewesen ist: Francis Bacons *Nova Atlantis* von 1627.[15] Neben der für alle Utopien charakteristischen Zeitorganisation im Blick auf Arbeit und Freizeit und den ausgetüftelten Festritualen (erlaubt in Großfamilien für jeden, der mindestens dreißig leibliche Nachkommen hat, die das dritte Lebensjahr überschritten haben müssen), steht in Bacons Utopie das „Haus Salomon" im Zentrum. Eingebettet in eine Geschichte der Insel Bensalem wird der Orden des „Hauses Salomon" als „Kollegium der Werke der sechs Tage" gegründet (194). Die Parallele zum göttlichen Schöpfungswerk liefert den Rahmen für eine ausdifferenzierte Forschungsorganisation, die ein Ritual der Erkenntnisgewinnung, -vermehrung und -anwendung einschließt, das in mancher Hinsicht an moderne Wissens- und Wissenschaftsorganisationen, beginnend mit der Royal Society, erinnert.[16] So ist in Bacons geschlossener Utopie, die der „Erkenntnis der Ursachen und Bewegungen sowie der verborgenen Kräfte in der Natur und der Erweiterung der menschlichen Herrschaft bis an die Grenzen des überhaupt Möglichen" (205) dient, Schifffahrt generell untersagt; aber alle zwölf Jahre werden zwei Schiffe mit je drei Männern ausgesandt, die Informationen aus fremden Ländern einholen sollen. Diese Männer bleiben bis zur nächsten Fahrt in den Ländern vor Ort und verbergen sich dort „unter dem Namen anderer Völker" (194), gewissermaßen als Spione der Wissenschaft, die für die Erweiterung und den Fortschritt der Wissenschaft im „Hause Salomon" sorgen.

Die eingerichteten und im Einzelnen ausdifferenzierten Forschungsstätten erinnern an Forschungsorganisationen, deren wissenschaftliche Ziele auf die vollständige Erkenntnis des gesamten Kosmos gerichtet sind. Im Einzelnen geht es dabei um jene Bereiche, die die Forschung der Moderne im Detail repräsentiert. Das „System Wissenschaft" ist dabei durch eine Ämterhierarchie strukturiert, die den Arkancharakter der Forschung bestätigt. So wird jeweils entschieden, welche wissenschaftlichen Ergebnisse veröffentlicht werden oder geheim bleiben. Die Organisation des „Hauses Salomon" als „Auge dieses Reiches" [von *Nova Atlantis* (185)] offenbart die institutionelle Bindung von Wissenschaft in Organisationen

---

15 Francis Bacon: Neu-Atlantis. In: Der utopische Staat, S. 173–215; hier S. 196. Seitenzahlen im Folgenden im Text. Vgl dazu im Einzelnen Kap. II 4.
16 Vgl. Ideale Akademie. Vergangene Zukunft oder konkrete Utopie? Hrsg. von Wilhelm Voßkamp. Berlin 2002.

einerseits und den kontinuierlich fortschreitenden Forschungsprozess andererseits. Diese Spannung muss im Rahmen einer rituellen Kohärenz der Wissenschaftsutopie Bacons gebändigt werden. Die „ideologische Communitas"[17], von der Victor Turner spricht, wenn er von utopischen Gesellschaftsmodellen handelt, lässt sich strukturell vermutlich am „System Wissenschaft" am besten illustrieren.

Das Besondere der Form von Bacons Text besteht darin, dass sich

> erst in der Zukunft, vielleicht nach Generationen von Forschungsarbeiten, deren Ergebnisse Bacon selbst nach seinen Aussagen nicht zu übersehen vermochte, [...] die literarischen Bilder der New Atlantis mit den Ergebnissen ihrer wissenschaftlich betriebenen Realisation treffen. Erst dann kann die Fabel von der Neuen Insel Atlantis und der Umgestaltung der Welt vollendet werden, wenn es möglich sein wird, sie nicht mehr als ‚phantastische' Antizipation, sondern als Chronik einer (jetzt noch zukünftigen) Realität zu schreiben. Kein utopischer Roman ist [deshalb] von seiner Form her in einem so hohen Maß mit der Realisierung seiner utopischen Idee verbunden: Wer die New Atlantis vollendet, muß ihre Utopie vorher realisiert haben.[18]

II Rituale der Utopie

Komplementär zu den Ritualen *in* Utopien sind Rituale *der* Utopien, also ihre rituellen Textstrategien zu diskutieren. Die Organisationsleistung der Gattung ‚literarische Utopie', die sie von anderen literarischen Gattungen unterscheiden lässt, besteht in einer skripturalen Mobilisierung von Bildern der satirisch beschriebenen Wirklichkeit einerseits und im Entwurf kontrafaktisch entworfener Gegenbilder andererseits.[19] Den „Prozess des kritischen Vergleichens in Gang zu bringen, ist der spezifische Kommunikationsmodus literarischer Utopien"[20].

Das entscheidende konstitutive Merkmal literarischer Utopien besteht in der Negation im Sinne der jeweils notwendigen kritischen Differenz des utopischen Entwurfs zur gesellschaftlichen Wirklichkeit. Diese Differenz wird literarisch inszeniert. Die Negation geschieht immer im Zeichen einer Norm, die „von der Idee absoluter Vollkommenheit ausgeht und deshalb als außerhalb der historisch und

---

17 Vgl. Turner, Das Ritual, S. 129.
18 Michael Winter: Compendium Utopiarum. Typologie und Bibliographie literarischer Utopien. Erster Teilband. Von der Antike bis zur deutschen Frühaufklärung. Stuttgart 1978, S. 62.
19 Vgl. dazu Kap. I 1 und I 2.
20 Vgl. Stockinger, Ficta Respublica, S. 94ff. Außerdem: Voßkamp: Narrative Inszenierung von Bild und Gegenbild. Zur Poetik literarischer Utopien. In: Vom Zweck des Systems. Beiträge zur Geschichte literarischer Utopien. Hrsg. von Arpad Bernath, Endre Hárs, Peter Plener. Tübingen 2006, S. 216–226.

geographisch erfassbaren Wirklichkeit liegend gedacht werden muss".[21] Von daher arbeiten literarische Utopien mit dem Modell einer Doppelfiktion insofern sie „aus zwei kontrastierenden fiktiven Räumen [bestehen], von denen einer die Darstellung der Norm, der andere die Darstellung der negativ zu bewertenden Wirklichkeit enthält. Die Norm wird der Intention gemäß als ein Wirklichkeitszusammenhang dargestellt, der sich in grundlegenden und unaufhebbaren Strukturprinzipien von dem unterscheidet, was zur jeweiligen Zeit als Erfahrungswelt gilt"[22]. Der Zusammenhang zwischen den beiden Fiktionsräumen besteht in einem „Funktionsverhältnis", weil der Leser das positive Werturteil über die ‚Neue' Welt und das negative über die bestehende Erfahrungswelt nachvollziehen soll.

Die Dichotomisierung zwischen ‚alter' und ‚neuer' Welt mit allgemeingültig postulierten Normen, die ‚attraktiv' sein müssen, um an ihnen mitzuwirken, ist vergleichbar mit Trennungsritualen, die in der Form ritueller Praxis eine grundlegende Unterscheidung zweier getrennter Bereiche markieren. Parallel zu Arnold van Genneps Übergangsriten (*Les rites de passage*),[23] lässt sich im Blick auf die Negationsleistung von Utopien von einem ersten Schritt, dem „rite de séparation", sprechen. Die Abrechnung und radikale Separation von der alten Welt wird in literarischen Utopien häufig in Bildern des Schiffbruchs oder des Traums dargestellt. Schiffbruch ist ein emblematisches Bild für die vollständige Trennung der alten von der neuen Welt, das sich vornehmlich in Robinsonaden und Robinsonaden-Utopien findet. In Johann Gottfried Schnabels *Insel Felsenburg* ist etwa die Felsenburg-Topographie als eine nur schwer zugängliche Insel dargestellt, deren vorgelagerte Sandbänke und steile Klippen die isolierte Abgeschlossenheit des utopischen Bezirks unterstreichen. Erst nach „Übersteigung" solcher Hindernisse lässt sich, abgeschirmt und verborgen, „das schönste Land" entdecken.[24]

Der Traum ist ein anderes literarisches Mittel, das seit der Antike die Grenze und den kategorialen Wechsel von alt und neu bzw. außen und innen bezeichnet. In Louis Sébastian Merciers *Das Jahr 2440* (1771) wird die Trennung zwischen dem Jetzt und Morgen in Form einer Traumerzählung dargestellt. Nach dem Wiederaufwachen des Erzählers im Jahr 2440, nachdem er im Jahr 1770 eingeschlafen ist, hat sich – am gleichen Ort, in Paris – alles verändert:

---

21 Stockinger, Ficta Respublica, S. 96.
22 Ebd.
23 Vgl. Arnold van Gennep: Übergangs-Riten (Les rites de passage) (1981); deutsche Ausgabe Frankfurt am Main. New York. Paris 1999.
24 Vgl. [Johann Gottfried Schnabel]: Wunderliche FATA einiger Seefahrer. Bd. 1: 1731, Bd. 2: 1732, Bd. 3: 1736, Bd. 4: 1743. Photomechanischer Nachdruck. Hildesheim. New York 1973.

Alle die Stadtviertel, die mir so bekannt waren, stellten sich mir in einer anderen und erst vor kurzem verschönerten Gestalt vor. Ich verlor mich in großen und schönen Straßen, die schnurgerade liefen. Ich kam an weite Kreuzungen, wo eine so schöne Ordnung herrschte, dass ich auch nicht die kleinste Verwirrung bemerkte. Jenes ungeheure Durcheinanderschreien, das meinem Ohr vormals so unangenehm gewesen war, war nicht zu vernehmen. Ich traf auch keinen von diesen Wagen, die mich alle Augenblicke umfahren wollten. Ein Gichtkranker hätte bequem gehen können. Die Stadt bot einen lebhaften Anblick, aber ohne Unruhe und Verwirrung.[25]

Der Wechsel vom alten zum neuen Zustand könnte größer nicht sein, und bezeichnend genug ist es ein Wechsel von Chaos zu „schöner Ordnung", die durch transparente Geometrisierung charakterisiert ist.

Aber nicht nur Trennungsrituale kennzeichnen literarische Utopien, auch Schwellen- und Umwandlungsriten („rite de marge") lassen sich an einer Vielzahl von Utopien ablesen. Hier spielen sowohl räumliche und architektonische Momente eine Rolle als auch jene liminalen Phasen, die eine Art Zwischenstadium charakterisieren, das die in die ‚Neue Welt' Eintretenden durchlaufen müssen. Die Vergangenheit ist bereits verlassen, aber die Zukunft hat noch nicht begonnen. Die notwendige Erneuerung und zukunftsweisende Veränderung macht den Übergang von der alten (Un)-ordnung zur neuen Ordnung sichtbar. In Schnabels *Insel Felsenburg* geschieht dies durch „General-Visitationen" der bestehenden utopischen Einrichtung durch die aus Europa kommenden neuen Felsenburg-Bewohner. Das Hauptmotiv der Einwanderer ist „das Vergnügen, auf dieser Insel in Ruhe, ohne Verfolgung, Kummer und Sorgen"[26] leben zu können. Der paradigmatische Zeitwechsel von der diskontinuierlichen Willkür der geschichtlichen Zeit (verursacht durch die launische Glücksgöttin Fortuna als Lenkerin der zeitgenössischen Politik) hin zu einer homogenen Zeit der glücklichen, gelassenen Beständigkeit der Felsenburg-Welt erfordert Strategien der Einübung, die auch mit einem anthropologischen Normenwandel verbunden sind. Mit dem Übergang von der europäischen zur Felsenburg-Welt vollzieht sich ein Normenwechsel in den Menschen selbst: den „ehemaligen Affecten" wird ein „Gebiß"[27] angelegt: „man weiß die vorhandenen Gemüthsbewegungen mit einer besonderen Klugheit zu temperiren [...]."[28] Die Errichtung dieser Tugendrepublik setzt gelingende Selbstdisziplinierung der einzelnen Subjekte voraus; ohne strenge Affektregulierung kann der utopische Konsens nicht bestehen, der zu allererst eingeübt werden muss.

---

25 Mercier, Das Jahr 2440, S. 22.
26 Schnabel: Insel Felsenburg, Bd. I, S. 298.
27 Schnabel: Insel Felsenburg, Bd. II, S. 317.
28 Ebd., S. 236.

Die im Sinne van Genneps anschließende dritte Phase, die „rite d'agrégation", ist in literarischen Utopien durchgehend ablesbar an den zuvor beschriebenen, streng ritualisierten, häufig geometrisierten Ordnungsmodellen. Das gilt nicht nur für die charakterisierten sozialpolitischen und wissenschaftsorganisatorischen Modelle von Morus oder Bacon, sondern auch für jene Tradition literarischer Utopien, die auf griechische und römische Arkadiendichtungen zurückgeht. Ordnung lässt sich nicht nur in der durchgehenden paradiesischen Welt mit sauberem Wasser, reiner Luft und immerwährender Poesie abbilden, sondern vornehmlich am Beispiel der vorausgesetzten symmetrischen Liebesbeziehungen. Hier ist der eigentliche Ort, wo die gelingende rituelle Integration in die arkadische Ordnung dokumentiert wird. Übergänge zu Beispielen sozialer Utopien sind vor allem unter Gesichtspunkten von patriarchalischen Heirats- und Fortpflanzungsritualen beobachtbar. Wenn Mercier 1771 im Zeichen notwendiger symmetrischer Liebesbeziehungen prinzipiell für die Ehescheidung plädiert, so fügt er sogleich hinzu:

> Aber, Ihr könnt es glauben oder nicht, je leichter es ist, desto größer ist die Scheu, davon Gebrauch zu machen, da es eine Art Schande bedeutet, die Trübsale eines vergänglichen Lebens nicht gemeinsam ertragen zu können. Unsere Weiber sind tugendhaft aus Grundsatz und finden ihr Vergnügen an den Freuden des häuslichen Lebens. Stets sind sie heiter, wenn die Pflicht sich mit der Empfindung vermischt; dann gibt es keine Schwierigkeiten, und alles nimmt eine rührende Gestalt an.[29]

Hier ist sie wieder, die auf Symmetrie und Ordnung gerichtete konsensuelle Erwartung von „intégration", ohne dass dem Recht des Einzelnen und der Einzelnen in seiner/ihrer Individualität gebührende Aufmerksamkeit zuteil wird. Das utopische Ideal bleibt ein Ideal der Vollkommenheit, auch in der ordnenden Symmetrie der Geschlechterbeziehungen. Das ‚Neue' verweist dabei allerdings auf das Negierte (den durchgehend frauenfeindlichen Patriarchalismus).

III Die Selbstreflexion literarischer Utopien

Hat man die in Utopien eingeblendeten und eingelegten Rituale Revue passieren lassen und die Strukturparallelen zwischen den „rites de passages" und den durchgehend beobachtbaren Dreischritt von Negation, Übergang und Integration in ein neues Ordnungsmodell hervorgehoben, scheint die Nähe von Utopie und Ritual größer als zunächst angenommen. Liegt gar eine Art Funktionsäquivalenz

---

[29] Mercier, Das Jahr 2440, S. 175.

vor? Die Vermutung liegt nahe, weil in den Dystopien des 20. Jahrhunderts die rituelle Dichte noch zunimmt. Worin besteht dann der prinzipielle Unterschied, auf den zu Anfang hingewiesen wurde? Gegenüber der durchgehenden „Kommunikationsvermeidungskommunikation" von Ritualen (Niklas Luhmann) sind literarische Utopien Beispiele von „(Kompakt-)Kommunikation". Als Fiktion offenbaren sie einen kommunikativen, d. h. de facto dekonstruktiven Gestus gegenüber Ritualen, selbst dann oder gerade dann, wenn Rituale die Texte von Utopien imprägnieren. Rituale werden durch Fiktion verwandelt; es geht um die ritualverändernde Kraft von Fiktion.[30] Vier Punkte lassen sich hervorheben:

Der besondere fiktionale Status utopischer Texte

Schon die Utopiediskussion der frühen Neuzeit – wie es das Zedlersche Universallexikon von 1742 dokumentiert – macht deutlich, dass Utopien nicht mit der konkreten Realisierung ihrer Inhalte verwechselt werden dürfen: „Schlaraffenland, lat. Utopia, welches im Deutschen Nirgendwo heißen könnte, ist kein wirckliches, sondern erdichtetes und moralisches Land."[31]

Das Fiktionale literarischer Utopien wird in den Techniken der Darbietung von Utopien veranschaulicht. Dazu gehören das dialogische Moment (vgl. bei Morus), die Manuskript- und Herausgeberfiktion (etwa in Johann Gottfried Schnabels *Insel Felsenburg*) oder der fiktive Reisebericht mit dem in den Texten wiederkehrenden obligatorischen Schiffbruch (vor allem in den Robinsonaden-Utopien).

Am Beispiel des Prototyps literarischer Utopien, Morus' *Utopia*, mag das kurz illustriert werden. Der Text besteht aus zwei umfangreichen Teilen nebst einer Vorrede, wobei lediglich der dritte Teil die Erzählung von der Verfassung der Insel Utopia enthält. Die Vorrede und der erste Teil (als Dialog über die Schwierigkeiten einer gerechten Politik) machen bereits den fiktionalen Charakter des gesamten Textes deutlich. In der Tradition platonischer Dialogtechniken und in Anknüpfung an humanistische Gelehrtensatiren wird der durch den „Possenreißer" Raphael Hythlodäus vorgetragene Bericht über die Insel Utopia als Beitrag zur Diskussion über unterschiedliche Politikmodelle und als Kritik aktueller Politik angeboten.[32] Hinzu kommen die vor- und nachgestellten Widmungsbriefe und -gedichte, die Landkarte Utopias und das utopische Alphabet sowie die (bisher

---

[30] Gerhard Neumann spricht von der Literatur als „Störfaktor" und einer „exzentrische[n] Ethnographie" (Begriff und Funktion des Rituals, S. 52).
[31] Johann Heinrich Zedler: Universal-Lexicon (1742). Bd. 34, Sp. 1828f.
[32] Vgl. Kap. I 2.

noch nicht im Einzelnen untersuchten) begleitenden Randglossen.[33] Die auftretenden Personen (Budäus, Morus, Mortonus) werden als historische Personen (Budet, Morus und Morton) in den fiktiven Text der Erzählung eingefügt. Fiktionalitäts- und Ironie-Signale machen darauf aufmerksam, dass Morus' Text Traditionen von Lukian und Horaz aufnimmt. Ausgerechnet der Bericht über das Utopia-Modell wird in eine ironische Distanz gerückt, wie man am Schluss der *Utopia* ablesen kann. Der Erzähler bemerkt abschließend: „Inzwischen kann ich zwar nicht allem zustimmen, was er [Hythlodäus] gesagt hat, obschon er unstreitig sonst ein ebenso gebildeter wie welterfahrener Mann ist, jedoch gestehe ich gern, dass es im Staate der Utopier sehr vieles gibt, was ich unseren Staaten eher wünschen möchte als erhoffen kann."[34]

Das Spielerisch-Experimentelle der literarischen Fiktion rückt das Utopiemodell in eine gebührende Distanz. Utopien bedürfen keiner identifikatorischen, sondern einer distanziert-reflektierenden Lektüre. Diese fiktive Distanz hängt mit der satirischen Tradition zusammen, in der auch die Utopie der frühen Neuzeit steht, und einem noch selbstverständlichen Realisierungsverbot dichterischer Entwürfe. Mehr noch: das Utopia-Modell des idealen Staats wird bereits im Umkreis seiner Entstehung satirisch-kritisch kommentiert. In Rabelais' *Gargantua und Pantagruel* (zuerst 1534) bietet das Bild von der „Abtei von Thélème" eine ironische Antwort auf die strengen Ordnungsvorstellungen des utopischen Staats bei Morus: die Devise des „Antiklosters" Thélème lautet: „Fay ce que vouldras" – „TU WAS DU WILLST."[35]

IV Inversionen von Utopie als Parodie

Solche satirischen Umkehrungen im Sinne radikaler Utopiekritik lassen sich vornehmlich seit dem 18. Jahrhundert beobachten. So, wenn Daniel Defoes optimistische Vision vom sich unter widrigen Umständen behauptenden und erfolgreichen „economique man" Robinson Crusoe, der auf einer Insel sein Glück macht (1719), schon sieben Jahre später in Jonathan Swifts *Gulliver's Travels* (1726) parodiert wird und in den siebziger Jahren des 18. Jahrhunderts Johann Carl Wezel im *Robinson Krusoe* (1779) das utopische Robinsonadenmodell in apokalyptischer

---

33 Vgl. Kuon, Utopischer Entwurf und fiktionale Vermittlung, S. 76.
34 Morus, Utopia, S. 110.
35 François Rabelais: Gargantua und Pantagruel. Aus dem Französischen verdeutscht durch Gottlob Regis. Bd. 1. München 1964, S. 139.

Perspektive zu einem Narrenstaat werden lässt, der in vollständiger Zerstörung endet: „sic transit gloria mundi" lautet der Schluss des Romans. [36]

Dass das Vergnügen an der Parodie von Utopien mit dem Schwinden utopischer Hoffnung in der Moderne zunimmt, lässt sich an Texten des 20. Jahrhunderts, etwa an Alfred Kubins *Die andere Seite* oder Arno Schmidts *Gelehrtenrepublik* ablesen. Im Reich „Pateras" in Alfred Kubins Text geht es um einen Traumstaat der Defizienz: „Noch nicht überhand nehmende fixe Ideen, wie Sammelwut, Lesefieber, Spielteufel, Hyperreligiosität und all die tausend Formen, welche die feinere Neurasthenie ausmachen, waren für den Traumstaat wie geschaffen."[37] In der Inversion utopischer rationaler Konstruktion vereinigt Kubins Traumreich all das von der utopischen Vernunft Ausgegrenzte und Pathologisierte: „Die Schwärmerei, der Wahn und die Amoralität – die ganze Nachtseite der Vernunft"[38] kehrt zurück im Infragestellen der Tradition rationaler Utopiekonstruktionen.

Solches radikale Infragestellen utopischer Rationalität findet sich indes bereits im 18. Jahrhundert. In den *Hundertzwanzig Tagen von Sodom* von de Sade wird die Utopie der Libertinage als eine Ordnungs- und Gefängnisutopie geschildert. Sie ist der Inbegriff des Ordnungsterrors als radikale Utopiekritik. Damit wird utopisches Denken in seiner Funktionalität entlarvt; der Zwang zur Systematisierung ist die Voraussetzung für die vollständige Indienstnahme von Individuen und ihrer Beherrschung.

V Utopie als Utopiekritik

Bei de Sade ist bereits jener Punkt erreicht, an dem Utopie und Utopiekritik zusammenfallen, eine Position, die in den Dystopien des 20. Jahrhunderts die eigentliche Herausforderung darstellt. Die Einsicht Rousseaus, dass Subjekt und Gesellschaft in ihren Interessen prinzipiell nicht zur Übereinstimmung gebracht werden können, wenn das Subjekt in seiner Eigenart ernst genommen wird, führt zur Entdeckung einer grundlegenden Dialektik der Utopie. Sie ist der Ausgangspunkt für jene selbstreflexiven und selbstkritischen Dystopien Huxleys und Orwells, in denen sich das utopische Projekt als Schreckbild erweist.

Andere Varianten der utopiekritischen Literatur experimentieren mit (auch rituellen) Elementen der traditionalen Utopie, indem sie die Verfahren des uto-

---

36 Vgl. Kap.III 6: Selbstkritik und Selbstreflexion.
37 Zitiert nach Müller, Gegenwelten, S. 179.
38 Ebd.

pischen Erzählens selbst thematisieren. Utopien bilden dann literarische Laboratorien, in denen mittels traditioneller Utopiemodelle experimentiert wird, mit dem Ziel, herauszufinden, inwieweit utopisches Erzählen überhaupt möglich ist. Die Vermittlung utopischer Gehalte wechselt dabei nicht selten das utopische Genre; die Verabschiedung traditioneller Utopiemodelle geht mit dem Wechsel oder der Auflösung literarischer Genres einher.[39]

Die Sehnsucht nach dem Neuen ist die Voraussetzung für das Zukunftsoffene und Gattungsübergreifende, ohne zu einem Abschluss zu kommen. Dieses Konzept der sich selbst (re)generierenden Utopie zielt auf einen „Möglichkeitssinn" im Sinne der Ermöglichung anderer Zustände, ohne diese Zustände schon auszumalen oder im Einzelnen zu beschreiben.[40]

Die Ermöglichung des Möglichen als ein Konzept sich erneuernder Utopien jenseits binärer Gegenüberstellungen von Systemen oder von System und Subjekt macht die eigentliche Differenz zum Ritual und zu den Ritualen sichtbar.

---

[39] Vgl. Kap. III 6.
[40] Vgl. Musil, Der Mann ohne Eigenschaften, v. a. das vierte Kapitel: „Wenn es Wirklichkeitssinn gibt, muss es auch Möglichkeitssinn geben." (S. 16–18). Vgl. das Schlusskapitel dieses Buchs.

5 Entzeitlichung von Utopien in Institutionen

Utopien und Institutionen versuchen, die Zeit anzuhalten. Spezifische Detemporalisierungsstrategien zielen auf Entzeitlichung im Begründen einer Eigenzeit sprachlicher und sozialer Kommunikation.[1] Utopien und Institutionen sind Beispiele für „eine Zeit, die ihre Herrschaftsansprüche ermäßigt und damit von sich aus zur Mitwirkung an ihr einlädt"[2]. Deshalb lässt sich Michael Theunissens Formulierung von der „Inversion der Transzendenz" ebenso auf Utopien wie Institutionen anwenden.[3]

Utopische und institutionelle Eigenzeit ist durch Darstellungsmuster und Funktionen charakterisiert, die auf Ordnung und Orientierung zielen. Ihre Einrichtung lässt sich mit einem Stiftungsakt vergleichen, der das Kontingente in ‚notwendige' Ordnung transformiert. Dies setzt Abstraktionsleistungen und jene Reduktion von Komplexität voraus, die allererst eine ‚Verstetigung' von Ordnungsmustern erlaubt.

Sowohl in Utopien als auch in Institutionen verdanken sich Ordnungsstiftung und Ordnungsstabilisierung vornehmlich Normen und deren Internalisierung durch ihre Mitglieder. Worin bestehen die prinzipiellen Unterschiede zwischen Utopien und Institutionen? Wenn man mit Karl-Siegbert Rehberg davon ausgeht, dass es in sozialen Institutionen um das jeweilige Abstimmen der „instrumentelle[n] Funktion und symbolische[n] Leistung"[4] geht, wird man davon sprechen können, dass es sich um eine ebenso semiotische wie historisch-konkrete Realität handelt – im Unterschied zum fiktionalen Status von literarischen Utopien, die allein durch ihre ‚semiotische Realität' gekennzeichnet sind.[5] Der zeichenhafte Charakter sozialer Institutionen und ihre symbolischen Repräsentationsleistungen verweisen stets auf Machtverhältnisse. Sie bestehen vor allem in der „for-

---

1 Vgl. auch Kap. I 4: Utopie und Ritual.
2 Vgl. Michael Theunissen: Pindar. Menschenlos und Wende der Zeit. München 2000, S. 7.
3 Vgl. Theunissen, Pindar, insbesondere den dritten Teil des 2. Buchs.
4 Karl-Siegbert Rehberg: SFB Institutionalität und Geschichtlichkeit. Dresden 1997, S. 11–13; ders.: Die stabilisierende ‚Fiktionalität' von Präsenz und Dauer. In: Institutionen und Ereignis. Über historische Praktiken und Vorstellungen gesellschaftlichen Ordnens. Hrsg. von Reinhard Blänkner, Bernhard Jussen. Göttingen 1998, S. 381–407. Vgl. auch Voßkamp: Utopie als Antwort auf Geschichte. Zur Typologie literarischer Utopien in der Neuzeit. In: Geschichte als Literatur. Formen und Grenzen der Repräsentation von Vergangenheit. Hrsg. von Hartmut Eggert, Ulrich Profitlich, Klaus R. Scherpe. Stuttgart 1990, S. 273–283.
5 Luhmann, Gesellschaft der Gesellschaft, Bd. I, S. 218 f.

melleren Ausgestaltung von Normen", was zudem „den Organisationsgrad [von Institutionen] erhöht."[6]

Jede soziale Institution muss daran interessiert sein, das Auseinanderfallen von „persönlicher Motivation einerseits und institutionellem Zwang andererseits [zu verhindern], indem schon die subjektiven Rollenerwartungen in der sozialen Beziehung institutionalisiert werden; diese Rollenerwartungen bestimmen sowohl das Verhalten des Handelnden als auch seine Erwartungen vom Verhalten des anderen, die sich als positive oder negative Sanktionen auswirken, je nachdem ob sie die Befriedigung fördern oder unterbinden"[7]. Nimmt man noch hinzu, dass „Institutionen oft auch das rechtlich verfaßte Ergebnis eingeübter Typisierungen"[8] sind, wird man die in der „Choreographie von Herrschaft" (Pierre Bourdieu) ablesbaren Machtverhältnisse besonders zu beachten haben. Dies auch deshalb – worauf Arnold Gehlen hingewiesen hat – , weil Institutionen lebenswichtige Entlastungsfunktionen bieten und damit institutionelle Stabilität und Ordnung attraktiv machen, die „Berechenbarkeit und Kontinuität über die Zeiten"[9] hinweg garantieren.

Demgegenüber tritt in literarischen Utopien der unmittelbar instrumentelle Charakter zugunsten des spielerischen Elements zurück. Semiotische Realität bedeutet hier eine eigentümliche „Präsenz von Zeit, nämlich die Illusion der Gleichzeitigkeit des Ungleichzeitigen. Die bloß virtuelle Zeit der Vergangenheit und der Zukunft ist in jeder Gegenwart präsent, obwohl für sie etwas ganz anderes gleichzeitig ist als für die Gegenwart"[10]. Dieser Vorteil der ästhetischen Autopoiesis wird erkennbar im künstlerischen Schöpfungsakt, der tiefgreifende Diskontinuität voraussetzt, um den „Anfang der neuen Zeit"[11] zu setzen. Deshalb ist die Funktion des Anfangs in literarischen Utopien auch vergleichbar mit dem

---

[6] Vgl. René König: Art. „Institution". In: Fischer Lexikon Soziologie. Hrsg. von René König. Frankfurt am Main 1967, S. 142–148; hier S. 145.
[7] Ebd., S. 148.
[8] Peter L. Berger, Thomas Luckmann: Die gesellschaftliche Konstruktion. Frankfurt am Main 1969, S. 58.
[9] Arnold Gehlen: Anthropologische Forschung. Reinbek bei Hamburg 1967, S. 23; dazu Karl Siegbert Rehberg: Eine Grundlagentheorie der Institutionen: Arnold Gehlen. Mit systematischen Schlussforderungen für eine kritische Institutionentheorie. In: Die Rationalität politischer Institutionen. Interdisziplinäre Perspektiven. Hrsg. von Gerhart Köhler, Kurt Lenk, Rainer Schmalz-Bruns. Baden-Baden 1990, S. 115–144.
[10] Luhmann, Gesellschaft der Gesellschaft, Bd. I., S. 265. Luhmann bezeichnet dies als die „Illusion der Schriftkultur [...]. Die Schrift erzwingt eine Fixierung der Zeit, die trotzdem vergeht, in Texten, die den Zeitfluss überdauern; die also dieselben bleiben in einem Zeitpunkt, in dem etwas vergangen ist, was vorher Zukunft war."
[11] Lars Gustafsson: Utopien. In ders.: Utopien. Essays. München 1970, S. 82–118; hier S. 99.

Stiftungsakt von Institutionen. Der textuelle, ästhetische Status literarischer Utopien bietet zudem Spielräume für Satire und Ironie. Dies lässt sich – im Horizont der antiken (vornehmlich platonischen) Tradition – bereits in den klassischen Utopien der Renaissance beobachten, und seit dem 18. Jahrhundert bieten literarische Utopien durchgehend Möglichkeiten einer ironisch-distanzierenden Reflexion auf ihre Geschichte selbst. Deshalb ist die Beobachtung von Gattungstraditionen zentral.[12]

Überblickt man die Gattungsgeschichte literarischer Utopien in Europa, lassen sich unter Gesichtspunkten ihres Fiktionalitätsstatus drei idealtypische Merkmale beobachten. Diese betreffen sowohl die Textstrategien als auch das semantische Potential. Zum einen handelt es sich um das Moment der Negation im Sinne der jeweils notwendigen kritischen Differenz des utopischen Entwurfs gegenüber vorfindbarer gesellschaftlicher Wirklichkeit, archetypisch ablesbar am Modell der Insel- und Raumutopien der Renaissance, zum anderen um literarische Konstruktionen von Antizipation unter dem Aspekt der Vorwegnahme von Zukunft, insbesondere im Muster von Zeitutopien seit dem letzten Drittel des 18. Jahrhunderts; schließlich um eine grundsätzliche Dichotomisierung von Indikativischem und Konjunktivischem im Sinne der Kategorie des Möglichen als Antrieb gattungsüberschreitenden utopischen Bewusstseins im 20. Jahrhundert.[13]

Die Verwandtschaft bzw. Nähe von Utopien und Institutionen zeigt in der historischen Abfolge idealtypischer Formen von Utopien eine abnehmende Tendenz. In den Raumutopien der Renaissance (Morus, Bacon, Campanella, Andreae) ist der Institutionencharakter aufgrund ausgearbeiteter und im Detail dargestellter Organisationsformen und symbolischer Repräsentationsleistungen evident. Das durch Leibniz initiierte Akademiemodell spielt dabei eine ebenso wichtige Rolle wie die politisch intendierte Stabilisierungsabsicht angesichts frühneuzeitlicher Krisenerfahrungen.

Prinzipielle Probleme mit der Nähe oder gar Kongruenz von Utopien und Institutionen entstehen, wenn das Vertrauen in die Überzeugungskraft von Utopien, die das individuelle Glück mit dem allgemeinen der utopischen Gemeinschaft in eins setzen, schwindet – also beim paradigmatischen Wechsel des utopischen Denkens im Wandel vom ‚perfectio'-Ideal zur Konzeption von ‚perfectibilité' im letzten Drittel des achtzehnten Jahrhunderts.[14]

Wie reagieren darauf Institutionen? Lassen sich institutionelle Antworten auf eine umfassende ‚Verzeitlichung' finden? Angesichts zunehmender Momentari-

---

12 Vgl. vor allem Kap. III 1: Transzendentalpoetik.
13 Vgl. dazu insgesamt Utopieforschung; außerdem Martin Seel: Drei Regeln für Utopisten. In: Zukunft Denken – nach den Utopien, S. 747.
14 Vgl. dazu grundsätzlich Koselleck, Die Verzeitlichung der Utopie.

sierung des Utopischen im Zeichen radikaler Verzeitlichung seit etwa 1800 (‚Utopie des Augenblicks' in der Moderne)[15] übernimmt die Kunst eine vorher so nicht beobachtbare Rolle: sie setzt auf eine neue Form der Institution, die ästhetische.

I Die Institution ‚Raumutopie': Das Beispiel von „Salomons Haus" in Bacons *Nova Atlantis*

In den klassischen Raumutopien der frühen Neuzeit lässt sich im Medium der literarischen Fiktion die Nähe zu historisch-konkreten Institutionen am Genauesten studieren. Das mag an jenem „Institutionencharisma" (Pierre Bourdieu) liegen, mit dem diese Utopien ausgestattet sind. Der satirischen Negation jeweils kritisch dargestellter und kommentierter Realität entspricht der Entwurf einer rationalen Ordnungskonstruktion im Text. In strenger Auswahl und strategisch eingesetzter Abstraktionsleistung gegenüber sozialer Wirklichkeit wird ein utopischer Staat nach strengen geometrischen Regeln entwickelt. Unordnung wird als größte Bedrohung gesehen; die in geometrisierten Utopien stillgestellte Zeit verweist auf jene durch Bilder gebannte Geschichte, deren Kontingenz allerdings gerade dadurch offenbar wird. Die Überdetermination von Ordnung lässt sich als Antwort auf die durch den Ordnungsmangel charakterisierte Situation der frühen Neuzeit verstehen.

Francis Bacons Utopie *Nova Atlantis* (1623) bildet hier keine Ausnahme. Die ‚Dialektik' von radikaler Unordnung und neuer, ‚anderer' Ordnung wird anschaulich im traditionalen Bild des Schiffbruchs (die künftigen Inselbewohner von Nova Atlantis scheitern auf dem Seeweg von Peru nach China und Japan in der Südsee) einerseits und dem in der neuen Welt institutionalisierten Prüfungsverfahren nach der glücklichen Rettung der Schiffbrüchigen andererseits. Die doppeldeutige Fortuna (Unglück und Glück/Schiffbruch und Rettung) wird kontrastiert mit der Prüfungsordnung des utopischen Staates Bensalem. Der unberechenbare, kontingente historisch-reale Zeitverlauf wird unterbrochen und durch eine neue, innehaltende Zeit abgelöst.

Nicht weniger charakteristisch ist die in Bacons Text eingeblendete Erzählung der Gründungsgeschichte des „Hauses Salomon", der Kerninstitution von *Nova Atlantis*. Diese Gründungsgeschichte – einer auch als „Kollegium der Werke der sechs Tage",[16] als Orden und Bruderschaft bezeichneten Institution – geht auf

---

15 Vgl. dazu Bohrer, Plötzlichkeit.
16 Francis Bacon, Nova Atlantis; zit. Ausg. S. 194.

einen Stiftungsakt durch den Gründer Solamona zurück, den sich der Leser als Verkörperung der Verbindung von Eigenschaften und Fähigkeiten Solons und Salomons vorzustellen hat. Die interne Ordnung konstituierende gesellschaftliche Organisation erfolgt durch strukturierte Zeitabläufe in familiär-patriarchalischer Manier. Das hierarchisch strukturierte Verwandtschaftssystem bedingt beispielsweise ein bevölkerungspolitisch wichtiges, regelmäßig wiederholtes Festritual zu Ehren eines männlichen Familienoberhauptes, das mindestens dreißig leibliche Nachkommen besitzt, die sämtlich das dritte Lebensjahr überschritten haben müssen. Die Organisation der Ehestiftung und des Verheiratungsritus ist wie bei Thomas Morus Teil einer Körperpolitik, die das wechselseitige Kennenlernen der körperlichen Vor- und Nachteile der künftigen Partner zur Voraussetzung jeder Ehe macht.

Die zentrale Ordnungsgarantie des „Hauses Salomon" bildet die im Einzelnen dargestellte Institutionalisierung der Forschung. Diese ist interdisziplinär in einzelnen Instituten und Labors organisiert, die in mancher Hinsicht an moderne Wissens- und Wissenschaftsorganisationen erinnert.[17]

Komplementär zur interdisziplinär organisierten Forschung in einzelnen Institutionen und Labors spielt der Zusammenhang von Wissenschaft und Anwendung bei Bacon die entscheidende Rolle. Funktionale Differenzierung wird aufgrund der jeweils ermittelten Begabung der einzelnen Forscher für bestimmte Aufgaben organisiert. Die Zweck-Nutzen-Funktion scheint dem hierarchisch-patriarchalischen Verfassungsmodell übergeordnet.[18] Dies ist nur *ein* Beispiel für die bei näherer Analyse beobachtbaren inhärenten Spannungen, die in Bacons wissenschaftsutopischem Modell ausbalanciert werden müssen. So erlaubt der partiell an Geheimbünden orientierte Arkancharakter des „Hauses Salomon" keine vollständige Veröffentlichung der Forschungsergebnisse, obwohl die scientific community als Prüfungsinstanz für die Kommunikation der Ergebnisse zentral wäre. Dies bedingt eine prinzipiell nicht auflösbare institutionelle Bindung, also Stillstellung der Wissenschaft einerseits und die notwendige, auf Zukunft gerichtete Progression der Forschung andererseits. Wenn Hypothesenbildung und Experiment als konstitutive Voraussetzungen für wissenschaftliche Forschung im Mittelpunkt stehen, lässt sich der Forschungsprozess grundsätzlich nicht stillstellen. Dem korrespondiert auch ein politisches Dilemma: Die staatliche, durch Ämterhierarchie gefestigte Zentralgewalt muss zum konfliktreichen Problem für

---

[17] Vgl. dazu insgesamt Ideale Akademie. Vergangene Zukunft oder konkrete Utopie. Hrsg. von Wilhelm Voßkamp. Berlin 2002. Vgl. auch Voßkamp: „Bis an die Grenze des überhaupt Möglichen". In: Gegenworte 27 (2012); und Kap. II 4: Utopie und Geheimnis.
[18] Vgl. dazu Wolfgang Krohn: Von einer ‚neuen Wissenschaft' zu einer ‚neuen Gesellschaft'. In: ders.: Francis Bacon. München 1987, S. 156–172.

die Forschung werden, wenn diese die wissenschaftliche Verantwortung selbst übernimmt.

Die internen Paradoxien der Wissenschaftsutopie Bacons dürften auch auf den Fragment-Charakter des (literarischen) Textes zurückzuführen sein. Es bleibt an jene ‚ästhetische' Differenz zu erinnern, die – bei aller Institutionennähe von Bacons Utopie – auf die literarische Gattungszugehörigkeit des utopischen Romans *Nova Atlantis* aufmerksam macht und damit die kategoriale Differenz zu realhistorischen Institutionen markiert.

II Zeitutopien und ihre Institutionalisierung (am Beispiel des Bildungsromans)

In dem historischen Augenblick, in dem sich im Laufe des späten 17. und dann im 18. Jahrhundert ein paradigmatischer Wandel vom Prinzip der räumlichen Ordnungsstiftung in Sozialutopien zum Typus der literarischen Zeitutopie, die das Ideal in die künftige Zeit verlegt, vollzieht, verändert sich auch das Verhältnis von Institutionen und Utopien. Das institutionelle Stillstellen von Zeit erfolgt im Medium einer gattungsgeschichtlichen Transformation von ‚geschlossenen' zu ‚offenen' Modellen literarischer Utopien. Die Hauptursache für diesen paradigmatischen Wandel liegt vor allem darin, dass die noch in den Tugendrepubliken des 18. Jahrhunderts vorausgesetzte Übereinstimmung von subjektivem Anspruch und gesellschaftlicher Notwendigkeit aufgrund eines neuen ‚modernen' Subjekt- und Geschichtsbegriffs als Illusion durchschaut wird. Das statische Ordnungsglück disziplinierter Subjekte verliert im 18. Jahrhundert zunehmend an Attraktivität. Das Ideal der Vollkommenheit (perfectio) wird durch das der Vervollkommnung (perfectibilité) ergänzt oder abgelöst. Perfektion wird in den Vollzug der Perfektionierung hineingezogen. Reinhart Koselleck hat diesen Erfahrungswandel unter dem Aspekt der „Verzeitlichung"[19] im Kontext des Übergangs von der ständischen zur funktionsorientierten Gesellschaft aus dem Spannungsverhältnis von Erfahrung und Erwartung bestimmt. Moderne Erwartungen können nicht mehr aus der historischen Erfahrung abgeleitet werden, sie stehen vielmehr unter Extrapolationszwang von Zukunft. Von daher kommt es nicht nur zu einer steten Beschleunigung von Geschichte, sondern auch zur Beschleunigung jeweils neuer utopischer Erwartungen. Der geweckte Bedarf an Zukunft kann kaum noch gestillt werden; die kontrafaktische Antizipation des Zukünftigen treibt zudem den Wunsch nach einer (zumindest langfristigen und approximativen) Realisierung hervor.

---

19 Vgl. Koselleck, Die Verzeitlichung der Utopie, S. 114.

Damit ändert sich das Verhältnis von Institution und Utopien ebenso wie das von Utopien und Geschichte. Hatten Ordnungsutopien der Renaissance in strengen Organisationsformen (etwa der Wissenschaft) Geschichte zu bannen und Individuen zu disziplinieren gesucht, bieten Zeitutopien Modelle, in denen sich das einzelne Subjekt im Blick auf die Zukunft entwerfen und vervollkommnen kann. Der beobachtbare utopische Imperativ der steten Vervollkommnungs-Pflicht offenbart allerdings noch immer den disziplinierenden Gestus traditioneller Ordnungsutopien. Das mag an jener Zeitutopie veranschaulicht werden, die in der literarischen Gattung des deutschen Bildungsromans erkennbar ist (Vgl. die Reihe von Christoph Martin Wielands *Geschichte des Agathon* (1766/67), Goethes *Wilhelm Meisters Lehrjahre* (1795) bis zu Gottfried Kellers *Der grüne Heinrich* (1854/56), Adalbert Stifters *Der Nachsommer* (1857) und Thomas Manns *Der Zauberberg* (1924).[20] Zeitutopie ist der Bildungsroman darin, dass er sowohl ein formales Telos formuliert: die allseitige Vervollkommnungsfähigkeit des Subjekts in der Zeit, als auch eine ästhetische Form bietet, in der Möglichkeiten (und Grenzen) der Realisierung dieser Bildungsutopie dargestellt werden können.[21] Das Postulat individueller Totalität im Sinne allseitiger Bildung und Vervollkommnug des Subjekts setzt eine ‚positive' Anthropologie voraus, insofern einerseits von einem Identitätsbegriff im Sinne der autonomen Selbstbestimmungsmöglichkeit des Subjekts ausgegangen wird und andererseits von Selbstreferenz im Sinne notwendiger Thematisierung dieser Selbstbestimmung in der Form von Selbstreflexion.

Dieser Reflexionsprozess ist die Bedingung dafür, dass sich das Subjekt frei setzen, das heißt selbst ‚schaffen' kann. Eine Realisierung individueller Totalität ist nur als Annäherung an das postulierte Telos der allseitigen Bildung in der Zeit und innerhalb bestimmter sozialer Kontexte möglich. Damit sind die Grenzen der subjektiven Vervollkommnungsmöglichkeit bezeichnet, das Konzept erweist sich gerade dadurch als Gegenbild zur Wirklichkeit, als Utopie. Der Bildungsroman führt diese Spannung zwischen dem formalen Telos ‚individueller Totalität' und unmöglicher Realisierung im Medium der erzählten Lebenszeit vor und reflektiert Möglichkeiten einer Lösung.

Wie unterschiedlich diese ‚Lösungen' ausfallen, kann man an den verschiedenen Schlusssequenzen von Bildungsromanen seit dem 18. Jahrhundert ablesen. Auffallend ist, dass bereits dem Prototyp der Gattung in Deutschland (in Goethes *Wilhelm Meisters Lehrjahre* [1795]) eine ‚Stoppregel' eingeschrieben ist: Es ist die „Turmgesellschaft", eine Reformgesellschaft mit praktischen Zielsetzungen, die

---

20 Vgl. die einführende Übersicht von Rolf Selbmann: Der deutsche Bildungsroman. 2. überarbeitete und erweiterte Auflage. Stuttgart. Weimar 1994.
21 Vgl. dazu im Einzelnen Kap.II 10: Utopie und Utopiekritik in Goethes Romanen.

dem prinzipiell unabschließbaren Prozess der Selbstentfaltung ein ‚pragmatisches' Ende setzt.[22] Hegel hat die in allen traditionalen Bildungsromanen beobachtbaren Schlussfiguren in seinen Vorlesungen über die *Ästhetik oder Philosophie der Kunst* (1817/29) ironisch karikiert.[23] Auch die Zeitutopie, hier im Modus der Gattung des Bildungsromans, bedarf zumindest der zeitweiligen (institutionellen) Stillstellung von Zeit, wenn sie nicht in Geschichtsphilosophie münden soll. Bezeichnend genug offenbart jeweiliges Innehalten im individuellen Zeit- und Lebensprozess einen Institutionencharakter: die Ehe bzw. den Beruf. Dem Grundsatz der Verzeitlichung entspricht deshalb keine unbegrenzte Tendenz zur Entinstitutionalisierung.

Allerdings macht der Bildungsroman auf eine prinzipielle Paradoxie von Zeitutopien aufmerksam: „[…] nimmt man ein normatives *telos* an, hört der Fortschritt in der Zeit auf, sobald das Ziel, also der ideale Zustand erreicht ist [etwa eine glückliche Ehe oder ein sinnvoller Beruf]; nimmt man umgekehrt eine permanente Entwicklung an, in der jeder Zustand durch einen neuen überholt wird, verflüchtigt sich das Ziel und damit auch die Utopie [wenn sie nicht Geschichtsphilosophie werden will], oder sie verlagert sich in die Transformation selber."[24] Die Gattung Bildungsroman sucht dieser Paradoxie im Medium ihrer ästhetischen Mittel (vornehmlich durch Ironie) zu begegnen. Der permanenten Entinstitutionalisierung durch den fortdauernden zeitlichen Impuls der Selbstbildung werden Institutionalisierungs-‚Inseln' entgegengesetzt (wie die Turmgesellschaft).

Allgemeiner formuliert: Der Institutionenbedarf nimmt zu mit fortschreitender Verzeitlichung. Immer neue Institutionen ‚unterbrechen' den (un)aufhaltsamen Beschleunigungsprozess. Dies gilt auch für die Institutionengeschichte, etwa für die Geschichte von Bildungsinstitutionen, wie die der Schule und Universität. Sind Institutionen nicht *eo ipso* veränderungsfähig oder regenerierungswillig oder selber ‚utopiefähig', bleibt nur die Gründung einer neuen Institution; und dies immer wieder, und immer häufiger, ad infinitum.[25]

---

[22] J. W. Goethe: Wilhelm Meisters theatralische Sendung. Wilhelm Meisters Lehrjahre. Unterhaltungen deutscher Ausgewanderter. Hrsg. von Wilhelm Voßkamp, Herbert Jaumann. Unter Mitwirkung von Almuth Voßkamp. Frankfurt am Main 1992, S. 1363–1380 (J. W. Goethe: Sämtliche Werke. Briefe, Tagebücher und Gespräche. 1. Abteilung. Bd. 9).
[23] Vgl. Kap. II 10.
[24] Peter Uwe Hohendahl: Reform als Utopie: Die preußische Bildungspolitik 1809–1817. In: Utopieforschung, Bd. II, S. 250–272; hier S. 267 f.; vgl. auch Jürgen Fohrmann: Utopie, Reflexion, Erzählung: Wielands Goldner Spiegel. In: Utopieforschung, Bd. III, S. 24–49, hier S. 35 ff.
[25] Vgl. die Geschichte von Universitätsneugründungen.

III Kunst und Geselligkeit als utopische Institutionen

Die grundlegende Paradoxie von Zeitutopien – normatives Telos vs. permanente, unabschließbare Bewegung und Entwicklung – und ihre mögliche Auflösung werden in Deutschland vornehmlich in der Kunst (dem Bildungsroman) und der Kunsttheorie (Schiller, Novalis, Friedrich Schlegel) thematisiert. Beide bemühen sich um eine Entparadoxierung des Grundwiderspruchs von institutionalisierter Utopie und (notwendiger) ständiger entinstitutionalisierender Selbstüberholung. Prominent und folgenreich für die künftige Utopiediskussion sind insbesondere Schillers Briefe *Über die ästhetische Erziehung des Menschen* (1795).[26]

Schiller beharrt einerseits auf dem Recht des Subjekts auf individuelle Totalität (im Sinne einer nicht abschließbaren allseitigen Selbstbildung), andererseits soll das Konzept von Totalität im Sinne eines institutionellen Stillstehens von Geschichte nicht aufgegeben werden:

> Es muß also falsch sein, daß die Ausbildung der einzelnen Kräfte das Opfer ihrer Totalität notwendig macht; oder wenn auch das Gesetz der Natur noch so sehr dahin strebte, so muß es bei uns stehen, diese Totalität in unserer Natur, welche die Kunst [gemeint ist die Zivilisation im Sinne Rousseaus] zerstört hat, durch eine höhere Kunst wiederherzustellen. (588)

Die gleichzeitige „Veredlung" des Charakters und die Wiederherstellung von gesellschaftlicher Totalität ist nur mittels der „schönen Kunst" möglich, wobei Schiller betont, dass sich sowohl die Kunst als auch die Wissenschaft einer „absoluten *Immunität* von der Willkür der Menschen" erfreuten (593). Diese Immunität genauer zu charakterisieren, ist das zentrale Ziel Schillers. Er bedient sich dabei der Konzeption des Spiels und des Spieltriebs, der „darin gerichtet [sei], die Zeit *in der Zeit* aufzuheben, Werden mit absolutem Sein, Veränderung mit Identität zu vereinbaren" (612f.). Dieser Zustand der institutionalisierten Entzeitlichung wird von Schiller wiederholt beschworen:

> [...] nur der ästhetische [Zustand] ist ein Ganzes in sich selbst, da er alle Bedingungen seines Ursprungs und seiner Fortdauer in sich vereinigt. Hier allein fühlen wir uns wie aus der Zeit gerissen; und unsre Menschheit äußert sich mit einer Reinheit und *Integrität*, als hätte sie von der Einwirkung äußrer Kräfte noch keinen Abbruch erfahren (637).

---

[26] Friedrich Schiller: Über die ästhetische Erziehung des Menschen in einer Reihe von Briefen. In: Friedrich Schiller: Sämtliche Werke. Hrsg. von Gerhard Fricke und Herbert G. Göpfert, Bd. 5 (Erzählungen / Theoretische Schriften). München ³1962, S. 570–669; Seitenzahlen im Folgenden im Text.

Die Utopie des ästhetischen Zustands zielt also nicht allein auf das momentane Glück des Individuums, sie behält vielmehr das Moment von menschlicher Gattungsgeschichte im Auge. Das gilt auch, wenn der „ästhetischen Kunst" die noch „schwierigere Lebenskunst" an die Seite gestellt wird (618). Schiller knüpft schließlich den Spieltrieb, der für die Herstellung des ästhetischen Zustands verantwortlich ist, an den Bildungstrieb. „Gleich, wobei der Spieltrieb sich regt, der am Scheine Gefallen findet, wird ihm auch der nachahmende Bildungstrieb folgen, der den Schein als etwas Selbstständiges behandelt" (657). Der „Bildungstrieb" wird von Schiller – im Unterschied zu Goethes Vorstellung eines evolutionistisch verstandenen Bildungstriebs (vgl. Friedrich Blumenbach)[27] – als ästhetischer Bildungstrieb verstanden.

> [Dieser] „baut [...] unvermerkt an einem dritten, fröhlichen Reiche des Spiels und des Scheins, worin er dem Menschen die Fesseln aller Verhältnisse abnimmt und ihn von allem, was Zwang heißt, sowohl im Physischen als im Moralischen entbindet" (667).

Jenseits der anthropologischen und physiologischen Disposition des Menschen (und jenseits der Moral) wird hier die Institution Kunst als Utopie projiziert. Dafür wählt er die Bezeichnung ‚ästhetischer Staat', „[...] weil er den Willen des Ganzen durch die Natur des Individuums" vollziehe (667), und deshalb ist *„Freiheit zu geben durch Freiheit* [...] das Grundgesetz dieses Reichs" (667). Das utopische Maximum der Kunst („ästhetisches Spiel") wird so mit einem utopischen Maximum von Vergesellschaftung („ästhetischer Staat") verknüpft. Es ist nur naheliegend, dass Schiller am Ende seiner *Ästhetische[n] Briefe* die Frage stellt, ob man sich einen solchen „Staat des schönen Scheins" in der konkreten historischen Wirklichkeit vorstellen könne, und wo er zu finden sei.

Die Antwort – es ist von einer „reinen Republik" und „einigen wenigen auserlesenen Zirkeln" die Rede (669) und an anderer Stelle von „einer Klasse von Menschen [...], welche ohne zu arbeiten, tätig ist"[28] – lässt an Formen von Geselligkeit denken, die am Ende des 18. und beginnenden 19. Jahrhunderts von Friedrich Schleiermacher, Friedrich Schlegel und Novalis als utopische Institutionen ins Spiel gebracht werden. Es sind Geselligkeitsformen (Akademien, Freundschaftsbünde oder die Salons der Frühromantikerinnen in Berlin), in de-

---

[27] „Ueber den Bildungstrieb und das Zeugungsgeschäfte" (1781); vgl. Voßkamp: „Bildungsbücher". Zur Entstehung und Funktion des deutschen Bildungsromans. In: Die Fürstliche Bibliothek Corvey. Ihre Bedeutung für eine neue Sicht der Literatur des frühen 19. Jahrhunderts. Hrsg. von Rainer Schöwerling, Hartmut Steinecke. München 1992, S. 134–146, hier S. 139.
[28] Vgl. Klaus L. Berghahn: Ästhetische Reflexion als Utopie des Ästhetischen. In: Utopieforschung, Bd. III, S. 165.

nen die Wechselwirkung und Interaktion von Kunst oder auch Wissenschaft und ‚Gesellschaft' eine Synthese ermöglichen, die ein zeitweiliges Anhalten von Zeit, ein Ausdehnen von Gegenwart über den Moment hinaus erlaubt. Allerdings wird man die Skepsis ernst nehmen müssen, wonach solche ‚utopischen' Entparadoxierungsversuche von individueller Totalität im Sinne allseitiger Bildung und gesellschaftlicher Totalität mittels Geselligkeit nur unvollkommen gelingen können: „Nur eine zeitlang", heißt es bei Schleiermacher, lässt sich „ein wirklich Ganzes erhalten."[29]

In der Literatur- und Kunsttheorie der Moderne wird die Verzeitlichung von Utopien noch zugespitzt. Vorstellungen und Konzeptionen von der Utopie ‚Kunstwerk' oder zur Utopie des ‚Augenblicks', wie sie von Karl Heinz Bohrer entwickelt worden sind, machen deutlich, dass das für verallgemeinerungswürdig Gehaltene und damit Institutionenfähige zurückgewiesen wird zugunsten eines ästhetischen Anspruchs, der das „individuelle Allgemeine" für Illusion hält. Die im Verlauf der Neuzeit beobachtbare ‚Entfernung' von Institutionen und Utopien voneinander findet damit einen (vorläufigen) Endpunkt; vermutlich mit der Folge, dass Institutionen zunehmend Macht gewinnen während Utopien sie verlieren.

Die Verbindung von Utopien und Institutionen, die in der frühen Neuzeit funktionsgeschichtlich nahe liegt (Ordnungsmodelle als Mittel zur Behebung gesellschaftlicher Krisenphänomene), muss in dem Augenblick problematisch werden, in dem Utopien einem permanenten Verzeitlichungsprozess unterliegen und ihre institutionelle Festigkeit selbst zur Disposition stellen. Deutlich wird aber in der Moderne, dass gerade zunehmende Beschleunigung wiederum den Institutionenbedarf weckt. Traut man den historisch-konkreten Institutionen nicht mehr, bleibt schließlich die Kunst als Versprechen einer ‚anderen', das „Sein und Werden" (Schiller) verbindenden, wahrhaft ‚utopischen' Institution.

---

[29] Vgl. dazu – unter Hinweis auf Schleiermacher –Luhmann: Interaktion in Oberschichten. Zur Transformation ihrer Semantik im 17. und 18. Jahrhundert. In: Luhmann, Gesellschaftsstruktur und Semantik, Bd. I, S. 158 ff.

II Utopien von Morus bis Goethe

1 Utopiegeschichte: Zusammenfassende Übersicht

I

Der Begriff ‚Utopie' leitet sich von der *Utopia* des Thomas Morus (1516) ab und bedeutet Nicht-Ort, Nirgendort. Als Bezeichnung für eine literarische Gattung findet sich der Begriff ‚Utopie' vergleichsweise spät. In Frankreich taucht er gegen Ende des 18. Jahrhunderts auf, in Deutschland und England kann sich der Begriff erst in der zweiten Hälfte des 19. Jahrhunderts durchsetzen. Dennoch lässt sich ein Bewusstsein von der Zugehörigkeit der heute zur literarischen Utopie gerechneten Texte bereits im 17. und 18. Jahrhundert beobachten, was an der Verwendung von Bezeichnungen wie ‚Res publica ficta', ‚Description of a Commonwealth', ‚République imaginaire' oder an der Bezeichnung ‚Voyages imaginaires' für Texte mit einer bestimmten literarischen Struktur ablesbar ist. Dabei spielen zwei Hauptmerkmale eine zentrale Rolle. Das Dargestellte muss sich als etwas Erfundenes zu erkennen geben, wobei der Grad der Fiktionalisierung unterschiedlich sein kann, aber ein bestimmtes Minimum nicht unterschreiten darf; der Inhalt des Textes stellt ein Gegenbild zur bestehenden Wirklichkeit dar, das dieser kritisch entgegengehalten wird.

Utopien lassen sich deshalb als fiktionale, anschaulich gemachte Entwürfe von Gegenbildern charakterisieren, die sich implizit oder explizit kritisch auf eine historische Wirklichkeit beziehen, in der sie entstanden sind. Utopien entstehen nicht im Nirgendwo; sie sind geschichtlich bedingt, häufig anlassgebunden und unmittelbarer als andere literarische Texte auf geschichtliche Kontexte bezogen. Das Verhältnis von Wirklichem (der jeweiligen zeitgenössischen Realität) und Möglichem (als Entwurf eines Gegenbildes oder Vorwegnahme von Zukunft) ist deshalb gattungskonstitutiv.[1] Von daher ergeben sich spezifische Antworten von Utopien auf Geschichte und wiederum von Geschichte auf Utopien.[2]

In der literarischen Struktur von Utopien bildet sich dieser Sachverhalt in der Form von Doppelfiktionen ab. Der kritischen, häufig satirischen Darstellung der eigenen Welt entspricht der imaginäre Entwurf einer utopischen Welt. Utopien haben eine realistische ‚Vorderseite' und eine utopische ‚Rückseite', die eine ‚Vision der Werte' darstellt (Roland Barthes). Der binäre Status utopischer Texte und ihre didaktische Intention wird deshalb in allen Überlegungen zu einer genaueren Definition von Utopien hervorgehoben, wie es etwa der Artikel „Schla-

---

[1] Vgl. Kap. I 3: Utopische Gattungen als literarisch-soziale Institutionen.
[2] Vgl. Kap. I 5: Entzeitlichung: Utopien und Institutionen.

raffenland" in Zedlers *Universal-Lexicon* von 1742 ausweist: „Schlaraffenland, lat. Utopia, welches im Deutschen Nirgendwo heißen könnte, ist kein wirkliches, sondern erdichtetes und moralisches Land."[3]

Unter typologischen Gesichtspunkten lassen sich zwei Grundformen literarischer Utopien unterscheiden, die Alfred Doren als „Wunschräume" und „Wunschzeiten" bezeichnet hat.[4] Wunschräume werden in erster Linie als insulare Raumutopien dargestellt, während Wunschzeiten sich vornehmlich als in die Zukunft entworfene Zeitutopien erweisen.[5] Mischformen sind dabei nicht selten, und der Übergang von Raum- zu Zeitutopien im letzten Drittel des 18. Jahrhunderts ist für die europäische Entwicklung literarischer Utopien grundlegend. Modelle räumlicher oder zeitlicher Utopien lassen dabei noch nicht auf ihre Inhalte schließen im Sinne von Glück und Unglück, ‚positiven' oder ‚negativen' Utopien.

II

Den Typus klassischer Raumutopien repräsentieren vornehmlich Texte von Thomas Morus, Tommaso Campanella, Francis Bacon und Johann Valentin Andreae, die unter Rückgriff auf Platons *Politeia* für die europäische Neuzeit prototypische Visionen und Modelle entworfen haben.

Thomas Morus' *Utopia*[6] liefert die satirisch-kritische Darstellung der zeitgenössischen englischen Realität des frühen 16. Jahrhunderts und den Entwurf einer alternativen Gegenwelt im Medium des Dialogs. Die von Morus erfundene Gestalt des Weltreisenden Hythlodaeus entwickelt mit einem Schüler des Erasmus, Petrus Aegidius, und dem Alter Ego des Verfassers nicht nur Reformvorschläge im Blick auf die politische Gegenwart des englischen 16. Jahrhunderts, sondern zugleich die ausführliche Beschreibung der Insel Utopia im zweiten Teil des Textes. Durch einen weiteren Dialog (mit dem Kardinal John Morton), der in den Rahmendialog eingebaut ist, und Einschübe über utopische Staatswesen, die die Charakterisierung des Utopia-Modells exemplarisch vorbereiten, werden die einzelnen Textteile bei Morus miteinander verknüpft. Das intertextuelle Spiel (ludicrum) steht in der Tradition antiken satirischen Schreibens und im Kontext der humanistischen Intellektuellen-Diskussion des 16. Jahrhunderts. Morus kritisiert die zeitgenössischen politischen und gesellschaftlichen Verhältnisse (vor allem die

---

3 Zedler: Universal-Lexicon, Bd. 34, Sp. 1828f.
4 Alfred Doren: Wunschräume und Wunschzeiten. In: Vorträge der Bibliothek Warburg. Berlin 1927, S. 157–205.
5 Vgl. Kap.II 5: „Fortschreitende Vollkommenheit".
6 Vgl. Kap. I 2: Thomas Morus' *Utopia*.

Wirtschaftsordnung und das Strafrechtssystem) und entwirft eine neue Eigentumsverfassung auf der Grundlage des Güterkommunismus ohne Privateigentum. Der rationalen Geometrie des insularen Raums entspricht die vernünftige Organisation menschlichen Zusammenlebens, das nur möglich ist durch strenge Affektregulierung aller beteiligten Personen. Der Vernunftstaat des Thomas Morus geht von der Übereinstimmung von subjektivem und allgemeinem (gesellschaftlichem) Interesse aus; nur so sei konfliktfreies Miteinanderleben möglich. Zufall und Glückswechsel sollen deshalb durch dauerndes Glück gebannt werden, das nur mittels Ordnung garantiert werden kann. Solche Ordnungsmodelle schließen Zwang und Totalitarismus ein, der ein Grundzug aller Renaissanceutopien ist.[7] Historisch erklärbar ist dies im Horizont unsicherer Rechtsverhältnisse und sozialer Veränderungen, denen politische und moralische Orientierungspunkte fehlen. Der Ordnungsüberschuss von Utopien lässt sich deshalb als Antwort auf den als Ordnungsmangel empfundenen anarchischen Zustand in einer bestimmten historischen Situation verstehen.

Das gilt auch in nicht geringem Maße für Tommaso Campanellas *Sonnenstaat* (*Civitas Solis*)[8], einen Text, der ursprünglich als Appendix zu der 1601 entstandenen Abhandlung „Politica in aphorismis digesta" verfaßt, ein Jahr später im Gefängnis auf italienisch umgeschrieben wurde und erst 1623 im Druck erschien. Auch Campanella wählt ein dialogisches Modell, das allerdings deutlicher als bei Morus Merkmale eines modernen Totalitarismus zeigt, indem es das theokratische mit dem absolutistischen Element verbindet. Campanella entwirft eine kreisförmige Geometrie seiner Idealstadt, die von sieben ringförmigen Mauern umgeben ist. Diese auf das Vorbild der antiken Radialstadt zurückgehende Konzeption wird mit dem normativen System des Sonnenstaates verknüpft. An der Spitze steht ein Herrscher mit drei Helfern, die Macht, Weisheit und Liebe verkörpern. Im Rahmen eines disziplinierten Klosterlebens entwickelt Campanella das theokratische Zwangssystem eines pädagogischen Staats, der sich auf den mit Bildern bedeckten Ringmauern in seiner erzieherischen Tendenz zu erkennen gibt.

Francis Bacons *Nova Atlantis*[9], vermutlich 1623 geschrieben und 1627 posthum veröffentlicht, verknüpft die Wahrheits- mit der Machtfrage, indem die Zusammenhänge zwischen Wissenschaft und Politik zum konstitutiven Element dieses Textes gemacht werden. Ein zentrales Forschungsinstitut, das „Haus Salomon", bietet dort „eine Art Muster und Beschreibung einer zur Erklärung der Natur und Größe und Macht ihrer Werke gegründeten Gesellschaft". Im Rahmen eines pa-

---

7 Vgl. dazu die Dystopien im 20. und 21. Jahrhundert (seit Samjatin, Huxley und Orwell).
8 Vgl. Lars Gustafsson: Tommaso Campanella, *Der Sonnenstaat* (1623). In: Literarische Utopien von Morus bis zur Gegenwart, S. 44–49; ders.: Utopien. Essays. München 1970.
9 Vgl. K. Ludwig Pfeiffer, Wahrheit und Herrschaft, S. 50–58.

triarchalischen Systems übernimmt Wissenschaft eine zentrale Rolle im Staat und reflektiert damit die Herausbildung des naturwissenschaftlich-technischen Zeitalters. Aspekte einer Utopie der Gesellschaft treten zurück zugunsten eines Konzepts utopischer Wissenschaft.

Parallelen zeigen sich hier insbesondere zu Johann Valentin Andreaes *Christianopolis* (1619)[10]. Allerdings offenbart dieser Text zugleich einen pietistischen Ansatz, indem er eine Reform der lutherischen Reformation beabsichtigt. Pietistische Erneuerung und Hochschätzung der Wissenschaften werden miteinander verknüpft und in der Form einer Lebensreise dargestellt, die in ihrer theologisch-didaktischen Intention an Johann Arndts *Vier [Sechs] Bücher vom wahren Christentum* (1605–1609) erinnert. Das Modell der allegorischen Lebensreise stellt hier das Individuum in seinem Perfektions- und Bildungsstreben deutlicher in den Mittelpunkt als Bacons *Nova Atlantis*. Zwar beschreibt auch Andreae seine utopische Stadt noch im Modell der geometrischen Architektur, aber die Art der dem Einzelnen auferlegten Prüfungen und die Teleologie der Bewegung – auch als Aufforderung zur Imitatio Christi – verweisen bereits auf ein dynamisierendes Element, das den Gestus kommender Verzeitlichung von Utopien andeutet.

III

Das Reisemotiv in den Utopien des 17. Jahrhunderts (William Godwin, *The Man in the Moon* [1638]; Cyrano de Bergerac, *Die Reise zu den Mondstaaten und Sonnenreichen* [1642ff]) zeigt eine Erweiterung und Ausdifferenzierung der literarischen Gattung Utopie an, die für den Übergang vom 17. zum 18. Jahrhundert besonders charakteristisch ist. Die Vielfalt unterschiedlicher utopischer Genres weist auf Veränderungen von Lesererwartungen und Leseverhalten in einem erweiterten Publikum hin. Das Experimentieren mit literarischen Formen, die von den Modellschilderungen der klassischen Renaissanceutopien abweichen, zielt vor allem auf eine Erweiterung des epischen Geschehens und der Erzählhandlung. Die bloße Einbettung des dargestellten Staatsideals in einen Erzählrahmen oder die Einleitung durch Dialoge und Rahmenhandlungen (vgl. etwa bei Morus) wird als ungenügend empfunden und die bloße Anreicherung des epischen Erzählens mit eingeblendeten Utopiemodellen, etwa die „Abbaye de Thélème" bei François Rabelais oder der utopische Staat „Bétique" in Fénelons *Télémaque*, als unbefriedigend angesehen. Stattdessen wird die Beziehung zwischen Utopie und Roman neu bestimmt, womit nicht nur eine Aufwertung des epischen Anteils, son-

---

10 Vgl. Kap.II 6: Von der Staats- zur Bildungsutopie.

dern zugleich eine Neubestimmung des utopischen Idealisierungspotentials verbunden ist. Indem die Gewichte neu verteilt werden, bilden sich Fiktionsstrukturen heraus, die eine Ablösung der beschreibenden utopischen Modellschilderungen durch erzählende Formen erlauben. Anstelle der Doppelfiktion wird nun der Darstellung des Übergangs zwischen den beiden Welten besondere Aufmerksamkeit gewidmet.

Die Ursache dafür liegt hauptsächlich in einer beginnenden Subjektivierung der Utopie, die vornehmlich an den utopischen Romanen und Robinsonaden des 17. und 18. Jahrhunderts abgelesen werden kann. Mit Samuel Gotts Roman *Novae Solymae Libri Sex*, der 1648 in London erscheint, liegt bereits ein Reiseroman vor, in dem die Haupthandlung im Zeichen zweier reiselustiger Engländer steht, die zu einem neu entstandenen, christlich-palästinensischen Staat *Nova Solymae* aufbrechen. Der dargestellten Privat- und Liebesgeschichte korrespondiert das frühkapitalistische Wirtschaftsdenken des englischen Puritanismus. Die Subjektivierung der Erzählperspektive im Zeichen eines beginnenden individuellen Selbstbewusstseins zeigt sich besonders deutlich in der *Histoire des Sévarambes* von Denis Veiras (1677–1679). Dieser auch im 18. Jahrhundert viel gelesene utopische Reiseroman rückt ebenso wie Gabriel de Foignys *La Terre Australe* (1676) das einzelne Subjekt noch entschiedener in den Vordergrund als Samuel Gott. Neben der fiktionalen Doppelstruktur (Reiseerlebnis und Staatsbeschreibung) erfolgt eine noch stärkere Bindung an einen konkret vorstellbaren Ich-Erzähler, so dass die Entdeckung des neuen Landes als Erfahrungsprozess dargestellt werden kann. Erzählt wird nicht nur die Autobiographie des Erzählers, sondern auch die Biographie des Staatsgründers. Zum ersten Mal in der Geschichte der neuzeitlichen Utopie geht die Modellbeschreibung auf die Biographie einzelner Personen über, die mit der Utopie im Zusammenhang stehen.

Der Übergang von der Subjektivierung der Erzählperspektive zur Subjektivierung des utopischen Modells lässt sich insbesondere an den Robinsonaden des 18. Jahrhunderts ablesen, dessen prototypisches Modell, Daniel Defoes *Robinson Crusoe* (1719)[11], zu den meistgelesenen Büchern des 18. Jahrhunderts gehört. Im Unterschied zur Konstruktion klassischer Raum- und Sozialutopien steht das genetische Prinzip im Vordergrund. Die Geschichte des Überlebens auf einer einsamen Insel als Selbstorganisation des menschlichen Lebens geht von der Abwesenheit von Ordnung aus. Lebensbedrohender Schiffbruch und Unberechenbarkeit des Meeres sind die Metaphern für Chaos und Zufälligkeit. Ordnung muss erst mittels Selbstbehauptung hergestellt werden. Der Einzelne wird zum Schöpfer einer Wohlstandsinsel ohne

---

11 S. Kap. II 7: Homo Oeconomicus und Homo Poeticus.

einen imaginierten idealen Endzustands der Harmonie; damit rückt der Einzelne in den Mittelpunkt, er wird zum Subjekt der Geschichte.

Die außerordentlich folgenreichen Wirkungen, die das Defoesche Modell unter Aspekten der utopischen Literatur in der europäischen Robinsonadenliteratur hatte, lässt sich besonders gut am Beispiel von Johann Gottfried Schnabels *Insel Felsenburg* (1731–1743)[12] ablesen. Schnabels *Wunderliche Fata einiger See-Fahrer, absonderlich Alberti Julii, eines gebohrnen Sachsen* stellt eine eigentümliche Ausprägung der traditionellen Robinsonadenliteratur dar, in dem die ursprüngliche Konzeption von Defoes Robinson Crusoe einerseits und die utopischen Motive in der Tradition von Morus' *Utopia* andererseits verknüpft sind. Autobiographisch-erzählende und utopisch-beschreibende Diskurse werden in der Darstellung einer Vielzahl von Lebensläufen veranschaulicht, die die Geschichte der Gründung und Entwicklung der Felsenburg-Gesellschaft illustrieren. Die Beziehung zwischen der Darstellung europäischer Erfahrungswelt und der Beschreibung des utopischen Paradieses auf der Felsenburg-Insel ist durch Parallelität bestimmt, wodurch Schnabel eine strukturelle Annäherung von autobiographischem und utopischem Diskurs erreicht. Dadurch kann der Leser den Sprung jeweils leichter von der wirklichen in die utopische Welt vollziehen, obwohl die Differenz stets erkennbar bleibt. Denn unter thematischen Aspekten muss die scharfe Trennung zwischen der empirisch-historischen Welt und dem utopischen Inselbereich erhalten bleiben. Der Kontrast wird auch darin sichtbar, dass die Erfahrungswirklichkeit des europäischen Ancien régime durch die launische Fortuna regiert wird, während die utopische Inselwelt in der göttlichen Providenz aufgehoben ist. Der geschichtsfreie Idealort der Felsenburg liefert die Norm, um die geschichtliche Realität satirisch kritisieren zu können. Die vorherrschend autobiographische Erzählweise führt über ihre Individualisierung zu Identifikationsmöglichkeiten der Leser und Leserinnen, wie sie in den utopischen Erzählungen vor Schnabel nur ansatzweise möglich waren. Bei Schnabel geschieht das einerseits dadurch, dass der Patriarch der Insel, Albert Julius, die aus Europa ankommenden Emigranten und künftigen Felsenburg-Bewohner mittels gründlicher Visitation Schritt für Schritt in die Geheimnisse der Insel einführt und ihnen dabei die Entstehungsgeschichte in einzelnen historischen Etappen erläutert; andererseits wird durch die Erzählung der Vorgeschichte der Insel im Medium der Lebensgeschichte des Don Cyrillo die Geschichte der Utopie in die Vorvergangenheit verlängert, denn ohne die Pionierarbeit dieses Ur-Robinsons wäre die spätere Siedlungsphase so nicht denkbar. Das Felsenburg-Modell hat deshalb

---

12 S. Kap. II 8: „Ein irdisches Paradies".

Geschichte sowohl im Blick auf die dargestellte Entstehung als auch auf die Vervollkommnung der Utopie, an der die Felsenburg-Bewohner arbeiten.

Der Wandel der Subjektauffassung in den Utopien der Neuzeit verändert auch die Vorstellung vom Glück. Glück als Kernbegriff bedeutet in allen Utopien, die dem Modell der *Utopia* von Morus oder der Platonischen *Politeia* folgen, Ordnung und Überschaubarkeit und die Ausschaltung des Unberechenbaren in den Lebensläufen ihrer Bürger. Die Absicherung der Lebensläufe auf einem hohen allgemeinen und für alle gleichen Wohlstandsniveau ist deshalb die Grundlage des utopischen Glücks bis in das 18. Jahrhundert. Erst in dem historischen Augenblick, in dem die Symmetrie von Subjekt und Gesellschaft, vor allem bei Jean-Jaques Rousseau, als Illusion durchschaut ist, wird auch die Spannung und Polarität von Einzelnem und Allgemeinem zum zentralen Problem von Utopien in der zweiten Hälfte des 18. Jahrhunderts, die den Glücksanspruch des Einzelnen in den Mittelpunkt rücken.

Begriffsgeschichtlich lässt sich dies als Wandel des Ideals der Vollkommenheit (perfectio) zum Ideal der Vervollkommnung (perfectibilité) formulieren. Dieser Übergang, der vor dem Hintergrund der Säkularisierung jüdisch-christlichen eschatologischen Denkens gesehen werden muss, wird in der Geschichte der Utopie ablesbar an Fortschrittskonzepten, die auf die teleologische Prozesshaftigkeit von Geschichte gerichtet sind. In der Literatur vollzieht sich dieser paradigmatische Wechsel in der Form politisch-gesellschaftlich orientierter Zeitutopien, wie er nach einer Reihe von Vorläufern vor allem in Louis Sebastien Merciers *L'An 2440. Rêve s'il en fût jamais* (1770/1771)[13] vorliegt.

IV

Merciers *L'An 2440 [...]* markiert den zentralen Einschnitt in der Geschichte der Utopie durch den Wechsel von der klassischen Raumutopie zur modernen, in die Zukunft projizierte Zeitutopie. Nach einem Gespräch mit einem Engländer schläft der fiktive Erzähler im Jahre 1770 ein und träumt sich in das Jahr 2440. Hier ist die Regierungsform vernünftig, das Sozialgefüge in Ordnung, der Binnenhandel verbessert, die Arbeitsleistung gesteigert, Paris ohne Gestank, Lärm und Geschrei und der Mensch tugendhaft, indem seine Leistung durch private Moral bestimmt ist, die öffentlich gemacht wird, so dass die Spannung zwischen Innen und Außen aufgehoben werden kann. Der prophetische Träumer projiziert einen von ihm als ideal empfundenen Zustand in die Zukunft, ohne dass der Entwicklungsprozess allerdings bis dahin veranschaulicht würde. Der Ort der Projektion bleibt Paris; es lässt sich deshalb eher

---

[13] Jürgen Fohrmann, Utopie und Untergang.

von einem Utopiesprung sprechen. Die Prognose im Blick auf das Jahr 2440 erfolgt aus der Gegenwart, wobei die zeitliche Kontinuität zwischen Gegenwart und Zukunft lediglich unterstellt, aber nicht begründet oder veranschaulicht wird. Indes zeigt sich gerade im Entwurf aus der Perspektive des Einzelnen das auf Rousseau zurückgehende neue Selbstbewusstsein des Autors, der als Wegweiser und Prophet auftritt und so eine messianische Funktion übernimmt.

Merciers Zeitutopie offenbart die grundlegende Antinomie literarischer Zeitutopien insofern, als die Frage auftaucht, ob eine sich selbst überholende Zukunftsutopie im Medium der Zeit nicht auf jede Festlegung eines utopischen Ziels verzichten muss. Die Offenheit des Ziels verweist dann eher auf eine Philosophie der regulativen Idee im Sinne eines (prinzipiell unendlichen) Transformationsprozesses.

Dieses Problem lässt sich am Beispiel des Bildungsromans als einer besonderen Ausprägung europäischer Zeitutopien in Deutschland ablesen.[14] Im Unterschied zu Mercier entsteht zuerst mit Christoph Martin Wielands *Geschichte des Agathon* (1767) und dann vornehmlich mit Johann Wolfgang Goethes *Wilhelm Meisters Lehrjahre* (1795) eine individualpsychologisch fundierte Zeitutopie des vervollkommnungsfähigen und sich permanent vervollkommnenden Individuums. Der deutsche Bildungsroman macht deutlich, inwieweit auch gegenüber einer politischen Zeitutopie wie der von Mercier die Subjektivierung utopischen Schreibens Ausdruck und Antwort auf die im Gefolge der Französischen Revolution entstehende Moderne darstellt.

Mit dem Übergang von der Raum- zur Zeitutopie im 18. Jahrhundert vollzieht sich zugleich ein Prozess der Selbstreflexion der Utopie, der folgenreich für das 19. und 20. Jahrhundert wird. Auf der Ebene der ästhetischen Verfahren und erzählerischen Techniken lässt sich dies bereits in Wielands *Goldnem Spiegel* (1772; letzte Fassung 1794) beobachten, wenn utopisches Schreiben zur Erzählung über Möglichkeiten des utopischen Erzählens wird. Die Semantik der Utopie und ihrer emblematischen Bildpotentiale ist bereits als historische erkannt und kann deshalb auf ihre ‚utopische' Brauchbarkeit überprüft oder schon zum ästhetischen Spielmaterial werden.[15] Selbstreflexion des utopischen Erzählens ist zugleich ein Ästhetisierungsprozess, der insbesondere in der Frühromantik ausgeprägt ist. Eine solche Ästhetisierung der Utopie gehört zu den Kennzeichen modernen avantgardistischen Schreibens.

---

14 Vgl. Voßkamp, Der Roman des Lebens.
15 Vgl. im Einzelnen Kap. III 1: Transzendentalpoetik.

V

Die literarischen Utopien des 19. Jahrhunderts leben von den im 18. Jahrhundert entwickelten Formen und Konzepten: Die Ausdifferenzierung der Genres nimmt weiter zu; damit einhergehende Selbstreflexion des utopischen Schreibens bietet Anschlussmöglichkeiten für die literarische Kritik von Fortschrittsutopien der Aufklärung oder bereits beobachtbare Anti-Utopien (seit de Sade). Generelle historisch-gesellschaftliche Voraussetzungen für die Entstehung literarischer Utopien im 19. Jahrhundert – und hier bestehen wichtige Unterschiede zum 18. Jahrhundert – sind die Industrialisierung und die Rolle von Naturwissenschaft und Technik. Frankreich, England und die Vereinigten Staaten nehmen deshalb in der Geschichte der utopischen Literatur seit dem 19. Jahrhundert einen besonderen Platz ein.

Stichworte für utopisches Schreiben liefern in der ersten Hälfte des 19. Jahrhunderts jene Frühsozialisten, unter denen Charles Fourier eine herausgehobene Stellung einnimmt, weil er in der Charakterisierung der *Phalanstère* die individuellen und sozialen Leidenschaften des Menschen zur Basis seiner utopischen Konstruktion macht.[16] Seine von ihm entworfenen Produktionsgenossenschaften basieren auf zwischenmenschlichen Beziehungen, die nicht nur das Funktionieren der Fourierschen Utopie ermöglichen, sondern auch den Menschen und seine natürliche Umwelt vollständig verändern. Von hier aus lässt sich ein Bogen bis zum Beginn des 20. Jahrhunderts (H.G. Wells) schlagen.

Die utopischen Formen des 19. Jahrhunderts bleiben zunächst vergleichsweise traditionell, weil sie sich älterer literarischer Modelle bedienen. Das Beispiel von Etienne Cabets *Icarien* (1842)[17] ist dafür charakteristisch. Das System des ikarischen Kommunismus steht einerseits in der Erzähltradition von Thomas Morus und andererseits in der des utopischen Reiseromans. Cabet projektiert die Utopie einer kleinbürgerlichen Ordnung, in der die Beherrschung aller Affekte oberstes Ziel ist und der Zufall beseitigt werden soll. Entworfen aus der zeitgenössischen politischen und technologischen Gegenwart, geht es dieser Utopie um den schrittweisen Übergang von einer Gesellschaft des Privatbesitzes zu einer der Gütergemeinschaft. Im Unterschied zum Utopiesprung bei Mercier möchte Cabet den Übergang zur praktischen Utopie Schritt für Schritt in einem evolutionären Prozess vollziehen.

Cabet rief daher auch folgerichtig zur Gründung einer utopischen Kolonie auf, die er in Amerika zu realisieren suchte. Allerdings war dieses Experiment zum

---

16 Vgl. Richard Saage: Utopie und Eros. Zu Charles Fouriers „Neuer societärer Ordnung". In: ders.: Utopische Profile, Bd. III, S. 61–83.
17 Ebd. Ikarischer Kommunismus. Zu Etienne Cabets utopischem Roman *Reise nach Ikarien*, S. 87–109.

Scheitern verurteilt, nicht zuletzt deshalb, weil der Utopiegründer Cabet selbst mit seinen demokratisch-utopischen Prinzipien brach.

Edward Bellamys *Looking Backward 2000 – 1887: A Fairytale of Social Felicity* (1888)[18] gehört zu den wirkungsmächtigsten literarischen Utopien des 19. Jahrhunderts. Das Buch war nicht nur ein einflussreicher Bestseller, es übte vielmehr ebenso politische Wirkungen im Blick auf die Etablierung des modernen Wohlfahrtstaats (etwa auf Präsident Roosevelts Vorstellungen) aus.

Auch Bellamys Text orientiert sich am Modell Merciers, in dem die Situation Bostons im Jahre 2000 mit der Welt des ‚Albtraums' in der zeitgenössischen Wirklichkeit des Jahres 1887 konfrontiert wird. Nach der Rückkehr aus dem utopischen Traum (staatlich-nationale Organisation der Arbeit gegenüber der Selbstsucht des Einzelnen) wird dem Erzähler die Wirklichkeit Bostons fremd. Er erfährt jene „schreiende Ungleichheit" in der Konfrontation von Arbeitslosen einerseits und Bank- und Maklergeschäften andererseits, die ihm nun die Wirklichkeit unerträglich werden lässt. Beim Besuch des Arbeiterviertels, das er früher mit einer Mischung von Widerwillen und einem gewissen philosophischen Staunen wahrgenommen hat, wird ihm plötzlich die Provokation dieser Zustände bewusst. Seit der Vision eines anderen Jahrhunderts hat der Erzähler einen anderen Blick. In der Wirklichkeit wird das Mögliche erblickt, und das soll nun zum Wirklichen werden. Dies wird verdeutlicht mittels eines reformatorischen Imperativs, der die politische Wirkung dieses Textes miterklärt. Hinzu kommt, dass das Buch als eine Reaktion auf wirtschaftliche zeitgenössische Krisen und Depressionen verstanden werden kann. In der Liebesgeschichte der Doppelgängerin (im 19. Jahrhundert und im Jahr 2000) war eine Verbindung zwischen dem Alten und Neuen mittels Identifikationen der Leserinnen und Leser möglich.

Einen Gegenentwurf zu Edward Bellamys England bietet William Morris mit seinen *News from Nowhere* (1890)[19]. So wie Paris für Mercier und Boston für Bellamy bildet London für Morris den ‚utopisch'-topographischen Ort. In Anspielung auf die *Utopia* von Morus („Nowhere") liefert die Diskussion über den besten Zukunftsstaat in einem Londoner Club den Ausgangspunkt für jenen Wachtraum, in den der Erzähler verfällt und währenddessen er sich in der Gegenwelt des 14. Jahrhunderts wiederfindet. Es ist die Welt des späten Mittelalters, die menschliche Selbstverwirklichung und individuelles Glück im Medium des Kunsthandwerks erblickt. Diese – im Kontrast zur zeitgenössischen maschinellen Großindustrie (wie sie etwa auch bei Bellamy verherrlicht wird) – entworfene Gegenwelt präsentiert sich im arkadischen Modell. Mit der Schilderung

---

18 Vgl. Kap.III 3: Die Organisation der Arbeit.
19 Vgl. Kap.III 4: Vollkommenheit und Vervollkommnung.

einer Gartenlandschaft knüpft Morris an den Topos vom Goldenen Zeitalter an und markiert damit den entscheidenden Gegenpol zur wissenschaftlich-technischen Welt am Ende des 19. Jahrhunderts.

Gerade diese zeitgenössische Realität ist der Ausgangspunkt für H. G. Wells' *Time Machine* (1895) und *Modern Utopia* (1905). Vor allem Wells' Zeitmaschine deutet den Übergang vom 19. zum 20. Jahrhundert an, indem der Text – im Modell herkömmlicher Zeitutopien – zugleich neue literarische Traditionen der Dystopie und der Science Fiction-Literatur eröffnet. Mit äußerster Zeitbeschleunigung verlässt ein Zeit-Reisender die Gegenwart des 19. Jahrhunderts, um im Jahr 802 701 eine Wirklichkeit vorzufinden, die den Umschlag der Zivilisation in Barbarei erblicken lässt. Wells' Auseinandersetzung mit evolutionstheoretischen Konzepten führt den Erzähler nicht zu einer optimistischen Zukunftsperspektive, sondern im Gegenteil: Die zunächst erzeugte Illusion Arkadiens wird Schritt für Schritt desillusioniert, und am Ende offenbart sich die vollständige Degeneration der menschlichen Gesellschaft. Das luxuriöse Leben der Eloi hängt von der Arbeit der Morlocks ab, die sie mästen. Eine Welt jenseits jeder Moral bedingt eine schauerliche Lebensweise, die an Elemente der Gothic Novel erinnert. Wells betont das notwendig Dynamische jeder Utopie und jene Möglichkeiten des Umschlags in die ‚schwarze' Utopie (Dystopie), durch die das 20. Jahrhundert geprägt ist.

VI

Literarische Utopien des 20. Jahrhunderts kennzeichnen eine umfassende Selbstkritik des traditionalen Genres: Utopiekritik – seit dem letzten Drittel des 18. Jahrhunderts konstitutiver Bestandteil der utopischen Literatur – wird zum vorherrschenden Element. Die im 19. Jahrhundert beginnende Kritik an linearen Fortschrittsmodellen kommt im 20. Jahrhundert zu einem Höhepunkt im Zeichen einer Dialektik der Vernunft, die jedes teleologische utopische Denken radikal in Frage stellt. Die literarische Konsequenz des selbstreflexiven und selbstkritischen Denkens ist die Dominanz der Dystopie, jener negativen Utopie, in der sich das utopische Projekt als Schreckbild erweist.

Drei prototypische Texte haben die größte Aufmerksamkeit und intensivste Diskussion erfahren: Jewgenij Samjatins *My* [*Wir*] (1920/1921), Aldous Huxleys *Brave New World* (1932) und George Orwells *Nineteen Eighty-Four* (1949). Alle drei Dystopien sind durch Ordnungsterror charakterisiert und thematisieren den grundlegenden Konflikt zwischen dem utopischen System und dem einzelnen Subjekt. Als utopische Schreckbilder sind sie zugleich Warnutopien mit prognostischer Intention. Im Unterschied zum utopischen Erzählen des 18. und 19. Jahrhunderts bieten diese Texte keine Zukunftsvision, sie liefern vielmehr

Bilder aus der Utopie als Gegenwart. Die Differenz zum gegenwärtigen Schrecken tut sich eher in der Vergangenheit auf, die nun zu einem positiven Gegenbild stilisiert werden kann.

Jewgenij Samjatins *Wir* geht zunächst von einem binären Schema aus, in dem er der gegenwärtig realen, ordnungsbestimmten und furchterregenden Systemwelt im Zeichen des erzwungenen Glücks (des „alleinigen Staats") eine Gegenwelt der „alten Welt" (abgetrennt durch die Grüne Mauer) gegenüberstellt. Dieser Bezirk gilt als einer der „Wildnis" und Freiheit. Diesem dichotomischen Modell konfrontiert Samjatin nun eine dritte Welt. Dem binären Schema von „Freiheit ohne Glück" versus „Glück ohne Freiheit" wird eine Welt immer neuer Revolutionen im Zeichen dynamischer Veränderung als ein Konzept von „Energie" gegenübergestellt. Der Systemzustand des erzwungenen Glücks ist nicht das Ergebnis einer letzten Revolution und damit das Ende einer geschlossenen Utopie, vielmehr wird der erreichte Systemzustand durch mögliche Veränderungen in einem dritten Zustand ergänzt: „Es gibt keine letzte Revolution und damit das Ende einer geschlossenen Utopie, die Anzahl der Revolutionen ist unendlich." Dem Zustand der „Entropie" im Zeichen des „alleinigen" (Zwangs-)Staats werden mögliche Veränderungen im Zeichen von „Energie" gegenübergestellt. Diese Veränderungen sind nicht eindeutig, aber prinzipiell wird jene Kategorie „Möglichkeit" virulent, die den indikativischen Zustand des vollendeten, schrecklichen Gleichgewichts kritisiert und satirisch entlarvt.

Samjatin konzipiert ein Modell der literarischen Utopie, das von der traditionellen Dichotomie von Ordnung einerseits und unberechenbarem, durch Leidenschaften, Gefühle und Stimmungen bestimmtem Subjekt andererseits absieht zugunsten eines Dreiermodells, in dem die Gegenüberstellung von Ordnungszwang und subjektiver Freiheit durch eine dritte Dimension ergänzt wird. Diese dritte Dimension im Zeichen von Möglichkeit(en) generiert den utopischen Zustand durch permanente Revolutionen. Dieses Konzept der sich selbst generierenden Utopie zielt auf die Ermöglichung anderer Zustände, ohne sie jeweils auszumalen oder im Einzelnen zu beschreiben. Dass in der Utopie der neue Zustand immer bereits enthalten sein muss, wenn der bestehende (auch als Utopie) nicht verkommen soll, ist der weitreichendste und folgenreichste Gedanke Samjatins. Allerdings ist dieser Zustand auch durch Ambivalenz charakterisiert. Möglichkeiten sind nie eindeutig. Sie können, wie in der Tradition literarischer Utopien überhaupt, sowohl Wunsch- als Schreckbilder evozieren. Dennoch bleibt das formale Prinzip Samjatins hervorzuheben: die spezifische Regenerations- und Selbstgenerierungsfähigkeit, die Utopien vor ihrem inhärenten Totalitarismus bewahren.

Aldous Huxleys *Brave New World* (1932; mit einem hinzugefügten Nachwort 1946) steht in der langen Tradition von Wissenschaftsutopien (vgl. Bacon). Das utopische Schreckbild der Gegenwart ist durch Gentechnologie bestimmt. Äußerste Fremdbestimmtheit des Menschen wird durch genetische und psychische Manipulation charakterisiert. Genbehandlung vor der Geburt, Konditionierung des Genmaterials und die Reflexbehandlung von Säuglingen und Kindern zeigen die perfekte Organisation der „Behandlung" von noch nicht als Subjekten ausgebildeten Menschen. Subjektwerdung wird von vornherein verhindert. Menschen werden nur noch in Flaschen entwickelt, in Serientypen. Unter Anspielung auf Homunculus- und Frankenstein-Motive bedeutet der Eingriff in die Genstruktur zur Herstellung nicht individueller sondern kollektiver Typen die Vergegenwärtigung eines Schreckbildes, das sich auf „community, identity, stability, happiness" beruft. „Stabilität" wird notfalls durch das Psychopharmakon „Soma" garantiert; ein perfektes System standardisierter Arbeit macht die vollständige Reduktion menschlicher Individualität komplett.

Die dem gegenüber formulierte Gegenwelt vertritt ein unangepasster „Wilder", Bernard Marx, der als „bon sauvage" – von Huxley allerdings nicht als Verkörperung des Ideals – dargestellt ist. Huxley geht es vielmehr um einen dritten, vollkommenen Zustand, der ein auf Ganzheit und Individuation gerichtetes Subjektdenken repräsentiert. Theodor W. Adorno hat diesen Optimismus des Huxleyschen Modells in der Tradition des bürgerlichen Subjektbegriffs kritisiert.

George Orwells *Nineteen Eighty-Four* ist unter dem Eindruck von Samjatins *Wir* und Huxleys *Brave New World* geschrieben. Gegenüber Huxley, der einen objektivierenden, unsichtbaren Erzähler beibehält, verändert Orwell die Erzählperspektive mittels des Tagebuchschreibers Winston Smith, der als Historiker seines eigenen Lebens einen subjektiven Blickwinkel einnimmt. Ausgangspunkt ist die Situation nach einem Dritten Weltkrieg. Drei Supermächte (Ozeanien, Eurasien und Ostasien) befinden sich trotz zeitweiser Waffenstillstandsphasen in einem permanenten Krieg. Der unsicheren äußeren Situation entspricht die totale, systematische Überwachung im Inneren. Parteikader und „Proles" bestimmen eine zweigeteilte Gesellschaft, deren totalitärer Machtapparat („Big Brother", „New Speak") den vollständigen Verlust selbstbestimmten Lebens anzeigt. Demgegenüber bietet die Geschichte des Tagebuchschreibers Winston Smith und seiner Liebesgeschichte ein anarchisches Moment. Indes scheitert Smith ebenso wie Bernard Marx bei Huxley; mittels Gehirnwäsche wird er Teil des herrschenden Schreckenssystems.

Orwells Dystopie ist zu Recht nicht nur auf das Hitler-Reich, sondern auch auf den Stalinismus bezogen worden. *1984* konnte sprichwörtlich werden für die Charakterisierung einer politischen Gegenwart, der gegenüber eine Hinwendung zum besseren Vergangenen nahelag, die Hoffnung auf eine lebenswerte Zukunft aber ausgeschlossen blieb.

Neben den modellbildenden und meistdiskutierten Dystopien von Samjatin, Huxley und Orwell lassen sich drei Tendenzen beobachten, die für die Geschichte der literarischen Utopie bis in die unmittelbare Gegenwart charakteristisch sind.

Bereits in den ersten Jahrzehnten des 20. Jahrhunderts zeigt sich eine Wiederbelebung des utopischen Denkens einerseits im Zeichen des Konjunktivischen und andererseits im Horizont des Messianischen. In Robert Musils *Der Mann ohne Eigenschaften* (1930 ff.) ist die Gegenüberstellung von „Wirklichkeitssinn" und „Möglichkeitssinn" die konstitutive Voraussetzung für die Entfaltung eines utopischen Projekts im ironischen Konjunktiv.[20]

Messianisches Denken (Ernst Bloch, Walter Benjamin) bricht radikal mit teleologischen Fortschrittskonzepten des 18. und 19. Jahrhunderts zugunsten eines aus dem Kontinuum herausgesprengten Augenblicks. Die „Utopie Augenblick" (Karl Heinz Bohrer) ist konstitutiv an das selbstreflexive Subjekt in der Kunstproduktion und Kunstwahrnehmung gebunden.

Unter genrespezifischen Gesichtspunkten fällt im 20. Jahrhundert eine gesteigerte Neigung zu Gattungsmischungen auf. Am Beispiel der deutschen Literatur lassen sich etwa Verbindungen der literarischen Utopie mit der phantastischen Literatur (Alfred Kubin, *Die andere Seite. Ein phantastischer Roman* [1909]; Hermann Kasack, *Die Stadt hinter dem Strom* [1947]), dem Bildungsroman (Hermann Hesse, *Das Glasperlenspiel* [1943]) oder mit unterschiedlichen Ausprägungen der Satire beobachten. Hierfür sind unter mehreren Aspekten Arno Schmidts „Längere Gedankenspiele" charakteristisch.[21] Der Roman *Kaff auch Mare Crisium* (1960) liefert eine Morus- und Schnabel-Parodie, in der Utopietraditionen spielerisch zitiert werden und das Glück in der Phantasieproduktion selbst besteht. Der „Wortweltenerbauer" Johann Esaikas Silberschlag kann als symbolische Verkörperung dafür stehen. Im Roman *Die Schule der Atheisten* (1972) spielt Arno Schmidt auf Ludvig Holbergs *Nils Klim* (1741) an, in dem Gattungsmuster der Robinsonaden und des Geheimbundromans zitiert und collagiert werden. Schmidts satirische Romane jonglieren mit Motiven und Versatzstücken der Tradition literarischer Utopien so, dass die parodierten Muster lesbar bleiben, ihre Gültigkeit aber zur Diskussion gestellt wird.

Dass dies nicht die letzte Konsequenz utopischen Schreibens im 20. und 21. Jahrhundert bleiben muss, machen Texte deutlich, die im Kontext der ökologischen und Gender-Diskussionen stehen. Unter ökologischen Aspekten ist hier insbesondere Ernst Callenbachs *Ecotopia* (1975) zu nennen. In der überlieferten Tradition literarischer Utopien berichtet der Reporter William Weston 1999 über einen 1980 gegründeten ökologisch orientierten Staat, der sich von den Vereinigten Staaten abgespalten hat und das nördliche Kalifornien und die Staaten

---

[20] Vgl. Kap. III 14.
[21] Zum Roman „Die Gelehrtenrepublik" vgl. Kap. III 12: Gentechnologische Dystopie als Sprachkunstwerk.

Oregon und Washington umfasst. Callenbach verknüpft das utopisch-ökologische „System des ,stabilen Gleichgewichts'" mit dem Entwurf eines ausdifferenzierten Sozial- und Wohlfahrtsstaats. Ökologische Idylle und avancierte Technik verbinden sich zu einer konkreten Utopie des besseren Lebens, vermittelt im Medium konventioneller Erzählformen.

Feministische Utopien liefern Alternativen zur vorherrschenden patriarchalischen Gesellschaft.[22] Charlotte Perkins *Herland* (1915) entwirft eine utopische Frauengesellschaft, die mittels Parthenogenese Fortpflanzung ohne Männer ermöglicht. Ursula Le Guins Romane *The Left Hand of Darkness* (1969) und *The Dispossessed* (1974) artikulieren radikale Zeitkritik aus weiblicher Perspektive im Medium literarischer Utopien und Science Fiction-Literatur. Entscheidend ist hier, dass die biologische Geschlechterdifferenz zugunsten der kulturellen thematisiert und diskutiert wird. Eine Verbindung von Gender- und ökologischen Aspekten lässt sich darüber hinaus in einer Reihe amerikanischer Texte beobachten, so etwa in Marge Piercys *Woman on the Edge of Time* (1976). [23]

Literarische Utopien haben seit dem letzten Drittel des 18. Jahrhunderts mittels Selbstreflexion und Selbstkritik immer wieder auf die Gefahren einer politischen Realisierung utopischer Programme in der Geschichte aufmerksam gemacht. Utopie und Utopiekritik gehören konstitutiv zusammen; literarische Utopien enthalten selbst das prononcierteste Kritikpotential des utopischen Totalitarismus. Die Entwicklung des utopischen Schreibens seit dem 20. Jahrhundert macht zudem darauf aufmerksam, dass der utopische Impuls vornehmlich in einer sich selbst überholenden Tendenz besteht. Neben der gesellschaftsdiagnostischen, kritischen Funktion von Utopien scheint ihre Aufgabe im Bewahren eines Möglichkeitspotentials und in der Formulierung eines Anfangs zu liegen. Das Authentische der Utopie offenbart sich in ihrem kontingenten Beginn.

---

22 Vgl. Mario Klarer: Frau und Utopie. Feministische Literaturtheorie und utopischer Diskurs im anglo-amerikanischen Roman. Darmstadt 1993.
23 Zu neueren anglo-amerikanischen Dystopien vgl. Hans Ulrich Seeber: Präventives statt konstruktives Handeln. Zu den Funktionen der Dystopie in der anglo-amerikanischen Literatur; Judith Leiss: Gattungsgeschichte als Spirale. Die Heterotopie als Möglichkeit utopischen Schreibens in der Gegenwart. In: Möglichkeitsdenken, S. 185–205; S. 207–221.

2 Literaturgeschichte als Funktionsgeschichte der Utopie

Die Frage nach der Funktion der Literatur ist so alt wie ihre Geschichte. Ob in der aristotelischen Katharsis-Formel oder in Horaz' ‚prodesse et delectare', ob in der deskriptiven Poetik des 17. oder in der normativen Literaturtheorie des 18. Jahrhunderts – die Bestimmung dessen, was Literatur sei, ist wesentlich mit der Diskussion darüber verknüpft, welche Funktion der Literatur zukommt. Diese jahrhundertelange Selbstverständlichkeit wird historisch erst in dem Augenblick zum Problem, als im Horizont einer ästhetischen Autonomiesetzung von Kunst Literatur durch ihre prinzipielle ‚Funktionslosigkeit' definiert werden kann. Aber dass sich mit dieser negationsästhetischen Bestimmung die schwierige Funktionsfrage weder abweisen noch gar eindeutig beantworten lässt, macht im 20. Jahrhundert etwa die Diskussion über den ‚Nutzen und Nachteil' der Literatur seit und nach Adornos *Ästhetische[r] Theorie* deutlich.[1]

Sozialgeschichtlich orientierte Literaturgeschichtsschreibung hat wiederholt betont, dass „[...] eine künftige Geschichte der Literatur vernünftig [nicht] geschrieben werden [kann], ohne Rücksicht auf die Funktionen, die ihr von den Zwängen und Bedürfnissen, unter denen ihre Leser leben, zugemessen werden."[2] „Literatur [als] ein Organon der Geschichte"[3] zu betrachten, ist nur möglich, wenn Literatur – „auf Grund ihrer prinzipiellen Differenzqualität zur sozialgeschichtlichen Realität" – eben dadurch als historisch-praktisches Moment in ihrer „eigentümliche[n] erfahrungs- und gesellschaftsbildenden Rolle"[4] analysiert und vergegenwärtigt wird.

Das aber ist leichter gesagt als getan. Vor die Frage gestellt, ob die „Untersuchung der Funktionen der Kunst [...] noch in den Anfängen stecke"[5], wie Jan Mukařovský 1947 formulierte, oder ob „eine rationale Auflösung für das Rätsel der Kunst"[6] gefunden sei, wie Christian Enzensberger 1977 und 1981 meinte, neige ich

---

[1] Zur Kritik an Adornos „Ästhetik der Negativität" vgl. vor allem Hans Robert Jauß: Versuche im Feld der ästhetischen Erfahrung. München 1977, S. 37ff.
[2] Eberhard Lämmert: Germanistik. Eine deutsche Wissenschaft. Frankfurt am Main 1971, S. XXIV.
[3] Walter Benjamin: Literaturgeschichte und Literaturwissenschaft. In: ders.: Gesammelte Schriften. Bd. III. Hrsg. von Hella Tiedemann-Bartels. Frankfurt am Main 1972, S. 283–290.
[4] Vgl. Kap. I 3: Utopische Gattungen als literarisch-soziale Institutionen.
[5] Jan Mukařovský: Kapitel aus der Poetik (1947). Frankfurt am Main 1977, S. 18.
[6] Vgl. dazu Christian Enzensberger: Literatur und Interesse. Eine politische Ästhetik mit zwei Beispielen aus der englischen Literatur (1977). Frankfurt am Main 1981: Die Funktion der Literatur „[...] ist es, etwas sonst nicht Vorhandenes darzustellen. Sie ist Kompensation eines sonst

der Auffassung Mukařovskýs zu. Eine abschließende, ‚gültige' Antwort auf die Funktionsfrage von Kunst und Literatur scheint mir heute ebensowenig möglich wie früher. Die Funktion der Literatur generell entweder als bestandserhaltende Affirmations- oder als kritische Negationsfunktion, als aufklärerische Emanzipations- oder Mängel behebende Kompensationsfunktion zu bestimmen, mag als Hypothese nützlich sein[7], als nähere Charakterisierung der historisch jeweils unterschiedlichen Rolle, die Literatur spielen kann, reicht sie nicht aus. Das gilt ebenso im Blick auf eine (einseitige) Festlegung der Literatur auf ihre mimetischen Qualitäten[8] wie für die prinzipielle, quasi anthropologische Unterscheidung zwischen „kognitiv-reflexiven, moralisch-sozialen und hedonistisch-individuellen" Funktionen.[9]

Stattdessen empfiehlt sich eine detaillierte historische Rekonstruktionsarbeit, bei der die Rolle und Funktion des einzelnen literarischen Textes bzw. der einzelnen literarischen Gattung im Kontext des jeweiligen literarischen und sozialen Gesamtsystems einer Epoche oder eines begrenzteren Zeitabschnitts zu ermitteln gesucht wird. Dabei gehe ich von folgenden, prinzipiellen Voraussetzungen aus:

1. Jede Funktionsanalyse bedarf der Berücksichtigung „unterschiedliche[r] funktionszuweisende[r] Instanzen, die untereinander in einem dialogischen Verhältnis stehen [...]."[10] Dieses Dialog-Verhältnis (im Sinne einer Frage-Antwort-Beziehung) lässt sich nicht als ‚logisches' bestimmen oder „in einem einzigen (einheitlichen und in sich geschlossenen) Bewusstsein unterbringen; jede Antwort gebiert eine neue Frage."[11]
2. Die Beziehung zwischen kulturellen Manifestationen und sozialen Strukturen (also auch die zwischen Literatur und Gesellschaft) „[...] hat keinen determinierenden Charakter [...]"[12]. Deshalb lässt sich Literatur von historischer Realität auch weder problemlos „ableiten" noch kann sie in eine wider-

---

Ermangelten. Ihre Abbildlichkeit ist die des Durstes durch Wasser, des Bedürfnisses durch den Wunsch: und ihre Wirkung die der Sättigung."
7 Vgl. Christian Enzensberger: Die Grenzen der literarischen Utopie. In: Akzente 28 (1981), S. 44– 60; ders.: Brief über das Wirkungsvermögen der Kunst und der politischen Theorie. In: Akzente 25 (1978), S. 230–237.
8 Vgl. dazu – unter neoaristotelischen Aspekten – die Geschichte der Realismus-Diskussion vor allem in der marxistischen Tradition seit Georg Lukács.
9 Siegfried J. Schmidt: Grundriß der empirischen Literaturwissenschaft. Bd. 1: Der gesellschaftliche Handlungsbereich Literatur. Braunschweig u. a. 1980, S. 178 ff.
10 Hans Günther: Struktur als Prozeß. Studien zur Ästhetik und Literaturtheorie des tschechischen Strukturalismus. München 1973, S. 319.
11 Michail M. Bachtin: Zur Methodologie der Literaturwissenschaft (1940). Die Ästhetik des Wortes. Hrsg. und eingeleitet von Rainer Grübel. Frankfurt am Main 1979, S. 352.
12 Niklas Luhmann: Funktion der Religion. Frankfurt am Main 1977, S. 182 f.

spruchsfreie „homologe" Beziehung zu ihr gebracht werden. Stringente „Ideenkausalität"[13] findet nicht statt.
3. Die Bestimmung des Verhältnisses von Literatur und Wirklichkeit ist damit aber nicht beliebig. Ein fiktionaler, „literarischer" Text bildet „[...] nicht die in der Lebenswelt herrschenden Formen- und Orientierungssysteme ab, vielmehr selektiert er aus ihren Beständen und erweist sich durch die Anordnung gewählter Elemente gegenüber solchen Systemen als kontingent"[14]. Unter allgemeinen, systemtheoretischen Aspekten gilt für Literatur, als „sinnhafter Erlebnisverarbeitung" formal das, was Niklas Luhmann im Blick auf Religion formuliert hat: Ihr „[...] liegt eine modale Generalisierung von Wirklichkeit zu Grunde, der zufolge alles Gegebene mit Verweisungen auf andere Möglichkeiten zur Erscheinung kommt. Durch Konstitution von Sinn wird die Unabschließbarkeit der Verweisung auf andere Möglichkeiten mitkonstituiert"[15]. Dass das so ist, hängt mit der – auch diesen Überlegungen zugrunde gelegten – Hypothese zusammen, dass jeder Selektionsvorgang (also auch der bei der Auswahl aus lebensweltlichen ‚Konventionsbeständen' in der Literatur) nicht nur eine Reduktion von Komplexität bedeutet, sondern zugleich ein Aufbewahren komplexer Möglichkeiten darstellt. Diese im Kunstwerk ‚aufgehobenen' komplexen Möglichkeiten bilden das eigentliche, wirksam werdende Potential der Rezeptions- und Funktionsgeschichte der Literatur.[16]
4. In seiner Typologie der Funktionen hat Jan Mukařovský die „ästhetische Funktion" im Sinne einer solchen aufbewahrten (und damit im historischen Rezeptionsprozess aktualisierbaren) Komplexität bestimmt.[17] Die ästhetische Funktion ist für Mukařovský das „Organisationsprinzip" aller anderen außerästhetischen (also etwa der unterschiedlichen praktischen oder theoretischen) Funktionen. „Die ästhetische Funktion bindet die außerästhetischen Funktionen zum widerspruchsgeladenen, dynamischen Gleichgewicht des Kunstwerks zusammen."[18]

---

13 Luhmann: Gesellschaftsstruktur und Semantik. Bd. I: Studien zur Wissenssoziologie der modernen Gesellschaft. Opladen 1980, S. 8.
14 Wolfgang Iser: Der Akt des Lesens. Theorie ästhetischer Wirkung. München 1976, S. 108f.
15 Luhmann: Soziologische Aufklärung. Bd. I: Aufsätze zur Theorie sozialer Systeme. Opladen 1972, S. 18.
16 Im Unterschied zur Rezeptionsgeschichte fragt eine Funktionsgeschichte der Literatur deutlicher sowohl nach den Bedingungen der Möglichkeit für eine spezifische Rezeption im jeweiligen Text als auch nach den unterschiedlichen historischen Ursachen für die jeweilige Rezeption.
17 Jan Mukařovský: Studien zur strukturalistischen Ästhetik und Poetik (1942). München 1974, S. 113 ff.
18 Günther, Struktur als Prozeß, S. 19.

Schwierig bleibt bei Mukařovský die genauere Abgrenzung von pragmatischen Funktionen und ästhetischer Funktion und damit die präzisere Bestimmung des her-ausgehobenen ‚Metastatus' der ästhetischen Funktion.[19]

5. In jeder historischen Epoche gibt es einen Überschuss an literarischen und künstlerischen Formen, der gesellschaftlichen Strukturen nicht vollständig zuzuordnen ist und „der keine genaue Relation zu strukturellen Problemen aufweist [...], gleichwohl aber reproduziert wird und die Bedingungen weiterer Evolution mitprägt"[20]. Man könnte sogar von einer katalytischen Wirkung dieses Faktors sprechen. Geht man von diesem ‚Überschusscharakter' der Literatur aus, wird deutlich, dass eine Funktionsgeschichte der Literatur nicht auf Ideologiegeschichte reduzierbar ist. Die künstlerische Formenvielfalt literarischer Utopien einer Epoche dürfte stets größer sein als die Zahl der nachweisbaren Funktionen.

6. Die allgemeinste Funktion der Literatur liegt in ihrer kommunikativen Vermittlungsleistung; das Wirkungspotential von Texten wird im Prozess der Lese- und Auslegungsgeschichte entfaltet. Die sinnlich-anschauliche Qualität von Literatur ermöglicht dabei Vermittlungsleistungen, die mit dem entpragmatisierten Status von Kunst zusammenhängen. Deren ‚Differenzqualität' bleibt (im jeweiligen unterschiedlichen gesellschaftsgeschichtlichen Kontext) etwa gegenüber der Philosophie oder Historiographie abzugrenzen und näher zu bestimmen.

Insofern immer Leser am literarischen Kommunikationsprozess beteiligt sind, stellt der Lesevorgang selbst ein Medium der Erfahrungsbildung dar; Lernprozesse sind deshalb zumindest nicht auszuschließen.

7. Ob etwa durch utopische Literatur bereits Handlungen von Lesern initiiert oder lediglich Möglichkeiten vermittelt werden, „[...] die ein Initiieren von Handlung bewirken können [...]"[21], wird – wenn überhaupt – nur im Einzelfall zu entscheiden sein.

Von diesen allgemeinen Voraussetzungen ausgehend, möchte ich einige funktionsgeschichtliche Probleme am Beispiel der frühneuzeitlichen literarischen Utopie erörtern. Im ersten Teil geht es um textkonstitutive Funktionen, im zweiten Teil um zentrale gattungskonstitutive Aspekte der literarischen Utopie; schließlich gebe ich (III.) von da aus einen kurzen Ausblick auf Probleme einer Funktions-

---

19 Vgl. Jauß, Ästhetische Erfahrung, S. 161 ff.
20 Luhmann, Funktion der Religion, S. 183.
21 Iser, Der Akt des Lesens, S. 530.

geschichte der Literatur unter Gesichtspunkten der Geschichte von historischen Gefühls- und Bewusstseinslagen (Mentalitätsgeschichte).

Unter ‚literarischer Utopie' verstehe ich den fiktionalen Entwurf eines in den Raum oder in die Zeit projektierten, anschaulich gemachten, versinnlichten Gegenbildes, das sich implizit oder explizit kritisch auf die jeweilige historisch-gesellschaftliche Situation bezieht. Es wird kein Begriff ‚des Utopischen' im Sinne eines ‚seins-transzendierenden Bewusstseins', einer wirklichkeitsüberschreitenden ‚Intention' oder einer utopischen ‚Methode' zugrunde gelegt, vielmehr gehe ich von Texten aus, die auf Grund spezifischer Merkmale der Gruppe ‚utopischer Literatur' zugerechnet worden sind. Im Unterschied zu expositorischen Texten – etwa direkten politischen Handlungsanweisungen (z. B. bei Thomas Münzer) oder geschichtsphilosophischen Entwürfen (z. B. bei Immanuel Kant) – ist die Form der ästhetischen Strukturierung das Kennzeichen der literarischen Utopie. Als Beispiel wähle ich vor allem den Prototyp der neuzeitlichen Utopie: Thomas Morus' 1516 zuerst in lateinischer Sprache erschienene *Utopia* (*Libellus vere aureus nec MINUS SALVTARIS QVAM FESTI = uus de optimo reip. statu, deque noua Insula Vtopia authore clarissimo viro Thoma Moro [...]*) und den Übergang von der Raum- zur Zeitutopie in der 2. Hälfte des 18. Jahrhunderts.[22]

I

Unter Gesichtspunkten textkonstitutiver Funktionen stellt Negation das dominante Prinzip literarischer Utopien dar. Die Selektion aus vorhandenen Konventionsbeständen und der Vorgang literarischer Verdichtung erfordern eine fundamentale Operation der Negation jeweiliger Realität, ohne die das alternative utopische Gesellschaftssystem nicht mittels logischer Verfahren ab ovo entwickelt werden kann. Lars Gustafsson hat gezeigt, dass erst die Negationsleistung ‚klassischer' Utopien deren rationale Konstruktion ermöglicht und damit wiederum auf Realität zurückwirken kann.[23]

In welcher Weise klassische Renaissance-Utopien wie die *Utopia* des Thomas Morus mit Negationen arbeiten und ein Negationspotential enthalten bzw. freisetzen, lässt sich sowohl unter formalen als auch inhaltlich-thematischen Aspekten beobachten. Bereits der Titel kündigt dies an: „U-topia", der Nicht-Ort. Das

---

22 Vgl. dazu insgesamt: Utopieforschung (1982).
23 Vgl. Lars Gustafsson: Negation als Spiegel. Utopie aus einer epistemologischen Sicht. In Utopieforschung Bd. 1 (1982, S. 280 ff.). Die prinzipiellen Probleme werkinterner Funktionen können hier nicht diskutiert werden, vgl. dazu Striedter, Die Doppelfiktion, S. XVII.

bedeutet nicht nur das Durchbrechen topografischer Erwartungen und die Möglichkeit, den „Nicht-Ort" (Utopia) auch als „Glücksort" (Eutopia) zu interpretieren, es impliziert immer auch den Verweis auf den tatsächlichen, historischen Ort: Die 54 utopischen Stadtstaaten bei Morus erinnern jeden Leser des 16. Jahrhunderts an die 52 Grafschaften plus Wales und London im zeitgenössischen England.[24] Der Text der *Utopia* bricht zudem mit Erwartungen des Lesers im Blick auf eine epische, abenteuerliche Reiseerzählung; stattdessen dominieren Dialog und Bericht, und er ,spielt' mit Modellen aus ganz anderen, nichtliterarischen Traditionen (vgl. etwa staats- und politiktheoretische Abhandlungen).

Entscheidend für alle Sozialutopien der Renaissance ist das rationale Prinzip ihrer Ordnungskonstruktion. Das setzt neben strenger Selektion eine Abstraktionsleistung gegenüber historischer Wirklichkeit voraus und ermöglicht nur so den Entwurf eines utopischen Staates nach strengen, geometrischen Regeln. Der „fast quadratische" Grundriss der Stadt Amaurotum auf der Insel-Utopie[25] ist dafür nicht weniger bezeichnend als die durch sieben konzentrische Ringe gebildete Kreisform von Campanellas *Sonnenstaat*[26].

Der rationalen Geometrie des Raumes entspricht die vernünftige Organisation menschlichen Zusammenlebens, das nur möglich ist durch strenge Affektregulierung aller beteiligten Individuen. Der utopische Vernunftstaat geht von einer Symmetrie, einer Übereinstimmung von subjektivem und allgemeinem (sozialen) Interesse aus; nur so ist konfliktfreies Miteinanderleben möglich.

Dass solche Konstruktionsprinzipien durch Negation gewonnen sind, wird unmittelbar evident, wenn man sich die entsprechenden Gegenbegriffe vor Augen führt. Rationale Organisation von Gesellschaft, die unter Ordnungszwang bis zur Ritualisierung sozialen Verhaltens gesteigert wird, zielt auf jene Erschütterung traditionaler Herrschafts- und Sozialstrukturen, durch die die frühe Neuzeit insgesamt charakterisiert ist: „Die ,alten' hierarchischen Rangordnungen entsprachen nicht mehr den neuen sozialen Kräfteverhältnissen, allgemein verbindliche ,neue' politische Orientierungspunkte fehlten, der politischen Zersplitterung korrespondierten unsichere Rechtsverhältnisse."[27] Northrop Frye hat zu Recht

---

24 Willi Erzgräber: Utopie und Anti-Utopie in der englischen LIteratur. Morus, Morris, Wells, Huxley, Orwell. München 1980, S. 35.
25 Thomas Morus: Utopia (1516). In: Der utopische Staat. Hrsg. von Klaus J. Heinisch. Reinbek 1960, S. 51.
26 Tommaso Campanella: Civitas solis (1623). Übers. in: Der utopische Staat. Hrsg. von Klaus J. Heinisch. Reinbek 1960, S. 117.
27 Richard van Dülmen: Die Formierung der europäischen Gesellschaft in der Frühen Neuzeit. In: Geschichte und Gesellschaft 7 (1981), S. 5–41; hier S. 9.

formuliert: „Die utopische Form treibt ihre schönsten Blüten, wenn die Anarchie die größte soziale Bedrohung darstellt."[28] Die in ‚vernünftigen' Utopien stillgestellte Zeit verweist auf (ausgeklammerte) Geschichte, deren narrativer Diskurs durch Deskription, Bericht und Dialog ersetzt ist. Die Disziplinierung menschlicher Affekte macht deren Unberechenbarkeit offenbar; eine Reduktion auf das Gattungswesen Mensch muss im Gegenzug an den Einzelnen erinnern. Modale Generalisierung durch Negation ermöglicht eine von der Realität abstrahierende Konstruktion ebenso wie den möglichkeitsreichen Verweis auf das Negierte.

Das trifft in ganz besonderer Weise zu, wenn man einzelne gesellschaftliche Wirkungsintentionen des *Utopia*-Textes betrachtet. Die radikale Aufhebung der sozialen Standesschranken, die urkommunistische Abschaffung des Privateigentums, die Negation der Geldwirtschaft oder die Aufhebung der Privilegien und die gleichzeitige Verpflichtung zur Arbeit für alle (bei Morus sind dadurch sechs, bei Campanella nur vier Stunden Tagesarbeit erforderlich) sind zentrale normative (und provokative) Setzungen, die die Normensysteme der Neuzeit (bis heute) nicht nur kritisieren, sondern auf den Kopf (oder vom Kopf auf die Füße) stellen. Eine thematische Analyse des Werks, die dessen utopische Semantik interpretiert, kann deshalb auch über seine Funktionsmöglichkeiten Auskunft geben.

Im Kontext der historischen Situation des 16. Jahrhunderts besteht das entscheidende Moment im Entwurf einer neuen politischen Ordnung und deren verfassungsmäßige Institutionalisierung.[29] Der hierarchisch reich gegliederten (alt)ständischen Gesellschaft der frühen Neuzeit wird das Modell einer rationalen, funktionsorientierten Gesellschaft gegenübergestellt, die als säkulare, politische und soziale Ordnung keiner zusätzlichen theologischen Legitimierung mehr bedarf. Morus reflektiert den beginnenden historischen Ausdifferenzierungsprozess in der Moderne (Entstehung von gesellschaftlichen Teilsystemen wie Politik, Ökonomie und Recht) und gibt zugleich eine Antwort auf die mit solchen zunehmenden Entflechtungsvorgängen verbundenen Probleme. In der Ablösung des theologisch begründeten mittelalterlichen Universalismus durch einen säkularen Prozess der gesellschaftlichen Ausdifferenzierung und „inneren Pluralisierung" entsteht ein neuer und gesteigerter Bedarf an „sinnhafter Koordination" und Deutung. Nach dem Verlust ‚alter' Handlungslegitimationen wird der Ruf nach ‚neuen' umso dringlicher. Die *Utopia* des Thomas Morus liefert hier eine Antwort insofern, als sie selbst ein ‚konstruktives' weltliches Sinnangebot entwirft. Das traditionelle Mittel der Sinnkonstitution, Religion, ist – trotz zitathafter Anspie-

---

28 Northrop Frye: Spielarten der utopischen Literatur. Wunschtraum und Experiment. Vom Nutzen und Nachteil utopischen Denkens. Hrsg. von Frank E. Manuel. Freiburg 1970, S. 52–83, hier S. 55.
29 Vgl. dazu Kap. I 2: Thomas Morus' *Utopia*.

lungen auf einzelne christliche Motive und Institutionen (vgl. etwa die Klöster) – ersetzt durch eine spezifische Form von Literatur, deren Hauptkennzeichen die komplexe Mischung aus unterschiedlichen, literarischen und expositorischen, vornehmlich auch wissenschaftlichen Diskurselementen (Jurisprudenz, Ökonomie und Politiktheorie) darstellt. Morus synthetisiert diese Elemente in seinem Text als rationales Ordnungsangebot.

Spricht man vom ‚Angebot', wird deutlich, dass auch eine vom Text ausgehende Funktionsanalyse der gesellschaftlichen Wirkungsintentionen ohne die Berücksichtigung der Adressaten und damit ohne eine Vergegenwärtigung des jeweiligen Kommunikationskreises von Autor, Werk und Leser nicht auskommen kann. Im Falle der literarischen Utopie mag hier nur darauf hingewiesen werden, dass weder die Entstehung noch die Geschichte dieser Gattung befriedigend zu klären ist, ohne die Rolle der weltlichen Intelligenz (die in der frühen Neuzeit entsteht) gebührend zu beachten. Hinzu kommen völlig neue Distributionsmöglichkeiten, die der eben entwickelte Buchdruck zum ersten Mal in der Geschichte bietet. Die Folgen und Funktionen dieser drucktechnischen Revolution für die Geschichte der Utopie (vgl. etwa die Druck-Flugblätter während der Reformation und im Bauernkrieg) sind bisher noch nicht untersucht worden.[30]

Sowohl der Autor Morus als auch seine ersten Leser (wie man an den mit dem Text der *Utopia* gedruckten Begleitbriefen ablesen kann) gehören zur Gruppe hochgelehrter Humanisten und (häufig juristisch) gebildeter Verwaltungsbeamter des 16. Jahrhunderts, deren selbstbewusster Anspruch auf eine rationale Neuordnung der als chaotisch empfundenen zeitgenössischen Wirklichkeit zielt.[31]

Diese Gruppe beansprucht dabei selbst eine Führungsrolle, wenn auch kaum zu entscheiden sein wird, ob in Texten, wie denen des Thomas Morus, nicht zugleich eine Einsicht von Ohnmacht mitformuliert ist, insofern der vorgelegte literarische Ordnungsentwurf angesichts der tatsächlich vorhandenen Herrschaftsstrukturen der frühen Neuzeit bloße Forderung, eben literarische, d. h. ästhetische Mittel der Satire nutzende Utopie bleiben muss.

---

30 Diesen wichtigen Hinweis verdanke ich Niklas Luhmann.
31 Zur Rolle der neuen weltlichen Intelligenz im 16. Jahrhundert vgl. Erich Kleinschmidt: Stadt und Literatur in der frühen Neuzeit: Voraussetzungen und Entfaltungen im südwestdeutschen, elsässischen und schweizerischen Sprachraum. Köln 1982, S. 116 ff.; Wilhelm Kühlmann: Gelehrtenrepublik und Fürstenstaat. Entwicklung und Kritik des deutschen Späthumanismus in der Literatur des Barockzeitalters. Tübingen 1982, S. 285 ff. und Gunter Grimm: Literatur und Gelehrtentum in Deutschland. Untersuchungen zum Wandel ihres Verhältnisses vom Humanismus bis zur Frühaufklärung. Tübingen 1983.

II

Der Selektionscharakter literarischer Gattungen ist so evident wie der einzelner literarischer Texte. Gattungen lassen sich durch ihre – gegenüber dem jeweiligen literarischen Teilsystem und sozialen Gesamtsystem einer Epoche – bestimmte Komplexitätsreduktion charakterisieren. In der Geschichte wiederkehrende, dominante Text- und Lesererwartungskonstanten ermöglichen eine Auskristallisierung und Institutionalisierung von Gattungen, sobald (und solange) es zu einem komplementären Wechselverhältnis von historisch jeweils unterschiedlichen literarischen und außerliterarischen Erwartungen und (diese wieder mitbestimmenden) literarischen Werkreaktionen durch die Autoren kommt.[32]

Unter Gesichtspunkten ihrer Funktion lassen sich historisch institutionalisierte Gattungen einerseits als Bedürfnissynthesen bezeichnen, in denen nicht nur bestimmte Problemlagen artikuliert, sondern auch Lösungsstrategien diskutiert und angeboten werden, die Möglichkeiten (zeitlich begrenzter) Bedürfnisbefriedigung für bestimmte Leser (Schichten, Gruppen) liefern. Andererseits erfüllen literarische Gattungen aufgrund ihrer Eigenkomplexität (durch Selektion aufbewahrter Möglichkeiten) auch Funktionen des Freisetzens und Erzeugens neuer Bedürfnisse. Gattungsgeschichtlich bedeutsame Ausdifferenzierungen, Variationen und Umbesetzungen von Diskurselementen bzw. Funktionswandlungen und -ablösungen bis hin zur Entstehung neuer Gattungsausprägungen sind das literaturhistorische Ergebnis. Funktionen der Bedürfnissynthese korrespondieren mit solchen der Bedürfniserweiterung und Bedürfnisproduktion; Bedürfnisse werden immer zugleich erfüllt und geweckt.[33] Institutionentheoretisch ließe sich (in Anlehnung an Definitionen des sozialen Wandels) formulieren: Literarische Gattungen als historisch-soziale Institutionalisierungen „höchsten Grades" produzieren jeweils neue Bedürfnisse, „[...] die ihre institutionelle Erfüllung verlangen und damit immer neue [Gattungs-]Institutionen und damit wiederum neue Bedürfnisse aus sich hervortreiben"[34].

Dass diese für die Gattungsgeschichte grundlegende Dialektik von Bedürfnissynthetisierung und Bedürfnisproduktion, die als eine Dialektik von Bestimmtem und Unbestimmtem (Aktualität und Potentialität) beschrieben werden

---

[32] Vgl. Kap. I 3: Utopische Gattungen als literarisch-soziale Institutionen.
[33] Gegenüber den gattungstheoretischen und gattungssoziologischen Überlegungen (Kap. 2) bleibt der hier hervorgehobene Aspekt der Bedürfnisweckung und -produktion zu ergänzen.
[34] Helmut Schelsky: Zur Theorie der Institution. Düsseldorf 1970, S. 20.

kann,[35] keine durch Kontinuität bestimmte Gattungsgeschichte verbürgt, zeigt die Geschichte der neuzeitlichen Utopie in exemplarischer Weise; vielmehr ist Diskontinuität das charakteristische Merkmal. Das identische Moment in der Geschichte einer literarischen Gattung bleibt die konstitutive Doppelheit von Bestimmtem und Unbestimmtem, so dass etwa auch ein in der Geschichte der frühneuzeitlichen Utopie durchgehendes Motiv, wie das des (tugendhaften) Konsensus aller Mitglieder eines Idealstaats, durchaus konträre Funktionen (soziale Harmonie einerseits – Disziplinierung der Subjekte andererseits) haben kann. Erst die Korrelierung von jeweils unterschiedlichen historischen Situationen und Bedürfnislagen mit den einzelnen historischen Ausprägungen der literarischen Gattung erschließt auch deren spezifische Funktion.[36]

Eine wichtige Voraussetzung (und notwendige empirische Basis) liefern dafür die Rezeptionsgeschichte eines Werks oder einer Werkgruppe. Ausgehend von einzelnen Rezeptionsstufen (seit der Primärrezeption der *Utopia* bei ihrem ersten Erscheinen 1516) sollen deshalb einige wichtige Etappen in der Funktionsgeschichte der literarischen Utopie vom 16. bis ins 18. Jahrhundert skizziert werden.

Untersucht man die zeitgenössische Rezeption der *Utopia* im frühen 16. Jahrhundert unter funktionsgeschichtlichen Aspekten, bestätigt sich auf anschauliche Weise die Hypothese von der Potentialität eines literarischen Textes bzw. der ästhetischen Speicherung komplexer wirkungsmächtiger Möglichkeiten.[37] Das „Wahrhaft Goldene Büchlein" des Thomas Morus wird von seinen Lesern in mindestens drei Hauptrichtungen interpretiert. Die überwiegende Zahl der gelehrten und hochgebildeten Rezipienten sehen in der *Utopia* eine Humanistensatire in der Tradition der antiken satirischen Literatur, etwa der phantastischen Reiseliteratur seit Jambulos und Lukian. Die ironischen Fiktionssignale der *Utopia* werden ebenso entschlüsselt und erkannt wie die Doppelbödigkeit des Erzählens durch die Einführung des ‚Possenreißers' Hythlodaeus als eines Be-

---

35 Die Dialektik von Unbestimmtheit und Bestimmtheit im Blick auf eine „suspensive Interpretation" hat hervorgehoben: Horst Steinmetz: Suspensive Interpretation: am Beispiel Franz Kafkas. Göttingen 1977, S. 42 ff.
Vgl. auch das „Prinzip der Bedeutungsvereinheitlichungen" und der Negation von Bedeutungsvereinheitlichungen bei Mukařovský, Studien zur strukturalistischen Ästhetik, S. 48 ff.
36 Vgl. Sozialer Wandel. Zivilisation und Fortschritt als Kategorien der soziologischen Theorie. Hrsg. und eingeleitet von Hans Peter Dreitzel. Neuwied und Berlin ²1972; problemgeschichtliche Einleitung S. 15–91. Zur bedürfnistheoretischen Diskussion vgl. vor allem Karl Otto Hondrich: Menschliche Bedürfnisse und soziale Steuerung. Eine Einführung in die Sozialwissenschaft. Reinbek bei Hamburg 1975 und Seev Gasiet: Menschliche Bedürfnisse. Eine theoretische Synthese. Frankfurt am Main. New York 1981.
37 Vgl. dazu Gudrun Honke: Die Rezeption der „Utopia" des Thomas Morus im 16. Jahrhundert. Magisterarbeit in der Fakultät für Linguistik und Literaturwissenschaft. Bielefeld 1979.

richterstatters über den Staat der Utopier. Das bedeutet zugleich, dass die Frage in der Schwebe bleibt, ob es sich bei der im zweiten Teil des Textes entwickelten Konzeption einer alternativen Gesellschaftsordnung tatsächlich um ein ideales Gegenbild zum zeitgenössischen Europa handelt, oder ob die von den Utopiern organisierten Einrichtungen und praktizierten Verhaltensweisen unter einen ironischen Vorbehalt gestellt werden müssen.[38] Der Schlusskommentar des Morus-Textes legt diese Lesart nahe: „Inzwischen kann ich [der Rahmenerzähler, hinter dem sich Morus verbirgt] zwar nicht allem zustimmen, was er [Hythlodeaus, der Berichterstatter über die Utopier] gesagt hat, obschon er unstreitig sonst ein ebenso gebildeter wie welterfahrener Mann ist, jedoch gestehe ich gern, dass es im Staate der Utopier sehr vieles gibt, was ich in unseren Staaten eher wünschen möchte als erhoffen kann."[39]

Die satirischen Funktionen werden von den zeitgenössischen Rezipienten hauptsächlich unter einzelnen gesellschaftskritischen Aspekten gesehen, so in der didaktischen Konfrontation vorbildlicher moralischer Normen mit der europäischen ‚christlichen' Praxis. Nur dort, wo nicht nur einzelne Laster kritisiert, sondern der entworfene Idealstaat insgesamt als Norm für die Kritik am christlichen Europa verstanden wird, erreicht die Satire utopische Qualitäten im Sinne eines konstruktiven Gegenbildes. Der Staat der Utopier kann dann, unter Anspielung auf archetypische Sehnsuchts- und Wunschprojektion, als eine Welt aufgefasst werden, die unterhalb der himmlischen, aber oberhalb der gegenwärtig bekannten angesiedelt ist.[40] Hinzuweisen bleibt allerdings darauf, dass diese Gegenwelt-Interpretation noch keine Utopie-Konzeption im Sinne antizipatorischen Denkens einschließt, wie das im 18. Jahrhundert der Fall ist.

Neben der von den humanistischen Lesern des 16. Jahrhunderts hervorgehobenen satirischen und Gegenwelt-Funktionen (und hier finden sich Ansätze der künftigen Gattung ‚utopische Erzählung')[41] spielt eine dritte, pragmatische Funktionsmöglichkeit, vor allem in der deutschen Rezeption, eine wichtige Rolle. Die *Utopia* wird als historisch-politisches Dokument aufgefasst und wirkt als staatstheoretische Abhandlung. Ablesbar ist dies insbesondere an der ersten deutschen Morus-Übersetzung von Claudius Cantiuncula (Basel 1524), der ersten

---

38 Vgl. Erzgräber, Utopie und Anti-Utopie, S. 36.
39 Morus, Utopia, S. 110.
40 „Undoubtedly, it is one of the Fortunate Isles, perhaps close to the Elysian Fields [...] content with its own institutions and possessions, blessed in its innocence, and leading a kind of heavenly life which is below the level of heaven but above the rabble of this known world." (Guillaume Budé in einem Brief an Thomas Lupset, Paris 31.7.1517; zit. Manuel, The Utopian Thought, S. 132).
41 Zum Begriff und zur Geschichte der ‚utopischen Erzählung' vgl. Stockinger, Ficta Respublica.

volkssprachigen Übersetzung überhaupt.⁴² Der Basler Jurist und Bürgermeister interessiert sich für die vorbildliche Rechtspraxis der Utopier und deren politische Institutionalisierung, aber nicht für die fiktionalen, satirisch-ironischen Aspekte des Textes. Er übersetzt deshalb auch nur den zweiten Teil des Buches (also lediglich den Bericht über das Utopia-Modell), alles andere lässt er weg. So übersetzt und so gelesen bekommt der Text eine andere (‚aktualisierte') Gestalt. Die politische Wirkungsintention rückt dadurch ohne die ironischen Vorbehalte der literarisch-polyvalenten Struktur in Teilabschnitten plötzlich in die (revolutionäre) Nähe eines Thomas Münzer:

> Was soll ich von dem sagen / das die rychen ziehent täglich den armen von jrer armut ettwas ab / nitt allein mit besondern lysten vnd betrug / sonders ouch durch gmeine statuten [...]. Aber die allerschnödesten menschen / so sy mitt einem vnersettlichen gytz alles das / so dem gantzen volck gnug were gsin / vnder jnen vßteylt habent / wie synd sy dennocht noch so gar wyt von der Vtopianer seliger policy?⁴³

Eine solch isoliert herausgehobene Passage darf allerdings nicht über die von der *Utopia* intendierte dominante Wirkungsabsicht und -möglichkeit hinwegtäuschen. Morus liefert keine unmittelbaren Handlungsanweisungen oder ‚aufrührerischen' Aufforderungen zur direkten Umsetzung von Theorie in Politik wie Münzer – im Gegenteil, das Stichwort heißt ‚Policy', d. h. Organisation der inneren Ordnung eines Staates durch institutionelle Regulierungen des öffentlichen Lebens. Es überrascht dann auch nicht, wenn sich zwischen den Themenkatalogen der Reichspolizeiordnung von 1530 und einzelnen Ordnungskonzepten der *Utopia* bemerkenswerte Parallelen feststellen lassen.⁴⁴ Das Denkmodell des Thomas Morus erfüllt Funktionen, die auf die staatliche und soziale Neuordnung von Gesellschaft gerichtet sind, auch ohne direkte politische Handlungsanleitungen.

Jörg Jochen Berns und Ludwig Stockinger haben darauf aufmerksam gemacht, in welch auffallender Weise die Rezeptionsgeschichte der *Utopia* im 17. Jahrhundert durch Umformungen und Vereinfachungen des komplexen literarischen Modells bestimmt ist.⁴⁵ Der Ordnungsgedanke dominiert in künftigen Sozialuto-

---

42 Vgl. den Reprint dieser Ausgabe, hrsg. von H. Höfener. Hildesheim 1980; dazu Honke, Die Rezeption der „Utopia" (s. Anm. 37).
43 Cantiuncula-Übers. 1524, 1980, zit. Jörg Jochen Berns: Utopie und Polizei. Zur Funktionsgeschichte der frühen Utopistik in Deutschland. Literarische Utopie-Entwürfe. Hrsg. von Hiltrud Gnüg. Frankfurt am Main 1982, S. 102.
44 Berns, Utopie und Polizei, S. 108.
45 Vgl. Berns, Utopie und Polizei, S. 110 ff.; Ludwig Stockinger: Aspekte und Probleme der neueren Utopiediskussion in der deutschen Literaturwissenschaft. In: Utopieforschung, Bd. I, 1982, S. 120–142; hier S. 229 ff.

pien ebenso wie die Tendenz zur vollständigen, institutionalisierten Vergesellschaftung aller Subjekte. Die Neigung zur Pragmatisierung und Didaktisierung nimmt zu.

Das lässt sich Schritt für Schritt belegen: Tommaso Campanellas *Civitas solis*[46] konstruiert das Ideal eines Staates, in dem sich weltliche und geistliche Macht zu einer autoritären Theokratie zusammenschließen; Johannes Valentin Andreaes *Christianapolis*[47] entwickelt im Horizont pietistischer Vorstellungen die Utopie einer christlichen Gesellschaft mit der Hoffnung auf die Errichtung einer *Societas Christiana*[48]; Francis Bacons *Nova Atlantis*[49] kann als programmatische Utopie der Organisation von Wissenschaft und Technik gelten, wobei sich Wissenschaft und Gesellschaft im „Führungssystem Religion" verbinden lassen sollen.[50] Der Macht-Wissen-Zusammenhang in frühneuzeitlichen Utopien wird nirgends deutlicher als hier.

Die beobachtbaren Tendenzen eines zweckrationalen Ordnungs- und Systemdenkens, einer Instrumentalisierung der Vernunft, einer (gegenüber Morus) auffallenden Retheologisierung und eine zunehmende Verwissenschaftlichung lassen sich funktionsgeschichtlich im Einzelnen nur verstehen, wenn man die jeweiligen historischen Konstellationen des Konfessions- und Bürgerkriegszeitalters berücksichtigt. Der Ordnungsüberschuss der Utopien ist generell die Antwort auf eine noch immer durch ‚Ordnungsmangel' charakterisierte oder als solche erfahrene historische Situation und im Besonderen die Reaktion auf eine sich wieder anbahnende „Verhärtung der Ständegesellschaft [...], die fast überall zu Ende des 16. bzw. zu Beginn des 17. Jahrhunderts [...]" einen Höhepunkt erreicht. „Was noch während des 16. Jahrhunderts an Mobilität und Freiheit möglich war, war um die Mitte des 17. Jahrhunderts fast ausgeschlossen."[51] Die Potentialität des Modells von Morus wird reduziert auf eine ordnungspragmatische Aktualität.

Das ändert sich nur punktuell, in der ersten Hälfte des 18. Jahrhunderts dann allerdings folgenreich dort, wo im Zuge eines gattungsgeschichtlichen Ausdifferenzierungsprozesses die Modell- und Systemkonstruktion utopischer Erzählungen nicht mehr ausschließlich im Mittelpunkt stehen oder sogar zurücktreten

---

46 1602; erschienen Frankfurt am Main 1623.
47 Straßburg 1619.
48 Richard van Dülmen: Die Utopie einer christlichen Gesellschaft. Johann Valentin Andreae (1586–1654). Stuttgart 1978, S. 163 ff.
49 London 1624, veröffentlicht 1627.
50 Karl Ludwig Pfeiffer: Wahrheit und Herrschaft. Zum systematischen Problem in Bacons *New Atlantis*. In: Literarische Utopien von Morus bis zur Gegenwart. Hrsg. von Klaus L. Berghahn, Hans Ulrich Seeber. Königstein 1983, S. 50–58.
51 Van Dülmen, Die Formierung der europäischen Gesellschaft, S. 110 ff.

zugunsten narrativer Darstellungen einzelner individueller Schicksale. Die utopischen Reise- und Abenteuerromane Samuel Gotts (*Nova Solyma*, 1648), Gabriel de Foignys (*La Terre Australe Connue*, 1676) und Denis Veiras' (*L'Histoire des Sévarambes*, 1677/79) machen den Anfang; Daniel Defoes *Robinson Crusoe* kann dann mit seinem in der zeitgenössischen Wirklichkeit des 18. Jahrhunderts verankerten „Idealisierungspotential" die Renaissance-Utopien als eigenständige Gattung bereits in sich ‚aufheben'[52] und eine neue Gattung begründen. Erst grundlegend veränderte gesellschaftliche Rahmenbedingungen (die Entstehung der modernen, funktionsorientierten ‚bürgerlichen' Gesellschaft) und gewandelte Kommunikationsmodalitäten (der ‚freie' Schriftsteller, ein neues bürgerliches Publikum, der entstehende literarische Markt) setzen jene literarisch polyvalenten Wirkungspotentiale humanistischer Sozialutopien wieder frei, die eine Transformation der Gattung erlauben. Die sich im Medium der epischen Erzählung ankündigende ‚Privatisierung' der literarischen Utopie hält allerdings auf dieser Stufe noch weitgehend an jener Disziplinierungsform fest, durch die die frühneuzeitliche Utopie (unter Rückgriff auf Platos *Politeia*) seit Morus insgesamt charakterisiert ist. Christlich-vernünftige ‚Tugend' übernimmt, wie man am Beispiel von Johann Gottfried Schnabels *Insel Felsenburg* exemplarisch sehen kann, die Rolle der konsensstiftenden Norm. Der soziale Ort indes wechselt: Hier ist es nicht mehr die staatliche Ordnung, sondern die Ordnung der Familie, die durch Internalisierung von Tugend für Disziplin bürgt.[53]

Der epochale Gattungs- und Funktionswandel der literarischen Utopie ereignet sich erst in der zweiten Hälfte des 18. Jahrhunderts mit dem entscheidenden Wechsel von der Raum- zur Zeitutopie. Das Gegenbild zur bestehenden Wirklichkeit wird nun nicht mehr nur in den Raum projiziert (‚Utopie'), sondern mehr und mehr in die zukünftige Zeit verlegt (‚Uchronie'). Die funktionsgeschichtlichen Konsequenzen, die bis in unsere Gegenwart reichen, mögen kurz skizziert werden[54]:

- Die in den Sozialutopien des 16. und 17. Jahrhunderts und noch in den Tugendrepubliken des 18. Jahrhunderts vorausgesetzte Übereinstimmung von subjektivem Anspruch und gesellschaftlicher Notwendigkeit, individueller Freiheit und institutioneller Ordnung wird auf Grund eines neuen Subjektbegriffs als bloße Supposition und Illusion erkannt. Statt der Symmetrie von Subjekt und Gesellschaft wird fortan die Spannung und Polarität von Ein-

---

[52] Vgl. Jürgen Schlaeger: Die Robinsonade als frühbürgerliche ‚Eutopia'. In: Utopieforschung, Bd. 2, S. 279–298, hier S. 280.
[53] Vgl. dazu vor allem Jürgen Fohrmann: Abenteuer und Bürgertum. Zur Geschichte der deutschen Robinsonaden im 18. Jahrhundert. Stuttgart 1981
[54] Vgl. dazu auch die Einleitung.

zelnem und Allgemeinem zum zentralen Problem aller Utopiediskussionen. Rousseau liefert dafür die maßgeblichen Stichworte.
- Historisch möglich ist der Paradigmenwechsel von der Raum- zur Zeitutopie nur durch jene „Verzeitlichung" der Erfahrung (Reinhart Koselleck), die das künftige Interesse auf „Erwartung" lenkt.[55] Die stete Beschleunigung nicht nur der ‚Geschichte' (im Kollektivsingular), sondern auch der jeweils ‚neuen' utopischen Erwartungen ist die Folge. Der geweckte Bedarf an ‚Zukunft' kann kaum noch gestillt werden.
- Die Temporalisierung der Erfahrung vollzieht sich theoretisch in der Form von Fortschrittsphilosophie, literarisch in der Form einer politisch-gesellschaftlich orientierten Zeitutopie, wie bei Louis Sébastien Mercier (*L'An 2440, Rêve s'il en fut jamais*)[56], aber auch im individualpsychologisch angelegten Roman der steten Vervollkommnungsnotwendigkeit und begrenzten Vervollkommnungsmöglichkeit im deutschen Bildungsroman seit Christoph Martin Wielands *Agathon*[57].
- Erst die Auffassung von der prinzipiellen Vervollkommnungsfähigkeit des Menschen und seiner Gattung und damit auch der gesamten Geschichte (es steckt darin die Negation von ‚perfection' der humanistischen Sozialutopien zugunsten von ‚perfectibilité') erlaubt die kontrafaktische Antizipation des Zukünftigen und treibt den Wunsch nach seiner Realisierung hervor. Damit vollzieht sich ein paradigmatischer, revolutionärer Funktionswandel der Utopie: Ihre Gegenbildfunktion wird – unter Rückgriff auf eine (säkularisierte) chiliastische Tradition – verändert und erweitert zur Funktion der vorwegnehmenden Antizipation und zur Konstruktion des Hypothetisch-Möglichen. Das Mögliche aber als Noch-Nicht-Verwirklichtes drängt zu seiner (zumindest approximativen) Realisierung (vgl. Kants Konzeption der „regulativen Idee"). Die Herstellbarkeit von menschlicher Geschichte durch den Menschen wird von nun an zum Agens der Utopie.
- Dem Prozess der Verzeitlichung kann die Utopie literarisch nur gerecht werden, wenn sie den Perfektibilisierungsvorgang des Individuums in der epischen Erzählung nachbildet. Erziehungs- und Bildungsromane (und partiell auch Reiseromane) sind die notwendige Konsequenz; es besteht eine ‚Notwendigkeit' zum Erzählen und nicht, wie in klassischen Sozialutopien, zum Beschreiben. Die herkömmliche Disziplinierungsfunktion über konsensuale Vernunft oder normative Tugend entfällt; allerdings entkommen die sich

---

55 Koselleck, Geschichte, Historie.
56 Vgl. die Neuausgabe von Trousson (1971); eine Neuausgabe der deutschen Übersetzung von Christian Felix Weiße (1772) hat Herbert Jaumann (Frankfurt am Main 1982) herausgegeben.
57 Vgl. dazu im Kap. II 10: Utopie und Utopiekritik.

selbst vervollkommnenden Individuen nicht der zur individuellen Selbstverwirklichung notwendigen Verpflichtung – um Goethe abwandelnd zu zitieren – sich selbst, ganz wie sie da sind, auszubilden. Insofern lässt sich auch das Perfektibilisierungsgebot unter Funktionsgesichtspunkten noch als eine Spielart der disziplinierenden Tendenz von Utopien charakterisieren. Allerdings *widerspricht* das Konzept der Vervollkommnungsmöglichkeit auch der disziplinierenden Tendenz, insofern die Ermöglichung des individuell Möglichen zumindest idealiter (und von der Textintention her) jeder Disziplinierung entgegensteht.

- Indes entdeckt man gerade hier einen fundamentalen Widerspruch (und Widerstreit) zwischen Textintention und Textrezeption. Die Rezeptionsgeschichte des Bildungsromans (vor allem im 19. Jahrhundert) zeigt nämlich allzu deutlich, wie stark das ideale Selbstvervollkommungskonzept der Texte auch zu einem Medium der sozialen Selbstdisziplinierung für ökonomisch weit, aber politisch wenig entwickelte bildungsbürgerliche Schichten in Deutschland werden konnte. Selbstdisziplinierung und Sozialdisziplinierung können eine unheilige Allianz eingehen.
- Wo Sozialdisziplinierung nicht mehr akzeptiert und Selbstdisziplinierung verweigert wird, bleibt der Utopie allerdings immer noch die Funktion des Wachhaltens für das Hypothetisch-Mögliche. Das ‚Prinzip Hoffnung' lebt deshalb von der Verzeitlichung der Utopie, auch wenn eine (utopisch reduktionistische) Neigung zur Überhöhung des glücklich-gelebten Augenblicks, eine Flucht in die geschichtslose Idylle oder eine Idealisierung der Kunst als ‚Utopie Kunstwerk' aktuell sind.[58] Auf den ‚utopischen Konjunktiv' (als Erbe der Verzeitlichung der Utopie) wird man indes auch künftig nicht verzichten können, so Robert Musil: „[...] diese Ordnung ist nicht so fest, wie sie sich gibt; kein Ding, kein Ich, keine Form, kein Grundsatz sind sicher. Alles ist in einer unsichtbaren, aber niemals ruhenden Wandlung begriffen, im Unfesten liegt mehr von der Zukunft als im Festen, und die Gegenwart ist nichts als eine Hypothese, über die man noch nicht hinausgekommen ist."[59]
- Wenn hier der einschneidende Wechsel von der Raum- zur Zeitutopie besonders hervorgehoben wurde, dann deshalb, um die sich damit grundlegend verändernden Funktionsmöglichkeiten der Utopie andeuten zu können. Dass Raumutopien und ihre totalisierenden Funktionen indes nicht aussterben, lässt sich im 19. Jahrhundert ebenso anschaulich beobachten wie im

---

[58] Vgl. dazu vor allem Karl Heinz Bohrer: Plötzlichkeit. Zum Augenblick des ästhetischen Scheins. Frankfurt am Main 1981, S. 180 ff.
[59] Musil, Der Mann ohne Eigenschaften, S. 250.

20. Jahrhundert. Die ‚negative Utopie' (Dystopie) ist die kritische Inversion der klassischen Sozialutopie, die faschistische Utopie die Pervertierung des bereits in Utopien des 18. Jahrhunderts (vgl. de Sade) angelegten Ordnungsterrors. Utopien sind nie eindeutig gewesen, und von ihrer Methode her zielen sie nicht schon selbstverständlich auf Humanität.

III

Die beschriebenen, unterschiedlichen (und ambivalenten) Funktionsmöglichkeiten des Prototyps der neuzeitlichen Utopie (Thomas Morus' *Utopia*) und der skizzierte paradigmatische Funktionswandel von der Raum- zur Zeitutopie im 18. Jahrhundert gehören in den umfassenden Rahmen einer Mentalitätsgeschichte, die die „geistig-kulturelle Infrastruktur" historischer Epochen in ihren „Erwartungs- und Verhaltensdispositionen" untersucht.[60] Die funktionsgeschichtliche Rolle der Literatur kann dabei insgesamt unter Gesichtspunkten dreier „Systemreferenzen"[61] gesehen werden: In der Beziehung eines literarischen Textes oder einer literarischen Gattung zum historisch-sozialen Gesamtsystem einer Epoche oder eines begrenzteren geschichtlichen Zeitabschnitts (etwa im frühen 16. Jahrhundert oder im letzten Drittel des 18. Jahrhunderts); in der Beziehung des Einzeltextes bzw. einer Gattung zum jeweiligen literarischen Teilsystem bzw. zu anderen Teilsystemen einer Epoche (im Fall der Sozialutopie etwa die Relation zu funktionsverwandten Genres: Bukolik, Reiseliteratur, politik- und staatstheoretische Texte, oder oppositiven literarischen Texten); und in der reflexiven Beziehung der Literatur zu sich selbst. Die utopische Erzählung der Neuzeit wird sich ihrer Kontinuität und Diskontinuität frühzeitig bewusst.

Sie reflektiert über sich selbst, vor allem in dem historischen Augenblick, als die Kritik der Raumutopie in eine Projektion der Zeitutopie übergeht. Die Verzeitlichung der Utopie fällt mit einem ersten Höhepunkt der Selbstreferentialität von Utopien zusammen. Die utopische Semantik wird etwa nur noch zitiert, utopische Erzählungen werden (schon bei Wieland) zur Erzählung über utopisches Erzählen.[62]

---

[60] Rolf Reichardt: ‚Histoire des mentalités'. Eine neue Dimension der Sozialgeschichte am Beispiel des französischen Ancien Régime. In: Internationales Archiv für Sozialgeschichte der deutschen Literatur 3 (1978), S. 130–166, hier S. 131.
[61] Luhmann: Soziologische Aufklärung. Bd. 2: Aufsätze zur Theorie der Gesellschaft. Opladen 1975, S. 198, Anm. 9.
[62] Vgl. dazu Peter Uwe Hohendahl: Zum Erzählproblem des utopischen Romans im 18. Jahrhundert. In: Gestaltungsgeschichte und Gesellschaftsgeschichte. Literatur-, kunst- und musik-

Alle drei genannten, für eine Funktionsgeschichte der Literatur im Rahmen mentalitätshistorischer Fragestellungen konstitutiven Referenzen erfordern forschungspraktische und darstellungstechnische Lösungen, die im Rahmen gattungsgeschichtlicher Untersuchungen gefunden werden können. Charakterisiert man literarische Gattungen als historisch-soziale Institutionalisierungen mit bedürfnissynthetisierender und bedürfnisproduzierender Funktion (Aktualität und Potentialität), lässt sich – annäherungsweise – eine Antwort auf die Frage nach dem Verhältnis von in Texten intendierten und historisch jeweils realisierten Funktionen geben.

Eine Funktionsgeschichte der literarischen Utopie könnte das Modell für eine Funktionsgeschichte der Literatur bereitstellen, insofern die literarische Utopie wie alle Kunst und fiktionale Literatur von ihrem polyvalenten und polyfunktionalen Überschusscharakter lebt. Das in utopischen Texten gespeicherte Wirkungspotential ermöglicht Formen der (nicht eindeutigen) Sinnbildung und Erfahrungskonstitution in unterschiedlichen historischen Kommunikationssituationen und gesamtgesellschaftlichen Konstellationen.

Literatur ist nicht Utopie, aber mit der Geschichte einer literarischen Gattung verbunden. Diese Geschichte vermittelt dem Literaturgeschichtsschreiber bei seiner Rekonstruktionsarbeit eine Erfahrung, die Novalis 1798 in dem Satz zusammenfasste: „Ein Buch bewirkt, wie alles, tausendfältige Sensationen und Functionen – Determinirte, bestimmte – und Freye."[63]

---

wissenschaftliche Studien. Hrsg. von Helmut Kreuzer in Zusammenarbeit mit Käte Hamburger. Stuttgart 1969, S. 79–114, hier S. 79 ff., sowie im Kap. III 1: Transzendentalpoetik.
63 Vgl. bei Emil Staiger: Grundbegriffe der Poetik, 1. Aufl., Zürich 1946; Wolfgang Lockemann: Lyrik, Epik, Dramatik oder die totgesagte Trinität, Meisenheim 1973 und ders.: Textsorten versus Gattungen, oder: Ist das Ende der Kunstwissenschaft unvermeidlich? GRM 24 (1974), S. 284–304.

3 Interferenzen zwischen pikareskem und utopischem Erzählen bei Grimmelshausen

I

Zu den textuellen Besonderheiten des niederen Romans in der Frühen Neuzeit gehören Interferenzen von pikareskem und utopischem Erzählen. Sie lassen sich im Zeichen einer zweifachen ‚produktiven' Negation charakterisieren. Während das utopische Erzählen ohne eine satirische Negation des jeweils historisch-politisch Vorgefundenen nicht auskommt, um kontrastiv das Normativ-Andere zu postulieren,[1] sucht das Pikareske in der satirischen Inversion als subversive ‚Verkehrung', Realität zu durchschauen und diskursiv zu kritisieren. Satire ist stets das *Mittel* produktiver Negation,[2] pikareske Autobiographie in der Regel die *Form* der differenzierten Negation geschichtlicher Erfahrungswirklichkeit.[3] Dabei ist zu bedenken, dass „Negation [...] keine Vernichtung, sondern ein Modus der Erhaltung von Sinn" darstellt.[4]

In den Techniken der gleichzeitigen Negation und (Sinn)setzung stimmen utopisches und pikareskes Erzählen überein. Unterschiedliche Negationsweisen

---

[1] Jurij Striedter spricht von einer „Doppelfiktion" (Die Doppelfiktion und ihre Selbstaufhebung).
[2] Zur Poetik und Geschichte der Satire vgl. zusammenfassend Jürgen Brummack. In: Reallexikon der deutschen Literaturwissenschaft. Bd. III. Berlin 2003, S. 355–360; Helmut Arntzen. In: Ästhetische Grundbegriffe. Bd. V. Stuttgart. Weimar 2003, S. 345–365.
[3] Vgl. zusammenfassend Jürgen Jacobs: Art. „Schelmenroman". In: Reallexikon der deutschen Literaturwissenschaft. Bd. III. Berlin 2003, S. 371–374. Zu Recht hat die Forschung die Vorbildfunktion des spanischen *Lazarillo de Tormes* (vermutlich 1554 entstanden) hervorgehoben und die Vorzüge dieser Erzählform als „offene Satire" betont: „Die Ich-Form ist bis in die Gegenwart hinein eines der Erkennungszeichen der pikaresken Romantradition geblieben. Sie schuf die Möglichkeit zu einer Darstellungsweise, die im modernen Realismus den alten Universalitätsanspruch einer sich allgültig und objektiv dünkenden Ethik und Wirklichkeitsauffassung abgelöst hat. Nach der *Celestina* hat der *Lazarillo* als erster Roman die moralischen und philosophischen Prämissen seiner Zeit durch die Perspektive der Subjektivität des Erzählens in seinem sozialen Outsidertum unterlaufen." (Horst Baader: Typologie und Geschichte des spanischen Romans im ‚goldenen Zeitalter'. In: Renaissance und Barock. II. Teil. Hrsg. von August Buck. Frankfurt am Main 1972, S. 82–144; hier S. 120. Vgl. außerdem Michael Nerlich: Plädoyer für Lazaro: Bemerkungen zu einer Gattung. In: Romanische Forschungen 80 (1961), S. 354–394; Alberto Martino: Die Rezeption des ‚Lazarillo de Tormes' im deutschen Sprachraum (1555/1562–1750). In: Daphnis 26 (1997), S. 301–399.
[4] Luhmann. Über die Funktion der Negation in sinnkonstituierenden Systemen. In: Positionen der Negativität. Hrsg. von Harald Weinrich. München 1975, S. 201–218; hier S. 206.

erzeugen ein „narratives Vakuum [...], das seine Füllung verlangt".⁵ Zusammenfassend: „Man muss ergründen, wie dies bunte Leben uns durch sein Gegenteil das Gute lehrt".⁶ Utopisches und pikareskes Erzählen lassen sich deshalb prinzipiell auch im Zeichen von Satire charakterisieren:

> Zu einer Satyra gehören zwey Dinge: die Lehre von gueten sitten, vnd ehrbaren wandel, vnd höffliche reden vnd schertzworte. Ihr vornemstes aber vnd gleichsam als die seele ist die harte verweisung der laster vnd anmahnung zue der tugend; welches zue vollbringen sie mit allerley stachligen und spitzfindigen reden die mit scharfen pfeilen umb sich scheußt.⁷

Wie die Norm, die als „Ideal" der „Wirklichkeit als Mangel" gegenüber gestellt ist (Schiller), inhaltlich bestimmt und diskursiv vermittelt bzw. inszeniert wird, gehört deshalb zu den konstitutiven Fragen, auch des pikaresken Erzählens. Der pikareske wie der utopische Ich-Erzähler blicken zurück auf ihre Lebensabenteuer als Beobachter der eigenen (Um)welt oder als Entdecker einer neuen Welt.

Nur im Behaupten des Selbsterlebten gewinnt der Ich-Erzähler seine Kontur, erst im Erzählverlauf erreicht er eine nicht unangefochtene ‚Stabilität'. Am Ende des 17. Jahrhunderts nimmt das Selbstbewusstsein des Ich-Erzählers zu. Das Bild des „bewussten Sozialsatirikers"⁸ wandelt sich.

Unter Gesichtspunkten utopischer Fiktionen (Gegenbildlichkeit, Veranschaulichung) nimmt die Vielfalt literarischer Formen zu. Gegenüber den klassischen Renaissance-Utopien (Morus, Campanella, Bacon) führt dies bereits in der zweiten Hälfte des 17. Jahrhunderts mehr und mehr zu der Frage, wie die Modellschilderungen der Utopie mit dem epischen Geschehen in der Ich-Form narrativ verknüpft werden können. Die Einbettung des dargestellten Ideals in einen epischen Rahmen oder die Einleitung durch Dialoge und Diskussionen (Morus, Bacon) wird als unbefriedigend empfunden. Die bloße Anreicherung des epischen Erzählens (die immer umfangreicher und komplexer wird) mit lediglich kurz

---

5 Karlheinz Stierle: Der Gebrauch der Negation in fiktionalen Texten. In: Positionen der Negativität, S. 235–262; hier S. 253. Lars Gustafsson hat hervorgehoben, dass sich „der Utopist vor die Aufgabe gestellt [sieht], eine Leere zu füllen, die er selbst durch eigene Negationen geschaffen hat. Die Vision einer Utopie besteht zunächst darin, eine Lücke in der Einbildungskraft zu finden und sie dann wieder zu schließen." (Negation als Spiegel, S. 281).
6 Guzman von Alfarache. In: Horst Baader: Spanische Schelmenromane. 2 Bde. München 1964/1965.
7 Martin Opitz: Buch von der Deutschen Poeterey. Breslau 1624. Nach der Edition von Wilhelm Braune, neu hrsg. von Richard Alewyn. Tübingen 1963, S. 20f. Vgl. dazu Voßkamp, Romantheorie in Deutschland, S. 30–34.
8 Jörg Schönert: Roman und Satire im 18. Jahrhundert. Ein Beitrag zur Poetik. Stuttgart 1969, S. 38.

eingeblendeten Utopiemodellen (vgl. bei Rabelais oder Fénélon) wird als ebenso wenig ausreichend angesehen.

Das bedeutet prinzipiell eine narrative Aufwertung des in der Ich-Perspektive verfassten epischen Anteils, der aber zugleich die Frage einer Neubestimmung des utopischen Idealisierungspotentials aufwirft.[9] Es bilden sich Fiktionsstrukturen heraus, die eine Ablösung beschreibender utopischer Modellschilderungen durch erzählende Formen erlauben. Solche narrativen Ausprägungen unterliegen indes ebenso wie die deskriptiven Formen den generellen Problemen allen utopischen Erzählens: sie müssen sich einerseits um Konsistenz bemühen und andererseits Kohärenzprobleme lösen. Der Zusammenhang zwischen der geschilderten Erfahrungswelt und dem projektierten neuen Idealzustand muss deutlich gemacht und die Verbindung bzw. der Übergang zwischen dem Jetzt und Dort erzählerisch hergestellt werden. Den „Prozess des kritischen Vergleichens zwischen heute und morgen in Gang zu bringen", bleibt der spezifische Kommunikationsmodus literarischer Utopien.[10] Dabei spielen die Fiktion des Selbsterlebten und die Beglaubigung der Fiktion durch den historischen Kontext („Realien", Diskurse, fingierte Zitate) eine wichtige Rolle. Als schwieriger noch erweist sich die Darstellung des möglichst prozesshaften Übergangs vom alten zum neuen Zustand, zumal ein Normenkonsens aufgrund eines sich verändernden Subjektkonzepts mit unterschiedlichen Geltungsansprüchen in der Frühen Neuzeit nicht mehr vorausgesetzt werden kann. Er muss im erzählerischen Handlungsverlauf evident und anschaulich gemacht werden.[11]

Die vorherrschende Subjektzentriertheit der Erzählperspektive in Fiktionen des Selbsterlebten des Protagonisten ist auch das konstitutive Merkmal des pikaresken Erzählens. In der Parodie des Abenteuerschemas der Ritterbücher wird der individuelle „Kampf gegen die Mißgunst der als soziale Umwelt konkretisierten Fortuna" zum Leitthema.[12] Die „Scheinnaivität des vorgeschobenen Ich-Erzählers" mit einer „klarsichtigen Urteilsfähigkeit [...], die ihrerseits wiederum Naivität ausschließt"[13], bietet gerade dieser literarischen Form die Möglichkeit, das „Verhalten und Bewegtwerden des Subjekts im gesellschaftlichen und natürlichen Umfeld [zu demonstrieren]. Erst der Picaroroman [...] reflektiert [so] das Subjektproblem, macht sein Narrationsmuster von diesem Problem abhängig, wobei die Lösungsangebote ein weites Feld abstecken: vom sozialen Kampf über ein Vertröstetwerden im eschatologischen Horizont bis hin zum versuchten Aufstieg, der sich faktisch innerhalb der

---

9 Vgl. dazu Kap. II 5.
10 Vgl. Stockinger, Ficta Respublica.
11 Vgl. Kap. I 2: Thomas Morus' *Utopia*.
12 Baader, Typologie und Geschichte des spanischen Romans, S. 118.
13 Ebd., S. 121.

alten Gesellschaft vollziehen kann [...] oder aber die lineare Entwicklung durch ein Abenteuer-Schema zu ersetzen versucht (Aventuries)".[14] Alle Formen sind „von einem erzählenden Subjekt aus komponiert".[15]

Die autobiographische Fiktion stellt die einzige Erzählform dar, die dem Autor die „Freiheit [lässt], nicht trennend zwischen die Person der Dichtung und den Leser treten zu müssen"[16] im Unterschied zur Er-Form, die „zur kritisch-kommentierenden Stellungnahme oder zur unmoralischen Identifizierung von Autor und Gegenstand gezwungen" hätte.[17] So können moralische Urteile am Ende dem Leser selbst überlassen bleiben.

II

Hans Jacob Christoffel von Grimmelshausens *Der abentheurliche Simplicissimus Teutsch*[18] gehört nicht nur zu seinen wichtigsten pikaresken Romanen,[19] er verbindet auch in seiner hybriden Mischform von Novela Picaresca und Roman Comique[20] das pikareske mit dem utopischen Erzählen auf eine ebenso virtuose wie einzigartige Weise.

Während Grimmelshausens „satirisch-ironisch-simplicianisches Profil"[21] und dessen Weiterentwicklung in der Verbindung mit dem Roman Comique in der Forschung ausführlich thematisiert und diskutiert worden sind, wurden Aspekte der Verbindung des utopischen Erzählens mit dem pikaresken bisher nur wenig berücksichtigt.[22] Diese gehören aber zentral zur Struktur jenes „polyphonen Romans", dessen Pluralität erzählerischer Instanzen und sprachlicher Welten in ihrer Intertextualität für den gesamten Roman konstitutiv ist. Wechselnde Erzählperspektiven und spielerisch inszenierte Redevielfalt erfordern neue Formen

---

14 Fohrmann, Abenteuer und Bürgertum, S. 168 f.
15 Ebd., S. 169.
16 Horst Baader: Noch einmal zur Ich-Form im Lazarillo de Tormes. In: Romanische Forschungen 76 (1964), S. 437–446; hier S. 444.
17 Ebd., S. 445.
18 Grimmelshausen: Der abentheurliche Simplicissimus Teutsch. Hrsg. von Dieter Breuer. Frankfurt am Main 2005 (Grimmelshausen. Werke I. Deutscher Klassiker Verlag).
19 Vgl. Stefan Trappen: Grimmelshausen und die menippeische Satire. Eine Studie zu den historischen Voraussetzungen der Prosasatire im Barock. Tübingen 1994, S. 219.
20 Vgl. Charles Sorel: Wahrhaftige und lustige Historie vom Leben des Francion (1623).
21 Grimmelshausen: Simplicissimus Teutsch, Kommentar, S. 719.
22 Eine Ausnahme bilden die Arbeiten von Volker Meid, Utopie und Satire in Grimmelshausens ‚Simplicissimus'. In: Utopieforschung, Bd. 2, S. 249–265; ders.: Grimmelshausen. Epoche – Werk – Wirkung. München 1984, S. 110–121.

narrativer Kohärenzbildung, zumal unterschiedliche Romantraditionen, etwa der frühneuzeitlichen Narrenliteratur, und Erzähltechniken des Dialogs wie in Thomas Morus' *Utopia* aufgenommen und weiter entwickelt werden.[23]

Als erzählerischen Gesamt-Rahmen ‚innerhalb' einer durch den Romantitel (skriptural und emblematisch) vorgegebenen zusammenfassenden enigmatischen Deutung[24] wählt Grimmelshausen zunächst zwei allegorische Utopien: eine auf die zeitgenössische apokalyptische Stimmung anspielende staatstheoretisch intendierte Traumvision vom (un)gerechten Ständebaum (am Anfang des Romans)[25] und das (traditionale) Leitmotiv des fluchtutopischen Rückzugs am Ende in die Einsiedelei mit der Absicht selbstreflexiver Rückschau.[26]

> *ADjeu* Welt, dann auff dich ist nicht zu trauen/ noch von dir nichts zu hoffen/ in deinem Hauß ist das vergangene schon verschwunden/ das gegenwärtige verschwindet uns unter den Händen/ das zukünfftige hat nie angefangen/ das allerbeständigste fällt/ das aller-stärckste zerbricht/ und das aller-ewigste nimmt ein End; [...].[27]

Dieser Rückzug wird allerdings in der *Continuatio des abentheurlichen Simplicissimi* wiederum in Zweifel gezogen.[28]

Eingebettet in die dichotomisch konzipierte Vision einer enthierarchisierten Gesellschaftsordnung der satirisch auf den Kopf gestellten Ständegesellschaft und der eskapistischen Flucht aus der erlebten und erlittenen Realität als Eremit erweitert Grimmelshausen den Imaginationsraum der erzählten Welt durch weitere utopisch-allegorische Modelle. Der für den Roman konstitutiven pikaresken Autobiographie korrespondiert eine abgestufte ironisch-selbstreflexive Utopie-‚Geschichtsschreibung'. Die Homogenität eines verbindlichen Menschen- und Weltbildes weicht einem mehrdeutigen Pluralisierungsprozess. Alle eingeblendeten

---

23 Zur frühneuzeitlichen Prosaliteratur vgl. insgesamt: Erzählen und Episteme. Literatur im 16. Jahrhundert. Hrsg. von Beate Kellner, Jan Dirk Müller u. a. Berlin 2001.
24 Dazu vor allem Hubert Gersch: Literarisches Monstrum und Buch der Welt. Grimmelshausens Titelbild zum ‚Simplicissimus Teutsch'. Tübingen 2004. Gersch betont zu Recht, das Titelemblem mache deutlich, dass Grimmelshausens Werk „[...] nicht für den Herrn Omnis gedacht [sei], sondern ausschließlich für eine gelehrte Zielgruppe in Bürgertum und Klerus" (S. 99).
25 Grimmelshausen: Simplicissimus Teutsch, S. 17–21, 1. Buch, I. Kap.: „vermeldet Simplicii Bäurisch Herkommen/und gleichförmige Aufferziehung".
26 5. Buch, XXIV. Kap., S. 545–551.
27 Ebd., S. 544.
28 Grimmelshausen: Simplicissimus Teutsch, S. 555–699. Grimmelshausen vermeidet damit eine – dem Roman häufig unterstellte – teleologische Struktur; dies gilt für das gesamte simplicianische Projekt.

Utopiemodelle werden als Ergebnis einer im Roman betonten Einbildungskraft und Phantasietätigkeit des Ich-Erzählers präsentiert.[29]

Zu den spektakulärsten und in der Forschung kontrovers diskutierten Utopie-Modellen gehört die *Jupiter-Episode*.[30] Den Gesamtrahmen bildet ein zwischen dem skeptisch-fragenden Simplicissimus und „Jupiter" angelegter Dialog, in dem der griechische Gott die Rolle als Weltenrichter und chiliastischer Erlöser übernimmt. Noch unter dem ironisch formulierten Verdacht des Überstudierten und „in der Poeterey gewaltig" Verstiegenen (253)[31] lässt sich die Ankündigung eines „Teutschen Helden" als chiliastische Geste erkennen, die eine neue Welt-Ordnung verheißt: „Ich will einen solchen Helden schicken, der keiner Soldaten bedarf/ und doch die gantze Welt reformiren soll" (255). In einer an Dürers apokalyptische Reiter erinnernden „unglaubliche[n] Geschwindigkeit [wird er] eine jede Vestung/ die sonst unüberwindlich ist/ [...] in der ersten Viertelstund in seinem Gehorsam haben [...]". (256)

Die folgende Charakterisierung des ‚Reform'-Projekts nimmt Motive zeitgenössischer Utopiediskurse sowohl in der Morus-Tradition der fiktionalen als auch der „kaiserprophetischen" historiographischen und politischen Literatur auf.

> [Der Teutsche Held wird] von einer Statt zur andern ziehen/ einer jeden Statt ihr Theil Lands umb sie her gelegen/ im Frieden zu regieren übergeben/ und von jeder Statt durch gantz Teutschland zween von den klügsten und gelehrtesten Männern zu sich nemmen/ auß denselben ein *Parlament* machen/ die Stätt miteinander auff ewig vereinigen/ die Leibei-

---

29 Volker Meid spricht von „Zitate[n] gewissermaßen aus der Geschichte utopischen Denkens." (Utopie und Satire, S. 255).
30 3. Buch, III.-VI. Kapitel, S. 252–266. Seitenzahlen der zit. Ausgabe im Folgenden im Text. Seit Julius Petersens Studie zu den Quellen (Grimmelshausens „Teutscher Held". In: Euphorion. Zeitschrift für Literaturgeschichte 1924; 17. Ergänzungsheft S. 1–30) hat sich die Forschung vielfach mit dieser Episode beschäftigt; vgl. – außer den Beiträgen von Volker Meid – Joël Lefèvre: Das Utopische in Grimmelshausens ‚Simplicissimus'. Ein Vortrag. In: Daphnis 7 (1978), S. 267–285; C. Stephen Jaeger: Grimmelshausen's Jupiter and the Figure of the Learned Madman in the 17th Century. In: Simpliciana 3 (1981), S. 39–64; Frank Ganseuer: ‚Teutscher Held' und ‚Teutsche Nation'- die Ironisierung der Kaiserprophetie in der Jupiter-Episode von Grimmelshausens Simplicissimus Teutsch. In: Simpliciana 10 (1988), S. 149–177; Dieter Breuer: Grimmelshausens politische Argumentation. Sein Verhältnis zur absolutistischen Staatsauffassung. In: Daphnis 5 (1976), S. 303–332; Breuer, Kommentar zu seiner Grimmelshausen-Ausgabe (2005), S. 878f.
31 Im Zusammenhang mit der Melancholie-Thematik vgl. Jaeger: bei Grimmelshausen zeige sich „[...] the climate of ideas which commended the figure of melancholy scolar-philosopher-alchimist to Grimmelshausen as the spokesman of widely unrealisable ideas of utopian universal peace. In Jupiter the ficinian figure of the mad genius now in its decline, met with that popular hunger for entertainment from whimsical madman." (S. 39–64; hier S. 58).

genschafften sampt allen Zöllen/ *Accisen*/ Zinsen/ Gülten und Umbgelten durch gantz Teutschland auffheben [...]. (257)[32]

Selbst noch in ironischer Brechung wird der Zusammenhang mit der am Anfang des Romans thematisierten Ständehierarchie hergestellt. Der antiabsolutistische Zusammenschluss der Städte sowie der unmittelbare Hinweis auf das Trienter Konzil mittels eines fiktiven „Conclave" (vgl. 262), dessen utopisches Ziel *eine* christliche Religion sein soll, werden auch nicht durch ein erneutes Ironie-Signal im Hinweis auf das Schlaraffenland (vgl. 260) zur Disposition gestellt. Vertrauten Texttraditionen folgend, sind in Jupiters ‚Phantasie'-Projekt die Türken besiegt und Konstantinopel eingenommen. Auffallend ist zudem der Hinweis auf eine deutsche Translatio Imperii im Sinne der Wiederanknüpfung an das römische Kaisertum.[33]

Zusammenfassend lässt sich von Gedankenexperimenten sprechen, die Grimmelshausen im ‚Zitieren' utopischer (Teil)diskurse in der Jupiter-Episode zusammenführt. Auch eine auf Johann Fischart zurückgehende satirische Floh-Geschichte („Was die ‚Legation' der Flüh beym Jove verrichtet"), die den Zyklus abschließt, nimmt dem Experimental- und literarischen Labor-Charakter nicht ihren kritisch-utopischen Impetus. Im distanzierten Reflektieren von Gegenbildern, die den zeitgenössischen Lesern vertraut waren, bleibt die poetologisch verpflichtende Doppelheit von ‚prodesse et delectare' erhalten.

Die *Mummelsee-Historien* („Wie Simplicius mit den Sylphis in das Centrum Terrae fährt"), die dem pikarischen Erzähler als „Mährlein" vorkommen[34], projiziert die utopische Gegenwelt wie die Jupiter-Szenen in das Gebiet der dichterischen Einbildungskraft. Es wird aber schnell deutlich, dass es sich zugleich um Reflexionen über prinzipielle Möglichkeiten von Utopien handelt. „Sylphen", die Bewohner des Mummelsees, sind engelhafte Zwischenwesen vor dem Sündenfall (496): „[...] zu dem Ende erschaffen/ dass sie in ewiger Freude GOTT loben/ rühmen/ ehren und preisen [...]" (496). Sündelos empfinden sie keine Schmerzen, aber auch keine „Wollust", und sie „verlöschen gleichsam als ein Liecht" (499). Da sie erbsündefrei sind, bedürfen sie keiner heilsgeschichtlichen Erlösung; sie sind damit allerdings auch von den himmlischen Freuden ausgeschlossen.[35] Es zeigt sich, dass hier Überlegungen zu einer idealen (Gegen)Welt (einem „status naturalis") angestellt werden, die nach zeitgenössischem anthropologischem Ver-

---

[32] Frank Ganseuer betont „die augenfälligen Analogien zwischen Forderungskatalog und Begriffsrepertoire von Kaiser- und Jupiter-Prophetie", S. 151. Ganseuer macht auch auf Parallelen zu Einzelheiten in Morus' *Utopia* aufmerksam (S. 155f.).
[33] Zu den einzelnen Quellen vgl. Petersen, Grimmelshausens „Teutscher Held".
[34] 5. Buch, Kap. 12–15; hier S. 485.
[35] Vgl. Meid, Utopie und Satire S. 259.

ständnis eine verkehrte irdische Welt wäre, da – vgl. Zedlers Abgrenzungen[36] – säkulare Utopien grundsätzlich nur als erdichtete Fiktionen dargestellt, aber politisch nicht realisiert werden können und dürfen. „Wenn von der Vollkommenheit der wirklichen, geschichtlichen Welt die Rede ist, kann dies nur in der Form der Satire geschehen".[37] Anders formuliert: mittels der „Vollkommenheit der gesellschaftlichen und politischen Ordnung der Geisterwelt [kann man die] im Wesen des Menschen begründete Unvollkommenheit alles Irdischen"[38] negieren und umso schärfer kritisieren.

Schließlich lässt sich der pikarische Erzähler „Simplicius" auf eine realgeschichtliche Kommune, die *Ungarischen Wiedertäufer*,[39] ein. Zwar entspringt auch dieses Kapitel seiner ironisch-satirischen Utopiegeschichtsschreibung: „Mein gröste Freud und Ergetzung war/ hinter den Büchern zu sitzen" (623), aber diesmal stößt er beim (Theologie [!]) studium auf eine (utopische) Gemeinschaft, die ihn an eine tatsächlich bestehende Kommune erinnert. Ihre Mitglieder verstehen

> [...] eine Art zu leben, die mehr Englisch als Menschlich seyn könte/ wann sich nemlich eine Gesellschafft zusammen thäte/ beydes von verehlichten und ledigen/ so Manns- als Weibspersonen/ die auff Manier der Widertäuffer allein sich beflissen/ unter einem verständigen Vorsteher durch ihrer Hand Arbeit ihren leiblichen Unterhalt zu gewinnen/ und sich die übrige Zeiten mit dem Lob und Dienst Gottes und ihrer Seelen Seeligkeit zu bemühen. (524)

Es handelt sich um ungarische Wiedertäufer, deren harmonisches Miteinanderleben er mit eigenen Augen gesehen habe.[40]

Die Mitglieder dieser Kommune kommen ihm „in ihrem Thun und Leben allerdings für wie Josephus und andere mehr/ die Jüdische Esseer beschreiben; Sie hatten erstlich grosse Schätze und überflüssige Nahrung/ die sie aber keines Wegs verschwendeten [...]". (524f) Ausbalancierte Bedürfnisbefriedigung in der Gütergemeinschaft, Geschlechtertrennung, gemeinschaftliche Kindererziehung und Schulwesen in einvernehmlich organisierter handwerklicher Arbeitsteilung lässt sich mit geistlichen Übungen verbinden:

> In Summa/ es war durchauß eine solche liebliche *Harmonia*, die auff nichts anders abgestimbt zu seyn schiene/ als das Menschlich Geschlecht und das Reich Gottes in aller Erbarkeit zu vermehren [...]. (526)

---

36 Vgl. Zedler, Universal-Lexicon, Bd. 34, Sp. 1828f.
37 Meid, Utopie und Satire.
38 Meid, Epochen, S. 117.
39 5. Buch, Kap. XIX, S. 523–527.
40 Zu Recht ist darauf hingewiesen worden, dass diese utopische Gemeinschaft an das zeitgenössische Leben der Hutterischen Brüder erinnert, deren Kommune bis 1673 in Ungarn bestand. (Vgl. Breuer, Kommentar, S. 974).

Der für pikareskes Erzählen konstitutive ironische Vorbehalt (scheinbar lassen sich menschliche und göttliche Zwecke verbinden) wird indes sogleich in eine Kritik der ‚offiziellen' Kirchenverfassung und des zeitgenössischen Klosterlebens überführt: Der „Ketzer"-Hinweis (Wiedertäufer sind für die Kirche die Ketzer schlechthin) lässt sich allerdings nur in der Narren-Kappe unterbringen: „Ich sagte [...] zu mir selber: Narr/ was gehen dich andere Leut an [...] du bist morgen nicht wie heut [...]. heut bistu geneigt zu Keuschheit/ morgen aber kanstu brennen." (526 f)

Die Distanz des Erzählers im Zeichen einer sich selbst beobachtenden pikaresken Unbeständigkeit gegenüber einem (im Konjunktiv) erwogenen utopischen Ideal bleibt bestehen. Die pikareske Erzählung ist jedoch die Bedingung der Möglichkeit produktiver Utopiekritik.

III

Mit der Fortschreibung des *Simplicissimus Teutsch* in der *Continuatio* (dem 6. Buch des Romans) wechselt Grimmelshausen vom „Schelmenroman" zur „Robinsonade", ohne allerdings den konstitutiven Zusammenhang von pikareskem und utopischem Erzählen aufzugeben. Die Vorrede legt die dem Leser des „Simplicius" bereits vertraute Grundkonstellation offen:

> O wunderbares thun! O unbeständiges stehen
> Wann einer wähnt er steh/ so muß er fürter gehen/
> O schlüpfferigster Standt! [...]
> Worauß zusehen ist dass Unbeständigkeit
> Allein beständig sey/ immer in Freud und Leid.[41]

Im Bekenntnis zur ‚Unbeständigkeit' (und Abkehr von neostoischen Idealen) ist das Gattungs-Modell der Robinsonade impliziert. Noch vor Defoe finden sich bei Grimmelshausen so gut wie alle stereotypen Merkmale des (neuen) Genres: Schiffsreise und Schiffbruch, Überleben (hier) zweier Personen (Simplicius und ein Zimmermann), Traum von der Wiederkehr des Goldenen Zeitalters und ‚Störung' durch eine dritte Person, die die Überlebenden zunächst als hilfreiche Sklavin ausnutzen, die sich aber als ‚teuflische Dämonin' erweist und mittels Kreuzes-Beschwörung zum Verschwinden gebracht wird. Nachdem sich der Mitüberlebende zu Tode trinkt, ist Robinson-Simplicius wieder allein.

---

[41] Grimmelshausen, Simplicissimus Teutsch, S. 557; vgl. insgesamt Hubert Gersch: Geheimpoetik. Die Continuatio des Abenteuerlichen Simplicissimi, interpretiert als Grimmelshausens verschlüsselter Kommentar zu seinem Roman. Tübingen 1973.

Dies ist die Geburtsstunde seiner eigentlichen Bestimmung: Simplicius wird zum Schriftsteller. Geeignete Palmblätter und ein entdeckter (Tinten)saft ermöglichen ihm das Aufschreiben seiner eigenen Lebensgeschichte.

Neben dem robinsonaden-typischen Herstellen von schöner Ordnung auf der Insel – „obwohl manchem die natürliche Unordnung der Gewächse [...] anmutiger vorkommen seyn möchte [...]" (676) – und dem Einkerben der einzelnen Sabbath-Fest-Tage, stellt sich Simplicius seinen „gantzen geführten Lebens-Lauff und [seine] Bubenstück die ich von Jugend auff begangen/ selbsten vor Augen" (677). Der agierende Robinson wird zugleich zum Biographen seiner selbst, dem die unterschiedlichsten (auch heilsgeschichtlichen) Gedanken durch den Kopf gehen, mit denen er täglich „hanthieret". (677)

Diese Erzählung bildet nicht den Schluss des Romans. Grimmelshausen ist medientechnisch versiert genug, um auch die Frage zu thematisieren: wie gelangt das Geschriebene zum Leser?

Dazu bedarf es einer weiteren narrativen Beobachtungsebene (dritter Ordnung): der „Relation Jean Cornelissen von Harlem" (679 ff). Dieser Kapitän, der Simplicius nach fünfzehn Jahren in seinem „Irdisch Paradeiß" (682) auf der Insel entdeckt und (nachdem er ihn zunächst für einen Narren hält) und schließlich einen „sinnreichen Poeten[n]" [683] in ihm erkennt, wird über seine vorbildlich erfüllten Pflichten als Führer der Schiffsmannschaft hinaus zum Inbegriff des vorbildlichen Menschen einer konkreten Utopie: zum Vermittler und Kommunikator. Er sichert die Überlieferung des Manuskripts. Ohne ihn könnten wir das Buch vom „Abentheurlichen Simplicissimus" nicht lesen und interpretieren, denn Simplicius möchte nicht nach Europa zurückkehren, sondern auf seiner Insel bleiben:

> [...] hier ist Fried, dort ist Krieg; hier weiß ich nichts von Hoffart/ vom Geitz/ vom Zorn/ vom Neyd/ vom Eyfer/ von Falschheit/ von Betrug/ von allerhand Sorgen beydes um Nahrung und Klaydung noch umb Ehr und *Reputation*; hier ist eine stille Einsame ohne Zorn/ Hader und Zank; eine Sicherheit vor eitlen Begierden/ ein Vestung wider alles unordentliches verlangen; ein Schutz wider die vielfältige Strick der Welt und ein stille Ruhe [...]. (695)

Das lässt sich als eine Zusammenfassung des mit dem Leser nicht ohne Selbstironie geschlossenen erzählerischen Utopie-Pakts verstehen. Auf die distanzierte Darstellung von utopischen Konzepten und Kommunen im Roman (Jupiter, Sylphenreich, Wiedertäufer) im Erzählrahmen der satirischen novela picaresca folgt das narrative Angebot eines Robinsonaden-Modells, das den autobiographisch-fiktiven Erzähler nicht mehr zum Objekt des fortunabestimmten Geschehens, sondern nun mittels erneuter produktiver (partieller) Negation des pikaresken Basisgenres zum *Subjekt* der Gestaltung werden lässt. Der Schriftsteller Simplicius bedarf schließlich einer „Relation" des Übermittlers „Jean Cornelissen von Harlem", dem der Abschluss des Romans gewidmet ist.

Abb. 3: Francis Bacon: Instauratio magna. London 1620

4 Utopie und Geheimnis von Bacon bis Goethe

Der Zusammenhang von Utopie und Geheimnis enthält eine doppelte Paradoxie: Wie kann ein Geheimnis geheim bleiben, wenn davon erzählt oder darüber gesprochen wird? Verhindert nicht jede Kommunikation über das Geheimnis den Geheimnischarakter des Kommunizierten? Schließlich: wie kann der in den Utopien formulierte aufklärerische Selbstanspruch, das Entworfene und Vorgeschlagene der allgemeinen Öffentlichkeit zur Verfügung zu stellen, eingelöst werden, wenn das Projektierte der allgemeinen Kommunikation vorbehalten oder gar entzogen wird?[1]

Utopisches Erzählen verstrickt sich deshalb in Aporien, die sie im Erzählen darzustellen und zu reflektieren hat. Leisten dies Gründungsgeschichten von Utopien in der frühen Neuzeit? Wie entwickeln sich ihre Strukturen im Blick auf jene Geheimnisse, die sie ebenso hüten wie offenbaren?

Im Folgenden werden an Hand von Strukturmerkmalen in frühneuzeitlichen Utopien wiederkehrende Aspekte unter der Fragestellung analysiert, in wieweit sich Entwicklungen von den klassischen Utopien der Renaissance bis hin zu Romanen des 18. Jahrhunderts beobachten lassen. Dabei spielen vier Gesichtspunkte eine konstitutive Rolle: Das Motiv des Schiffbruchs und der Topographien von utopischen Gegenwelten; ihre Institutionen und die vorausgesetzte Initiation der künftigen Bewohner; die Rolle der Bildung und Wissenschaft als konstantes Merkmal neuzeitlicher Utopieentwürfe und die Bedeutung der literarischen Form

---

1 Vgl. Immanuel Kants Forderung an jeden Einzelnen „von seiner Vernunft in allen Stücken *öffentlichen Gebrauch* zu machen" (Was ist Aufklärung? In: Werke. Hrsg. von Wilhelm Weischedel, Bd. 9, S. 53–61; hier S. 55. – In den letzten Jahren sind eine Reihe von Arbeiten erschienen, die sich mit dem Geheimen in der Frühen Neuzeit und im 18. Jahrhundert beschäftigen. Ausgangspunkt war hauptsächlich Reinhart Kosellecks grundlegende Arbeit über Kritik und Krise. Eine Studie zur Pathogenese der bürgerlichen Welt. Frankfurt am Main 1973 (zuerst 1959). Allgemein: Geheimnis und Öffentlichkeit (Schleier und Schwelle, Bd. I). Hrsg. von Aleida und Jan Assmann in Verbindung mit Alois Hahn, Hans-Jürgen Lüsebrink. München 1997; Daniel Jütte: Das Zeitalter des Geheimnisses. Juden, Christen und die Ökonomie des Geheimen (1400–1800). Göttingen 2011; Martin Mulsow: Prekäres Wissen. Frankfurt am Main 2012.
Wichtige Arbeit zum 18. Jahrhundert: Manfred Agethen: Geheimbund und Utopie. Illuminaten, Freimaurer und deutsche Spätaufklärung, 2. Aufl. München 1987; Michael Voges: Aufklärung und Geheimnis. Untersuchungen zur Vermittlung von Literatur und Sozialgeschichte am Beispiel der Aneignung des Geheimbundmaterials im Roman des späten 18. Jahrhunderts. Tübingen 1987; Monika Neugebauer-Wölk: Esoterische Bünde und bürgerliche Gesellschaft. Entwicklungslinien zur modernen Welt im Geheimbundwesen des 18. Jahrhunderts. Göttingen 1993; Linda Simonis: Die Kunst des Geheimen. Esoterische Kommunikation und ästhetische Darstellung im 18. Jahrhundert. Heidelberg 2002.

als Medium von Zukunftsprojektionen. An Beispielen von Bacon, Campanella, Andreae und Schnabel erläutere ich die genannten Aspekte und schließe ab mit einem Blick auf Goethes Turmgesellschaft im Roman *Wilhelm Meisters Lehrjahre*.

I Francis Bacons Wissenschaftsutopie *Nova Atlantis* (1626)

Unter allen Utopien der Renaissance spielt Francis Bacons *Nova Atlantis*[2] eine besondere Rolle insofern, als hier in der Wissenschaftsutopie „Salomons House" das Geheimnis selbst einen institutionellen Ort hat. Dabei folgt Bacon zunächst dem traditionalen Schema von Zustandsutopien. Zwar verzichtet er auf den bei Morus oder Schnabel inszenierten Schiffbruch, dennoch wird die Grenze zwischen dem Bekannten in der Erzählgegenwart und dem Unbekannten in dem noch zu entdeckenden Land (häufig eine Insel) scharf gezogen. Bacons (anonymer) Erzähler berichtet von einer Seereise von Peru nach China und Japan, die, verursacht durch einen Sturm und nach ausgestandener Todesgefahr, zu einer Notlandung in einem sicheren Hafen führt. Bewohner des fremden Landes erlauben allerdings nur dann eine Landung und einen Landgang, wenn es sich nicht um Piraten handelt oder die Ankömmlinge sich einer Gewalttat schuldig gemacht haben. Ansteckungsgefahr wird sogleich durch entsprechend verabreichte Gegengifte gebannt.

Der erste Schritt in den dem Leser vertrauten ‚Rites du Passage' bildet eine Übergangsphase, in der die Ankömmlinge für drei Tage (mit einer dann gewährten Verlängerung um sechs Wochen) vorläufig untergebracht werden. Der Bruch mit der Vergangenheit wird aber unmittelbar vollzogen: gerettet „wie Jonas aus dem Bauch des Wals", wollen sie sich „[...] eingedenk des vergangenen Glückes und der gegenwärtigen und zukünftigen Gefahren an Gott wenden, [...die] Herzen erheben und ein jeder für sich [... den Lebens]Wandel bessern"[3]. Der radikale Wechsel vom alten zum neuen Zustand ist mit einem ‚moralischen' Mentalitätswandel verbunden, der bereits den ‚neuen Menschen' ankündigt.

Allerdings ist damit über den geheimnisvollen Ort, die Topographie oder die Institution des neuen Landes noch nichts bekannt; dies muss erst erfragt werden. Die Ermunterung, Fragen zu stellen, vermeidet eine kontinuierliche Erzählung der Abgesandten des neuen Landes, deren Auskunft sogleich mit dem Schweigegebot

---

[2] Francis Bacon: Nova Atlantis. Fragmentorum alterum Franciscum Baconum, [...]. London 1638. Deutsche Übersetzung mit einem Essay „Zum Verständnis der Werke, Bibliographie und Kommentierung. Hrsg. von Klaus J. Heinisch. In: Der utopische Staat, S. 175–215. Vgl. auch die Reclam-Ausgabe: Neu-Atlantis. Übersetzt von Günther Bugge. Durchgesehen und neu hrsg. von Jürgen Klein. Stuttgart 1982, Bibliographisch ergänzte Ausgabe 2003.
[3] Bacon, Neu-Atlantis, S. 181. Im Folgenden Seitenangaben dieser Ausgabe im Text.

verbunden wird. In einem Frage-Antwort-Schema wird vom Vorsteher die Geschichte der Insel Bensalem erzählt, allerdings auch hier nicht ohne Vorsicht des Berichterstatters, Einiges für sich zu behalten, „[...] was überhaupt nicht zu verraten erlaubt ist" (188). Vorwegnehmend wird indessen bereits der Hinweis auf das „Auge des Reiches" genannt, das den Mittelpunkt der Insel bildet.[4] Bekanntgegeben wird schließlich noch der (ideale) „Gesetzgeber dieses Volkes", der die „Werke der Menschlichkeit" mit „politischen Absichten zu verbinden" sucht (192). Die Differenz gegenüber der zurückgelassenen Wirklichkeit besteht deshalb auch darin, dass im Unterschied zur undurchsichtigen und intriganten Kabinettspolitik der ‚alten' Welt Moral und Politik als Einheit geschildert werden.

Erst nach der Erzählung von Ankunfts- und Übergangsphase folgt im dritten Teil die zentrale Charakterisierung der Wissenschaftsutopie des „Hauses Salomon". Als Gründungszweck ist die „Erkenntnis der Ursachen und Bewegungen sowie der verborgenen Kräfte in der Natur und die Erweiterung der menschlichen Herrschaft bis an die Grenzen des überhaupt Möglichen" intendiert.[5] Es geht also nicht mehr um die Untersuchung des Gegebenen, sondern um die Erkenntnis der *möglichen*, noch geheimen und verborgenen Natur und ihre durch den Menschen angestrebte Herrschaft über sie. Der „Bereich des Geheimnisses [soll aufgeklärt werden], um ihn der Beherrschung durch den Menschen zugänglich zu machen"[6]. In Bacons *Novum Organum* wird König Salomo zitiert: „Der Ruhm des Herrn ist, seine Werke zu verhüllen, der Ruhm des Königs sie zu erforschen"[7]. Damit muss eine neue Beziehung zwischen dem zu Erforschenden und dem Forscher gefunden werden, die den fortschreitenden, unabschließbaren Forschungsprozess (als Lüften des Geheimnisses) bis an die Grenzen des „überhaupt Möglichen" vorantreibt. Induktive und experimentelle Methoden sind dafür erforderlich und Kooperationen in der Forschungspraxis, die Bacon im Einzelnen entwickelt.

---

4 Eine Art Beobachter- und Überwachungsposition.
5 Francis Bacon: Neues Organon (1620). Hrsg. mit einer Einleitung von Wolfgang Krohn. Lateinisch-deutsch. Hamburg 1960, S. 205. Vgl. dazu Voßkamp: „Bis an die Grenzen des überhaupt Möglichen". Francis Bacons Utopie der Wissenschaft. In: Gegenworte. Hefte für den Disput über Wissen 27 (2012), S. 32 – 35. Zu Bacon insgesamt: Michael Winter: Bacon, Francis: New Atlantis. A Work unfinished [...] 1627. In: Winter, Compendium Utopiarum. I. Teilbd. S. 59 – 62; Wolfgang Krohn: Francis Bacon und dessen Einleitung zum „Neuen Organon". Hamburg 1960; außerdem Richard Nate: Utopie der Wissenschaft/ Utopie der Literatur. In: Mimesis: Studien zur literarischen Repräsentation. Hrsg. von Bernhard F. Scholz. Tübingen; Basel 1998, S. 215 – 228; Jütte, Das Zeitalter des Geheimnisses, S. 344 – 351; außerdem Kap. I 4 in diesem Buch.
6 Manfred Voigts: Thesen zum Verhältnis von Aufklärung und Geheimnis. In: Schleier und Schwelle, Bd. 2, S. 65 – 80; hier S. 67.
7 Zit. ebd., S. 68.

Als Pendant zu den sechs Schöpfungstagen („Kollegium der Werke der sechs Tage", S. 194) konzipiert Bacon deshalb eine Utopie, die den verzeitlichten Forschungsprozess ebenso charakterisiert wie die notwendige jeweilige ‚Stillstellung' in der wissenschaftlichen Kooperation in dazu erforderlichen Institutionen. Erkenntnis und Handlung bilden eine Einheit. Gefordert wird eine „Äquivalenz von Ursachenwissen und Handlungsregeln"[8]. Damit ist ein neues Wissenschaftsideal entworfen, das nicht mehr vom gebildeten uomo universale ausgeht, sondern vom Typus des spezialisierten Wissenschaftlers, der verborgene Natur-Geheimnisse entdeckt und auf technische Erfindungen aus ist. Gegenüber dem durch Rhetorik und Logik trainierten Humanisten steht von nun an der in seiner Einzelforschung spezialisierte Wissenschaftler im Zentrum, der die Kooperation mit den Nachbardisziplinen sucht.

Dafür bedarf es unabhängiger Institutionen. Der Konzeption der Forschung in Bacons *Neuem Organon* entspricht in der *Nova Atlantis* die Institution des „Hauses Salomon": ein geheimnisvoller, unabhängiger Ort, dessen Stifter „Solamona" auf die Verbindung zweier ehrwürdiger Autoritäten, Solon und Salomon, verweist. „Salomons Haus" existiert in einem Arkanum. Von seiner Existenz erfahren nur jene Besucher, die zufällig – in dieser Erzählung durch Notlandung – diesen Ort erreichen und dann von den Bewohnern der *Nova Atlantis* zum Bleiben eingeladen werden. So bewahrt die Utopie des Salomonischen Hauses ihr Geheimnis, während deren Mitglieder sich gleichzeitig über ausgeschickte Kundschafter in der Welt auf dem Laufenden halten und die erworbenen neuesten wissenschaftlichen Erkenntnisse für sich zu nutzen verstehen.

Charakterisiert wird das Wissenschaftssystem „Salomons Haus" in zwei detaillierten Darstellungen, zunächst der Forschungseinrichtungen und ihrer Produktion und anschließend in der Beschreibung wissenschaftlicher Forschergruppen und ihrer Funktion.

Bei den Forschungseinrichtungen beginnt Bacon in der Tradition utopischer Insel- und Raumbeschreibung mit der Erzählung von Laboratorien „In den Regionen der Tiefe" (u. a. unterirdischen Höhlen zur Materialforschung) und den „Regionen der Höhe" (Forschungstürmen für Astronomie und Meteorologie). Dann folgen Beschreibungen von Einrichtungen, die den Experimenten der Medizin und Pharmazie dienen, und solchen der Tier- und Humangenetik. Die Genetik kennt prinzipiell keine Grenze zwischen Mensch und Tier; sie ist auf Versuche mit einem genetischen „Material" mit induktiv-experimentellen Verfahren spezialisiert (208).

Menschenfreundlicher geht es in den Labors zur Entwicklung gesunder Nahrungsmittel und Erzeugung naturschonender Energie oder in den akustischen Werkstätten zu, in denen Hilfsmittel für das Gehör produziert werden (211). Den

---

[8] Krohn, Einleitung zum „Neuen Organon", S. 88.

zivilen wissenschaftlichen Errungenschaften durch praktische Erfindungen entsprechen avancierte Techniken in der Waffenproduktion[9] (212), aber auch Automaten, die in der Tradition frühneuzeitlicher Kunstkammern durch „Gleichmaß und Feinheit" ausgezeichnet sind (212).

Den Forschungseinrichtungen stellt der Berichterstatter die Forschungsorganisation von „Salomons Haus" an die Seite. Unter dem Stichwort von „Ämtern und Diensten" werden neue interdisziplinär arbeitende Wissenschaftler, Dienst- und Funktionsträger beschrieben, zu denen beispielsweise die ‚Lichthändler' (mercatores lucis) gehören, die „in fremde Länder fahren und Bücher und Versuchsmuster" in das eigene Forschungsinstitut importieren (213), aber auch jene ‚Leuchter' (lampadas), die die erworbenen Sammlungen und bisher erzielten Ergebnisse begutachten und Anregungen für die weitere Forschung geben. Indes: Die Regierungsorgane behalten das letzte Wort; sie verwalten die wissenschaftlichen Ergebnisse und entscheiden über Offenlegung oder Geheimhaltung.

So bleibt die bei Bacon projektierte ‚Autonomie der Wissenschaft' eingebettet in das Arkansystem der Gesamtutopie. Im Unterschied zu Thomas Morus' *Utopia* besteht auf der Insel *Nova Atlantis* keine auf Gemeinbesitz und verbindliche Arbeitsordnung gegründete Verfassung, sondern ein am Status quo des absolutistischen Staates orientiertes Konzept. Die geschilderte geheime Wissenschaftsgesellschaft in der Institution von „Salomons Haus" kann die traditionale gesellschaftliche Ordnung (noch) nicht verändern.

II Campanellas theokratische Staats- und Wissenschaftsallegorie

Um die progressiven Momente Bacons im Umgang mit wissenschaftlichen ‚Geheimnissen' der Wissenschaftsorganisation von „Salomons Haus" genauer zu charakterisieren (und zu würdigen)[10], bedarf es eines Blicks auf die etwa gleichzeitig entstandene *Civitas Solis* des der Ketzerei beschuldigten, vor das Inquisitionsgericht geladenen und lebenslang verfolgten Dominikanermönchs Tommaso Campanella[11]. Campanellas Verrätselungstechnik im Blick auf die verborgenen Geheimnisse setzt eine universelle Mikro-Makro-Vorstellung voraus in

---

9 Dies bleibt ein Leitmotiv in Utopien (vgl. Mercier, Das Jahr 2440).
10 Vgl. die offenkundigen Parallelen zur ungefähr zeitgleich gegründeten britischen „Royal Academy".
11 Zuerst 1602, lateinische Version hrsg. von Tobias Adami 1623; noch einmal überarbeitet 1636 (vgl. Kuon, Utopischer Entwurf und fiktionale Vermittlung, S. 440, s. Anm. 3).

der Nachfolge von Dantes ‚Staatsallegorie'.[12] Geographisch wird die *Civitas Solis* genauer lokalisiert als die Insel Bensalem bei Francis Bacon. Anstelle eines Berichts über den auf die Insel Ceylon („Taprobana") verlegten Sonnenstaat kleidet Campanella seine Erzählung in einen Dialog zwischen einem klassisch geschulten Malteser Ordensritter und dem Steuermann des Kapitäns Kolumbus, dem „Genueser". Die im Dialog geschilderte Ausgangssituation ist weniger ausgeprägt als bei Thomas Morus, allerdings durchaus gegliedert und dynamisch strukturiert. Es handelt sich um den Bericht eines „als Fragment" ausgegebenen „umfassenderen, [...] aber nicht [vollständig] wiedergegebenen Bericht[s] über eine gerade vollendete Weltreise"[13]. Sowohl der Dialog als auch der Fragmentcharakter weisen dem Leser eine produktive Funktion beim schrittweisen Aufdecken der im Einzelnen geschilderten Geheimnisse zu.

Sieben konzentrische Ringe bilden das architektonische Grundmuster des *Sonnenstaats*. Kugeln, auf denen das Firmament bzw. die Erde gemalt und die Kuppel, mittels der alle Sterne des Himmels und sieben Planeten vergegenwärtigt sind, erinnern sogleich an den Zusammenhang von irdischer und kosmischer Ordnung. Ein strenges Triumvirat von „Pon" (Macht), „Sin" (Weisheit) und „Mor" (Liebe) bildet die Basis einer Pyramide, an deren Spitze ein „Metaphysikus" („Sol") steht.[14]

In Campanellas „Hierokratie" (Max Weber) spielt die Utopie der universellen Wissenschaft eine zentrale Rolle. Sie wird dem Leser in jener Architektur der konzentrischen Ringbauten als eine Art ‚Orbis pictus' emblematisch dargestellt. Auf den äußeren Wänden sind die „Sterne gemalt, ihre Größe, Kräfte und Bewegungen, in je drei Versen gekennzeichnet" (120). Auf der Innenseite der Mauer erblickt „man alle mathematische[n] Figuren und zwar bei weitem mehr als Archimedes und Euklid erfanden, im richtigen Verhältnis zu der Größe der Wand sauber gezeichnet mit je einer kurzen Erklärung in Versform" (120). Auf der nach außen gewölbten Seite dieser Mauer stehen eine „genaue und vollständige Beschreibung der ganzen Erde" und die „Darstellung jeder einzelnen Gegend. Dabei werden auch Sitten und Gebräuche, die Gesetze, der Ursprung und die Machtmittel der Einwohner in kurzen Worten auseinandergesetzt; ebenso sieht man die Alphabete aller Völker über dem Alphabet des Sonnenstaates" (120 f.). Schritt für Schritt wird in die einzelnen Wissensbereiche eingeführt und „jedes Mal mit einer Erklärung in zwei Versen" (121) emblematisch verrätselt und enträtselt.

Nachdem alle Wissensbereiche vorgestellt sind, folgen die „Bildnisse aller Entdecker und Erfinder wissenschaftlicher und technischer Dinge, ebenso die der

---

[12] Vgl. Kuon, Utopischer Entwurf, S. 194.
[13] Ebd., S. 146.
[14] Campanella, Sonnenstaat [*Civitas Solis*], S. 120. Im Folgenden Seitenangaben im Text.

Gesetzgeber (122), wobei dem „Bildnis Jesu Christi und [den Bildnissen] der zwölf Apostel" – die „gleichsam für Übermenschen" gehalten werden – ein besonderer Platz gehört (122). Schließlich stehen Lehrer zur Verfügung, die „all diese Bilder erklären, und die Kinder pflegen noch vor dem zehnten Lebensjahre ohne große Mühe, gleichsam spielend und dennoch auf historische Weise [also durch Anschauung] alle Wissenschaften zu lernen" (122).

Von einer Autonomie oder Teilautonomisierung der Wissenschaft kann, im Unterschied zu Bacon, bei Campanella nicht die Rede sein, weil die „gesamte architektonische Anlage als Emanation göttlichen Ursprungs deutbar" ist.[15] Obwohl in einen Dialog zwischen dem Ordensritter und Seefahrer eingebettet, wird dem Leser eine „Initiation in die [Geheimnisse der] Solarischen Ordnung" nicht als dynamischer Prozess präsentiert, sondern als eine „hierarchisch geordnete Summe von Fakten und Bezügen, als endliche Totalität, die in der Allwissenheit des ‚Metafisico' und der Perfektion des Sonnenstaats ein für allemal erreicht worden ist".[16]

Allerdings vermag gerade die emblematische Dichte von Faktendeutung und metaphysischer Überhöhung durch den scholastisch argumentierenden „Großmeister" die inhärenten ‚Geheimnisse' nicht zu beseitigen, sie erzeugen vielmehr neue Fragen und Probleme. Dazu gehört das Prinzip von Kausalität und Zufall (vgl. 163) ebenso wie die Gefährlichkeit von prophetischen Voraussagen: „[...] nicht weil sie immer falsch, sondern weil sie meistens oder immer gefährlich sind" (164). Folglich müssen neue ‚Offenbarungen' angekündigt werden: „Was aber der Welt alles bevorsteht, will ich [so der Genueser] dir in einer anderen Unterhaltung ergänzend mitteilen" (168). Wiederholt kommt zudem das Geheime ins Spiel, etwa wenn Geheimmittel in der Landwirtschaft verwendet werden oder für anstehende Land- und Seeschlachten „künstliche Feuer" zu erfinden sind „sowie viele Geheimwaffen" produziert werden (146). Schließlich benötigt man Früchte und Trauben „gegen Traurigkeit und gallige Schwermut" (147).[17]

Campanellas *Sonnenstaat* kann in der Tat melancholisch machen. Die unaufhebbare Aporie des utopischen Konzepts besteht darin, dass gerade – und dies bei einem (offenen) Dialogmodell – die emblematische Dichte und theologisch-metaphysische Absicherung das Geheime und Verborgene erst hervorhebt und evoziert. Die nichtautonome Wissenschaft steigert den Geheimnischarakter des Sonnenstaats im Unterschied zu einer auf der Spannung zwischen Wissenschaft und institutioneller Macht beruhenden Konstellation bei Bacon. Allerdings ma-

---

15 Kuon, Utopischer Entwurf, S. 170f.
16 Vgl. ebd., S. 184.
17 Über den Zusammenhang von Utopie und Melancholie vgl. Robert Burton: The Anatomy of Melancholy. Edited with an introduction by Holbrook Jackson and with a new introduction by William H. Gass (Ausg. letzter Hand 1651). New York 2001.

chen die Institutionen in Campanellas *Sonnenstaat* auch deutlich, dass das Verborgene nicht vollständig unter Kontrolle gebracht werden kann.

III Johann Valentin Andreaes verinnerlichte Offenbarung des Geheimnisses in der *Christianopolis* (1619/ 1741)[18]

Im Unterschied zu Campanellas *Sonnenstaat* bildet der wichtigste frühneuzeitliche Text im deutschsprachigen Utopie-Diskurs keine dialogische Rahmenhandlung, sondern eine auf den Autor hin stilisierte monologische Ich-Erzählung. Die Reise ins geheime Wissen ist eine ebenso theologisch grundierte wie phantasievolle Schiffbruchgeschichte, in der das „Ich" allein überlebt. Der Überlebende berichtet als allwissender Erzähler dem Leser über seine Erfahrungen mit dem Ziel, ihn, im Unterschied zur Lutherischen Orthodoxie und im Zeichen einer Reform der Reformation, auf einen eigenen individuellen Weg zum Heil zu führen. Darauf beruht, parallel zu Campanella, die allegorische Struktur des Textes, die der Leser zu entziffern hat.

Insgesamt lässt sich der Text als Antwort auf die Rosenkreuzer-Bruderschaft lesen, der die Herausforderung der Theologie Johann Arndts (*Wahres Christentum*) aufnimmt.[19] Es geht wie bei Morus darum, „selber eine Stadt zu bauen" und die Fiktion („ludicrum est, quod in Thoma Moro" [33f.]) in den Dienst einer Frömmigkeitstheologie zu stellen, die auf eine imitatio Christi zielt. Andreae erblickt in seinem literarischen Versuch eine Art geistige Grundlage für die von ihm 1617 geplante und 1620 versuchte Gründung einer „Societas Christiana".[20]

Der intendierten (verinnerlichten) Aufdeckung eines zum wahren Christentum führenden göttlichen Geheimnisses entspricht ein traditionaler, durch Schemata der überlieferten Utopiearchitektur präsentierter Bericht. Wie in allen Utopien geht es um eine scharfe Trennung zwischen der Außen- und Innenwelt, sobald der Schiffbrüchige in die Christiansburg gelangt. Dort erwarten ihn in der Übergangsphase entsprechende Examina. Dazu gehören neben einer Professions- und Sitten-Befragung

---

[18] Lateinische Ausgabe 1619; deutsche Übersetzung von David Samuel Georgi 1741. Zit. Ausg. Johann Valentin Andreae: Christianopolis. Deutsch und lateinisch. Eingeleitet und hrsg. von Richard van Dülmen. Stuttgart 1972. Seitenangaben im fortlaufenden Text. Zu Andreae vgl. die Biographie von Martin Brecht: Johann Valentin Andreae 1586–1654. Eine Biographie. Mit einem Essay von Christoph Brecht: Johann Valentin Andreae. Zum literarischen Profil eines deutschen Schriftstellers im 17. Jahrhundert. Göttingen 2008; außerdem Kap.II 6: Von der Staats- zur Bildungsutopie.
[19] Vgl. van Dülmens Einleitung zur oben genannten Ausgabe, S. 11–20; hier S. 13.
[20] Ebd., S. 16 f. Den Rosenkreuzern wird der Zutritt zur *Christianopolis* verwehrt (vgl. Simonis, Die Kunst des Geheimen, S. 63).

die Untersuchung körperlicher Befindlichkeit und als zentrales letztes Examen die Bildungsprüfung im Zeichen der „Beherrschung [seiner] selbst" (45). Diese Selbst-Bildung steht allerdings nicht nur im Zeichen einer durch die theologische Grundhaltung erwarteten Glaubensprüfung, sondern zugleich im Zeichen von Naturwissenschaften und Sprachenkenntnissen. Ausdrücklich wird auf chemische Untersuchungen hingewiesen, um „[...] die der Erde eingeprägten göttlichen Geheimnisse" zu entdecken (113). Chemische, physikalische und metaphysische Kenntnisse gehören zusammen; sie kulminieren, ähnlich wie bei Campanella, im Wissen um die geheimen Zahlen, da Gott „in seinen Werkstätten und typischen Gebäuden [in dieser Weise] seine Geheimnisse entworfen" habe (147).

Den Geheimnissen im Inneren des Selbst entsprechen deshalb die Geheimnisse der Natur, die in der entworfenen Architektur allegorisiert sind. Der Ich-Erzähler bekennt am Schluss des Textes, dass er möglicherweise „den geheimen Mittelpunkt ihrer [der Christianopolis] Regierung einzusehen nicht zugelassen worden [sei und] die Geheimnisse der Republik noch nicht" fasse (225). Die intendierte Spannung in der *Christianopolis* wird deshalb auch nicht aufgehoben, sondern an künftige Besucher, sprich Leser, weitergegeben. Im Entschlüsseln der geheimnisvollen allegorischen Erzählung ist erst ein Anfang gemacht.[21]

IV Johann Gottfried Schnabels Doppelfiktion des Geheimnis-Erzählens

Johann Gottfried Schnabels *Insel Felsenburg*[22] zeigt auf exemplarische Weise, dass der Geheimnischarakter von Institutionen durch das Geheimnis von Lebensgeschichten gesteigert werden kann. Nicht nur veröffentlicht Schnabel seinen Roman unter einem (geheimen) Pseudonym „Gisander" (der das Buchmanuskript von einem in einer Postkutsche verunglückten Mitreisenden erhalten haben will), sondern in seiner Robinsonaden-Utopie geht es vornehmlich um das Entdecken von individuellen Geheimnissen künftiger Felsenburg-Utopie-Bewohner. Bei aller traditionalen Schemahaftigkeit des Textes besteht das eigentliche Geheimnis deshalb im Leben der einzelnen Individuen, die aus Europa auswandern. Die von Andreae eingeleitete Darstellung des paradigmatischen Wechsels vom Geheimnis

---

21 Die Bibel behält den „allergrößten Wert", weil sie eine „von Gott verliehene Gabe voll unerschöpflicher Geheimnisse darstellt" (105).
22 Wunderliche FATA einiger See-Fahrer, absonderlich ALBERTI JULII, eines gebohrenen Sachsens [...]; 1731–1743 unter dem Pseudonym „Gisander" erschienen. Photomechanischer Nachdruck. Hildesheim/New York 1973. Zit. Ausg. Johann Gottfried Schnabel: Insel Felsenburg. Hrsg. von Volker Meid und Ingeborg Springer-Strand. Stuttgart 1979.

der utopischen Institution zum Geheimnis des unergründlichen Selbst lässt sich bei Schnabel besonders gut beobachten. Die Gattungstradition der Robinsonade bietet dafür das prägende literarische Modell.

Insgesamt geht es um eine subtile Verschränkung von autobiographisch-erzählenden mit utopisch-beschreibenden Diskursen.[23] Die Vielzahl erzählter Lebensläufe der auf der Insel Ankommenden macht auf den biographisch-autobiographischen Charakter von Individuen mit ihren Lebensgeheimnissen aufmerksam; der bereits auf der Insel lebende Patriarch der Insel, Albert Julius, weiht die aus dem ‚alten' Europa stammenden Emigranten und künftigen Utopie-Bewohner mittels gründlicher Visitationen Schritt für Schritt in die Geheimnisse der Insel ein; und einer der Protagonisten, „Capitain Leonhard Wolffgang" betont, dass er [...] ein solches Geheimnis entdecken werde, welches, je unglaublicher es anfänglich scheinen, desto kostbarer [es] vor euch seyn wird".[24]

Darüber hinaus lässt sich von einem Geheimnis der utopisch-geographischen Topographie sprechen. Nicht nur fügt Schnabel eine imaginäre Landkarte bei, die an die Topographie der *Utopia* des Thomas Morus erinnert, sondern er verlegt sie in deutlicher Anlehnung an eine tatsächlich bestehende Insel, Tristan da Cunha, in den Südatlantik.[25] Im Unterschied zum Nicht-Ort („u-topos") bei Morus handelt es sich bei Schnabel um einen mehr oder minder geographisch lokalisierten Glücks-Ort („eu-topos"). Deshalb ist es nicht verwunderlich, dass nach der Veröffentlichung der *Insel Felsenburg* die Suche nach dem genauen Standort der geheimnisvollen Insel Felsenburg einsetzte.[26]

Bei Schnabel verlagert sich das Geheimnis zunehmend in die subjektive Enthüllung einzelner Lebensgeschichten und in eine auf verschiedene Erzähler verteilte selektive Berichterstattung über das Geheime. Aus dem erzählten Geheimnis wird so mehr und mehr ein ‚geheimnisvolles Erzählen'.[27]

---

[23] Vgl. Kap. II 8: „Ein irdisches Paradies".
[24] Zit. Ausg. hrsg. von Meid, Springer-Strand, S. 31.
[25] Robert Stockhammer hat darauf aufmerksam gemacht, dass sich Landkarten lediglich in literarischen Utopien befinden, die nicht von einzelnen Robinsonen, sondern von Kollektiven erzählen (Kartierung der Erde. Macht und Lust in Karten und Literatur. München 2007, S. 113–135).
[26] Übrigens bis ins 20. Jahrhundert.
[27] Vgl. dazu insgesamt Voges, Aufklärung und Geheimnis.

V Geheimnisvolles Erzählen in Goethes Roman *Wilhelm Meisters Lehrjahre* am Beispiel der Turmgesellschaft

Goethes Roman lässt sich als eine ebenso überraschende wie zukunftsweisende Zusammenfassung und Weiterführung des Erzählens vom Geheimen seit dem 16. und 17. Jahrhundert charakterisieren.[28] Die individuelle Geschichte des Protagonisten Wilhelm Meister in verschiedenen Lebensphasen (vor allem in der Welt des zeitgenössischen Theaters mit der Absicht, ein deutsches Nationaltheater zu gründen) bringt der Erzähler in den beiden letzten Büchern des Romans mit der Darstellung der Turmgesellschaft zu einem (vorläufigen) Abschluss. Bildungsgeschichte und Geschichte der Sozietät vom Turm werden nicht zur Deckung gebracht; sie befinden sich in einem produktiven Spannungsverhältnis insofern Wilhelm von einem schlendernden, sich selbst noch ungewissen Individuum zum Eintritt in einen logenhaften Geheimbund von Männern geführt wird, der sowohl den Prozess der individuellen Bildung abschließt als auch eine neue Bildungsgeschichte sozialer Tätigkeit (mit anschließenden „Wanderjahren") eröffnet.[29]

Wichtig ist daher, dass Goethe die Welt des Turms nicht in einer fernen Gegenwelt, sondern im Schloss des zeitgenössischen Landadligen Lothario im späten 18. Jahrhundert ansiedelt. Der „Turm mit vielen Gängen und Seitengebäuden" (VII, 840) bildet jene Seite des Schlosses, die dem Protagonisten zunächst „verborgen" bleibt, bis Jarno Wilhelm „tiefer" in die „Geheimnisse" einführt (VII, 871). Diese Initiation findet im Stil von Freimaurer- und Geheimbundzeremonien statt;[30] dazu gehört das Warten vor einer alten Tür ebenso wie der Gang durch einen dunklen Raum und das Eintreten in einen hellen, den Initianten tief beeindruckenden Saal, in dessen Archiv sich kleine Rollen befinden, die neben den „Lehrbriefen" von Lothario und Jarno auch den Lehrbrief Wilhelms enthalten. Begleitet wird diese Initiation von Stimmen des Abbés und des Geists von Hamlet, der Wilhelm an die Stimme seines Vaters erinnert. Der Abbé überreicht Wilhelm schließlich die Rolle mit *seinem* „Lehrbrief".

Hier mag kurz erwähnt werden, dass sich Goethe selbst als ‚Lehrling' für die Weimarer Loge Anna Amalia beworben hat und 1780 aufgenommen wurde. Auch um eine rasche Beförderung bittet Goethe in einem Gesuch an den Freiherrn von Fritsch am 31. März 1781: „Sollte es möglich seyn mich gelegentlich bis zu dem

---

28 Goethe, *Wilhelm Meisters theatralische Sendung [...]* (FA, Bd. 9). Bücher und Seitenzahlen im Folgenden im Text.
29 Vgl. den *Wilhelm Meister*-Kommentar und die Einleitung „Struktur und Gehalt", FA, Bd. 9, S. 1363–1380.
30 Vgl. dazu insgesamt Linda Simonis, Die Kunst des Geheimen.

Meistergrade hinauf zu führen, so würde ich's dankbarlichst erkennen. Die Bemühungen, die ich mir bisher in nützlichen Ordenskenntnissen gegeben, haben mich vielleicht nicht ganz eines solchen Grades unwürdig gelassen".[31]

Goethes aktive Zeit als Logenbruder dauert allerdings nur drei Jahre; später äußert er sich politisch höchst kritisch (in einer Stellungnahme vom 31. Dezember 1807 zur Gründung einer Loge in Jena):

> Die Freimaurerei macht durchaus *statum in statu*. Wo sie einmal eingeführt ist, wird das Gouvernement sie zu beherrschen und unschädlich zu machen suchen. Sie einzuführen wo sie nicht war, ist niemals rätlich [...] Ich will übrigens nicht leugnen, daß dieses maurerische Ordenswesen in großen Städten, auf große rohe Massen ganz günstig gewirkt haben und wirken mag. Auch an kleinen Orten, wie z. B. in Rudolstadt, dient eine solche Anstalt zu einer Form der Geselligkeit. Hier in Weimar brauchen wir sie eigentlich gar nicht, und für Jena halte ich sie [...] für gefährlich.[32]

Diese biographische Information trägt allerdings wenig zur Interpretation der Geheimbundidee im *Wilhelm Meister*-Roman bei. Wichtig ist hier neben der zeremoniellen Beschreibung und Initiation in die Geheimnisse der Turmgesellschaft jene *Funktion*, die der Erzähler damit verbindet.

In Anspielung auf und in Abgrenzung von Lessing (*Ernst und Falk*) und Wieland (*Kosmopolitenorden*) ist die aus dem Turm hervorgehende geheime „Sozietät" im genauen Wortsinn eine globale ökonomisch-politische Funktionsgemeinschaft, die Goethe während der Entstehungszeit seines Romans (1794/1795) in eine vorrevolutionäre Zeit verlegt, in der es um die prinzipielle Vermeidung von Revolutionen und deren Folgen geht:

> Es ist gegenwärtig nichts weniger als rätlich, nur an Einem Ort zu besitzen, nur Einem Platze sein Geld anzuvertrauen, und es ist wieder schwer an vielen Orten Aufsicht darüber zu führen; wir [das sind außer dem Sprecher Jarno, Lothario (der reformfreudige Landadlige, der den „Lehnshokuspokus" abschaffen will) und der Abbé, der im ganzen Roman eine lenkende Funktion für den Protagonisten Wilhelm Meister übernimmt] haben uns deswegen etwas anders ausgedacht, aus unserem alten Turm soll eine Sozietät ausgehen, die sich in alle Teile der Welt ausbreiten, in die man aus jedem Teile der Welt eintreten kann. Wir assekurieren uns unter einander unsere Existenz, auf den einzigen Fall, daß eine Staatsrevolution den einen oder den andern von seinen Besitztümern völlig vertriebe. Ich gehe nun hinüber nach Amerika, um die guten Verhältnisse zu benutzen, die sich unser Freund [Lothario] bei seinem dortigen Aufenthalt gemacht hat. Der Abbé will nach Rußland gehen, und Sie [Wilhelm]

---

31 Johann Wolfgang Goethe: Das erste Weimarer Jahrzehnt. Briefe, Tagebücher und Gespräche vom 7. November 1775 bis 2. September 1786. Hrsg. von Hartmut Reinhardt. (Goethe. Sämtliche Werke. DKV II. Abtl. Bd. 2 [29]). Frankfurt am Main 1997, S. 343.
32 Johann Wolfgang Goethe: Napoleonische Zeit. Briefe, Tagebücher und Gespräche vom 10. Mai 1805 bis 6. Juni 1816. Teil I: Von Schillers Tod bis 1811. Hrsg. von Rose Unterberger. (Goethe: Sämtliche Werke. DKV II. Abtl. Bd. 6 [33]) Frankfurt am Main 1993, S. 262–265; hier S. 262 und S. 265.

sollen die Wahl haben, wenn Sie sich an uns anschließen wollen, ob Sie Lothario in Deutschland beistehn, oder mit mir gehen wollen. Ich dächte Sie wählten das letzte. Denn eine große Reise zu tun ist für einen jungen Mann äußerst nützlich. (VIII, 944f.)

Die „Sozietät" zielt auf eine ‚Weltgesellschaft', insofern der Osten mit Russland durch den Abbé, der Westen durch Jarno (der an die seit Lotharios Beteiligung am amerikanischen Unabhängigkeitskrieg bestehenden amerikanischen Verbindungen anknüpfen kann) vertreten ist, so dass Wilhelm die Entscheidung schwer gemacht wird, sich für die eine oder andere Himmelsrichtung zu entscheiden.

Wenn der Protagonist am Ende, wie Lothario, in Deutschland bleibt, sind das eher Gründe, die mit der Darstellung seiner persönlichen Freundschafts- und Liebesbeziehungen zu tun haben, als mit einer klugen Überlegung, sich diesem antirevolutionären Männerbund anzuschließen. Nachdem die Absicht, ein deutsches Nationaltheater zu gründen, aufgegeben ist, geht es auch für den Protagonisten um eine ‚soziale' Alternative, die für den Erzähler (und Goethe) nur im Kontext der Revolutionsereignisse gefunden werden kann.

Eine genauere historisch-gesellschaftliche Konkretheit erreicht Goethes Roman nicht. Das Geheimnis des „Turm[s]" wird vom Erzähler aufgedeckt; die Bedeutung des Sozialen und damit die Bestimmung einer neuen Rolle für Wilhelm sind vorgegeben; die während des gesamten Romans bestehende geheime Lenkung durch den Abbé wird beendet. Zwar wird im Verlauf des letzten Buchs des Romans noch einmal auf Traditionen utopischer Modelle angespielt, so im „Saal der Vergangenheit" oder (im weiteren Umkreis) im Zusammenhang mit der Bibliothek des Oheims, die eine Naturaliensammlung (vgl. die zeitgenössischen Kunstkammern) und ein physikalisches Kabinett enthält und in ihrer räumlichen Ordnung wie die einzelnen Mauerringe in Campanellas *Sonnenstaat* oder in Terrassons ägyptischem Königspalast angelegt ist – aber das Geheimnis des Turm kann nun kein Thema des Romans bleiben.

Man mag in den Zeremonien und Aufnahmeritualen eine Art Fortführung der Theaterwelt aus Goethes Roman *Wilhelm Meisters theatralische Sendung* und den ersten fünf Büchern der *Lehrjahre* erblicken und in der Verbindung von Bildungs- und Geheimbundroman Elemente utopischer Traditionen entdecken; wichtiger ist es, die Aufmerksamkeit auf die globale Bestimmung zu lenken, die der ursprünglich geheimen „Sozietät" vom Turm im historischen Zusammenhang der Revolution zugeschrieben wird.

Mit Goethes Roman endet keineswegs die Darstellung einer konstitutiven Verbindung von Utopie und Geheimnis (wie viel gelesene Romane bis in die Gegenwart dokumentieren), aber – und das mag mit Goethes kritischer Einstellung zu den Freimaurerorden zu tun haben – in den *Lehrjahre[n]* findet sich eine ebenso künstlerisch subtile wie selbstironische ‚Verabschiedung' von Traditionen der frühen Neuzeit wie sie hier skizziert wurden.

5 „Fortschreitende Vollkommenheit"[1]: Der Übergang von der Raum- zur Zeitutopie

Kein Wandel in der Geschichte der neuzeitlichen Utopie ist einschneidender und folgenreicher für die Moderne als der Übergang von der Raumutopie zur (säkularen) Zeitutopie im 18. Jahrhundert.

Raumutopien sind jene – in der Regel als isolierte Inselwelten dargestellten – Entwürfe von Idealstaaten, wodurch räumliche Gegenbilder zur bestehenden Wirklichkeit seit Platons' *Politeia* (vor allem die klassischen Renaissanceutopien) charakterisiert sind. Zeitutopien projizieren Wunsch- (oder Schreck-)Bilder unter Rückgriff auf messianische, jüdisch-christliche Traditionen in die Zukunft; das utopische Medium ist die zukünftige Zeit.[2]

Der Übergang von der Raum- zur säkularen Zeitutopie kann ohne Übertreibung als eine Kopernikanische Wende in der Geschichte der neuzeitlichen Utopie betrachtet werden. Wodurch ist er bestimmt? Welche Ursachen liegen dem zugrunde? Welche Faktoren übernehmen die Hauptrolle im Blick auf die Veränderung der literarischen Struktur von neuzeitlichen Utopien?

Betrachtet man den Übergang von der Raum- zur Zeitutopie vornehmlich im Verlaufe des 18. Jahrhunderts, spielen fünf Gesichtspunkte eine Hauptrolle:
1. Die Veränderung der Fiktionsstruktur (die Dominanz der Erzählung gegenüber der Beschreibung).
2. Die Subjektivierung und Privatisierung der Utopiemodelle.
3. Der Wandel von der Perfektion zur Perfektionierung (die Veränderung der Vorstellung vom Glück).
4. Fortschritt und Bildung (die Rolle des aufklärerischen Geschichtsbegriffs).
5. Die Selbstreferentialität der Utopie im Sinne einer Ästhetisierung und immanenten Poetik der utopischen Erzählung.

---

1 Wieland spricht 1788 in seinem Aufsatz „Das Geheimnis des Kosmopolitenordens" von einer durch göttliche Gesetze bedingten „fortschreitende[n] Vollkommenheit", in der sich die Kosmopoliten in ihrem „Willen" und in ihrer „Wirksamkeit [...] gleichförmig zu machen" suchen. Vgl. Christoph Martin Wieland: Aufsätze zu Literatur und Politik. Hrsg. von Dieter Lohmeier. Reinbek bei Hamburg 1970, S. 125.
2 Die Unterscheidung zwischen Raum- und Zeitutopien ist idealtypisch zu verstehen; Misch- und Zwischenformen lassen sich historisch vielfach finden. Vgl. dazu insgesamt: Utopieforschung.

I Die Veränderung der Fiktionsstruktur

Dass die literarische Utopie bereits in der ersten Hälfte des 18. Jahrhunderts als ein eigenständiges, fiktionales Gebilde aufgefasst wird, dokumentiert insbesondere Johann Heinrich Zedlers Artikel „Schlaraffenland" im „Universal-Lexicon" von 1742[3]:

> Schlaraffenland, lat. *Utopia*, welches im Deutschen Nirgendswo heissen könte, ist kein wirckliches, sondern erdichtetes und moralisches Land. Man hat es aus dreyerley Absichten erdacht. Einige stellen darunter eine gantz vollkommene Regierung vor, dergleichen wegen der natürlichen Verderbniß der Menschen in der Welt nicht ist, auch nicht seyn kan; und thun solches zu dem Ende, damit sie in einem Bilde desto deutlicher und bisweilen auch ungestraffter, alle diejenigen Thorheiten und Unvollkommenheiten zeigen können, denen unsere Monarchien, Aristocratien und Democratien unterworffen sind. Andere suchen das Elend und die Mühseligkeit des menschlichen Lebens dadurch vorzustellen. Deßwegen erdichten sie solche Länder oder Insuln, darinnen man ohne Arbeit alles erlangen kan, da z.E. Seen voll Wein, Ströme voll Bier, Teuche und Wälder voll' gesotener Fische und gebratenen Vögel sind, und was dergleichen mehr ist. Noch andere stellen darunter die lasterhaffte Welt vor, und mahlen die Laster unter Bildern der Länder ab, zum Exempel die Landschafft Bibonia, die Republic Venenea, Pigritia und andere mehr.[4]

Neben der Gegenweltlichkeit von Utopien (was „nicht ist (und) auch nicht seyn kann"), den unterschiedlichen Projektionen (als positiver Entwurf oder satirische Kritik bzw. als negatives Beispiel „lasterhafft") und der damit verbundenen moralischen Absicht („moralisches Land") hebt Zedler den fiktionalen Aspekt besonders hervor. Bei der Utopie handele es sich um „kein wirckliches, sondern erdichtetes (...) Land". Der Fiktionscharakter der Utopie wird zudem unterstrichen durch den Hinweis darauf, dass die Darstellung „in einem Bilde" geschehe. Damit ist deutlich, wie wichtig die Form der Veranschaulichung genommen wird bzw. Verbildlichung zum konstitutiven Merkmal literarischer Utopien gehört.

Das mag mit jenem Grad von Ausdifferenzierung literarischer Utopien zusammenhängen, der bereits in der Mitte des 18. Jahrhunderts erreicht ist. Zu den auffallenden Entwicklungen der neuzeitlichen Utopie gehört die in der zweiten Hälfte des 17. und dann im 18. Jahrhundert entstehende Vielfalt unterschiedlicher literarischer Genres. Der zunehmenden gesellschaftlichen Differenzierung korrespondiert eine Ausdifferenzierung auf der literarischen Gattungsebene. Ursachen sind Veränderungen von Leseerwartungen und Leseverhalten im Publikum. Auffallend sind eine erstaunliche Vielfalt literarischer Ausprägungen und die Lust

---

[3] Sp. 1828f: Unter dem Artikel „UTOPIA" verweist Zedler bezeichnenderweise auf den Artikel „Schlaraffenland."
[4] Zedler, Universal-Lexicon, Bd. 34, Sp. 1828f.

am Experimentieren mit literarischen Formen, die erheblich von jenen Modellschilderungen unterschieden sind, wie wir sie von den klassischen Renaissanceutopien (von Morus, Campanella oder Bacon) kennen.

Das generelle poetologische Problem ist die Frage, wie die Modellschilderung der Utopie mit der Erzählhandlung, dem epischen Geschehen, verknüpft werden kann. Die Einbettung des dargestellten Staatsideals in einen epischen Erzählrahmen oder die Einleitung durch Dialoge und Diskussionen (wie bei Morus)[5] wird als unbefriedigend empfunden – die bloße Anreicherung des epischen Erzählens (die immer umfangreicher und komplexer werden kann) mit eingeblendeten Utopiemodellen (etwa bei Rabelais oder Fénélon) wird als ebenso wenig ausreichend angesehen. Die Beziehung zwischen Utopie und Roman muss neu bestimmt werden. Das bedeutet in der Regel zunächst eine Aufwertung des epischen Anteils, aber zugleich eine Neubestimmung des utopischen Idealisierungspotentials. Die Gewichte werden neu verteilt; es bilden sich Fiktionsstrukturen heraus, die eine Ablösung der beschreibenden utopischen Modellschilderungen durch erzählende Formen erlauben.[6] Solche narrativen Ausprägungen unterliegen indes ebenso wie die deskriptiven Formen den prinzipiellen Problemen allen utopischen Erzählens. Sie müssen sich einerseits um Konsistenz bemühen (d. h. der jeweilige utopische Entwurf muss in sich begründet und plausibel erscheinen), andererseits sind die Kohärenzprobleme zu lösen; der Zusammenhang zwischen der geschilderten Erfahrungswelt und dem projektierten Idealzustand muss deutlich gemacht und die Verbindung bzw. der Übergang zwischen dem Jetzt und Dort hergestellt werden.

Unter dem Aspekt des Übergangs von der Raum- zur Zeitutopie im späten 17. und dann im 18. Jahrhundert zeigt sich, dass sowohl die Konsistenz- als auch die Kohärenzprobleme von besonderer Bedeutung sind. Nicht nur bemühen sich utopischer Reiseroman, Robinsonade oder politischer Zeitroman um eine präzisere Begründung der Wahrscheinlichkeit von Fiktion (Fiktion des Selbsterlebten, Beglaubigung der Fiktion durch den historischen Kontext, Techniken der illusionierenden Darstellung), vielmehr steht insbesondere die Kohärenzproblematik im Vordergrund. Denn beim Wechsel von der Raum- zur Zeitutopie kann die Differenz zwischen dem idealen utopischen Zustand und der Erfahrungswelt nicht mehr durch bloße Gegenbildlichkeit beschrieben werden, der Übergang zwischen beiden Welten ist vielmehr zu erzählen. Wie lässt sich dieser Übergang darstellen? Können Techniken gefunden werden, die den Übergang als Prozess erscheinen lassen? Lässt sich eine Herleitung des Zukünftigen aus dem Status Quo erzählen?

---

5 Vgl. Kap. I 2: Thomas Morus' *Utopia*.
6 Vgl. Hohendahl, Zum Erzählproblem des utopischen Romans.

Die Frage nach der literarischen Struktur zu stellen, bedeutet zugleich nach den Kategorien des Umbaus von der Raum- zur Zeitutopie zu fragen.

II Subjektivierung und Privatisierung der Utopiemodelle

Dass die Veränderung der Erzählperspektive keinen bloßen Wandel der literarischen Struktur anzeigt, wird zunächst deutlich, wenn man das Problem der beginnenden Subjektivierung der Utopie untersucht. Schon in den utopischen Reiseromanen der zweiten Hälfte des 17. Jahrhunderts bedeutet der Wechsel von der Modellschilderung zu Formen der abenteuerlichen Reiseerzählung, dass das Individuum im Rahmen utopischen Erzählens in den Vordergrund rückt. Ablesbar ist das an einem Roman von Samuel Gott, der 1648 unter dem Titel *Novae Solymae Libri Sex* in London erschien.[7] In diesem Reiseroman steht die Haupthandlung im Zeichen zweier reiselustiger Engländer, die nach Nova Solyma aufbrechen, einem neuentstandenen, christlich-palästinensischen Staat, in dem alle Religionsstreitigkeiten beigelegt sind und der sich im Verlauf des Romans als ein bürgerliches Produktions- und Wirtschaftsparadies erweist. Der dargestellten Privat- und Liebesgeschichte korrespondiert ein frühkapitalistisches Wirtschaftsdenken im Zeichen des englischen Puritanismus: Privatgeschichte und ‚Besitzindividualismus' stehen im Vordergrund.

Die Subjektivierung der Erzählperspektive im Zeichen eines beginnenden individuellen Selbstbewusstseins zeigt sich nicht weniger deutlich in der *Histoire des Sévarambes* (1677–79)[8] von Denis Veiras. Dieser auch im 18. Jahrhundert vielgelesene und bereits von Daniel Georg Morhof unter Gesichtspunkten des Erzählstils gelobte utopische Reiseroman (nur der ‚Atheismus' des Textes gefiel Morhof nicht) stellt ebenso wie Gabriel de Foignys *La terre australe* (1676)[9] das

---

[7] Vgl. dazu: Winter, Compendium Utopiarum, 1. Teilband, S. 75–78.

[8] Der vollständige Titel des Buches lautet: „L'HISTOIRE DES SEVARAMBES; PEUPLES QUI HABITENT une partie du troisième Continent, communément appelé LA TERRE AUSTRALE. Contenant un compte exact du Gouvernement, des Mœurs, de la Religion, & du language de cette Nation, jusques aujourd'huy inconnue aux Peuples de L'Europe. Traduit de L'Anglois" (Paris 1677). Neuausgabe der deutschen Übersetzung: Denis Veiras: Eine Historie der Neu=gefundenen Völcker SEVERAMBES genannt 1689. Hrsg. von Wolfgang Braungart und Jutta Gowalski-Braungart. Tübingen 1990 (Deutsche Neudrucke: Reihe Barock 39). Vgl. Winter, Compendium Utopiarum, S. 115–120 und Ludwig Stockinger: „Realismus", Mythos und Utopie. Denis Veiras: L'Histoire des Sévarambes (1677–79). In: Literarische Utopien von Morus bis zur Gegenwart, S. 73–94.

[9] „LA TERRE AUSTRALE CONNUE: C'EST A DIRE; LA DISCRIPTION de ce pays inconnue jusqu'ici, de ces Moeurs & de ces coûtumes. PAR MR SADEUR; Avec les aventures qui le conduisirent en ce Continent, & les particularitez du sejour qu'il y fit durant trente-cinq ans & plus, & de son retour." (Genf 1676).

einzelne Subjekt noch deutlicher in den Vordergrund als das bei Samuel Gott der Fall war. Auffallend in den *Seravamben* ist, dass neben der Doppelheit der Fiktionsstruktur (Reiseerlebnis und Staatsbeschreibung) eine stärkere Bindung der Darstellung an die Perspektive eines konkret vorstellbaren Ich-Erzählers erfolgt, so dass die Entdeckung des neuen Landes als Erfahrungsprozess dargestellt werden kann. Die Subjektivierung der Erzählperspektive ist im Besonderen dadurch gekennzeichnet, dass sowohl die Autobiographie des Erzählers als auch die Biographie des Staatsgründers erzählt wird. Zum ersten Mal in der Geschichte der neuzeitlichen Utopie geht die Modellbeschreibung auf die Biographie einzelner Personen über, die mit der Utopie im Zusammenhang stehen.

Der Schritt von der Subjektivierung der Erzählperspektive zur Subjektivierung des utopischen Modells selbst ist von daher nur noch ein Schritt – aber ein entscheidender, den man an der Form- und Funktionsgeschichte der Robinsonaden ablesen kann. Der prinzipielle Unterschied zu allen Modellschilderungen in der Tradition klassischer Raum- und Sozialutopien besteht darin, dass an die Stelle von Konstruktion und Deduktion Genese tritt.[10] Der Anfang ist nicht mehr wie in den klassischen Raumutopien durch Ordnung, sondern die Abwesenheit von Ordnung gekennzeichnet. Lebensbedrohender Schiffbruch und Unberechenbarkeit des Meeres sind die Metaphern für Chaos und Kontingenz im diametralen Gegensatz zur vernunftbegründeten Utopie.

Soll aber das utopische Potential über eine Geschichte der Selbstbehauptung und Selbstorganisation entfaltet werden, sind ungewöhnliche Beglaubigungsanstrengungen erforderlich. Die steten Versicherungen, dass es sich um Selbsterlebtes handele, und die Bemühungen, Fiktion in historischen Kontexten und gesellschaftlicher Empirie zu verankern, sind von daher nur konsequent. Wird das einzelne, handelnde, dynamische Individuum zum Schöpfer einer Wohlstandsinsel ohne einen idealen Endzustand der Harmonie, rückt der Einzelne in den Mittelpunkt; er wird zum Subjekt der Geschichte.[11]

Die folgenreichen Auswirkungen, die das Defoesche Modell im Zusammenhang mit der Tradition des utopischen Reiseromans hat, lässt sich leicht veranschaulichen bei einem Blick auf Johann Gottfried Schnabels *Insel Felsenburg* (1731 ff)[12]. Nicht nur wird hier eine subtile Verschränkung von autobiographisch-

---

10 Ausführlicher zu den Robinsonaden und zur Forschungsliteratur im Kap. II,7: Homo Oeconomicus und Homo Poeticus.
11 Vgl. Schlaeger, Die Robinsonade, S. 297 f.
12 Der Roman ist von 1731 bis 1743 in vier Bänden anonym in Nordhausen erschienen unter dem Titel: „Wunderliche FATA einiger See-Fahrer, absonderlich ALBERTI JULII, eines gebohrnen Sachsens, Welcher in seinem 18den Jahre zu Schiffe gegangen, durch Schiff-Bruch selb 4te an eine grausame Klippe geworffen worden, nach deren Übersteigung das schönste Land entdeckt, [...]."

erzählenden und utopisch-beschreibenden Diskursen in der Darstellung einer Vielzahl von Lebensläufen mit dem Felsenburg-Modell deutlich, sondern die Geschichte der Gründung und Entwicklung der Felsenburg-Gesellschaft macht auch auf den historisch-prozesshaften Charakter utopischer Erzählungen in der ersten Hälfte des 18. Jahrhunderts aufmerksam. Bei Schnabel geschieht das einerseits dadurch, dass der Patriarch der Insel, Albert Julius, die aus Europa ankommenden Emigranten und künftigen Felsenburg-Bewohner mittels gründlicher Visitation Schritt für Schritt in die Geheimnisse der Insel einführt und ihnen dabei die Entstehungsgeschichte in den einzelnen historischen Etappen erläutert; andererseits wird durch die Erzählung der Vorgeschichte der Insel Felsenburg im Medium der Lebensgeschichte des Don Cyrillo die Geschichte der Utopie in die Vorvergangenheit verlängert, denn ohne die Pionierarbeit dieses Ur-Robinsons wäre die Siedlungsphase unter der Leitung des Albert Julius so nicht denkbar. So wie Schnabel den Prozess des zivilisatorischen Fortschritts aufrollt, so macht er zugleich deutlich, dass die Utopie, ist sie einmal vollständig und vollkommen entwickelt, kaum noch Zukunft hat. Die häufig beklagte mangelnde literarische Qualität der beiden letzten Romanbände hat hier ihren poetologischen Grund. Das Felsenburg-Modell kann noch variiert und ergänzt, von der Intention her aber nicht grundlegend modifiziert werden. Die Lebensberichte neuer Einwanderer aus Europa bieten zwar noch immer variationsreichen, autobiographischen Stoff; der utopische Diskurs tritt demgegenüber jedoch mehr und mehr zurück. Die Utopie, so lässt sich überspitzt formulieren, ‚verschwindet' in der Utopie. Dem Fortschreiten der Utopie stellt Schnabel hier zum ersten Mal in der Geschichte utopischen Erzählens die Rückschritte gegenüber.[13]

III Der Wandel von der Perfektion zur Perfektionierung (die Veränderung der Vorstellung vom Glück)

Der Wandel des Subjektkonzepts in den frühneuzeitlichen Utopien verändert auch die Vorstellung vom Glück. Glück als Kernbegriff der Utopie bedeutet in allen Utopien, die dem Modell der *Utopia* von Morus oder der platonischen *Politeia* folgen, „Ordnung, Überschaubarkeit, Vorhersehbarkeit und die Ausschaltung der Kontingenz in den Lebensläufen ihrer Bürger. Die Absicherung der Lebensläufe auf einem hohen allgemeinen und gleich verteilten Wohlstandsniveau ist die

---

[13] Vgl. Kap. II 8: „Ein irdisches Paradies", S. 101.

hauptsächliche Grundlage des utopischen Glücks in den Utopien bis zum 18. Jahrhundert."[14]

Der Preis für dieses ruhige Glück sind psychische und soziale Disziplinierung des Individuums. Es gilt zudem die selbstverständliche Annahme, dass das Interesse des Einzelnen mit dem Interesse des Ganzen übereinstimmt. Wenn aber diese in den Sozialutopien des 16. und 17. Jahrhunderts und noch in den Tugendrepubliken des 18. Jahrhunderts vorausgesetzte Übereinstimmung von subjektivem Anspruch und gesellschaftlicher Notwendigkeit aufgrund eines neuen Subjektbegriffs als Illusion erkannt wird, muss sich auch die Antwort auf die Frage nach dem Glück ändern. Statt der Symmetrie von Subjekt und Gesellschaft wird fortan die Spannung und Polarität von Einzelnem und Allgemeinem zum zentralen Problem, und der Glücksanspruch des Einzelnen rückt in den Mittelpunkt. Ablesbar ist dies daran, dass ein dauerndes irdisches Glück, ein Zustand der Vollkommenheit, mit der Vorstellung von Langeweile verbunden werden kann. Das statische Ordnungsglück disziplinierter Subjekte, das für eine Epoche der politischen Unordnung und des gesellschaftlichen Chaos eine adäquate Antwort darstellte, hat für die zweite Hälfte des 18. Jahrhunderts an Attraktivität verloren. „Nur dort, wo sich wandelnde Verhältnisse nicht mehr ausschließlich Unglück für den einzelnen, Krieg für eine ganze Gesellschaft bedeuten mussten und auch so erfahren wurden, konnte sich allmählich ein Glücksbegriff entwickeln, der im Wandel nicht nur das Negative, im Stillstand nicht nur das Positive sah."[15] Es entwickelt sich jene Glücksauffassung, wonach „[...] der Mensch sich aus eigener Kraft von den Wechselfällen des Glücks emanzipieren und die Bedingungen für sein Glück selbst gestalten kann [...]. Dort, wo der Wechsel oder Wandel als steuerbarer Fortschritt oder Vervollkommnungsprozess auf ein positives Ziel hin angesehen werden kann [...]", müssen Utopien mit einem statischen Glücksversprechen als langweilig empfunden werden.[16]

Eine Veränderung der Auffassung vom Subjekt („Die Menschen unterscheiden sich durch [schnelle] Progressivität, oder Perfectibilität von den übrigen Naturwesen" heißt es bei Novalis)[17] und eine Veränderung der Glücksvorstellung (Glück nicht mehr als Ruhe, sondern als Veränderung und ‚Unruhe') verweisen auf jene Bewegungs- und Handlungsbegriffe, die einen für den Übergang von der Raum-

---

14 Michael Winter: Lebensläufe aus der Retorte. Glück und Utopie. (Carrières comme produits de laboratoire. Bonheur et utopie). In: Lili. Zeitschrift für Literaturwissenschaft und Linguistik 12 (1983), S. 48–69; hier S. 50.
15 Ebd., S. 61.
16 Vgl. ebd., S. 62 f.
17 Vgl. dazu insgesamt Reinhart Koselleck: Art. „Fortschritt". In: Geschichtliche Grundbegriffe, Bd. II, S. 351–423 (Das Novalis-Zitat: S. 378 f.).

zur Zeitutopie entscheidenden Erfahrungswandel anzeigen. „Ich kann freilich nicht sagen, ob es besser werden wird, wenn es anders wird (schreibt der vorsichtig-skeptische Lichtenberg); aber so viel kann ich sagen, es muß anders werden, wenn es gut werden soll."[18]

IV Fortschritt und Bildung

Der hier artikulierte Erfahrungswandel lässt sich mit Reinhart Koselleck als ‚Verzeitlichung' der Erfahrung bezeichnen. Er ist die Voraussetzung für den Paradigmenwechsel vom Ideal der Perfectio zu dem der Perfectibilité. Im Übergang von der ständischen zu einer funktionsorientierten Gesellschaft lässt sich Verzeitlichung aus dem Spannungsverhältnis von Erfahrung und Erwartung bestimmen. Moderne Erwartungen können nicht mehr aus der historischen Erfahrung abgeleitet werden. Koselleck hat deshalb auch vom „Zwang zur Utopie" gesprochen, insofern der temporale Impuls von nun an in die geschichtliche Erfahrung eingeht und damit den Begriff von Geschichte grundlegend verändert. Die (kontrafaktische) Antizipation des Zukünftigen treibt zudem den Wunsch nach einer (zumindest langfristigen und approximativen) Realisierung hervor.

Hier ist nicht zu übersehen, dass diese Vorstellung eines möglichen Fortschritts und „[...] der Glaube an die Möglichkeit der zukünftigen Realisierung eines menschlich-gesellschaftlichen Perfektionszustandes [...] mit der Säkularisierung der jüdisch-christlichen Eschatologie, insbesondere des häretischen Chiliasmus seit Joachim von Fiore zusammenhängt."[19] Freilich darf dabei, wie Karl-Otto Apel zu Recht betont, ‚Säkularisation' „[...] nicht sogleich im Sinne Karl Löwiths als Reduktion des Wahrheits- bzw. Rechtsanspruchs auf ein Postulat heilsgeschichtlichen Glaubens reduziert werden, sondern es muss der umgekehrte Anspruch der Geschichtsphilosophen, den religiösen ‚Vorschein' der Wahrheit (Ernst Bloch) in einem rational begründbaren philosophischen Chiliasmus (Kant) ‚aufzuheben' (Hegel), ernstgenommen werden".[20]

---

18 Albrecht Schöne, der diese Notiz in seinem Buch „Aufklärung aus dem Geist der Experimentalphysik. Lichtenbergsche Konjunktive" (München ²1983, S. 46) wiedergibt, macht darauf aufmerksam, dass Lichtenberg „[...] nicht zu denen [gehörte], die Veränderung an sich schon als eine Annäherung an die Wahrheit und einen Fortschritt zum Besseren verstehen oder ausgeben."
19 Vgl. Koselleck, Vergangene Zukunft der frühen Neuzeit; ders.: ‚Erfahrungsraum' und ‚Erwartungshorizont'. Zum Begriff ‚Verzeitlichung' vgl. Arno Seifert: „Verzeitlichung". Zur Kritik einer neueren Frühneuzeitkategorie. In: Zeitschrift für Historische Forschung 10 (1983), S. 447–477.
20 Karl-Otto Apel: Das Problem einer Kritik der utopischen Vernunft. Zum Verhältnis von Utopie, Geschichtsphilosophie und Ethik. In: Utopieforschung. Bd. I, S. 325–355, hier S. 355.

Die sich in der Form von Fortschrittsphilosophie theoretisch abbildende Temporalisierung der Erfahrung vollzieht sich literarisch in der Form einer politisch-gesellschaftlich orientierten Zeitutopie, wie sie, nach einer Reihe von Vorläufern, in Louis-Sébastien Merciers *L'An deux mille quatre cent quarante. Rêve s'il en fût jamais* (1770/1771), aber auch im individualpsychologisch angelegten Roman der steten Vervollkommnungsnotwendigkeit und begrenzten Vervollkommnungsmöglichkeit, im deutschen Bildungsroman seit Wielands *Agathon* (1767) vorliegt.

Am Beispiel von Merciers *L'An 2440* lassen sich sehr genau die Möglichkeiten und Grenzen einer literarischen Zeitutopie ablesen. Nach dem Gespräch mit einem Engländer schläft der fiktive Erzähler (im Jahre 1770) ein und träumt sich in das Jahr 2440. Hier ist die Regierungsform vernünftig, das Sozialgefüge intakt, der Binnenhandel verbessert, die Arbeitsleistung gesteigert, Paris ohne Unordnung, Gestank, Lärm und Geschrei, der Mensch tugendhaft und neben seiner Leistung durch (private) Moral bestimmt, die öffentlich gemacht wird, so dass die Spannung zwischen innen und außen aufgehoben werden kann. Der prophetische Träumer projiziert einen von ihm als ideal empfundenen Zustand in die Zukunft, ohne dass der Entwicklungsprozess bis dahin veranschaulicht würde. Auch der Ort der Projektion bleibt Paris. Man sieht, wie stark Mercier noch durch Traditionen der Raumutopie geprägt ist. Zu Recht lässt sich deshalb auch von einem „Utopiesprung" sprechen, vom Fortschrittspathos eines Träumers, dessen Projektion zudem an die individuelle Erfahrung des Einzelnen gebunden bleibt.[21] Der Zukunftssprung von 1770 nach 2440 stellt eine Prognose aus der Gegenwart dar, wobei die zeitliche Kontinuität lediglich unterstellt, aber nicht begründet oder veranschaulicht wird. Indes zeigt nun gerade der Entwurf aus der Perspektive des Einzelnen das auf Rousseau zurückgehende neue Selbstbewusstsein des Schriftstellers, der als Wegweiser und Prophet auftritt und so eine messianische Funktion übernimmt.

Betrachtet man das bei Mercier zugrundeliegende Fortschrittskonzept, so kann es aufgrund des angedeuteten Utopiesprungs geschichtsphilosophisch insgesamt nur schwach ausgebildet sein; dennoch zeigt sich an einigen charakteristischen Stellen des Textes, dass Mercier den Prozesscharakter des Geschichtsverlaufs punktuell kongenial bestimmt. Am Ende des 25. Kapitels heißt es:

> Es gibt noch eine ganze Reihe von Dingen, die wir verbessern müssen. Wir sind aus der Barbarei herausgetreten, in der ihr versunken wart. Einige Köpfe waren gleich am Anfang erleuchtet, aber der Großteil der Nation war noch leichtsinnig und kindlich. Nach und nach wurde der Geist herangebildet. Wir müssen noch mehr tun, als wir bisher geschafft haben. Wir haben nicht viel mehr erreicht als die Hälfte der Leiter. Geduld und Ergebung bewirken alles, aber ich fürchte

---

21 Vgl. Fohrmann, Utopie und Untergang; in diesem Beitrag wird die prinzipielle Frage aufgeworfen, inwieweit es sich bei dem Text von Mercier überhaupt um eine ‚Zeitutopie' handelt (vgl. S. 113 f.).

doch, daß das uneingeschränkte Beste nicht von dieser Welt ist. Dennoch glaube ich, daß wir gerade dadurch die Dinge zumindest erträglich machen können, daß wir danach streben.[22]

Dass die Leiter des Fortschritts erst halb erklommen ist, verweist ebenso auf den unabgeschlossenen Geschichtsverlauf, wie die Aufforderung zum Streben die Rolle und Funktion des Einzelnen angibt. Den Zusammenhang von technischem Fortschritt und Individuum thematisiert Mercier im Zusammenhang mit dem Bericht über das mathematische Kabinett:

> Es schien mir sehr reichhaltig und perfekt geordnet zu sein. Man hatte alles aus dieser Wissenschaft verbannt, was Kinderspielen ähnlich sah, alles was nur trockene und müßige Spekulation war oder was die Grenzen unseres Denkvermögens überstieg. Ich sah Maschinen jeder Art, gemacht, um die Arme des Menschen zu entlasten, und mit weit größeren Kräften ausgestattet, als wir sie gekannt haben. Sie ermöglichen jede Art von Bewegung. Mit dem schwersten Lasten umzugehen, war eine Spielerei.[23]

Die entscheidende Stelle nach dieser Beschreibung von Robotern im Sinne künftiger Science Fiction-Geschichten ist aber jene, die sich unmittelbar daran anschließt:

> Man flüsterte mir jedoch ins Ohr, daß einige außergewöhnliche und wundersame Geheimnisse ausschließlich den Händen einer kleinen Zahl weiser Männer anvertraut seien, und daß dies Dinge wären, die an sich gut seien, die man aber irgendwann auch mißbrauchen könne. Der menschliche Geist hatte ihrer Meinung nach, das Ziel noch nicht erreicht, zu dem er hinstreben sollte, um gefahrlos von den seltensten oder energiereichsten Erfindungen Gebrauch zu machen.[24]

Diese Passagen, die zudem durch eine Anmerkung über den Missbrauch der sich rapide entwickelnden Waffentechnik noch verstärkt werden, gehören zu den aufregendsten Stellen des Romans, weil hier nicht nur auf die Dialektik des technischen Fortschritts im Sinne des immer möglichen Missbrauchs hingewiesen wird, sondern damit zugleich angedeutet ist, dass das Progressionsschema auch umkehrbar ist im Sinne eines dramatischen Rückschritts. In der Rezeptionsgeschichte des Mercierschen Romans lässt sich dann auch an dem Buch von Karl Heinrich Wachsmuth *Das Jahr Zweitausend vierhundert und vierzig. Zum zweitenmal geträumt. Ein Traum, deren es wohl träumerische gegeben hat* (Leipzig 1783) ablesen, wie die Antwort auf Merciers

---

22 Zitiert nach der deutschen Übersetzung von Christian Felix Weiße (1772); Mercier, Das Jahr 2440, S. 102. Vgl. auch das Nachwort S. 316–334.
23 Ebd., S. 145 f.
24 Ebd., S. 146.

durchgängigen Fortschrittsoptimismus aussieht. Aufklärerische Fortschrittshoffnung schlägt um in radikale Fortschrittskritik.²⁵

Strukturell zeigt Merciers *L'An 2440* nicht nur die Grenzen, sondern auch die Antinomien von Zeitutopien; die Grenzen insofern, als Zeitutopien eine doppelte Transformation zu leisten haben: den Übergang von der alten zur neuen Gesellschaft und die ständige Veränderung der neuen Gesellschaft selbst. Den Übergang von der alten zur neuen Gesellschaft macht Mercier zumindest in einem Zeitsprung deutlich, die permanente Veränderungsnotwendigkeit der neuen Gesellschaft selbst wird nur erst bedingt sichtbar. Zu fragen wäre hier auch, und damit kommt man zu den Antinomien von Zeitutopien selbst, ob eine sich ständig selbst überholende Zeitutopie überhaupt im Medium einer Erzählung vergegenwärtigt werden kann. Oder ist dies nur in einer ‚unendlichen Geschichte' möglich? Damit wird deutlich, dass jede (notwendige) Festlegung des utopischen Ziels einen zumindest bedingten Stillstand impliziert, während die völlige Offenheit des Ziels in eine Philosophie der regulativen Ideen als unendlichen Transformationsprozess münden muss.

Im Unterschied zur französischen Literatur, in der mit Merciers *L'An 2440* die Tradition einer politischen Zeitutopie begründet und entwickelt wird, entsteht in Deutschland zuerst mit Wielands *Agathon* (1767) eine individualpsychologisch fundierte Zeitutopie des vervollkommnungsfähigen und sich permanent vervollkommnenden Individuums.²⁶

Bildung kann zu einem zentralen Mittel der Selbstverständigung und Selbstvergewisserung im letzten Drittel des 18. Jahrhunderts in Deutschland werden. Die individualpsychologische Vervollkommnungsutopie des Bildungsromans lässt sich als Antwort auf die zunehmende gesellschaftliche Funktionsorientierung der Moderne lesen. Selbst wenn der Begriff ‚Bildung' ebenso schwierig zu definieren wie das intendierte (und erreichte) Ziel der Bildung zu beschreiben sind, Wielands *Geschichte des Agathon* und Goethes *Wilhelm Meisters Lehrjahre* entwerfen – ausgehend von einem bei jedem Menschen vorausgesetzten, angeborenen „Bildungsbetrieb" (Goethe) – eine Utopie individueller Vervollkommnung, deren Realisierung im Sozialisationsprozess der beiden Hauptfiguren Agathon und Wilhelm überprüft wird. Dem formulierten Bildungsanspruch korrespondieren dabei wechselnde Sozialisationsfelder (bei Agathon etwa in der Konfrontation mit verschiedenen politischen Modellen, bei Wilhelm Meister in der Begegnung mit dem Theater oder dem Rokoko-Adel), die die Grenzen der Verwirklichung individueller Totalität qua allseitiger Bildung anzeigen. Zwar behält der Bildungsprozess auch als Suchprozess eine utopische Intention, aber sowohl der Schluss des *Agathon* als auch das Ende der *Lehrjahre*

---

25 Vgl. das Nachwort zur deutschen Übersetzung von Herbert Jaumann, S. 331f.
26 Vgl. dazu im Einzelnen Kap. II 10: Utopie und Utopiekritik in Goethes *Wilhelm Meister*-Romanen.

zeigen, dass die jeweiligen ‚Versöhnungsmodelle' prekäre Lösungen darstellen. ‚Versöhnung' (im Sinne einer Einlösung des bildungsutopischen Totums) offenbart eine ästhetische Lösung: Ob in der tugendhaften Geselligkeit Tarents bei Wieland oder im Medium eines ironischen, ‚höheren' Märchens bei Goethe. Die individualpsychologische Bildungsutopie Goethes erweist sich zudem umso deutlicher als eine poetische Konstruktion, je mehr (und genauer) man die *Lehrjahre* mit den *Wanderjahre[n]* vergleicht.[27]

Die im Bildungsroman dargestellte Auseinandersetzung zwischen Individuum und Gesellschaft und die angedeutete Hoffnung auf eine zumindest annäherungsweise erreichbare Versöhnung mit gesellschaftlicher Realität muss eine besondere Anziehungskraft für jene bürgerlichen Schichten in Deutschland haben, die am Ende des 18. Jahrhunderts weder eine politische noch eine nationale Identität erreichen konnten. Historische Diskontinuitätserfahrungen korrespondieren mit einem literarischen Angebot, das Identifikations- und Projektionsmöglichkeiten bietet. Gerade wenn man das Konzept des deutschen Bildungsromans als Zeitutopie mit Merciers politischer Zeitutopie in Frankreich vergleicht, wird deutlich, dass der Bildungsroman ein Modell der gewünschten Identitätsstiftung für ein weitgehend „romantisch-unpolitisches" Bürgertum (Thomas Mann) liefern konnte.

V Selbstreferentialität und immanente Poetik

Der Übergang von der Raum- zur Zeitutopie im 18. Jahrhundert als umfassender Verzeitlichungsprozess hat neben den Konsequenzen, die am Beispiel der politischen Zeitutopie (Mercier) und der individualpsychologischen Bildungsutopie (Wieland, Goethe) skizziert wurden, einen Selbstreflexionsprozess der Utopie zur Folge, der seine Auswirkungen bis in die Gegenwart zeigt. Verzeitlichung der Utopie und Selbstreflexion der Utopie gehören zusammen. Auf der Ebene der ästhetischen Verfahren und erzählerischen Techniken lässt sich dies bereits in Wielands *Goldne[m] Spiegel* beobachten, wenn die utopische Erzählung zur Erzählung über Möglichkeiten des utopischen Erzählens wird. Die Semantik der Utopie und ihrer Bildpotentiale ist bereits als historische erkannt und kann deshalb auf ihre ‚utopische' Brauchbarkeit überprüft oder schon zum ästhetischen Spielmaterial werden.[28]

---

27 Vgl Kap. II 10: Utopie und Utopiekritik.
28 Vgl. Kap. III,1: Transzendentalpoetik.

Mit der Verzeitlichung einer geht ein Ästhetisierungsprozess, der bei Goethe und in der Frühromantik deutlich ausgeprägt ist. Eine solche Ästhetisierung der Utopie gehört zu den modernen Kennzeichen avantgardistischen Schreibens. Die Verzeitlichung der Utopie kann zu jenen aktuellen Reduktionsstufen der Utopie führen, die mit den Stichworten „Utopie Kunstwerk'" oder „Augenblicksutopie" bezeichnet werden.[29]

Zu den Paradoxien der Verzeitlichung der Utopie gehört jene widersprüchliche Doppelheit, durch die die Geschichte der modernen Utopie insgesamt gekennzeichnet ist: Dem Zukunftsgestaltungswillen im Sinne einer Realisierungshoffnung von Utopien (die erstaunliche Energien freisetzen kann) korreliert eine Reduktion des Utopischen im Sinne des nur noch vom Individuum augenblickshaft Erfahrbaren und blitzartig Erlebten. Das schließt allerdings nicht aus, dass Raumutopien und ihre totalisierenden Tendenzen weiterhin Wirkung zeigen, was an modernen Dystopien ablesbar ist.

Der Übergang von der Raum- zur Zeitutopie – in der Anknüpfung und Wiederaufnahme (ursprünglich religiösen) chiliastischen Denkens – ist ein Vorgang, der in seinen Konsequenzen und Auswirkungen kaum überschätzt werden kann. Er ist zugleich Ausdruck der Moderne und Antwort auf die Moderne und damit Teil unserer Gegenwart. Wenn Mercier seinem Roman *Das Jahr 2440* einen Satz von Leibniz als Motto voranstellte: „Die gegenwärtige Zeit ist schwanger von der Zukunft", so gilt das auch heute; zu hoffen ist (in Erinnerung an Francesco Goyas Visionen), dass sie keine Ungeheuer gebiert.

---

[29] Vgl. Karl Heinz Bohrer: Utopie des Augenblicks und Fiktionalität. Die Subjektivierung von Zeit in der modernen Literatur. In: ders.: Plötzlichkeit. Zum Augenblick des ästhetischen Scheins. Frankfurt am Main 1981, S. 180–181.

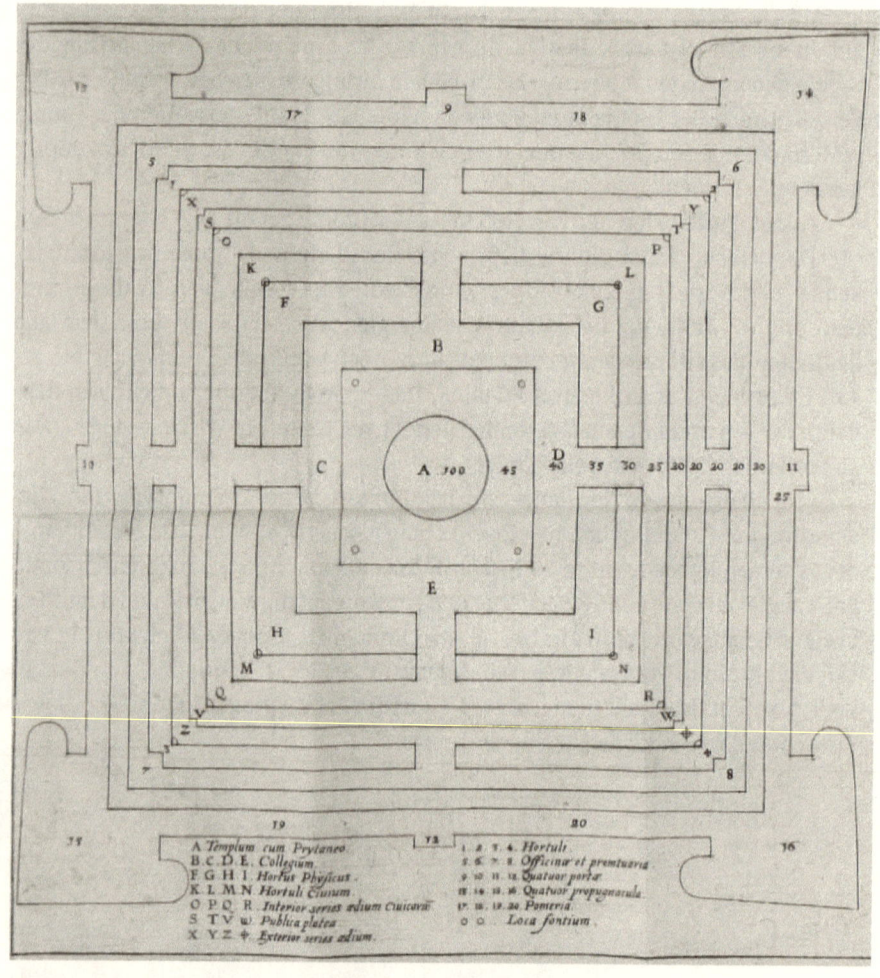

Abb. 4: Johann Valentin Andreae: Christianopolis (Grundriss); 1619

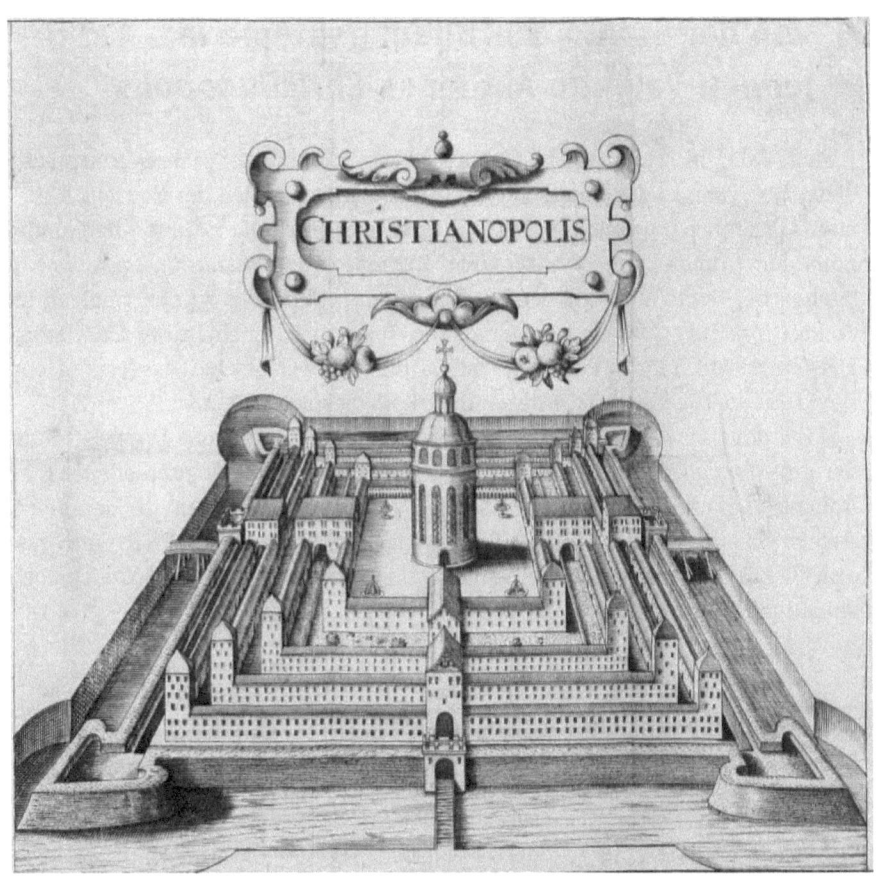

Abb. 5: Johann Valentin Andreae: Christianopolis (1619)

6 Von der Staats- zur Bildungsutopie in Johann Valentin Andreaes *Christianopolis*

Johann Valentin Andreaes *Christianopolis*[1] bezeichnet unter mehreren Aspekten einen Übergang in der Geschichte der literarischen Utopien der Neuzeit. 1619 – noch vor Francis Bacons *Instauratio Magna* und *Nova Atlantis* und offenkundig unter dem unmittelbaren Eindruck von Tommaso Campanellas *Civitas Solis* – in lateinischer Sprache erschienen, gehört die *Christianopolis* zu den wenigen im deutschsprachigen Bereich entstandenen Texten, die auch in der Utopie-Diskussion des 18. Jahrhunderts (vor allem durch die deutsche Übersetzung von David Samuel Georgi 1741)[2] eine zentrale Rolle gespielt haben.[3]

Hauptmerkmal des Übergangscharakters ist eine zweifache Doppelstruktur der *Christianopolis*. Einerseits erweist sie sich als eine theologisch-allegorische Abhandlung, andererseits bedient sie sich fiktionaler Techniken, die den literarischen Charakter des Textes offenbar machen. Diese Doppelheit wird ausdrücklich bereits im Vorbericht thematisiert und in einem kurzen Rückblick noch einmal aufgenommen.[4]

---

[1] Der genaue Titel lautet: Reipublicae / Christia / nopolitanae / Descriptio / Psalm LXXXIII. / Praestat dies unus in Dei atriis quam alibi mil – / le; malim in Dei mei domo ad limen esse quam / in impiorum tabernaculis habitare. Nam / Sol ed propugnaculum Jehova Deus; Jehova / gratiam gloriamque confert iis qui se gerunt / innocentes, eis bona non denegans. / Argentorati [...] MDCXIX.
[2] Der Titel der deutschen Übersetzung lautet: Reise / nach der Insul / Caphar Salama / Und / Beschreibung / der darauf gelegenen / Republic / Christiansburg / Nebst einer Zugabe / Von Moralischen Gedanken, / in gebundener und ungebundener Rede, [...] Esslingen 1741.
[3] Zur Literatur über die *Christianopolis* vgl. Paul Joachimsen: Johann Valentin Andreae und die evangelische Utopie. In: Zeitenwende 2 (1926), S. 485–503 und S. 623–642; Seibt, Utopica, S. 120–133; Harald Scholtz: Evangelischer Utopismus bei Johann Valentin Andreae. Ein geistiges Vorspiel zum Pietismus. Stuttgart 1957; van Dülmen, Die Utopie einer christlichen Gesellschaft; Manuel, Utopian Thought in the Western World, S. 289–308; Kuon, Utopischer Entwurf und fiktionale Vermittlung, S. 47–57; Braungart, Die Kunst der Utopie, S. 16–81. Außerdem die Einleitung von van Dülmen zu seiner deutsch-lateinischen Ausgabe der *Christianopolis*: Christianopolis 1619. Originaltext und Übertragung nach D.S. Georgi 1741, Stuttgart 1972, S. 11–19, und das Nachwort von Wolfgang Biesterfeld in seiner deutschen Übersetzung: Christianopolis. Aus dem Lateinischen übersetzt, kommentiert und mit einem Nachwort hrsg. von Wolfgang Biesterfeld. Stuttgart 1975, S. 153–167; Oliver Bach: Von der Herausgeberfiktion auf das ‚Schiff der Phantasie'. Die utopische Dichtung Thomas Morus' und Johann Valentin Andreaes und ihre naturrechtlichen Wahrheitsansprüche. In: Scientia Poetica 18 (2014), S. 1–27. Vgl. zur Biographie insgesamt: Brecht, Johann Valentin Andreae.
[4] Wolfgang Braungart (Die Kunst der Utopie) hat auf eine doppelte Allegorisierung in der *Christianopolis* aufmerksam gemacht: „Die Reiseallegorie konstituiert die Rahmenhandlung, die

Die zweite Doppelheit besteht in einer für den gesamten Text konstitutiven strukturellen Polarität zwischen deskriptiven Momenten (in der Tradition von staatstheoretischen Raum- und Inselutopien) und erzählerischen Momenten (im Kontext sich herausbildender Reiseutopien und genetischer Muster autobiographischer Erzählungen).[5] Diese Doppeltheit von Raum- und Zeitutopie macht das Spezifikum des Buchs ingesamt aus. Sie bleibt vom Anfang bis zum Ende gegenwärtig; sie ist gewissermaßen der Angelpunkt der literarischen Konstruktion.

Johann Valentin Andreaes *Christianopolis* verweist damit auf ein zentrales Problem innerhalb der Geschichte literarischer Utopien in der frühen Neuzeit: auf die Verräumlichung von zeitutopischen Modellen (in der Tradition jüdisch-christlicher Heilsgeschichte) einerseits und die Verzeitlichung von staatstheoretischen Raummodellen (in der platonischen Tradition, wie sie von Morus wieder aufgenommen wird) andererseits. Diese zweifache Tendenz[6], die im Einzelnen bisher weniger erforscht ist als das Problem der „Verzeitlichung"[7], harrt noch detaillierter Untersuchungen. Beim Problem der „Verzeitlichung" handelt es sich um ein modernes Phänomen, das unsere Gegenwart mit konstituiert. Es bleibt aber zu bedenken – und die *Christianopolis* macht dies deutlich, dass die frühe Neuzeit noch keineswegs im Horizont von Verzeitlichung steht. Das Neue des Andreaeschen Buchs liegt im Kreuzungspunkt von Raum- und Zeitutopien.

Im Folgenden wird zunächst die Gesamtstruktur des Textes vorgestellt (I), dann der Zusammenhang von Theologie und Wissenschaftsutopie der *Christianopolis* charakterisiert (II) und schließlich die Frage des ‚Innovativen' aufgrund der Pluralität der verschiedenen Diskurse im Text der *Christianopolis* skizziert (III).

I Traditionelle Ikonographie und die Doppelstruktur der Utopie

Den Rahmen des Textes bilden auch im Sinne einer Leseanleitung eine Vorrede („Heil dir, christlicher Leser") und ein Rückblick. In der Vorrede wird dem Leser klargemacht, dass die Intention des Verfassers sei, die Lutherische Reformation zu reformieren. Unter Berufung auf Martin Luther, die Theologen Johann Gerhard (1582–1637), Johann Arndt (1555–1621) und Martin Moller (1547–1606) steckt

---

Allegorie der Himmelsstadt die eigentliche Beschreibung des idealen Staates" (S. 22). Braungart betont zu Recht die Vielfalt der Perspektiven in Andreaes Buch.
5 Vgl. etwa Samuel Gott: Novae Solymae Libri Sex, London 1648 ; Denis Veiras: Histoire des Sévarambes. Paris 1677–79; Gabriel de Foigny: La Terre Australe. Genf 1676; vgl. dazu Kap. II 5: „Fortschreitende Vollkommenheit".
6 Vgl. dazu Robert Kalivoda: Emanzipation und Utopie. In: Utopieforschung, Bd. 1, S. 304–324.
7 Vgl. den Begriff bei Reinhart Koselleck.

Andreae seine Ziele einer Generalreformation ab. Johann Arndts *Vier [sechs] Bücher vom wahren Christenthum* (1606–1610) bilden den maßgeblichen Referenztext. Der ‚Heuchelei' in der Religion, der ‚Tyrannei' in der Politik und der ‚Sophisterei' in der Wissenschaft wird der Kampf angesagt. Heilsgeschichtliches Ziel ist die Imitatio Christi und die Aufforderung, sich für den Weg zum Himmel (15) zu gürten – *ad viam coeli* (34).[8]

Diesem Aufruf in der Vorrede entspricht die Aufforderung am Schluss des Textes, „recht bald" zu der vorher geschilderten und ausgemalten idealen Republik zu wandern. Die „Rückkehr des Peregrinanten" wird mit der Hoffnung verbunden, dass alle christlich Gesinnten sich mit Gottes Hilfe auf den Weg zu dem in der *Christianopolis* gewiesenen Heil aufmachen. Diese theologisch-allegorische, eschatologische Ebene verknüpft Andreae ausdrücklich mit einer fiktionsgeschichtlichen und fiktionstheoretischen. In der Vorrede wird der Vergleich mit Thomas Morus angestellt und das eigene literarische Verfahren damit gerechtfertigt, dass man ein vergleichbares ‚Spiel' bei Morus ja nicht getadelt habe (*Tandem ludicrum est, quod in Thoma Moro, viro illustri, non improbatum* [2/34]). Nicht genug damit, dass Andreae sich unmittelbar auf das Modell der *Utopia* bezieht, vielmehr übernimmt er auch dessen Fiktionsironie, wenn es heißt: „Sollte auch jemand die Wahrheit meiner Erzählung anzweifeln, so bitte ich ihn, mit seinem Urteil zu warten, bis die Wahrheit aller Berichte über See- und Landreisen erwiesen ist"(14).[9] Die heilsgeschichtliche Ebene verbindet Andreae mit der fiktionstheoretischen (und poetologischen). Dem Leser wird von Anfang an klargemacht, dass er auf diese Doppelheit bei der Lektüre des Textes zu achten hat.

Bei einem Vergleich mit dem von Andreae ausdrücklich hervorgehobenen Vorbild fällt allerdings auf, dass er nicht die Struktur der *Utopia* übernimmt.[10] Morus hatte seinem Bericht über die utopische Insel einen Dialog vorangestellt, in dem von vornherein der satirische Charakter seines Textes bewusst gemacht wird. Diese dezidiert säkulare, satirisch-ironische Gesamtstruktur bei Morus kann Andreae von seinen Intentionen her nicht übernehmen; sie würde das ausbalancierte Gleichgewicht zwischen der heilsgeschichtlich-allegorischen und der besonderen fiktionalen Struktur der *Christianopolis* stören.

Zu den bemerkenswerten Unterschieden zum Vorbild des Thomas Morus gehört bei Andreae neben der Rahmenfunktion von Vorrede und Rückblick eine strenge Aufteilung des Textes in 100 Einzelkapitel, von denen etwa die Hälfte der

---

8 Andreae, Christianopolis; die Seitenangaben finden sich jeweils im Text. Zitiert wird die lateinische Fassung in der Ausgabe von van Dülmen und die deutsche Fassung in der Übersetzung von Biesterfeld.
9 Vgl. dazu auch die Vorrede zu Schnabels *Insel Felsenburg*.
10 Vgl. Kap. I 2: Thomas Morus' *Utopia*.

Charakterisierung der einzelnen utopischen, wissenschaftlichen und pädagogischen Institutionen auf der Insel dient. Die Zahl 100 erinnert an die 3 x 33 (+1) Kapitel in Dantes *Divina Commedia*.[11]

Der Anfang der *Christianopolis* zitiert zwar die traditionelle utopische Ikonographie (Schifffahrt auf dem offenen Mehr, Schiffbruch, Scheitern und Neuanfang in einem abgezirkelten Bereich), er macht aber zugleich unmittelbar auf die erwähnte Doppelstruktur von Narrativem und Deskriptivem aufmerksam. Der Ich-Erzähler erzählt vom Verlassen der ‚falschen Welt', indem er das Schiff besteigt und als Einzelner, ohne jeden Gefährten an jenen Ort geworfen wird, den es nun zu beschreiben gilt.

> Alles hier sagte mir zu – nur ich mir selbst nicht. Die Insel, so klein sie auch schien, hatte Überfluß an allem, und kein unbebautes oder nicht irgendwie für den Menschen nutzbar gemachtes Fleckchen Erde war zu sehen. Ihre Lage, die ich bald darauf in Erfahrung brachte, will ich nicht vorenthalten. Sie befindet sich in der antarktischen Region, 10° vom Südpol, 20° von der Äquinoktiallinie und ungefähr unter dem 12. Punkt des Stiers. Zu weiteren Einzelheiten werde ich mich nicht äußern. Ihre Form ist die eines Dreiecks von ungefähr 30000 Schritt Umfang. Sie ist fruchtbar an Kornfeldern und Weideland, bewässert von Flüssen und Bächen, mit Wäldern und Weingärten geschmückt, voll von Tieren – gleichsam ein Abbild der ganzen Erde im Kleinen. Man könnte denken, hier habe sich der Himmel der Erde vermählt und lebe mit ihr in ewigem Frieden. (20)

Dieser ans Paradies erinnernden Insel „Capharsalama" entspricht die Stadt im Mittelpunkt der Insel: „Unterdes erstaunte mich der wunderbare Anblick und die Pracht der näherrückenden Stadt, denn auf der ganzen übrigen Welt gibt es keine, die ihr ähnlich wäre oder sich mit ihr messen könnte" (20 f.).

Die (traditionelle) utopische Topographie und paradiesähnliche Insel – im Mittelpunkt die „hochgebaute Stadt" in Erinnerung an das Himmlische Jerusalem (beschrieben beim Propheten Hesekiel und in der Johannes-Apokalypse) vervollständigt Andreae nach dem Bericht des Ich-Erzählers über seine Aufnahmeprüfung mit der „Beschreibung der Stadt":

> Ihr Grundriß ist viereckig, wobei eine Seite 700 Schuh ausmacht. Durch vier Bollwerke und einen Wall ist sie zur Genüge befestigt. Sie blickt so regelrecht in die vier Himmelsrichtungen. Ihre Wehrhaftigkeit bezieht sie aus acht sehr starken Türmen, die über die Stadt hin verteilt sind, abgesehen von sechzehn kleineren, aber nicht zu verachtenden, und der nahezu unbesieglichen Zitadelle in der Mitte. Es gibt zwei Reihen von Gebäuden, oder, wenn man den Sitz der Regierung und die Magazine der Stadt mitzählt, vier. Es gibt nur eine öffentliche Straße und nur einen, dafür aber recht beträchtlichen Marktplatz. (25)

---

11 Zur Zahlensymbolik in der *Christianopolis* vgl. Biesterfeld, Nachwort zu seiner Ausgabe, S. 164 f. und Braungart, Die Kunst der Utopie, S. 49 f.

Im Folgenden werden dann weitere genaue Maße der Aufteilung und der einzelnen Gebäude gegeben und Hinweise auf den im Mittelpunkt gebauten runden Tempel geliefert, in dessen oberstem Stockwert der Ratssaal untergebracht ist, so dass jedem Leser – analog zu Campanellas *Citivas Solis* – die theokratische Struktur der „Christiansstadt" vor Augen geführt wird. Die geometrische Struktur der Architektur wird ergänzt durch die Geometrie der Gärten und die Geometrisierung der Funktionen:

> Es leben hier ungefähr 400 Bürger, vollkommen in der Religion, vollkommen in ihrer Friedfertigkeit. Über fast jeden einzelnen von ihnen werden wir noch etwas zu berichten haben. Außerhalb der Mauern ist ein Graben, 50 Schuh breit und voll von Fischen, damit er auch in Friedenszeiten zu etwas taugt. Der Mauerzwinger beherbergt wilde Tiere, und zwar nicht zur Unterhaltung, sondern aus praktischen Erwägungen. Die Stadt insgesamt gliedert sich in die drei Bereiche Ernährung, Ausbildung und Betrachtung. Das Übrige dient der Landwirtschaft und den verschiedenen Gewerbezweigen. (25 f.)

Der Erzähler weist ausdrücklich auf die beigegebenen Aufrisse und Grundrisse hin, so dass der Leser sich nun beim Durchwandern der einzelnen Abteilungen auf der Insel und in der Stadt orientieren kann.[12]

Diese utopische Topographie zitiert Elemente aus der Tradition idealer Stadt- und Gartenvorstellungen in der Nachfolge des Himmlischen Jerusalems und verschiedener Paradiesvorstellungen. Wichtig und für die Intention Andreaes entscheidend ist, dass die Deskription des utopischen Orts unterbrochen wird durch die Erzählung einer dreiteiligen Aufnahmeprüfung, der sich der Ich-Erzähler unterwerfen muss. Andreae wechselt den deskriptiven Diskurs, indem er eine Erzählung aus der Ich-Perspektive einblendet.

Beim Eingang in die Stadt muss sich der Besucher am ‚Osttor' (21) zunächst sittlich prüfen lassen. Dies geschieht – für Utopien charakteristisch genug – qua Hinweis auf die aus der Utopie Auszugrenzenden: Der Wachtmeister erinnert den Besucher daran, dass es auf der Insel „nichts Widerwärtiges" gebe und die „Bürgergemeinschaft" bestimmte Menschen „nicht bei sich dulde". Kein Zugang wird gewährt etwa „Bettlern, Quacksalbern und Schaustellern, die Freude am Müßiggang haben, Eiferern, die über Unwesentliches nachgrübeln, Fanatikern, denen wahre Frömmigkeit fehlt, Aschenbläsern, die die Chymie entehren, Betrügern, die sich fälschlich als ‚Brüder vom Rosenkreuz' ausgeben, und anderen derartigen Pestbeulen der Wissenschaft und Bildung, denen die Besichtigung dieser Stadt niemals wohl bekommen wäre" (22).

---

12 Vgl. die dem Text beigefügten Abbildungen: ein Grundriss und eine Darstellung aus der Vogelperspektive.

Der Charakter von Utopien lässt sich an dem ablesen, was sie nicht zulassen. Die *Christianopolis* macht hier keine Ausnahme. Ihre Fremd- und Selbstdisziplinierung setzt Ausgrenzung voraus und macht damit bereits mittels Negation deutlich, dass eine spezifische Verbindung von (Natur-)Wissenschaft und Religiosität die Voraussetzung für die Utopiefähigkeit der Subjekte darstellt.

Die zweite Prüfung, der sich der Ich-Erzähler unterwerfen muss, betrifft die „körperliche Verfaßtheit", wobei es sich hier um (positive) Charaktereigenschaften handelt, die Besucher und potentielle Bewohner der Insel mitbringen müssen. Der Examinator beobachtete „die Ruhe meines Wesens, die Bescheidenheit meiner Miene, die Zurückhaltung im Sprechen, die Stetigkeit des Blicks, die Beherrschung des Körpers" (23). Er achtete darauf „mit solcher Meisterschaft einerseits, daß ich glaubte, er könne meine Gedanken lesen, und andererseits mit solch überwältigender Höflichkeit, daß ich vor Verehrung nichts verschweigen konnte, kurz, mich ihm gänzlich hingegeben fühlte" (23).

Die dritte und entscheidende Prüfung schließlich bezieht sich auf „Geistesbildung" (*Examen tertium, ab ingenii cultura* [42]). Diese Bildungsprüfung ist wiederum dreiteilig; sie richtet sich einerseits auf das Subjekt, dann auf die Fähigkeit des Examinierten zur Naturforschung und schließlich auf eine theologische Prüfung.

> Er [der Begleiter] wollte [...] von mir wissen, wieweit ich gelernt hätte, mich selbst zu beherrschen, dem Nächsten zu dienen, den Anfechtungen der Welt zu widerstehen, mit dem Gedanken an den Tod zu leben, dem Geiste zu folgen; was ich von der Beobachtung des Himmels verstünde, der Naturerforschung, den Werkzeugen der Künste, der Wissenschaft von den Sprachen und der Harmonie aller Dinge; welche Einstellung ich zur Gemeinschaft der Kirche besäße, zu den Grundlehren der Heiligen Schrift, zur himmlischen Heimat, der Schule des Heiligen Geistes, der Bruderschaft Christi und der Schar der Auserwählten Gottes. (24)

Der Ankömmling muss bekennen, dass er so gut wie gar „nichts von diesen Dingen weiß; es reut ihn, sich „als einen Gelehrten" bezeichnet zu haben; er hat in der neuen Welt von Neuem zu beginnen. Es gilt, „ in einem ganz anderen Sinne, mit Sokrates nichts zu wissen" (24).[13]

Diese ‚Bildungs'-Prüfung unterbricht die Beschreibung der Stadt Christianopolis und deren Einrichtungen, die nun im Einzelnen vergegenwärtigt werden.

---

13 Wolfgang Biesterfeld hat darauf hingewiesen, dass dieser Satz gegen Ende von Andreaes *Chlymische[r] Hochzeit* steht (vgl. die Anmerkungen zur deutschen Übersetzung, S. 143 f.)

II Die Institutionen und das Konzept der ‚Bildung'

Neben den klassischen Topoi der Staatsutopien (in der Tradition Platos und Morus') – Oligarchie anstelle von Monarchie, Tugendadel statt Geburtsadel, Relation von Arbeit und Freizeit, urkommunistische Ziele menschlicher Glückseligkeit – nimmt die Darstellung der Institutionen für Bildung und Wissenschaft den weitaus größeren Raum im Text ein. Es handelt sich um fast fünfzig Einzelkapitel, in denen (beginnend mit den ausführlich dargestellten Naturwissenschaften) schließlich die Geschichtswissenschaft und Theologie zur Sprache kommen. Gegenüber dem rhetorischen Wortwissen betont Andreae das physikalische, astronomische und mathematische Sachwissen. Der „fleißigen Betrachtung" in den Wissenschaften ordnet Andreae den „mäßigen Gebrauch" in der technischen Anwendung zu. Die Dominanz des Realienwissens wird theoretisch in der Mathematik (als Universalwissenschaft) verankert und praktisch im gesellschaftlichen Nutzen begründet. Theorie und Technik sind so durch Mathematik und Handwerk verknüpft; die Idealbürger sind Techniker. Ferdinand Seibt hat deshalb zu Recht vom „utopischen Scientismus" Andreaes gesprochen und auf die Parallelen etwa zu Francis Bacon aufmerksam gemacht.[14]

Die entscheidende Frage, die sich bei Andreae ergibt, ist die: Wie lassen sich Mathematik und Naturwissenschaft einerseits und eine in der lutherischen Tradition stehende Reformations-Theologie der Frömmigkeit (vgl. Johann Arndts *Vier [sechs] Bücher vom wahren Christenthum*) andererseits miteinander verbinden? Bietet die Mathematik als ‚königliche Wissenschaft' die Möglichkeit, zu einer „Gemeinschaft von Himmel und Erde" zu kommen? Liefert die Konzeption der (individuellen) Erziehung und ‚Bildung' eine Perspektive?

Andreae, dem es um die „Möglichkeit einer utopischen Zukunft der Menschheit auf der Grundlage einer vollkommenen Beherrschung der Natur durch die Wissenschaft und Technik geht"[15], bietet eine Lösung an, die von der radikalen Erneuerung des einzelnen Menschen im Zeichen einer umfassenden Reform der lutherischen Reformation ausgeht. Andreae zielt nicht auf die Veränderung und Erneuerung des individuellen Charakters. Der Theologe Paul Joachimsen hat deshalb formuliert: „Diese deutsche Staatsutopie ist eigentlich ein ‚Bildungsroman'. Sie hat es viel weniger mit der Menschheit oder irgendeinem besonderen Teil derselben zu tun, als mit dem ‚Einzelnen', und die Bildung selbst, um die es sich hier handelt, ist zugleich Erziehung."[16] Um welche Art von innerer Erneuerung

---

14 Vgl. Seibt, Utopica, S. 120–133.
15 Vgl. Winter, Compendium Utopiarum, S. 50.
16 Joachimsen, Johann Valentin Andreae, S. 502.

handelt es sich dabei, wenn sowohl ein dezidierter Erkenntniswille in der Tradition des Erasmus als auch die Hoffnung auf eine Fortsetzung und Vollendung der lutherischen Reformation vorliegt? Exakte Naturwissenschaften und Mathematik haben ihren Stellenwert im Rahmen eines theologisch begründeten, reformatorischen Wissens- und Bildungskonzepts. „Wissen und Frömmigkeit" können noch als Einheit gesehen werden.[17]

Spielen dabei mystische Traditionen eine Rolle? Versteht man Andreaes *Christianopolis* als Antwort auf Johann Arndts Theologie und als „utopische Übersetzung des *Wahre[n] Christenthum[s]*"[18], so lässt sich von einer „Verbindung der Mystik mit dem Luthertum" sprechen.[19] Johann Arndt hatte einzelne Stufen der Selbstvervollkommnung des Menschen angegeben:

> Gleichwie unser natürliches Leben seine Stufen hat, seine Kindheit, Mannheit und Alter: also ist's auch beschaffen mit unserm geistlichen und christlichen Leben. Denn dasselbe hat seinen Anfang in der Buße, dadurch der Mensch sich täglich bessert. Darauf folgt eine größere Erleuchtung, als das mittlere Alter durch göttlicher Dinge Betrachtung, durch's Gebet, durch's Kreuz; durch welches Alles die Gaben Gottes vermehrt werden. Letztlich kommt das vollkommene Alter, das da steht in der gänzlichen Vereinigung durch die Liebe, welches St. Paulus das vollkommene Alter Christi nennt.[20]

Der Gedanke des stufenweisen Progressus kann in der mittelalterlichen Theologie erst formuliert werden, seit die „Ablösung der Conversio durch den Prozeß" erfolgt ist.[21] Damit ist, wie Walter Haug betont hat, eine Voraussetzung erfüllt für „die Möglichkeit, Aufklärung als teleologischen Prozeß zu konzipieren"[22]. Bei Andreae geht es um kein aufklärerisches Fortschrittskonzept, sondern um jenen Stufenweg des Einzelnen, der ohne die hinzukommende Gnade Gottes („Liebe" [Johann Arndt]) nicht zum Abschluss gebracht werden kann.

---

17 Wilhelm Schmidt-Biggemann: Philosophia perennis im Spätmittelalter. Eine Skizze. In: Innovation und Originalität. Hrsg. von Walter Haug und Burghart Wachinger. Tübingen 1993 (Fortuna vitrea, Bd. 9), S. 14–34. Schmidt-Biggemann spricht von einer „eschatologische[n] Variante der philosophia perennis" (S. 34).
18 Van Dülmen, Einleitung, S. 14.
19 Joachimsen, Johann Valentin Andreae, S. 502.
20 Johann Arndt: Vier Bücher vom wahren Christenthum. Hamburg 1853. Drittes Buch, Vorrede, S. 429.
21 Walter Haug: Experimenta Medietatis im Mittelalter. In: Aufklärung und Gegenaufklärung in der europäischen Literatur, Philosophie und Politik von der Antike bis zur Gegenwart. Hrsg. von Jochen Schmidt. Darmstadt 1989, S. 129–151; hier S. 148.
22 Ebd., S. 149.

Wichtig ist zudem Andreaes Intention, die einzelnen Stufen menschlicher Vervollkommnung mit der Imago-Dei-Lehre zu verbinden. „Bei den Mystikern war Bildung auf der elementaren, bildhaften Stufe gleichbedeutend mit Ein-Bildung in Christi Bild, abzielend auf Christförmigkeit. [...] Die dergestalt begründete Urbild-Abbild-Relation zwischen Christus und dem christförmigen Menschen verpflichtete den Menschen aber auch auf ein neues Verhältnis zu den Mitmenschen, die er als seine Mitbrüder in Christo kennen und lieben muß."[23]

Die Imago-Dei-Vorstellung erklärt bei Andreae einerseits das wiederholte Betonen, dass das „Sich-bilden" praktisch werden müsse, und andererseits, dass ‚Bildung' im Zeichen dieser „Gottesebenbildlichkeit" durchaus perfektibel gedacht wird und mit „Rücksicht auf die noch ausstehende Endgestalt unvollkommen genannt werden [muss]. Der christförmig ‚Gebildete' ist daher niemals fertig mit seiner Bildung."[24] Die bei Andreae betonte Aufforderung zur „Imitatio Christi" ist deshalb die konsequente Folge seines heilsgeschichtlichen ‚Bildungs'-Konzepts.

Hinzu kommen naturphilosophisch-theosophische Komponenten in der Tradition der Renaissance. Die Forderung des Erasmus „‚homines non nascuntur, sed finguntur' meint den eigentlichen Menschen als Werk des Menschen".[25] In dieser Tradition wird alles zeitliche Werden, Wachsen und Vergehen als ein innernatürlicher Prozess aufgefasst, der als teleologisch prädestiniert erscheint. „Der ‚Mensch ist gebildet: sein Bildnuß ist die anathomey, einem Artzt vorauß notwendig zu wissen'; seine form ist geschnitzelt im Mutterleib durch Gott selbst. Dise Schnitzlung bleibt in der form des bildts."[26]

Andreae kann diese Vorstellungen in sein heilsgeschichtliches Konzept integrieren. Die inhärente „Erlösungshoffnung" legitimiert den daraus abgeleiteten „Erziehungsanspruch".[27] Dass solche Traditionen auch während der neuhumanistischen Bildungsdiskussion um 1800 noch lebendig sind, macht Friedrich Schlegel im Athenäumsfragment 262 deutlich: „Jeder gute Mensch wird immer mehr und mehr Gott. Gott werden, Mensch sein, sich bilden, sind Ausdrücke, die Einerlei bedeuten."[28]

---

[23] Hans Schilling: Bildung als Gottesbildlichkeit. Eine motivgeschichtliche Studie zum Bildungsbegriff. Freiburg im Breisgau 1961, S. 193.
[24] Ebd., S. 194.
[25] Ernst Lichtenstein: Zur Entwicklung des Bildungsbegriffs von Meister Eckhart bis Hegel. Heidelberg 1966, S. 7.
[26] Ebd.
[27] Reinhart Koselleck: Einleitung – Zur anthropologischen und semantischen Struktur der Bildung. In: Bildungsbürgertum im 19. Jahrhundert. Teil 2: Bildungsgüter und Bildungswissen. Hrsg. von Reinhart Koselleck. Stuttgart 1990, S. 11–46; hier S. 18.
[28] Friedrich Schlegel: Athenäumsfragmente. Hrsg. von Ernst Behler. München, Paderborn, Wien 1967 (Kritische Ausgabe, Bd. 1.2), S. 210 (Fragment 262).

III Das Innovative und/oder Originelle der *Christianopolis*

Fragt man abschließend nach dem Innovativen des Andreaeschen Texts, so lassen sich fünf Punkte hervorheben:

1. In der Geschichte literarischer Utopien präsentiert die *Christianopolis* eine Vielfalt unterschiedlicher Diskurse innerhalb ihres Textes. Auffallend ist eine Pluralität und „Redevielfalt" (Michail Bachtin) von Themen und Motiven, die sich auf Traditionen und Topoi seit Platon und der jüdisch-christlichen Heilsgeschichte zurückführen lassen. Das Neue besteht im virtuosen Umgang mit Traditionen mittels Wiederaufnahme, Zitat, Anspielung und Kombination der Zitate; theologisch-literarische Kombinationskunst steigert das Raffinement des Textes.[29]

2. Die durch die Pluralität der Texte im Text hervorgerufene Konkurrenz der Diskurse wird insofern entschieden, als sowohl eine theologisch-allegorische als auch mathematisch-(natur)wissenschaftliche Lesart angeboten werden. Der staatstheoretische Diskurs tritt zugunsten des heilsgeschichtlichen und wissenschaftsutopischen zurück.

3. Obwohl Morus' *Utopia* als dominanter utopischer Referenztext die Grundlage bildet, entwirft die *Christianopolis* keine sozialtheoretische Lösung oder politische Alternative, sondern eine auf das einzelne Subjekt bezogene Perspektive der Vervollkommnung. Dieses Konzept individueller Selbstvervollkommnung sucht die mathematisch-(natur)wissenschaftliche ‚Bildung' (im Zeichen von Naturphilosophie) in ein traditionales heilsgeschichtliches Modell zu integrieren.

4. Andreaes ‚Bildungs'-Konzept ist ein voraufklärerisches, eschatologisches, nicht neuhumanistisches Konzept. Es zeigt aber bereits die Auswirkungen einer Dynamisierung der Subjektvorstellung, die für die Bildungsdiskussion im 18. Jahrhundert zentral wird.

5. Die *Christianopolis* ist ein Beispiel für jene Texte des Übergangs, die das ‚Alte' und ‚Neue' nicht im Horizont einer kontinuierlichen Ablösung des einen durch das andere verbinden. Andreae liefert mit seinem Werk vielmehr eine spannungsreiche, widersprüchliche Einheit, die unterschiedliche Lektüren ermöglicht.

---

29 Burghart Wachinger hat den bezeichnenden Begriff des ‚Traditionsvirtuosen' geprägt.

7 Homo Oeconomicus und Homo Poeticus bei Daniel Defoe und Johann Gottfried Schnabel

I Kunst und Arbeit

Keine andere literarische Gattung verbindet Kunst und Arbeit genrespezifisch exemplarischer (und prekärer) als die Robinsonade.¹ Sie lässt sich als textuelle Institutionalisierung eines mentalitätsgeschichtlichen Übergangs von der biblischen Vorstellung von Arbeit („im Schweiße Deines Angesichts sollst Du Dein Brot essen") zu einem modernen Arbeitsbegriff charakterisieren. Im Kontext einer bezeichnenderweise in England durch Francis Bacon in seiner *Nova Atlantis* beginnenden Diskussion und etwa gleichzeitigen Neudefinition von Hobbes werden „Tätigkeit bzw. Arbeit und Macht (potentia) miteinander koordiniert: [...]das Summum bonum der christlichen Moralphilosophie, an das die Ruhe der Kontemplation und nicht menschliche Tätigkeit heranreicht, [wird] durch ein Glück [ersetzt], das im ungehinderten Forschreiten zu immer weiteren Zielen" besteht."² Damit verliert sich auch „der Gegensatz zwischen ‚Künsten' und ‚Geschäften', indem beide zur Arbeit überhaupt werden; d.h. unabhängig von spezifischen „Zwecken und Richtungen des Tätigseins [...]".³ Hinzu kommt ein neuer Gegensatz zwischen ‚Arbeit' und ‚Spiel', wobei beide als ‚Beschäftigungen' gelten, d.h. als Anfüllung der Zeit, im Unterschied zur Muße, die nun als ‚leere Zeit' (Kant) gedacht wird: „‚Je mehr wir beschäftigt sind, je mehr fühlen wir, daß wir leben, und desto mehr sind wir uns unseres Lebens bewußt'".⁴

Von daher ist es nicht weit bis zur Feststellung von Karl Marx, dass „die ganze sogenannte Weltgeschichte [...] nichts anderes [sei] als die Erzeugung des Menschen durch die menschliche Arbeit".⁵

Die Robinsonade gehört nicht nur konstitutiv in diesen Zusammenhang einer Emanzipationsgeschichte von Arbeit in der Frühen Neuzeit, sie ist auch Teil einer Geschichte der Utopie, die das klassische (utopische) „Idealisierungspotential in

---

1 Vgl. den zusammenfassenden Artikel von Axel Dunker: Robinsonade. In: Handbuch der literarischen Gattungen, S. 622–626. Wichtig sind vor allem die Arbeiten von Brüggemann, Utopie und Robinsonade; Reckwitz, Die Robinsonade.
2 Vgl. den grundlegenden Artikel „Arbeit" von Werner Conze. In: Geschichtliche Grundbegriffe, Bd. 1, S. 154–215; hier S. 168.
3 Ebd., S. 169.
4 Ebd.
5 Zit. Conze, Arbeit, S. 200. Hier wird zu Recht darauf hingewiesen, dass Marx mehrfach an Hegels „Phänomenologie" anknüpft.

einer Empirie [verankert], die die Adressaten [der Robinsonade] als eine glaubhafte Interpretation ihrer eigenen Erfahrung akzeptieren konnten".[6] Individuelle Selbstbehauptung gehört zum archetypischen Wunsch- und Erfahrungsmuster jenes neuen Lesepublikums, das für fast ein Jahrhundert den literarischen Markt in Europa maßgeblich bestimmt. In der Robinsonade wandelt sich im „Durchgang durch die Empirie" die klassische Utopie „für kurze Zeit zur *Eu*topie einer physisch und moralisch beherrschbaren und perfektionierbaren Welt [...]".[7]

Deshalb ist der *Robinson Crusoe* von Wirtschaftstheoretikern ebenso wie von traditionsbildenden Literaturwissenschaftlern wie Ian Watt „als Illustration des homo oeconomicus angesehen worden".[8] Der ‚ökonomische Mensch' symbolisiere „die neue individualistische Anschauung in ihrem wissenschaftlichen Aspekt".[9] Der „Würde der Arbeit [sei] in der Erzählung Ausdruck verliehen";[10] Robinsons Insel sei die „klassische Idylle des freien Unternehmertums" und sein Held „ein kapitalistischer".[11]

Abgeleitet wird davon seit Beginn des 19. Jahrhunderts eine wiederholt thematisierte Kulturstufen-Theorie des ‚Homo faber', der im Robinson als eine Art „Stellvertreter der gesamten Menschheit" angesehen werden könne.[12] Schon 1805–1808 gab Johann Christian Ludwig Haken eine enzyklopädische „Bibliothek der Robinsone in zweckmäßigen Auszügen" in fünf Bänden heraus, in der er „Robinsons Geschichte [als] die Geschichte des Menschen und seiner fortschreitenden Kultur im Kleinen" bezeichnet.[13]

Führt man die skizzierten ökonomischen und utopischen Diskurse mit den für Robinsonaden konstitutiven fiktiv-autobiographischen (literarischen) Modellen zusammen, so ergibt sich eine Dreieckskonstellation, die ein exemplarisches und prekäres Verhältnis von Kunst und Arbeit offenbart.

---

6 Schlaeger, Die Robinsonade, S. 280.
7 Ebd., S. 297
8 Vgl. insbesondere die Interpretation von Ian Watt. In: Englische Literatur von Thomas Morus bis Lawrence Sterne. Interpretationen. Hrsg. von Willi Erzgräber. Frankfurt am Main 1970. Bd. VII, S. 227–260; hier S. 229. Außerdem Ian Watt: Robinson Crusoe as a Myth. In: Daniel Defoe: Robinson Crusoe. Authoritative text. Contexts. Criticism. Second edition. Edited by Michael Shinagel. New York. London 1994, S. 288–306. Bei diesem Nachdruck handelt es sich um einen Essay: In: The Quarterly Journal of Literary Criticism 1951, S. 95–119.
9 Watt, Interpretation; außerdem ders.: The Rise of the Novel, S. 60–92.
10 Ebd., S. 239.
11 Ebd.
12 Vgl. Reckwitz, Die Robinsonade, S. 107.
13 Berlin 1805–1808. Bd. 1; hier S. VI. Hakens Robinsonaden-Anthologie dokumentiert das große Interesse an diesem Genre auch noch im 19. Jahrhundert.

Ich möchte dies im Folgenden an zwei Beispielen illustrieren: Am Prototyp der namengebenden Gattung, Daniel Defoes *The Life and Strange Surprizing Adventures of Robinson Crusoe* [...] (1719)[14] und an Johann Gottfried Schnabels (das literarische Modell erweiternden) *Wunderliche[n] Fata einiger See-Fahrer, absonderlich Alberti Julii,* [...](1731–1743), die bereits im 18. Jahrhundert unter dem Titel *Insel Felsenburg* bekannt und populär wurden.[15]

Defoes' Roman hat (Gattungs)geschichte geschrieben und eine Flut von Nachahmungen, Modifikationen und durch dieses archetypische Modell angeregte Varianten gefunden, die nicht immer von der überlieferten Tradition der Aventurierromane und „Imaginary Voyages" unterschieden werden können.[16] Durchgehend aber bleibt allerdings das literarische Grundmodell von individuellem Schiffbruch und erfolgreichem Inselaufenthalt bestehen, das sich bezeichnenderweise auch schon (in der pikaresken Tradition) vor Defoe (etwa in Grimmelshausens *Continuatio des abentheuerlichen Simplicissimi Oder der Schluß desselben* [1669]) findet.[17]

II Daniel Defoes Robinson Crusoe als Überlebenskünstler[18]

Biographisch bietet Daniel Defoes literarischer Coup nur wenig Interpretationsmöglichkeiten: „Daniel Defoe war eigentlich gar kein Romanschriftsteller: er war Kaufmann, Journalist, Fabrikant, Projektemacher und Agent" (so Robert Weimann)[19]. „Als Kaufmann machte er Bankrott (1694); für ein politisches Pamphlet zur Verteidigung der Dissenters (1703) wanderte er ins Gefängnis; als Journalist

---

14 Zit. Ausgabe edited by Michael Shinagel.
15 Zit. Ausgabe Johann Gottfried Schnabel: Insel Felsenburg. Hrsg. von Volker Meid, Ingeborg Springer-Strand. Stuttgart 1979; und der unveränderte Nachdruck Frankfurt am Main 1973. 4 Bde (Deutsche Romane des 17. und 18. Jahrhunderts. Eine Serie von Nachdrucken, ausgewählt von Ernst Weber).
16 Vgl. Philip B. Gove: The imaginary voyage in prose fiction. London ²1961.
17 Vgl. Kap. II,3.
18 The Life and strange surprising Adventures of Robinson Crusoe, of York, Mariner: Who lived Eight and twenty years all alone in an un-inhabited Island on the Coast of America, near the Mouth of the Great River of Oroonoques [...]. London 1719. Zit. Ausg. Michael Shinagel. In dieser kritischen Ausgabe findet sich ein umfangreicher Anhang mit Dokumenten zur kritischen Reaktion auf den *Robinson Crusoe* im 18. und 19. Jahrhundert (S. 257–279), eine Auswahl literaturwissenschaftlicher Abhandlungen (S. 283–432) und eine Auswahlbibliographie (S. 435 ff.).
19 Weimann, Interpretation des Robinson Crusoe, S. 110.

und Herausgeber der ‚Review' (1704–1713) verstrickte er sich in die verrotteten Fäden englischer Parteipolitik."[20]

Indes: Defoes außerordentlicher Erfolg lässt sich gerade (und nur) aufgrund des Roman-Mediums ‚Literatur' verstehen! Eingebettet in die Tradition des Pikaroromans nutzt er jene Modelle des fiktiv-autobiographischen Schreibens, die als säkularisierte Formen der puritanischen Autobiographie „[...] das innere Erleben eines bürgerlichen Menschen nahezu gleichwertig neben dem äußeren Geschehen" thematisieren.[21] Die „Selbstverwirklichung des schöpferischen Selbst" in der „wechselseitigen Erfüllung" von *working* und *living* mittels *selfcontrol*[22] bringt den konstitutiven Zusammenhang von schriftstellerischer Kunst und handwerklicher Arbeit auf den Punkt:

> The Story [so heißt es in der Vorrede] is told with Modesty, with Seriousness, and with a religious Application of Events to the Uses to which wise Men always apply them (viz.) to the Instruction of others by this Example, and to justify and honour the Wisdom of Providence in all the Variety of our Circumstances, let them happen how they will.[23]

Die fiktiv-autobiographische Darstellung gründet auf der „Behauptung, daß die Erzählung eine verläßliche Wiedergabe des Selbsterlebten darstelle"[24] und dass es sich lediglich um eine „History of Fact [handele] neither is there any Appearance of Fiction in it".[25] Das erfahrende Subjekt verbürgt die Wahrhaftigkeit des Dargestellten. Die Ich-Erzählung ist deshalb in besonderer Weise geeignet, den Wahrheitsanspruch zu dokumentieren, so dass Robinsonaden in der Regel als fiktive Selbst-Biographien konzipiert sind.[26]

Die Fiktion des Authentischen wird noch dadurch unterstrichen, dass ein „Herausgeber" eingeführt wird, der für den Wahrheitsgehalt des ‚edierten' Textes nicht verantwortlich gemacht werden kann, sondern die Frage der Glaubwürdigkeit an die Leserin und Leser delegiert.[27]

---

20 Ebd., S. 112.
21 Ebd., S. 126.
22 Ebd., S. 120.
23 Defoe, Robinson Crusoe, S. 3.
24 Wolfgang Iser: Möglichkeiten der Illusion im historischen Roman (Sir Walter Scotts *Waverley*). In: Nachahmung und Illusion. Hrsg. von Hans Robert Jauß. München ²1969 (Poetik und Hermeneutik I) S. 135–156; hier S. 135.
25 Defoe, Robinson Crusoe, S. 3.
26 Vgl. im Folgenden Kap. II 8: „Ein irdisches Paradies".
27 Das daraus ein literarisches Spiel gestaltet werden kann, zeigt insbesondere Johann Gottfried Schnabels Vorrede zur „Insel Felsenburg".

Schließlich gehört die Schreibkunst des Tagebuchs bei Defoe („The Journal") zur Robinsonade, weil die stete Selbstvergewisserung im tätigen Leben als durchgehender Reflexionsprozess eine zentrale Rolle spielt. Zu Recht ist von einer „Reflexionskette" von Erlebnis, „rationaler Diagnose" und „didaktischer Normsetzung" gesprochen worden.[28] Defoe vergegenwärtigt sein Konzept vom tätigen Leben in einer Rahmenerzählung, die einerseits den Anfang (Reise und Schiffbruch) und andererseits das Ende des Romans umschließt: Rückkehr nach England, Wiedersehen mit der Familie, Beginn eines neuen Wanderlebens, Gründung einer eigenen Familie, Tod der Ehefrau, Aufbruch nach Ostindien und Besuch ‚seiner' Insel mit der Ankündigung eines weiteren Buchs.

Für den komplexen Zusammenhang von Kunst (Schrift) und Arbeit (Handwerk) sind die ausführlichen Kapitel über den „Selbstbericht" und das chronologisch angelegte „Tagebuch" entscheidend.

Nach Robinson Crusoes Rettung vor der tödlichen Katastrophe wird sein ‚Lebens'-(Wieder)Beginn auf der Insel als eine Art neue Ortsbestimmung und Wiedergeburt des kreativen Vermögens des einzelnen Subjekts dargestellt. Die existentielle Notsituation lässt sich nur durch Arbeit in dem Sinn kompensieren, als alle notwendigen handwerklichen Arbeiten als Ausdruck eines neugeborenen Individuums charakterisiert sind:

> I consulted several Things in my Situation, which I found would be proper for me, 1st Health and fresh Water I just now mention'd; 2^{ndly} Shelter from the Heat of the Sun; 3^{rdly} Security from ravenous Creatures, wether Men or Beasts 4^{thly} a View to the Sea, that if God sent any Ship in Sight I might not lose any Advantage for my Deliverance, of which I was not willing to banish all my Expectation yet.[29]

Diese Zwischensituation bleibt allerdings nur eine Übergangsphase, bevor Robinson zur Einsicht gelangt, dass die Kunst des Beginnens seine eigentliche Arbeit darstellt. Defoes Kunstgriff besteht darin, dass er diesen Beginn mit einer individuellen Zeitrechnung seines Protagonisten markiert (der befürchtet, die Feiertage [„Sabbath Days"] angesichts der überaus tätigen Arbeitstage [„Working Days"] zu vergessen). Dessen regelmäßige Einkerbungen in ein Holzkreuz bezeichnen eine neue, seine eigene Zeitrechnung: „[...] I cut it with my Knife upon a large Post, in Capital Letters and making it into a great Cross, I set it up on the Shore where I first landed, *viz ,I come on Shore here the 30th of Sept. 1659'*".[30]

---

28 Vgl. Walter Pache: Profit and Delight. Didaktik und Fiktion als Problem des Erzählens. Dargestellt am Beispiel des Romanwerks von Daniel Defoe. Heidelberg 1980, S. 125.
29 Defoe: Robinson Crusoe, S. 44.
30 Ebd., S. 48.

Kreativität bedeutet das Finden und Konstituieren einer neuen Zeit als Ordnungsstiftung gegenüber der eigenen zurückgelassenen unsicheren Vergangenheit und bedrohlichen Unordnung seiner neuen Umwelt.

Folgerichtig führt das zu einer Bilanzierung der aktuellen Situation im Blick auf die Vor- und Nachteile früherer Vergangenheit und jetziger Gegenwart. Diese Introspektion – als säkularisierte Fortschreibung des puritanischen Sündenregisters – stellt einen Rechenschaftsbericht dar, der nicht nur als Moment der Reflexion, sondern (transformiert) als kreative Leistung dargestellt wird. So steht beispielsweise unter dem Stichwort „Evil": „I am cast upon a horrible desolate island, void of all Hope of Recovery". Dem gegenüber findet sich unter dem Stichwort „Good": „But I am alive, and not drown'd, as all my Ship's Company was. Unter „Evil": „I am divided from Mankind, a Solitaire, one banish'd from humane Society". Unter „Good": „But I am not starv'd and perishing on a baren Place, affording no Sustenance". Weiter unter „Evil": „I have no Soul to speak to, or relieve me". Unter „Good": „But God wonderfully sent the Ship in near enough to the Shore, that I have gotten out so many necessary things as will either supply my Wants, or enable me to supply my self even as long as I live". Buchhalterisch hält Robinson fest, dass man noch in jeder Lage etwas finden könne, was man bei der Aufzählung von Gut und Böse auf die Habenseite setzen dürfe: „[...] on the Credit Side of the Account".[31]

Das im Folgenden eingeblendete Tagebuch („The Journal")[32] lässt sich – vergleichbar mit der selbstreflexiven Bilanzierung der aktuellen Situation – als weiteres zentrales Strukturelement des Romans bezeichnen. Es richtet sich nicht allein auf die Selbstvergegenwärtigung des jeweiligen Moments, sondern bereits auf eine erinnerte, diskursive Rückschau (vgl. etwa den Rückblick auf den 30. Jahrestag der „unglücklichen Landung"). Genauer formuliert: Schreiben als ein Akt individueller Vergangenheitswahrnehmung und permanenter Zukunftshoffnung – im ‚Doch-schon und Noch-nicht'. Der kreativen Erfindung einer neuen Zeit-Rechung entspricht die auslegende Interpretation der bereits auf der Insel verbrachten Zeit. In der Beobachtung der Dreidimensionalität von zurückliegender Zeit – Gegenwart des Schreibens und erwartete Zukunft – wird Robinson Crusoe zum Schöpfer im mehrfachen Sinn. Shaftesburys „second maker" liefert dafür das theoretische Modell. Die wiederholt notierten „Selbstbefragungen" aufgrund von (täglicher) Bibellektüre:

> [...] I began to exercise my self with new Thoughts; I daily read the Word of God, and apply all the Comforts of it to my present State: One Morning being very sad, I open'd the Bible

---

31 Ebd., S. 49 f.
32 Ebd., S. 52 ff.

> upon those Words, I will never, never leave thee, nor forsake thee; immediately it occurr'd That these Words were to me [...].[33]

können nicht darüber hinwegtäuschen, dass das Motiv körperlicher Arbeit (im Sinne von ‚Mühsal') erhalten bleibt (vgl. Differenz von „work" und „labour").[34]

Robinsons Beschluss, jeden 7. Tag als arbeitsfreien „Sonntag" zu bestimmen, macht dies zusätzlich deutlich; wiederholt ist von körperlicher Arbeit die Rede, wenn es etwa um die Errichtung eines abgrenzenden Schutzzauns oder um die Aussaat unversehrt gebliebener Getreidekörner geht, die aus dem Schiffswrack geborgen wurden.[35]

Eine selbstironische Pointe des Tagebuchschreibens lässt sich zudem nicht übersehen, wenn Robinson die ebenfalls aus dem Wrack gerettete Tinte ausgeht und eine (anstrengend-kreative) Reduktion von komplexer Realitätsdarstellung geleistet werden muss. „A little after this my Ink began to fail me, and so I contended my self to use it more sparingley, and to write down only the most remarkble Events of my life, without continuing a daily Memorandum of other Things".[36]

Das Tagebuch bleibt indes nicht nur Ausdruck schriftstellerischer Kreativität, sondern auch notwendiges Mittel kontinuierlicher Selbstdisziplinierung. Diese scheint das Überleben unter psychologischen Aspekten zu sichern.

Das ändert sich auch dann nicht, als Robinson (schockartig) entdeckt, dass er nicht allein auf der Insel ist. Selbstdisziplinierung schlägt um in Fremddisziplinierung, wenn er die Erziehung und religiöse Bekehrung Fridays übernimmt. Stolz vermerkt das Tagebuch, dass der „Wilde" nun ein „guter Christ" geworden sei. Die paradoxe Formel von „servant" und „companion" macht dabei den unaufhebbaren Widerspruch des verklärten Herr-Knecht-Verhältnisses offenbar.

Zusammengefasst: der ‚Künstler' Robinson Crusoe mit seiner im Horizont von Möglichkeiten permanent schriftlich fixierten Selbstbeobachtung und Selbstdarstellung (etwa im fragmentarischen Tagebuch) einerseits und der Erfinder einer neuen, allein auf sich selbst als einzelnes Individuum gerichteten Zeit andererseits bleiben an die tägliche handwerkliche Arbeit zur Selbsterhaltung gebunden. Die kategoriale Einheit in der Differenz von ‚poeticus' und ‚oeconomicus' ist eine

---

33 Ebd., S. 83.
34 Vgl. etwa: „May 24. Every Day to this Day I work'd on the Wreck and with hard Labour [...]"; Ebd., S. 63.
35 Ebd., S. 75 ff.
36 Ebd., S. 76.

Projektion im insularen Möglichkeitsraum, die in der Person Robinson Crusoes ihre fiktive Verkörperung findet.[37]

III Johann Gottfried Schnabels *Insel Felsenburg* auf dem Weg zur ,Staatskunst'

Johann Gottfried Schnabels Insel Felsenburg: *Wunderliche FATA einiger See-Fahrer absonderlich Alberti Julii, eines gebohrenen Sachsens,[...]* (1731–1743)[38] unterscheidet sich von den eher dem Defoeschen Modell folgenden konventionellen Mustern dadurch, dass, ehrgeizig genug, auf das klassische Modell der *Utopia* von Morus referiert wird, ohne den durchgehend pikaresken, robinsonadenhaften Erzählduktus aufzugeben.[39] „Das altväterliche Erzählprogramm [der Wunderlichen Fata] verbindet die Gattung des ‚hohen' Staatsromans mit der des pikaresken [Abenteuer]Romans".[40] Schnabel konstruiert ein System verschachtelter fiktiver Autobiographien, das im Modell eines Fischgrätmusters durch eine erzählerische Hauptachse bestimmt ist. Der Haupt-Ich-Erzähler Eberhard Julius entspricht dem Morusschen Hytlodäus in der Tradition erfundener Reiseberichte. Innerhalb der Hauptgeschichte des Eberhard Julius ist eine Fülle von fiktiven, vornehmlich pikaresken Autobiographien eingefügt: die Lebensberichte von Europa-Müden und -Verfolgten und künftigen Bewohnern der Insel Felsenburg. Diese Technik des Ineinanderverschachtelns von fiktiv-autobiographischen *Einzel*geschichten und der (autobiographischen) *Haupt*erzählung des Eberhard Julius bestimmt den gesamten weit mehr als 1000 Seiten umfassenden vierbändigen Roman. Die Hälfte des Textes besteht aus den autobiographischen Emigranten-Erzählungen der Felsenburg-Bewohner, die andere aus den einzelnen Berichten des Utopie-Gründers Albert Julius über das Modell ‚Felsenburg' und dessen Geschichte, womit der bloß beschreibende Duktus erzählerisch variiert wird.

Durch den steten Wechsel von autobiographischen Erzählungen der Lebensläufe und berichtenden Passagen über den Zustand und das Leben auf der Insel Felsenburg mit täglich eingeschobenen Visitationen wird eine Romankomposition präsentiert, die mittels komplexer narrativer Techniken eine ‚asymmetrische' Parallelität zwischen Erzählung und Beschreibung im wechselseitigen Aufeinanderbezogensein entstehen lässt. Im Medium der pikaresk-autobiogra-

---

37 Darin knüpfen Robinsonaden unter ‚modernen' Gesichtspunkten auch an die Arkadien-Tradition an.
38 Schnabel, Insel Felsenburg.
39 Vgl. Fohrmann, Abenteuer und Bürgertum.
40 Stockhammer, Kartierung der Erde, S. 126.

phischen Lebensbeichte liefert Schnabel eine ebenso differenzierte Kritik des alteuropäischen Ancien Régime wie er in den Berichten über das Utopiemodell auf der Robinsonaden-Insel Felsenburg ein „irdisches Paradies" entwirft.[41] Aus dem bei Defoe gut 29 Jahre dauernden ‚utopischen' „Exil" wird bei Schnabel ein zeitlich unbegrenztes eutopisches „Asyl".

Die komplexe Erzählstruktur der *Insel Felsenburg* verdeutlicht, dass die Verbindung von und die Spannung zwischen Schreiben bzw. Erzählen (von fiktiven Autobiographien) und notwendiger körperlicher Arbeit (im Aufbau einer „christlich-vernünftigen" Utopie) nicht anders als bei Defoe zur Grundproblematik des Buchs gehört.

Vergleichbar mit Defoes Schilderungen eines gelingenden Modells kolonialer Arbeit auf einer abgeschiedenen Insel (vgl. den zugänglichen Schiffsvorrat) liefert auch Schnabel die Grundlagen für eine erfolgreiche Tätigkeit gleich mit. Die Zusammensetzung der Einwanderer bietet die Voraussetzungen für eine prosperierende handwerklich-landwirtschaftliche Existenz und Produktion ebenso wie ihre geistliche und geistige Versorgung aufgrund geretteter Bibeln, Gesangbücher und „etliche[r] Ballen weiß[en] Pappiers [...] Dinten [...] Federn [und] Bleystiffte[n]" (S. 35) für die schriftliche Dokumentation.[42]

Die „gantze [Ursprungs]-Gesellschafft" besteht vornehmlich aus folgenden Personen:

„1. Captain Leonhard Wolffgang, 45. Jahr alt,
2. Herr mag. Gottlieb Schmeltzer, 33. Jahr alt.
3. Friedrich Litzberg ein Literatus, der sich meistens auf die Mathematique legt, etwa 30. Jahr alt
4. Johann Ferdinand Kramer, ein erfahrner chirurgus, 33. Jahr alt.
5. Jerimias Heinrich Plager, ein Uhrmacher und sonst sehr künstlicher Arbeiter [!] in Metall und anderer Arbeit, seines Alters 34. Jahr. [...]" (94 f.)

Es folgen weitere, das Gewerbe-Spektrum vervollständigende Handwerke, die nicht nur einen gesellschaftlichen Möglichkeitsraum des zeitweiligen Überlebens, sondern ein dauerhaftes Exil garantieren.

Der Aufbau des Inselstaates orientiert sich am dargestellten „Grundris" mit den verschiedenen darum herum gruppierten „Räumen", die eine „gantze Landschafft" (98) mit „grosse[n] Gärten" und „auserlesensten Fruchtbaren Bäumen", Weinstöcken und „Blumen-Gewächsen[n]" (101) entstehen lassen. Ihre (arkadische) Schönheit soll deren Nützlichkeit nicht vergessen machen: „[...] die Alten verrichteten ihre Arbeit auf

---

[41] Vgl. Kap. II 8: „Ein irdisches Paradies".
[42] Schnabel, Insel Felsenburg, S. 35. Seitenzahlen im Folgenden im Text.

den Feldern, [während] die jungen Kinder von den Mittlern gehütet und verpfleget wurden" (107). Die „Felsenburg"-Bewohner sind „keine Müßigganger" (128). Die einzige als bösartig gezeichnete Figur Lemelie ist bezeichnenderweise „sehr faul" (146); er „that nichts als essen und trincken" (143).

Betont wird ausdrücklich anstrengende körperliche Arbeit: „Kam uns gleich die Tages-Arbeit öffters etwas sauer an, so konten wir doch Abends und des Nachts desto angenehmer ausruhen, wie sich denn öffters viele Tage und Wochen ereigneten, in welchen wir nicht aus dringender Noth, sondern bloß zur Lust arbeiten durfften" (253). Hier wird die biblische „Mühe" ungeschminkt in Erinnerung gerufen und nur gerade noch mit der „Lust" an der Arbeit (scheinbar) versöhnt.

Dass es auch bei Schnabel der „Unterthanen" bedarf, ist charakteristisch genug (216). Allerdings wird auf einen menschlichen Diener wie Defoes „Friday" verzichtet; stattdessen sind es „zahmgemachte Affen und Hirsche" (104) als „Hauß-Gesinde", die die schönste „Haushaltungs-Ordnung" (107) garantieren. Selbst wenn die arkadische Paradies-Metaphorik wiederholt zitiert wird („schöne Paradieß-Insul" [234]) und sich der vornehmste Kolonie-Gründer Albert Julius als „ein anderer Adam" versteht (233), bleibt Arbeit bei Schnabel der christlich-lutherischen Tradition verhaftet. Der kreative Aspekt von Arbeit als individuelle Selbstverwirklichung tritt zurück zugunsten (imperativer) solidarischer Gemeinschaftsbildung.

Im Gegenzug dazu ist der erfindende und (auf)schreibende Erzähler entschieden hervorgehoben. Der ‚Poeticus' wird zum eigentlichen Protagonisten. Das zeigt die Vorrede mit einer separaten Postkutschen-Manuskript- und Herausgeber-Geschichte (5–13) ebenso wie die Vielzahl der einzelnen Selbstlebensbeschreibungen (wie zu Anfang hervorgehoben), die eingeblendete „Lebens-Beschreibung" des Schnabelschen ‚Ur-Robinson' *Don Cyrillo de Valaro* (433–531) und ein grundlegendes „Zeit-Buch", das die „denckwürdigsten Begebenheiten" überhaupt erst „biß auf diese Zeit" (254) erzählerisch vergegenwärtigt. Hinzu kommen jene für die Haupthandlung des Romans konstitutiven, empfindsamen dichterischen Briefe des Liebenden (231f.) und späteren Ehemanns Albert Julius an Concordia van Leuvens, deren Liebesbrief an ihn („Liebster Hertzens Freund" [236f.]) die Voraussetzung für den künftigen Ehebund bildet.

Bei der Einführung in die Geheimnisse der Insel Felsenburg durch den allabendlich erzählenden Albert Julius ist die Insel-Utopie als Ergebnis vornehmlich handwerklicher Arbeit bereits vollständig realisiert. Das verwirklichte Ideal bleibt den Zuhörern deshalb anschaulich vor Augen. Die Erzählung bezieht daraus ihre narrative Spannung: der Erzähler als Garant dafür, dass die typisierende Wiederholung von Lebensläufen und Aufbau-Geschichten nicht langweilig wird. Dies ist auch dadurch vermieden, dass die Hoffnung geweckt wird, dass vernünftig-geordnete Lebens- und Arbeitsbedingungen sowohl Entfaltungsmöglichkeiten zur Perfektionierung des Individuums als auch der Gemeinschaft bieten.

Allerdings gilt dies vornehmlich für den 1731 erschienenen 1. Bd. der *Insel Felsenburg*. Schon im 2. und 3. Bd. (1732 und 1736) dokumentiert das Einfügen eines längeren ‚Verfassungs'-Textes und detaillierter „Genealogische[r] Tabellen über das ALBERT-JULIsche Geschlechte [...]" (419–430) in den Roman, wie sich die Struktur des gesamten Werks und dann auch die Konzeption der Schnabelschen Robinsonaden-Utopie im weiteren Verlauf des Erscheinens der einzelnen Bände verändern. Die vom Gründer-Vater Albert Julius vorgesehene Erbschafts-Regelung ist dabei nur die eine Seite (Übergabe des „Regiments" an den erstgeborenen Sohn und dessen Sohn); wichtiger sind testamentarisch festgelegte Regeln: „Neun Senatores oder Vorsteher der Gemeinen, und zwar aus jeglicher Pflantz=Stadt, wie sie itzt sind, bleiben, und nach deren Ableben allezeit andere Aeltesten und Vorsteher erwählet werden. Hiernächst sollen aus jeder Pflantz=Stadt noch 3. Beysitzer, nehmlich 1. Felsenburger und 2. Europäer, und zwar nicht nach dem Alter, sondern nach ihrem Verstande und Wissenschafft ausgesucht werden"[43] und eine (autokratische) Organisation des „Kirchen- und Schul-Wesens":

> [...] so sollen die 3. herren Geistlichen freye und unumschränckte Macht und Gewalt haben, darinnen so zu disponiren, wie sie es vor GOTT und ihrem Gewissen verantworten können, wie ich denn schon versichert bin, daß sie, wie bißhero geschehen, nach Beschaffenheit der Zeit und Gelegenheit fernerhin alles wohl einrichten werden, *derowegen sey derjenige verflucht, welcher sich ihren löblichen Unternehmungen widersetzt.* Weiln auch zu befürchten, daß in künfftigen Zeiten etwa der Satan, auf GOttes Zulassung, wie im Paradiese, also auch auf dieser Insul die Menschen zu groben Sünden, Schanden und Lastern zu reitzen und zu verführen trachten werde, als zweiffele zwar nicht, es werden die Herrn Geistlichen alle Kräffte anwenden, demselben zu widerstehen, allein, es wird auch nöthig seyn, dass die Aeltesten mit Zuziehung der Herrn Geistlichen nach und nach, wie es nehmlich die Zeiten mit sich bringen werden, heilsame Gericht und Ordnungen stifften, wornach sich ein jeder richten könne und solle.[44]

Weitere Bestimmungen zielen auf die „Bau- und Verbesserung des Zustandes der Insul"[45] und die vom Felsenburg-Gründer genauestens festgelegten Abläufe bei seinem Tod und der Bestattung.

Die christlich-vernünftige Tugendrepublik entwickelt einen ‚Staatsmechanismus', der einerseits an klassische Ordnungs-Utopien von Morus und Campanella erinnert und andererseits an ‚aufgeklärt'-absolutistische, zeitgenössische Regierungsformen des 18. Jahrhunderts.

---

43 Johann Gottfried Schnabel: Wunderliche FATA ... Nachdruck der Originalausgabe, S. 44.
44 Ebd., S. 245.
45 Ebd.

Dietrich Grohnert[46] hat zu Recht hervorgehoben, dass sich gleichzeitig die „uneigennützige Betriebsamkeit und [der] naturalwirtschaftliche [...] Produktenaustausch" aufgrund des auf der Insel beginnenden Europa-Handels zur ‚Verbesserung' (!) des utopischen Staatswesens wandelt: „Aus der reinen, ursprünglich tatsächlich gegen Europa abgeschotteten Versorgungsökonomie, die ja zugleich eine Schutzökonomie gewesen ist, wird, gemessen am Wirtschaftskontext Europas, eine sehr reale Agrar-Manufaktur-‚Gesellschaft'."[47]

Diese unauflösbare Paradoxie (Annäherung des ursprünglich radikal differenten Utopie-Modells an das eben noch kritisierte Staatsmodell des patriarchalischen Absolutismus) ist allerdings ganz genauso jener schriftstellerischen Kreativität geschuldet, auf die sich der schreibende Künstler Johann Gottfried Schnabel beruft.

Schnabel, so lässt sich zusammenfassend (und überspitzt) formulieren, verschärft den in Robinsonaden seit Defoe prinzipiell angelegten Konflikt von ‚Kunst' und ‚Arbeit'. Die Gattung selbst steht im Zeichen dieser Dichotomie. ‚Arbeit' kann nur insofern und solange ‚Kunst' genannt werden, als sie als unentfremdete Tätigkeit verstanden wird. Jede Institutionalisierung droht diesen originären Utopiegehalt, wie Schnabel zeigt, auszulöschen. „[...] Felsenburg ist mit recht eine Capital-Vestung zu nennen, aber nur ewig Schade, daß sie nicht mit Ketten am Himmel hanget [...]."[48] Künstler sind Robinsone als Überlebenskünstler und, indem sie in literarischen Formen fiktive Autobiographien und Tagebücher oder – bei Schnabel – bestandserhaltende expositorische Verfassungs-Texte schreiben. Das befreit sie nicht von der Mühsal körperlicher Arbeit; die erstrebte Einheit von ‚Kopf- und Handarbeit' bleibt das Ziel.

---

46 Dietrich Grohnert: Aufbau und Selbstzerstörung einer literarischen Utopie. Untersuchungen zu Johann Gottfried Schnabels Roman ‚Die Insel Felsenburg'. St. Ingbert 1997, S. 152.
47 Ebd., S. 155.
48 Johann Gottfried Schnabel: Wunderliche FATA, S. 240, zit. Dietrich Grohnert: Schnabels ‚Insel Felsenburg'. Aufbau und Verfall eines literarischen sozialutopischen Modells. In: Weimarer Beiträge 35 (1989) S. 605–617; hier S. 616.

Abb. 6: Johann Gottfried Schnabel: Insel Felsenburg (1731)

8 „Ein irdisches Paradies":
Johann Gottfried Schnabels *Insel Felsenburg*

I

Johann Gottfried Schnabels vierbändiger Roman *Wunderliche Fata einiger See-Fahrer absonderlich Alberti Julii, [...]* (1731–1743)[1] – von Ludwig Tieck 1828 neu herausgegeben und bearbeitet unter dem Titel *Die Insel Felsenburg* – gehört zu einer Mischform der Prosaliteratur, die der Tradition pikaresker Abenteuerromane (Avanturierromane) ebenso zugerechnet werden kann wie der der Robinsonaden oder utopischen Erzählungen. „Utopie und Robinsonade" (Fritz Brügemann), „Robinsonadenutopie" (Erhard Reckwitz) oder „utopische Robinsonade" (Michael Winter)[2] sind deshalb, unter Hinweis auf die Vorbildfunktion der prototypischen Texte von Thomas Morus und Daniel Defoe, geläufige (und berechtigte) Charakterisierungen. Allerdings genügt dieser verweisende Rückgriff auf die *Utopia* einerseits und den *Robinson Crusoe* andererseits noch nicht, um die eigentümliche Sonderform der *Insel Felsenburg* genauer zu verstehen.

Der Roman hat die Form einer zweifachen Rahmenerzählung. Den äußeren Rahmen bildet die Geschichte eines fiktiven Herausgebers Gisander, der das Manuskript der *Insel Felsenburg* von einem „Literatus" nach dessen Postkutschenunfall erhält und zum Druck befördert. Das Manuskript selbst enthält (als innere Rahmenerzählung) die Hauptgeschichte des in der Ich-Form erzählenden Eberhard Julius mit seinen Berichten über die „paradiesische" Insel Felsenburg. Innerhalb dieser Hauptgeschichte sind eine Fülle von Einzelgeschichten eingefügt; es handelt sich um die Lebensberichte von Europa-Emigranten und künfti-

---

1 Bd. I (1731); Bd. II (1732); Bd. III (1736); Bd. IV (1743). Die einzelnen Bände erzielten im 18. Jahrhundert hohe Auflagen: Bd. I = 8, Bd. II = 7, Bd. III = 6 und Bd. IV = 5 Auflagen. Vgl. den fotomechanischen Nachdruck aller vier Bände. Hildesheim. New York 1973. Im Folgenden wird nach diesem Neudruck zitiert; Band- und Seitenzahl stehen jeweils in Klammern hinter dem Zitat im Text. Vgl. auch die weiteren Ausgaben: Die Insel Felsenburg. Erster Theil (1731). Hrsg. von Hermann Ullrich. Berlin 1902. (Deutsche Literaturdenkmale des 18. und 19. Jahrhunderts. N. F. 58–70); Insel Felsenburg [1. Teil.] Hrsg. von Wilhelm Voßkamp. Reinbek bei Hamburg 1969 (Rowohlts Klassiker. Deutsche Literatur, Bd. 3); Insel Felsenburg [1. Teil.] Hrsg. von Volker Meid, Ingeborg Springer-Strand. Stuttgart 1979. (Reclam Universal-Bibliothek Nr. 8419).
2 Vgl. Brüggemann, Utopie und Robinsonade; Reckwitz, Die Robinsonade; Winter, Compendium, 1. Teilbd. Vgl. außerdem: Fohrmann, Abenteuer und Bürgertum; Arno Schmidt: Herrn Schnabels Spur. Vom Gesetz der Tristaniten. In: Nachrichten von Büchern und Menschen. Bd. I. Zur Literatur des 18. Jahrhunderts. Frankfurt am Main. Hamburg 1971, S. 28–57. Zuerst ohne biographischen Anhang. In: Dya Na Sore. Gespräche in einer Bibliothek. Karlsruhe 1958, S. 54–98.

gen Bewohnern der Insel Felsenburg. Etwa die Hälfte des Schnabel-Textes besteht aus Erzählungen der Felsenburg-Bewohner, die andere aus den Berichten über das utopische Modell. Im ersten Band (in dem das Erzählkonzept des Romans bereits voll ausgebildet ist) spielt der Lebensbericht des „Altvaters" Albertus Julius eine Hauptrolle; im Anhang wird die Vorgeschichte der Insel Felsenburg in der Erzählung der „Lebens-Beschreibung des Don Cyrillo de Valaro" (des Ur-Robinson der Insel) mitgeteilt. In den Bänden 2 und 3 folgen weitere Lebensberichte, unterbrochen durch die Beschreibung von Ereignissen, die sich auf der Insel zugetragen haben, oder durch Erzählungen über einzelne Europareisen. Der vierte Band beschließt den Roman mit Berichten über eine militärische Bedrohung der Insel und mit ins Phantastische und Wunderbare übergehenden weiteren Lebensgeschichten und Inselepisoden.

Durch den steten Wechsel von autobiographischen Erzählungen und Berichten über das Leben auf der Insel entsteht eine Romankomposition, die durch ihre eigentümliche Doppelheit charakterisiert ist. Strukturell handelt es sich um zwei Hauptformen, den autobiographisch-erzählenden und den utopisch-beschreibenden Diskurs. Beide stehen sich aber nicht, wie in der Tradition klassischer Sozialutopien seit Morus' *Utopia* ‚symmetrisch' gegenüber, sie sind vielmehr mittels einer komplizierten Verschachtelungstechnik einander asymmetrisch zugeordnet.[3] Dadurch erreicht Schnabel einerseits eine strukturelle Annäherung von autobiographischem und utopischem Diskurs – der Leser kann den Sprung jeweils leichter mitvollziehen – , andererseits werden dem Leser gerade auf Grund dieser Nähe die Unterschiede zwischen autobiographisch erzählter, realer Lebenswelt und beschriebener, utopischer Inselwelt besonders eindringlich vor Augen geführt. Denn unter thematischen Aspekten bestimmt eine scharfe Trennung zwischen empirisch-historischer Welt und utopischem Inselbezirk die Struktur des Romans. So sehr sich Autobiographie und Utopie auch im Text annähern und miteinander verzahnt sind, so sehr weichen sie inhaltlich voneinander ab. Eine strenge Dichotomie trennt die historische Welt des alten Europa von der neuen Welt auf der utopischen Insel Felsenburg. Diese ist eine differenzierte Negation von geschichtlicher Erfahrungswirklichkeit des Ancien régime. Der fortunabestimmten Welt der frühen Neuzeit wird die in der Fürsorge der göttlichen Providenz aufgehobene Insel der Utopie gegenübergestellt. Der geschichtsfreie Ideal-Ort der Felsenburg liefert die Norm, um empirische Realität (vornehmlich satirisch) kritisieren zu können. Der Kritik unterliegen „politisches" und „galantes" Verhalten ebenso wie jedes „unredliche" Handeln, das „christlichen" und „vernünftigen" Prinzipien widerspricht.

---

3 Vgl. Kap. II 7: Homo Oeconomicus und Homo Poeticus.

Die Vielzahl der eingeblendeten Lebensläufe europamüder Felsenburger erlaubt Schnabel eine mosaikartige satirisch-kritische Darstellung gesellschaftsgeschichtlicher europäischer Zustände des 16. bis 18. Jahrhunderts.[4] Nur dadurch kann sich das Ideal der Insel Felsenburg entsprechend abheben und als eine ‚utopische Widerlegung' von politischer Geschichte erscheinen. Die vorherrschend autobiographische Erzählweise führt zu einer Individualisierung des Realitätsverständnisses, die dem zeitgenössischen Leser Identifikationen (und Projektionen) ermöglicht.

II

Das Gegenbild zur historischen Wirklichkeit, das Schnabel mit der Felsenburg-Insel entwirft, enthält sowohl traditionsbestimmte Systemcharakteristika der klassischen Sozialutopien als auch spezifische Modifikationen und Komponenten, die auf einen eigenständigen Entwurf hinweisen. Text und Bild (Schnabel gibt seinem Roman einen aufschlussreichen „Grundris" bei) kennzeichnen die emblematische Felsenburg-Topographie als eine nur schwer zugängliche Insel, deren vorgelagerte Sandbänke und steile Klippen die isolierte Abgeschlossenheit des utopischen Bezirks unterstreichen. Erst nach „Übersteigung" solcher Hindernisse lässt sich, abgeschirmt und verborgen, „das schönste Land" entdecken.[5] Soweit entfernt die Insel Felsenburg auch von Europa liegt, sowenig exotisch ist sie; denn hat man die rauhen Felsen überwunden, wird ein bereits kultiviertes Land und eine hochentwickelte Zivilisation sichtbar. Der Plan der fast rechteckigen, von drei Flüssen durchzogenen und an den Rändern größtenteils mit Wäldern bedeckten Insel zeigt dies an den verschiedenen Siedlungsräumen („Pflantz-Städten"), den Kanälen,

---

4 Vgl. Voßkamp: Theorie und Praxis der literarischen Fiktion in Johann Gottfried Schnabels Roman ‚Die Insel Felsenburg'. In: Germanisch-Romanische Monatsschrift NF 18 (1968), S. 131–152.
5 Vgl. den ausführlichen Titel des Romans: Wunderliche FATA einiger See=Fahrer, absonderlich ALBERTI JULII, eines gebohrnen Sachsens, welcher in seinem 18den Jahre zu Schiffe gegangen, durch Schiff=Bruch selb 4te an eine grausame Klippe geworffen worden, nach deren Übersteigung das schönste Land entdeckt, sich daselbst mit seiner Gefährtin verheyrathet, aus solcher Ehe eine Familie von mehr als 300 Seelen erzeuget, das Land vortrefflich angebauet, durch besondere Zufälle erstaunens-würdige Schätze gesammlet, seine in Teutschland ausgekundschafften Freunde glücklich gemacht, am Ende des 1728sten Jahres, als in seinem Hunderten Jahre, annoch frisch und gesund gelebt, und vermuthlich noch zu dato lebt, entworffen Von dessen Bruders-Sohnes-Sohnes-Sohne, Mons. Eberhard Julio Curieusen Lesern aber zum vermuthlichen Gemüths-Vergnügen ausgefertigt, auch par Commission dem Drucke übergeben. Von GISANDERN. NORDHAUSEN [...] Anno 1731.

Gärten, Weinbergen und Alleen und vor allem an der im Dreieck zwischen den beiden Hauptflüssen gelegenen „Albertsburg", die den Mittelpunkt bildet.

Der Haupterzähler des Romans, Eberhard Julius, findet bereits einen Idealzustand vor; die (robinsonadenhafte) Entstehungsgeschichte wird ebenso später ergänzt wie die Erzählung vom Aufbau der Inselkultur in den Berichten des Albertus Julius stückweise nachgeholt. Schnabel verfährt analytisch; das Idealbild der ‚Utopie Felsenburg' bestimmt die Gegenwart des Erzählens. Von welcher Art dieses Ideal ist, macht der Erzähler sogleich deutlich: Die „schöne Gegend" erscheint allen Neuankommenden als „ein irrdisches Paradieß" und als das „Gelobte Land" (I, 88). Parallelen zum Himmlischen Jerusalem und Anspielungen auf das biblische Paradies finden sich an vielen Stellen des Romans, so dass der Leser darin ein Modell für die Felsenburg-Utopie erblicken kann.[6] Das wiedergefundene „Paradies" offenbart indes auch moderne Züge, der heilsgeschichtliche Idealort verbindet sich mit Eigenschaften einer neuen, „vernünftigen", Zivilisation. Das Hauptmotiv der Einwanderer (und das dominante Merkmal der Utopie *Felsenburg*) ist „das Vergnügen [...] auf dieser Insel in Ruhe, ohne Verfolgung, Kummer und Sorgen" leben zu können (I, 298). „Ersprießliche Gemüths- und Leibes-Ruhe" (II, 161) sind Ziel und Inhalt von Menschen, denen die historische Wirklichkeit des alten Europa nur innere und äußere Unruhe beschert hat.

Auf der Insel Felsenburg vollzieht sich ein radikaler, paradigmatischer Zeitwechsel. Die diskontinuierliche Willkür der geschichtlichen Zeit (verursacht durch die launische Glücksgöttin Fortuna) wird verwandelt in eine homogene Zeit der glücklichen, beruhigt-gelassenen Beständigkeit. Die Felsenburg-Bewohner empfinden daher auch keine Sehnsucht, die Insel, wie Robinson, wieder zu verlassen; im Gegenteil, sie betrachten ihren Aufenthalt als endgültig. Aus dem „Exil" der Robinsonaden in der Tradition Defoes ist ein Zustand des „Asyls" geworden.[7] Dass die Bewohner Felsenburgs von dem Augenblick an, als sie „diese glückselige Insul" betreten, „eine vollkommene Gemüths-Beruhigung" finden, liegt indes nicht allein im Zeit-Wechsel (Ablösung der „unbeständigen" historischen durch eine „beständige" utopische Zeit) begründet. Die Hauptursache ist vielmehr ein ‚anthropologischer' Wandel. Mit dem Übergang von der europäischen zur Felsenburg-Welt vollzieht sich ein Normenwandel in den Menschen selbst. Den „ehemaligen Affecten" wird „ein Gebiß" angelegt (II, 317), man weiß, die vorhandenen „Gemüths-Bewegungen mit einer besonderen Klugheit zu temperiren [...]" (II, 236). Dies ist der Grund dafür, weshalb die Insel Felsenburg zu einem

---

[6] Vgl. Rosemarie Haas: Die Landschaft auf der Insel Felsenburg. In: Zeitschrift für deutsches Altertum 91 (1961/62), S. 63–84.
[7] Vgl. Brüggemann, Utopie und Robinsonade.

Ort werden kann, „[...] allwo die Tugenden in ihrer angebohrnen Schönheit anzutreffen, hergegen die Laster des Landes fast gäntzlich verbannet und verwiesen sind" (I, 366). Die Errichtung der Tugendrepublik Felsenburg setzt die Selbstdisziplinierung der einzelnen Subjekte voraus; ohne strenge Affektregulierung kann der utopische Konsens nicht bestehen. „Redlich, keusch und tugendhafft" (I, 157) sind dabei wiederkehrende Stereotypen einer bürgerlichen Tugendmoral, die sich gegen adelige Libertinage und politisches Intrigantentum im alten Europa wendet. Hinzu kommt ein religiöses Moment. Der ‚neue Mensch' auf der Insel Felsenburg bekennt sich zur „reinen und unverfälschten Evangelischen Wahrheit" (II, 561). Der „lutherische" Glaube bestimmt das Leben (und die religiöse Unterweisung) auf der Insel ebenso wie das „redliche" Verhalten ihrer Bewohner. Der „gute[n] Ordnung wegen" (IV, 2) sind es christliche und vernünftige Prinzipien zugleich, die eine konsensstiftende Funktion übernehmen.

Im Gefolge traditioneller klassischer Sozialutopien geht auch Schnabel von der Übereinstimmung von subjektivem Einzelinteresse und objektivem Gesamtinteresse der Felsenburg-Gesellschaft aus. Abweichendes Verhalten wird (entsprechend christlich-vernünftiger Maximen) „reguliert", was sich nicht nur an dem sich selbst ausschließenden Bösewicht Lemelie, sondern etwa auch an bestimmten Heiratsarrangements ablesen lässt, die aus Nützlichkeitserwägungen gegenüber dem gesellschaftlichen Ganzen getroffen werden.[8] Der institutionelle Ort utopischer Regulierungen ist allerdings, im Unterschied zu den Renaissanceutopien, nicht mehr ein vollständig durchorganisiertes Staatsgebilde, sondern der Familienverband. Die Familie, begründet durch Albert Julius, übernimmt die Funktion der utopischen Institution. Die vertretenen bürgerlichen Ideale haben hier ihren historisch-soziologischen Ort. Familiäre Privatheit wird zur Grundlage der „tugendhaften" Felsenburg-Utopie, die sich damit kategorisch von „politischen" Formen repräsentativer Öffentlichkeit abhebt.

Wie dominant eine in der Familie entwickelte und institutionalisierte Privatheit auf das Geschehen und die Geschichte Felsenburgs wirkt, lässt sich an einer Reihe von Beispielen ablesen. Besonders bemerkenswert für die frühe Aufklärung in Deutschland ist das Modell einer harmonischen Ehe, die „göttlichen und menschlichen Gesetzen gemäß" geführt wird (I, 145). Religion und Vernunft bilden den Rahmen, der aber Sinnlichkeit und Leidenschaft nicht ausschließen soll. Zwar kann es sich lediglich um „vernünftige Leidenschaft"[9] handeln, aber im Kontext zeitgenössischer Auffassungen bedeutet dies eine Absage an vorherrschende Vorstellungen von der Ehe als bloß zweckrationale Rechts- und Fort-

---

8 Vgl. Bd. I, S. 365.
9 Vgl. Stockinger, Ficta Respublica, S. 424 ff.

pflanzungsinstitution. Konventioneller ist Schnabel dort, wo er die Rolle des Familien- und Hausvaters charakterisiert. Ihm wird jene Autorität zugeschrieben, durch die die Vaterfiguren in der bürgerlichen Eheauffassung traditionellerweise bestimmt sind. Die Vorstellung von der Gottebenbildlichkeit legitimiert einen Patriarchalismus, der für Schnabels Konzeption der Ehe ebenso charakteristisch ist wie für das Gesellschaftsmodell der Insel Felsenburg.

Die ökonomische Struktur der Felsenburg-Utopie erinnert an Traditionen jener sozialutopischen Modelle, die eine vornehmlich landwirtschaftliche Basis zur Grundlage haben. Eine stets verbesserte (und noch verbesserbare) „Wirtschaffts-einrichtung im Acker-, Garten- und Wein-Bau" (I, 430) macht deutlich, dass Schnabel weder ein Schlaraffenland entwerfen möchte noch ein ‚Zurück-zur-Natur' im Auge hat. Die „schönste Haußhalts-Ordnung" (I, 111) verweist vielmehr auf Zivilisation und Fortschritt. Da die Arbeit den Felsenburgern eher Lust als Mühe bereitet, produzieren sie mehr als für ihren Bedarf erforderlich ist. Der „Überfluß" wird gesammelt und kann Menschen in Europa zugutekommen. Privatbesitz und Geldverkehr sind auf der Insel abgeschafft; „Handel" und „Wandel" erübrigen sich in einer autarken Überflussgesellschaft, die deshalb vorerst weder Neigungen zum Außenhandel zeigt noch weitere Kolonialisierungen beabsichtigt. Der innere Aufbau und Ausbau der Insel wird demgegenüber umso nachdrücklicher vorangetrieben.[10] Aus den „Pflantz-Städten" der ersten Siedler entwickeln sich dauerhaft bestehende Städte, so dass man im Laufe der Geschichte Felsenburgs achtgeben muss, dass darüber die Landwirtschaft nicht vernachlässigt wird.[11]

Dass die Felsenburg-Utopie vom Geist der „christlichen" Zivilisation und nicht von der Idee des Schlaraffenlands geprägt ist, lässt sich auch an den „erlaubten Lustbarkeiten" (III, 83) ablesen, von denen außerhalb der Arbeitszeit die Rede ist. Es handelt sich vornehmlich um religiöse und Familien-Feste, die „vergnüglich, ehrbar und ordentlich" (II, 4) gefeiert werden, aber niemals ausschweifend wie im alten, zurückgelassenen Europa, wo – wie es etwa über das Essen heißt – häufig alles „[...] so gar leckerhafft, oder wenn ich es recht sagen soll, täntelhaft zugerichtet" ist (III, 49). Neben dem durchaus ‚erlaubten' maßvollen Vergnügen am Essen, Trinken (Kaffee!) und Rauchen, an Gesellschafts- und „Lust-Spielen" dient der Zeitvertreib der Lektüre und dem „vergnügtesten Gespräch", wozu die weniger arbeitsreichen Wintermonate besonders geeignet sind. Hinzu kommen, auch nach Gründung einer Schule, Bildung und Unterricht, der neben den „Grund-Sprachen" theologische, mathematische und botanische Kenntnisse vermittelt. Das „studium musicum" kommt später hinzu.

---

[10] Die Besiedlung ‚Klein-Felsenburgs' dient dem Schutz der Felsenburg-Utopie.
[11] Vgl. Bd. IV, S. 517.

Dennoch lässt sich nicht übersehen, dass der Aspekt von Bildung und Wissenschaft – im Unterschied zu vergleichbaren Utopien, wie etwa in Johann Valentin Andreaes *Christianopolis* – bei Schnabel nicht im Mittelpunkt steht. Die Lektüre konzentriert sich hauptsächlich auf biblische und erbauliche Texte, und der eher landwirtschaftliche und handwerkliche Charakter der Felsenburg-Aktivitäten lässt das Interesse an Wissenschaft notwendig zurücktreten. Von da aus wird auch die eigentümliche Zusammengehörigkeit von Arbeit und Freizeit bei Schnabel verständlich: ‚Arbeit' ist eine Form des nichtentfremdeten Tätigseins, die ebenso lustvolle Befriedigung verschaffen soll wie ‚Freizeit', die dem vernunftgesteuerten Genuss vorbehalten bleibt.

Die entscheidende Frage nach dem spezifischen Utopiecharakter der *Insel Felsenburg* ist immer wieder diskutiert und von der Schnabel-Forschung unterschiedlich beantwortet worden. Handelt es sich um eine bloß „kulturelle" Utopie ohne politische Implikationen (Fritz Brüggemann)? Dominieren die „fluchtutopischen" Momente (Hans Mayer)? Geht es eher um eine Reproduktion zeitgenössischer absolutistischer Verhältnisse (Jan Knopf)? Ist es gerade der „antiabsolutistische Affekt" (Dietrich Naumann), den es zu berücksichtigen gilt? Oder wird aus der ursprünglichen „Versorgungsökonomie" im Vergleich zum Kontext „eine sehr reale Agrar-Manufaktur-‚Gesellschaft'" (Dietrich Grohnert)?[12]

Der Roman macht zunächst deutlich, dass die in Europa bestehenden ständischen Unterschiede in dem Augenblick aufhören, in dem die Emigranten die Insel Felsenburg betreten. Das Herr-Knecht-Verhältnis wird aufgehoben und das Gleichheitsprinzip eingeführt. Veranschaulicht wird dies im Besonderen an der Geschichte des Kapitäns Lemelie, der sich einer folgenreichen Mehrheitsentscheidung fügen muss:

> [...] Euer Commando ist zum Ende, es gilt unter uns dreyen einer so viel als der andere, die meisten Stimmen gelten, die Victualien und andern Sachen sind gemeinschafftlich, will der 3te nicht was 2 haben wollen, so mag er elendiglich crepiren. (I, 148 f.).

In den einzelnen Bänden des Romans ist deshalb auch wiederholt von der „Republique Felsenburg" (IV, 262) die Rede: „[...] denn so kann ich unser gantzes Werck wohl nennen [...]" (III, 270). Gleichzeitig jedoch wird, im Blick auf den

---

12 Vgl. Brüggemann, Utopie und Robinsonade; Hans Mayer: Die alte und die neue epische Form. Johann Gottfried Schnabels Romane. In: ders.: Von Lessing bis Thomas Mann. Wandlungen der bürgerlichen Literatur in Deutschland. Pfullingen 1959, S. 35–78; Jan Knopf: Frühzeit des Bürgers. Erfahrene und verleugnete Realität in den Romanen Wickrams, Grimmelshausens, Schnabels. Stuttgart 1978; Dietrich Naumann: Politik und Moral. Studien zur Utopie der deutschen Aufklärung. Heidelberg 1977; Grohnert, Aufbau und Selbstzerstörung.

Altvater Julius, auch vom „Regenten" oder „Oberhaupt" gesprochen, dem eine selbstverständliche Autorität eigen ist und damit „Ehre" und „Gehorsam" gebühren. Dieser Patriarchalismus prägt das interne Familienleben so, wie er die Struktur des „Familien-‚Staates'"[13] bestimmt, und hier lassen sich Parallelen zur zeitgenössischen Hausväterliteratur beobachten, in der die Vaterrolle für das „persönliche Regiment" eines Souveräns entsprechend hervorgehoben wird.[14]

Wie sehr sich Schnabels Felsenburg-Modell indes von der politischen Praxis eines Territorialabsolutismus mitteleuropäischer Provenienz unterscheidet und damit von den zeitgenössischen Lesern als kritisches Gegenbild aufgefasst werden konnte, zeigen nicht nur der Grad erreichter Privatisierung im Medium „tugendhafter Redlichkeit" oder die Konzeption eines Arbeitsbegriffs, der Möglichkeiten von Selbstverwirklichung andeutet, sondern auch die konstitutionellen Momente, die Schnabels Entwurf enthält. In der „Abschieds-Rede" des Albert Julius, die als politisches Testament und Verfassungstext konzipiert ist, werden sowohl die (familienintern geregelte) Erbfolge festgelegt als auch die Art der verfassungsmäßigen Einschränkungen der Macht des „Ober-Haupts" kodifiziert:

> Jedoch ist meine Meinung im geringsten nicht, daß ein solches Ober-Haupt als ein souverainer Fürst regieren und befehlen solle, sondern seine Macht und Gewalt muß durch das Ansehen und Stimmen noch mehrerer Personen eingeschränckt seyn. (III, 244)

Außer neun Senatoren, einer aus jedem Siedlungsbezirk der Insel, übernehmen drei Beisitzer und eine Gruppe von „Geheimbde[n] Räthe[n]" politische Mitverantwortung. Die kirchlichen und Bildungs-Angelegenheiten werden drei Geistlichen übertragen, denen „unumschränckte Macht und Gewalt" (III, 245) nur deshalb verliehen werden können, weil Schnabel von einem (‚utopischen') Tugendkonsens aller Felsenburg-Bewohner ausgeht und das gewissenhafte Handeln der Geistlichen stets dem Wohl des Ganzen entspricht. Hier wird die immanente Spannung des Schnabelschen Konzepts noch einmal deutlich: Eine (radikal) vom ‚neuen Menschen' gedachte Tugendrepublik bedürfte der Verfassung nicht; dennoch entwickeln die Felsenburger, mit Albert Julius an der Spitze, außer demokratischen Spielregeln Formen einer konstitutionellen, patriarchalisch geprägten Souveränität. Beide Tendenzen – tugendhafte Redlichkeit ebenso wie politischer

---

13 Vgl. diesen Begriff bei Winter, Compendium Utopiarum, S. 193.
14 Vgl. dazu Paul Münch: Haus und Regiment – Überlegungen zum Einfluß der alteuropäischen Ökonomie auf die fürstliche Regierungstheorie und -praxis während der frühen Neuzeit. In: Europäische Hofkultur im 16. und 17. Jahrhundert. Hrsg. von August Buck, Georg Kauffmann, Blake Lee Spahr und Conrad Wiedemann. Bd. II. Hamburg 1981 (Wolfenbütteler Arbeiten zur Barockforschung, Bd. IX), S. 205.

Konstitutionalismus – bleiben Gegenbilder, die eine utopische Differenz zum zeitgenössischen Absolutismus veranschaulichen.

III

Die Poetik des Felsenburg-Romans ist mit der utopischen Thematik aufs engste verbunden. Schon Schnabels Vorrede macht deutlich, dass ein gegenüber der Robinsonadentradition und im Kontext des frühen 18. Jahrhunderts avancierter Fiktionsbegriff mit dem Entwurfscharakter des Romans zusammenhängt: „Warum soll denn eine geschickte Fiction, als ein Lusus ingenii, so gar verächtlich und verwerfflich seyn?" (Vorrede zu I).[15] Die Authentizitätsfiktionen überkommener Robinsonaden werden ironisiert; ein souverän arrangierender Erzähler inszeniert in den Lebensberichten der Europa-Emigranten ein Panorama zeitgenössischer Realität, das zugleich mit Berichten über die Inselutopie konfrontiert wird.[16] Ausgangspunkt ist der Zustand einer bereits vollentwickelten Kulturlandschaft, deren Entstehungsgeschichte im Medium analytischen Erzählens nachgeholt wird.

Hier findet sich eine weitere Besonderheit des Schnabelschen Romans, die sowohl von der Gattungstradition der Robinsonaden als auch des utopischen Erzählens deutlich abweicht und dem Text eine eigentümliche historische Dimension verleiht.[17] Das geschieht einmal dadurch, dass Albert Julius die ankommenden Emigranten und künftigen Felsenburg-Bewohner mittels gründlicher Visitation Schritt für Schritt in die Geheimnisse der Insel einführt und ihnen dabei die Entstehungsgeschichte in den einzelnen historischen Etappen erläutert; zum anderen durch die Vorgeschichte der Insel Felsenburg. Im Medium der Lebensgeschichte Don Cyrillo de Valaros wird die Geschichte der Utopie in die Vor-Vergangenheit verlängert; denn ohne die Pionierarbeit dieses Ur-Robinsons wäre die Siedlungsphase unter Leitung des Albert Julius so nicht denkbar. Nimmt man noch Tendenzen des Eberhard-Julius-Berichts hinzu, in dem einzelne Entwicklungsverläufe der weiteren Geschichte Felsenburgs mitgeteilt sind, oder hebt die in der Roman-Vorrede erzählte Geschichte der Manuskriptherkunft hervor, wird deutlich, wie auffallend Schnabel den ‚historischen' Aspekt – gerade im Unterschied zur Tradition klassischer Sozialutopien – stärkt. Die Insel Felsenburg bietet nicht nur ein utopisches Modell; sie bietet auch „eine Geschichte".[18]

---

[15] Zur Interpretation der Vorrede vgl. Voßkamp, Theorie und Praxis der literarischen Fiktion; Hohendahl, Zum Erzählproblem des utopischen Romans im 18. Jahrhundert, S. 95 ff.
[16] Vgl. Kap. II 7.
[17] Stockinger, Ficta Respublica, S. 409.
[18] Ebd.

Dies gilt indes nicht nur im Blick auf die dargestellte Entstehung, Entwicklung und stete Vervollkommnung der Felsenburg-Utopie; es gilt auch für das vollendete Modell. Die späteren Ereigniserzählungen von der Insel (etwa militärische Bedrohung durch die Portugiesen, phantastische Episoden und „wunderbare" Begebenheiten gegen Ende des Romans) versuchen dem Dilemma sich wiederholender Erzählungen von neu ankommenden Felsenburg-Bewohnern einerseits und inzwischen ermüdender Beschreibungen der Felsenburg-Topographie andererseits zu entgehen, indem sie in einen entweder bloß abenteuerromanhaften oder gespensterromanartigen Diskurs überwechseln. Nur am Beginn kann das Neue, Kontrafaktische: der präzise Gegenbildcharakter zur bestehenden geschichtlichen Wirklichkeit deutlich werden.[19] Ist die Utopie erst einmal entwickelt und im Einzelnen beschrieben, lässt sie sich nur noch auf Dauer stellen, weitererzählbar ist sie nicht. Schnabels *Insel Felsenburg* ist auch dadurch ein Originalroman, dass er die Grenzen der Utopie in der utopischen Erzählung vorführt. Das „irdische Paradies" hat Geschichte, indem es entsteht und – verlorengeht.

---

19 Vgl. Gustafsson, Utopien, S. 91.

9 Politische Macht der Tugend im Staatsroman: Johann Michael von Loëns *Der redliche Mann am Hofe*

I

Die Geschichte der literarischen Utopie in der zweiten Hälfte des 17. und in der ersten Hälfte des 18. Jahrhunderts ist durch die Entwicklung einer Vielfalt unterschiedlicher Gattungsausprägungen charakterisiert. Der beginnenden gesellschaftlichen Differenzierung korrespondiert eine Ausdifferenzierung auf der literarischen Ebene. Die erstaunliche Vielfalt literarischer Formen und das Vergnügen am Experimentieren mit verschiedenen Genres, z. B. dem empfindsamen und dem Erziehungs-Roman, unterscheiden sich erheblich von konzeptuellen Modellschilderungen, wie sie in den klassischen Renaissance-Utopien vorliegen.[1]

Robinsonaden und Staatsromane spielen dabei eine Hauptrolle. Probleme des epischen Erzählens, ihrer Subjektivierung und beginnenden Selbstreflexion lassen sich hier auf exemplarische Weise beobachten. Utopische Gegenbildlichkeit zur bestehenden politischen Realität ist in beiden literarischen Ausprägungen unterschiedlich entfaltet. Robinsonaden stehen vornehmlich in der Tradition pikaresken Erzählens, und aventiurehafte Elemente überwiegen nicht selten gegenüber dem utopischen Impuls; Staatsromane knüpfen an Formen sozialutopischer Modelle seit Morus' *Utopia* an und tendieren mehr und mehr zu reformorientierten Programmschriften in den Bahnen traditioneller Fürstenspiegel-Literatur oder auch verfassungs- und politiktheoretischer Texte. Mischformen sind die Folge, und der Grad gattungsspezifischer Ausdifferenzierung macht auf den zuvor betonten Experimentcharakter aufmerksam. In allen Ausprägungen lässt sich indes eine Spannung zwischen den erzählenden und beschreibenden Elementen beobachten. Neigen Robinsonaden insgesamt mehr der epischen Erzählung zu, können sozialutopische Texte auf die umfassende Beschreibung und Versinnlichung idealer politischer Welten nicht verzichten. Die dem utopischen Roman damit aufgegebenen Erzählprobleme bleiben in jedem Einzelfall zu lösen.

Dieser Sachverhalt lässt sich auch unter funktionsgeschichtlichen Aspekten beobachten. Der Thematisierung des ‚bürgerlichen' Subjekts in den Robinsonaden korrespondiert die Vergegenwärtigung einer weiten Skala unterschiedlicher Modelle politischer Sozialisationen. Fragen geselliger Organisation dominieren häufig gegenüber Analysen der menschlichen Psyche und ihrer Entwicklung. Zwar ist das

---

[1] Vgl. vor allem Kap. II 5.

Bewusstsein der Spannung zwischen Subjekt und Gesellschaft Ausgangspunkt aller utopischen Phantasie; Lösungen aber werden – im Gegensatz zum empfindsamen Roman – in der Veräußerlichung und weniger in der Verinnerlichung gesucht. Die utopische Hoffnung besteht gerade darin, dass qua Kritik der bestehenden Verhältnisse und im Entwurf neuer Modelle menschlicher Zivilisation Zukunft hergestellt werden kann, wie begrenzt der Eingriff in die politische Gegenwart auch immer ausfallen mag. Die intendierten Veränderungen zielen auf Lernprozesse im Felde politischer Phantasie und gesellschaftlicher Erfahrungskonstitution.

II

Utopische Staatsromane in der ersten Hälfte des 18. Jahrhunderts entwickeln nicht weniger Experimentierfreudigkeit als Robinsonaden. Lassen sich Robinsonaden im Spannungsfeld von pikaresken Abenteuerromanen und klassischen Sozialutopie-Traditionen beschreiben, prägen Verbindungen von Gesellschaftsutopien und Formen der Fürstenspiegel-Literatur den aufklärerischen Staatsroman. Annäherungen zwischen Robinsonaden und Staatsromanen finden sich unter didaktischen Aspekten im Zeichen von Erziehung und Bildung (etwa bei Joachim Heinrich Campe) oder im Horizont zunehmender Selbstreflexion (bei Christoph Martin Wieland). Für den Staatsroman ist die belehrende Absicht – in der Tradition der Fürstenspiegel-Literatur – immer schon konstitutiv. Die biographische Darstellung historischer Personen und ihrer Entwicklung zielt auf die Prinzenerziehung und damit auf normative Gesichtspunkte politischen Handelns und Sichverhaltens in der Öffentlichkeit. Von daher sind Form und Funktion des aufklärerischen Staatsromans bestimmt.[2]

Im Unterschied zur Robinsonade gehört der Staatsroman der hohen Schreib- und Stilebene an und folgt nicht selten Mustern des höfisch-historischen Romans des 17. Jahrhunderts und seiner Ausläufer im galanten Roman des frühen 18. Jahrhunderts. Zugleich sind Traditionen staats- und politiktheoretischer Texte seit der frühen Neuzeit nicht weniger wichtig. Diskussionen über gesellschaftliche Ordnung und fürstliche Macht spielen seit den europäischen Konfessions- und Bürgerkriegen eine kontinuierliche Rolle. Der aufklärerische Staatsroman lässt sich vornehmlich durch Locke, Montesquieu und Rousseau inspirieren. Die eigentlichen Herausforderungen aber bilden Macchiavelli und Hobbes. Insgesamt

---

[2] Vgl. Helmut J. Schneider: Staatsroman und Fürstenspiegel. In: Deutsche Literatur. Eine Sozialgeschichte. Bd. IV. Hrsg. von Ralph Rainer Wuthenow. Reinbek bei Hamburg 1980, S. 170–184; Hans-Jürgen Schings: Der Staatsroman im Zeitalter der Aufklärung. In: Handbuch des deutschen Romans. Hrsg. von Helmut Koopmann. Düsseldorf 1983, S. 151–169.

neigt der deutsche Staatsroman des 18. Jahrhunderts reform- und bildungskritischen Modellen zu, die als Pendant zum sich herausbildenden aufgeklärten Absolutismus etwa in Preußen und Österreich verstanden werden können.

Die konstitutive Spannung des aufklärerischen Staatsromans besteht im Dualismus zwischen Politik und Tugend. Demut, Einfalt, Redlichkeit und Tugend sind Kampfbegriffe des bürgerlichen Selbstbewusstseins gegen die ‚Unmoral' und den Macchiavellismus der Höfe. Als Kampfbegriffe sind sie von vornherein reflektiert und programmatisch.³

Sind Politik und bürgerliche Moral der Redlichkeit vereinbar? Diese Frage muss zu einem Kernpunkt für jene literarische Gattung werden, die die bürgerliche Redlichkeitsmoral – im Unterschied zu den utopischen Robinsonaden – nicht als Gegenpol zur Politik sondern *für* Politik erklärt. Die Spannung zwischen Politik und Moral muss auch deshalb zum Hauptproblem des aufklärerischen Staatsromans werden, weil die gesellschaftlichen Idealbilder nicht mehr in ferne Räume projiziert, sondern in die politische Gegenwart der Zeit hineingenommen werden. Alle (utopische) Anstrengung muss sich deshalb auf die Frage richten, inwieweit sich die Diskrepanz zwischen Politik und Moral mittels einer neuen bürgerlichen Ethik und Klugheitslehre überwinden lässt.⁴

Johann Michael von Loëns *Der redliche Mann am Hofe; Oder die Begebenheiten des Grafens von Rivera. In einer auf den Zustand der heutigen Welt gerichteten Lehr- und Staats-Geschichte* (1740)⁵ liefert dafür in Deutschland das anschaulichste Beispiel. Im gleichen Jahr wie Samuel Richardsons *Pamela* und Friedrichs des Großen *Anti-Machiavell* erschienen, bezieht sich Loëns Roman bewusst auf die französische Tradition des Fürstenspiegels in der Nachfolge von Fénelons *Les Aventures de Télémaque, fils d'Ulysse* (1699/1717), André Michel de Ramsays *Les Voyages de Cyrus* (1727), Jean de Terrassons *Séthos, Histoire ou Vie tirées des Monuments. Anecdotes de l'Ancienne Egypte* (1731) und Jean-François Marmontels *Bélisaire* (1767). In seiner narrativen Grundstruktur knüpft *Der redliche Mann* an

---

3 Vgl. insgesamt Koselleck, Kritik und Krise; und Hermann Kurzke: Die Demut des Aufklärers. ‚Der redliche Mann am Hofe' von Johann Michael von Loën (1740). In: Text & Kontext 13.3. (1985), S. 233–243.
4 Vgl. Friedrich Vollhardt: Die Kritik der anthropologischen Begründung barocker Staatsphilosophie in der deutschen Philosophie des 18. Jahrhunderts (J. M. von Loën und J. A. Eberhard). In: Europäische Barockrezeption. Hrsg. von Klaus Garber. Wiesbaden 1991 (Wolfenbütteler Arbeiten zur Barockforschung 20), Teil 1, S. 376–395; hier S. 385 ff.
5 Zugrunde gelegt wird der Faksimiledruck nach der anonym erschienenen Ausgabe Frankfurt am Main 1742, mit einem Nachwort von Karl Reichert, Stuttgart 1966; die Seitenzahlen werden im Folgenden im Text angegeben. Zur Literatur vgl. Christiane Büchel: Johann Michael von Loën im Wandel der Zeiten. Eine kleine Forschungsgeschichte. In: Das 18. Jahrhundert 16 (1992), S. 13–37.

den heroisch-galanten Roman des 17. und frühen 18 Jahrhunderts an, in dem Liebes- und Staatsbegebenheiten miteinander verbunden sind. Allerdings treten diese beiden Haupttraditionsstränge des hohen Romans zurück zugunsten des Versuchs, „eine Schilderung der heutigen Welt nach dem Leben" (579) zu zeichnen. Loën zielt auf eine Vergegenwärtigung gesellschaftlicher Totalität:

> Meine Absichten sind [... auf das Gantze]; und nicht blos auf den Hof, noch auf den Staat, noch andre hohe Dinge allein gerichtet. Sie gehen auch auf das häusliche und bürgerliche Leben: sie umfassen die vornehmste Umstände und Zufälle, die einem redlichen Mann in der Welt begegnen können; sie begreiffen so wohl die Lebens-Art und Leidenschafften der Grossen, als diejenige des mittlern und geringen Standes, damit auf solche Weise alle und jede Leser, indem sie Nachricht von andern bekommen, zugleich auch für sich selbst etwas finden möchten, so ihnen zur Lehre und zum Nachdencken dienen könnte.[6]

Um die Totalität des Lebens darzustellen, bedient sich Loën einer Textgestalt, die neben Elementen des hohen Romans und der Tradition der Fürstenspiegel-Literatur (vornehmlich in der Nachfolge Fénelons) ähnlich wie in Schnabels *Felsenburg*-Roman eine Reihe von autobiographischen Lebensgeschichten einblendet. Wichtig sind hierbei insbesondere die Bekehrungsgeschichte des Einsiedlers Pandoresto im II. Buch und die Geschichte des Herren von Güldenblech, der nach einer unglücklichen Vorgeschichte schließlich ins (Herrnhutische) „Christianopolis" aufgenommen wird und dort ein neues Leben beginnen kann (vgl. das XII. Buch). Daneben liefern drei weitere Lebensgeschichten (des Baron von Riesenburg, des Herrn von Reenhielm und des Ritters von Castagnetta) weitere zeitgeschichtlich aufschlussreiche Biographien. Im Vordergrund steht allerdings die Aufstiegs- und Karrieregeschichte des Landadligen Rivera zum Minister eines absolutistischen Hofs im Zeichen des Versuchs, als „redlicher Hofmann" und „als guter Christ" erfolgreich zu bestehen (54). Die Hoffnung, Tugend zur Grundlage des Staates zu machen und moralische Politik verwirklichen zu können, führt notwendigerweise zum Konflikt, als Rivera mit den Intrigen des Hofes konfrontiert wird und nur durch die Vorsehung vor dem Tod bewahrt bleibt. Erst im zweiten Teil des Romans wird der „redliche Mann" zum erfolgreichen Reformpolitiker, der seine politische Karriere mit einer glücklichen Heirat krönen kann.

Zwischen der unvermeidlichen Konfrontation von Politik und Tugend am Anfang und dem wiedergegebenen Reformprogramm am Schluss des Romans blendet Loën einerseits die Schilderung des idealen Staates Argilia ein und vergegenwärtigt andererseits den Zustand staatlicher Unordnung am Beispiel Alpi-

---

6 Johann Michael von Loën: Die verteidigte Sitten-Lehre durch Exempeln (1741). In: ders.: Der redliche Mann am Hofe, S. 577–584, hier S. 582.

nas. Unter Rückgriff auf Johann Valentin Andreaes *Christianopolis*[7] und durch Zinzendorfs Herrnhuter Brüdergemeinde angeregt, schildert Loën im dargestellten Idealstaat ein christlich-vernünftiges Leben in „brüderlicher Eintracht und Liebe" von „Solcher Ordnung, daß man den Zwang davon nicht spürt, weil sie der Ruh' und Glückseligkeit eines jeden überhaupt gemäß war" (304).

Dieses hochgestimmte, wirklichkeitsfremde Ideal bleibt für Loën bloßes Wunschbild und wird zugleich durch den (dystopischen) Gegenentwurf Alpina als unerreichbares Ideal veranschaulicht. Es geht vielmehr um ein Reformprogramm, um die Verbesserung des Staates, und dieses Reformprogramm teilt Loën seinen Lesern am Schluss des Romans mit. Es ist das Konzept eines Reformabsolutismus, in dem der ‚gute Fürst' und der bürgerliche Mittelstand (Kaufleute und Handwerker) eine zentrale Rolle spielen. Der Adel erhält seine Existenzberechtigung nicht mehr durch „edle Geburt", sondern durch Leistung und „edles Leben" (353). Scharfe Kritik am Ausplündern und Ausbeuten der Bauern durch die Fürsten des Landes verbindet Loën mit der Aufforderung an die politisch Verantwortlichen im Lande, die Reform selbst in die Hand zu nehmen: „Viele Dinge sind nur deswegen in der Welt unmöglich, weil sie die Menschen nicht möglich machen wollen" (572). Solche Formulierungen machen deutlich, dass Loën jene Leser vor Augen hat, die zu der häufig juristisch ausgebildeten Funktionselite des absolutistischen Staates gehören und zur aktiven Teilnahme an den Staatsgeschäften aufgefordert werden. Die Verbindung von Redlichkeit und Staatsklugheit wird als utopischer Imperativ postuliert.

Bei einem Vergleich der Robinsonade mit dem Staatsroman lässt sich unschwer ihre Komplementarität feststellen. Gegenwelten bieten beide Formen des utopischen Erzählens. Während utopische Robinsonaden von einer Dichotomie von Tugend und Politik ausgehen und ihre Lösung in einem Modell von (patriarchalisch-familialer) Privatheit erblicken, suchen Staatsromane eine Auflösung der Dichotomie mittels Verbindung von (bürgerlicher) Tugend und (höfischer) Politik.

Widersprüche sind dabei offenkundig. Utopisches Schreiben ist im Bereich der Sozialutopie auf gesellschaftliche Veräußerung angelegt, und insofern gerät jede Verinnerlichung der Utopie (etwa in der *Insel Felsenburg*) in ein Dilemma, das sich insbesondere an Schnabels Versuch ablesen lässt, einem privat-familialen Modell konstitutionelle Momente hinzuzufügen. Von daher ist sein Vorschlag zu einer Verfassung schon ein Hinweis auf die Problematik, der sich auch die Staatsromane prinzipiell ausgesetzt sehen. Diese zielen auf einen Reformabsolutismus, indem sie von der Utopie der Verbindung von Tugend und Politik im

---

[7] Vgl. Kap. II 6: Von der Staats- zur ‚Bildungs'-Utopie.

Sinne prästabilierter Harmonie ausgehen. Die eigentliche Utopie der Staatsromane liegt deshalb auch nicht in ihren eingeblendeten utopischen Modellen, sondern in der Konzeption einer auf Naturrecht und Liebesethik gegründeten Reform, die innerhalb des Absolutismus verwirklicht werden soll.[8]

---

[8] Vgl. Vollhardt, Die Kritik der anthropologischen Begründung, S. 387; vgl. auch Joachim Schmitt-Sasse: J. M. von Loën und Adolph Freiherr von Knigge. Bürgerliche Ideale in den Schriften deutscher Adeliger. In: Zeitschrift für deutsche Philologie 106 (1987), S. 169–183.

10 Utopie und Utopiekritik in Goethes *Wilhelm Meister*-Romanen

> Da sich gar manches unserer Erfahrungen nicht rund aussprechen und direkt mitteilen läßt, so habe ich seit langem das Mittel gewählt, durch einander gegenübergestellte und sich gleichsam ineinander abspiegelnde Gebilde den geheimeren Sinn dem Aufmerkenden zu offenbaren.
> (Goethe an Carl Jacob Ludwig Iken, 27.9.1827)

I Der Bildungsroman als spezifische Form der Zeitutopie

Der Bildungsroman lässt sich als eine eigentümliche Ausprägung der literarischen Zeitutopie charakterisieren. Er postuliert ein Telos allseitiger Vervollkommnungsfähigkeit des Subjekts während seiner Lebenszeit. Dafür bietet er eine literarische Form, in der Möglichkeiten und Grenzen der (partiellen) Realisierung dieser Utopie dargestellt werden.[1]

Das Postulat individueller Totalität im Sinne allseitiger Bildung und Vervollkommnung des Subjekts setzt eine ‚positive Anthropologie' voraus. Dies bedeutet, dass einerseits von einem Identitätsbegriff im Sinne der Selbstbestimmungsmöglichkeit des Subjekts ausgegangen wird und andererseits von Selbstreferenz im Sinne notwendiger Thematisierung dieser Selbstbestimmung in der Selbstreflexion. Dieser Reflexionsprozess ist die Bedingung dafür, dass sich das Subjekt frei setzen (selbst ‚schaffen') kann.

Wilhelm Meisters Lehrjahre haben nicht nur eine prototypische Funktion für die Geschichte der Gattung ‚Bildungsroman', sie wirken auch prototypisch durch eine häufig auf Versöhnung gerichtete Interpretation des inhärenten utopischen Antagonismus von subjektivem Anspruch (individueller Totalität) und gesellschaftlicher (institutioneller) Realität. Persönliche Selbstverwirklichung und soziale Integration werden nicht selten als vereinbar gedacht.

Solche, auf Harmonie und Versöhnung zielende Auslegungen lassen sich unter je verschiedenen Aspekten und Interessenrichtungen vom 18. bis ins 20. Jahrhundert beobachten. Unterschiedliche exemplarische Beispiele mögen dies veranschaulichen:

---

[1] Vgl. Kap. II 5: „Fortschreitende Vollkommenheit".

a) „Vollendetes Gleichgewicht, Harmonie mit Freiheit":

Die Einheit des Ganzen denke ich mir als die Darstellung einer schönen menschlichen Natur, die sich durch die Zusammenwirkung ihrer inneren Anlagen und äußeren Verhältnisse allmählich ausbildet. Das Ziel dieser Ausbildung ist ein vollendetes *Gleichgewicht*, Harmonie mit Freiheit. [...] Je mehr Bildsamkeit in der Person und je mehr bildende Kraft in der Welt, die sie umgibt, desto reichhaltiger die Nahrung des Geistes, die eine solche Erscheinung gewährt.

(Aus einem Brief Christian Gottfried Körners an Schiller vom 5.11.1796 über *Wilhelm Meisters Lehrjahre*)[2]

b) Versöhnung im literarischen Medium eines ironischen, „objektiven Humors":

Diese Kämpfe nun [des Romanhelden mit den „Mißverhältnissen" der Realität] aber sind in der modernen Welt nichts Weiteres als die Lehrjahre, die Erziehung des Individuums an der vorhandenen Wirklichkeit, und erhalten dadurch ihren wahren Sinn. Denn das Ende solcher Lehrjahre besteht darin, daß sich das Subjekt die Hörner abläuft, mit seinem Wünschen und Meinen sich in die bestehenden Verhältnisse und die Vernünftigkeit derselben hineinbildet, in die Verkettung der Welt eintritt und in ihr sich einen angemessenen Standpunkt erwirbt. Mag einer auch noch soviel sich mit der Welt herumgezankt haben, umhergeschoben worden sein, zuletzt bekommt er meistens doch sein Mädchen und irgendeine Stellung, heiratet und wird ein Philister so gut wie die anderen auch; [...]

(Hegel über das „Romanhafte" in seinen Vorlesungen über die Ästhetik oder Philosophie der Kunst, 1817/1829)[3]

c) „Interaktionsmodell des Liberalismus":

Der Held des Romans strebt mehr oder minder entschieden seinen besonderen Zielen nach, die im Spiegel der mit ihm interagierenden Gesellschaft als Irrtümer disqualifiziert werden; aber aus der Sicht der objektiven Erfüllungssituation am Schluß des Werkes sind es gerade diese Irrtümer, die durch die Kontingenz der äußeren Umstände Wilhelms Biographie zu einem sinnhaften Ganzen verketten, das ihm sowohl persönliche Selbstverwirklichung als auch die erwünschte soziale Integration einräumt.

(Stefan Blessin über *Wilhelm Meisters Lehrjahre*, 1979)[4]

Die auf Gleichgewicht und (ironische) Versöhnung zielenden Deutungen der Goetheschen *Wilhelm Meister* –Romane bleiben einerseits zu analysieren und die

---

[2] Zitiert in: Goethes *Wilhelm Meister*. Zur Rezeptionsgeschichte der Lehr- und Wanderjahre. Hrsg. von Klaus F. Gille. Königstein im Taunus 1979, S. 9f.
[3] Georg Wilhelm Hegel: Werke. Frankfurt am Main 1970, Bd. XIV, S. 220. Vgl. dazu Wilhelm Voßkamp: Hegels Interpretation des Romans zwischen Klassik und Romantik. In: Gebrochene Schönheit. Hegels Kontexte und Rezeptionen. Hrsg. von Andreas Arndt, Günter Kruck, Jure Zovko. Berlin 2014, S. 167–178 (Hegel-Jahrbuch. Sonderband 4).
[4] Blessin, Die Romane Goethes, S. 14.

bewusstseinsbildenden, historischen Funktionen dieser Interpretationen zu untersuchen. Andererseits sollte diese Geschichte der Auslegungen mit Goethes Texten selbst immer aufs Neue verglichen werden. Es zeigt sich, dass die Textintention nur partiell mit der Textrezeption übereinstimmt. Die Goetheschen Romane sind insgesamt erheblich antinomischer als ihre vielfach harmonisierenden Rezeptionen und Interpretationen nahelegen.

Um die Funktion dieser Rezeption zu ermitteln, ist nach den Erwartungen und Bedürfnissen jenes Lesepublikums in Deutschland zu fragen, das verkürzt die Bezeichnung „Bildungsbürgertum" erhalten hat. Zu vermuten ist, dass bestimmte historische (Diskontinuitäts)-Erfahrungen vornehmlich im deutschen Bürgertum des 19. Jahrhunderts eine gesteigerte Erwartung im Sinne von Harmonie und Kontinuität zur Folge haben. Diese Harmonieerwartungen lassen sich (partiell) über Bildungsromane erfüllen, die unter Gesichtspunkten von Gleichgewicht und Versöhnung interpretiert werden. So verstandene Bildungsromane liefern Modelle der gewünschten Identitätsstiftung und Identitätsvergewisserung für ein ökonomisch weit, aber politisch wenig emanzipiertes deutsches Bürgertum. Thomas Mann hat nicht zu Unrecht von dem seiner Meinung nach typischen, „romantisch-unpolitischen Bildungsindividualismus" in Deutschland gesprochen und den „individualistische[n] deutsche[n] Bildungsroman" als die „ursprünglich nationale Form der deutschen Prosa-Epopöe" bezeichnet.[5] Deshalb übernimmt der Bildungsroman als eine spezifische Form der literarischen Zeitutopie der individuellen Totalität in Deutschland eine mit der politischen Utopie der Verzeitlichung in Frankreich korrespondierende Rolle. Projiziert die politische Zeitutopie eine als ideal antizipierte Gesellschaft in die Zukunft, entwirft der Bildungsroman eine individualpsychologische Vervollkommnungsutopie der allseitigen Bildung während der Lebenszeit. Die unterschiedlichen Funktionen dieser Zeitutopien sind historisch begründet.

II *Wilhelm Meisters Lehrjahre* als Darstellung einer wechselseitigen Relativierung von Bildungs- und Sozialutopie

Über die dem Roman konstitutiv zugrunde liegende Darstellung von Bildung und Ausbildung eines Individuums lässt der Text keine Zweifel:

> Daß ich dir's mit Einem Worte sage, mich selbst, ganz wie ich da bin, auszubilden, das war dunkel von Jugend auf mein Wunsch und meine Absicht. [...] Ich habe nun einmal gerade zu

---

[5] Thomas Mann: Der Entwicklungsroman. In: Romantheorie. Dokumentation ihrer Geschichte in Deutschland seit 1880. Hrsg. von Eberhard Lämmert u. a. Köln 1975, S. 116–117, hier S. 117.

jener harmonischen Ausbildung meiner Natur, die mir meine Geburt versagt, eine unwiderstehliche Neigung.[6]

formuliert Wilhelm programmatisch in seinem Brief an Werner.

Was aber ‚Bildung' im Roman bedeutet, worauf die Ausbildung sich konkret richtet, welches Ziel Bildung in Goethes *Lehrjahre[n]* hat, ist seit den ersten Kommentaren, Kritiken und Rezensionen des Romans von Schiller, Körner, Wilhelm v. Humboldt, Novalis oder Friedrich Schlegel vielfach diskutiert worden und umstritten.[7]

Betrachtet man die literaturwissenschaftliche Diskussion (als Teil der umfassenden Rezeptionsgeschichte des Romans, die sich nicht selten auf den Antagonismus zwischen Schiller und Körner einerseits und den Frühromantikern andererseits bezieht), lassen sich unter Gesichtspunkten der Bildungskonzeption grundsätzlich zwei verschiedene Interpretationsansätze beobachten. Der eine geht von einem teleologischen Konzept der stufenweisen Entfaltung von Anlagen aus im Sinne einer Entelechie und Metamorphose[8] – der andere von einer Theorie der Sozialisation als notwendigem Wechselspiel und konstitutiver Interaktion von Ich und Welt, Individuum und Gesellschaft. In vielen Arbeiten dominiert dieses Sozialisationskonzept, wobei auch dem Sozialisationsfaktor ‚Literatur' für die Ausbildung Wilhelms entscheidendes Gewicht beigemessen werden kann.[9]

Wenn das zunächst von Wilhelm im Roman vertretene Ideal der unbedingten Existenz und allseitigen Ausbildung am Ende des Romans zugunsten eines eingeschränkten, „bürgerlichen" Tätigkeitsideals modifiziert wird (Stefan Blessin hat unter Hinweis auf Vorstellungen von Adam Smith sogar von den bürgerlichen, „radikal-liberalen" Prinzipien gesprochen, die dem Lebensweg Wilhelms zugrunde lägen)[10], dann bleibt dieses von Wilhelm nicht intendierte, aber erreichte Bildungsziel genauer zu analysieren und der Widerspruch zwischen dem im Ro-

---

6 *Wilhelm Meisters Lehrjahre*, Buch V, 3. Kapitel. Die Zitierweise der *Wilhelm Meister*-Romane wird im Folgenden abgekürzt: Nach der Angabe des jeweiligen Buches (in römischen Ziffern) und des entsprechenden Kapitels (in arabischen Ziffern) folgen die Angaben der jeweiligen Bandzahlen der Frankfurter Ausgabe mit der entsprechenden Seitenzahl.
7 Vgl. Goethe im Urteil seiner Kritiker. Hrsg. von Karl Robert Mandelkow, Bd. I: 1773 – 1832, München 1975; Bd. II: 1832 – 1870, München 1977; Bd. III: 1870 – 1918, München 1979.
8 Vgl. Günther Müller: Gestaltung – Umgestaltung in *Wilhelm Meisters Lehrjahren*. Halle/Saale 1948.
9 Vgl. Peer Øhrgaard: Die Genesung des Narzissus. Eine Studie zu Goethe: „Wilhelm Meisters Lehrjahre". Kopenhagen 1978, und Friedrich A. Kittler: Über die Sozialisation Wilhelm Meisters. In: Dichtung als Sozialisationsspiel. Studien zu Goethe und Gottfried Keller. Hrsg. von Gerhard Kaiser, Friedrich A. Kittler. Göttingen 1978.
10 Stefan Blessin: Die radikal-liberale Konzeption von „Wilhelm Meisters Lehrjahren". In: DVjS 49 (1975), S. 190*–225* (Sonderheft „18. Jahrhundert").

man formulierten Postulat der individuellen Totalität und einer erheblich modifizierten und eingeschränkten Verwirklichung am Ende des Romans zu klären. Die für den Roman konstitutive Spannung zwischen der individuellen Utopie „Bildung" und dem pragmatischen sozialen Konzept „Tätigkeit" (am Ende des Romans) lässt sich nur über eine Analyse der Gesellschaft vom Turm erklären.

Die Gesellschaft vom Turm in den *Lehrjahre[n]* trägt – unter Rückgriff auf Freimaurer- und Illuminatenorden – Züge herkömmlicher Raum- und Sozialutopien. Die Bedingungen der Turm-Gesellschaft sind gesellschaftsgeschichtlich konstitutiv bestimmt durch die Verbindung und Harmonisierung von Adel und Bürgertum. Nicht mehr ist es die philisterhafte Welt des Handelsbürgertums, sondern jene durch die Prinzipien der bürgerlichen Aufklärung gebildete Welt des Reformadels, die den Ton angibt. In der Hauptfigur der Turmgesellschaft, Lothario, sind diese Ideale verkörpert. Lothario besitzt nicht nur ein ausgeprägtes historisches Bewusstsein, er vertritt auch jenen Typus des politisch klugen und praktisch tätigen Adeligen, der zeitadäquat handelt. Er verbessert die Bewirtschaftung des Bodens (physiokratische Ideen) ebenso wie er soziale Reformen verwirklicht und den „Lehns-Hokuspokus" abschaffen möchte. Gegenüber dem adeligen Steuerprivileg tritt er für eine gerechtere Verteilung der Steuerlasten ein, weil ihm nur so auch der Grundbesitz sicher und legitimierbar zu sein scheint. Auf die Frage Werners, ob er wolle, dass die „freigekauften Güter steuerbar wären", antwortet Lothario:

> Ja! [...] bis auf einen gewissen Grad, denn durch diese Gleichheit mit allen übrigen Besitzungen, entsteht ganz allein die Sicherheit des Besitzes. Was hat der Bauer in den neuern Zeiten, wo so viele Begriffe schwankend werden, für einen Hauptanlaß, den Besitz des Edelmanns für weniger gegründet anzusehen, als den seinigen? nur den, daß jener nicht belastet ist, und auf ihn lastet.[11]

Damit wird deutlich, dass es bei Lothario nicht um philanthropische Neigungen und Bemühungen geht, sondern um die genaue politische Einsicht in die zeitgeschichtliche Situation am Ende des 18. Jahrhunderts. Sein Verhalten ist eine deutliche Reaktion auf die Ereignisse der Französischen Revolution und ihre Auswirkungen und die damit verbundenen folgenreichen Auseinandersetzungen.

Goethe reflektiert realgeschichtliche Tendenzen, die nach 1789 etwa in Sachsen und Preußen beobachtbar sind. Die deutliche Abneigung gegenüber den Jakobinern und ihren Ideen geht mit dem Versuch einher, zu einer Annäherung und Allianz zwischen Adel und Bürgerlichen zu gelangen. Die politische Schwäche eines uneigenständigen Bürgertums (s. die Figur Werner im Roman) ist die Ursache für die

---

11 Vgl. VIII, 2; FA 9, S. 886f.

mögliche Verbindung mit dem Adel und die Einordnung in einen spezifischen nachrevolutionären Spätabsolutismus in den deutschen Territorialstaaten.

Ist die Gesellschaft vom Turm also das literarische Abbild einer bereits tendenziell und tatsächlich beobachtbaren historischen Situation? Wohl nur sehr bedingt, denn der Prozess der Annäherung zwischen Adeligen und Bürgerlichen ist keineswegs generell vollzogen oder gar zum Abschluss gelangt, wie bestimmte Spannungen und die noch immer dominante Rolle des Adels (als des „ersten Stands im Staate") in Preußen zeigen. Eher knüpft Goethe bei der Darstellung der Turmgesellschaft an punktuelle historische Erscheinungen an und zieht Linien von der Gegenwart in die Zukunft im Sinne einer für ihn utopischen Perspektive. Dieser utopische Aspekt ist, neben der an freimaurerische Geheimgesellschaften erinnernde Arkancharakter der Turmgesellschaft, das eigentliche Kennzeichen der Gesellschaft vom Turm.

Damit stellt sich die Frage, wie dieser (sozialutopische) Entwurf historisch einzuschätzen ist. Handelt es sich um eine zukunftvorwegnehmende oder um eine bloß rückwärtsgewandte Utopie? Literaturwissenschaftliche Kritiker der Turmutopie Goethes, wie Karl Schlechta, Giuliano Baioni und Heinz Schlaffer, haben eindeutig und entschieden ihren restaurativen bzw. negativen Charakter herausgestellt.[12] Angesichts der bürgerlichen Revolution von 1789 seien die Ideale der Turm-Gesellschaft im Sinne der Verbindung von Adel und Bürgertum auf eine inadäquate Harmonisierung des Klassengegensatzes gerichtet, anstatt die erkämpften politischen Positionen eines eigenständigen und selbständigen Bürgertums hervorzuheben. Schließlich bestimme eine rein ökonomisch orientierte „Prosa des Kapitalismus" die Vertreter der Turm-Gesellschaft. Die schärfste Kritik bezieht sich auf die Tatsache der von Wilhelm verlangten und erreichten Einordnung des Einzelnen in die Gesellschaft vom Turm. Wilhelm müsse seine Individualität und seinen Anspruch auf Selbstverwirklichung zugunsten der Einlösung und Anerkennung von Leitideen des Nutzens und der Arbeit aufgeben.

Vergegenwärtigt man sich diese Kritik, lässt sich nicht bestreiten, dass die (politische) Konzeption vom Turm (und die ihrer Mitglieder) angesichts der Ideen der Französischen Revolution von 1789 und der durch sie ausgelösten Entwicklungen im europäischen Kontext insgesamt als rückwärtsgewandt bezeichnet werden kann. Sie ist die deutliche Reaktion auf eine nachrevolutionäre Situation, die von Goethe als politisch bedrohlich empfunden worden ist. Er stellt ihr eine spätabsolutistische Alternative der Einordnung des Bürgertums in die noch feudale Verfassungs- und Gesellschaftswirklichkeit gegenüber. Das lässt sich histo-

---

[12] Vgl. Karl Schlechta: Goethes *Wilhelm Meister*. Frankfurt am Main 1953; Giuliano Baioni, „Märchen" – „Wilhelm Meisters Lehrjahre" – „Hermann und Dorothea". Zur Gesellschaftsidee der deutschen Klassik. In: Goethe-Jahrbuch 92 (1975), S. 73–127; Heinz Schlaffer: Exoterik und Esoterik in Goethes Romanen. In: Goethe-Jahrbuch 95 (1978), S. 212–226.

risch als „anachronistische" oder zumindest als „verspätete" Reaktion bezeichnen; es offenbart aber genau das Dilemma der deutschen historischen Situation, die insgesamt durch solche Verspätungen charakterisiert ist. Von daher muss auch die Turm-Utopie unter solchen Aspekten gesehen werden. Das Anachronistische daran ist präzise der Ausdruck jener historisch-gesellschaftlichen Widersprüche, durch die die deutsche Realität am Ende des 18. Jahrhunderts geprägt ist. Nirgends lässt sich der soziale Gehalt der *Lehrjahre* und dessen widersprüchliche ästhetische Antwort auf gesellschaftliche Wirklichkeit deutlicher beobachten als bei der Gesellschaft vom Turm. Es ist eine literarische Doppelantwort, die, als Reaktion auf die zeitgenössischen revolutionären Ereignisse, einerseits rückwärtsgewandte und andererseits vorwegnehmende utopische Züge trägt.

‚Restaurativ' kann die Konzeption vom Turm gelten im Sinne einer europäischen und nordamerikanischen, d.h. welthistorischen Perspektive, weil die Verbindung von Adel und Bürgertum im traditionalen Gesellschafts- und Verfassungsmodell ein prononciertes Gegenkonzept zur Revolution in den Vereinigten Staaten und in Frankreich darstellt. Goethes „utopische[r] Regreß auf den Absolutismus"[13] lässt sich auch hier beobachten.

Deutlich vorwegnehmende utopische Momente aber zeigt die Turm-Konzeption im Horizont der deutschen territorialstaatlichen Entwicklung im Übergang vom 18. zum 19. Jahrhundert. Goethe reagiert (mit seiner Absage an die Revolution) zugleich auf historische Tendenzen einer „[...] Annäherung zwischen Bürgertum und Feudaladel, wie sie sich punktuell bereits in Kursachsen abzeichnete und seit 1807 mit den Steinschen Reformen auch in Preußen erkennbar wurde."[14] Lotharios Brief aus Amerika („Ich werde zurückkehren und in meinem Hause, in meinem Baumgarten, mitten unter den Meinigen sagen: *Hier oder nirgend ist Amerika!*") und seine, unter Gesichtspunkten ökonomischen Nutzens betonte Reformbereitschaft (Man verliert „nicht immer [...] wenn man entbehrt. Nutze ich nicht meine Güter weit besser als mein Vater? werde ich meine Einkünfte nicht noch höher treiben? und soll ich diesen wachsenden Vorteil allein genießen? soll ich dem, der mit mir und für mich arbeitet, nicht auch in dem Seinigen Vorteile gönnen, die uns erweiterte Kenntnisse, die uns eine vorrückende Zeit darbietet?")[15] deuten den Rahmen an: Partieller sozialer Wandel, aber ohne revolutio-

---

13 Walter Benjamin im Zusammenhang mit seiner ‚Faust'-Charakterisierung; in: *Goethe. Enzyklopädieartikel* (1927). In: ders.: Gesammelte Schriften II.2. Hrsg. von Rolf Tiedemann, Hermann Schweppenhäuser. Frankfurt am Main 1977, S. 705–759, hier S. 737.
14 Rolf-Peter Janz: Zum sozialen Gehalt der „Lehrjahre". In: Literaturwissenschaft und Geschichtsphilosophie. Fs. für Wilhelm Emrich. Hrsg. von Helmut Arntzen u. a. Berlin 1975, S. 320–340, hier S. 332ff.
15 VIII, 73; FA 9, S. 807.

näre Gewalt. Reformen, „die den Ursachen jeglicher sozialen Störung vorbeugen wollen", sollen dabei vom Adel ausgehen.[16]

Bei der Interpretation der Turmgesellschaft kommt noch ein weiteres Moment hinzu: Der Wandel von einem pädagogischen Bund in einen Wirtschaftsverband als „gegenseitige Versicherungsgesellschaft" (Hans Eichner). Ziel ist es, den Warenverkehr auch international auszuweiten und gegen Revolutionen zu schützen.[17]

Jarno geht nach Amerika, der Abbé will nach Russland; Wilhelm hat die Wahl, entweder Lothario in Deutschland beizustehen oder mit Jarno nach Amerika zu reisen. Damit ist das in genauem Wortsinn Moderne, Ökonomische und Funktionale der Turmgesellschaft hervorgehoben, zugleich aber auch die Dialektik rationaler Utopie; am deutlichsten, wenn Lebensgeschichten wie Krankenberichte behandelt werden oder Mignons Leben, zwar erforscht, aber nicht gerettet werden kann.

Pointiert zusammengefasst: Goethes Roman *Wilhelm Meisters Lehrjahre* enthält die Darstellung zweier unterschiedlicher Utopiekonzepte. Das eine ist bestimmt durch die zeitutopische Vorstellung von der individuellen Totalität qua allseitiger Bildung; das andere durch die spezifische Modifikation einer Sozialutopie in Gestalt der Turmgesellschaft. *Wilhelm Meisters Lehrjahre* entwerfen, ausgehend von einem bei jedem Menschen vorausgesetzten, angeborenen „Bildungstrieb", eine Utopie individueller Vervollkommnung, deren Realisierungsmöglichkeit im Sozialisationsprozess Wilhelms überprüft wird. Dem formulierten Bildungsanspruch korrespondieren notwendig wechselnde Konfigurationen (z. B. während der Theaterlaufbahn Wilhelms), die die Grenzen der Realisierbarkeit individueller Totalität qua allseitiger Bildung anzeigen. Der (utopische) Anspruch wird damit aber nicht aufgegeben; der Bildungsprozess behält auch als Suchprozess eine utopische Intention.

In der Turm-Gesellschaft wird demgegenüber an konzeptuell andere Utopietraditionen angeknüpft, an eigentümliche Formen von Raum- und Sozialutopien. Die Mitglieder der Turm-Gesellschaft (am deutlichsten an den Maximen und Handlungsweisen Lotharios ablesbar) stellen sich ‚modernen' Ansprüchen zweckrationalen und politisch klugen Verhaltens, die für andere (Mignon, Harfner) tödlich sind. Die Ausschließungsmechanismen erinnern an Traditionen klassischer Sozialutopien mit ihrer strengen, subjektfeindlichen Funktionalität. ‚Tätigkeit' im Sinne von Leistung und Brauchbarkeit ist nicht kongruent mit ‚Vollkommenheit' im Sinne harmonischer Ausbildung aller Anlagen und Fähigkeiten des Einzelnen.

---

16 Vgl. Giuliano Baioni: „Märchen" – „Wilhelm Meisters Lehrjahre", S. 107.
17 VIII, 7; FA 9, S. 944 f. Vgl. auch Kapitel 9.

Beide Konzepte, das bildungsutopische und das sozialutopische, sind in den *Lehrjahre[n]* korrelativ aufeinander bezogen, sie gehen aber nicht ineinander auf. Die Darstellung einer Kongruenz von Bildungsutopie (im Sinne einer Vervollkommnungsfähigkeit des Subjekts) und Sozialutopie (im Sinne einer Institutionalisierung typisch neuzeitlich-moderner Tendenzen) wird vielmehr bewusst vermieden. Damit bietet der Roman aber Möglichkeiten, beide Entwürfe in schärferem Licht wechselseitig zu vergleichen und (ironisch) zu relativieren.

Deutlich wird darin eine durchgehende Grundproblematik der Neuzeit überhaupt: der Antagonismus zwischen dem ‚natürlichen Recht des Subjekts' und der ‚gesellschaftlichen Notwendigkeit von Institutionen'. Goethe reflektiert dieses Problem in den *Lehrjahre[n]* ohne eine ‚praktische' Lösung von Versöhnung anzubieten. Die (ästhetische) Einheit wird, wie schon Friedrich Schlegel hervorgehoben hat, qua Ironiestruktur hergestellt. Das Problem wird an den Leser weitergegeben und in den *Wanderjahren* auf einer neuen Reflexionsstufe fortgeführt.

III Die Darstellung sozialutopischer Modelle in *Wilhelm Meisters Wanderjahre[n]* und das Problem der Vereinigung „disparate[r] Elemente"[18]

Die gegenüber den *Lehrjahren* prinzipiell veränderte Struktur der *Wanderjahre* ist zu Recht betont worden: Der „Roman der Bildung und der Individualität" wandelt sich „zum Roman der Gemeinschaft und Entsagung", womit der „Übergang vom Individualroman zum Gesellschaftsroman vollzogen"[19] ist.

Die teleologische Struktur der individuellen Entfaltung und Selbstverwirklichung Wilhelms wird verändert zugunsten eines nicht mehr am Leitfaden von Entwicklung und fortschreitender Verwirklichung eines universalen Bildungsanspruchs orientierten Verhaltens. Stattdessen dominiert eine Form des subjektiven ‚Sich-Aussetzens' und Mit-Sich-Experimentierens im modernen Sinn; das Motiv des „Wanderns" ist dafür das entscheidende Kennzeichen. An die Stelle von Selbstverwirklichung (als Anspruch der Entfaltung individueller Totalität) tritt ein Moment von Selbsterhaltung (als Einsicht in die Notwendigkeit von Selbstbehauptung in unterschiedlichen persönlichen, beruflichen und institutionellen Kontexten). Wilhelms Ausbildung und Tätigkeit als Wundarzt macht das deutlich.

---

18 Vgl. Goethes Brief an Sulpiz Boisserée vom 2. 9. 1829. In: Goethes Briefe. Hrsg. von Karl Robert Mandelkow. Bd. IV. Hamburg 1967, S. 340.
19 Klaus-Detlef Müller: Lenardos Tagebuch. Zum Romanbegriff in Goethes „Wilhelm Meisters Wanderjahre". In: DVjS 53 (1979), S. 275 – 299, hier S. 282.

Statt „vielseitiger Bildung" wird schon zu Beginn des Romans im Gespräch Wilhelms mit Montan die „Zeit der Einseitigkeiten" angekündigt:

> „Man hat aber doch eine vielseitige Bildung für vorteilhaft und notwendig gehalten". − „Sie kann es auch sein zu ihrer Zeit" −, versetzte jener [Montan]; „Vielseitigkeit bereitet eigentlich nur das Element vor, worin der Einseitige wirken kann, dem eben jetzt genug Raum gegeben ist. Ja es ist jetzo die Zeit der Einseitigkeiten; wohl dem, der es begreift, für sich und andere in diesem Sinne wirkt [...]".[20]

In den „Betrachtungen im Sinne der Wanderer" ist die funktionsorientierte Rolle des Subjekts in der modernen Technik, Wirtschaft und Gesellschaft prägnant umschrieben:

> So wenig nun die Dampfmaschinen zu dämpfen sind, so wenig ist dies auch im Sittlichen möglich; die Lebhaftigkeit des Handels, das Durchrauschen des Papiergelds, das Anschwellen der Schulden, um Schulden zu bezahlen, das alles sind die ungeheuern Elemente, auf die gegenwärtig ein junger Mann gesetzt ist. Wohl ihm, wenn er von der Natur mit mäßigem, ruhigem Sinn begabt ist, um weder unverhältnismäßige Forderungen an die Welt zu machen noch auch von ihr sich bestimmen zu lassen.[21]

Da das Telos allseitiger individueller Selbstverwirklichung zurückgenommen ist, bedarf es auch keiner Erzählung der Annäherung an dieses Ziel mehr im Sinne schrittweiser narrativer Transformationen als Bildungsstufen. Der Bereich beruflicher Tätigkeiten und Rollenverpflichtungen ist geprägt von Institutionen und gesellschaftlichen Zwängen. Diesen gegenüber bleibt das Private häufig in die Sphäre der durch Melancholie und Entsagung geprägten Liebesgeschichten verbannt (vor allem in den Novellen).

So deutlich einerseits die subjektzentrierte Utopie der allseitigen Bildung in den *Wanderjahre[n]* zurückgenommen wird, so auffallend ist andererseits die Wiederaufnahme der Thematisierung sozialutopischer Modelle aus den *Lehrjahre[n]* im Anschluss an die Turmgesellschaft. Die Diskussion einer möglichen Überwindung des Antagonismus von subjektivem Anspruch und moderner, institutionalisierter und funktionalisierter Realität charakterisiert die *Wanderjahre* in vielfacher Weise. ‚Lösungen' bietet der Roman nur sehr bedingt oder mit jenem Eindeutigkeit vermeidenden ironischen Vorbehalt, der den Leser auffordert, Antworten selbst zu finden.

---

20 *Wilhelm Meisters Wanderjahre* I, 4; (Johann Wolfgang Goethe: Wilhelm Meisters Wanderjahre. Hrsg. von Gerhard Neumann, Hans-Georg Dewitz. Frankfurt am Main, 1989 [Frankfurter Ausgabe] Bd. 10, S. 295.
21 II, 11, Betrachtungen im Sinne der Wanderer; FA 10, S. 563.

Betrachtet man die in den *Wanderjahre[n]* nacheinander dargestellten oder projektierten utopischen Modelle, so orientieren sich alle vier (der Bezirk des Oheim, die Pädagogische Provinz, die amerikanische Utopie und die Konzeption der europäischen Binnenwanderer) an Traditionen und Vorbildern von (räumlichen) Sozialutopien. Ihre literarische Präsentation finden sie auf eine je verschiedene und sehr vermittelte Weise.

Während der Oheim-Bezirk von Wilhelm und Felix besucht und erforscht wird, lässt Goethe über die Pädagogische Provinz einerseits von Lenardo berichten und spiegelt sie andererseits in den konkreten Erfahrungen des Sohnes Felix. Die beiden utopischen Konzepte des weltweiten Wandererbundes bleiben dagegen (noch) theoretische Entwürfe: Wilhelm lässt sich, „den Plan" der amerikanischen Utopie „im allgemeinen vorzeichnen;"[22] über das Projekt der Binnenwanderer unter Leitung Odoardos wird in Form einer Rede berichtet. Goethe vermeidet so eine zur unbefangenen Identifikation mit dem Dargestellten einladende Lektüre; die Vielfalt der Perspektiven erlaubt einen vergleichenden und distanzierenden Blick.

In den *Bezirk des Oheims* gelangt man durch eine „Gitterfalle", die die Grenze zwischen Realität und utopischem Terrain bezeichnet. Wie viele Raumutopien vermittelt der „seltsame Ort" den Eindruck des „Geheimnisses", das sich erst im Verlauf der ‚Visitation' der Besucher mehr und mehr enthüllt. Der Eindruck eines schlaraffenländähnlichen Lebens (Felix bemerkt „erwachend ein gedecktes Tischchen, Obst, Wein, Zwieback und zugleich die Heiterkeit der offenstehenden Türe [...]")[23] ändert sich rasch, und der Charakter des ökonomischen Nutzens und kapitalistischen Wirtschaftens tritt deutlich hervor. Der Oheim, als Leiter der Kolonie, gehört zu den Rückwanderern aus Amerika, die in Europa ein Gemeinwesen auf patriarchalischer Basis errichtet haben, das zugleich an Formen des aufgeklärten Absolutismus erinnert. Unter Zugrundelegen sowohl philanthropischer als auch staatswissenschaftlicher Prinzipien italienischer Aufklärer (Filangieri und Beccaria) entwickelt der Oheim ein staatliches System, das sich unter dem Gesetz strenger Utilität von der vorherrschenden Realität vieler bestehender Territorien „utopisch" abhebt:

> Er [der Oheim] übernahm die Familiengüter, wußte sie freisinnig zu behandeln, sie wirtschaftlich einzurichten, weite unnütz scheinende Nachbardistrikte klüglich anzuschließen und so sich innerhalb der kultivierten Welt, die in einem gewissen Sinne auch gar oft eine Wildnis genannt werden kann, ein mäßiges Gebiet zu erwerben und zu bilden, das für die beschränkten Zustände immer noch utopisch genug ist.[24]

---

22 III, 11; FA 10, S. 686.
23 I, 4; FA 10, S. 307.
24 I, 7; FA 10, S. 344.

Grundbesitz und Privateigentum werden legitimiert durch Nutzung und „Genuß", kapitalistische Wirtschaftsweisen mit sozialem Eigentumsgebrauch gerechtfertigt. Entscheidend sind zudem die gemeinschaftsbildende Funktion von (Zivil)religion und die sonntägliche Gewissenserforschung. Eine ‚Absonderung' der Mitglieder muss strikt vermieden werden.

Dass Goethe dieses „utopische" Modell mit leiser Ironie und ohne normativen Anspruch zeichnet, lässt sich vor allem am Spott Hersiliens ablesen. Zudem wirkt der Oheim in seiner selbstgefälligen und selbstgenießenden Art als Exponent einer zu Ende gehenden Feudalkultur.

Die „Pädagogische Provinz", von der Lenardo gehört hat und für „eine Art von Utopien"[25] hält, ist, wie der Bezirk des Oheims, auf landwirtschaftlicher Grundlage organisiert und streng von der Außenwelt abgeschirmt. Der „mit hohen Mauern umgebene Talwald", in dem die Pädagogische Provinz liegt, lässt sich nur durch eine „kleine Pforte" betreten. Im Unterschied zum ökonomischen Modell des Oheims handelt es sich bei der Pädagogischen Provinz um eine institutionalisierte Utopie der religiösen Erziehung. Drei rituellen Grußformen der Mitglieder dieser Gemeinschaft werden drei „Ehrfurchten" zugeordnet: „Ehrfurcht vor dem, was über uns ist" (Gott), vor dem „was unter uns ist" (die Erde) und gegenüber den Mitmenschen. Diesen „Ehrfurchten" entsprechen drei Religionen: die ethnische (Religion der Völker), die philosophische und die christliche. Auf die Frage Wilhelms, zu welcher Religion sich die Mitglieder der „Pädagogischen Provinz" bekennen, antworten sie:

> Zu allen dreien, [...] denn sie zusammen bringen eigentlich die wahre Religion hervor; aus diesen drei Ehrfurchten entspringt die oberste Ehrfurcht, die Ehrfurcht vor sich selbst, und jene entwickeln sich abermals aus dieser, so daß der Mensch zum Höchsten gelangt, was er zu erreichen fähig ist, daß er sich selbst für das Beste halten darf, was Gott und Natur hervorgebracht haben, ja, daß er auf dieser Höhe verweilen kann, ohne durch Dünkel und Selbstheit wieder ins Gemeine gezogen zu werden.[26]

Religiöse Erziehung vollzieht sich ohne Kirche und Geistliche; als Erziehungsziel gilt eine theistische „Weltfrömmigkeit".

Die Erziehungsutopie der „Pädagogischen Provinz", die Anregungen konkreter historischer Einrichtungen (wie die des Fellenbergschen Instituts in der Schweiz) verarbeitet hat[27], nimmt das individualistische Postulat der allseitigen Bildung des einzelnen Subjekts, wie es die *Lehrjahre* formulieren, zurück. An die Stelle einer steten Vervollkommnung zum uomo universale, bei der Irrtümer und Zufälle eine konsti-

---

[25] I, 11, S. 406.
[26] II, 1; FA 10, S. 423.
[27] Vgl. Anneliese Klingenberg: Goethes Roman „Wilhelm Meisters Wanderjahre oder Die Entsagenden". Quellen und Komposition. Berlin. Weimar 1972.

tutive Rolle im Lernprozess spielen, entwickelt die „Pädagogische Provinz" ein streng rationales System asketisch organisierter Pädagogik, für die die Skepsis gegenüber dichterischer Einbildungskraft ebenso charakteristisch ist wie die Ablehnung des Dramas, da dieses „eine müßige Menge, vielleicht gar einen Pöbel" voraussetzt und Theaterspielen strengen Authentizitätsforderungen widerspricht.[28] Andere Künste (lyrische Dichtkunst, Tanz, Architektur, bildende Kunst) und eine besonders geförderte Sprachausbildung haben für den Erziehungsprozess in der „Pädagogischen Provinz" eine zweckrationale Funktion, bei der das einzelne Individuum zugunsten der Gemeinschaft zurücktreten muss. Anstelle subjektiver Selbstverwirklichung bestimmen Momente der Selbsterhaltung und Selbstbewahrung („in der Ehrfurcht vor sich selbst" als oberster Maxime) die Erziehung der Zöglinge.

In den dargestellten *Wanderer*-Utopien (über die in „lakonischen Worte[n]" berichtet wird) tritt das einzelne Individuum gegenüber den Institutionen noch deutlicher als im Bezirk des Oheims oder in der „Pädagogischen Provinz" zurück. Der von der Turmgesellschaft initiierte amerikanische Siedlungsplan Lenardos geht u.a. auf Anregungen zurück, die Goethe aus den Reisebeschreibungen des Weimarischen Prinzen Bernhard über Amerika erhielt. Im Unterschied zum realhistorischen Vorbild, Robert Owens Utopie-Kolonie „New Harmony", hält Lenardo am Privatbesitz fest; Vorrang hat allerdings das Leistungsprinzip, nicht der Besitz:

> [...] wenn das, was der Mensch besitzt, von großem Wert ist, so muß man demjenigen, was er tut und leistet noch einen größern zuschreiben. Wir mögen daher bei völligem Überschauen den Grundbesitz als einen kleineren Teil der uns verliehenen Güter betrachten. Die meisten und höchsten derselben bestehen aber eigentlich im Beweglichen und in demjenigen, was durch's bewegte Leben gewonnen wird.[29]

Maßgebend sind, wie bei der Konzeption des Oheims, der Gesichtspunkt des ökonomischen Nutzens und der des (öffentlichen) Kultus – die Frage der Regierungsformen spielt dagegen keine Rolle:

> Zwei Pflichten sodann haben wir auf's strengste übernommen: jeden Gottesdienst in Ehren zu halten, denn sie sind alle mehr oder weniger im Credo verfaßt; ferner alle Regierungsformen gleichfalls gelten zu lassen und, da sie sämtlich eine zweckmäßige Tätigkeit fordern und befördern, innerhalb einer jeden uns, auf wie lange es auch sei, nach ihrem Willen und Wunsch zu bemühen.[30]

---

28 Vgl. II, 8; FA 10, S. 524; S. 529.
29 III, 9; FA 10, S. 665f.
30 III, 9; FA 10, S. 672f.

Diese Formulierung impliziert eine Zurücknahme des Anspruchs auf eine Verfassung zugunsten von bloßen politischen Rahmenbedingungen, innerhalb deren Grenzen „zweckmäßige Tätigkeit", im Sinne vor allem produktiven Wirtschaftens, möglich erscheint.

Die Maxime der Ehrfurcht vor sich selbst wird aus der „Pädagogischen Provinz" in die amerikanische Utopie hinübergenommen:

> Schließlich halten wir's für Pflicht, die Sittlichkeit ohne Pedanterei und Strenge zu üben und zu fördern, wie es die Ehrfurcht vor uns selbst verlangt, welche aus den drei Ehrfurchten entsprießt, zu denen wir uns sämtlich bekennen [...].[31]

Der europäische Siedlungsplan (Binnenwanderer) unter Leitung Odoards, des mit „unumschränkte[r] Vollmacht" versehenen Statthalters eines deutschen Territorialfürsten, erinnert an jene subjektfeindlichen Tendenzen, durch die die überlieferten klassischen Sozialutopien charakterisiert sind. Vollständige Institutionalisierung ist mit Polizei verbunden; „Verstand und Gewalt" erzeugen eine Utopie der instrumentellen Vernunft, deren Ausschließungsmechanismen (das Wort „beseitigen" taucht immer wieder auf) den negativen Charakter dieser Konzeption bestätigen:

> „Das größte Bedürfnis eines Staats ist das einer mutigen Obrigkeit", und daran soll es dem unsrigen nicht fehlen; wir alle sind ungeduldig, das Geschäft anzutreten, munter und überzeugt, daß man einfach anfangen müsse. So denken wir nicht an Justiz, aber wohl an Polizei. Ihr Grundsatz wird kräftig ausgesprochen: niemand soll dem andern unbequem sein; wer sich unbequem erweis't, wird beseitigt, bis er begreift wie man sich anstellt um geduldet zu werden. Ist etwas Lebloses, Unvernünftiges in dem Falle, so wird dies gleichmäßig bei Seite gebracht.
>
> In jedem Bezirk sind drei Polizeidirektoren, die alle acht Stunden wechseln, schichtweise, wie im Bergwerk, das auch nicht stillstehen darf, und einer unsrer Männer wird bei Nachtzeit vorzüglich bei der Hand sein. Sie haben das Recht, zu ermahnen, zu tadeln, zu schelten und zu beseitigen; [...].[32]

Dass dieses Projekt strengster Disziplinierung subjektiven Verhaltens („Abgeschlossenheit oder Eingeschlossenheit" sind äußere Kennzeichen) unter einem ausdrücklichen kritischen Vorbehalt steht („[...] das Wünschenswerteste schien in einer andern Welt zu liegen"), macht der Text ebenso deutlich wie die ironische Distanz, mit der Einzelheiten über die Kolonisierungspläne der Binnenwanderer berichtet werden:

> Die Hauptsache bleibt nur immer, daß wir die Vorteile der Kultur mit hinüber nehmen und die Nachteile zurücklassen. Branntweinschenken und Lesebibliotheken werden bei uns nicht

---

[31] Ebd., S. 673.
[32] III, 11; FA 10, S. 688.

geduldet; wie wir uns aber gegen Flaschen und Bücher verhalten, will ich lieber nicht eröffnen: dergleichen Dinge wollen getan sein, wenn man sie beurteilen soll.[33]

Von allen in den *Wanderjahre[n]* dargestellten Utopie-Konzepten wahrt der Roman gegenüber dem autokratischen Modell der europäischen Binnenwanderer unter Führung des mit diktatorischen Vollmachten ausgestatteten Odoardo die deutlichste Distanz. Die Präsentation von Utopiemodellen schlägt hier um ins ironische Zitieren einer (negativen) Utopie als Utopiekritik.

Die distanzierte Darstellung unterschiedlicher sozialutopischer Entwürfe in den *Wanderjahre[n]* zeigt insgesamt Goethes Vorbehalte gegenüber perfektionierten politischen Ordnungs- und Staatsvorstellungen. Im Unterschied zu aufklärerischen Konzepten idealer Staatsentwürfe bleibt Goethe skeptisch. Er setzt seine Hoffnung weder auf die Vollkommenheit noch auf die stete Vervollkommnungsfähigkeit staatlicher Ordnungssysteme. Sie werden als ‚Notwendigkeit' gesehen und in kritischer Distanz vergegenwärtigt; die inhärenten Probleme sind zugleich mitformuliert.

Die Frage, welche Rolle angesichts solch kritisch-distanzierender Zurückhaltung gegenüber perfekten, „utopischen" Staats- und Gesellschaftsmodellen das einzelne Subjekt spielt oder spielen kann, bleibt dabei ein entscheidendes Problem. Wenn das (zeitutopische) Konzept individueller allseitiger Bildung und Selbstverwirklichung in den *Lehrjahre[n]* zugunsten eines (nicht utopischen) Hervorhebens und Betonens von Selbsterhaltung in den *Wanderjahre[n]* modifiziert ist, taucht notwendigerweise die Frage auf, ob solche Formen der Selbstbewahrung des Subjekts nicht mit Selbstaufgabe oder bloß funktionalistischer Rollenzuweisung verbunden sind. Gibt es dennoch Möglichkeiten der ‚Rettung' des Subjekts oder Hinweise zur Überwindung des Antagonismus von ‚subjektivem Anspruch' und moderner, zweckrationaler ‚Außenwirklichkeit'?

Goethe gibt (auch) darauf unterschiedliche Antworten, die ich in diesem Zusammenhang abschließend kurz andeute.

Unter Rückgriff auf Kant und Wilhelm von Humboldt lässt sich auch bei Goethe schon in den *Lehrjahre[n]* der Gedanke eines umfassenden gattungsgeschichtlichen Konzepts finden: Subjektive Selbstverwirklichung ist (lediglich) als Verwirklichung innerhalb der Geschichte der menschlichen Gattung möglich. Jarno formuliert in den *Lehrjahre[n]:* „Nur alle Menschen machen die Menschheit aus, nur alle Kräfte zusammengenommen die Welt".[34] Die Selbstverwirklichung

---

33 III, 11; FA 10, S. 690.
34 *Wilhelm Meisters Lehrjahre*. VIII, 5; FA 9, S. 932. In Goethes *Dichtung und Wahrheit* wird dieser Gedanke noch deutlicher ausgesprochen, wenn Goethe betont „[...] daß die Menschheit zusammen erst der wahre Mensch ist [...]" (FA 14, S. 422).

des Einzelnen wird zugleich zurückgenommen und ‚aufgehoben' im universellen Rahmen der Menschheitsgeschichte. Der Totalitätsanspruch des Subjekts lässt sich nur in der Gattung tendenziell ‚realisieren' qua steter Annäherung im historischen Gesamtprozess.

Eine reflexionsphilosophische Lösung deutet sich an im Horizont von Hegels *Phänomenologie des Geistes*. Wilhelms Bildungsgang in den *Lehrjahre[n]* vermag als „Weg vom Allgemeinen zum Besonderen" interpretiert zu werden, „[...] der deswegen gangbar" sei, „[...] weil der Mensch im einheitsphilosophischen Sinne die Welt in sich trägt".[35] Stefan Blessin hat die Entsprechungen und Differenzen zu Hegels *Phänomenologie* in den *Wanderjahre[n]* genauer untersucht und sich im Blick auf Goethe um eine „materialistische Rekonstruktion der idealistischen Dialektik" bemüht. Dabei kommt er unter Berücksichtigung eines umfassenden Naturkonzepts bei Goethe und am Beispiel von Lenardos Geschichte zu dem Ergebnis, dass keine großen Unterschiede zwischen Hegel und Goethe bestehen. Zu fragen bleibt allerdings, ob damit die Antinomien und ironisch-kritischen Vorbehalte des Textes der *Wanderjahre* nicht allzu sehr im reflexionsphilosophischen Schema versöhnt werden.

Goethes eigentümliche Lösung in den *Wanderjahre[n]* wird im Konzept der „Entsagung" formuliert. „Entsagung" als Form der säkularisierten Askese wendet sich kritisch sowohl gegen ein Postulat individueller Totalität qua permanenter Selbstvervollkommnung als auch gegen jede bloße Anpassung und vollständige institutionelle Integration durch Selbstaufgabe des Subjekts. Insofern bleibt ein kritisches Potential erhalten; gleichzeitig lassen sich aber Momente der Resignation und Melancholie nicht übersehen.

Schon Arthur Henkel und Anneliese Klingenberg haben darauf hingewiesen, dass sich „Entsagung" einerseits auf das Verhältnis des Einzelnen zu sich selbst und zu seinem historisch-kulturellen Kontext bezieht und andererseits auf die Relation des Subjekts zur Natur und zum Ganzen des Kosmos.[36] Entsagung impliziert deshalb auch ethische und religiöse Momente; der Begriff „Weltfrömmigkeit" macht dies deutlich.

Unter Gesichtspunkten der Utopieproblematik lässt sich Entsagung als eine spezifische Reflexionsstufe bezeichnen, insofern die in den *Wilhelm Meister*-Romanen dargestellte Differenz zwischen ‚Vollkommenheit' (im Postulat harmonischer Ausbildung aller angeborenen Anlagen als individuelle Totalität) und

---

[35] Ivar Sagmo: Bildungsroman und Geschichtsphilosophie. Eine Studie zu Goethes Roman „Wilhelm Meisters Lehrjahre". Diss.phil. Tromsö 1979 [Masch.], S. 276.
[36] Vgl. Arthur Henkel: Entsagung. Eine Studie zu Goethes Altersromanen. Tübingen 1954, S. 142 ff.; Klingenberg, Goethes Roman „Wilhelm Meisters Wanderjahre oder Die Entsagenden", S. 88 ff.

‚Brauchbarkeit' (in der lebens- und berufspraktischen Tätigkeit als Mitglied unterschiedlicher Gemeinschaften) thematisiert wird. Das ‚praktische' Ergebnis solcher Reflexion liegt „[...] auf der Grenze zwischen Ethos und Lebenskunst, zwischen sittlicher Forderung und intuitiver Einsicht in die Gesetzlichkeiten des Lebens".[37] In einem Brief Goethes an Friedrich Rochlitz heißt es dazu:

> *Handle besonnen*, ist die praktische Seite von: *Erkenne Dich selbst*. Beides darf weder als Gesetz noch als Forderung betrachtet werden; es ist aufgestellt wie das Schwarze der Scheibe, das man immer auf dem Korn haben muß, wenn man es auch nicht immer trifft. Die Menschen würden verständiger und glücklicher sein, wenn sie zwischen dem unendlichen Ziel und dem bedingten Zweck den Unterschied zu finden wüßten und sich nach und nach ablauerten, wie weit ihre Mittel denn eigentlich reichen.[38]

Die Vereinigung der „disparaten Elemente" unter Gesichtspunkten von Utopie und Utopiekritik erfolgt in den *Wanderjahre[n]* weder im Horizont einer umgreifenden Harmoniekonzeption noch im Sinne einer universellen utopischen Perspektive. Die „Synthesis der Antinomien" findet nicht im Medium der Utopie, sondern in der Kunst statt. Es ist die „Totalität der schriftlichen Darstellungs- und Mitteilungsformen, die das Werk zur Einheit zusammenzufassen vermag".[39]

Wenn Goethe die *Wanderjahre* ein „Aggregat" genannt hat, deutet sich darin die Rolle des Romans als eines appellativen, erst vom Leser zu synthetisierenden Textes an. Der Erzähler der *Wanderjahre* tritt bezeichnenderweise als Herausgeber und Redakteur auf, die Distanzierung vom Erzählten ist ebenso konstitutiv wie die Illusion vermeidenden literarischen Schreibweisen und reflektierenden Einschübe. Die Modernität des Erzählens korreliert mit den Erfahrungen der Moderne. Goethe bringt die widersprüchlichen Momente der Neuzeit und des neuzeitlichen Individuums auf den poetischen Begriff. Er rettet sich dabei in keinen Ästhetizismus; für ihn bleibt Kunst (wie etwa die Schlussepisode der *Wanderjahre* zeigt) ein zeichenhaftes Angebot.

Die ästhetische Synthese der dargestellten unterschiedlichen Utopiemodelle, -anspielungen und -zitate und deren wechselseitige Kombination und Relativierung lässt sich als ein Emblem der erinnerten und reflektierten Zukunft bezeichnen. Literarische Ironie kann das ästhetische Mittel der ‚Rettung' von Utopie durch Selbstreflexion sein.

---

[37] Erich Trunz: Kommentar zu den „Wanderjahre[n]". In: Hamburger Ausgabe. Hrsg. von Erich Trunz. Hamburg ⁵1961, Bd. VIII. S. 538.
[38] Brief vom 23.11.1829. In: *Goethes Briefe*. Hrsg. von Karl Rorbert Mandelkow, Bd. IV, S. 357.
[39] Müller, Lenardos Tagebuch, S. 285.

III Utopien von Wieland bis Musil

1 Transzendentalpoetik: Wielands *Goldner Spiegel*

I

In den 70er Jahren des 18. Jahrhunderts (Christoph Martin Wielands Roman *Der Goldne Spiegel oder die Könige von Scheschian* erscheint 1771/1772 und in einer späteren Fassung nach der Französischen Revolution, 1794) ist das Repertoire aller wichtigen utopischen Diskurse präsent: nicht nur die ausdifferenzierten Modelle der klassischen Raum- und Zeitutopien von Thomas Morus [1516] bis Louis-Sébastien Mercier [1770], sondern ebenso deren satirische Umkehrungen von François Rabelais [1535] und Jonathan Swift [1726] bis hin zu den ersten (negativen) Dystopien; in Deutschland von Johann Carl Wezel [1776], den Wieland zu ‚mäßigen' suchte. Damit einher geht ein Grad von poetologischer Selbstbeobachtung und Reflexion, der selbst im 20. Jahrhundert nur in wenigen Beispielen utopischer Texte erreicht wird.[1]

Wieland ist einer der wenigen zeitgenössischen Autoren des 18. Jahrhunderts, die sich dieser ebenso praktisch-literarischen wie poetologisch-theoretischen Herausforderung stellen.[2] Pointiert zusammengefasst: Es geht um die Suche nach neuen fiktionalen und pragmatischen Genres, in denen die traditionalen utopischen Diskurse ihren verwandelten literarischen Ort finden. In einem komplizierten intertextuellen Übersetzungsprozess wird der *Goldne Spiegel* deshalb zum literarischen Startpunkt für den „Staatsroman" und zugleich für den „Bildungsroman";[3] dies allerdings in einem Rahmen, der bei Wieland grundsätzlich durch das Oszillieren zwischen 'phantastischen' Genres (Feenmärchen oder Märchen aus Tausend und einer Nacht) und satirischen Gattungstraditionen (in der Nachfolge Lucians) geprägt ist. Hinzukommt, dass sich Wieland vornehmlich französischer prototypischer

---

1 Vgl. dazu insgesamt: Utopieforschung. 3 Bde; vor allem Bd. 3.
2 Zur neueren Wieland-Literatur unter Hinsicht auf den *Goldne[n] Spiegel* vgl. Herbert Jaumann: Kommentar im Anhang zu seiner Edition: *Der Goldne Spiegel* und andere politische Dichtungen. München 1979, S. 724–790; Fohrmann, Utopie, Reflexion. Erzählung; Sonder-Nr. der Modern Language Notes; German Issue Vol 99. Hrsg. von John A. McCarthy. Baltimore 1984; Christoph Martin Wieland. Epoche-Werk-Wirkung. Hrsg. von Sven Aage Jørgensen, Herbert Jaumann, John A. McCarthy, Horst Thomé. München 1994 (Arbeitsbücher zur Literaturgeschichte); Bernhard Budde: Aufklärung als Dialog. Wielands antithetische Prosa. Tübingen 2000; Helge Jordheim: Der Staatsroman im Werk Wielands und Jean Pauls. Gattungsverhandlungen zwischen Poetologie und Politik. Tübingen 2007 (Communicatio, Bd. 38).
3 Vgl vor allem Jordheim, Der Staatsroman im Werk Wielands und Jean Pauls.

Muster bedient, wie Fénelons *Les aventures de Télémaque, fils d'Ulysse* (1699; 1717) und Crébillons *Tanzai et Néadarné* (1733).

Die Gesamtstruktur des Romans präsent und im Auge zu behalten, ist nicht einfach, weil Wieland mit einer Fülle von Textmodellen, paratextuellen Kommentaren, Fußnoten und Reflexionen spielerisch verfährt. (Poetische) Übersetzung, Transkription und Dialog bleiben die dominanten erzählerischen Merkmale des Textes. Dass es ebenso um linguale Übersetzungen gehen soll, macht der Roman zu Beginn auf elegant-ironische Weise in einer Stufen- und Staffelungstechnik sichtbar, indem die vorliegende deutsche Schriftform auf eine lateinische Fassung zurückgeführt wird und diese wiederum auf eine chinesische, wobei die chinesische schließlich auf eine indische Fassung verweist. Genauer:

> In Abwandlung der Sheherazade-Situation wird [...]die scheschianische [Haupt]-Geschichte dem indischen Sultan Schach-Gebal erzählt, zunächst von einer Mätresse, dann vom Hofphilosophen, dem ‚Doctor' Danischmend – Gelegenheit genug, um dabei die sultanische und höfische Welt mit ihrer gefährlichen Brüchigkeit vorzustellen. Auf der nächsten Stufe hält ein chinesischer Übersetzer wiederum diese Geschichte seinem Kaiser Tai-Tsu als Spiegel vor. Die chinesische Übersetzung passiert dann noch ein lateinisches Stadium, bevor sie schließlich der gegenwärtige Herausgeber-Erzähler ‚aus einer Kopie der lateinischen Handschrift, in so gutes Deutsch, als man im Jahre 1772 zu schreiben pflegte, überzutragen würdig befunden hat'.[4]

Dass diese komplizierte Staffelungstechnik stets auf eine vertrackte ‚Übersetzung' verweist, macht die Fiktionsironie des Ganzen sichtbar. Die ironische Thematisierung der utopischen Traditionen ist deshalb nur die eine Seite, die andere jene Fiktion in der Fiktion, die zugleich auf die aktuelle, zeitgenössische Gegenwart (1772) bezogen wird.

Dass der Leser bei dieser ebenso wenig linearen wie teleologischen Erzählkonstruktion die Übersicht behält, hängt mit dem zweiten, durchgehend vorherrschenden Strukturmerkmal zusammen, dem des Dialogs. In der Tradition des Dialogromans des 18. Jahrhunderts (vgl. den außerordentlich beliebten Briefroman)[5] macht Wieland selbst auf dieses Konzept aufmerksam:

> Meine natürliche Geneigtheit, Alles (Personen und Sachen) von allen Seiten und aus allen möglichen Gesichtspunkten anzusehen und ein herzlicher Widerwille gegen das mir allzu

---

4 Aus der „Einleitung" zum „Goldne[n] Spiegel" zit. Hans-Jürgen Schings, Der Staatsroman im Zeitalter der Aufklärung, S. 166.
5 Vgl. Voßkamp: Dialogische Vergegenwärtigung beim Schreiben und Lesen. Zur Poetik des Briefromans im 18. Jahrhundert. In: DVjs 45 (1971), S. 80–117; Gabriele Kalmbach: Der Dialog im Spannungsfeld von Schriftlichkeit und Mündlichkeit. Tübingen 1996; und vor allem Budde, Aufklärung als Dialog.

einseitige Urtheilen und Partheynehmen, ist ein wesentliches Stück meiner Individualität. Es ist mir geradezu unmöglich, eine Parthey gleichsam zu heyrathen.[6]

Nur eine „sokratische Schule" kann der Intention Wielands gerecht werden, Gegenstände und Themen (vor allem wenn sie durchaus politisch heikel sind) angemessen darzustellen. Anders formuliert: der Leser ist in diesem dialogischen Spiel stets als Gesprächspartner gegenwärtig. Wieland hat ihm deshalb in seiner „Selbstanzeige des ‚Goldnen Spiegels' durch den Autor" eigens eine bemerkenswerte Differenzierung gewidmet:

> Da das Buch vornämlich dreierlei Gattungen von Lesern finden wird, so ist in Absicht ihrer auch ein dreifacher Wunsch zu tun. Der Prinzenmentor lerne daraus die wichtigen Kapitel der Staatskunst vom Ursprung der Reiche, vom Luxus, von der Tyrannei, von der Religion, von der öffentlichen Erziehung, von der Gesetzgebung usf., deren er keines übergangen finden wird [...]. Der gemeine Leser, der seine Hoffnung, ein Märchen von der gewöhnlichen Art zu finden, getäuscht sieht, schreibe seine Langeweile auf seinen Mangel an Patriotismus. Eine Anwendung auf sein eigen Vaterland sollte ihn nicht kalt lassen. Sollte endlich ein Schach auf die Gedanken kommen, es zu seiner Lektüre vor der Mittagsruhe zu machen, und dankbar die rührenden Stellen bezeichnen, wo ihm die Gedanken in Schlaf übergingen [...], so möchten wir den etwanigen Entschließungen, die es in ihm erweckte, eine etwas längere Dauer oder schnellere Vollziehung wünschen als die von Schach-Gebal gehabt haben sollen. Mehr traurig als vergnügt werden alle drei Klassen von Lesern von dieser Lektüre zurückkommen über die Schwierigkeiten der Regierungskunst, und über die schaudernden Folgen, welche die Fehler in derselben über das Geschlecht der Sterblichen verbreiten.[7]

Bei allen ironischen Vorbehalten, die der Text zu erkennen gibt, ist der – im Medium der Satire – beobachtbare Gestus des Didaktischen nicht zu überhören; gerade dann nicht, wenn im Dreieck bzw. im Viereck der inszenierten Stimmen – die vorlesende Sultanin, der Dialogpartner Schach-Gebal (der Sultan), der gelehrte Gesprächspartner Dr. Danischmend (als der Philosoph des Hofes) und der gelegentlich einbezogene Kanzler – die Fiktion einer geistreichen Gesprächs- und Kommunikationsgemeinschaft aufgebaut wird, die an Utopien „auserlesener Zirkel" in den *Ästhetischen Briefen über die Erziehung des Menschen* von Friedrich Schiller erinnert, aber nicht herrschaftsfrei sein kann.[8] Reaktionen des fiktiven Lesers oder ergänzende Kommentare machen deutlich, dass es Wieland weniger um die konkrete Darstellung einer idealen Kommunikationsgemeinschaft geht, als

---

6 Neuer Teutscher Merkur I, 3 (1800), S. 256; zit. Kalmbach, Der Dialog, S. 206.
7 Zit. im Anhang zur Edition von Herbert Jaumann, S. 734f.
8 Schon bei Thomas Morus wird am Anfang der *Utopia* eine gelehrt-gesellige Gesprächssituation inszeniert, in der über die aktuelle zeitgenössische Situation in England und den Bericht des (fiktiven) Weltreisenden Hythlodäus diskutiert wird.

vielmehr um die Konstruktion der Bedingungen der Möglichkeit, über gesellschaftliche Ordnungsmodelle zu diskutieren. Der literarische Übersetzungsprozess Wielands besteht deshalb darin, von Darstellungen unterschiedlicher Modelle gesellschaftlicher Ordnung zu einer „Darstellung der Möglichkeit der Rede über die gesellschaftliche Ordnung" zu kommen.[9] Diese transzendentalpoetische Verschiebung bietet Möglichkeiten, unterschiedliche Diskurse und Gattungen (Chroniken, Fürstenspiegel, Raum- und Zeitutopien) zu dynamisieren und selbst zur Disposition zu stellen bzw. in einen Dialog zu bringen im Sinne von „Gattungsverhandlungen" (Helge Jordheim) und damit eine zusätzliche Reflexionsebene einzubauen. Von einer „Summe der Erfurter ‚Staatsbelletristik'[10] zu sprechen, ist deshalb nur dann legitim, wenn hinzugefügt wird, dass auch diese durchgehend unter einen ironischen Reflexionsvorbehalt gestellt und einer dauernden Beobachtung (zweiter Ordnung) ausgesetzt ist.

II

Wendet man sich nach dieser Vorverständigung über die narrativen, ironisch konnotierten „Übersetzungs"-Techniken und paratextuellen Konfigurationen den von Wieland *thematisch* eingebauten utopischen Diskursen zu, fällt zunächst ein für das 18. Jahrhundert eher traditionales Triasmodell auf. Die Negativfolie bildet eine Schilderung der tyrannischen Zustände einer „unumschränkten Monarchie",[11] der ein dezidiert kontrafaktisches, arkadisches Modell der „Kinder der Natur"[12] entgegengestellt wird. Eine dritte Variante vergegenwärtigt schließlich die Zustände im Reich Tifans, des „Wiederhersteller[s] des Vaterlandes" (II, 205 ff).[13]

In diesem Dreischritt lässt sich weder eine teleologisch-zielgerichtete Entwicklung noch ein zyklisch-regelhafter Verlauf erkennen.[14] Die drei diskutierten Modellvorstellungen sind vielmehr perspektivisch gegeneinander gestellt, und der Leser wird ausdrücklich ermuntert, „glauben [zu] dürfen, was ihm beliebt" (I,

---

9 Vgl. Horst Thomé: Utopische Diskurse. Thesen zu Wielands *Aristipp und einige seiner Zeitgenossen*. In: MNL German Issue 99 (1984), S. 503–521; hier S. 516.
10 Vgl. Thomé, Christoph Martin Wieland, S. 87.
11 Christoph Martin Wieland: Der Goldne Spiegel und andere politische Dichtungen. Hrsg. von Herbert Jaumann. München 1979, S. 35. Im Folgenden wird nach dieser Ausgabe zitiert. Die Seitenzahlen der Wieland-Zitate finden sich jeweils im fortlaufenden Text.
12 Vgl. Wieland, Der Goldne Spiegel, S. 46–66.
13 Diesem reformabsolutistischen Modell wird allerdings „keine lange Fortdauer über die physische Existenz des Regenten hinaus" zugestanden. (Budde, Aufklärung als Dialog, S. 201).
14 Vgl. Naumann, Politik und Moral, S. 173; und Budde, Aufklärung als Dialog, S. 225.

24).¹⁵ Die Form der selbstironischen Anspielung, in der Wieland die drei Modelle im Rahmen seiner arrangierten Gesprächssituation kommentieren lässt, bedeutet eine strikte Absage an jede idealistische Trias-Vorstellung.

Im Folgenden kann nicht auf alle subtilen Einzelheiten der Wielandschen ‚Übersetzungs'-Techniken im *Goldnen Spiegel* in der Tradition utopischer Diskurse eingegangen werden. Ich konzentriere mich auf das arkadische Modell der „Kinder der Natur" und das der Tifan-Utopie, dem Idealtypus einer „aufgeklärten" Reform-Monarchie. In beiden Fällen ist die zuvor skizzierte Staffelungstechnik einer mehrfachen Vermittlung als transkriptiver Übersetzungsvorgang zu Grunde gelegt.

1 Das Tal der „Kinder der Natur" als Arkadien

Eingefügt in den Bericht des Großphilosophen Danischmend beschwören die Erläuterungen des weisen Psammis „vom Tal der Kinder der Natur" (I, 45 ff) die Bilderwelt Arkadiens. Der status naturalis ist die Grundbedingung jenes seit Vergils Arkadien beschworenen idealen Raums (auf den auch Rousseau zurückverweist) als einer Enklave, die in unterschiedlichen historischen Kontexten angesiedelt und funktionalisiert werden kann. Es handelt sich um eine „Zwischenwelt, die sich gerade durch ihre Zuwendung zur Welt bestimmt".¹⁶ In der Negation historischer Wirklichkeit bleibt diese präsent. Arkadien, so hat Ernst Bloch formuliert, ist

> eine [...] durchaus sanfte Gemeinschaft, idyllisch vorhandenes einfaches Glück, von wölfischem Alimine fern. Wärme, Sicherheit, Heiterkeit, Unschuld blühen stattdessen. Eine Gruppe Gleichgesinnter bewohnt ihr Tal in ebenso freundlicher Natur. Solche Idylle wurde nicht grundlos als ländlich, hirtenhaft dargestellt. Derart spielte noch ein anderes Fluchtwunschbild hinein, das zur guten Natur verklärte Bild des *Gartens*.¹⁷

Wieland überträgt diesen Topos der pastoralen Fiktion in das Bild von einem durch Berge verborgenen, hinter der Wildnis gelegenen bezaubernden Ort. Hier lebt „eine kleine Anzahl von glücklichen [Menschen], um sich vor der Missgunst und den ansteckenden Sitten der übrigen Sterblichen zu verbergen" (I, 55). Tra-

---

15 Vgl. dazu die Parallele zur romanpoetischen Vorrede in Johann Gottfried Schnabels *Insel Felsenburg* (1731).
16 Wolfgang Iser: Ikonologie Arkadiens. In: Akzente. Zeitschrift für Literatur 37 (1990), S. 224 – 229; hier S. 227.
17 Ernst Bloch: Arkadien und Utopien. In: Europäische Bukolik und Georgik. Hrsg. von Klaus Garber (Wege der Forschung, Bd. 355). Darmstadt 1976, S. 1 – 7.

ditionsanalog bietet dieser paradiesische Ort in der Bewahrung der Natur den adäquaten Raum menschlicher Selbstverwirklichung. Grundlage ist die „Liebe zur Musik und ein gewisser angeborener Hang zum Schönen und zu geselligen Vergnügungen, welcher die Grundlage abgab, worauf der weise Gesetzgeber ihrer Nachkommen einen seligen Menschen aufzuführen wusste" (55). Nicht nur koinzidieren Schönheit, Weisheit und naturgerechte Gesetze der „Mäßigung" und „freiwilligen Enthaltung" (59); auch körperliche Schönheit („die schönsten unter den Menschenkindern" [61]) sind die Voraussetzung für die „Bildung [des] Meisterstücks [der Natur] des Menschen" (60).

Die Versöhnung mit der Natur kann indes nur konfliktfrei gelingen, wenn dem Menschen eine Tätigkeit zugerechnet wird, die in der Balance von richtigem Empfinden als Bedingung für „richtig[es] Denken" (55) Arbeit als unentfremdete Tätigkeit bestimmt. Arbeit, so lässt der Erzähler wissen, sei „eine unsern Kräften angemessene und von keinen verbitternden Umständen begleitete Arbeit, [sie sei] mit einer Art von sanfter Wollust verbunden, deren wohltätige Einflüsse sich über unser ganzes Wesen verbreiten" (54).

Damit wird ein zentrales Motiv in der Diskussion über die Ablösung der biblischen Vorstellung von Arbeit als Mühsal zitiert, das auch Schiller in seinem Aufsatz *Über naive und sentimentalische Dichtung* zum Ausgangspunkt einer Zukunftsperspektive der unentfremdeten Moderne macht. Man solle sich, so Schiller,

> nach einer Klasse von Menschen umsehen, welche ohne zu arbeiten tätig ist und idealisieren kann ohne zu schwärmen; welche alle Realitäten des Lebens mit den wenigstmöglichen Schranken desselben in sich vereiniget und vom Strome der Begebenheiten getragen wird, ohne der Raub desselben zu werden.[18]

Charakteristisch für Wielands mittels erzählerischer Staffelung zwar gebrochener, aber durchaus nicht ohne Sympathie transformierter Arkadien-Bilder ist nun, dass die (immer zugleich Rousseaus ‚status naturalis' aufrufende) Arkadien-Topographie mit Traditionen der klassischen Sozialutopie in der Nachfolge von Thomas Morus verbunden werden.

Auffallenderweise erfolgt dies nicht über staatstheoretische Reflexionen nach dem Vorbild der *Utopia* von Thomas Morus sondern über die Thematisierung von Familienstrukturen. Dies ist umso naheliegender, als die Utopieliteratur in der Robinsonadentradition (auf die hier angespielt wird) die Geschichte eines einzelnen Überlebenden nach einem Schiffbruch bis zu einer sich etablierenden

---

[18] Friedrich Schiller: Über naive und sentimentalische Dichtung. In: ders.: Sämtliche Werke. Bd. V, S. 694–780; hier S. 768.

Gesellschaft darstellen muss.[19] Diese neue Gesellschaft, die sich Schritt für Schritt über komplizierte demographische Prozeduren (vgl. entsprechende Fortpflanzungsstrategien) aufbaut, ist kein Thema in Arkadien, aber konstitutiv für die gesamte sozialutopische Tradition bis in die Moderne, auch in der dystopischen Variante bis zu Huxleys *Brave New World*.

Die ironische Verknüpfung zwischen Arkadien und Sozialutopie gelingt Wieland über das Motiv der Erziehung.

> Unsere Kinder werden vom dritten bis zum achten Jahr größtenteils sich selbst, das ist der Erziehung der Natur überlassen [Arkadientradition]. Vom achten bis zum zwölften empfangen sie so viel Unterricht, als sie von Nöten haben, um als Mitglieder unserer Gesellschaft glücklich zu sein [Glücksgebot, Melancholieverbot]. Wenn sie richtig genug empfinden und denken, um unsere Verfassung für die beste aller möglichen zu halten, so sind sie gelehrt genug. Jeder höhere Grad von Verfeinerung würde ihnen unnütze sein [Anspielung auf Leibniz' Lehre von der prästabilierten Harmonie in der besten aller möglichen Welten und deren Umkehrung in Voltaires *Candide*]. Mit Antritt des vierzehnten Jahres empfängt jeder angehende Jüngling die Gesetze des weisen Psammis [der weise Berichterstatter aus der Erzählung des Hofphilosophen Danischmend]; er gelobet vor den Bildern der Huldgöttinnen, ihnen getreu zu sein; und dieses Gelübde wiederholt er im zwanzigsten, da er mit dem Mädchen, welches er in seinem Hirtenstande geliebt hat, vermählt wird. Denn die Liebe allein stiftet unsere Heiraten [Utopie der Übereinstimmung von Liebe und Ehe/„Liebesheirat" um 1800]. Im dreißigsten Jahr ist ein jeder verbunden, zu seiner ersten Frau die zweite, und im vierzigsten die dritte Frau zu nehmen, wofern er nicht hinlängliche Ursachen dagegen anführen kann, wovon wir kein Beispiel haben." [Politische Anspielung auf die Populationspolitik („Peuplierung") des ‚Aufgeklärten Absolutismus'] (I, 65).

Nun würde in dieser komplexen Vermittlungstechnik utopischer Leitmotive das Epikureische zu kurz kommen (vgl. die Rahmenhandlung von „Tausend und eine[r] Nacht"), wenn nicht auch das „Vergnügen" gebührende Berücksichtigung fände. So erscheinen plötzlich in der Erzählung des weisen Psammis „Sklaven und Sklavinnen; aber mehr zum Vergnügen als um einen anderen Nutzen von ihnen zu ziehen" (65). Damit spielt Wieland auf ein ebenso vertrautes wie beunruhigendes Moment in der Geschichte literarischer Utopien im 18. Jahrhundert an. Im Zeichen von Inklusion und Exklusion sind Sklaven (seit Morus' *Utopia*) Bestandteile utopischer Systeme, die im Zuge ihrer Modernisierung Vergnügungen oder Arbeitsentlastungen durch Sklaven nicht mehr zulassen und akzeptieren können. Ein Musterbeispiel findet sich in Johann Gottfried Schnabels *Insel Felsenburg*, wo die traditionell durch Sklaven geleistete schwere körperliche Arbeit von Affen übernommen wird.

---

19 Vgl. beispielhaft Johann Gottfried Schnabel: *Die Insel Felsenburg*; dazu Kap. II 8.

Sowohl in der Parodie des Erziehungsmotivs als auch in der subtilen ironischen Vergegenwärtigung des Themas der Sklaverei zeigt sich, dass Wieland die Essenzen utopischer Diskurse in einer Weise ins Ironisch-Parodistische ‚übersetzt', dass man von einer Travestie von Utopien in den Konstruktionen utopischer Fiktionen sprechen kann. Wie in einem Palimpsest werden die Motive aller wichtigen utopischen Themen erkennbar, ohne dass sie fortgeschrieben, sondern nur noch im Sinne einer kritischen Archivpoetik ironisch zitiert werden. In der Verbindung und im dauernden Oszillieren zwischen Utopischem und Dystopischem entsteht eine neue Form der selbstreflexiven Utopie.

2 Tifan: Der ‚vollkommene' Herrscher oder ist gesellschaftlicher Fortschritt möglich?

Das kaleidoskopartige Vergegenwärtigen utopischer Diskurse ändert sich prinzipiell nicht, wenn ein gegenüber dem Arkadienmodell differentes Muster zitiert wird. Das lässt sich – gerade im Kontrast zu den an klassischen Raumutopien orientierten Vorstellungen der „Kinder der Natur" – vornehmlich am Modell Tifans beobachten, das im Horizont von Zeitutopien steht. Wieland übersetzt 1771 Louis-Sébastien Merciers *Das Jahr 2440*[20] und spielt häufig auf diesen Basistext einer Verzeitlichung von Raumutopien an. Wenn am Ende der Tifan-Darstellung (hier dominiert ein eher narrativer Gestus) die Perspektive einer konstitutionellen Monarchie erkennbar ist, so zielt diese Erzählung deutlicher auf den zeitgenössischen politischen Kontext; Wieland sieht in Friedrich dem Großen und Joseph II. – ohne dass das überzubewerten wäre – respektierte ‚Diskussionspartner'.

Die zu Anfang biographisch veranschaulichte Geschichte Tifans bietet dem Erzähler insbesondere Möglichkeiten der Hypothesenbildung im Blick auf die durch Rousseau bestimmte Diskussion über den Wechsel der utopischen Vorstellung von ‚perfection' (Vollkommenheit) zur ‚perfectibilité' (Vervollkommnung). Auch wenn zunächst die Vision eines vorgesellschaftlichen Zustands der idealen Natur skizziert wird – Tifan sei „in einer kleinen Gesellschaft von unverdorbenen, arbeitsamen und mäßigen Menschen" aufgewachsen und auf diese Weise in den ersten dreißig Jahren „zu jeder königlichen Tugend gebildet" worden (II, 205) –, so ist diese Wunschvorstellung über einen Staffettenlauf vom „Schäferstab" zum königlichen „Zepter" (II, 207) als ironische Pointe für jeden Leser leicht durchschaubar. Die Hoffnung auf den besten Menschen statt den mächtigsten König (vgl. II, 208) bleibt auch noch in einer distanzierenden Perspektive

---

20 Mercier, Das Jahr 2440.

ein Hauptmoment aufklärerischer Hoffnung. In den „Grundsätzen" zur Erziehung Tifans, die der weise Danischmend vorträgt (II, 84 f), findet sich dann folgerichtig auch ein Katalog der bürgerlichen Freiheits- und Menschenrechte: „[...] alle Menschen sind Brüder, und haben von Natur gleiche Bedürfnisse, gleiche Rechte und gleiche Pflichten; [...]" (II, 209). Damit entfällt der Anspruch auf Gewaltausübung und Unterdrückung („kein Mensch hat ein Recht, den anderen zu seinem Sklaven zu machen" [II, 210]); mehr noch: es soll auch – im Zeichen einer anthropologischen Hoffnung auf den idealen Menschen – eine ausbalancierte, vernünftige Geselligkeit entstehen, in der jeder und jede zu ihrem Recht kommen. („Kein anderer Titel [sei] von Nöten, als dass er Mensch ist" [II, 210]).

Nun darf die Präsentation einer Charta der aufgeklärten Menschenrechte aus dem Munde des Philosophen nicht zu der Auffassung verleiten, dass Wieland utopische Programmatiken in staatstheoretische Reformpolitik umschriebe. Wenn der Sultan, dem dieses Programm vorgetragen wird, bei ‚moralischen' Themen einschläft (Moral hat „immer und allezeit eine [...] narkotische Kraft" [II, 209]), dann liefert es den anschaulichsten Kommentar zu einer ironischen Distanzierung des Vorgetragenen.

Gerade im Blick auf die Postulate der Vervollkommnungsfähigkeit und – möglichkeit des Menschen („Bildsamkeit") steht Wieland unter dem Eindruck der Diskussion über das Projekt von Rousseauscher ‚perfectibilité'. Auffallend genug folgen die (zu Wort kommenden) Stimmen im Meinungsstreit über menschlichen und gesellschaftlichen Fortschritt weniger den in Deutschland vorherrschenden optimistischen (Um-)Deutungen, die allein die Seite der Progression im perfectibilité-Konzept Rousseaus betonen (Lessing, Herder),[21] vielmehr wird die Dialektik im Begriff der ‚perfectibilté' (perfectibilité und corruptibilité) hervorgehoben (vgl. etwa bei Lichtenberg) und Tifans Wille zur Verbesserung der Verhältnisse als etwas durchaus „Romanhaftes" charakterisiert (vgl. II, 226). In den dargestellten Äußerungen im Roman spiegelt sich die gesamte Bandbreite der durch Rousseau ausgelösten Fortschrittsdiskussion. Es handelt sich bei Wieland, wie Walter Erhart betont hat, insgesamt um ein

> Konglomerat unterschiedlichster theoretischer Ansätze. Zwar werden in Wielands Werken fast alle Geschichtstheorien des 18. Jahrhunderts referiert, die Widersprüchlichkeit der dabei meist nebeneinander aufgeführten Theorien erlaubt jedoch keinerlei Mutmaßungen über

---

[21] Vgl. Günther Hornig: Perfectibilität. In: Archiv für Begriffsgeschichte, Bd. 24 (1980), S. 221–257.

eine konsistente Theorie, vielmehr den Eindruck einer wenig durchdachten Zusammenstellung heterogenster Theoriefragmente.[22]

Genau das ist im *Goldne[n] Spiegel* kalkuliert und in der literarischen Fiktion dargestellt.

Es kann deshalb auch nicht darum gehen, im Einzelnen nachzuweisen, welche Diskursfragmente utopischer Traditionen im Zeichen von ‚perfectibilité' jeweils zitiert werden; dazu gehört etwa die deutliche Präferenz für eine paternalistische Struktur, die sich auch in Vorschlägen zur Gesetzgebung darstellt. Wieland ist offensichtlich bemüht, eine Diskussion zu präsentieren, die im Horizont der vorliegenden Utopietraditionen im zeitgenössischen politischen Kontext durchaus Wirkungen erzielen soll. Das lässt sich auch daran ablesen, dass angesichts des Terreurs in Frankreich in der zweiten Fassung des Romans 1794 ein resignativer Ton vorherrscht und der Optimismus vorgetragener Fortschrittsideen im Blick auf eine aufgeklärte konstitutionelle Monarchie zu einer Geschichte der „unglücklichen Scheschianer [als Verfallsgeschichte] führt": „[...] eines der mächtigsten Königreiche des Orients verschwand so gänzlich von der Erde, dass es schon zu Zeiten des Sinesischen Kaisers Tai-Tsu den gelehrtesten Alterthumsforschern unmöglich war, die ehemaligen Gränzen desselben zuverlässig anzugeben" (II, 329). Die angedeutete Verfallsgeschichte liefert den dystopischen Spiegel.

III Was bleibt: Hat Utopie Zukunft bei Wieland?

Gerade wenn man die unterschiedlichen Vergegenwärtigungstechniken utopischer Diskurse einerseits beim Arkadienmodell der „Kinder der Natur" und andererseits in der Tifan-Geschichte miteinander vergleicht, lässt sich das gesamte Spektrum fiktionaler utopischer Diskurse der abendländischen Tradition in einer höchst subtilen ironischen Vermittlung und Verknüpfung finden. Wieland thematisiert diese Selbstreflexion der utopischen Tradition an einer Stelle seines Buches, wenn er im Gespräch zwischen dem Sultan und seinem Hofphilosophen Danischmend die Möglichkeit von „Utopien" (mit „idealischen Menschen") dem einzelnen „wirklichen" Staat gegenüberstellt. Gleichwohl ist auch diese Kontrastierung Teil der narrativen Fiktion des *Goldne[n] Spiegel[s]*. Wielands Übersetzen kultureller Semantiken der utopischen Tradition bleibt stets – selbst in

---

[22] Walter Erhart: Was nützen schielende Wahrheiten? Wieland, Rousseau und die Hermeneutik des Fremden. In: Rousseau in Deutschland. Hrsg. von Herbert Jaumann. Berlin 1995, S. 47–78; hier S. 52.

unterschiedlicher Nähe zur zeitgenössischen politischen Wirklichkeit (insbesondere zur konstitutionellen Monarchie) – in einer durch ironische Distanz geprägten polyperspektivischen Vermittlung. Die damit verbundene dauernde Selbstkorrektur des utopischen Denkens und der utopischen Diskurse kann als beständige konzeptuelle und mediale Erneuerung bezeichnet werden. Die Thematisierung der utopischen Fiktion in der Fiktion als ‚Fiktionsironie' ist das durchgehende Merkmal einer beginnenden, künftig vielfach höchst skeptischen Selbstaneignung utopischer Fiktionen. Wieland nimmt hier jenes transzendentalpoetische Programm historisch vorweg, das Friedrich Schlegel wenig später für die frühromantische Literatur formulieren wird. Die Frage nach den Bedingungen der Möglichkeit utopischen Schreibens in einem polyperspektivisch arrangierten utopischen Text zu stellen, scheint für Wieland die einzige Möglichkeit der ‚Rettung' der Utopie zu sein. Diese Frage stellen heißt aber, miteinander im „auserlesenen" geselligen Zirkel darüber zu reden. Gemeinsam darüber zu reden gilt Wieland als eine Möglichkeit der Kunst des Lebens.

2 Friedrich Schleiermachers Utopie der Geselligkeit

Christoph Martin Wielands transzendentale Poetik der literarischen Utopie im Zitieren unterschiedlicher überlieferter historischer Utopiemodelle im *Goldne[n] Spiegel* beschreibt zugleich das Problem, ob eine und dann welche Vision eines vollkommenen Staats als „politische Quadratur des Zirkels" (Novalis) aktuell bestehen bleibt. In den verschiedenen utopischen Entwürfen um 1800 ist dieses Dilemma ablesbar. Drei Lösungsvorschläge lassen sich unterscheiden: die Vision einer ästhetischen Utopie, die auf das antike Paradigma zurückverweist (Winckelmann und Schiller); die Idee eines poetischen Staats (Novalis) und die Utopie einer „Theorie des geselligen Betragens" (Schleiermacher). Durchgehend wird im Zeichen einer zunehmenden Utopiekritik nach den Bedingungen des utopischen Schreibens im Horizont der Zeit nach der Revolution 1789 gefragt.

1. Sämtliche Vorschläge um 1800 zielen auf keine utopische Topographie, sondern auf eine utopische Gesinnung, die eine unendliche Annäherung an das projektierte Ideal hervorhebt. Winckelmanns und Schillers Bilder einer utopischen Republik richten sich auf ein Ideal vollendeter Humanität, das nur im Prozess einer sich zur vollkommenen Individualität bildenden Gemeinschaft gelingen kann. Ein „Erziehungs- als Gesinnungsbildungswerk" bildet die Voraussetzung für eine „politische Praxis des republicain avant la république".[1] Die Erziehung zur moralischen Bildung ist zugleich eine zur Erziehung von „Freiheitsfähigkeit".[2] Schillers „erlesene Zirkel" in den *Ästhetischen Briefen* spiegeln sowohl die Reaktion auf die Französische Revolution als die Hoffnung auf ein eigenständiges Modell der schönen, moralischen Republik.

2. Novalis' Ideal eines „poetischen Staats", das sich mit dem utopischen Entwurf eines „neupreußischen Staats" verbinden lässt,[3] geht nicht von seiner Realisierbarkeit aus, sondern – durchaus vergleichbar mit einem idealen Republikanismusmodell – von einer unendlichen Annäherung an ein Ideal des vollkommenen Staates. Erforderlich ist ein neuer Geist des individuellen Vervollkommnungswillens, der seinen poetischen Ausdruck vor allem im Bildungs-

---

[1] Kurt Wölfel: Prophetische Erinnerung. Der klassische Republikanismus in der deutschen Literatur des 18. Jahrhunderts als utopische Gesinnung. In: Utopieforschung, Bd. 3, S. 191–217; hier S. 211.
[2] Ebd.
[3] Mähl, Der poetische Staat; und Matthias Löwe: Idealstaat und Anthropologie. Problemgeschichte der literarischen Utopie im späten 18. Jahrhundert. Berlin. Boston 2012 (Communicatio 44).

roman, dem „Transzendentalroman" (Manfred Engel) finden kann.⁴ Auch hier steht das autonome Individuum im Zentrum, nicht die „Konstruktion einer öffentlichen Ordnung".⁵ „Wären die Menschen schon das, was sie sein sollten und werden können [...], so würden alle Regierungsformen einerlei sein".⁶

Friedrich Schleiermacher – in seiner Antwort auf die philosophische und poetologische Utopie-Diskussion um 1800 – verankert seine Staatslehre und seinen Versuch über die Geselligkeit in der Ethik. Auch bei Schleiermacher bleibt die Hauptfrage, wie sich die Interessen des Einzelnen zum Ganzen verhalten. Sein Entwurf nimmt den Ausgangspunkt von einer Konversationskultur, die um 1800 einen neuen Höhepunkt erreicht, um sich dann dem eigentlichen Projekt einer Teilhabe des emanzipierten Individuums am zu konkretisierenden staatlichen Gebilde zuzuwenden.

3. Schleiermacher geht es im Unterschied zu Schillers und Novalis' Ideen nicht um eine Ästhetisierung oder Romantisierung menschlichen Zusammenlebens, sondern um dialogische Formen einer kommunikativen Vergesellschaftung. Sein Interesse richtet sich auf eine universelle Gesamtvision, ohne den utopischen Anspruch aufzugeben. Es handelt sich um eine Experimental-Anordnung zur Konstruktion einer freien Geselligkeit als Bedingung der Möglichkeit einer künftigen Gesellschaft: „Aus dem Verkehr der freien Geselligkeit sollen sich Freundschaften Einzelner entwickeln, und die Freundschaften einzelner sollen wieder die Basis geselliger Verbindungen werden. Je mehr beides der Fall ist, desto lebendiger ist die Funktion."⁷ Ablesbar ist dies in Schleiermachers Schriften am Zusammenhang zwischen dem *Versuch einer Theorie des geselligen Betragens* (1799) und seiner *Lehre vom Staat* (1829), die – als Bestandteil der Ethik – darauf abzielt, „[...] die Zukunft besser zu machen als die Vergangenheit war".⁸ Die Komplementarität von Staatslehre und Geselligkeitstheorie besteht darin, im politischen Verfahren durch gestufte „Distanzierung vom Eigeninteresse" zur Perspektive eines Ganzen zu kommen.⁹

---

4 Vgl. Kap. II,10: Utopie und Utopiekritik.
5 Ebd.
6 Zit. Novalis; in: Mähl, Der poetische Staat.
7 Friedrich Schleiermacher: Ethik; Das höchste Gut § 253. In: Schleiermacher Schriften. Hrsg. von Andreas Arndt. Frankfurt am Main 1996, S. 664.
8 Friedrich Schleiermacher an Henriette von Willich, 4. Dezember 1808; zit. Walter Jaeschke: Schleiermacher als politischer Denker. In: Christentum – Staat – Kultur. Akten des Kongresses der Internationalen Schleiermacher-Gesellschaft in Berlin, März 2006. Hrsg. von Andreas Arndt, Ulrich Barth und Wilhelm Gräb. Berlin. New York 2008 (Schleiermacher-Archiv. Bd. 22), S. 301– 315; hier S. 311.
9 Bernd Oberdorfer: Geselligkeit und Realisierung von Sittlichkeit. Die Theorieentwicklung Friedrich Schleiermachers bis 1799. Berlin. New York 1995, S. 183; zit. Arnulf von Scheliha:

Im Unterschied zur Konzeption einer Staatstheorie geht es im *Versuch einer Theorie des geselligen Betragens*[10] um einen eigenen ‚autonomen' Bereich, der abgegrenzt ist von häuslichen und geschäftlichen Dingen des bürgerlichen Lebens. Jeder instrumentelle Charakter freier Geselligkeit wird zurückgewiesen zugunsten zweckfreien kommunikativen Handelns. Dass solche „Zweckfreiheit" als „seiend und als werdend" gedacht wird,[11] unterstreicht einmal mehr den utopischen Charakter des Schleiermacherschen Geselligkeitskonzepts.

Wodurch zeichnet sich „Schleiermachers Dialog-Utopie"[12] aus? Schleiermacher spricht von vernünftigen, „sich untereinander bildenden Menschen",[13] einer intellektuellen Welt, die sich selbst Gesetze auferlegt und damit häusliche und bürgerliche Verhältnisse zumindest für „eine Zeit lang" verbannen kann. Dies setzt allerdings voraus, dass „jeder für sich selbst Gesetzgeber"[14] ist und damit eine allgemeine Theorie möglich wird für Sittlichkeit und Recht. Das kann nur geschehen, wenn „das gesellige Leben als ein Kunstwerk" konstruiert wird (68) und sich damit abgrenzt von jeder handwerklichen Tätigkeit im Sinne des „Virtuosen" oder bestimmter Anleitungen für Verhaltensregeln, wie sie Adolph von Knigge in seinem Brevier über den *Umgang mit Menschen* formuliert hat. „Geselligkeit" im Sinne Schleiermachers ist nur durch eine „freie Tätigkeit" gewährleistet, durch ein wechselseitiges „Bilden und Unterhalten der Gesellschaft" (69). Damit soll „die Wirkung eines Jeden [...] auf die Tätigkeit der übrigen, und die Tätigkeit eines Jeden [...] auf seine Einwirkung auf die andern" bezogen sein (71). Dies kann nur gelingen in einer gegenseitig belebenden Tätigkeit, einer produktiven „Wechselwirkung" (ebd.), die das ganze Wesen der Gesellschaft ausmacht.

Mit dem Begriff der „Wechselwirkung" ist der zentrale Begriff von Schleiermachers Geselligkeitstheorie gefallen. Sarah Schmidt[15] hat dies im Einzelnen entfaltet und deutlich gemacht, dass die Nähe zwischen Kunst und Wissenschaft dafür konstitutiv ist. Beide sind das Medium für den intersubjektiven Austausch, wobei die Kunsttätigkeit als eine „medial viel weiter angelegte Ausdrucksform als

---

Religion, Gemeinschaft und Politik bei Schleiermacher. In: Christentum – Staat – Kultur, S. 317 – 336; hier S. 325.
10 In: Schleiermacher, Schriften, S. 65 – 91; hier S. 65 – 91.
11 Ebd. S. 70.
12 Conrad Wiedemann: Ideale Geselligkeit und ideale Akademie. Schleiermachers Geselligkeits-Utopie 1799 und heute. In: Ideale Akademie. Vergangene Zukunft oder konkrete Utopie? Hrsg. von Wilhelm Voßkamp. Berlin 2002, S. 61 – 80; hier S. 64.
13 Vgl. Friedrich Schleiermacher: Versuch einer Theorie des geselligen Betragens. In: ders.: Schriften, S. 65.
14 Ebd., S. 66. Seitenangaben im Folgenden im Text.
15 Die Konstruktion des Endlichen. Schleiermachers Philosophie der Wechselwirkung. Berlin. New York 2005.

die des Denkens" charakterisiert werden kann.¹⁶ Bildung und Wissenschaft sind zudem noch nicht entkoppelt, und damit schließt Schleiermacher an Traditionen an, die eine „wissenschaftliche Geselligkeitsbewegung" in der Frühen Neuzeit prinzipiell auszeichnete.¹⁷

Die Betonung des Künstlerischen bei Schleiermacher erinnert unter verschiedenen Aspekten an Schillers spieltheoretische Konzeption der ästhetischen Erfahrung und Produktion. Wie Schiller unterscheidet Schleiermacher ein „formelle[s] Gesetz [...] Alles soll Wechselwirkung sein" (72) und ein Materielles, das sich auf den „Stoff" bezieht: „Alle sollen zu einem Gedankenspiel angeregt werden durch die Mitteilung des Meinigen" (ebd.). Neben dieser an Schiller erinnernden Unterscheidung fügt Schleiermacher noch ein drittes „quantitatives" Gesetz hinzu. Es zielt auf „eine bestimmte Gesellschaft als ein Ganzes" (73) mit bestimmten Themen und einer spezifischen Ausprägung, so dass nicht alle Themen an einem Ort verhandelt werden können. Gemeinsam ist indes allen durch ein Wechselverhältnis bestimmten Geselligkeitsformen das „Gebot der Schicklichkeit" (ebd.). Es richtet sich an den „ganzen Menschen", wobei jeder und jede seine und ihre Individualität und Eigentümlichkeit mitbringen, aber nicht zum „zentralen Punkt" machen dürfen, denn sonst wäre ein „Zustand des beständigen Krieges" die Folge. Allerdings sei es auch ein Fehler, sich selbst zu verleugnen und nur auf einen Mittelwert zu zielen, denn entscheidend sei eine Geselligkeit, die „aus Selbsttätigkeit und Selbstbeschränkung zusammengesetzt" ist (76). Nur dadurch, dass die je besondere Individualität und der je eigentümliche Charakter eingebracht werden und dieser den „Charakter der Gesellschaft annehme und in seiner Handlungsweise vereinige" (ebd.), erfülle er das Gebot der Schicklichkeit und damit das Hauptprinzip des „geselligen Betragens".

Diese Bestimmungen lassen sich als die eigentümliche Utopie-Formel Schleiermachers bezeichnen insofern sie auch das Moment von wechselseitiger Tätigkeit („Handlungsweise") einschließt. Damit enthält Schleiermachers Utopie-Vorschlag auch eine pragmatische Tendenz, indem das zugrundeliegende Gesetz der Schicklichkeit durch einen bestimmten „Ton", der in der Gesellschaft gehalten werden müsse, charakterisiert wird. Das setzt eine gewisse „Elastizität" voraus (79), wodurch die „Oberfläche [...] nach Bedarf [...] auszudehnen oder zusammenzuziehen" sei (ebd.). „Elastizität" ist schließlich auch mit „einer gewissen Undurchdringlichkeit verbunden" (ebd.), so dass es jeweils darauf ankomme, einen „gemeinschaftlichen Spielraum" zu schaffen und das „Quantum des ge-

---

16 Plädoyer für eine Betrachtung der ‚Mittelzustände' vernünftiger Tätigkeiten oder das künstlerische Denken als innere Gesellschaft. In: Christentum – Staat – Kultur, S. 613–635; hier S.635.
17 Wolfgang Braungart: Forschungsorganisation und Ordnung des Wissens. Utopie und Akademie in der Frühen Neuzeit. In: Ideale Akademie, S. 31–45; hier S. 44.

selligen Stoffs richtig [zu] konstruieren" (80). In der Praxis kann das nur heißen, „sich auf eine Zeit lang aus [den] bürgerlichen Verhältnissen herauszusetzen und einem freien Spiel ihrer intellektuellen Tätigkeiten Raum zu geben" (81).

Zwei Verfahrensarten werden vorgeschlagen, entweder von der „Erscheinung der Personen selbst auszugehen" und von dem „Stoff, den uns jeder von ihnen durch seine Erscheinung selbst darbietet das Gemeinschaftliche aufzusuchen und dies als den Charakter der Gesellschaft festzusetzen" (ebd.) oder – und dies sei die bessere „Verfahrensart" – statt von Personen von dem Totalen des gesellgen Stoffs überhaupt auszugehen und dann die Grenzen genauer zu bestimmen. Betont wird noch einmal, dass jede Art institutioneller Tätigkeit durch berufliche und politische Interessen (durch Stände, das Theaterspiel oder die Hochschulen) zu einer Einschränkung und zum „großen Schaden der Geselligkeit" führe. Deshalb könne man die bessere Geselligkeit häufig erst unter den Frauen finden, die, nicht ständegebunden, „die Stifter der besseren Gesellschaft werden" (83).

Dass die „aufgestellten Ideen Ideale sind, welchen sich die Ausübung nur nähern soll" (91), müsse nicht ausdrücklich betont werden. Das beziehe sich auch auf die Vorstellung (den „Begriff"), dass jede Gesellschaft „ein Ganzes sein soll" (91). Man könne von Glück sprechen, „wenn sie sich auch nur eine Zeit lang als ein wirkliches Ganzes erhalten kann" (ebd.).

Im Unterschied zu Immanuel Kant, der dem Menschen einen natürlichen Hang zur Geselligkeit attestiert, entwirft Schleiermacher das Modell eines utopischen Möglichkeitsraums, der zeitweilig zu einer Bildungsgemeinschaft werden kann. Nicht ohne Grund verwendet Schleiermacher den Begriff der „Gesellschaft", nicht der „Gemeinschaft" (im Unterschied zur späteren Unterscheidung von Ferdinand Tönnies). Schleiermacher orientiert sich nicht nur an einem überlieferten alteuropäischen Konversationsideal, er betont auch nicht ein vornehmlich ästhetisches Ideal der erlesenen Zirkel wie Friedrich Schiller, sondern ein ethisches Moment. Geselligkeitskonzeption und Staatslehre sind komplementäre Ausprägungen im Rahmen eines insgesamt diskursethischen Projekts. Während die Staatslehre auf eine pragmatisch-‚politische' Lösung zielt, dokumentiert die Geselligkeitstheorie einen utopischen Überschuss, der im projektierten Zustand zwischen Individualität (als Selbstzweck) und der Vision eines gesellschaftlichen Ganzen in der Schwebe bleibt.

> Die Theorie der G.[eselligkeit] kann damit als Theorie der wesensnotwendigen *Jugendlichkeit des Menschen* und der lebenslangen *Bildungsbereitschaft* verstanden werden. Die gesellige Bildung soll unterhaltend sein, wie die *gesellige Unterhaltung* bildend sein soll. Kultur der

> Individualität und Kultivierung der (geselligen) Gesellschaft und Öffentlichkeit sollen einander bedingen.[18]

Ein frühromantischer Gestus der Aproximation bleibt erhalten; ohne Hoffnung auf den kommunikativen Willen zur Annäherung an ein Ideal der Bildung im Besonderen (des Individuums) und Allgemeinen (der Gesellschaft) lässt sich Schleiermachers Geselligkeits-Utopie nicht nachvollziehen. Dieser Wille bleibt auch (in sehr unterschiedlichen Facetten) im gesamten ‚langen' 19. Jahrhundert erkennbar.

---

[18] W. Hinrichs: Art. „Geselligkeit, gesellig". In: Historisches Wörterbuch der Philosophie. Bd.III (1974), Sp. 456–458; hier Sp. 457.

3 Die Organisation der Arbeit als Voraussetzung für das allgemeine Glück: Edward Bellamys *Looking Backward 2000–1887*

Gegenüber den vornehmlich nach sozialistischen Modellen gebauten Utopien in der ersten Hälfte des 19. Jahrhunderts von Robert Owen (*New Harmony*), Charles Fourier (*Les Phalanstères*) und Etienne Cabet (*Voyage en Icarie*) fallen die Utopien in der zweiten Jahrhunderthälfte ökonomischer und technischer aus.[1] Die Euphorie eines kontinuierlichen Fortschrittsprozesses tritt – verursacht durch Wirtschaftskrisen und Arbeiterstreiks – zurück zu Gunsten einer Skepsis, die die Geschichte literarischer Utopien bis in die aktuelle Gegenwart prägt: „The idea of indefinite progress in a right line was a chimera of the imagination, with no analogue in nature".[2]

Für die erste Jahrhunderthälfte hat Hans Ulrich Seeber im Blick auf die Geschichte englischer Utopien von einer „geschlossenen dialektischen Reihenbildung" gesprochen, „die von [Edward Bulwer] Lyttons *The Coming Race* (1871) angestoßen wurde".[3] Darauf folgen Edward Bellamys *Looking Backward 2000–1887* (1888) und William Morris' *News from Nowhere* (1890); auf beide reagiert Herbert George Wells mit *The Time Machine* (1885) „in dem Bemühen, beide Varianten, die technische und die arkadische, zu persiflieren [...]".[4]

Erzähltechnisch steht Edward Bellamys *Looking Backward* in der Tradition jener Zeitutopien, die durch Louis-Sebastien Merciers *Das Jahr 2440* exemplarisch und prototypisch vorweggenommen sind. In einer fiktiven Autobiographie, die auf den Dialog mit einem imaginären Leser angelegt ist, handelt es sich auch hier um einen zeitlichen Sprung, der am Beispiel eines durch die Wirkung des Magne-

---

[1] Vgl. Raymond Ruyer: Utopien in der ersten Hälfte des 19. Jahrhunderts. In: Der utopische Roman, S. 231–240; Manuel, The Utopian Thought in the Western World, S. 581–693; Saage, Utopische Profile, Bd. III.

[2] Edward Bellamy: *Looking Backward 2000–1887* (zit. Ausg. : With an Introduction by Walter James Miller and a New Afterword by Eliot Fintushel. New York 2009). Dt. Übers.: Ein Rückblick aus dem Jahr 2000 auf 1888 in der Übers. von Georg von Gizycki. Hrsg. von Wolfgang Biesterfeld. Stuttgart 1983. Wichtige Forschungsliteratur: Manuel, The Utopian Thought in the Western World, vor allem S. 761–764; Seeber, Thomas Morus' *Utopia* (1516) und Edward Bellamys *Looking Backward* (1888); ders.: Bemerkungen zum Begriff „Gegenutopien". In: Literarische Utopien von Morus bis zur Gegenwart, S. 163–171; Kenneth M. Roemer: *Looking Backward*. Popularität, Einfluss und vertraute Entfremdung. In: Literarische Utopien von Morus bis zur Gegenwart, S. 146–162.

[3] Zum Begriff der Gegenutopie siehe Seeber, Bemerkungen zum Begriff, S. 165.

[4] Ebd. F. und F. Manuel betonen in diesem Zusammenhang auch die besondere Rolle Saint-Simons.

tismus eingeschlafenen Erzählers plausibel zu machen versucht wird. Der Zeitsprung von 113 Jahren, 3 Monaten und 11 Tagen erfolgt aus dem Jahr 1887 in das Jahr 2000, woraufhin von diesem Datum aus ein Rückblick gegeben wird, der die Entwicklung der letzten 100 Jahre veranschaulichen soll. Die Lebensfunktionen des Eingeschlafenen sind außer Kraft gesetzt. Deshalb hat sich das Aussehen des Protagonisten nicht verändert. „It is by virtue of the total arrest of the vital functions that you have survived this great period of time".[5] Wie bei Mercier bleibt der Wechsel von der alten in die neue Zeit an einen Ort gebunden, diesmal ist es Boston. Die Darstellung des zu überbrückenden Zeitraums von gut hundert Jahren gelingt indes plausibler als bei Mercier. Entscheidend bleibt auch hier die durch den einschneidenden Zeitwechsel radikale Verwandlung der alten Verhältnisse zugunsten eines vollkommen veränderten neuen Zustands.

Bezeichnenderweise lautet die vom Ich-Erzähler an den Gastgeber im 20. Jahrhundert gestellte und den gesamten Roman charakterisierende Frage, wie es in der Neuen Welt um die Arbeit bestellt sei. Die „labor question" (32) erweist sich als der zentrale Schlüssel für die Aufklärung über die Kluft zwischen Reichen und Armen. Bellamy wählt dafür die Metapher einer großen Kutsche, vor der Massen von Menschen gespannt sind. Gegenüber dem radikalen Individualismus („excessive individualism") wird als Ziel der Gemeinsinn und ein Zusammenwirken aufgrund menschlicher Mitleidensfähigkeit postuliert, die auf Solidarität beruht. „This passion for losing ourselves in others or for absorbing them into ourselves, which rebels against individuality as an impediment, is then the expression of the greatest law of solidarity."[6]

Wie lässt sich ein solches Gesetz der Solidarität und des öffentlichen Gemeinsinns konkretisieren? Die Beantwortung dieser Frage bildet das strukturdominante Merkmal des gesamten Textes. Die Negation einer liberalen Markt- und Geldwirtschaft fordert einen Gegenentwurf, der zugleich funktionstüchtig und human genannt werden kann. Er soll ohne die im 19. Jahrhundert diskutierten marxistischen Klassenkampfmodelle und Spielarten des Sozialismus auskommen, um eine überzeugende Antwort auf die beobachtete Krisensituation zu liefern.[7]

Bellamy entscheidet sich für eine nationale Organisationsform von Arbeit analog zur allgemeinen Wehrpflicht („Industrial army"[103]): „[...] you have simply applied the principle of universal military service, as it was understood in

---

5 Bellamy, Looking Backward; zit. Ausg., S. 24. Seitenzahlen im Folgenden im Text.
6 Bellamy: The Religion of Solidarity; zit. Seeber, Thomas Morus' „Utopia" (1516) und Bellamys „Looking Backward" (1888).
7 Mittelbar (oder unmittelbar) geht es dabei auch um eine Auseinandersetzung mit den Analysen und Visionen von Marx und Engels. Vgl. dazu Manuel, Utopian Thought, S. 697–716: „Marx and Engels in the Landscape of Utopia".

our day, to the labor question" (41). Der Zwangscharakter dieses staatswirtschaftlichen Konzepts wird ungeschminkt offenbart: „[...] to contribute this military services to the defence of the nation was equal and absolute. That it was equally the duty of every citizen to contribute his quota of industrial or intellectual services to maintenance of the nation are equally evident [...]" (41). Da die gesamte Sozialordnung darauf beruht, wäre das persönliche Sich-Ausschließen eine Art von gesellschaftlichem Selbstmord: „He would have excluded himself from the world, cut himself off from his kind, in a word, committed suicide" (42). Damit ist die Frage nach Freiwilligkeit oder Obligatorik von Arbeit definitiv beantwortet: „It is regarded as so absolutely natural and reasonable that the idea of its being compulsory has seized to be thought of" (so der Gastgeber im 20. Jahrhundert, Dr. Leete) [41]. Legitimiert wird dieses Arbeitssystem (ähnlich wie in der Frühen Neuzeit), indem die Interessen der Gemeinschaft mit den individuellen Ansprüchen ins Gleichgewicht gebracht werden sollen: „[...] the true self-interest of a rational unselfishness" (180) mittels eines Naturgesetzes, das offensichtlich ohne Ironie als das ‚Edikt von Eden' bezeichnet wird:

> [...] this fundamental law, which is, indeed merely a codification of the law of nature – the edict of Eden – by which it is made equal in its pressure on men, our system depends in no particular upon legislation, but is entirely voluntary, the logical outcome of the operation of human nature under rational conditions (75 f.).

Von da aus lässt sich das militärisch organisierte Zwangssystem der Arbeit für alle Mitglieder des Staates zwischen dem 21. und 45. Lebensjahr organisieren. Nach einer dreijährigen propädeutischen, unter Anleitung absolvierten Arbeitszeit, in der alle zu *gleicher* Tätigkeit gezwungen sind, ist eine Wahlmöglichkeit zwischen Kopf- und Handarbeit vorgesehen: „The most delicate possible test is needed here, and so we leave the question wether a man shall be a brain or hand worker entirely to him to settle" (47). Auch diese Entscheidung wird im Zeichen der „Würde" der Arbeit charakterisiert. Bei Lichte besehen besteht sie allerdings darin, dass jede Arbeitsunwilligkeit oder -verweigerung sogleich mit „Isolierhaft bei Wasser und Brot [...], bis er sich willig zeigt",[8] bestraft wird.

Für den Leser plausibel und nachvollziehbar ist dieses Arbeitssystem nur im Zeichen der vorausgesetzten Annahme, dass jede individuelle Arbeitsleistung zugleich das Leistungssystem des Gesamtstaates *freiwillig* erfüllt. Deshalb bedarf es lediglich einer Verwaltung, die sowohl die Balance zwischen dem Arbeitswunsch und Stellenangebot als auch ein staatliches Verteilungssystem organisiert, das den Handel als menschen- und gesellschaftsfeindlich abschafft. Allein

---

8 In der deutschen Übersetzung: Ein Rückblick aus dem Jahre 2000 auf 1887 (s. Anm. 2), S. 100.

der Grad der Anstrengung ist der Maßstab des Verdienstes: „[...] supposing all do the best they can" (61). Das egoistische nur Sich-selbst-Bedienen wird ersetzt durch den Dienst an der Nation: „ Now that industry, of whatever sort, is no longer self-service, but service of the nation, patriotism, passion for humanity [...]" (63). Indem die „Leidenschaft für die Menschlichkeit" als Prinzip, das über die eigene Nation hinaus Gültigkeit hat, zum obersten Maßstab erhoben wird, kann es kein deutlich artikuliertes Selbstinteresse mehr geben. Die totalitär organisierte Arbeitsgesellschaft nimmt für sich in Anspruch, mit dem Gesetz der menschlichen Gattung übereinzustimmen. Die Rechte der Einzelnen werden damit in das Räderwerk eines vorausgesetzten Gesamtinteresses gestellt.

Der Kontrast zu einer sich entwickelnden emanzipativen Arbeitsvorstellung in der Moderne könnte nicht größer sein. Bellamys radikale Kritik am „Individualismus" im Zeichen einer militärisch strukturierten Arbeitsgesellschaft verwirft jene Konzeption von selbstbestimmter Arbeit, die im Zeichen der Aufklärung die unentfremdete Ganzheitlichkeit des einzelnen Menschen garantieren sollte.[9] Im Horizont intellektueller und ökonomischer Krisenerfahrungen der zweiten Hälfte des 19. Jahrhunderts betont Bellamy jene radikale Skepsis gegenüber jeder individuellen Autonomie, die den Ausweg nur noch in einem staatlichen Kollektivsystem sieht. Die Inanspruchnahme eines gattungsgeschichtlichen Menschheits-Konzepts verdeckt den funktionalistischen Grundzug der utopischen Vernunft. Dem Ankömmling Julian West in einer neuen Welt wird eine Gesellschaft vergegenwärtigt, die im vollorganisierten System der wechselseitigen Bedürfnisbefriedigung ihren Sinn sieht. Das bezieht das politische System mit ein. Die wichtigste Funktion des Präsidenten besteht etwa in der Leitung der industriellen Armee („headship of the industrial army" [123]).

Hans Ulrich Seeber hat zu Recht hervorgehoben, dass Bellamy seinen Roman zu einer „sozialgeschichtlichen Hypothese" vereindeutige statt auf die „Offenheit des literarischen Spiels" zu setzen.[10] Die Begrenzungen, die damit für eine literarische Utopie verbunden sind, liegen auf der Hand. Zwar kann Bellamy das Programm eines ausdifferenzierten programmatischen staatswirtschaftlichen Gesamtsystems im Zeichen von Arbeit jenseits marxistischer und sozialistischer Vorstellungen entfalten – der Dialog zwischen dem Neuankömmling Julian West und seinem Gastgeber Dr. Leete in der neuen Welt bleibt dann aber folgerichtig nur ein „starres Lehrgespräch

---

9 Vgl. dazu Anja Lemke und Alexander Weinstock in ihrer Einleitung zu: Kunst und Arbeit. Zum Verhältnis von Ästhetik und Arbeitsanthropologie vom 18. Jahrhundert bis zur Gegenwart. Hrsg. von Anja Lemke, Alexander Weinstock unter redaktioneller Mitarbeit von Sabine Geicht, Julia Martel. München 2014, S. 9–22; und den Artikel „Arbeit" von Werner Conze. In: Geschichtliche Grundbegriffe, Bd. I, S. 154–215.
10 Seeber, Thomas Morus' „Utopia" und Edward Bellamys „Looking Backward", S. 368.

mit fester Rollenverteilung [und] historischer Unterweisung".[11] Der Leser wird zum identifikatorischen Nachvollzug aufgefordert; die Entfaltung seiner Einbildungskraft bleibt begrenzt. Dennoch lässt sich nicht bestreiten, dass Bellamy mit seinem Entwurf in der Reaktion auf zeitgenössische Krisenerfahrungen Erwartungen und Bedürfnisse von Leserinnen und Lesern genau getroffen hat. Die außergewöhnliche Rezeptionsgeschichte dokumentiert dies.[12]

Schwieriger ist es um die Darstellung der von Bellamy intendierten Transformationsleistung des Bewusstseins von der ‚alten' in die ‚neue' Welt bestellt. Sie wird lediglich in der eingeblendeten sentimentalen Liebesgeschichte zwischen dem Protagonisten Julian West und Edith präsentiert, die die Tochter des Gesprächspartners Dr. Leete und zugleich eine Urenkelin seiner in der alten Welt verlorenen Geliebten Edith Bartlett ist. Es zeigt sich, dass damit Zuflucht zu einem märchenhaften Zeitsprung als Identitäts-‚Lösung' genommen wird. Die Liebesheirat bewirkt die augenblickliche Bekehrung zu einem ‚neuen' Menschen.

Die Vervollkommnungsidee gibt Bellamys *Looking Backward* indes nicht auf. Zwar wird die staatswirtschaftliche Arbeitsorganisation als ein Ideal der Ordnung, der Gerechtigkeit und des Glücks charakterisiert („[...] a paradise of order, equity, and felicity" [147]); an der Idee einer weiteren Vervollkommnung der menschlichen Gattung wird aber festgehalten. Von den im Roman geschilderten positiven Veränderungen ausgehend, bleibt die Vervollkommnung der Menschheit eine Zukunftsaufgabe: „In certain specific respects we know, indeed, that the improvement has taken place" (146). Darüber hinaus: „Certainly, an improvement of species ought to follow such a change" (ebd.). Diese Aussicht ermöglicht der bereits erreichte innere Zustand des Staates ohne Krieg, Steuern und Geld. Angebot und Nachfrage sind so genau geregelt wie der Gang einer Maschine. Möglich wird die Vervollkommnung der menschlichen Gattung insbesondere durch eine freie Partnerwahl und die Übertragung von Verantwortung an die Frauen. Sie sind die Garanten der menschlichen Vervollkommnung: „Our women have risen to the full height of their responsibility as the wardens of the world to come, to whose keeping the keys of the future are confined" (175 f.). An Louis-Sebastien Merciers *Das Jahr 2440* anschließend, ist der in der Vergangenheit (also in den letzten hundert Jahren) erreichte Fortschritt die Voraussetzung und der Ansporn für die

---

[11] Ebd., S. 371.
[12] Vgl. Kenneth M. Roemer, *Looking Backward*, der die Wirkungsgeschichte nicht nur als Antwort auf die Krisenerfahrung im 19. Jahrhundert interpretiert, sondern ebenso die Funktion des Bellamyschen Textes im Zusammenhang von Erlösungs- und Bekehrungsmotiven betont; dafür spricht auch die ungewöhnliche Zunahme von Utopie-Publikationen und eine Vielzahl von Bellamy-Clubs, die nach dem Erscheinen des Romans in den Vereinigten Staaten gegründet wurden.

Zukunft: „[...] not the advance that *has* been made, but the progress that shall be made, ever onward and upward, till the race shall achieve its ineffable destiny".[13]

Die interne Spannung zwischen einem kontinuierlichen, zielgerichteten Fortschrittsprozess und einer evolutionären, sich auf Darwin gründenden Vorstellung von offener, unkalkulierbarer Entwicklung wird von Bellamy nicht thematisiert. Im Nachwort zur 2. Auflage des Romans (1889) wird die Schnelligkeit des (wirklichen) Fortschritts („The Rate of the world's progress") betont und das Buch als Vorhersage (mit den Prinzipien der Evolution übereinstimmend) bezeichnet: „Looking Backward, although in form a fancyful romance, is intended, in all seriousness, as a forecast, in accordance with the principals of evolution, of the next stage in the industrial and social development of humanity" (218). Bellamys Vervollkommnungsutopie bleibt auch nicht bei einer futurologischen Extrapolation des bereits erreichten Zustands in der Gegenwart, sie schließt vielmehr bewusst oder unbewusst dann doch an Aufklärungsutopien des 18. Jahrhunderts an.

Das lässt sich an einem Detail ablesen. Nach dem Aufwachen des Protagonisten Julian West aus seiner Traumvision bedarf es einer Neuorientierung, die ohne den Vergleich von dem im Traum vorausgesehenen Zukünftigen mit dem Gegenwärtigen nicht auskommt. Dies muss zu einer scharfen Sozial- und Zeitkritik führen, die erst der kontrafaktische Vergleich mit dem neuen, 20. Jahrhundert ermöglicht. In den Antlitzen seiner gegenwärtigen realen Zeitgenossen erblickt Julian West die *möglichen* Gesichter einer Zukunft, die ihm im Traum vergegenwärtigt worden sind. „Like a wavering translucent spirit face super imposed upon each of these brutish masks I saw the ideal, the possible face that would have been the actual if mind and soul had lived" (212).

Im Wirklichen das Mögliche zu erblicken, zeugt von jenem Willen zur Empathie, die der eigentliche Antrieb von Bellamys Text ist. Darin folgt er der Tradition literarischer Utopien insofern diese stets – unabhängig von den jeweils projektierten einzelnen Zukunftsvisionen – ein streitbares Medium der Zeitkritik bleiben.

---

[13] Bellamy, Looking Backward, Preface: „Historical Section, Shawmut College, Boston, December 26, 2000", S. 2.

Abb. 7: William Morris: News From Nowhere. Frontispiz der Kelmscott Press-Edition 1892

4 Vollkommenheit und Vervollkommnung: William Morris' *News from Nowhere or an Epoch of Rest*

In keinem anderen säkularen Genre werden Vollkommenheit und der Wille zum Vollkommenen so programmatisch dargestellt wie in der literarischen Utopie.[1] Die Übereinstimmung von Sein und Sollen, Wirklichem und Idealem, die Kongruenz von Wunsch und Erfüllung sind ein konstitutives Merkmal jener Gattung, die sich durch Visionen und Konstruktionen des Vollkommenen auszeichnet: „Dass es ist, wie es sein soll".[2]

In Utopien schließt dies insbesondere die Hoffnung auf Glück als gewünschte Übereinstimmung des Einzelinteresses mit dem Interesse der Allgemeinheit bzw. den Einklang zwischen Individuellem und Gesellschaftlich-Kollektivem ein. Die Entwürfe von idealen Gegenbildern als insuläre Räume (in den klassischen Renaissance-Utopien) oder als antizipierende Projektionen in die zukünftige Zeit (seit der zweiten Hälfte des 18. Jahrhunderts) beziehen sich stets implizit oder explizit kritisch auf die jeweilige gesellschaftliche Situation, in der sie entstehen.

William Morris' *News from Nowhere or An Epoch of Rest* (1890) stehen einerseits in der Tradition europäischer *Raummodelle* – genauer *Arkadienbilder*[3] – und andererseits im Horizont von *Zeit- und Zukunftsutopien* seit dem 18. Jahrhundert wie bei Edward Bellamy, auf den Morris ‚antwortet'. Das Arkadienmodell lässt sich im Zeichen von „Vollkommenheit" charakterisieren – das zeitutopische Moment als ein Konzept von „Vervollkommnung" (etwas der „Vollkommenheit näher bringen").[4] Versucht man, beide Konzepte, das der Vollkommenheit (im Modell Arkadiens) und

---

[1] Zugrunde gelegte Ausgabe: William Morris: „News from Nowhere or An Epoch of Rest". Hrsg. und mit einer Einleitung und Anmerkungen von David Leopold. Oxford 2003 (zuerst 1890). Der Roman wurde um 1900 zweimal ins Deutsche übersetzt; zuerst mit einem Vorwort von Wilhelm Liebknecht unter dem Titel: Kunde von Nirgendwo. Ein utopischer Roman. Von William Morris. Stuttgart 1900. Diese Ausgabe erschien in mehreren Auflagen 1914, 1919 und 1920. 1901 erschien eine weitere Ausgabe unter dem Titel: Neues aus Nirgendland. Ein Zukunftsroman von William Morris. Einzig autorisierte Ausgabe aus dem Englischen übersetzt von Paul Seliger. Leipzig 1900; 2. Aufl. 1902. Weitere deutsche Übersetzung: William Morris: Kunde von Nirgendwo. Eine Utopie der vollendeten kommunistischen Gesellschaft und Kultur aus dem Jahr 1890. Mit einem Vorwort von Wilhelm Liebknecht. Neu hrsg. von Gert Selle. Reutlingen, 2. Aufl. 1981.
[2] Jacob und Wilhelm Grimm: Art.: „Vollkommen"; „Vollkommenheit", Bd. 25, Sp. 680–689; Sp. 689–693.
[3] Sannazaros *Arcadia* entsteht zeitgleich mit Thomas Morus' *Utopia* am Beginn des 16. Jahrhunderts.
[4] Grimm, Bd. 25, Sp. 2058.

das der Vervollkommnung (im Horizont [hier] sozialistischer Zeitutopien) zu verbinden, ergibt sich jener spannungsreiche und durch widerspruchsvolle Konzepte und Formulierungen bestimmte Text, der in William Morris' *News from Nowhere* vorliegt. Analysiert werden soll diese (von Morris angestrebte) und im Text realisierte paradoxe Konstellation, die dann bezeichnenderweise auf einen ‚dritten Weg' verweist. Dies wird im Folgenden veranschaulicht.[5]

William Morris, 1834 in Walthamstow (Essex) geboren und 1896 in Kelmscott gestorben,[6] war der Sohn eines erfolgreichen Börsenmaklers (und Kupferminenmitbesitzers), der in der englischen Oberschicht aufwuchs und in entsprechenden Elite-Institutionen (im Mallborough- und im Exeter-College in Oxford) ausgebildet wurde. Der Oxforder Freundeskreis (die Verbindung mit den *Präraffaeliten* Edward Burne-Jones und Dante Gabriel Rossetti) ist für Morris ebenso prägend („my masters") wie der Austausch mit Thomas Carlyle und John Ruskin. Lebenslang bestimmend bleibt die Bewunderung und Idealisierung des Mittelalters (vgl. in Deutschland Novalis: *Die Christenheit oder Europa*) und seine Wahlverwandtschaft mit der italienischen Renaissance, die sowohl Morris' literarische Texte (etwa die Verserzählung *The Earthly Paradise* [1870], die mit einer arkadischen Szenerie Londons beginnt, oder *The Tale of Sigurd the Volsung and the Fall of the Niblings*) prägen als auch seine Arbeit als Designer und Begründer der „Arts and Crafts"- Bewegung.[7] Als Firmengründer („Fine art workmen in painting, carving, furniture and the metals") war Morris ebenso erfolgreich wie als Entwickler kunsthandwerklicher Techniken von Schmuck und Innendekorationen (Tapeten) bis zu neugotischen Kirchenfenstern. Der Wandel zu einem radikalen Sozialisten vornehmlich in der Auseinandersetzung mit den Frühsozialisten (Robert Owen) und Karl Marx sowie Morris' sozialpolitische Aktivitäten in der „Hammersmith Socialists Society" (schon 1877 verfasste er ein Manifest *To the working-men of England*) dürften für den religiös inspirierten, ästhetisierenden Oxforder Freundeskreis wenn nicht unerwartet so doch ungewöhnlich gewesen sein. Morris sprach von einem Sozialismus, „wie er mit den Augen eines Künstlers gesehen wird".[8] 1894 antwortete er auf die Frage „How I became a Socialist?":

---

[5] Wichtige literatur- und sozialwissenschaftliche Untersuchungen zu William Morris: E. P. Thompson: William Morris. Romantic to Revolutionary. London 1955, ²1977; Paul Meier: William Morris. The Marxist Dreamer. Sussex 1978; Karl Honnef: Dichterische Illusion und gesellschaftliche Wirklichkeit. München 1978; Ruth Levitas: The Education of Desire: the Rediscovery of William Morris. In: dies.: The Concept of Utopia. New York. London. Toronto 1990, S. 106–130; Ruth Kinna: William Morris: The Art of Socialism. Cardiff 2000.
[6] Vgl. die in der zugrunde gelegten englischen Ausgabe zusammengestellte Chronologie, S. XXXVII-XXXX.
[7] Vgl. Nikolaus Pevsner: Wegbereiter moderner Formgebung. Von Morris bis Gropius. Hamburg 1949.
[8] Philip Henderson; zit. Saage, Utopische Profile, Bd. III, S. 162.

> Well, what I mean by Socialism is a condition of society in which there should be neither rich nor poor, neither master nor master's man, neither idle nor overworked, neither brain-sick brain workers, nor heart-sick hand workers, in a word, in which all men would be living in equality of condition, and would manage their affairs unwastefully, and with the full consciousness that harm to one would mean harm to all – the realization at last of the meaning of the word COMMONWEALTH. [9]

I

Bei der textuellen Organisation seiner Utopie *News from Nowhere* orientiert sich Morris an Vorbildern in der Tradition utopischen Schreibens, indem er zunächst ausgehend von einer Dialogsituation (als Pendant zu Morus' *Utopia*; vgl. schon die Anspielung im Titel *Nowhere*) eine Zeitreise mittels einer Fahrt auf der Themse schildert, die das Modell einer Lebensreise anklingen lässt. Ausgangspunkt ist wie bei Morus eine Gartenszene, die – im Unterschied zur gebildeten Konversation der humanistischen Gelehrten bei Morus – ein Stimmungsbild in der Tradition Arkadiens vergegenwärtigt:

> There was a young moon halfway up the sky, and as the home farer caught sight of it, tangled in the branches of a tall old elm, [...], and he [der Erzähler] felt as if he were in a pleasant country place – pleasanter, indeed, than the deep country was as he had known it. [10]

Diese Topographie wird als Gegenbild („counter picture")[11] zum hässlichen (schäbigen) London zitiert; diese kontrastiven Grundelemente von Arkadien und Großstadt werden im Verlauf der weiteren Erzählung am Beispiel des Trafalgar Square im Vergleich zur amönen Gartenlandschaft im Text wieder aufgenommen:

> Each house stood in a garden carefully cultivated, and running over with flowers. The blackbirds were singing their best amidst the garden-trees, which, except for a bay here and there, and occasional groups of limes, seemed to be all fruit-trees: there were a great many cherry-trees, now all laden with fruit, and several times as we passed by a garden we were offered baskets of fine fruit by children and young girls.[12]

---

9 Zit. Asa Briggs: William Morris: News from Nowhere and Selected Writings and Designs. Ed. by A. Briggs with a supplement by Graeme Shankland on William Morris, Designer. Illustrated by Twenty-four Plates. Middlesex 1962, S. 33.
10 Morris, News from Nowhere, S. 4.
11 Ein zentraler ‚utopischer' Begriff, der von Philip Sidney (vgl. dessen *Arcadia*, um 1580) geprägt worden ist.
12 Morris, News from Nowhere, S. 35. Seitenzahlen im Folgenden im Text.

Hier sind viele Topoi arkadischer Vollkommenheit präsent: die schöne blühende Natur und die Musik der Vögel; fruchttragende Bäume, Kinder und junge Mädchen, die die schönsten Kirschen anbieten. Der ‚locus amoenus' (als „wohlabgegrenzter Topos der Landschaftsschilderung"[13]) liegt in einer „Zwischenwelt, die sich gerade durch ihre Zuwendung zur Welt bestimmt",[14] einer „Enklave", die ganz gegenwärtig ist und auch an die Landleben-Dichtung des 18. Jahrhunderts erinnert, welche zum „entscheidenden Medium bürgerlich-empfindsamer Naturerfahrung und der Sehnsucht nach humanen Formen menschlichen Zusammenlebens" wurde.[15] Ernst Bloch hat das Arkadienmodell als ein zur guten Natur verklärtes Bild des Gartens charakterisiert,[16] der für Morris die Vollkommenheit einer Versöhnung von Mensch und Natur repräsentiert. „Der status naturalis gilt als Quelle der Heilung und nicht als Ursprung des Schreckens".[17]

Dass Arkadien zugleich mit dem Spätmittelalter in Verbindung gebracht wird (es ist von der Einrichtung eines Gästehauses und der Kleidung der Menschen des 14. Jahrhunderts die Rede), ist aus der Sicht von Morris folgerichtig, weil er im vormodernen Paradigma des Mittelalters (wie Novalis) den Kontrapunkt gegenüber einer ausdifferenzierten Moderne setzt. Mehr noch: Die Geschichte des Frühsozialismus wird bereits in eine historische Perspektive gerückt, wenn das utopische Gästehaus als ein früherer „Vortragssaal der Sozialisten von Hammersmith" apostrophiert wird.

Auch die anthropologische Definition des neuen Menschen – ein durchgehender utopischer Topos – erinnert an literarische Beispiele arkadischer Traditionen. Stets geht es um gemäßigte psychische und charakterliche Dispositionen mit gezügelten Leidenschaften und symmetrischen Geschlechterbeziehungen.

> So it is a point of honour with us not to be self-centred; not to suppose that the world must cease because one man is sorry; therefore we should think it foolish, or if you will, criminal, to exaggerate these matters of sentiment and sensibility: we are no more inclined to eke out our sentimental sorrows than to cherish our bodily pains; and we recognise that there are other pleasures besides love-making. (50)

Hier ist von einem Surplus gegenüber der bisherigen Utopietradition die Rede, insofern von einer „Zunahme an menschlicher Schönheit mit unserer Freiheit und

---

13 Ernst Robert Curtius: Europäische Literatur und Lateinisches Mittelalter. Bern. München 1948, S. 205.
14 Iser, Ikonologie Arkadiens, S. 227.
15 Europäische Bukolik und Georgik. Hrsg. von Klaus Garber. Darmstadt 1976, S. XVI.
16 Vgl. allg. Ernst Bloch, Arkadien und Utopien.
17 Iser, Ikonologie Arkadiens, S. 224.

Vernünftigkeit" die Rede ist, und von einem längeren Leben in Schönheit, ohne verweichlicht zu werden:

> You must remember, also, that we are long-lived, and that therefore beauty both in man and woman is not so fleeting as it was in the days when we were burdened so heavily by self-inflicted diseases. (50)

Exemplifiziert wird dies an einer großen Sammlung fotografischer Portraits aus dem 18. Jahrhundert (vgl. die physiognomische Tradition seit Lavater), die mit den Gesichtern der ‚gegenwärtigen', utopischen Zeit (wir befinden uns im Jahr 2003) verglichen werden.:

> Now, there are some people who think it not too fantastic to connect this increase of beauty directly with our freedom and good sense in the matters we have been speaking of: they believe that a child born from the natural and healthy love between a man and a woman even if that be transient is likely to turn out better in all ways, and especially in bodily beauty, than the birth of the respectable commercial marriage bed, or of the dull despair of the drudge of that system. They say, Pleasure begets pleasure. (54)

Bleibt dieses Motiv der Steigerung von Schönheit zunächst noch in einer eigentümlichen Unbestimmtheit, wird nun – ausgehend vom traditionalen utopischen Topos der Abschaffung des Privateigentums – ein neues, modernes Thema aufgenommen, das für die Konzeption von Morris zentral ist. Es geht um die Abschaffung des modernen, menschenfeindlichen Maschinenwesens, das zur Überproduktion von billigen Massenwaren und damit zur „eisernen Herrschaft des Weltmarkts" geführt habe. Demgegenüber müsse Arbeit unter dem Gesichtspunkt des Vergnügens neu bestimmt werden. Im Dialog über eine „communist society" heißt es:

> This, that *all* work is now pleasurable; either because of the hope of gain in honour and wealth with which the work is done, which causes pleasurable excitement, even when the actual work is not pleasant; or else because it has grown into a pleasurable *habit*, as in the case with what you may call mechanical work; and lastly (and most of our work is of this kind) because there is conscious sensuous pleasure in the work itself; it is done, that is, by artists. [18]

---

[18] Morris, News from Nowhere, S. 79; vgl. dazu insgesamt: Lemke und Weinstock, Kunst und Arbeit.

II

Mit den Motiven der Steigerung von Schönheit und dem Entwurf eines neuen Arbeitsbegriffs als Kritik der modernen Warenproduktion verlässt Morris das zuvor beschriebene und ausgemalte Bild Arkadiens. Steigerung und Zukunftsentwurf verweisen auf das komplementäre und zugleich gegenläufige Konzept von Vollkommenheit: das der Vervollkommnung. Das Konzept der *Vervollkommnung* steht im Horizont des Rousseauschen Begriffs der „perfectibilité".[19] Es ist die Voraussetzung für jenen Prozess der „Verzeitlichung" von Utopien, den Reinhart Koselleck beschrieben hat.[20] Moses Mendelssohn spricht etwa davon, dass die innere Harmonie des Menschen [nur] in seiner fortschreitenden Entwicklung erhalten bleibe: „Hat uns die Natur das Vergnügen geschenkt, uns vollkommener zu machen, so hat sie zugleich unserem Wesen gleichsam eingegraben, alle unsere Fähigkeiten in der verständigsten Harmonie hervorzuheben."[21]

Lessing erweitert den Begriff der Perfektibilität noch dadurch, dass er ihn auf alle Lebewesen bezieht: „Ich glaube, der Schöpfer muß alles, was er schuf, fähig machen, vollkommener zu werden, wenn es in der Vollkommenheit, in welcher er es schuf, bleiben sollte."[22]

Damit ist das Konzept der „Zeitutopie" vorgezeichnet. Es geht um die notwendige, aufgegebene „Fortschreitung" des einzelnen Menschen und der menschlichen Gattung (Herder und Wilhelm von Humboldt): die „Einverwandlung der Utopie in die Geschichtsphilosophie".[23]

Das Verhältnis von Utopien zur Geschichte ändert sich damit grundlegend. Hatten Ordnungsutopien der Renaissance Geschichte zu bannen und Individuen strikt zu disziplinieren gesucht, bieten Zeitutopien Entwürfe an, in denen sich das einzelne Subjekt im Blick auf Zukunft entwickeln und vervollkommnen kann, indem ihm Ziele vorgegeben sind, denen es sich schrittweise annähern soll.

Inwieweit Morris dieses Konzept der Zeitutopie übernimmt bzw. modifiziert aufnimmt, lässt sich an seinem Text im Einzelnen studieren. Die Transformation von der alten zur neuen erhofften Gesellschaft wird in einem Zeitsprung deutlich gemacht (vgl. die Tradition von Traumutopien bei Louis-Sébastien Mercier und Edward Bellamy), die permanente Veränderungsnotwendigkeit innerhalb der neuen Gesellschaft wird kaum sichtbar. Dabei stößt man auf eine grundlegende Antinomie literarischer Zeitutopien überhaupt: Lässt sich eine ständig sich selbst

---

19 Vgl. dazu Hornig, Perfectibilité.
20 Koselleck, Die Verzeitlichung der Utopie.
21 Rousseau in Deutschland, S. 101–113; hier S. 107.
22 Ebd.
23 Koselleck, Die Verzeitlichung der Utopie, S. 1.

überholende Zeitutopie im Medium der Erzählung überhaupt vergegenwärtigen? Oder ist dies nur in einer unendlichen, prinzipiell unabschließbaren Geschichte möglich? Die notwendige Festlegung eines bestimmten utopischen Ziels führt zumindest zu einem bedingten Stillstand der entworfenen Gesellschaft; demgegenüber bedeutet die unabschließbare Offenheit des Ziels eine Philosophie der regulativen Ideen als erhoffter unendlicher Transformationsprozess.

William Morris orientiert sich bei seinem Entwurf unmittelbar sowohl an Louis-Sébastien Merciers *Das Jahr 2440* [1770/71] als auch an Edward Bellamys *Looking Backward 2000–1887* [1888]. Beide Zeitutopien wagen (erzählerisch einerseits prospektiv – andererseits retrospektiv) einen Sprung in die Zukunft (einmal ist es Paris, ein andermal Boston), ohne dass Fragen des Übergangs vom einen in den anderen Zustand befriedigend gelöst wären. In beiden Fällen handelt es sich um Zeitsprünge in jeweils alternative politische Gesellschaften. Unterscheiden möchte sich Morris insbesondere von Bellamys höchst erfolgreichem modernen post-kapitalistischen „staatssozialistischen" Modell.

Die eigentliche narrative Herausforderung besteht bei William Morris allerdings darin, dass nach der medias in res-Vergegenwärtigung des statischen Arkadienmodells als Wachtraum im Sinne der perfectio nun der Übergang zu einer neuen Gesellschaft im Sinne eines teleologischen Vervollkommnungsprozesses im Zeichen von perfectibilité dargestellt werden muss. Die Antinomie zwischen arkadischer Vollkommenheit und teleologischer Vervollkommnungshoffnung einer neuen Gesellschaft kann dabei nicht überbrückt werden.

Morris versucht, den Vervollkommnungsprozess als Teleologie und Transformation von der alten zur neuen Gesellschaft im umfangreichen Kapitel XVII. „How the change came" darzustellen. Es geht um das stufenweise Errichten einer sozialistischen Republik, in der das selbstzentrierte und selbstsüchtige Verhalten der einzelnen Individuen zurücktritt zugunsten eines kommunitären Geistes auf der Basis einer Gemeinschaft, die das Privateigentum abgeschafft hat und damit, so ist die Auskunft, bestimmte Fragen der bürgerlichen Gesellschaft (etwa die der Kriminalität) peu à peu löst. Dass dieser Prozess aber keineswegs friedlich verläuft, sondern sich über gewalttätige Auseinandersetzungen zwischen der besitzenden Klasse einerseits und den Arbeitern und Arbeiterorganisationen andererseits vollzieht, wird im Einzelnen dargestellt: unter Anspielung auf historische Ereignisse, etwa in der Einrichtung eines „Commity of Public Safety" nach dem Vorbild des französischen Wohlfahrtsausschusses während der Französischen Revolution 1793, oder am „Bloody Sunday" von 1887, als es im Zusammenhang von Generalstreiks zu gewalttätigen Auseinandersetzungen mit der Polizei kommt, oder aufgrund von Hinweisen auf die Pariser Kommune 1871 mit einer Vielzahl von Toten. Besonders wichtig scheint mir der Hinweis auf die Rolle der Erziehung und die Funktion unterschiedlicher journalistischer Eingriffe in die politischen Veränderungen.

Die Geschichte der schrecklichen Zeit des Übergangs von der „commercial slavery" (in der deutschen Übersetzung: „Kapitalsklaverei") zur Freiheit wird so zusammengefasst:

> When the hope of realising a communal condition of life for all men arose, quite late in the nineteenth century, the power of the middle classes, the then tyrants of society, was so enormous and crushing, that to almost all men, even those who had, you may say despite themselves, despite their reason and judgement, conceived such hopes, it seemed a dream. So much was this the case that some of those more enlightened men who were then called Socialists, although they well knew, and even stated in public, that the only reasonable condition of Society was that of pure Communism (such as you see around you), yet shrunk from what seemed to them the barren task of preaching the realisation of a happy dream. Looking back now, we can see that the great motive-power of the change was a longing for freedom and equality [...] (90).

Im Rückblick sind das Verlangen nach Freiheit und Gleichheit (den Idealen der Französischen Revolution) die entscheidenden Antriebe für eine sozialistische Gesellschaft, deren praktisches Funktionieren dann bezeichnenderweise nicht mehr dargestellt wird. Lesbar ist der von Morris dargestellte Übergangsprozess zu einer neuen Gesellschaft auch als Kommentar zur Geschichte der Arbeiterbewegung im England des 19. Jahrhunderts.

III

Hat man die zentralen Motive und konstitutiven utopischen Topoi in der Dichotomie von vollkommenem arkadischen Wunschbild und sich (notwendig) vervollkommnender sozialistischer Gesellschaft bei Morris Revue passieren lassen, scheint es sich in den *News from Nowhere* auf den ersten Blick tatsächlich um ein „neugotisches Arkadien" zu handeln, von dem Ernst Bloch im *Prinzip Hoffnung* gesprochen hat: „[...] Morris' Utopie nach rückwärts war nicht politisch-reaktionär gemeint. Sie wollte Fortschritt von einem verlassenen Standort her, agrarisch-handwerkliche Reaktion um eines umstürzenden Neubeginns willen."[24]

---

24 Bloch, Das Prinzip Hoffnung, S. 717. Ernst Bloch charakterisiert die Utopie von William Morris als Gegenentwurf zu Edward Bellamy; es sei ein Feldzug gegen die gesamte Mechanisierung des Daseins. Dies zeige sich vor allem in der Erneuerung des englischen Kunsthandwerks. „Morris sei sich mit Ruskin darin einig: nur Handarbeit mache gut, Maschine sei die Hölle." (Bloch 1959, S. 716); Annette Simonis hat – unter Hinweis auf Georg Simmel – zu Recht betont: „[...] die Erneuerung des Kunstgewerbes verbindet sich für Morris mit nichts geringerem als dem utopischen Versprechen der Wiederherstellung einer Identität von Subjekt und Objekt im künstlerischen Produktionsprozess" (Annette Simonis: Politische Utopie und Ästhetik. Die deutsche William

Bei einer genaueren Analyse unter Berücksichtigung auch der theoretischen Texte von Morris, vor allem dessen Abhandlung über „Art and Socialism" (vom 23. Januar 1884), wird allerdings deutlich, dass Morris eine dritte Utopie (der künstlerischen Arbeit) entwickelt, die sowohl das idyllisch-arkadische Modell als auch das moderne, differenztheoretische Arbeitskonzept konterkariert. Gibt es von daher einen Weg, das Modell der *Vollkommenheit* mit dem der *Vervollkommnung* zu verbinden?

Voraussetzung für ein solches Konzept ist die Hoffnung auf die Verabschiedung von „competitive Commerce" als einem „system of war".[25] Erst diese Befreiung von einem System selbstentfremdeter und selbstentfremdender Arbeit erlaube eine revolutionäre Neudefinition von Arbeit: „That their work should be of itself pleasant to do".[26]

Das Heilmittel sei die Produktion dessen, was früher einmal den Namen ‚Kunst' gehabt habe. Dies führe zu einer „Association instead of Competition, Social Order instead of Individualist Anarchy."[27] Zusammenfassend müsse es, so Morris, um drei Ziele gehen:

> It is right and necessary that all men should have work to do: First, Work worth doing; Second, Work of itself pleasant to do; Third, Work done under such conditions as would make it neither over-wearisome nor over-anxious.[28]

In einer Strategie der Rückgewinnung von Kunst („win back art again to our daily labour") müssten zugleich die konkreten sozialen Voraussetzungen für dieses Modell geschaffen werden:

> 1. good lodging; 2. ample space; 3. general order and beauty.[...] Order and beauty means that not only our houses must be stoutly and properly built, but also that they be ornamented duly: that the fields be not only left for cultivation, but also that they be not spoilt by it

---

Morris-Rezeption. In: Beiträge zur Rezeption der britischen und irischen Literatur des 19. Jahrhunderts im deutschsprachigen Raum. Amsterdam 2000, S. 174–214; hier S. 201).

25 Morris: Art and Socialism: Lecture delivered before the Secular Society of Leicester, 23rd January 1884. In: The Collected Works of William Morris with Introductions by his Daughter May Morris. Vol. XXIII, Signs of Change. Lectures on Socialism. London. New York 1915, S. 192–214; hier S. 205.
26 Ebd. S. 201.
27 Ebd. S. 194.
28 Ebd. S. 209. In vergleichbarer Weise fasst Morris seine Ziele im "Manifesto of the Socialist League" zusammen, das am 5. Juli 1885 verabschiedet wurde. Zielvorstellung ist hier unter anderem, die eigentlich (harte) Arbeit auf zwei bis drei Stunden täglich zu reduzieren. Der gesamte Text betont die Notwendigkeit eines Strebens nach einer veränderten neuen sozialen Ordnung. (Thompson, Romantic to Revolutionary, S. 732–740).

> any more than a garden is spoilt: no one for instance to be allowed to cut down, for mere profit, trees whose loss would spoil a landscape: neither on any pretext should people be allowed to darken the daylight with smoke, to befoul rivers, or to degrade any spot of earth with squalid litter and brutal wasteful disorder. [29]

Schließlich gehe es um die Notwendigkeit von „Kunst oder das Arbeitsvergnügen" („The art or work-pleasure, as one ought to call it [...]" (115). Menschen sollen zudem Möglichkeiten der Erholung finden: „To allow them full rest of mind and body: a man must have time for serious individual thought, for imagination, for dreaming even, or the race of men will inevitably worsen." [30]

Die Übereinstimmung individueller Bedürfnisse der Einzelnen mit den allgemeinen der Gesellschaft im Zeichen von nicht-entfremdeter Arbeit als selbstbestimmte Tätigkeit nimmt eine europäische Tradition von Arbeit auf, die – in der Abgrenzung älterer Bedeutungsvarianten von „Mühsal" (vornehmlich der Bibel) – Arbeit als emanzipatives Moment des individuellen und allgemeinen Glücks bestimmt. Kreative Arbeit ersetzt (seit Thomas Hobbes) „das Summum bonum der christlichen Moralphilosophie [...] durch ein Glück, das im ungehinderten Fortschreiten zu immer weiteren Zielen besteht."[31] Allerdings kann Arbeit erst zur „Daseinserfüllung des Menschen"[32] führen, wenn Tätigkeit, wie Goethe es im Roman *Wilhelm Meisters Lehrjahre* formuliert, als „das erste und letzte am Menschen" bestimmt, d. h. Tätigkeit als Inbegriff sinnvollen Lebens verstanden wird im Sinne einer bewussten, allseitigen Vervollkommnungsmöglichkeit des Menschen.

Morris übernimmt hier, vermittelt über Thomas Carlyle, der nicht nur eine Übersetzung von Goethes *Wilhelm Meisters Lehrjahre[n]* und eine Schiller-Biographie vorgelegt hat, sondern sich als „Jünger vor seinem Meister [wie] ein Sohn vor seinem geistigen Vater" Goethe bezeichnet hat (im Briefwechsel mit Goethe am 15.04.1827), Modelle aus der Goethe-Zeit (etwa von Garve, Fichte, Pestalozzi und Hegel), die zugleich auf den frühen Marx verweisen.

Im *Manifest der Kommunistischen Partei* heißt es 1848 (in der Tradition von Sozialutopien seit Thomas Morus) bei Marx und Engels: Eine „Assoziation" sei zu verwirklichen, „worin die freie Entwicklung des einzelnen eines jeden die Bedingung für die freie Entwicklung aller ist."[33] Im dezidierten Gegensatz zur biblischen Tradition der Bestimmung der Arbeit als Mühsal gilt Arbeit als Mög-

---

29 Morris, Art and Socialism, S. 209 f.
30 Ebd. S. 210.
31 Conze, Art. Arbeit, S. 168.
32 Ebd. S. 154. Vgl. dazu Jürgen Kocka: Mehr Last als Lust. Arbeit und Arbeitsgesellschaft in der Europäischen Geschichte. In: Jahrbuch für Wirtschaftsgeschichte 2 (2005), S. 185–206.
33 Vgl. Conze, Art. Arbeit, S. 202.

lichkeit der „Selbstverwirklichung, Vergegenständlichung des Subjekts, d. h. [als] reale Freiheit, deren Aktion eben die Arbeit" ist.[34]

In diesem ideengeschichtlichen Traditionszusammenhang wird man Morris' Vorstellung von der kreativen Produktion des Einzelnen als Bedingung und Möglichkeit für die Verwirklichung einer idealen Kommunikationsgemeinschaft nicht-entfremdeter Subjekte sehen dürfen. Wenn er die sozialpolitischen (modernen) Konsequenzen von Marx und Engels ablehnt (er betont, dass er lediglich Gefallen an den historischen Kapiteln des *Kapital[s]* gefunden habe), dann deshalb, weil sein Gesellschaftsmodell an einem spätmittelalterlichen und frühneuzeitlichen Paradigma von Handarbeit orientiert bleibt (vgl. die „Arts & Crafts Movement") mit dezidierter Kritik an aller mechanischen Arbeit, die als Sündenfall einer neuen, befreiten Gesellschaft verstanden wird. Dieser Sündenfall ist nur zu vermeiden, wenn Arbeit als Kunst verstanden wird, als selbstverwirklichende „joy of creation".[35]

Dass dieses durch Kunst und Handarbeit geprägte Verständnis von kreativer Produktion auf moderne demokratische Gesellschaften nicht übertragbar ist, dürfte auch Morris klar gewesen sein (vgl. die märchenhaften Anklänge im Roman). Es scheint vielmehr so, als ob seine biographische Situation in seinem im wahrsten Sinne des Wortes elitären Freundeskreis (Edward Burne-Jones, Dante Gabriel Rossetti, Jane Burden, John Ruskin) jenen „wenigen auserlesenen Zirkeln" ähnelt, von denen Friedrich Schiller 1795 am Ende seiner *Briefe über die ästhetische Erziehung* spricht (vgl. den Begriff der „brotherhood" bei Morris). ‚Tätigsein ohne zu arbeiten' (27. Brief) ist die Maxime dieser utopischen Menschenrepublik im Zeichen einer (im engeren Sinn) nicht politischen, sondern durch Kunst bestimmten Geselligkeitskultur.[36]

Betrachtet man rückblickend und pointiert zusammengefasst die beiden von Morris zitierten utopischen Modelle von vergegenwärtigter Vollkommenheit (in Arkadien) und teleologischer Vervollkommnung (als Prozess der „transformation of civilisation into socialism")[37], so entwirft er mit seinem produktionsästheti-

---

34 Ebd. 203.
35 Morris, Art and Socialism, S. 201. Vgl. dazu den Band Kunst und Arbeit.
36 In seiner Abhandlung „Über naive und sentimentalische Dichtung" betont Schiller, dass wir uns „[...]nach einer Klasse von Menschen umsehen [müssen], welche ohne zu arbeiten, tätig ist und idealisieren kann, ohne zu schwärmen; welche alle Realitäten des Lebens mit den wenigstmöglichen Schranken desselben in sich vereiniget und vom Strome der Begebenheiten getragen wird, ohne der Raub desselben zu werden. Nur eine solche Klasse kann das schöne Ganze menschlicher Natur, welches durch jede Arbeit augenblicklich und durch ein arbeitendes Leben anhaltend zerstört wird, aufbewahren und in allem, was rein menschlich ist, durch ihre *Gefühle* dem allgemeinen Urteil Gesetze geben" (S. 768).
37 Morris, The Manifesto of Socialist League, S. 735.

schen Konzept von unentfremdeter Arbeit als Kunst eine dritte Variante, in der zwar die dargestellten dichotomischen Modelle nicht widerspruchslos aufgehoben sind, aber im Zeichen einer unabschließbaren Bewegung eine zusätzliche utopische Perspektive finden. Bezeichnenderweise lässt sich im Roman *News from Nowhere* ein Rückgriff auf die Tradition des arkadischen Erzählens auch daran ablesen, dass Morris in sein utopisches Modell eine Störung einblendet, die unmittelbar auf die Marcela-Episode in Cervantes' *Galatea* [1585] zurückverweist. Da in der arkadischen Kongruenz von Wunsch und Erfüllung eine konfliktlose Liebes- und Sündenfreiheit postuliert wird,[38] muss Liebesverweigerung einer oder eines Einzelnen in letzter Konsequenz zum Tod des Liebenden führen und jede erhoffte prästabilisierte Harmonie zerstören. Bei Morris findet sich dazu eine Parallele, insofern der Einbruch des Kontingenten im Kontext einer erotischen Dreiecks- und Eifersuchtsepisode tödliche Folgen hat.

Was die auf Progression gerichtete Transformation der Gesellschaft betrifft, so fügt Morris seiner narrativen Rekonstruktion des gesellschaftlichen Entwicklungsprozesses ganz am Schluss einen utopischen Imperativ hinzu, der unmittelbar auf den Schluss von Thomas Morus' *Utopia* anspielt: „Go on living while you may, striving, with whatsoever pain and labour needs must be, to build up little by little the new day of fellowship, and rest, and happiness." (182).

Dem narrativen Verfahren einer Rekonstruktion der Transformation zum Sozialismus entspricht so eine programmatische *Deklaration* im Blick auf die Vollendung des utopischen Gesellschaftsmodells.

Der Vollkommenheits-Topos ‚Arkadien' erhält agrarisch-ökologische Akzente. Der auf Vervollkommnung einzelner Individuen zielende ideale Sozialismus verabschiedet den marxistischen Klassenkampf zugunsten „erlesener Zirkel" als Geselligkeitskultur im Schillerschen Sinne. Die „Geselligkeitskultur" soll die unaufhebbare Spannung von *Vollkommenheits-Hoffnung* und *Vervollkommnungs-Notwendigkeit* ausbalancieren. Fluchtpunkt bleibt das klassische Ideal der nicht-entfremdeten Arbeit als Kunst: „Yes, surely! and if others can see it as I have seen it, then it may be called a vision rather than a dream." (182)

---

[38] Vgl. Erich Köhler: Wandlungen Arkadiens: Die Marcela-Episode des ‚Don Quijote' (I, 11–14). In: Europäische Bukolik und Georgik, S. 202–230; hier S. 228.

5 Konstruktionen des Möglichen und Machbaren in Wissenschaft und Technik

Wissenschaft und Technik bieten literarischen Utopien eine Vielzahl von Gegenstandswelten, weil sie prinzipiell das Neue thematisieren und Spielräume des Möglichen und Machbaren erkunden. Veränderungsdenken ist die Bedingung der Möglichkeit utopischer Phantasie. In naturwissenschaftlich-technischen Utopien lässt sich „die Entwicklung von Naturwissenschaft und Technik zu veränderungsmächtigen Instrumenten [einerseits] und die stufenweise wachsende Einsicht in ihre Macht" andererseits ablesen.[1]

„Einsicht" in die „Macht" technischer Entwicklungen veranschaulicht die Geschichte der literarischen Utopie insofern, als in ihren Darstellungen eine Zunahme derjenigen Schilderungen beobachtbar ist, die auf künftige Umsetzungen des Geschilderten vorausweist. Sind die Darstellungen frühneuzeitlicher Utopien in dem, was sie darstellen, noch weit entfernt von einer technisch-praktischen Realisierung, ändert sich dies im Zuge der Modernisierung, wenn deutlich wird, dass das in modernen Utopien Dargestellte durchaus auch realisierbar ist, etwa in der Raumfahrttechnik oder der Gentechnologie. Das Kennzeichen literarischer Utopien im 20. Jahrhundert besteht deshalb darin, dass das als möglich Gedachte auch zum technisch Machbaren wird, und damit Ängste erzeugt, die den Übergang von der (positiven) Utopie zur (negativen) Antiutopie (Dystopie) bestimmen. Aus Wunschbildern werden Schreckbilder. George Orwells *1984* ist vermutlich das bekannteste Beispiel, aber keineswegs das beunruhigendste.

Der Übergang von den (positiven) Zukunftsentwürfen zu (negativen) Angstvisionen und Albträumen spiegelt sich vornehmlich in einer dezidierten Kritik von Fortschrittsmodellen, die als konstitutiv für die Entwicklung technischer Innovationen angesehen werden können. Fortschrittskritik bedeutet zugleich Modernekritik, so dass sich in der Literaturgeschichte naturwissenschaftlich-technischer Utopien auch ein Spiegel der Moderne und Modernekritik findet.

Im Folgenden wird dieser historische Prozess in drei Schritten skizziert: Zunächst geht es um Modelle frühneuzeitlicher Wissenschaft in Utopien bei Francis Bacon und Louis-Sébastien Mercier, die die Wissenschaft selbst zu einem zentralen Thema machen und Wissenschaft durch Fortschritt definieren; danach wird die eigentliche Gelenkstelle der modernen technisch-wissenschaftlichen Utopie

---

[1] Martin Schwonke: Die Bedeutung von Naturwissenschaft und Technik für die Entwicklung der Utopie vom „Idealstaat" zum „Leitbild des Handels" (1957). In: Der utopische Roman. Hrsg. von Rudolf Villgradter, Friedrich Krey. Darmstadt 1973, S. 186–230; hier S. 186f.

bei H. G. Wells charakterisiert, dem Begründer jener Gattung, die den Namen „Science Fiction" erhält;[2] schließlich soll ein besonderer Akzent auf die Darstellung von Gentechnik gelegt werden, am Beispiel einerseits von Aldous Huxley und andererseits durch einen kurzen Ausblick auf aktuelle Diskussionen zum „Transhumanismus", die deutlich machen, wie sich gegenwärtig Literatur und Wissenschaft angenähert haben und gleichzeitig literarische Satiren einer wissenschaftlich und technisch imaginierten Welt entstehen, wie bei Stanislaw Lem, die eine gehörige Distanz zu dieser Welt empfehlen.

I Von Bacons *Neu-Atlantis* zu Merciers *Das Jahr 2440* im Zeichen des Fortschritts

Die erste Phase in der Geschichte wissenschaftlich-technischer Utopien steht im Zeichen des in der *New Atlantis* von Francis Bacon 1627 konzipierten Forschungskollegs „Salomons House."[3] In dieser wissenschaftlichen Institution handelt es sich im Rahmen eines umfassenden Idealstaatsmodells in der frühen Neuzeit um die Vergegenwärtigung eines an Modelle der britischen Royal Society erinnernden Forschungsinstituts, in dem es insbesondere um die mechanischen Künste und um zoologische Experimente geht. In der Mechanik werden „Maschinen und Werkzeuge für jede Art von Triebwerken" entwickelt, zudem Flugzeuge und Unterseeboote und eine für die Zeitgenossen höchst attraktive Vielfalt von Automaten. „Wir ahmen die Bewegung der Lebewesen in Nachbildungen nach, wie etwa in künstlichen Menschen, Vierfüßlern, Vögeln, Fischen und Schlangen".[4] Neben diesem Schwerpunkt in den „mechanischen Künsten" spielen charakteristischerweise medizinische und chemische Experimente an Tieren und Menschen (mit eugenischer Zielsetzung) eine Hauptrolle.

> Wir machen [...] an Tieren Versuche mit Giften, Gegengiften und anderen Heilmitteln, sowohl auf medizinische als auch auf chirurgische Weise, um den menschlichen Körper besser schützen zu können. Wir machen auch die einen künstlich größer und länger als sie von Natur aus sind, andere wieder umgekehrt zwergenhaft klein und nehmen ihnen die natürliche Gestalt. Außerdem machen wir die einen fruchtbarer und mehrbäriger, als sie ihrer Natur nach sind, die anderen umgekehrt unfruchtbar und zeugungsunfähig.[5]

---

2 Vgl. Suvin, Poetik der Science Fiction, S. 265.
3 Zit. wird nach der deutschen Übersetzung: Francis Bacon, Neu-Atlantis. In: Der utopische Staat. Hrsg. von Klaus J. Heinisch. Reinbek bei Hamburg 1960, S. 171–215.
4 Bacon, Neu-Atlantis, S. 212.
5 Ebd., S. 208.

Umfassende Züchtungsprogramme kommen hinzu:

> Auch züchten wir viele Arten von Schlangen, Würmern, Mücken und Fischen aus verwesenden Stoffen; von diesen reifen einige zu vollkommenen Gattungen wie Vögeln, Vierfüßlern oder anderen Fischen, die auch zweigeschlechtlich werden und sich selbständig fortpflanzen.[6]

Der gesamte von Bacon geschilderte Wissenschaftsbetrieb erfordert Strukturen, die in der Geschichte von Utopien historisch zum ersten Mal zu institutionellen Formen führen, die an moderne Forschungs-Einrichtungen erinnern und auch Probleme wissenschaftlicher Veröffentlichungspraxis und Geheimhaltung aufwerfen:

> Auch ist es bei uns üblich, genau zu erwägen, was von unseren Erfindungen und Versuchsergebnissen zu veröffentlichen angebracht ist, was dagegen nicht. Ja, wir verpflichten uns alle sogar durch einen Eid, das geheim zu halten, was wir geheim zu halten beschlossen haben.[7]

In der Geschichte literarischer Utopien wird damit bereits im 17. Jahrhundert der Zusammenhang von Forschung, Forschungsorganisation und Forschungsmanagement veranschaulicht, der in vieler Hinsicht als Antizipation künftiger Entwicklungen angesehen werden kann. Dass dies nur im Horizont eines Veränderungsdenkens und der Hoffnung auf Perfektionierbarkeit möglich ist, macht das neuzeitliche Denken insgesamt deutlich. Es findet seinen Höhepunkt im Verlauf des 18. Jahrhunderts, als *Raumutopien* der Renaissance in Formen moderner *Zeitutopien* übergehen. Die „Verzeitlichung" erfolgt im Zeichen eines dezidierten Fortschrittsdenkens, das allerdings zugleich in Fortschrittskritik münden kann.

In Louis-Sébastien Merciers 1770/1771 erschienenem Roman *Das Jahr 2440*[8] lässt sich diese Doppelheit ablesen. Es geht um Steigerung im Individuellen und Technischen und diese Prozesse sind nicht abgeschlossen:

> Es gibt noch eine ganze Reihe von Dingen, die wir verbessern müssen. Wir sind aus der Barbarei herausgetreten, in der ihr [in der Vergangenheit] versunken wart [...]. Nach und nach wurde der Geist herangebildet. Wir müssen noch mehr tun als wir bisher geschafft haben. Wir haben nicht viel mehr erreicht als die Hälfte der Leiter.[9]

---

6 Ebd., S. 208.
7 Ebd., S. 214.
8 Frz. Originaltitel: „L'An deux mille quatre cents quarante. Rêve s'il en fut jamais".
9 Zit. nach der deutschen Übersetzung von Christian Felix Weiße (1772): „Das Jahr 2440. Ein Traum aller Träume". Hrsg. von Herbert Jaumann. Frankfurt am Main 1982, S. 102.

Wenn es weiter heißt, dass der menschliche Geist „das Ziel noch nicht erreicht [hatte] zu dem er hinstreben sollte, um gefahrlos von den seltensten oder energiereichsten Erfindungen Gebrauch zu machen,"[10] ist in erster Linie von der Entwicklung der Waffentechnik die Rede, die mit den Möglichkeiten des Fortschritts zugleich ihre tödlichen Grenzen veranschaulicht:

> Europa [...] ist nichts als eine riesige Waffenkammer, in der Millionen von Pulverfässern nur darauf warten, durch einen kleinen Funken Feuer zu fangen. Oft ist es die Hand eines unbesonnenen Ministers, die die Explosion verursacht [...] Wieviel Stück Kanonen, Bomben, Gewehre, Kanonen- und Flintenkugeln, Schwerter, Bajonette usf., wieviele zum Morden aufgelegte Marionetten gehorchen der Peitsche der Disziplin und warten nur auf den Befehl aus dem Kabinett, um ihre blutigen Possenspiele anzufangen? Die Geometrie selbst hat ihre göttlichen Möglichkeiten dazu hergegeben: nun dient sie den Rasereien der Herrscher, bei denen sich Ehrgeiz und ausschweifende Phantasien abwechseln.[11]

II Herbert G. Wells, der „Shakespeare der Science Fiction"

Ohne Zweifel lassen sich die höchst erfolgreichen Bücher von H. G. Wells (*The Time-Machine. An Invention* [1895] oder *A Modern Utopia* [1905]) als der „Angelpunkt der Science Fiction-Tradition" bezeichnen.[12] Wells, Lehrer für Naturwissenschaften in Nordwales, hatte 1893 ein Standardwerk zur Biologie veröffentlicht, das als Lehrbuch an britischen Schulen genutzt wurde, und Zeitschriftenartikel in verschiedenen Zeitschriften wie „Knowledge", „Educational Times" oder „Science and Art" vorgelegt. Im Rahmen eines darwinistischen Evolutionskonzepts orientierte sich Wells anhand regelmäßiger Lektüre von „Nature", deren Herausgeber ein Freund war und der seine Texte auf ihre wissenschaftliche Plausibilität überprüfte. H. G. Wells klassifiziert die populären Raumfahrt-Erzählungen von Jules Verne kritisch als „fantasy", denen er seine eigenen als „anticipatory inventions" oder „scientific romances" entgegen stellt. Insgesamt ist Wells weniger technologisch als evolutionistisch und soziobiologisch interessiert.

In seinem prototypischen Text, der *Zeitmaschine. Eine Erfindung*,[13] geht es zwar auch um die Erfindung und Konstruktion eines „glitzernden Metallgestells", mit dem der Zeitreisende in die Zukunft entschwinden kann,[14] wichtiger aber ist

---

10 Ebd., S. 146.
11 Ebd., S. 276, Anm. 282.
12 Vgl. Suvin, Poetik der Science Fiction, S. 265.
13 Zit. wird die deutsche Übersetzung von Peter Naujock (Zürich 1974; zuerst Reinbek bei Hamburg 1951).
14 Wells, Zeitmaschine, S. 12f.

die Darstellung der Entwicklung der menschlichen Spezies, die im Einzelnen beschrieben wird.

> Es war kein solcher Triumph der moralischen Erziehung und allgemeinen Zusammenarbeit gewesen, [so der Erzähler] wie ich es mir vorgestellt hatte. Statt dessen bot sich mir das Bild einer echten Aristokratie, bewaffnet mit einer perfektionierten Wissenschaft, die das industrielle System von heute zu einem logischen Abschluß ausgearbeitet hatte. Ihr Triumph war nicht lediglich ein Triumph über die Natur, sondern ein Sieg über die Natur und den Mitmenschen [...].[15]

Die in der Neuen Welt entdeckte und beobachtete Zivilisation hat ihren Zenit bereits überschritten und ist dem Verfall preisgegeben. Im Verlauf der Exkursion des Zeitreisenden stellt sich heraus, dass „die beiden Spezies [Eloi und Morlocks], die sich aus der Entwicklung der Menschheit ergeben hatten,"[16] in einer unheimlichen, „schaurigen" Symbiose miteinander leben:

> Die Eloi waren wie die karolingischen Könige zu einer nur noch schönen Nutzlosigkeit degeneriert. Sie besaßen die Erde nur noch geduldet. Denn da die Morlocks seit unzähligen Generationen unterirdisch lebten, war ihnen das Tageslicht an der Oberfläche mit der Zeit unerträglich geworden. Und die Morlocks machten den Eloi ihre Kleider [...] und stillten ihre gewohnten Bedürfnisse, vielleicht aus einer alten Überlieferung des Dienens heraus. Sie taten es wie ein Pferd im Stehen mit dem Huf scharrt oder wie der Mensch Gefallen daran findet, aus Sport Tiere zu töten: weil alte und vergangene Notwendigkeiten ihre Verhaltensstruktur so geprägt hatten. Aber offenbar hatte sich die alte Ordnung zum Teil schon umgekehrt. Die Nemesis war auf den Fersen des schönen Geschlechts. Vor vielen Jahrhunderten, vor tausenden von Generationen, hatte der Mensch seinen Bruder aus der Bequemlichkeit und dem Sonnenlicht verjagt. Und jetzt kehrte dieser Bruder zurück – verwandelt![17]

Mehr und mehr wird deutlich, dass die Menschheitsentwicklung in einem radikal dystopischen Zustand mündet: „Diese Eloi waren lediglich gemästetes Vieh, das die ameisengleichen Morlocks hüteten und jagten – für dessen Aufzucht sie wahrscheinlich sorgten."[18] Die unterdrückten und ausgebeuteten Morlocks werden als Fleischfresser in einer finstern Maschinenwelt dargestellt.

Damit ist ein Endpunkt in der radikalen Fortschrittskritik im Rahmen darwinistischer Evolutionstheorie erreicht, die im Verlauf des 20. Jahrhunderts zu extremen Entwürfen soziobiologischer Dystopien führt. Hingewiesen sei aber darauf, dass Wells in einer ausgearbeiteten Utopie des Weltstaats (*A Modern Utopia*) zugleich an Bacons „Salomons House" anknüpft und ein Forschungszen-

---

15 Ebd., S. 59 f.
16 Ebd., S. 68 f.
17 Ebd., S. 68 f.
18 Ebd., S. 74 f.

trum entwirft, in dem „eine große Anzahl hochqualifizierter Wissenschaftler, Ingenieure und Techniker auf der fortgeschrittensten Stufe der Auseinandersetzung mit der Natur" arbeitet.[19] „Das weltweite ‚Haus Salomon' umfasse jetzt über eine Million Forscher. [...] Berichte über Experimente werden ebenso rasch mittels neuer Kommunikationstechniken über die Erde verbreitet, wie die Ergebnisse eines Cricket-Spiels im Sport."[20] Mit einem Wort: Der Stand der Naturwissenschaft und Technik in der ‚modernen Utopie', so Wells, nimmt sich aus wie „der gezielte Sturzflug eines Adlers im Vergleich zum hilflosen Herumtasten eines Blinden unter den Bedingungen des 19. Jahrhunderts."[21]

Die bei Wells dargestellte Dialektik einer evolutionstheoretisch begründeten Hoffnung und zugleich befürchteten katastrophalen Fehlentwicklung bleibt als grundlegendes Spannungsverhältnis im 20. und 21. Jahrhundert erhalten.

III Huxleys *Brave New World* (1932)

Wenn heute (selbstironisch) von „[u]nsere[r] strahlende[n] biotechnologische[n] Zukunft" die Rede ist,[22] so nimmt Aldous Huxleys zuerst 1932 erschienener utopischer Roman diese Wirklichkeit in einer literarischen Dystopie vorweg. Sie zeichnet jenes Schreckbild einer Gentechnologie, die gegen Ende des 19. und am Beginn des 20. Jahrhunderts ihre ersten romanhaften Ausprägungen findet. 1897 etwa erschien ein Roman des italienischen Arztes Paul Mantegazza *Das Jahr 3000. Ein Zukunftstraum*, in dem die Darstellung künstlicher Befruchtung zum durchgehenden Strukturmerkmal gemacht wird. Neugeborene werden hinsichtlich ihrer Lebenstauglichkeit untersucht, um mögliche „Delinquenten" mit „verbrecherischen Anlagen" frühzeitig zu beseitigen, ehe sie der Gesellschaft Schaden könnten. Wird ein Kind als „lebensunfähig" definiert, lässt man es unmittelbar von einem Hilfsarzt in einer Verbrennungsanlage töten. Im Roman des russischen Biologen Konstantin Mereschkowski, der 1903 unter dem Titel *Das irdische Paradies* erschien, wird von einer „heilen Welt" berichtet, die das Ergebnis jahrhundertelanger Auslese- und Züchtungsanstrengungen ist. „Sie ist auch das Ergebnis grenzloser Gewalt, angefangen

---

19 Vgl. Saage, Utopische Profile, Band IV, S. 40.
20 Ebd.
21 Ebd., S. 40f.
22 Vgl. Freeman J. Dyson: Unsere strahlende biotechnologische Zukunft. In: Neue Zürcher Zeitung, Nr. 238, 13./14.10.2009, S. 28f.

bei der Sterilisation bis hin zur systematischen Ausrottung all jener Menschen und Völker, die nicht dem Züchtungsideal entsprechen."[23]

Nicht anders wird bei Aldous Huxley[24] der Mensch durch äußerste Fremdbestimmung aufgrund genetischer und psychischer Manipulation charakterisiert. Gen-Behandlung vor der Geburt, die Konditionierung des Gen-Materials und die Reflexbehandlung von Säuglingen und Kindern zeigen die perfekte Organisation der „Behandlung" von noch nicht als Subjekte ausgebildeten Menschen. Subjektbildung wird vielmehr von vornherein verhindert. Menschen werden nur noch in Flaschen entwickelt, in Serientypen. Unter Anspielung auf Homunculus- und Frankenstein-Motive bedeutet der Eingriff in die Gen-Struktur zur Herstellung nicht individueller sondern kollektiver Typen die Vergegenwärtigung eines Schreckbildes, dessen Motto „COMMUNITY, IDENTITY, STABILITY" lautet.[25] Dem betriebssicheren System wissenschaftlicher Eugenik – im Gegensatz zur Tradition literarischer Utopien, in denen die Fortpflanzung den biologischen Funktionen von Mann und Frau überlassen bleibt – entspricht ein politisches Herrschaftssystem, das in den im Motto genannten Hauptmerkmalen eine ebenso konsequente wie radikale Antwort auf die Geschichte der (positiven) Utopien darstellt. „Community" ist ein ironischer Verweis auf die Tradition der *Utopia* von Thomas Morus, in dem die Übereinstimmung von individuellen mit gemeinschaftlichen Interessen deshalb vorausgesetzt werden kann, weil die Gemeinschaft das Beste für das einzelne Individuum bietet; „Identity" ist die Inversion jenes personalen Verständnisses von Individuen, das die Geschichte des Subjektbegriffs zynisch umkehrt; „Stability" zielt auf die Sicherheit eines Herrschaftssystems, das bei Huxley durch ein auf den Ständestaat Platos verweisendes Kastensystem geregelt wird im Sinne eines globalen Weltstaats. „Happiness" kommt als Zusammenfassung und Zuspitzung hinzu. Es ist die Umkehrung jenes universellen Glücksversprechens in der Tradition europäischer Aufklärung („pursuit of happiness"), das als positive utopische Perspektive allen demokratischen Verfassungen zugrunde liegt.

Fasst man diese Merkmale in ihrer satirischen Inversion zusammen, wird die vollständige Reduktion und Funktionalität menschlicher Individualität in der *Brave New World* offenbar. „Stabilität" kann notfalls auch durch ein Psychopharmakon („Soma") garantiert werden, um abweichendes Verhalten zu verhindern. Der „neue Mensch" etwa bei Bellamy oder in der Tradition expressionistischer utopischer Visionen bedeutet bei Huxley eine Parodie der ursprünglich genuin utopischen Intention.

---

23 Bernard Kathan: Das irdische Paradies. Züchtungsphantasien in Zukunftsromanen des frühen 20. Jahrhunderts. In: Neue Zürcher Zeitung, Nr. 289, 10./11.2005, S. 67.
24 Zitiert nach Aldous Huxley: Brave New World [1932]. Hrsg. von Dieter Hamblock. Stuttgart 1992.
25 Huxley, Brave New World, S. 21.

Das dem enthumanisierten System biotechnischer Genmanipulation kontrastierte Gegenbild erscheint in der *Brave New World* wenig plausibel. Ein unangepasster „Wilder" (in der Tradition des „Bon Sauvage") soll die Hoffnung auf einen dritten, vollkommenen Zustand andeuten, der ein auf Ganzheit und Individuation gerichtetes Subjektdenken repräsentiert. Zu Recht hat Theodor W. Adorno diesen (illusionistischen) Optimismus kritisiert und darauf hingewiesen, dass hier im Gegenteil ein „Fortschritt zur lückenlosen Unfreiheit des [menschlichen] Bewusstseins" erreicht sei.[26]

Wie auffallend sich die literarische Fiktion bei Huxley den gegenwärtigen wissenschaftlichen Möglichkeiten des „genetic engineering" annähert, war ihm selbst nur zu bewusst. Im Vorwort zu einer Neuausgabe seines Buches von 1946 heißt es:

> All things considered, it looks as though Utopia were far closer to us than anyone, only fifteen years ago, could have imagined. Then, I projected it six hundred years into the future. Today it seems quite possible that the horror may be upon us within a single century.[27]

Die Nähe der Literatur zur wissenschaftlichen Forschung und damit die Nähe des Möglichen zum Machbaren ist das auffallendste Kennzeichen der aktuellen Diskussion, vornehmlich in der Science Fiction-Literatur. Das lässt sich vor allem im Bereich der Biotechnologie beobachten. Programmatische Deklarationen der „Transhumanisten" etwa klingen bis in den Wortlaut hinein wie literarische Fiktionen in der Tradition utopischer Vorstellungen, die dezidiert von einer ‚humanistischen', die jeweilige Identität des Individuums ins Zentrum rückenden Subjektstruktur des Menschen absehen und diesen eher als ein ‚Auslaufmodell' betrachten.

> Humanity will be radically changed by technology in the future. We foresee the feasibility of redesigning the human condition, including such parameters as the inevitability of aging, limitations on human and artificial intellects, unchosen psychology, suffering and our confinement to the planet earth [...] We seek personal growth beyond our current biological limitations.[28]

Dass es durchgehend um die Entgrenzung der individuellen und körperlichen Existenz des Menschen zugunsten einer Mensch-Maschine bzw. eines Informationsmusters oder Computer-Programms geht, wird in der Terminologie des Transhumanismus besonders anschaulich. In einem Lexikon heißt es unter dem

---

26 Theodor W. Adorno: Aldous Huxley und die Utopie. In: ders.: Prismen. Kulturkritik und Gesellschaft. Berlin, Frankfurt am Main 1955, S. 112–143, hier S. 118.
27 Huxley, Brave New World, S. 18.
28 "The Transhumanist Declaration", zitiert bei Krüger, Virtualität und Unsterblichkeit, S. 145.

5 Konstruktionen des Möglichen und Machbaren in Wissenschaft und Technik — 253

Stichwort: BIOLOGICAL FUNDAMENTALISM: „A new conservatism that resists asexual reproduction, genetic engineering, altering the human anatomy, overcoming death."
Unter dem Stichwort:

> SINGULARITY: The postulated point or short period in our future when our self-guided evolutionary development accelerates enormously (powered by nanotechnology, neuroscience, AI, and perhaps uploading) so that nothing beyond that time can reliably be conceived.[29]

Die Science Fiction-Literatur, die die neue Technologie oder deren Effekte voraussetzt, hat in unterschiedlichen literarischen Beispielen wie den Homunculi, Androiden oder personifizierten Computern Wunsch- und Schreckbilder antizipiert, die in der gegenwärtigen ‚posthumanistischen' Literatur wiederkehren. Wenn die ‚wissenschaftliche' Literatur dabei nicht immer das Reflexionsniveau der ‚fiktionalen' erreicht, hängt das auch damit zusammen, dass literarische Utopien seit ihrer Entstehung in der frühen Neuzeit nicht nur die Realität, auf die sie sich kritisch beziehen, zum Gegenstand einer Satire machen, sondern das Genre selbst einer satirischen Selbstreflexion unterziehen (vgl. schon bei Rabelais und Swift).[30]

Besonders gut beobachtbar in avantgardistischen Texten der neueren Science Fiction-Literatur ist dies bei Stanislaw Lem. Seine Texte arbeiten mit Verdopplungen von Gegenwart, mit dem ‚Vermenschlichen' von Maschinen: („Elektronenhirne", „elektronische Psychiatrie"; ein „Kalkulator" zeugt auf einem Planeten, auf dem er sich niedergelassen hat, „eine große Menge Roboter", usw.) In den *Sterntagebücher[n]* macht sich der Autor Lem aus der Ich-Perspektive des Raumfahrtpiloten Tichy selbst zum Gegenstand der ironischen Beobachtung (Lem soll „sogar ein Mensch sein"; Lem ist die Abkürzung für „Luna excursion modul").[31] Virtuelles Bewusstsein und reale Welt werden austauschbar; Menschen spielen Roboter und Roboter einen Menschen. Die Welt ähnelt einem ungeheuren Palimpsest, und am Ende bleibt unklar, ob der Mensch die Maschine oder die Maschine den Menschen geschaffen hat. Das Prinzip der ‚kybernetischen' Autonomie verwischt die Grenze zwischen Authentizität und Fiktionalität.

Pointiert zusammengefasst: Die Konstruktionen des Möglichen und Machbaren in literarischen Utopien der Neuzeit verschieben sich zugunsten der An-

---

[29] Zitiert Krüger, Virtualität und Unsterblichkeit, S. 147. Vgl. auch Gundolf S. Freyermuth: Designermutanten & Echtzeitmigranten. In: Renaissance der Utopie. Hrsg. von Rudolf Maresch, Florian Rötzer. Frankfurt am Main 2004, S. 65–91. Dazu insgesamt: Hülswitt, Brizanik, Werden wir ewig leben?
[30] Vgl. Kap. III 6: Selbstkritik und Selbstreflexion.
[31] Stanislaw Lem: Sterntagebücher. Frankfurt am Main 1988 (zuerst 1971); s. auch ders.: Der futurologische Kongreß. Frankfurt am Main 1994 (zuerst 1972).

näherung des Fiktiven an das technisch Machbare. In dem historischen Augenblick, in dem sich das tatsächlich Machbare dem literarisch Imaginierten annähert, werden die Grenzen zwischen dem Möglichen und Machbaren durchlässig. Der Literatur bleibt dann – neben ihrem spielerischen und Unterhaltungswert – die Aufgabe einer kritischen Reflexion von Entwicklungen, die nach wie vor im Zeichen von Wunsch- und Albträumen stehen. Wenn heute literarische Albträume dominieren, lässt sich dies an der Entwicklung und Ausweitung von Dystopien seit Samjatin, Orwell und Huxley ablesen.

6 Selbstkritik und Selbstreflexion der Utopie

In der deutschen Utopiediskussion war seit Beginn der neunziger Jahre des 20. Jahrhunderts nichts aktueller als die These vom „Ende der Utopie". „Benötigen wir bei der Gestaltung der Gegenwart noch den Rückgriff auf utopische Entwürfe, sind nicht alle Versuche, gesellschaftliche Systeme und ökonomische Programme auf sie zu begründen, in den letzten Jahren gründlich gescheitert?"[1]

Ein Blick auf die Tradition utopischer Ideen und literarischer Utopien macht schnell deutlich, dass die genannten Themen bereits Gegenstand der *Geschichte der Utopie* sind. Die (Selbst-)Kritik der Utopien dauert so lange wie ihre Geschichte. Utopie und Utopiekritik, Diskurs und Gegendiskurs sind gattungskonstitutiv miteinander verknüpft. Die Gegenwart des 20. Jahrhunderts bildet hier lediglich eine neue Stufe innerhalb einer langen Tradition der neuzeitlichen Utopiediskussion – allerdings eine unter mehreren Aspekten bemerkenswerte und die Utopieproblematik insgesamt steigernde! Dies soll im Folgenden in drei Schritten erläutert werden.

Im einleitenden Kapitel wird auf utopische Erzählungen als literarische Fiktion und als Satire von Utopien aufmerksam gemacht; im zweiten sollen die Problematik von Fortschritt und Rückschritt sowie die Entdeckung der Dialektik der Utopie im Spannungsverhältnis von Subjekt und System erläutert werden; im dritten (Hauptteil) wird die Situation im 20. Jahrhundert am Beispiel von Jewgenij Samjatins *My [Wir]*[2] und Ursula Le Guins *The Dispossessed [Planet der Habenichtse]*[3] diskutiert: Utopie als Utopiekritik oder Lässt sich ein ‚offenes' utopisches System vorstellen?

I Fiktion als Mittel der ironischen Distanzierung: Utopie als Satire

Zu den konstitutiven Momenten der Charakterisierung von Utopien in der Frühen Neuzeit gehört die generelle Feststellung, dass es sich um „kein wirkliches,

---

1 „Diesseits der Utopie". Hrsg. Friedrich Krupp AG (Essen und Dortmund 1993), S. 5.
2 Jewgenij Samjatin: Wir (1920/21), aus dem Russischen übertragen von Gisela Drohla, Nachwort von Ilma Rakusa. Zürich 1977.
3 Ursula K. Le Guin: The Dispossessed (1974), deutsche Übersetzung: Planet der Habenichtse. Science Fiction-Roman. München 1976.

sondern [um] erdichtetes und moralisches Land" handelt.[4] Jede konkrete Realisierung literarischer Utopien wird strikt abgelehnt.

Das Fiktionale literarischer Utopien lässt sich auf mannigfache Weise in den Techniken der künstlerischen Form veranschaulichen. Dazu gehören einerseits das dialogische Moment (vgl. Platons *Politeia* und Morus' *Utopia*)[5] und andererseits Manuskript- und Herausgeberfiktion (etwa Johann Gottfried Schnabels *Insel Felsenburg*)[6] oder der fiktive Reisebericht mit obligatorischem Schiffbruch (vor allem in den Robinsonaden).[7]

Am Beispiel des Prototyps der literarischen Utopie, Morus' *Utopia*, lässt sich das deutlich ablesen. Der Text besteht aus zwei umfangreichen Teilen nebst einer Vorrede, wobei lediglich der dritte Teil die Erzählung von der Verfassung der Insel Utopia enthält.[8] Das Spielerisch-Experimentelle der literarischen Fiktion rückt dabei das Utopiemodell in die gebührende Distanz. Utopien bedürfen keiner identifikatorischen, sondern einer distanzierend-reflektierenden Lektüre. Die (notwendige) fiktive Distanz hängt mit jener satirischen Tradition zusammen, in der die Utopie der Frühen Neuzeit steht, und mit einem noch selbstverständlichen Realisierungsverbot dichterischer Entwürfe. Mehr noch, das ‚Utopia'-Modell des idealen Staats wird bereits im gleichen Jahrhundert, in dem es entsteht, satirisch-kritisch kommentiert. In François Rabelais' *Gargantua und Pantagruel* (zuerst 1534) dokumentiert der Entwurf der „Abtei von Thélème" eine ironische Antwort auf die strengen Ordnungsvorstellungen des utopischen Staats bei Thomas Morus: Die Devise des ‚Antiklosters' Thélème lautet: „Fay ce que vouldras". „TU WAS DU WILLST".[9]

II Fortschritt und Rückschritt im 18. Jahrhundert

Das Verbot der politischen Verwirklichung von Utopien wird in dem historischen Augenblick aufgehoben, in dem Utopiemodelle der Vollkommenheit (ideale insulare Gegenwelten in imaginären Räumen) durch Modelle der Vervollkommnung

---

4 Zedler, Universal-Lexicon, Bd. 34, S. 1828f.
5 Vgl. Kap. I 2: Thomas Morus' *Utopia*.
6 Vgl. Kap. II 8: „Ein irdisches Paradies".
7 Vgl. Reckwitz, Die Robinsonade.
8 Die erste deutsche Übersetzung enthält lediglich diesen Teil; vgl. dazu Honke, Die Rezeption der „Utopia"; dies.: Die Rezeption der *Utopia* im frühen 16. Jahrhundert.
9 Rabelais, Gargantua und Pantagruel, S. 139.

in der Zeitdimension ersetzt werden. Das Optimum besteht fortan in der Optimierung.[10]

Charakteristisch ist allerdings, dass mit der Idee des Fortschritts zugleich die Problematik des Rückschritts thematisiert wird. Die Rousseausche Dialektik von *perfectibilité* und *corruptibilité* zeigt sich bereits in der deutschen Rezeption von Merciers Roman *Das Jahr 2440* und in Karl Heinrich Wachsmuths *Das Jahr 2440. Zum zweiten Mal geträumt. Ein Traum deren es wohl träumerische gegeben hat* (Leipzig 1783). Die Fortschrittsperspektive wird als optische Täuschung und leicht durchschaubare Zukunftsillusion entlarvt.[11]

Vergleichbare satirische Umkehrungen im Sinne radikaler Utopiekritik lassen sich auch in der Robinsonadentradition beobachten. Daniel Defoes optimistische Vision vom sich unter widrigen Umständen behauptenden und erfolgreichen *economic man* (1719) wird schon sieben Jahre später in Jonathan Swifts *Gulliver's Travels* (1726) parodiert. In den 70er Jahren des 18. Jahrhunderts liefert Johann Carl Wezel in seinem *Robinson Krusoe* (1779) eine der schärfsten Absagen an das utopische Robinsonadenmodell. Ein depravierter Narrenstaat endet in apokalyptischer Perspektive und vollständiger Zerstörung: „Sic transit gloria mundi" lautet der Schluss des Romans.

Die am schärfsten zugespitzte Artikulation einer literarischen Utopiekritik im 18. Jahrhundert findet sich bei Donatien-Alphonse-François Marquis de Sade. In den *Hundertzwanzig Tage[n] von Sodom oder Die Schule des Lasters* (entstanden 1785) wird die Utopie der Libertinage als eine Ordnungs- und Gefängnisutopie geschildert, die in ihrer Schreckensvision vorher weder bei Piranesi noch in literarischen Texten ausgemalt worden ist. De Sades Utopie ist der Inbegriff jenes Ordnungsterrors, der radikale Utopiekritik offenbart. Michel Foucault hat in seinem Buch *Überwachen und Strafen* das Benthamsche Panoptikon als eine „Utopie der perfekten Einsperrung" bezeichnet. Die Panoptikon-Struktur bildet das Grundprinzip der Disziplinierung durch gesellschaftliche Systeme. Michael Winter vermutet, dass de Sade der erste ist, „der die architektonische Struktur in eine geistige" umgewandelt habe. „Die Ordnung der Dinge wird von innen heraus geschaffen, ohne Verbindung zur Realität. Die schöne Symmetrie der Dinge wird dabei zu einer Symmetrie des Bösen."[12]

Bei de Sade wird utopisches Denken in seiner Funktionalität entlarvt. Der Zwang zur Systematisierung ist die Voraussetzung für die Beherrschung der Welt. De Sade macht auch prinzipiell deutlich, dass utopisches Denken von seiner

---

10 Vgl. Kap. II 5: „Fortschreitende Vollkommenheit".
11 Vgl. Jaumann, Nachwort. In: Mercier, Das Jahr 2440, S. 316–332.
12 Winter, Don Quichote und Frankenstein, S. 102.

Methode her nicht von vornherein auf Humanität zielt, sondern einer Dialektik unterliegt, wie sie Max Horkheimer und Theodor W. Adorno im Blick auf die Aufklärung analysiert haben.[13] Die Instrumentalisierung der utopischen Vernunft bei de Sade ist eine Provokation für Leserinnen und Leser bis in die Gegenwart. Ordnungsideal und Ordnungsterror fallen zusammen, wenn utopische Systeme die Identität und Integrität von Individuen auslöschen.

Von daher ist bei de Sade bereits jener Punkt erreicht, in dem Utopie und Utopiekritik kongruent sind – eine Position, die in den ‚negativen Utopien' des 20. Jahrhunderts (Samjatin, Orwell, Huxley) die eigentliche Herausforderung darstellt. Die Feststellung Rousseaus, dass Subjekt und Gesellschaft in ihren Interessen prinzipiell nicht zur Übereinstimmung gebracht werden können, wenn das Subjekt in seiner individuellen Eigenart ernstgenommen wird, führt bei de Sade zur Entdeckung einer grundlegenden Dialektik der Utopie.

III Utopie als Utopiekritik im 20. Jahrhundert

Literarische Utopien des 20. Jahrhunderts kennzeichnen nicht nur eine umfassende Selbstreflexion und Selbstkritik der überlieferten Genres, sondern auch eine fundamentale Utopiekritik, die seit dem letzten Drittel des 18. Jahrhunderts zum konstitutiven Bestandteil der utopischen Literatur wird. Die Kritik an linearen Fortschrittsmodellen und implizit totalitären Tendenzen von Ordnungskonzepten erreicht auch im Blick auf die realhistorischen Erfahrungen des 20. Jahrhunderts einen Höhepunkt, der im Horizont einer Dialektik der aufklärerischen Vernunft jedes utopische Denken in Frage stellt. Die literarische Konsequenz des selbstreflexiven und selbstkritischen Denkens ist eine Dominanz der Dystopie, jener negativen (‚schwarzen') Utopie Samjatins, Huxleys und Orwells, in denen sich das utopische Projekt als Albtraum erweist.

Die andere Variante einer utopiekritischen Literatur stellt jene Textsorte dar, in der die Utopie zur Erzählung über die Verfahren des utopischen Erzählens genutzt wird. Utopien bilden literarische Laboratorien, in denen mittels traditioneller Utopiemodelle experimentiert wird mit dem Ziel, herauszufinden, inwieweit utopisches Erzählen möglich ist. Die Vermittlung utopischer Gehalte wechselt dabei nicht selten das erzählerische Genre; die Verabschiedung traditioneller Utopiemodelle geht mit dem Wechsel oder der Auflösung literarischer Genres (vgl. auch Gattungsmischungen) einher.

---

13 Die Dialektik der Aufklärung (zuerst Amsterdam 1947).

Für beide Möglichkeiten wird hier jeweils ein Beispiel vorgestellt: Jewgenij Samjatins *My [Wir]* (1920/21) und Ursula Le Guins *The Dispossessed [Planet der Habenichtse]* (1974).

Jewgenij Samjatins *Wir* gehört zu jenen prototypischen Dystopien, die eine intensive Diskussion im 20. Jahrhundert erfahren haben. Neben Aldous Huxleys *Brave New World* und George Orwells *1984* ist Samjatins Roman durch jenen Ordnungsterror charakterisiert, der den grundlegenden Konflikt zwischen dem utopischen System und einem einzelnen Subjekt thematisiert. Samjatins, Huxleys und Orwells Texte sind als emblematische Schreckbilder zugleich Warnutopien mit prognostischer Intention. Sie bieten im Unterschied zum utopischen Erzählen des 18. und 19. Jahrhunderts keine Zukunftsvisionen, sie liefern vielmehr Bilder aus der ‚Utopie' Gegenwart. Die Differenz zum gegenwärtigen Schrecken tut sich eher in der Vergangenheit auf, die nun (partiell) zu einem positiven Gegenbild ausgemalt wird.

Samjatins *Wir* geht prinzipiell von einem binären Schema aus, in dem der gegenwärtigen, realen, ordnungsbestimmten und furchterregenden Systemwelt im Zeichen des erzwungenen Glücks (dem „alleinigen Staat") eine Gegenwelt der „alten Welt" (abgetrennt durch die „grüne Mauer") gegenübergestellt wird.[14] Die gegenwärtige Welt als ‚Utopie' ist durch ein Glücksgebot definiert. Der Titel *Wir* verweist darauf, dass es sich um ein kollektives Glück handelt, das individuelle Selbstverwirklichungsmöglichkeiten ‚überflüssig' macht. Berichtet wird über diese Welt von einem Mathematiker (Nummer D-503) mittels nummerierter Tagebuch-„Eintragungen".

Der Bericht über den „einzigen Staat" erinnert unter mehreren Aspekten an Traditionen klassischer Sozialutopien. Die Realität ist streng reguliert und diszipliniert; der Staat funktioniert wie eine Maschine. Zeit ist genau verplant; alles vollzieht sich in transparenter Öffentlichkeit. Der „einzige Staat" hat „Krieg gegen Hunger und ‚Liebe'" geführt und als Ergbnis eine „lex sexualis" erlassen, die „jeder Nummer [...] ein Recht auf eine beliebige Nummer als Geschlechtspartner" erlaubt (35). Das erzwungene Glück ist deshalb ein „Glück des Einmaleins" (93),

---

14 Zitiert wird nach der deutschen Übersetzung von Gisela Drohla. Zürich 1977; Seitenzahlen im Folgenden im Text. Zur Literatur über Samjatins *Wir* vgl. Gabriele Leech-Anspach: Jevgenij Zamjatin. Häretiker im Namen des Menschen. Wiesbaden 1976; William Hutchings: Structure and Design in Soviet Dystopia: H. G. Wells, Constructivism and Jevgenij Samyatin's „We". In: Journal of Modern Literature 9 (1981–1982), S. 81–102; German Beauchamps: Zamjatin's „We". In: No Place Else. Explorations in Utopian and Dystopian Fiction. Hrsg. von Eric S. Rabkin, Martin H. Greenberg, Joseph D. Olander. Carbondale. Edwardsville 1983, S. 56–77; Leonore Scheffler: Jevgenij Zamjatin. Sein Weltbild und seine literarische Thematik. Köln. Wien 1984, S. 155 ff.; Jeanne Murray Walker: Totalitarian and Liminal Societies in Zamjatyn's „We". In: Mosaic 20 (1987), S. 113–127.

eine rationale Mathematik mittels „glücklicher arithmetischer Durchschnittsgrößen" (63). „Schön ist nur das Vernünftige: Maschine, Stiefel, Formeln, Nahrung usw" (70).

Die Gegenwelt (abgetrennt durch die „grüne Mauer") ist durch jene kontingenten Faktoren Liebe und Witz („eine unklare Funktion" [94]) definiert, die jenseits der Systemgegenwart auf ein Ideal der Unordnung und Originalität verweisen. Die „vorsintflutlichen Zeiten der Shakespeares und Dostojevskijs sind dafür charakteristisch" (63). Verkörpert wird die alte, phantastische Welt durch die weibliche Nummer I-330, bei der alles „aus dem wilden, längst versunkenen Land der Träume" stammt und die sich jene Freiheiten herausnimmt (z. B. raucht und trinkt), die verboten sind.

Samjatin arbeitet mit einem binären Differenzschema (Gegenwart versus Erinnerung) oder wie er es selbst formuliert: das (erzwungene) Glück ohne Freiheit wird der (vergangenheitsbezogenen) Freiheit ohne Glück gegenübergestellt. Da der Protagonist der Geschichte, der Mathematiker und Konstrukteur D-503, in eine Liebesgeschichte mit der Frau I-330 verwickelt ist und im Kontext dieser Geschichte zum ersten Mal das Wort ‚Ich' statt des Wortes ‚Wir' gebraucht wird, könnte es so scheinen, als ob Samjatin auf Modelle des 18. Jahrhunderts in der Gegenüberstellung von individueller Subjektivität und gesellschaftlicher Notwendigkeit (vgl. Rousseau, Goethe) zurückgreift. Damit käme der Roman aus dem traditionellen Oppositionsschema nicht heraus.

Aber gerade um die Verabschiedung dieses dichotomischen Modells geht es Samjatin. Innerhalb der Welt des kollektiven Glücks und des „glücklichen Gleichgewichts" (214) entwickelt sich jene „Energie", die auf eine „Zerstörung des Gleichgewichts, eine qualvoll-unendliche Bewegung" hinausläuft. Ursache dafür ist einerseits die in der Liebesbeziehung der beiden Protagonisten entwickelte Phantasie des Subjekts und andererseits die Vorbereitung einer Revolution, die nicht die letzte sein kann. Samjatin entwirft neben den beiden Modellen der gegenwärtigen Systemwelt und der Welt der Erinnerung eine dritte als Möglichkeitsraum für immer neue Veränderungen. In der zentralen Diskussion über diesen dritten Zustand wird die Notwendigkeit solcher Veränderungen ‚mathematisch' begründet:

> ‚Mein Lieber, du bist doch Mathematiker, mehr noch, du bist ein Philosoph. Bitte nenn' mir die letzte Zahl.'
> ‚Was meinst du damit? [...] Ich verstehe nicht, welche letzte Zahl?'
> ‚Nun, die letzte, höchste, die allergrößte Zahl.'
> ‚Aber I, das ist ja alles dummes Zeug. Die Anzahl der Zahlen ist doch unendlich. Was für eine letzte Zahl willst du also?'
> ‚Und was für eine letzte Revolution willst du? Es gibt keine letzte Revolution, die Anzahl der Revolutionen ist unendlich. Die letzte – das ist etwas für kleine Kinder [...]' (225 f.)

Der Systemzustand des erzwungenen Glücks ist nicht das Ergebnis einer letzten Revolution und damit das Ende einer geschlossenen Utopie, vielmehr wird der erreichte Systemzustand durch mögliche Veränderungen in einem dritten Zustand ergänzt. Dem Zustand der „Entropie" im Zeichen des „alleinigen" Zwangsstaats werden mögliche Veränderungen im Zeichen von „Energie" konfrontiert. Diese Veränderungen sind nicht eindeutig, aber prinzipiell wird jene Kategorie ‚Möglichkeit' virulent, die den indikativischen Zustand des vollendeten, schrecklichen Gleichgewichts nicht nur kritisiert (wie der erinnerte Zustand der alten Welt) sondern zugleich überschreitet.

Dass der Roman *Wir* damit endet, dass dem Protagonisten D-503 die Phantasie als Hindernis auf dem Weg zum Glück wegoperiert wird und damit dem an der Seele Erkrankten im Zeichen des Zwangsstaats keine Hoffnung bleibt, deutet eine radikal negative, apokalyptische Vision an: Die „grüne Mauer" wird durch eine Mauer aus Starkstrom ersetzt.

In der Diskussion über die Bedingung der Möglichkeit utopischen Erzählens jenseits überlieferter Utopiemodelle geht Ursula Le Guins *The Dispossessed [Planet der Habenichtse]* (1974)[15] insofern noch einen Schritt weiter, als sie – jenseits der Utopiekritik in der Utopie – prinzipielle Möglichkeiten des utopischen Erzählens erkundet. Im Unterschied zu Samjatin, der vom traditionalen sozial-utopischen Modell ausgeht, entwirft Le Guin eine durch Kropotkin angeregte auf Anarchie basierende, utopische Welt („Anarres"). Anarres ist eine Gründung des Mutterplaneten „Urras". Beide Planeten (als „Schwesterplaneten" / „Zwillingsplaneten") werden in ein ebenso komplementäres wie kontradiktorisches Verhältnis gebracht als Spiegelbilder, in denen sich die Aporien utopischer Projektionen prinzipiell darstellen lassen.

Le Guin kann deshalb, wie Samjatin, ein binäres narratives Modell verwenden, ohne dass es als dichotomisches Konzept erstarrt. Komplementarität wird erzählerisch dadurch erreicht, dass im ersten Kapitel die Reise des Protagonisten Shevek, eines Physikers und Raumfahrtspezialisten, von Anarres (der Neugründung des anarchischen Modells) nach Urras (der Welt der Gegenwart) geschildert wird. In den folgenden Kapiteln zwei bis zwölf wechselt die Erzählerin jeweils die

---

[15] Zitiert wird nach der deutschen Übersetzung von Gisela Stege. München 1976; Seitenzahlen im Folgenden im Text. Zur Literatur vgl. Fredric Jameson: World-Reduction in LeGuin: The Emergence of Utopian Narrative. In: Science Fiction Studies 2 (1985), S. 221–230; Hans Ulrich Seeber: Tradition und Innovation in Ursula Le Guins The Dispossessed. In: Utopian Thought in American Literature. Untersuchungen zur literarischen Utopie und Dystopie in den USA. Hrsg. von A. Heller, W. Hölbling und W. Zacharasiewcz. Tübingen 1988, S. 147–169; Klarer, Frau und Utopie, S. 104 ff.; Groeben, Frauen-Science-Fiction-Utopie, S. 185–188 (vgl. auch die Literaturangaben, S. 204–206).

Perspektive: Einerseits wird aus der Perspektive von Anarres, andererseits aus der von Urras erzählt. Im letzten, dreizehnten Kapitel, schließt sich der Kreis. Diesmal wird über die Reise Sheveks von Urras nach Anarres berichtet.

Dem kunstvoll erzählten Aufbau entspricht eine konzeptuelle Verzahnung der beiden planetarisch-utopischen Welten. Anarres vertritt die neue Welt eines libertären Anarchismus und der persönlichen Freiheit, die durch ein zentrales Prinzip, das der Teilung, charakterisiert ist. Die Bewohner von Anarres verzichten auf jegliches Privateigentum und staatliche Lenkung. Verwaltung ist an die Stelle von Regierung getreten. Die einzige Ressource ist jene „Solidarität", die Reformen der staatlichen Macht überflüssig macht, vielmehr nur ein Verteilungssystem erfordert als „Produktions- und Distributions-Koordination". Auf der anderen Seite wird Urras als ein „Reich der absoluten Ungleichheit" charakterisiert, das indes die wissenschaftliche Diskussion – anlässlich einer Gastprofessur von Shevek – von „Gleichen unter Gleichen" ermöglicht. Im Gegensatz zu den Bewohnern von Anarres, die teilen, sind die Bewohner von Urras „Besitzende". Das Verhältnis der Geschlechter zueinander ist, im Unterschied zu den Verhältnissen auf Anarres, durch traditionellen Patriarchalismus bestimmt. „Der Staat erkennt nur eine Münze an: die Macht. Und diese Münze prägt er selbst" (249).

Was in dieser Gegenüberstellung auf den ersten Blick wiederum an dichotomische Schemata erinnern mag, erweist sich bei genauerer Beobachtung lediglich als Rahmen für eine wechselseitige Tendenz zur Selbstnegation. Die Anarres-Utopie trägt nicht ohne Grund den Untertitel einer „ambiguous utopia". Das anarchistische Modell entwickelt informelle Machtstrukturen und Bürokratisierungsformen, weil das Prinzip der Solidarität untergraben wird.

Entwickelt die anarchische Utopie hierarchische Strukturen, machen die Verhältnisse auf dem „Mutterplaneten" Urras andererseits deutlich, dass das „Reich der absoluten Ungleichheit" gesellschaftliche Spannungen erzeugt, die zu Aufständen führen müssen. Shevek, der Wanderer zwischen beiden Welten, trägt den Funken der anarchistischen Revolution in die alte Welt:

> Wir sind Brüder, Brüder in dem, was wir teilen. Im Schmerz, den jeder von uns allein leiden muß, im Hunger, in der Armut, in der Hoffnung, erkennen wir unsere Brüderlichkeit [...]. Ihr besitzt nichts. Euch gehört nichts. Ihr seid frei. Alles, was ihr habt, ist das, was ihr seid, und das, was ihr gebt.
> Ich bin hier, weil ihr in mir ein Versprechen seht, das Versprechen, das wir vor zweihundert Jahren in dieser Stadt abgelegt – und gehalten haben. [...] Wir können euch nichts geben als eure eigene Freiheit. Wir haben keine Gesetze als das eine und einzige Prinzip der gegenseitigen Hilfe [...]. Wir sind Teiler, nicht Besitzer [...]. Wenn es Anarres ist, was ihr wollt, wenn es die Zukunft ist, die ihr sucht, dann sage ich euch, daß ihr mit leeren Händen zu uns kommen müßt. Ihr müßt allein kommen, und nackt, wie das Kind auf die Welt, in seine Zukunft kommt, ohne Vergangenheit, ohne Besitz, ganz und gar abhängig von anderen Menschen. Ihr könnt nicht nehmen, was ihr nicht gegeben habt, und ihr müßt euch selber

geben. Ihr könnt die Revolution nicht kaufen. Ihr könnt die Revolution nicht machen. Ihr könnt nur die Revolution sein. Sie ist entweder in euch, oder sie ist nirgends. (274)

Die revolutionäre Rhetorik soll den etablierten Staat sprengen. Das System der Ungleichheit soll mittels des Prinzips der Gleichheit, der Teilung, der Solidarität aufgebrochen werden.

Le Guin kritisiert beide vorgestellten Modelle: Sowohl das anarchistische, das hierarchisch zu werden droht, als auch das hierarchisch-staatliche, das zum System der vollständigen Ungleichheit pervertiert. Die beiden Modelle werden allerdings nicht in gleicher Weise kritisiert. Deutlich ist, dass auch Le Guin auf permanente Revolution, auf ein Prinzip von Bewegung als Selbstgenerierungskonzept setzt. Utopiekritik mündet in eine Vision von Überschreiten von Utopiemodellen. Utopiekritik ist die Bedingung der Möglichkeit für ein offenes System mit weniger „utopischer Dichte" (Lars Gustafsson). Damit der jeweilige utopische Zustand nicht verkommt, bedarf er einer spezifischen Regenerations- und Selbstveränderungsfähigkeit.

Das bedeutet allerdings auch, dass weder literarische Utopien noch utopische Programme generalisierbar sind im Blick auf konsistente, geschlossene Systeme. Verlieren Utopien auf diese Weise dadurch ihre prinzipielle Generalisierbarkeit, so verlieren sie damit nicht ihren kritischen Impuls. Im Gegenteil, sie gewinnen die Qualität apokalyptischer Texte, die „eher die Wahrheit des Offenbarens als die geoffenbarte Wahrheit" vermitteln (Jaques Derrida).

Die Geschichte der Utopie ist, im Sinne von Diskurs und Gegendiskurs, mit ihrer Selbstkritik konstitutiv verknüpft. Anders formuliert: Die Autopoiesis der Utopie ist die (selbstreflexive) Dialektik von Utopie und Utopiekritik. Kritik, so zeigt die Tradition neuzeitlichen utopischen Denkens, ist sowohl eine Form der Selbstreflexion als auch eine der Korrektur. Im Medium der schärfsten Kritik zeichnen sich neue Formen der Utopie ab. Utopien haben nur dann Zukunft, wenn sie ihre verborgene Dialektik offenlegen und sich selbst verändernde Modelle anbieten.

7 Ernst Blochs Theorie der Apokalypse als Voraussetzung einer Konzeption der Kunst

Ernst Blochs Begründung der expressionistischen Kunst, wie er sie im Geist der Utopie 1918 und „teilweise verändert" 1923 vorgelegt hat,[1] entspringt dem kategorialen Spannungsverhältnis von Apokalypse und Utopie:[2]

> Hier nun aber, in diesem Buch, setzt sich genau ein Beginn, neu ergreift sich das unverlorene Erbe; wie das Innerste, das Drüben hier wieder leuchtet, so ist es kein feiges Als Ob, kein wesenloser Überbau, sondern es hebt sich über allen Masken und abgelaufenen Kulturen das Eine, das stets Gesuchte, die eine Ahnung, das eine Gewissen, das eine Heil; hebt sich hervor aus unserem dennoch unzerrissenen Herzen, aus dem Tiefsten, Allerrealsten unseres Wachtraums: als dem Letzten, das uns blieb, als dem Einzigen auch, das wert ist zu bleiben […]. In uns allein brennt noch dieses Licht, und der phantastische Zug zu ihm beginnt, der Zug zur Deutung des Wachtraums, zur Handhabung des utopisch-prinzipiellen Begriffs. Diesen zu finden, das Rechte zu finden, um dessentwillen es sich ziemt zu leben, organisiert zu sein, Zeit zu haben, dazu gehen wir, hauen wir die metaphysisch konstitutiven Wege, rufen was nicht ist, bauen ins Blaue hinein, bauen uns ins Blaue hinein und suchen dort das Wahre, Wirkliche, wo das bloß Tatsächliche verschwindet – incipit vita nova.[3]

In der Geschichte der Utopie und Utopien ist dies ein neuer Ton. Hatten die klassischen Utopien der Renaissance in der Tradition Platos räumliche oder inselhafte Gegenbilder zur bestehenden geschichtlichen Wirklichkeit entworfen, stand die Geschichte der Utopien im 18. Jahrhundert im Zeichen ihrer Verzeitlichung: Das Idealbild wurde nicht mehr in einen imaginären Raum, sondern in die

---

[1] Ernst Blochs *Geist der Utopie* wird nach der Ernst Bloch-Gesamtausgabe, Bd. 3, Frankfurt am Main 1964 zitiert. Es handelt sich um die bearbeitete Neuauflage der zweiten Fassung von 1923; vgl. dazu die Nachbemerkung von 1963, S. 347 dieser Ausgabe.

[2] Auf die „mentale Konfiguration von Apokalypse und Utopie" hat Erich Kleinschmidt aufmerksam gemacht (Neuzeit und Endzeit. Zur mentalen Konfiguration von Apokalypse und Utopie. In: Wege in die Neuzeit. Hrsg. von Thomas Cramer. München 1988, S. 287–300): „Endzeitvorstellungen wie die Sehnsucht nach einer neuen, ‚heilen' Daseinsära sind komplementäre Denkfiguren, eingebunden ist das Bedürfnis nach Sinnstiftung und Hoffnung für die Existenz. In beiden Formulierungen von Apokalypse und Utopie artikuliert sich das Bedürfnis nach Veränderung. Das Bestehende soll sich zum Positiven wandeln, um dies aber mitteilen zu können, bedarf es einer Darstellung, die Miseren und Mißstände in der bestehenden Welt konkretisiert" (S. 294). Wolfgang Braungart hat darauf hingewiesen, „daß ein Zusammenhang von Utopie und Apokalypse für die literarische Utopie von Beginn ihrer Geschichte an grundlegend ist" (Apokalypse und Utopie, S. 64). Vgl außerdem: Elke Dubbels: Ernst Blochs ästhetischer „Geist der Utopie" als Prolegomenon zu einem „System des theoretischen Messianismus". In: E. Dubbels: Figuren des Messianischen […], S. 151–164.

[3] Bloch, Geist der Utopie, S. 13. Seitenzahlen im Folgenden im Text.

Zukunft projiziert. Das 19. und 20. Jahrhundert liefern weniger ideale Gegenbilder als vielmehr Schreckbilder einer in die Zukunft hochgerechneten ‚falschen' Gegenwart. Antiutopien sind, unter Rückgriff auf die klassischen Raummodelle der Renaissance, Warnutopien ohne Erlösungshoffnung. In den ersten Jahrzehnten des 20. Jahrhunderts lässt sich zudem ein Höhepunkt in der Selbstreflexion der Geschichte literarischer und philosophischer Utopien beobachten. Die im 18. Jahrhundert beginnende kritische Selbstbeobachtung utopischer Konstruktionen setzt sich in den Dystopien des 20. Jahrhunderts fort. Die Historisierung sämtlicher Utopiemodelle ist das Pendant zur gesteigerten Ausdifferenzierung utopischen Schreibens bis in die Gegenwart.

Dieser Situation in der Geschichte der Utopie widerspricht in den ersten Jahrzehnten des 20. Jahrhunderts eine in der jüdischen Tradition stehende messianische Auffassung der Utopie, die durch ihre theologische Begründung im radikalen Gegensatz zur Historisierung der vorliegenden Utopiekonzepte steht. Autoren wie Ernst Bloch, Oskar Goldberg, Erich Gutkind, Martin Buber oder Walter Benjamin formulieren unter Rückgriff auf Ausprägungen der jüdischen Eschatologie theologisch fundierte Utopiekonzepte, die für die Analyse und Funktionsbestimmung der Kunst zentral sind.[4]

Der historische Kontext, in dem sich diese Konzepte befinden, ist die Situation des Ersten Weltkriegs oder die durch ihn hervorgerufene oder verstärkte Krisenerfahrung der Moderne. Die Krisenbeschwörung Nietzsches und Jacob Burckhardts (*Die geschichtlichen Krisen*)[5] ist die Vorgeschichte zu jener Hauptgeschichte krisenhafter Moderne, wie sie im Zusammenhang mit dem Ersten Weltkrieg erfahren worden ist. Sie scheint jenen Utopiebedarf herauszufordern, der nicht mehr durch die überlieferten utopischen Diskurse gestillt werden kann. Statt traditioneller utopischer Konstruktionen liefern eschatologisch grundierte Reden Antworten in einem ebenso beschwörenden wie appellierenden Verkündigungsstil. Margarete Susman hat formuliert: „Der Utopist wirft seinen Anker auf den Grund der tiefsten, der furchtbarsten Nacht." Sie sah in Blochs *Geist der Utopie* die „Einleitung zu einem großen System des theoretischen Messianismus'".[6]

Dieses „System des theoretischen Messianismus" hat einerseits eine zentrale Rolle bei der Fundierung und Diskussion der zeitgenössischen, vor allem der

---

4 Vgl. Gary Smith: Die Zauberjuden. German-Jewish Esotericism between the World Wars. Berlin 1991.
5 In den „Weltgeschichtlichen Betrachtungen", posthum hrsg. von Jakob Oeri: Berlin. Stuttgart 1905 (Kapitel IV).
6 Vgl. Jürgen Moltmann: Die Apokalyptik im Messianismus. In: Materialien zu Ernst Blochs „Prinzip Hoffnung". Hrsg. und eingeleitet von Burghart Schmidt. Frankfurt am Main 1978, S. 482–493, hier S. 486.

expressionistischen Kunst gespielt,[7] andererseits die utopische Begründung von Blochs Kunstkonzeption maßgeblich bestimmt[8] und darüber hinaus den utopischen Diskurs des 20. Jahrhunderts grundlegend verändert.[9]

I

Ausgangspunkt von Blochs Analyse ist die Charakterisierung der zeitgenössischen Gegenwart im Zeichen der katastrophenhaften Krise; Gegenwart wird als „Irrtum" radikal negiert[10]: „[...] denn diese Welt ist ein Irrtum und nichtig; hat vor der absoluten Wahrheit kein anderes Recht als ihren Untergang... [...]" (237). Die Dichotomie zwischen „Irrtum" und „Wahrheit" ist die Bedingung dafür, dass die „alte Zeit" als Gegenwart und die neue Zeit als Zukunft in ein antagonistisches Schema gebracht werden. Katastrophe und Utopie sind nicht in einem temporalen Zusammenhang zu verstehen, sie folgen nicht aufeinander, sie sind „in ihrer Einmaligkeit die beiden Seiten des messianischen Geschehens."[11] Dies lässt sich auch daran erkennen, dass Momente der neuen Zeit und der Erlösung immer zugleich katastrophale und destruktive Augenblicke in sich bergen. Bloch folgt

---

[7] Vgl. etwa Christoph Eykmann: Denk- und Stilformen des Expressionismus. München 1974, S. 91 ff; Michael Jones: Expressionism and Philosophical Aesthetics: Bloch's Geist der Utopie. In: Expressionism Reconsidered. Relationships and Affinities. Ed. by Gertrud Bauer Pickar, Karl Eugene Webb. München 1979, S. 74–79 (Houston German Studies, Vol. 1); David Roberts: „Menschheitsdämmerung": Ideologie, Utopie, Eschatologie. In: Expressionismus und Kulturkrise. Hrsg. von Bernd Hüppauf. Heidelberg 1983, S. 85–103.

[8] Vgl. vor allem Arno Münster: Utopie, Messianismus und Apokalypse im Frühwerk von Ernst Bloch. Frankfurt am Main 1982; außerdem Norbert Bolz: Auszug aus der entzauberten Welt. Philosophischer Extremismus zwischen den Weltkriegen. München 1989, S. 24 ff.; Münz-Koenen, Kommunikationsform Utopie.

[9] Unter Gesichtspunkten des Zusammenhangs von Utopie und Apokalypse vgl. vor allem K. Ludwig Pfeiffer: Apocalypse: Is it Now or Never – Wie und zu welchem Ende geht die Welt so oft unter? In: Sprache im technischen Zeitalter 81 (1982), S. 181–196; Apokalypse. Weltuntergangsvisionen in der Literatur des 20. Jahrhunderts. Hrsg. von Gunter E. Grimm, Werner Faulstich, Peter Kuon. Frankfurt am Main 1986; und die umfassende Darstellung von Klaus Vondung, Die Apokalypse in Deutschland; vgl. Der Geist der Utopie, insbesondere S. 225–257.

[10] Im Unterschied zur Tradition ‚klassischer' Utopien wird die Gegenwart nicht als verbesserungswürdig erachtet im Blick auf eine Intention der Veränderung – sie ist vielmehr dem Untergang geweiht.

[11] Gershom Scholem: Zum Verständnis der messianischen Idee im Judentum. In: ders.: Über einige Grundbegriffe des Judentums. Frankfurt am Main 1980, S. 131.

diesem Schema im *Geist der Utopie* ebenso wie in seiner Rezension von Georg Lukács' *Geschichte und Klassenbewusstsein*, wenn er schreibt:

> Die alte Zeit ist deshalb um, so lähmend ihr Niedergang auch noch in unsere Tage hineinreicht. Die Wachheit, die Maschine, das Abstoßen vom Boden wird uns zwar lange noch bleiben. Ebenso ist der Zustand der Gottferne auch noch unser Teil, aber geladen mit dem Bewußtsein ihrer (das allen schönverdeckenden Kulturen fehlt) und darum mit der ersten Kraft, sie zu wenden.[12]

Bloch übernimmt auch das traditionale Dreierschema von „Krise" – „Gericht" – „Erlösung", insofern sich bestimmte Ereignisse in der Gegenwart andeuten und der Entscheidungskampf zwischen den beiden „Zeiten" in der Gegenwart stattfindet und die neue Zeit im Horizont dieser Gegenwart aufleuchtet:[13]

> Mit uns wachen die Dinge auf, völlig jenseits ihrer gerade zuständlichen Regel und treiben in der betreibbaren Möglichkeit. *Wir aber tragen diesen Funken des Endes durch den Gang, und der ist noch offen, voll unbeliebiger objektiver Phantasie.* Darum auch herrscht in allem, was wir gestalten, ewig gestalten – endlich mit Erlebnis, Barock Musik, Expression, Selbstbegegnung, Reichszeit in der Philsophie – ein Sturm, der aus dem Maßlosen der Menschennatur stammt und zur Stichflamme des Worts hindrängt, zum ausgesprochenen Individuum ineffabile, zum Zerreißen der Vorhänge, nicht nur in jedem alten Tempel; – ein Geist unverstellter Utopie, als der des verborgenen Menschen zuletzt, scheint herein. (286)

Der Horizont des Blochschen Schemas von Apokalypse / Katastrophe und Utopie / Erlösung ist damit entworfen. Es geht nicht um die Herleitung des Neuen aus dem Alten, um die Kritik alter Institutionen zugunsten des Entwurfs neuer, vielmehr um ein Pathos der Verkündigung und Stimulanz des Erlebnisses durch beschwörende Formulierung und übersteigertes Pathos der Appellation an den Leser. Die Stichworte für das gesamte Blochsche Konzept sind vorgegeben, sie werden immer wieder umkreist, wiederholt, nicht systematisch entwickelt, sondern in der Dynamik des Gedankens expressionistisch herausgeschleudert.

---

12 Ernst Bloch: Aktualität und Utopie. Zu Lukács' „Geschichte und Klassenbewußtsein" (1923). In: Ernst Bloch: Philosophische Aufsätze zur objektiven Phantasie. Gesamtausgabe, Bd. X. Frankfurt am Main 1969, S. 600.
13 Vgl. Vondung, Die Apokalypse in Deutschland, S. 291.

II

Die Analyse der Gegenwart im „Horizont zweier Zeiten"[14], der alten und der neuen, folgt der traditionellen Zwei-Äonen-Lehre der Geschichte der Eschatologie.[15] „Dieser" Äon wird als vorläufig und vergänglich gedacht, der „kommende" Äon als dauernd, als Erlösung erhofft. Klaus Vondung hat dieses Modell der „Erfahrungsauslegung" auf das dualistische Schema von „Defizienz und Fülle" gebracht.[16] Im Begriff der „Fülle" deuten sich jene theologischen Momente von Unvergänglichkeit und „Ewigkeit" an, die charakteristisch sind für das zugrundeliegende eschatologische Konzept. Die Spannung zwischen Defizienz und Fülle beschreibt Bloch auch in der Kategorie des Risses:

> Aber all dies neu zu Lenkende und übergehend Bedeutende ist erst jetzt recht zu erblicken, wo wir im Alten nicht mehr darin stehen, wo eine völlig andere, frische Zeit verwirrt und beginnt. Der eigentliche Untergang liegt grundsätzlich bereits hinter uns; die Epigonen, Materialisten, Alexandriner der sechziger, der achtziger Jahre haben ihre Toten begraben. So gewaltig ist der Riss zwischen Leibl und Chagall, Wagner und Schönberg, Keller und Döblin, wie vielleicht noch niemals einer war innerhalb der ‚Kultur' der Neuzeit, ja innerhalb des kulturellen Gesamtkomplexes von Athen bis zum Klassizismus; das höchst ästhetische Mittelalter nicht ausgenommen.[17]

Die Einzigartigkeit der hier hervorgehobenen epochengeschichtlichen Zäsur, „das sogenannte expressionistische Feuer"[18], lässt für Bloch nur den Vergleich mit Thomas Münzer und der Täuferbewegung im 16. Jahrhundert zu. Die geistige Bewegung des Expressionismus sei dem „täuferischen Spiritualismus benachbart, und genauer noch fällig."[19] Bloch bringt zwei historische Momente, den Expressionismus und die revolutionären Bewegungen des 16. Jahrhunderts, in eine Korrespondenz und stellt so einen geschichtstypologischen Zusammenhang her. Am Anfang des Buchs *Thomas Münzer als Theologe der Revolution* (1923) heißt es deshalb:

> Wir wollen immer nur bei uns sein. So blicken wir auch hier keineswegs zurück, sondern uns selber mischen wir lebendig ein – [...]; er [Münzer] und das Seine und alles Vergangene, das

---

14 Bloch, Aktualität und Utopie, S. 600.
15 Vgl. dazu insgesamt Philipp Vielhauer: Apokalypsen und Verwandtes. In: Apokalyptik. Hrsg. von Klaus Koch und Johann Michael Schmidt. Darmstadt 1982, S. 403 – 439 (Wege der Forschung, Bd. 365).
16 Vondung, Die Apokalypse in Deutschland, S. 65 ff.
17 Ernst Bloch, Aktualität und Utopie, S. 65 ff.
18 Ebd., S. 599.
19 Ebd.

sich lohnt, aufgeschrieben zu werden, ist dazu da, uns zu verpflichten, zu begeistern, das uns stetig Gemeinte immer breiter zu stützen.[20]

Blochs Münzer-Buch beschreibt deshalb in der Sprache des *Geist[es] der Utopie* eben jenen historischen Augenblick der *Gegenwart*, der den „Riss", von dem zuvor die Rede war, markiert:

> [...] offen liegt die Welt und Ewigkeit, die neue Welt der Wärme und des Durchbruchs, des breit aus dem Menscheninneren herbrausenden Lichts; jetzt muß Reichszeit werden, dorthin geht die Strahlung unseres nie entsagenden, unenttäuschten Geistes. Wir haben genug Weltgeschichte gehabt, es war auch genug, zu viel, viel zuviel Form, Polis, Werk Blendwerk, Absperrung durch Kultur: offen regt sich ein anderes, ein unwiderstehliches Leben, der enge Hintergrund der Geschichtsbühne, Polisbühne, Kulturbühne entweicht; Seele, Tiefe, über allem ausgespannter Traumhimmel [...].[21]

III

Die Einheit in der Differenz von alter und neuer Zeit im historischen Moment von Apokalypse *und* Utopie beschreibt Bloch in der Doppelung von innerem und äußerem Geschehen. Das Innere, auf das Subjekt bezogene, charakterisiert Bloch in der mystischen Sprache des „interne[n] Wegs, auch Selbstbegegnung genannt, die Bereitung des inneren Worts, ohne die aller Blick nach außen nichtig bleibt und kein Magnet, keine Kraft, das innere Wort auch draußen anzuziehen, ihm zum Durchbruch aus dem Irrtum der Welt verhelfen" kann (308). Das äußere Geschehen umschließt das Universelle, „die *externe, kosmische* Funktion der Utopie, gehalten gegen Elend, Tod und das Schalenreich der physischen Natur" (308 f).[22] Zu Recht ist darauf hingewiesen worden, dass Bloch auch hier einerseits an Traditionen der jüngeren Mystik anknüpft und andererseits Formulierungen aus dem christlich-protestantischen Denken der frühen Neuzeit seit Jakob Böhme aufnimmt.[23] Für Bloch kommt es darauf an, „[...] zuletzt das Korn der Selbstbegegnung zum furchtbaren Erntefest der Apokalypse zu bringen [...]" (346). Die kosmische Dimension der Apokalypse ist ebenso ein Erbteil der jüdischen Tradition wie ein durchgehendes Merkmal der expressionistischen Dichtung.

---

20 Ernst Bloch: Thomas Münzer als Theologe der Revolution. Gesamtausgabe, Bd. II. Frankfurt am Main 1969, S. 9.
21 Ebd., S. 299.
22 Zu dieser Ontologisierung der Utopie vgl. Bloch, Das Prinzip Hoffnung.
23 Vgl. vor allem Münster, Utopie, Messianismus und Apokalypse.

IV

Kongenialen Einblick in die Wirkungsweise der internen und externen Apokalypse als Utopie liefert die zentrale Kategorie des Augenblicks. Blochs „Dunkel des gelebten Augenblicks" (13) kann als Kerngedanke im *Geist der Utopie* angesehen werden. Sein Augenblickskonzept setzt einen nicht-homogenen Zeitbegriff voraus und jene Plötzlichkeitsstruktur des historischen Moments, der übergangslos zum Moment der messianischen Entscheidung werden kann. Damit kritisiert dieses Augenblickskonzept im Zeichen eines Diskontinuums jede Theorie des teleologischen Fortschritts und prozessualen Zeitverlaufs. Geschichtstheologie steht gegen Geschichtsphilosophie.

Das wird insbesondere deutlich, wenn Bloch darauf hinweist, dass es ihm beim Augenblick nicht um das „leere Nun" geht – „Was immer nur in sich ist, ist nicht da."[24] – , sondern um Augenblicksfülle, also um jenes zukunftsschwangere, zukunftsschaffende Element, das in der jüdischen Tradition als „Ibbur" bezeichnet wird.[25] Das „Jetzt" ist vom „Noch-Nicht" angereichert. Im Horizont seiner Geschichtstheologie kann sich das „Noch-Nicht" nur auf den Fortgang und die Gesamtheit der Geschichte beziehen, und Bloch wird im *Prinzip Hoffnung* den Augenblick präzise auf die Gesamtgeschichte beziehen: „Dunkler Augenblick hier, adäquate Offenheit dort bezeichnen folglich Quell und Mündung des Heraufkommens; sie sind Pole des antizipierenden Bewußtseins wie dessen, was ihm objekthaft entspricht."[26]

Im *Geist der Utopie* müsste die subjektive Bewusstseinskategorie des Augenblicks erst noch in die Objektivität einer geschichtsphilosophisch begründeten Utopie überführt werden. Zwar beschwört Bloch seine zeitgenössische Gegenwart um 1915/1916 im Zeichen des „Kairos" – dieser Kairos, so scheint es, nimmt aber eher die Form einer Ektase des subjektiven Glücks an, die durch die emphatische Betonung der Kunst (in ihrer Produktion und Wahrnehmung) bestimmt wird. Die expressionistische Emphase des Augenblicks-Konzepts im Geist der Utopie könnte im Zeichen einer *Utopie des Ästhetischen*[27] die Ermöglichung einer universellen gesamtgeschichtlichen Utopie sogar verhindern.

---

24 Erst Bloch: Experimentum Mundi. Frage, Kategorien des Herausbringens, Praxis. Gesamtausgabe, Bd. XV. Frankfurt am Main 1975, S. 83.
25 Vgl. dazu in diesem Band Kap. 23: Grundrisse einer besseren Welt.
26 Bloch, Das Prinzip Hoffnung, I. Teil, S. 336.
27 Vgl. Bohrer, Plötzlichkeit.

V

Ernst Blochs Sprache – das haben die Zitate deutlich gemacht – ist keine Sprache der rationalen utopischen Konstruktion, sondern der eschatologischen Verkündigung. Das immer mögliche, übergangslose, unberechenbare Nicht-wissen-können des Endes erzeugt eine Sprache, die zum Ende drängt. Blochs pathetische Rede verwendet zudem eine dramatische Bildersprache, die sich an der alttestamentarischen Bibel, Thomas Münzer und den Expressionisten seiner Zeit orientiert. Die unerhörte Produktivität der Bilder mag ihren Grund in der konstitutiven Spannung zwischen alt und neu, zwischen dem, was noch ist und dem, was doch schon sichtbar ist und sein soll, zu tun haben. Bloch sucht die „Dynamik des Gedankens in seiner Darstellung auszudrücken."[28] Die „bilderschwere Sprache" (Hans Heinz Holz) hat Adorno zu der Hypothese geführt, dass Blochs Philosophie die des neuen Expressionismus sei:

> Unterm Primat des Ausdrucks über die Signifikation, nicht sowohl darauf bedacht, daß die Worte die Begriffe deuten, wie darauf, daß die Begriffe die Worte nach Hause bringen, ist Blochs Philosophie die des Expressionismus. Ihn bewahrt sie auf in der Idee, die verkrustete Oberfläche des Lebens zu durchbrechen. Unvermittelt will menschliche Unmittelbarkeit laut werden; gleich dem expressionistischen Subjekt protestiert das Philosophische Blochs gegen die Verdinglichung der Welt.[29]

Gegenüber dieser bemerkenswerten These Adornos bleibt indes festzuhalten, dass Blochs Sprache der (notwendige) Ausdruck jenes Verkündigungsgestus ist, der in der dialektischen Einheit von Apokalypse und Utopie seinen Ursprung hat.

VI

Sucht man den Geist der Utopie in Blochs Frühwerk zu fassen, so wird man darauf aufmerksam gemacht, dass nahezu die Hälfte des Buchs *Geist der Utopie* der Geschichte und Theorie der Musik gewidmet ist. Ernst Blochs Arbeit lässt sich auch als eine Theorie der Musik lesen, jener Kunst, die als Kunst der Neuzeit für Bloch zugleich die Kunst der „Adventszeit" (63) darstellt. Sie gehört zu den neuen Künsten, jenen Künsten, die als Medium der internen „Selbstbegegnung" Ort und Instrument des

---

[28] Vgl. Adorno: Zum Charakter von Blochs Terminologie. In: Materialien zu Ernst Blochs „Prinzip Hoffnung", S. 71.
[29] Theodor W. Adorno: Blochs Spuren. Zur neuen erweiterten Ausgabe 1959. In: ders.: Noten zur Literatur II. Frankfurt am Main 1963, S. 131–151; hier S. 144f.

utopischen Geistes sein können.³⁰ Inspiriert durch Feruccio Busoni und Arnold Schönberg gibt Bloch nicht nur eine Geschichte der Musik in drei Stufen (1. „der Tanz und schließlich die Kammermusik"; 2. „das geschlossene Lied, Mozart oder die Spieloper, [...] das Oratorium, Bach oder die Passionen"; 3. „das offene Lied, die Handlungsoper, Wagner oder die transzendente Oper, das große Chorwerk und Beethoven – Bruckner [...]" [65]), sondern zugleich eine Philosophie der „absoluten und spekulativen Musik" (145 ff), in der die Musik als der eigentliche Ort und das Instrumentarium des utopischen Geistes charakterisiert wird.³¹

> Jetzt noch heißes Stammeln, wird die Musik, in zunehmend expressiver Bestimmtheit, dereinst ihrer Sprache teilhaftig: sie geht auf das Wort, das uns einzig löst, das in jedem gelebten Augenblick als omnia ubique verschlossen mitzittert: Musik und Philosophie in ihrem Letzten intendieren rein auf die Artikulierung dieses Grundgeheimnisses, dieser nächsten wie letzten Frage in allem. [...] *es ist dieses, was noch ist, das Verlorene, Geahnte, unsere im Dunkel, in der Latenz jedes gelebten Augenblicks verborgene Selbstbegegnung, Wirbegegnung, unsere durch Güte, Musik, Metaphysik sich zurufende, jedoch irdisch nicht realisierbare Utopie.* (201)

Musik als Antizipation und „Trostgesang" zugleich? Mir scheint, dass der (noch nicht marxistische) frühe Bloch hier ein ähnliches Dilemma beschreibt, das auch in seiner Deutung des Augenblicks sichtbar ist. Wird der Augenblick, zugleich der Moment der ästhetischen Erfahrung, nicht in eine philosophische Theorie des Gesamtgeschichtlichen eingespannt, kann er zum ‚ästhetischen' Augenblick werden. Apokalypse und Utopie verbindet deshalb auch ein ästhetisches Konzept. Selbst wenn Bloch diese Spannung im *Prinzip Hoffnung* geschichtsphilosophisch auflöst, zeigt sich im *Geist der Utopie* – und hier der Struktur des literarischen Expressionismus verwandt –, dass die *Spannung* von Kunst und Geschichtsphilosophie vielleicht die Kunst des Schreibens erst ermöglicht: *„Wie könnten die Dinge vollendet werden, ohne daß sie apokalyptisch aufhören [...]"* (151).

---

30 Vgl. dazu Bolz, Auszug aus der entzauberten Welt, S. 24.
31 Vgl. Hans Mayer: Musik als Luft von anderem Planeten. Ernst Blochs „Philosophie der Musik" und Ferruccio Busonis „Neue Ästhetik der Tonkunst." In: Materialien zu Ernst Blochs „Prinzip Hoffnung", S. 464–472; hier S. 468 f.

8 Messianismus und Geschichte der Utopie bei Ernst Bloch

Eine Geschichte der literarischen Utopie lässt sich nicht allein als Geschichte von Texten schreiben. Vielmehr empfiehlt sich die Berücksichtigung der historischen Entstehungs- und Wirkungsfaktoren, um den Zusammenhang von literarischen Texten und gesellschaftlichen Kontexten genauer analysieren zu können. Eine solche funktionsgeschichtlich orientierte Geschichte der Utopie steht vor nicht geringen Schwierigkeiten, weil sie die jeweiligen historischen Ausprägungen der literarischen Utopie in eine Beziehung zu anderen Formen der Utopie (etwa in der Architektur und Musik) oder zu Vorstellungen vom „Utopischen" bringen muss. Die eingebürgerte Gegenüberstellung von „historischen Utopien" mit „dem Utopischen" (der „utopischen Intention", „dem utopischen Bewußtsein"[1], der „utopian propensity"[2]) ist dafür das deutliche Kennzeichen.

Eine für die Utopieforschung zentrale und produktive Diskussion der Beziehung „des Utopischen" zu den „Utopien" liefert Ernst Blochs Hauptwerk *Das Prinzip Hoffnung*, das in der Zeit zwischen 1938 und 1947 im amerikanischen Exil entstanden ist.[3] Bloch entwickelt einerseits eine Theorie des Utopischen (ontologische Hoffnungsphilosophie) und schreibt andererseits eine Geschichte der (literarischen) Sozialutopien, der technischen, architektonischen, geographischen, malerischen und musikalischen Utopien. Mein Hauptaugenmerk richtet sich auf das 36. Kapitel: „Freiheit und Ordnung, Abriß der Sozialutopien" (S. 547–729), weil hier die Frage nach der Relation zwischen dem Blochschen Konzept des Utopischen und den konkreten historischen Ausprägungen der literarischen Utopie besonders gut überprüft werden kann. Der Abriss der Sozialutopien bietet sich auch deshalb besonders an, weil er den Kern der Blochschen Utopiegeschichtsschreibung bildet und 1946 als eigenständiges Buch im Aurora-Verlag in deutscher Sprache in den USA erschien. Das Buch trug den Titel der späteren Überschrift zum 36. Kapitel des *Prinzip[s] Hoffnung*.

Um Blochs Philosophie des Utopischen seiner Geschichtsschreibung von Utopien gegenüberstellen zu können, gebe ich zunächst einen kurzen Überblick über die wichtigsten Punkte der Blochschen Utopietheorie; im zweiten Teil folgt dann eine Untersuchung der Utopiegeschichtsschreibung anhand des 36. Kapitels

---

1 Mannheim, Ideologie und Utopie.
2 Manuel, Utopian Thought in the Western World.
3 Erste Veröffentlichung des gesamten Werks 1954–1959 im Aufbau-Verlag (Berlin-Ost); im Suhrkamp-Verlag (Frankfurt am Main 1959). Zitiert wird im Folgenden nach dieser Ausgabe (Gesamtausgabe der Werke Blochs, Bd. 5).

im *Prinzip Hoffnung*, worauf im abschließenden, dritten Teil eine zusammenfassende Reflexion auf die Beziehung des Utopischen zu den Utopien bei Bloch folgt. Das Hauptinteresse richtet sich deshalb sowohl auf ein generelles methodisches Problem der Utopiegeschichtsschreibung (inwieweit ist Messianismus notwendig auch eine Kategorie der Utopiegeschichtsschreibung?) als auch auf Möglichkeiten der kritischen Selbstreflexion von Utopien durch die wechselseitige Gegenüberstellung der Utopien mit dem Utopischen: inwieweit lässt sich nicht nur die „Abstraktheit" der Sozialutopien mit einem Konzept des Utopischen kritisieren, sondern zugleich die Blochsche Konzeption selbst anhand der einzelnen Utopien überprüfen?[4]

I Blochs Konzeption des Utopischen

Blochs Hoffnungsphilosophie, wie sie vor allem im *Prinzip Hoffnung* vorliegt, knüpft zwar einerseits an das Frühwerk *Geist der Utopie* an, setzt aber andererseits einen neuen Akzent durch eine ontologische Fundierung. Die Hineinnahme „auch der Natur in das Sinnversprechen der Utopie"[5] macht diese zu einer Möglichkeit des Seins überhaupt.

Insgesamt lassen sich sechs Hauptpunkte festhalten, die im Blick auf den Vergleich mit der Utopiegeschichtsschreibung für Blochs Utopiephilosophie wichtig sind.

1. Grundvoraussetzung für seine Hoffnungsphilosophie ist die menschliche Neigung und Fähigkeit zum Überschreiten: „Nichts ist menschlicher als zu überschreiten, was ist."[6] Der Mensch wird anthropologisch als ein „verändern-wollendes Wesen" definiert, dessen spezifische Fähigkeit und Begabung (Hoffnung, Phantasie, Tagträume) im Möglichkeitsdenken besteht.
2. Im Unterschied zur Tradition von Möglichkeitsphilosophie[7] geht Bloch von einem „objektiv-realen" Möglichkeitsbegriff aus. Möglichkeit wird als eine Realität aufgefasst, „[...] in der wir leben und in die alle Träume von uns hineingehen, in der sie überhaupt nur Platz haben und nicht ab ovo ersti-

---

4 Zur Frage des Messianismus im Frühwerk Blochs (vor allem im „Geist der Utopie", 1. Fassung 1918) vgl. Arno Münster, Utopie, Messianismus und Apokalypse.
5 Anton F. Christen: Ernst Blochs Metaphysik der Materie. Bonn 1979, S. 9.
6 Kann Hoffnung enttäuscht werden? Eröffnungs-Vorlesung. Tübingen 1961. In: ders.: Literarische Aufsätze. Frankfurt am Main 1965.
7 Zum Möglichkeitsdenken vgl. die Einleitung. Zur Kategorie ‚Möglichkeit' bei Bloch: Klaus L. Berghahn: Möglichkeit als Kategorie der Philosophie, Politik und Dichtung in Ernst Blochs „Prinzip Hoffnung". In: Möglichkeitsdenken, S. 121–135.

cken."[8] Bloch umschreibt seine philosophische Möglichkeitskonzeption mit der Formel vom „Noch-Nicht", wobei er einen psychologischen und kosmologischen Aspekt unterscheidet. Der psychologische bezieht sich auf das Noch-Nicht-Bewusste der Subjekte, der kosmologische auf das Noch-Nicht-Gewordene der Objekte. Bloch geht dabei vom Subjektiv-Psychologischen aus, hält es aber für notwendig (damit menschliches Hoffen nicht folgenlos bleibt), dass das Noch-Nicht auch in der Materie ontologisch verankert wird.[9]

3. Eine zentrale, auch für die Utopiegeschichtsschreibung folgenreiche Voraussetzung des Blochschen Utopiekonzepts ist ein nicht-homogener Zeitbegriff. Bloch schließt hier an sein Frühwerk *Geist der Utopie* unmittelbar an, indem er – dem Zeitbegriff Walter Benjamins verwandt – auf messianische Vorstellungen zurückgeht und Zeit als diskontinuierlich versteht. Die Ablehnung eines linearen und homogenen Zeitkonzepts, die mit einer Wendung gegen marxistisch-orthodoxen, ökonomischen, Determinismus verbunden ist, erfolgt zugunsten einer diskontinuierlichen Augenblicks-Auffassung. Hier knüpft Bloch, wie im *Geist der Utopie*, an jüdisch-kabbalistische Konzepte an. Ich erwähne lediglich die kabbalistische Vorstellung von den „Funken einer künftigen Erlösung, [die] schon in der Gegenwart beschlossen liegen,"[10] die „Theorie der mystischen Selbstbegegnung qua mystische[r] Versenkung in die Gestalt des verborgenen Gottes"[11] und die Konzeption vom zukunftsschwangeren, zukunftschaffenden Element im gegenwärtigen Augenblick („Ibbur").[12] Bloch spricht vom „Dunkel des gelebten Augenblicks" und umschreibt damit den Augenblick als ein „Jetzt", das nicht nur bloße Gegenwart, sondern zugleich mit einem Noch-Nicht angereichert ist. In diesem Noch-Nicht blitzt jener Endzustand von Zeit auf, der bereits im jeweiligen Augenblick angelegt ist. Das „Dunkel des Jetzt" ist so mit dem „utopischen Totum", dem „Zielinhalt" aller Geschichte konstitutiv verknüpft. Bloch kann deshalb formulieren: „Dunkler Augenblick hier, adäquate Offenheit dort bezeichnen folglich Quell und Mündung des Heraufkommens; sie sind die Pole des antizipierenden Bewußtseins wie dessen, was ihm objekthaft entspricht. [...]

---

8 Topos Utopia. In: Ernst Bloch: Abschied von der Utopie? Vorträge. Hrsg. und mit einem Nachwort versehen von Hanna Gekle. Frankfurt am Main 1980, S. 59.
9 Welche philosophischen Konsequenzen damit verbunden sind, kann hier nicht untersucht werden. Vgl. dazu Peter J. Brenner: Aspekte und Probleme der neueren Utopiediskussion in der Philosophie. In: Utopieforschung, Bd. 1, S. 11–63; hier S. 12 ff.
10 Michael Landmann: Das Judentum bei Ernst Bloch und seine messianische Metaphysik. In: ders.: Messianische Metaphysik. Bonn 1982, S. 167 f.
11 Münster, Utopie, Messianismus und Apokalypse, S. 137.
12 Landmann, Das Judentum bei Ernst Bloch, S. 168.

Jeder Augenblick enthält mithin ebenso, als potentiell das Datum der Weltvollendung und die Data ihres Inhalts."[13]

4. Vergegenwärtigt man sich dieses messianische Erlösungsmodell, wird klar, dass es bei Bloch um die Alternative zwischen (säkularisierter) ‚Heilseschatologie' oder ‚Unheilseschatologie' gehen muss. Unter ‚Messianismus' bzw. ‚messianisch' verstehe ich generell den „Glauben an das Kommen eines Erlösers, der auf universaler oder partikularer Ebene der gegenwärtigen Ordnung ein Ende setzen und eine neue Ordnung der Gerechtigkeit und des Glücks begründen wird"[14]; wobei hinzuzufügen ist, dass das Judentum (im Unterschied zum Christentum)

> [...] stets an einem Begriff von Erlösung festgehalten hat, der sie als einen Vorgang auffasste, welcher sich in der Öffentlichkeit vollzieht, auf dem Schauplatz der Geschichte und im Medium der Gemeinschaft, kurz, der sich entscheidend in der Welt des Sichtbaren vollzieht und ohne solche Erscheinung im Sichtbaren nicht gedacht werden kann.[15]

Im Blick auf die Gegenüberstellung von Heils- und Unheilseschatologie spricht Bloch von der „[...]wendbare[n] Alternative zwischen absolutem Nichts und absolutem Alles: Das absolute Nichts ist die besiegelte Vereitlung der Utopie; das absolute Alles besiegelte Erfüllung der Utopie oder: das Sein wie Utopie" (346). Bloch verwendet auch die Begriffe „Hölle" und „Himmel". Historisch konkret bedeutet dies für ihn, dass das Heil im „Sozialismus", das Unheil im Faschismus gesehen wird. Die (übertriebene) Hoffnung auch noch auf den realen Sozialismus während der Entstehungszeit des *Prinzip[s] Hoffnung* lässt sich bei Bloch aus der Kampfsituation im Exil gegen das Hitlerregime verstehen.

Unter dem Aspekt der Utopiegeschichtsschreibung mag hier bereits kritisch

---

13 Das Prinzip Hoffnung, S. 336 und S. 359. Seitenangaben aus diesem Werk im Folgenden im Text. Zum Zusammenhang des „internen" Wegs („Selbstbegegnung, am begriffenen Dunkel des gelebten Augenblicks") mit der „externe[n] kosmischen Funktion der Utopie" vgl. bereits im Kapitel: Die echte Ideologie des Reichs. In: Bloch, Geist der Utopie, S. 307 ff.
14 H. Kohn, zitiert nach Henri Desroche: Art."Messianismus". In: RGG, Bd. 4. Tübingen 1960, Sp. 895. Vgl. außerdem R. J. Zwi Werblowsky: Das nachbiblische jüdische Messiasverständnis. In: Jesus – Messias? Heilserwartung bei Juden und Christen. Hrsg. von Hans-Jürgen Greschat, Franz Mußner. Regensburg 1982, S. 69–88; und Johannes Lindblom: Eschatologie bei den alttestamentlichen Propheten. In: Eschatologie im Alten Testament. Hrsg. von Horst Dietrich Preuss. Darmstadt 1978, S. 70 f.
15 Scholem, Zum Verständnis der messianischen Idee, S. 121.

darauf hingewiesen werden, dass die alternative Gegenüberstellung zwischen absolutem Alles und absolutem Nichts bei Bloch Unbestimmtheiten in der historischen Analyse zur Folge hat, so dass die nähere politische Zukunft weniger genau in den Blick kommt gegenüber dem „faszinierenden Blick auf das Bonum-Optimum eines ‚Endes aller Dinge'".[16]

5. Bloch hat in seiner Tübinger Antrittsvorlesung 1961 deutlich gemacht, dass Hoffnung enttäuschbar ist, „sogar bei ihrer Ehre" prinzipiell enttäuschbar sein muss, weil Hoffnung mit dem Zufälligen in der Geschichte zu tun hat und Sicherheit nicht garantiert werden kann. „Dagegen wird fundierte Hoffnung durch die treue Beachtung der *Tendenz* klug […]."[17] Im Zeichen der „docta spes", der „begriffenen Hoffnung", kann die Richtung qua Negation angegeben werden durch Bestimmung dessen, „[…] was *nicht*realer Humanismus, sondern sein genaues Gegenteil, also etwa Hitler oder der spätere Stalin, also das Urphänomen Neronisches insgesamt ist."[18]

6. Der Zielinhalt bleibt für Bloch „das Reich der Freiheit". Mit den Worten von Karl Marx bezeichnet Bloch dies als Notwendigkeit: „Alle Verhältnisse umzuwerfen, worin der Mensch ein erniedrigtes, ein geknechtetes, ein verlassenes, ein verächtliches Wesen ist" (1604). Der „demokratisch-sozialistische Humanismus", der „siebente Tag" steht noch aus. Bloch spricht am Ende des *Prinzip[s] Hoffnung* – das letzte Wort heißt „Heimat" – von jener „Gemeinschaft, wo die Sehnsucht der Sache nicht zuvorkommt, noch die Erfüllung geringer ist als die Sehnsucht" (1628).

II Die Geschichtsschreibung der Utopie am Beispiel des 36. Kapitels: „Freiheit und Ordnung, Abriß der Sozialutopien"

Die Prinzipien der Utopiegeschichtsschreibung im *Prinzip Hoffnung* lassen sich auf die Kategorien von Blochs Utopiephilosophie beziehen. Statt einer Beschränkung auf Formen der sozialen Utopie erweitert Bloch das Blickfeld im Sinne einer umfassenden Skala unterschiedlicher Ausprägungen, so dass außer den ‚klassischen' Utopien Aspekte des vollkommen erfüllten Augenblicks (im *Faust*), der Musik oder der Utopien in Religionen breit entfaltet werden.

---

[16] Wolf-Dieter Marsch: Nach-idealistische Erneuerung von Teleologie. Bloch: Der homo absconditus auf der Suche nach Identität. In: Materialien zu Ernst Blochs Prinzip Hoffnung, S. 493–502; hier S. 501.
[17] Bloch, Kann Hoffnung enttäuscht werden? S. 389.
[18] Ebd.

Entscheidend ist, dass Bloch bei der Darstellung der Geschichte der Utopie im *Prinzip Hoffnung*, entsprechend eines nicht homogenen Zeitbegriffs, jede Einlinigkeit vermeidet, so dass die unterschiedlichen „Ausbuchtungen der [Zeit]reihe" ebenso berücksichtigt werden können wie eine „komplizierte neue Zeit-Mannigfaltigkeit".[19] Von daher lässt sich bei Bloch von einer – in der Geschichtsschreibung nicht selbstverständlichen – Übereinstimmung von Prinzipien der (Utopie)geschichtsschreibung und ihrer konkreten darstellerischen Form sprechen. Blochs gattungsspezifische, narrative Darstellung folgt keinen eigenen textimmanenten Regeln, sie koinzidiert vielmehr mit der messianischen Konzeption des Utopischen.

Im „Abriß der Sozialutopien", dem eigentlichen „Stammhaus des Utopisierens" wie Bloch formuliert, zeigt sich der wechselseitige Verweis des historiographischen Diskurses auf die Konzeption des Utopischen in zwei Strukturmerkmalen. Zum einen trifft Bloch eine Unterscheidung zwischen der „Varianz der Utopien" und der „Invarianz des Utopischen" (557), zum anderen blendet er drei theoretisch-reflektierende Zwischenkapitel in die historische Darstellung ein, um die Diskussion der jeweils besprochenen geschichtlichen Utopien mit der umfassenden Philosophie des Utopischen zu verknüpfen. Dadurch bekommt die Form der Utopiehistoriographie nichts Geschlossenes, Kontinuierliches; Offenheit und Diskontinuität sind vielmehr ihre Merkmale.

Wichtiger noch als diese strukturellen Kennzeichen der historischen Darstellung sind die zugrunde liegenden konzeptionellen Aspekte. Wenn Bloch die unterschiedlichen Formen („Varianz") der Utopien auf die „Invarianz des Utopischen" bezieht, so heißt das, dass die Sozialutopien in ihrer Beziehung und Abhängigkeit von einem vorgestellten utopischen „Totum" zu interpretieren sind. Historische Ausprägungen der Utopie werden zwar als nicht unabhängig vom jeweiligen geschichtlichen Kontext verstanden, wichtiger noch aber ist für Bloch der jeweilige Überschuss, der auf das Noch-Nicht im „Ganze[n] des Seins" (555) verweist.

Dieser Zusammenhang gilt auch für die erwähnten reflektierenden Einblendungen. Im ersten Fall geht es um eine Überlegung, die den einführenden Abschnitt zu den ärztlichen Utopien und Wunschbildern abschließt und den folgenden Teil über die Sozialutopien einleitet. Die zweite Einblendung bezieht sich auf prinzipielle Aspekte des Zusammenhangs von Freiheit und Ordnung am Ende der Besprechung von Morus' *Utopia* und Campanellas *Civitas Solis*. Auch hier markiert der Einschnitt einen Wechsel, insofern im darauffolgenden Abschnitt eine neue historische Form der Utopieausprägung, das Naturrecht, behandelt wird. Die dritte Einblendung schließlich zieht ein Fazit im Blick auf die „Schwäche

---

19 Tübinger Einleitungen in die Philosophie, zitiert nach Predag Vranicki: Das Woher und Wohin des militanten Optimismus. In: Materialien zu Ernst Blochs „Prinzip Hoffnung", S. 359.

und den Rang der rationalen Utopien". Eingeleitet wird hier der verbleibende „Rest" der noch von Bloch behandelten Utopien im 20. Jahrhundert mit einer entschiedenen Blickrichtung auf den Zeitpunkt der Entstehung des *Prinzip[s] Hoffnung*. Damit wird die ohnehin jeweils bewusst gemachte Betrachterperspektive Blochs noch einmal explizit vergegenwärtigt.

Bei der Charakterisierung und Einordnung der einzelnen historischen Utopien geht Bloch zwar zunächst von einem ikonographischen Modell aus (Schlaraffenland als soziales Wunschbild), er wendet sich dann aber in dem hier zugrunde gelegten „Abriß der Sozialutopien" deutlich einer thematischen Geschichtsschreibung zu. (Die ikonographischen Aspekte kommen erst wieder in den Kapiteln über die Architektur-, Malerei-, und Musikutopien zum Zuge).

Unter thematischer Geschichtsschreibung verstehe ich die durchgehende Orientierung an bestimmten Themenkomplexen: Eigentumslosigkeit, Ordnungsfaktor, religiöse Toleranz, Freiheit und Gleichheit oder begrenzte Arbeitszeit. Unter Berücksichtigung solcher Leitbilder und im Horizont eines Konzepts „des Utopischen" trifft Bloch eine grundsätzliche Unterscheidung zwischen dem antiken Typus von Sozialutopien einerseits und biblischen (jüdisch-christlichen) andererseits. Die erste Gruppe charakterisiert Bloch später auch als die Utopien des „äußere[n] Topos"; er sieht hier eine größere Genauigkeit bei der Ausgestaltung von institutionellen Einzelfragen, aber auch eine bedenkliche Abstraktheit. Die Utopien in der jüdisch-christlichen Tradition sind für Bloch normbildend und theorieleitend, weil er in ihnen „[...] ein wirkliches Noch-Nicht-Sein, ein Novum" sieht.[20] Das „Unbedingte" dieser Utopien verweist für ihn auf jenen Überschuss, der die eigentliche Antriebskraft des Utopischen darstellt.

In Platons *Politeia* und in der *Bibel* erblickt Bloch die beiden prototypischen Texte für die genannten Utopietraditionen. Beide Bücher sind darin Vorbilder, dass sich in ihnen einerseits der innere Topos und andererseits der äußere Topos exemplarisch ausgebildet finden und damit für jede künftige Utopiegeschichte wirksam werden können.

Platons *Politeia* liefert das Modell für den konstitutiven Zusammenhang von Ordnung und Freiheit und die Akzentuierungen, die jeweils im Zusammenspiel von Ordnung und Freiheit gefunden werden müssen. Am Modell Spartas orientiert, kommt es bei Platon zu einer Utopisierung der Ordnung, die sich in dieser konsequenten Form erst wieder in der frühen Neuzeit seit Morus und Campanella beobachten lässt. Die „Abstraktheit" von Utopien ist, so kritisiert Bloch, bereits der *Politeia* inhärent.

---

20 Topos Utopia, S. 46.

Die *Bibel*, als Prototyp der Gegentradition, wird zwar von Bloch nicht als aufgeführte Sozialutopie, aber als prophetische Ausmalung vom „sozialen Friedensreich der Zukunft" interpretiert (577). Die Botschaft der Bibel hat auf alle Sozialutopien nachhaltig gewirkt, so dass „Zion zu Utopia" werden konnte: „Die Not macht messianisch [...]" (578 f.). Blochs Interpretation der Bibel zeigt, dass er – unter Rückgriff auf die jüdische Messianismus-Tradition (Erlösung, die sich im Sichtbaren, in der Geschichte vollzieht) – den von Jesaja verkündeten „neuen Himmel" als „die utopische *Erde* mit utopischem Himmel über ihr" versteht (580). Die Diesseitigkeit des Heilsgeschehens (in der jüdischen Tradition) und das Bestehen auf einem irdischen Erlösungsmodell in der Geschichte liefern Bloch die entscheidenden Utopiekategorien auch für künftige weltliche (oder verweltlichte) Zeitutopien.

Deutlich ist das besonders in der Gegenüberstellung von Augustin und Joachim von Fiore. Kritisiert Bloch Augustin wegen der Institutionalisierung des Jenseits (in Form der Kirche), rühmt er die Drei-Reiche-Lehre Joachim von Fiores, weil bei ihm „Utopia, wie bei den Propheten, ausschließlich im Modus und als Status historischer Zukunft" erscheint (592). Indem das Reich Christi als ein Reich von dieser Welt interpretiert wird, kann es (im Zeichen eines „messianischen Aktivismus") nicht nur im Mittelalter, sondern bis in die frühe Neuzeit (Thomas Münzer) außerordentlich revolutionäre Wirkungen entfalten.

Der genaue historische Gegentypus zu Thomas Münzer ist Thomas Morus. Bloch unterscheidet sich hier von der traditionellen Utopiegeschichtsschreibung nur insofern, als er nicht in der *Utopia* den entscheidenden Prototyp der neuzeitlichen Utopie erblickt, sondern das „utopische Gewissen" (594) in der „joachitischen Zukunftsoptik" aufbewahrt glaubt.[21]

Die Kritik an Morus' *Utopia* ist deshalb ebenso einseitig wie aufschlussreich. Zwar werden diesseitsfreudiger Kommunismus und Sechs-Stunden-Tag, religiöse Toleranz und Gleichheit des Modells gerühmt, aber zugleich entschiedene Einwände gegenüber einer „Wunschkonstruktion" formuliert, „[...] in der keinerlei chiliastische Hoffnungsgewißheit mehr ist [...]" (607). Aufgrund seiner thematischen Interpretation kann Bloch weder den (satirischen) Spielcharakter des Textes in der Tradition der humanistischen Literatur angemessen würdigen, noch die „Dissonanzen", die er, zu Recht, im Werk entdeckt, produktiv (im Blick auf die Rezeptions- und Wirkungsgeschichte) interpretieren. Morus' *Utopia* wird von Bloch in der Tradition bestimmter Auslegungen des 16. und 17. Jahrhunderts analysiert, die den Text als eine staatspolitische Abhandlung verstanden.[22]

---

[21] Ebd., S. 57.
[22] Vgl. dazu Kap. I 2: Thomas Morus' *Utopia*.

Das gilt auch für die Interpretation der *Civitas Solis* von Campanella. Im Unterschied zu Morus betont Bloch hier stärker den Ordnungsfaktor in der Relation ‚Freiheit und Ordnung'. Die bei Campanella herrschende Ordnung wird als „klassenlos, doch extrem hierarchisch" (609) kritisiert, und es wird hervorgehoben, dass Campanella das Sparta-Ideal Platons noch überbietet.

Trotz der kritischen Einwände hält Bloch an dem Modellcharakter der *Utopia* von Morus für den „liberal-föderativen Sozialismus" und der *Civitas Solis* von Campanella für den „zentralistischen Sozialismus" fest. Für Bloch finden diese Modelle eine adäquate Fortsetzung erst in den Utopien von Robert Owen und Charles Fourier einerseits und Cabet und Saint-Simon andererseits im 19. Jahrhundert.

Die eigentliche Zäsur in der Utopiegeschichte der Neuzeit sieht Bloch im Naturrecht. Für ihn verhalten sich Sozialutopie und Naturrecht komplementär zueinander insofern, als die Sozialutopie auf das menschliche Glück zielt, während das Naturrecht menschliche Würde intendiert. So einleuchtend diese Gegenüberstellung ist, so problematisch muss die These Blochs erscheinen, dass das aufgeklärte Naturrecht an die Stelle von Sozialutopien getreten sei. Auch bei einem nur flüchtigen Blick auf die Geschichte des 18. Jahrhunderts zeigt sich, wie produktiv gerade dieses Zeitalter für die Geschichte der Utopien gewesen ist.

Der Grund für Blochs Zurückhaltung dürfte in der negativen Einschätzung aufklärerischer (säkularer) Zeitutopien liegen, weil in ihnen das revolutionäre Moment zugunsten des Reformansatzes zurücktritt. Von daher ist es aus der Perspektive Blochs nachvollziehbar – allerdings im Blick auf die Utopiegeschichte problematisch –, wenn im *Prinzip Hoffnung* über Fichtes *Handelsstaat* (1800) sogleich der Sprung ins 19. Jahrhundert zu den schon genannten föderativen und zentralistischen Sozialutopien gemacht wird. Bloch schließt das Kapitel zum 19. Jahrhundert mit einem Hinweis auf die individuellen Utopiker und Anarchisten (Stirner, Proudhon und Bakunin) und einem Hinweis auf das „proletarische Luftschloß" (Weitling) ab, die eigentliche Perspektive aber richtet sich auf Karl Marx. Die Marxsche Philosophie kann als Kulminationspunkt und Endpunkt in der Geschichte der Utopien angesehen werden, weil Bloch in der von ihm hervorgehobenen chiliastisch-eschatologischen Tradition ein „Novum" sieht, insofern die prozesshaft-antizipatorische Funktion hier zu einem politischen Abschluss mit universalem Anspruch gekommen ist. Damit aber sieht Bloch den „abstrakte[n] Charakter der Utopien" als überwunden an (680). Das praktische Moment von Theorie als Politik verbindet sich für Bloch mit dem Prophetischen in der Tradition eines universellen Messianismus.

Die Marxsche Theorie bildet deshalb für Bloch die entscheidende Epochenwende in der Geschichte der Utopie. Alle Utopiegeschichte nach Marx lässt sich für Bloch daher nur noch als Appendix darstellen. Das führt dazu, dass Bloch diese Utopien – mit Ausnahme einiger Emanzipationsbewegungen – nur noch als

„reaktionäre und überflüssige Spielformen" (680) ansehen kann. Die Konsequenzen sind bekannt: Bloch kann weder der Jugend- und Frauenbewegung noch dem Zionismus als einer historisch-konkreten utopischen Bewegung gerecht werden. Dass dies sowohl im Blick auf den ‚konkreten Zionismus' in Israel als auch unter dem Aspekt der Utopiegeschichte im 20. Jahrhundert insgesamt zu groben Verzerrungen der historischen Perspektive geführt hat, hängt mit der Apotheose-Rolle zusammen, die Bloch der marxistischen Sozialutopie als Bedingung der Möglichkeit für das utopische Totum in der Gegenwart (und in Zukunft) zuweist. Überspitzt formuliert: Für Bloch kann die Geschichte der Utopie als Geschichte der Sozialutopien und Gesellschaftsentwürfe nach Marx aufhören, weil die ‚eigentliche' Geschichte damit für ihn anfängt.

III Möglichkeiten und Grenzen der Blochschen Utopiegeschichtsschreibung

Vergegenwärtigt man sich die im „Abriß der Sozialgeschichte" auftauchenden Probleme im Blick auf eine kritische Einschätzung der Utopiegeschichtsschreibung bei Bloch, lassen sich folgende Aspekte hervorheben:

1. In der historischen Darstellung von Gesellschaftsutopien liefert Bloch weder eine reine Textgeschichte noch eine Funktionsgeschichte der Utopie. Die einzelnen Text-Utopien werden nicht unter ihrem literarischen Aspekt und den damit verbundenen Möglichkeiten im Blick auf ihren ästhetischen Vor-Schein analysiert, was etwa im Fall der *Utopia* von Morus produktiv zu machen wäre. Die sozial- und funktionsgeschichtlichen Aspekte sind bei Bloch begrenzt durch eine marxistische Theorie der Entstehung bürgerlicher Gesellschaft, die im Einzelnen gerade im Blick auf die frühe Neuzeit zu differenzieren ist. Blochs Utopiegeschichte ist dagegen eine thematisch orientierte, die die Kriterien der Auswahl und wertenden Perspektive stets bewusst macht. Eine nicht homogene, sondern „elastische Zeitstruktur" erlaubt eine begleitende Reflexion und verhindert die Fiktion von Geschlossenheit und Konsistenz, wobei die politisch-kritische Perspektive im Zeichen des Antifaschismus unverkennbar ist.

2. In der Gegenüberstellung der historischen Utopien mit dem „Utopischen", das aus der Tradition „chiliastischer Hoffnungsgewißheit" (607) abgeleitet wird, hat Bloch die Möglichkeit, die einzelnen Ausprägungen von Sozialutopien in der antiken Tradition seit Platons *Politeia* in ihrer „Abstraktheit" zu kritisieren. Abstraktheit bedeutet für ihn nicht nur den in Sozialutopien zu beobachtenden Ordnungszwang, d. h. die stillschweigend vorausgesetzte Übereinstimmung von subjektivem und allgemeinem Interesse in den

Gesellschaftsmodellen, sondern zugleich den festgestellten Mangel an „Hoffnungsgewißheit". Bloch stellt damit (auch die Reform-)utopie unter den Zwang des Revolutionären.

3. Der utopische Überschwang verhindert (notwendig) das Wahrnehmen von Aufklärungsutopien, die im Zeichen regulativer Ideen stehen. Dass Bloch so wichtige Utopien wie die von Turgot und Concordet oder, im Bereich der Literatur, von Mercier ausklammert und an ihrer Stelle nur das Naturrecht als Utopie der Aufklärung gelten lassen will, zeigt die Grenzen des chiliastischen Utopiekonzepts. Wo die Utopie im Zeichen einer radikalen Alternative von Heil oder Unheil steht, übersieht sie die Möglichkeit historisch mittelfristiger Veränderungen.[23]

4. Blochs Utopiekonzeption und Utopiegeschichtsschreibung begibt sich damit auch der Möglichkeit einer Kritik des utopischen Überschwangs. Der Kritik einer ‚Dialektik der Utopie' wäre eine Kritik der utopischen Schwärmerei gegenüberzustellen. Die Geschichte der Utopie bietet dafür selbst Modelle. Auffallend ist, dass Bloch diese Modelle (seit Swifts *Gullivers Reisen*) nicht bedenkt und damit auch nicht zu einer Darstellung von Selbstreflexion in den Utopien seit der frühen Neuzeit kommt. Das sicherste Mittel gegen utopische Schwärmerei – das zeigt die Geschichte der Neuzeit – entwickeln Utopien selber im Medium der Selbstreflexion einerseits und in der Form von Dystopien andererseits. Der Weg von Swift zu Orwell lässt sich Schritt für Schritt nachzeichnen.

5. Blochs Utopiegeschichtsschreibung zeigt ihre Stärke weniger im Systematischen als vielmehr in ihrem antihistorischen und zugleich perspektivierenden Vermögen. Das Aufblitzen von Erkenntnis entspricht einer Denkstruktur, die im messianischen Zeitbegriff verankert ist. Die Sprache ist Ausdruck dieser Tendenz. Gegenüber einem genetischen Konzept von Utopiegeschichte kann Bloch auf die Diskontinuitäten und Sprünge aufmerksam machen, die das Geflecht von strukturierter Kontingenz als Geschichte bestimmen. Ich stimme deshalb Gershom Scholems Bemerkung zu: „Auch wer vielen Darlegungen Blochs mit großen Reservationen gegenübersteht, wird die Energie und den Tiefblick rühmen müssen, mit der diese Erörterung des Utopischen bei ihm angefaßt und durchgeführt wird."[24] „Der Messianismus", heißt es bei Bloch, „ist das Salz der Erde – und des Himmels dazu; damit nicht nur die Erde, sondern auch der intendierte Himmel nicht dumm werde" (1415).

---

[23] Vgl. Jürgen Habermas: Ein marxistischer Schelling – Zu Ernst Blochs spekulativem Materialismus. In: ders.: Theorie und Praxis. Sozialphilosophische Studien. Darmstadt ³1969, S. 350f.
[24] Scholem, Zum Verständnis der messianischen Idee, S. 15, Anm. 2.

9 „Höchstes Exemplar des utopischen Menschen": Ernst Bloch und Goethes *Faust*

Goethes Faust hat für Ernst Bloch eine paradigmatische Funktion. Keine andere literarische Figur liefert ihm eine so beispielhafte Veranschaulichung dessen, was er ‚utopisch' nennt. Fausts „Name bleibt der beste, lehrreichste", betont Bloch im *Prinzip Hoffnung*.[1] Worauf ist diese herausgehobene Rolle des Faust bei Bloch zurückzuführen? In welcher Weise verkörpert Faust das Prinzip „des Utopischen" in exemplarischer Weise?

Diese Fragen suche ich im Folgenden zu beantworten, indem Deutungen und Interpretationen des *Faust*, wie Bloch sie im Hegel-Kommentar,[2] dem *Prinzip Hoffnung*, in seiner *Tübinger Einleitung in die Philosophie* und im *Experimentum Mundi* gegeben hat, analysiert und kritisch diskutiert werden. Vier thematische Gesichtspunkte stehen im Mittelpunkt: Faust als „Unruhegestalt", das *Faust*-Drama als Erkenntnis- und Bildungsroman, die Bedeutung von Tätigkeit und Arbeit und die Konzeption des Augenblicks im Sinne eines dialektischen „Verweile doch".

I

Nichts zeigt die Verwandtschaft Fausts zu Blochs Prinzip des Utopischen im Zeichen des Überschreitens vom Hier zum Dort, vom gegenwärtigen Noch-Nicht zum zukünftig Möglichen[3] deutlicher als Blochs Hinweis auf jene Personengruppe, der Faust zugehört. Es ist die der „Grenzüberschreiter" und „Unruhegestalten" in der Tradition des Prometheus:

> Prometheus ist das Auflodernde, das die Zukunft Vorbedenkende, [...] und jene unsterbliche Hoffnung, aus der ein Herkules kommt. [...] Er vor allem ist der eingesperrte Gott im Menschen; als solcher machte er die Mythologie des Sturm und Drang, erfüllte er dessen liebsten Sohn: den Doktor Faust.[4]

---

1 Das Prinzip Hoffnung, S. 1189.
2 Tübinger Einleitung in die Philosophie. Neue, erweiterte Ausgabe. Frankfurt am Main 1970, zuerst 1963 und 1964.
3 Vgl. Hans Heinz Holz: Logos spermatikos. Zur Philosophie Ernst Blochs. Frankfurt am Main 1967; außerdem Brenner, Aspekte und Probleme der neueren Utopiediskussion in der Philosophie, S. 12 ff. und Gert Ueding: Ernst Blochs Philosophie der Utopie. In: Ebd., S. 293–303, hier S. 293 ff.
4 Prinzip Hoffnung, S. 1150.

An die titanische Herkunft erinnernd, stellt Bloch *Faust* in die Reihe jener Goetheschen „Originale des Überschreitens", die, wie Tasso oder Wilhelm Meister, nicht in ihrem „individuellen Sosein" verharren, sondern, begabt mit „einem unbedingten und ins Unbedingte zielenden Trieb",[5] durch Unruhe bestimmt sind.

An Goethes Weimarer Bekenntnis erinnernd – „Diese Begierde, die Pyramide meines Daseyns, deren Basis mir angegeben und gegründet ist, so hoch als möglich in die Lufft zu spizzen, überwiegt alles andre und lässt kaum Augenblickliches Vergessen zu"[6] – vergleicht Bloch den „Reiseweg" im „Erziehungsroman" des *Wilhelm Meister* mit Fausts Lebensreise. Nicht „radikaler Liebestrieb", wie im Don Juan, sondern „radikaler Erkenntnis- und Erfahrungstrieb" bestimmte die „Faustwanderung":

> Faust, unruhig an seinem Pult, ist das bisher stärkst dargestellte Subjekt des menschlichen Hinstrebens, Hinfahrens zu wechselnd füllendem Etwas. Auerbachs Keller, Gretchenliebe, Kaiserhof und Helena, freier Grund mit freiem Volk werden seine Stationen auf dem Weg zum ‚Verweile doch' oder dem höchsten Augenblick. Und wie er selber auf jeder Fahrtstufe sich erneuert und berichtigt, so geht in wechselseitiger Subjekt-Objekt-Beziehung Erfahrenes als ferner oder näher antwortendes Gegenbild des Inneren auf. [....] Neue Qual, neue Hoffnung zeigen dem Ungesättigten, als dem das Eigentliche Eingedenkenden, stets wieder den Beginn einer neuen Sphäre an. Das ist: eine neue Subjektstufe zur Vermittlung des Subjekts mit dem Objekt, des Objekts mit dem Subjekt. Diese vermittelte Subjekt-Objekt-Beziehung ist der Prozess der Erfrischung, ja der erneuernden Geburt des Ziels.[7]

In diesen Formulierungen klingt das Blochsche Interpretationsmodell an. Es ist das dialektische Schema von Hegels *Phänomenologie des Geistes*. Die „Arbeits- und Bildungsgeschichte" des *Faust*,[8] so betont Bloch, kennzeichne den Lebensweg Fausts unter dem Aspekt des Lernprozesses und unter dem der „Tätigkeit". Die Bewegung Fausts durch die verschiedenen Lebensbereiche wird, in der Nachfolge Hegels, als zielgerichteter Prozess zum Höhepunkt am Ende im zweiten Teil des Dramas interpretiert, wo Faust als Kolonisator dem Meer Land abgewonnen hat und sein künftiges Werk, selber schon erblindet, in der Imagination vorausschauend beschwört.

Auffallend ist hier zunächst, dass Bloch Goethes Faust in die Nähe eines Bildungsromans rückt: „Faust ist eine ganz anders intensive Figur als Wilhelm

---

5 Prinzip Hoffnung, S. 1187.
6 Im Brief an Lavater vom 20. September 1780. In: Goethes Briefe. Bd. 1. Hrsg. von Karl Robert Mandelkow unter Mitarbeit von Bodo Morawe. Hamburg 1962, S. 324, zitiert in: Prinzip Hoffnung, S. 1153.
7 Tübinger Einleitung, S. 50 und 51.
8 Prinzip Hoffnung, S. 1195.

Meister; dennoch drang auch in sein bleibend sprengendes Streben ein solches Stück Erziehungsroman ein."[9] Hegels *Phänomenologie des Geistes* stellt für Bloch die Verbindung zwischen dem *Faust* und den *Lehrjahren* her; stets gehe es um die „Lernfahrt des Subjekts."[10] Für Bloch besteht die Parallele zwischen Faust und der Hegelschen *Phänomenologie* darin, dass in beiden Fällen der Prozess der Menschwerdung in der Geschichte prinzipiell thematisiert sei. Bei Hegel werde dieser Prozess als Entwicklung von der „sinnlichen Gewissheit" zum „absoluten Wissen" beschrieben; in Goethes Faust zeige sich der Prozess der Menschwerdung des Menschen als Entwicklung zur Selbstverwirklichung des menschlichen Subjekts vermöge seiner eigenen Tätigkeit oder Arbeit. In beiden Fällen, in Goethes *Faust* und in der Hegelschen Philosophie, gehe es um einen „Fortschritt im Bewußtsein der Freiheit"; das „Subjekt der Phänomenologie" sei „schon von Haus aus ein Faust-Selbst, das sich zum Kosmos" erweitere.[11]

Bloch entwickelt deshalb unter Rückgriff auf die mittelalterliche Mystik und unter Anknüpfung an Nikolaus von Kues eine Stufenleiter des Erkennens, die er als Fausts Entdeckungsreise zum Selbst interpretiert. Die „dialektische Reise" Fausts entspreche den einzelnen Etappen in Hegels „Erziehungsbuch", in dem die „sechs Stufen der sinnlichen Gewißheit, der Wahrnehmung, des Selbstbewußtseins, der Vernunft, des Geistes und des absoluten Wissens" unterschieden und die einzelnen Stufen dieses „gesamte[n] Lehrgang[s]" als das „in Gegensätzen fortschreitende [...] Werden des Wissens" charakterisiert sind.[12] Das Entscheidende im Vergleich zu Fausts Entwicklungsstufen sieht Bloch im „Vermitteln des Ich mit dem Nicht-Ich, um beide aneinander fort zu bewegen":

> Das Dialektische ist kritisch, läßt sich durch nichts imponieren, genau der *Fortgangs*-Bund der Hegelschen Phänomenologie mit dem ‚Großziehenden' des Faustplans liegt auf der Hand. Hier wie dort gilt der Mensch als Frage und die Welt als Antwort, aber auch die Welt als Frage und der Mensch als Antwort. Hier wie dort will das Subjekt erfahren, was der ganzen Menschheit zuerteilt ist, aber auch das Objekt erfährt, daß ein Selbsterkennungsprozeß es durchfahren und durcherfahren hat.[13]

---

9 Tübinger Einleitung, S. 68.
10 Ebd., S. 57.
11 Ebd., S. 68. In den *Erläuterungen zu Hegel* hebt Bloch die Parallelen zwischen dem *Faust*-Drama, dem *Wilhelm Meister*-Roman und der *Phänomenologie* ebenso nachdrücklich hervor: „Die Phänomenologie enthält so eine Mischung von Erziehung und Enttäuschung, geeint in dem sich um die Welt bereichernden Subjekt; wie im Faust, dem Erfahrungsdrama, oder im Wilhelm Meister, dem Erziehungsroman" (Subjekt-Objekt, S. 77).
12 Ebd., S. 53. Vgl. dazu Georg Wilhelm Friedrich Hegel: Phänomenologie des Geistes. In: ders.: Werke III. Frankfurt am Main 1970, S. 31 ff. und S. 72 ff.
13 Tübinger Einleitung, S. 54.

Das wechselseitige Frage-Antwort-Verhältnis zwischen Welt und Ich und Ich und Welt bildet Blochs umfassendes Interpretationsmodell. Bloch spricht von einem „stufenhaften Itinerarium", einem Reisebuch „ohne Theologie" im *Faust* und einem Reisebuch „des Begriffs" bei Hegel. Wichtig ist für Blochs Interpretation jene implizite oder explizite Staffelung der einzelnen Entwicklungsstufen, die zielgerichtet auf einen Höhepunkt hinauslaufen. Am Beispiel der Verjüngung im *Faust* (etwa nach der Gretchen-Szene oder nach der Helena-Episode) versucht Bloch, dieses „Grundmodell des dialektisch-utopischen Systems" zu entwickeln.[14]

Zu fragen bleibt indes, ob der Bauplan von Goethes *Faust* einer solch strengen, zielgerichteten Dialektik entspricht. Wodurch wird die Einheit in Goethes *Faust* hergestellt? Lassen sich der erste und zweite Teil im Sinne eines teleologischen Erkenntnis- und Erfahrungsfortschritts verbinden? Wird die Einheit durch eine Kontinuität der Handlung hergestellt? Liefert die Hauptfigur ein einheitsstiftendes Modell?[15]

Die Einheit im *Faust* ist eher durch den Zusammenhang von Streben und Irren als durch eine teleologisch-dialektische Stufenfolge bestimmt. Das Augenblickshafte und Diskontinuierliche kennzeichnen die einzelnen Entgrenzungsversuche Fausts und charakterisieren sowohl die Gelehrten- als auch die Gretchentragödie.

Deutlicher noch als im ersten ist das im zweiten Teil des *Faust*. Statt teleologischer Strukturen dominieren „wiederholte Spiegelungen" in einem enzyklopädischen Werk mit opernhaften Elementen. Gedanken- und Symbolkomplexe bilden einen Verweisungszusammenhang von vieldeutigen Chiffren, deren Auflösung im Sinne eines zielgerichteten Prozesses schwerfällt. Eckermann hat im Dialog mit Goethe von „[...] lauter für sich bestehende[n] kleine[n] Weltkreisen" gesprochen, „die, in sich abgeschlossen, wohl aufeinander wirken, aber doch einander wenig angehen. Dem Dichter liegt daran, eine mannigfaltige Welt auszusprechen, und er benutzt die Fabel eines berühmten Helden bloß als eine Art von durchgehender Schnur, um darauf aneinander zu reihen, was er Lust hat." Goethe bestätigt dies: „Sie haben vollkommen recht [...], auch kommt es bei einer solchen Komposition bloß darauf an, daß die einzelnen Massen bedeutend und klar seien, während es als ein Ganzes immer inkommensurabel bleibt."[16]

---

14 Vgl. Prinzip Hoffnung, S. 1200.
15 Zur *Faust*-Literatur vgl. die *Faust*-Bibliographie von Albrecht Schöne: Johann Wolfgang Goethe: Faust. Kommentare. In: ders.: Sämtliche Werke. Bd. 7/1. Texte. 7/2. Kommentare. Frankfurt am Main 1994, S. 1069–1130 und die Gesamtübersicht von Helmut G. Hermann: Goethe-Bibliographie. Literatur zum dichterischen Werk. Stuttgart 1991; vor allem S. 168–208.
16 Johann Peter Eckermann: Gespräche mit Goethe. Hrsg. von Regine Otto unter Mitarbeit von Peter Wersig. Stuttgart 1984, S. 384 f.

Das Inkommensurable des Werks scheint mir gerade darin zu bestehen, dass Fausts Beziehung zur Welt, also die Spannung zwischen Subjekt und Objekt, Ich und Natur, bei Goethe nicht in einem identitätsphilosophischen Sinn ‚aufgehoben' wird.[17] Fausts experimentierender Umgang mit der Welt lässt sich eher mit Goethes Begriff des „Genusses" charakterisieren, jenem aufschließenden Besitzergreifen von Welt, in dem sich das Ich an der Welt zu verwirklichen sucht. In einer um 1800 entstandenen Skizze zum zweiten Teil des *Faust* schreibt Goethe: „Tatengenuß nach außen und Genuß mit Bewußtsein, Schönheit: Zweiter Teil. Schöpfungsgenuß von innen. Epilog im Chaos auf dem Weg zur Hölle."[18] Von prozesshafter Zielgerichtetheit und dialektischer ‚Aufhebung' des Subjekt-Objekt-/Objekt-Subjekt-Verhältnisses ist wenig zu spüren.[19]

II

Die „Lernfahrt" als „Bildungsgeschichte" des Faust steht für Bloch allerdings nicht im Zeichen der bloßen Kontemplation im Sinne eines zunehmenden Selbst-Erkenntisfortschritts. Vielmehr müsse zum Reise-, Lern- und Lehrmotiv das entscheidende Moment von „Arbeit" hinzukommen. In beiden Büchern, dem *Faust* und der *Phänomenologie des Geistes*, so betont Bloch, sei der Mensch das „Agens" der Geschichte; es gehe um die „Beziehung zur Arbeit der Menschen an den Gegenständen, doch ebenso um die Umarbeitung der Gegenstände für den Menschen"[20]. Geschichte wird im *Faust* und in der *Phänomenologie* als Selbsterzeugung des Menschen durch menschliche Arbeit verstanden:

> Das Faustmotiv der Phänomenologie ist daher auch von diesem Start wie Endpunkt her das Phänomenologiemotiv des Faust: Erzeugungsgeschichte des Menschen und seiner Welt durch Bewegung und Arbeit. Das Subjekt-Objekt in Faust und Phänomenologie ist auf gemeinsame Weise das der Menschheit, die in widerspruchsvoller Selbstbefreiung aus den Entäußerungen und durch sie hindurch aufsteigt.[21]

---

17 Vgl. Hermann Wiegmann: Utopie als Kategorie der Ästhetik. Zur Begriffsgeschichte der Ästhetik und Poetik. Stuttgart 1980, S. 137.
18 Gedenkausgabe der Werke, Briefe und Gespräche. Hrsg. von Ernst Beutler. XX 1950/51, V. 541; zit. Victor Lange: Faust der Tragödie zweiter Teil. In: Goethes Dramen. Neue Interpretationen. Hrsg. von Walter Hinderer. Stuttgart 1980, S. 281–312, hier S. 282f.
19 Stattdessen dürfte Theodor W. Adorno die „Metaphysik des Faust" genauer kennzeichnen, wenn er formuliert, dass es nicht um „jenes strebende Bemühen" gehe, „dem im Unendlichen die neukantische Belohnung" winke, sondern um „das Verschwinden der Ordnung des Natürlichen in einer anderen" (Zur Schlußszene des *Faust*). In: Noten zur Literatur II, S. 7–18, hier S. 17.
20 Tübinger Einleitung, S. 55.
21 Ebd., S. 83. Vgl auch: Subjekt-Objekt, S. 41ff.

Bloch interpretiert hier Fausts Weg im Sinne der Vita activa noch ganz optimistisch als Aufstieg in widerspruchsvoller Selbstbefreiung, wobei dieser Prozess im Sinne einer Entwicklung der (noch) progressiven bürgerlichen Gesellschaft auf die „sozialistische Gesellschaft" zulaufe: „So stehen Faust und Phänomenologie mit uns nun an dem neuen Tor, an dem der sozialistischen Gesellschaft. Dessen Aufschrift heißt: Ende des Objekts am befreiten Subjekt, *Ende des Subjekts am unentfremdeten Objekt.*"[22] Die Lebensfahrt Fausts „könnte", so Bloch, eine Heimkehr-Geschichte sein.[23]

Den leisen Vorbehalt im Konjunktiv, den Bloch hier macht, möchte ich erheblich verstärken. Denn so einsichtig sowohl der kontemplative als auch der aktive Prozess der stufenweisen Entwicklung Fausts von Bloch nachgezeichnet wird, so wenig kann Fausts Geschichte der Selbst- und Welterfahrung ohne die zweideutigen, dunklen Seiten hinreichend verstanden werden. Im Zeichen von ‚Streben und Irren' ist das Böse Teil der Schöpfung im *Faust*. Es scheint, als ob Bloch die Rolle Mephistos zurücktreten lässt, um Fausts Entwicklungsgang im Sinne einer teleologischen Progression von Stufe zu Stufe deutlicher hervortreten zu lassen. Aber besteht die Herausforderung nicht gerade in der „ethisch indifferente[n] außermoralische[n] Existenz" des Faust?[24] Fausts „Lebenskraft", das lässt sich nicht übersehen, „wohnt [...] in der Nähe des Bösen"[25].

Zwar wird das Dämonische im *Faust* – „das Dunkel, das Macht ausübt"[26] – nicht unterschlagen, aber für Bloch regiert die Menschen bei Goethe eher eine „günstige Dämonie", jene „Dämonie des Lichts", die befreiend wirkt und einen Enthusiasmus erzeugt, der auch als „helle Besessenheit" erscheint. Bloch stellt das Dämonische in den Zusammenhang mit Goethes „höchster Produktivität" und weniger in den Kontext des „furchtbar Ungeheuerlichen"[27], wie es sich besonders in Fausts Tätigkeit als Kolonisator im zweiten Teil des Dramas auswirkt.[28]

Faust verkörpert in einem dreifachen Sinn die Geschichte und Problematik der Moderne. Indem sich, wie Bloch betont, in ihm das revolutionäre Ich der Französischen Revolution, das mathematische Ich der Erzeugung des Erkenntnisinhalts und das Motiv der beginnenden historischen Schule, also das romantische

---

22 Ebd., Hervorhebung im Text.
23 Ebd., S. 84.
24 Vgl. Werner Keller: Faust. Eine Tragödie. In: Goethes Dramen, S. 244–280, hier S. 254.
25 Vgl. diese Formulierung im Blick auf Don Giovanni bei Ivan Nagel: Autonomie und Gnade. Über Mozarts Opern. München 1985, S. 53; vgl. auch S. 32f.
26 Prinzip Hoffnung, S. 1162.
27 Vgl. ebd., S. 1163 und S. 1164f.
28 Vgl. hier wieder die Nähe zu Prometheus; siehe dazu auch Hans Blumenberg: Arbeit am Mythos. Frankfurt am Main 1979, S. 504ff.

Ich, verbinden, zeigt sich nun aber umso offenbarer auch der Preis der Moderne, den die Tätigkeit eines großen Subjekts fordert. In der Figur Fausts werden die Grenzen der Moderne sichtbar; in der Maßlosigkeit Fausts spiegelt sich das Unersättliche und das heißt auch Vernichtende des Fortschritts.

Der fünfte Akt im zweiten Teil des *Faust* liefert dafür die Schlüsselszene. Sie zeigt den titanischen Helden auf der Höhe des Erfolgs und zugleich in seiner tiefsten Krise.[29] Obwohl Faust das neugewonnene Land mit Stolz und Befriedigung anschaut, richtet sich sein maßloser Wille und Egoismus dennoch auf den daneben liegenden kleinen Besitz von Philemon und Baucis. Er möchte auf ihrem Grund einen „Luginsland" errichten, um von dort aus, herrscherlich alles überblicken zu können. Fausts Machtwille kennt keine Grenze. Was nicht rechtmäßig zu erlangen ist, eignet er sich mit Hilfe Mephistos gewaltsam an. Die beiden Alten sind die Opfer; sie werden getötet, zusammen mit dem Wanderer, der ihr Gast ist. Faust klagt vergeblich: „Geboten schnell, zu schnell getan!"[30]

Unmissverständlich macht Goethe auf die Kosten der Moderne aufmerksam. Schritt für Schritt zeigt sich im *Faust*, wie die alte Welt vernichtet werden muss, um eine neue aufzubauen. Philemon und Baucis stehen stellvertretend für all jene Opfer, die zweckrationale Planung und moderne Technik fordern. Goethe beschönigt nichts. Von der Vernichtung ist die Welt der menschlichen Geschichte ebenso bedroht wie die ursprüngliche ‚unschuldige' Natur.

Mit welcher Nüchternheit hier die Dialektik des Fortschritts aufgezeigt und jede Art von teleologischer Hoffnung zurückgenommen ist, zeigt der Zusammenhang des Textes. Nach der ‚gelungenen' Inbesitznahme verfällt Faust der „Sorge". Sie tritt mit drei anderen allegorischen Figuren (Mangel, Schuld und Not) auf und macht die Unvollkommenheit der menschlichen Existenz bewusst: „In verwandelter Gestalt / Üb' ich grimmige Gewalt" (V. 11426 f). Zwar versucht Faust, dieser Gewalt entschlossen zu widerstehen, aber die Sorge offenbart ihre unmittelbare Aktualität. Faust muss erblinden:

Erfahre sie, wie ich geschwind
Mich mit Verwünschung von dir wende!
Die Menschen sind im ganzen Leben blind,
Nun Fauste! werde dus am Ende. (V. 11495–98)

---

[29] Vgl. dazu den Kommentar von Erich Trunz. In: Hamburger Goethe-Ausgabe. Bd. III. Dramatische Dichtungen I, 11. Neubearbeitete Auflage. München 1981, S. 614–640; Max Kommerell: Faust und die Sorge. In: ders.: Geist und Buchstabe der Dichtung. Goethe, Kleist, Hölderlin. Frankfurt am Main 1940, S. 75–111; Joachim Müller: Die tragische Aktion. Zum Geschehen im 5. Akt von Faust II bis zum Tode Fausts. Goethe Jahrbuch 94 (1977), S. 188–205; Arthur Henkel: Das Ärgernis Faust. In: ders.: Goethe-Erfahrungen. Studien und Vorträge. Stuttgart 1982, S. 163–179.
[30] V. 11382. Im Folgenden Verszeilen des *Faust* jeweils im Text.

III

Mit der Erblindung Fausts endet das Drama nicht. Vielmehr steigert sich der Hundertjährige erst jetzt zu seiner höchsten Vision. Vor seinem inneren Auge erblickt er das Wunschbild eines selbst geschaffenen, neuen Lebens: „Solch ein Gewimmel möchte ich sehn / Auf freiem Grund mit freiem Volke stehn" (V. 11579 f.). In einem Augenblick befreit er sich von den dämonischen Zwängen, um im Ausblick eine Utopie der Vollendung seines Strebens zu entwerfen.

Handelt es sich bei diesem Augenblick um den herausgehobenen Moment in der Lebensfahrt Fausts, von wo aus dessen ganze Existenz interpretiert werden kann? Erhalten von hier aus sowohl der erste als auch der zweite Teil des *Faust* ihre einleuchtende Begründung und ihren definitiven Abschluss? Was bedeutet die konjunktivische Formulierung: „Zum Augenblicke dürft' ich sagen: Verweile doch, Du bist so schön!" (V. 1181 f.)?

Bloch verleiht diesem Augenblick am Ende von Fausts Leben höchste Bedeutung. Für ihn ist es der Abschluss und Höhepunkt einer Stufenfolge von Momenten, die in ihrer Zielgerichtetheit auf diesen letzten Lebensaugenblick Fausts verweisen:

> Der Bezug im Faust ist die Wette, mit dem Inhalt des ,Verweile doch', zum schönen, zum beruhigten Augenblick gesagt. Das bedeutet einmal, daß Faust, der Tätige, nie ein entspanntes ,Verweile doch' zu einem Augenblick akzeptiert.[31]

Obwohl diese Intention – „sich nie auf ein Faulbett zu legen" – zunächst die überwiegende sei, ändere sich dies im Fortgang des Dramas, und am Ende dominiere eine andere, die des „erfüllend-erfüllten und so mit Substanz verweilenden" Augenblicks:

> Dieses Jetzt kann bei Goethe bereits durch ein aus der Mühe und dem Fluß sich heraushebendes Zeitmoment bedeutet sein, sofern dieses Moment selber voll großen Inhalts ist. Situationen dieser Art sind dann nicht nur transitorische, [...] sie zeigen vielmehr [...] auch ein charakteristisch Verlangsamtes, Anlangendes oder, wie Goethe selbst über die Helena-Begegnung sagt, ein ,Solidesziertes'.[32]

Bloch zählt dann eine Reihe von Augenblicken im *Faust* auf (Fausts Eintritt in Gretchens Kammer, der Sonnenaufgang zu Beginn des zweiten Teils oder die Helena-Begegnung in Sparta), die bereits auf ein „erfüllendes Nunc stans bezogen" seien. Deutlich werde das jedoch erst am Schluss, „auf freiem Grund mit

---

31 Tübinger Einleitung, S. 79.
32 Ebd., S. 79 f.

freiem Volk, im Augenblick also, als Faust genau zu diesem so beschaffenen Augenblick das ‚Verweile doch' spricht, vielmehr: zum ‚Vorgefühl' glaubt sagen zu dürfen. Die Unruhe glaubt sich im Begriff, gestillt zu werden, und zwar *durchs konträre Gegenstück zum Faulbett*, durch *Tat mit sozialem Gehalt*."[33]

Bloch interpretiert den Augenblick der Vision Fausts im Horizont einer sozialen Utopie, wenn er auch betont, dass es sich bei Faust um ein „Vorgefühl" handele. Wenn es aber nur um ein „Vorgefühl" und nicht bereits um den Inhalt der Utopie geht, zeigt sich darin auch die eigentümliche, prinzipielle Begrenzung der Darstellung des Augenblicks in der Literatur: „[...] denn in Dichtung und Philosophie gelingt nur die *Intention* auf Utopisches, nicht aber, den *Inhalt* des Utopischen als seiend zu gestalten."[34]

Bevor ich auf diese außerordentlich prägnante Charakterisierung der Form des utopischen Augenblicks bei Bloch zurückkomme, mag zunächst ein Blick auf Goethes Augenblicksauffassung und -darstellung geworfen werden. Die Konzeption des Augenblicks gehört für Goethe zu den zentralen Elementen seiner Weltdeutung. Unter allen Interpretationen des Augenblicks (der „prägnante", sich selbst genügende Augenblick, der ‚politische' Augenblick einer „günstigen" Gelegenheit, der Augenblick des Entstehens und Werdens, der „Solidescenz" oder jener der höchsten Steigerung einer morphologischen Entwicklung)[35] scheint mir jene Deutung der Augenblicksvision Fausts am Ende seines Lebens naheliegend zu sein, die Goethe in einem Brief an Zelter mit dem Satz umschreibt: „[...] so wollen wir nun den Augenblick desto höher wert achten und ihm das Mögliche für die Zukunft abzugewinnen suchen [...]."[36] Es geht weder um das Nutzen einer günstigen Gelegenheit, noch um den Augenblick der höchsten Vollendung im Prozess des Werdens, sondern um die gesteigerte Wahrnehmung des Moments im Blick auf Zukunft. Es handelt sich, „vorfühlend im Geistesblick"[37], um Antizipation dessen, was noch nicht erreicht ist, aber bereits vorgestellt wird. Mit einer Formulierung von Hermann Schmitz: „Die Fülle der Zeit ist also um den wirkenden Menschen versammelt und läßt ihn die noch be-

---

33 Ebd., S. 80. Hervorhebung im Text.
34 Prinzip Hoffnung, S. 1201. Hervorhebung im Text.
35 Vgl. den Artikel „Augenblick" im Goethe-Wörterbuch, Bd. 1. XX 1978, Sp. 1068–1075; und Wolfgang Schadewaldt: Anhang. Zu den Begriffen Augenblick – Moment – Stunde. In: ders.: Goethestudien. Natur und Altertum. Zürich 1963, S. 435–446; Gerhard Neumann: Wissen und Liebe. Der auratische Augenblick im Werk Goethes. In: Augenblick und Zeitpunkt. Studien zur Zeitstruktur und Zeitmetaphorik in Kunst und Wissenschaften. Hrsg. von Christian W. Thomsen, Hans Holländer. Darmstadt 1984, S. 282–305; Andreas Anglet: Der ‚ewige' Augenblick. Studien zur Struktur und Funktion eines Denkbildes bei Goethe. Köln 1991.
36 Brief vom 1. November 1829. In: Goethes Briefe IV. Hervorhebung von mir.
37 Wolfgang Schadewaldt: Faust und Helena. Zu Goethes Auffassung vom Schönen und der Realität des Realen im zweiten Teil des Faust. In: ders.: Goethestudien, S. 203.

vorstehende Unendlichkeit seines Weiterwirkens als Erfüllung seines Sehens gleichsam im Vorgriff schon besitzen."[38]

Es zeigt sich, wie genau Bloch die Struktur – ich betone – die Struktur des Augenblicks am Ende von *Faust II* analysiert hat. Es geht, in den Formulierungen Blochs, einerseits um „volles Da-Sein" und andererseits um das „Intentions-Überhaupt", um „Jetzt und Da"[39]. Mit der Kennzeichnung des ‚vollen Daseins' umschreibt Bloch das Herausgehobene des Augenblicks aus dem Zeitstrom, in der Formulierung vom „Intentions-Überhaupt" wird das Visionäre, Vorausblickende verdeutlicht. Das Mögliche der Zukunft erhält seinen besonderen Stellenwert.

Die strukturelle Parallelität von Goethes Augenblickskonzeption im *Faust II* und Blochs Interpretation im Sinne eines utopischen Augenblicks erfährt allerdings insofern ihre Begrenzung, als noch einmal an den Zeitpunkt des visionären Augenblicks im Stück erinnert werden muss. Die Bedingungen und der Kontext, unter denen und in dem Fausts Wunschbild entwickelt wird, sind zweideutig. Der erblindete Faust erliegt Täuschungen und Selbsttäuschungen. Während er die Arbeiter an seinem Projekt zu hören glaubt („Wie das Geklirr der Spaten mich ergötzt!" V. 11539), bereiten ihm in Wahrheit die Diener des Todes sein Grab. Die Verwechslung von gigantischem Zukunftsprojekt und eigenem, unmittelbar bevorstehenden Tod macht die ironische Distanz Goethes zu einer inhaltlichen Interpretation des utopischen Augenblicks deutlich.

Hinzu kommt die Widersprüchlichkeit des Faust'schen Projekts selbst. „Der Wille zu titanischem Selbstgenuß verwandelt sich" nicht „in ein neues, ein soziales Ethos".[40] Das Volk bleibt Objekt, wird nicht zum Subjekt seiner Geschichte. Fausts Ausruf vom „[...] freie[n] Grund mit freiem Volke [...]" (V. 11480) lässt sich weder als Ankündigung einer sozialen noch als Hinweis auf eine sozialistische Utopie verstehen.[41] Fausts Zukunftsblick bleibt eine „Herrschervision".

Sein Selbst- und Weltentwurf zeugt noch in der utopischen Projektion von Unersättlichkeit. Dieser kann allein der Tod ein Ende setzen.

Hervorzuheben bleibt deshalb der strukturelle Aspekt des Goetheschen Augenblickskonzepts und seiner Interpretation durch Bloch. Das Genießen des

---

38 Goethes Altersdenken im problemgeschichtlichen Zusammenhang. Bonn 1959, S. 381.
39 Prinzip Hoffnung, S. 1190.
40 Karl Vietor: Goethe. Dichtung. Wissenschaft. Weltbild. Bern 1949, S. 354.
41 Vgl. Heinz Schlaffers Kritik an Thomas Metschers Essay „Faust und die Ökonomie" (Vom Faustus bis Karl Valentin: Der Bürger in Geschichte und Literatur. In: Argument-Sonderband 1976): Fausts Ende. Zur Revision von Thomas Metschers ‚Teleologie der Faust-Dichtung'. In: Argument 99 (1976), S. 772–779. Die hier angedeutete Aktualisierung der Faustischen Ziele im Sinne „imperialistischer, ja faschistischer Staatsformen" (S. 775) scheint mir indes ebenso problematisch zu sein wie die in Richtung einer sozialistischen Utopie.

Augenblicks im Vorgriff, als „Vorgefühl", erlaubt die Deutung des Augenblicks als eines utopischen Moments. Die drei Zeitdimensionen sind in einem Augenblick präsent: Die Vergangenheit als Erinnerung des Geleisteten, Zukunft im Vorgriff auf das zu Erreichende und Gegenwart als Bewusstsein dieser beiden Dimensionen. Der Augenblick verbindet die drei Zeitdimensionen, wobei nun – und das ist entscheidend im Blick auf den utopischen Aspekt – das Mögliche der Zukunft eine besondere Bedeutung erhält.

Ich erinnere noch einmal an Goethes Vorschlag, dem Augenblick „das Mögliche für die Zukunft abzugewinnen." So zurückgenommen und ironisch distanziert das am Ende des *Faust II* unter inhaltlichen Aspekten auch ist, so sehr zeigt sich doch, dass in der zukunftsorientierten Auslegung der (in jedem Augenblick präsenten) Dreidimensionalität von Zeit die (formale) Konstruktion für das Utopische ihren Ort hat.

Für Bloch hat die Struktur des Augenblicks im Faust deshalb eine philosophisch und ästhetisch paradigmatische Funktion. Bloch betont im Spätwerk *Experimentum Mundi* – unter Rückgriff auf Formulierungen über das „Dunkel des gelebten Augenblicks" im Frühwerk *Geist der Utopie*[42] –, dass es ihm darauf ankomme, „[...] das Jetzt an sich selber gerade erst als bloßes noch unbestimmtes Agens, als bloßen Herd der dialektischen Unruhe auszuzeichnen, genau indem es in das allemal Inhaltliche der Veränderung noch nicht eintritt"[43]:

> Der Moment, unbefriedigt jeden Augenblick und als dieser, bringt die Zeitform erst auf den Lauf, in das eigentliche Agendum darin. Dem entsprechend läßt Faust, mit seinem Verweile doch, keinen Fluß stillstehen, sondern einen Augenblick, so intendiert auch Paulus, wenn er sagt: ‚Wir werden alle verwandelt werden und dasselbige plötzlich, in einem Augenblick', in einem wirklich aufgeschlagenen und nicht einem chronometrisch sezierten Augenblick.[44]

Damit erblickt Bloch im Faustschen Augenblick eine (messianische) Tiefenstruktur[45], die „das Dunkel des gerade gelebten Augenblicks [...] durch den Schein, nämlich Vor-Schein eines Nunc stans behoben" sieht.[46] Ein solcher „Vor-Schein" lasse zumindest eine „blitzhaft-kurze [...] symbolische [...]" ‚Erfüllung' zu.[47]

---

42 Vgl. bearbeitete Neuauflage der zweiten Fassung von 1923 (1964), vor allem S. 209 ff.
43 Experimentum Mundi, S. 102.
44 Ebd., S. 101.
45 Vgl. dazu im Kap. III,8: „Grundrisse einer besseren Welt."
46 Experimentum Mundi, S. 98.
47 Vgl. Frederic Jameson: Die Ontologie des Noch-Nicht-Seins im Übergang zum allegorisch-symbolischen Antizipieren: Kunst als Organon kritisch-utopischer Philosophie. In: Materialien zu Ernst Blochs ‚Prinzip Hoffnung', S. 424 f.: „[...] Faust erlebt ja den entscheidenden Augenblick nie wirklich; er stellt ihn sich nur vor, so wie wir uns das Gedicht vorstellen, und das Konditional, in das er seine

Blochs Interpretationen zur Musik, Literatur und Kunst gehören in den Zusammenhang seines Philosophierens. Nur von daher wird deutlich, dass es Bloch nicht nur um die Analyse ästhetischer Phänomene geht, sondern immer auch um das Explizieren seiner Hoffnungsphilosophie.

So wie sich die Deutung der Augenblicksvision Fausts auf prinzipielle Aspekte der Struktur des ‚utopischen' Augenblicks richtet, so stellt die Faust-Interpretation Blochs insgesamt den Gedanken einer „Ontologie des Noch-Nicht-Seins" im Sinne der Rolle des noch Ungewordenen und nach Vorwärts-Drängenden in den Mittelpunkt. Faust als „Leitfigur der Grenzüberschreitung" bringt für Bloch die ständige Aufgabe des Menschen zum Ausdruck, alles Gewordene als das noch Unzureichende zu überschreiten. Im „Willen zum Unerreichbaren" gilt Faust als „Sinnbild" für das Blochsche Prinzip Hoffnung.

Wenn Bloch den Gedanken einer zielgerichteten Entwicklung und stufenweisen Teleologie unter Rückgriff auf Hegels *Phänomenologie* stärker betont als den Zusammenhang von Streben und Irren / Schuld und Scheitern, so geht es ihm um die Philosophie der Hoffnung am Beispiel eines exemplarischen Menschen. Wenn die tödlichen Kosten der Moderne im Sinne menschenbedrohender Zweckrationalität weniger betont werden als der Gedanke subjektiver Selbstverwirklichung und momenthafter Antizipation einer besseren Welt im „Vorgefühl", handelt es sich um die ‚Rettung' von Hoffnung wenigstens in einem visionären Augenblick. Jedoch: Blochs utopisches Hoffnungsprinzip trifft auf Goethes ironischen Vorbehalt; Fausts visionäres Wunschbild wird sogleich durch Mephistos Kommentar über den „letzten, schlechten, leeren Augenblick" (V. 11589) ergänzt und konterkariert.

Der Glückssucher Faust ist – im formalen Sinn – eine ‚utopische' Figur, weil er sich (mit den Worten Blochs) nie auf ein „Faulbett" legt. Darin bleibt er ganz Repräsentant der Moderne, als ihm der Augenblick nicht, wie es Goethe vom antiken Augenblick betont, „prägnant und sich selbst genug" ist. Dem jeweiligen Augenblick soll vielmehr „das Mögliche für die Zukunft" abgewonnen werden. Aber gerade darin hat auch die „Tragödie" Fausts ihren Grund.

---

fatalen Worte kleidet, steht für den ganz und gar analogischen Charakter der Fabel. [...] Eine Art allegorische Struktur ist so der Vorwärtsbewegung des utopischen Impulses eigen, der ständig auf etwas anderes verweist, der sich nie unmittelbar entdecken kann, sondern immer nur in Bildern spricht, der von seiner Struktur her immer nach Vervollständigung und Auslegung ruft."

10 Abschied von Utopien und Wiederkehr des Utopischen: Ernst Jüngers *Heliopolis*. *Rückblick auf eine Stadt*

Ernst Jüngers zwischen 1947 und 1949 entstandener utopisch-dystopischer Roman *Heliopolis. Rückblick auf eine Stadt*[1] schließt einerseits an Themen und Motive des am Beginn des Zweiten Weltkriegs veröffentlichten Romans *Auf den Marmorklippen* (1939) an und übernimmt andererseits archetypische Formen des utopischen Schreibens und gattungsorientierter Modelle, die sich nur bedingt an literarische Diskurse einer Poetik des modernen Romans im 20. Jahrhundert orientieren. Lineares, episches Erzählen wird – dem Leser utopischer Literatur vertraut – wiederholt durch die deskriptive Darstellung von unterschiedlichen Lebens- und Erfahrungsräumen unterbrochen, die für sich eine partielle Eigenständigkeit beanspruchen.[2] Dazu gehören topographisch vergegenwärtigte Räume, beginnend mit einer kommunikativen Einführung in die Gesamtproblematik des künftigen Geschehens durch Dialoge der Schiffsbesatzung während der „Rückkehr" von den „Hesperiden"[3] nach „Heliopolis", einer „Sonnen"-Stadt[4] mit „geformter Macht" und kriegerischer Geschichte.

---

[1] Zitiert wird nach der Erstausgabe Tübingen: Heliopolis-Verlag 1949. Seitenangaben im Folgenden im Text. Über Jüngers „Manie" der Bearbeitungen und [verschiedenen] Fassungen im Kontext der ‚totalen Mobilmachung' vgl. Steffen Martus im Jahrbuch der Schiller-Gesellschaft 44 (2000), S. 212–234. Zur Forschungsliteratur vgl. insbesondere: Ernst Jünger. Handbuch. Lesen-Werk-Wirkung. Hrsg. von Matthias Schöning. Stuttgart. Weimar 2014, mit ausführlicher Bibliographie. Über den ‚Heliopolis'-Roman: Götz Müller, Gegenwelten, S. 254–269; Hans Esselborn: Die Verwandlung von Politik in Naturgeschichte der Macht. Der Bürgerkrieg in Ernst Jüngers ‚Marmorklippen' und ‚Heliopolis'. In: Wirkendes Wort 42 (1997), S. 45–61; Julia Draganovic: Figürliche Schrift. Zur darstellerischen Umsetzung von Weltanschauung im erzählerischen Werk Ernst Jüngers. Würzburg 1998, S. 171–219; Steffen Martus: Ernst Jünger. Stuttgart. Weimar 2001, S. 202–209; Hans Krah: Die Apokalypse als literarische Technik. Ernst Jünger, ‚Heliopolis' (1949) im Schnittpunkt denk- und diskursgeschichtlicher Paradigmen. In: Ernst Jünger. Politik-Mythos-Kunst. Hrsg. von Lutz Hagestedt. Berlin. New York 2004, S. 225–251; Bernd Stiegler: Technische Innovation und literarische Imagination. Ernst Jüngers narrative Technikvisionen in ‚Heliopolis', ‚Eumeswil' und ‚Gläserne Bienen'. In: Ernst Jünger und die Bundesrepublik. Ästhetik-Politik-Zeitgeschichte. Hrsg. von Matthias Schöning, Ingo Stöckmann. Berlin. Boston 2012, S. 295–308; Peter Uwe Hohendahl: Erfundene Welten. Relektüren zu Form und Zeitstruktur in Ernst Jüngers erzählender Prosa. Paderborn 2013, S. 49–73; ders.: Heliopolis. Rückblick auf eine Stadt. In: Ernst Jünger-Handbuch, S. 174–183; Zur Biographie Ernst Jüngers: Martin Meyer: Ernst Jünger. München 2007; Helmuth Kiesel: Ernst Jünger. Die Biographie. München 2007.

[2] Die Geschichte literarischer Utopien dokumentiert einen durchgehenden Wechsel von erzählenden und beschreibenden Passagen.

[3] Vgl. die (ironische) Anspielung auf das Abendland („Hesperus").

Palimpsestartige Verweise auf Ereignisse der Unheilsgeschichte des 20. Jahrhunderts sind ebenso präsent wie Anschlüsse an Ideen und Figuren aus Ernst Jüngers *Der Arbeiter* (1932). Der utopische Roman über ‚Heliopolis' lässt sich (mit vielfachen vergangenheitsorientierten Rückblicken) auch als „Zeitroman" lesen.[5] Dies auch deshalb, weil die Technik – wie im *Arbeiter* – durchgehend als „Signatur der Zeit"[6] konstitutiv und allgegenwärtig ist. Sie ist jene Konstante, die an bestimmten Leitmedien abgelesen werden kann. So können „Phonophore" systemübergreifend als Diktaphon („Phonogramme") genutzt werden und als „Orientierungshilfe" oder „Ortungsgerät", mit denen sich die Verbindung zum „Zentralarchiv" herstellen lässt. Zugleich dienen sie auch als Mittel der ‚Gleichschaltung'.

Geschichtsbewusst stellt Ernst Jünger im ersten Teil seinen *Heliopolis*-Roman in die Tradition klassischer Renaissanceutopien, (wieder)erkennbar an der visuellen Veranschaulichung der geographischen Lage in der Topographie einer offenen Hafenstadt nach dem Modell von Thomas Morus' *Utopia*[7] und intentional gerichtet auf ein theokratisches Gesamtkonzept in Anknüpfung an Tommaso Campanellas *Civitas Solis*. Zugleich wird auf Francis Bacons *Nova Atlantis* angespielt; das „Toxologische Institut" des „Doktor Mertens" (52) bildet eine leicht identifizierbare Kontrafaktur zu Bacons „Salomons House".[8] Die prinzipielle Dichotomie von Wirklichkeitsdarstellung und Entwurf kontrafaktischer Gegenwelten aller Utopien bleibt bestehen. Verbunden wird damit allerdings sogleich der Hinweis auf die Riskanz solcher Gegenbildvorschläge, wenn von der „Dichtung am Rand der Klippen, symphonische[r] Ordnung von Schönheit und Gefahr" (93) die Rede ist: Dunkle „Lebenswogen [haben sich] im leuchtenden Kristall verwandelt. Das hielt dann den Zeiten stand" (93).

Die unter Hinweis auf Wilhelm Heinses *Ardinghello und die glückseligen Inseln*[9] gewählte hohe Tonart ist für den gesamten Text charakteristisch. Sie unterstreicht das Herausgehobene des utopischen Diskurses gegenüber einer auf diese Weise bewusst gemachten Distanz zur Alltagswelt. Das wird noch unterstrichen durch eine mittels Schmuckmetaphern veranschaulichte glanzvolle

---

4 Nicht anders der unmittelbare Verweis auf Campanellas „Sonnenstaat"; dazu im Folgenden.
5 Vgl. Peter Uwe Hohendahl in seinem Handbuch-Artikel .
6 Stiegler, Technische Innovation, S. 296.
7 Vgl. Kap.I 2.
8 Vgl. Kap.II 4.
9 Die Referenz von Wilhelm Heinses „Ardinghello und die glücklichen Inseln. Eine Italiänische Geschichte aus dem sechszehnten Jahrhundert" (1787) [Kritische Studienausgabe. Hrsg. von Max L. Baeumer. Stuttgart 1975] bildet ein Vorbild Jüngers in der „vollen Erfassung des souveränen Individuums", der erstrebten Verbindung von „Weltgeist und Zeitgeist" (114) im Zeichen eines Künstlertums, dessen Thema „der Gobineau und Stendhal, der Burckhardt, Nietzsche" (94) auf Heinse zurückgeführt wird.

Landschafts- und Gebirgswelt: „Prunkgesteine der Oberfläche aufgetragen wie Geschmeide auf Fürstenkronen " (26); auch von „Schatzgrotten des Universums" (21) ist die Rede, die einen „Spiegel des Universums" (23) bilden.

Gegenüber den in der klassischen Utopie-Geschichte verankerten, von Jünger vielfach zitierten und überhöhten Gegenbildern charakterisiert den *Heliopolis*-Roman ein duales Erzähl-Modell. Statt der traditionell jeweils entworfenen *einen* Gegenwelt in den überlieferten Utopien projektiert Jünger eine zweifache; beide sind miteinander verknüpft. Mehr noch: zusätzlich zu diesen beiden Gegenwelten innerhalb der Erzählung des Romans wird noch eine dritte als „Burgenland" eingeführt, die im Text eine Art Rückzugsort für die Heliopolis-Bewohner bildet.

Die Doppelung der Gegenwelten besteht einerseits im Erfahrungsraum des vom „Landvogt" beherrschten Bereichs einer auf den Trümmern der alten Volksparteien errichteten absoluten Bürokratie (vgl. 176), einem „geschichtslosen Kollektiv", und andererseits, konträr dazu, in einer durch Traditionsbestände der Aristokratie bestimmten Welt, deren Staatsauffassung im „Schutz des individuellen Eigentums" (176) und in der „Perfektion des Menschen" besteht. Diese ist auf die „Bildung einer neuen Elite, eines vollkommene[n] Menschbild[es], gerichtet" (176). Die zugespitzte Dichotomisierung der beiden Ordnungsfelder wird spannungsreich inszeniert. Sie verweist auf einen für die moderne Utopiegeschichte ambivalenten Zusammenhang von Utopie und Dystopie, ohne dass auf Eindeutigkeit gezielt wird.[10]

Beide Gegenbild-Modelle werden im Sinne experimenteller Erfahrungsräume bewusst nebeneinander veranschaulicht im Kontrast zur beobachteten gesellschaftlichen Realität des 20. Jahrhunderts; allerdings durchaus abgestuft, denn der durch die „intelligente Bestialität" des Landvogts (428) verkörperte Bereich der Technik und Bürokratie lässt jene Tendenzen der modernen Demokratie erkennen, die der Erzähler heftig kritisiert. Wenn vom „Nihilismus der Technik oder von den Trümmern der alten Volksparteien die Rede ist, so wird die „Perfektion der Technik" als eine Mischung von Automaten und ausgesprochenen Verbrechern" (176) charakterisiert im Sinne eines Schreckbildes, in dem die „Herrschaft der Vielen [...] die Niedertracht in Permanenz" (90) bedeutet. Ein vom Kollektiv zum ‚Staat' erhobenes Modell wird so als Dystopie dargestellt und damit als ein demokratisch legitimiertes Staatskonzept radikal in Frage gestellt.

Im Kontrast dazu prämiert der Text ein Ordnungsmodell, das die Tradition der überlieferten Aristokratie und ein durch den Leistungsadel legitimiertes Gesellschaftsmodell favorisiert. Dieses durch den Prokonsul verkörperte Ideal wird als

---

[10] Zur ambivalenten Verbindung von utopischen und dystopischen Elementen vgl. Möglichkeitsdenken. Utopie und Dystopie in der Gegenwart. Hrsg. von Wilhelm Voßkamp, Günter Blamberger, Martin Roussel. München 2013.

„Sphäre klarer, legaler, sichtbarer Macht" (53) überhöht. Der Inversion eines technisch-demokratischen Staatsprinzips auf der Seite des Landvogts korrespondiert eine Form der durch die historische „Ritterschaft" entstandenen und propagierten Idealisierung, deren „hoher Geist" (91) zwar streckenweise ironisiert, aber insgesamt heroisiert wird (im Zusammenhang von Waffenhandwerk und ritterlichen Tugenden [91]). Beide Gegenwelten (die des Landvogts und die des Prokonsuls) lassen sich in ihrer Bipolarität und paradoxen Verbindung als „Suche nach neuer Stabilität" und als Antwort auf einen Zustand vorausgesetzter realgeschichtlicher „Anarchie" bezeichnen.[11]

Eine ideologische Einordnung oder mögliche Beurteilung der beiden projektierten Modelle wird dem Leser nur bedingt erleichtert durch die Charakterisierung der im Roman auftretenden zentralen Personen. Im Zentrum steht der Schiffskommandant Lucius de Geer, der – wiederum unter Anspielung auf die *Utopia* von Thomas Morus (in der Figur des Hytlodäus)[12] – dem Bereich des Prokonsuls zugeordnet wird. Eine Identifizierung mit dessen Staatsmodell wird indes vermieden, um sich eine jeder Zeit mögliche Distanzierung vom Gesamtkonzept vorzubehalten aber eine beabsichtigte Heroisierung zu ermöglichen (In der Tradition ‚klassischer' Utopien sind solche Hervorhebungen von Figuren den Staatsgründern oder Verfassungsgebern vorbehalten). Zum Personal des im Dienst des Prokonsuls stehenden Lucius de Geer gehören, und damit vergleichbar der Dichotomisierung von Staatsmodellen der Insel Heliopolis, wiederum Individuen, deren Oszillieren zwischen utopischer und dystopischer Funktion durchgehend beobachtbar ist; so in der Person des Professors Orelli, der als Kulturhistoriker eine freie Forschung propagiert im Unterschied zur Figur des Thomas, die auf ein empirisches, brauchbares Wissen unter funktionalen Gesichtspunkten von „Macht und Reichtum" setzt (29). In der Figur des „Messer Grande" wird die aufklärerische Idee des Fortschritts kritisiert. Fortschritt bedeutet in seinem Umkreis ‚Schrecken', exemplarisch veranschaulicht im „Toxologischen Institut" (52), dessen Schiffsarzt Dr. Mertens Menschenversuche anstellt und Mord bei „weiterlaufenden Geschäften" betreibt (53).[13]

Gedankliche (und verherrlichte) Vorbilder für ein „souveränes Individuum"[14] liefern im Umkreis des Prokonsuls unter Hinweis auf Burckhardt und Nietzsche adlige Tugenden der aristokratischen Gelassenheit („*Desinvoltura* wird gewonnen

---

11 Auch dies ist ein in der Geschichte von Utopien kontinuierliches Leitmotiv.
12 Der Geschichtenerzähler und (wörtlich übersetzt) „Possenreißer" in seinem Bericht über die Insel „Utopia".
13 Ein weiterer Hinweis auf Bacons Forschungsinstitut „Salomons House".
14 Vgl. Anm. 10.

an den Höfen der Fürsten" [101]) und bewegliche Geschmeidigkeit („*Souplesse*")[15]
– Voraussetzung allerdings auch für Momente des Anarchischen.

Differenzierter wird die Funktion einzelner Figuren dargestellt im Zusammenhang des zentralen Themas aller Utopien, des „*Glücks*". Dem widmet der Text ein eigenes Symposion „im inneren Kreis des Prokonsuls" (130). Es ist eine Institution der Selbstreflexion der Utopie im Allgemeinen und der *Heliopolis* im Besonderen. Dass die Rolle der Imagination als Ausgangspunkt gewählt wird, unterstreicht zum wiederholten Male die toposhafte Traditionsbewusstheit Jüngers. Die im Konjunktivischen begründete Funktion der Einbildungskraft bildet den Rahmen für die präsentierte Diskussion, mit der Lucius die Darstellung der unterschiedlichen Glückskonzepte einleitet:

> Es ist ein potentieller Zustand, den die Illusion belebt. Stets spielt das Weiße in ihm ein. Die weißen Flächen stimmen mich heiter, ein Feld im Schnee, der Brief, der eröffnet, das Blatt Papier, das wartend auf meinem Tische liegt. Bald werde ich es mit Zeichen, mit Buchstaben bedecken und trage dadurch von seinem Schimmer ab. Noch steht es für alle Texte frei. Daß man beginnen könnte, ganz neu beginnen: das ist ein köstliches Gefühl (129).

Die Utopie des Anfangs als poetologisches und philosophisches Augenblicks-Erlebnis (Lars Gustafsson) und das ‚Noch-nicht' (in der Tradition von Friedrich Schiller und Ernst Bloch) werden aufgerufen; letzteres bildet fortan den Cantus firmus der verschiedenen Beiträge und Diskussionen über das Glück. Das Betonen der Einbildungskraft wird verbunden mit Hinweisen auf eine von Augustin bis Goethe gewählte Allegorisierung des Lichts als Möglichkeit der Wahrnehmung und Voraussetzung für die künstlerische Produktion:

> Ich gebe den Bildern Antwort; ich sende sie wie aus einem Spiegel in die Welt zurück. Das Auge wird sonnenhaft; die Welt ein Bildersaal. Sie formt sich zu Melodien, die ich komponiere; das Glück der Maler, der Dichter, der Liebenden wird mir vertraut. Die Welt wird leichter, weil ich tiefer werde; sie eilt dahin wie ein gesteuertes Gefährt. Der Übergang vom geistigen Empfangen zum geistigen Gebären, geistiger Herrschaft ist mannigfaltig, wie der Rausch sich mannigfaltig naht. Zuweilen gleicht er dem immer schnelleren Laufe, bei dem der Körper plötzlich, ein ungeheures Flügelpaar entfaltend, sich in die Luft erhebt. Dann wieder paart sich ihm Bewußtsein: der Geist erhöht sich zum Dirigenten, nachdem er einen Überfluß von Melodien in sich trank. Dem folgt ein Augenblick der Stille und dann das trockene Klopfen des Taktstocks im Zauberkreise, das Pochen an die Tore der Imagination. (130 f.)

---

15 „Doch muß Desinvoltura die *Souplesse* zur Seite stehen. Das Wort ist in den frühen Ritterzeiten über supplex in die Provencalensprache eingeführt [...]" (S. 101).

Die rauschhafte Aneignung der Welt als Bedingung der Möglichkeit für die künstlerische Produktion und performative Reproduktion wird in der klassischen Sprache Goethes und Schillers zum Inbegriff des utopischen Glücks.

Dass gegenüber dieser euphorischen Position des Künstlers der *Philosoph Serner* eine Gegenposition vertritt, liegt umso näher, als in der gesamten Geschichte literarischer Utopien neben der Vorstellung vom Glück künstlerischer Tätigkeit ein Verhaltensideal der kontemplativen Zurücknahme im Sinne epikuräischer oder stoischer Tradition betont wird, ein selbstbewusstes Verschließen vor der Welt:

> Aus diesem Grunde sind sich die Weisen aller Länder und aller Zeiten darüber einig, dass das Glück nicht durch das Tor der Wünsche zu gewinnen ist und nicht im Strom der Welt. Daraus folgt nun, daß wer des Glückes teilhaftig werden will, zunächst das Tor der Wünsche schließen muß. Hierin sind alle Vorschriften konform wie Varianten eines offenbarten Textes – die heiligen Bücher, die Regeln der alten Weisen des Ostens und des Westens, die Lehren der Stoa und der Buddhisten, die Schriften der Mönche und Mystiker. (134)

Folglich darf sich

> das Leben [...] nicht beschleunigen. Es muß sich verlangsamen nach Art der Ströme, die dem Meere zufließen. [...] Man trifft die Glücklichen selten – sie machen kein Aufheben von sich. Doch leben sie noch unter uns in ihren Zellen, vertieft in die Erkenntnis, die Anschauung, die Andacht – in Wüsten, in Einsiedeleien unter dem hohen Dach der Welt. Vielleicht liegt es an ihnen, daß die Wärme, die höhere Kraft des Lebens uns noch vermittelt wird. (135)

Damit ist ein entschiedener Kontrapunkt formuliert, ein fluchtutopischer Gegenentwurf zur Dominanz einer sich beschleunigenden und stets selbst überholenden Technik der Moderne.

Schließlich wird in der autobiographischen Erzählung des *Dichters Ortner* eine dritte Konzeption des Glücks vorgetragen. Dieser eingeblendete umfangreiche Text als Roman im Roman der *Heliopolis* erfüllt ein Modell alteuropäischer Glücksdiskurse: Spiel und Spieler bilden das Zentrum und die bipolare Doppelfiguration einer Faust- und Mephisto-Konstellation. Mephisto, verkörpert in der Figur des Augenarztes Dr. Fancy, verschafft dem Glückssucher Faust (hier dem Dichter Ortner) jene (un)menschliche, aber magische Fähigkeit der totalen Hellsichtigkeit, die Macht und Reichtum verschafft – aber auf ihrem Höhepunkt bloße Leere hinterlässt. Dem Spielerglück wird ein Lob der Unvollkommenheit und Entsagung gegenübergestellt, ein aristotelisches Ideal der Mitte: „Es scheint dem Menschen ein Zustand mittlerer Optik am bekömmlichsten – ein clair obscur" (165).

Den Abschluss bildet resignative, kulturkonservative und religiös konnotierte Entsagung: „Ich hatte dem Bösen und seiner Pracht entsagt[...]", (168) mehr noch:

> Ich kehre auch zur Kirche zurück [...] ich zähle zu denen, die Weltangst zu den Altären treibt. Ich folge den Geboten, erfülle das Gesetz". Doch fühle ich im Innersten, daß die Mysterien die Kraft verloren haben [...]. Ich lebe wie meine Zeitgenossen im Niemandslande und werde wie sie dahingehen. Wir haben die ungeheuren Mächte angerufen, deren Antwort wir nicht gewachsen sind. Da fasst uns Grauen an. Wir stehen vor der Wahl, in die Dämonenreiche einzutreten oder uns auf die geschwächte Domäne des Menschlichen zurückzuziehen. (169)

Die autobiographische Figurenrede in „Ortners Erzählung" charakterisiert Ernst Jüngers narratives Verfahren, literarische Konstruktionsregeln und Schemata durch längere autoreflexive Passagen zu unterbrechen. Dieses Verfahren korrespondiert zwar mit dem Diskontinuierlichen der gesamten Struktur des Textes, sie macht allerdings die Zuordnung im Blick auf einen ohnehin durch viele Traditionsstränge bestimmten utopischen Roman problematisch; dies auch deshalb, weil die Verbindung von Literatur und Essayismus (wie bei Robert Musil) in Jüngers nur partiell ironischer Schreibweise kaum gelingt. Demgegenüber zielen selbstreflexive poetologische Bemerkungen, etwa zur Theorie des Romans, auf ein kosmologisches Moment. Der Erzähler, mit dem Jünger sich identifiziert, spricht von einem Gewebe mit zwei Fäden von künstlerischer Autarkie und dem „Universale". In diesem Sinne sei der „Kosmos Gottes Roman" (401).[16] Deshalb könne sein eigener Roman(!) „[...] im besten Fall nur Gleichnis werden [...], da weder Autarkie, das heißt vollkommene Freiheit, noch Einsicht in das Weltganze dem Autor verliehen ist" (121). Daher sei die Form des Tagebuchs literarisch besser geeignet, denn dieses stehe für Autarkie und „Vereinzelung, die das Leben gewonnen hat" (124). Abzulehnen sei zudem ein Realismus, den man als „Nihilismus" zu charakterisieren habe, und ein „Idealismus", der nur „leere Utopie" bleibe (402). Zusätzliche aphoristische Einblendungen, etwa über die „Lehre vom Nichts und der Erotik", über Tiefe und „Oberfläche" (16) oder das Hervorheben der Dichtung gegenüber der Erkenntnis (19) dokumentieren ein Verweisungsverfahren auf alteuropäische, häufig ‚moralistische' Traditionen.[17]

Aussagekräftig im Blick auf die Gesamtstruktur des Romans sind vornehmlich das stete Betonen der strukturbildenden Bipolarität von Perfektion (bzw. Perfektionierung) von Technik (die Welt des Landvogts) und das Ideal einer „Perfektion des Menschen" mit dem Ziel der „Bildung einer neuen Elite" (im Umfeld des Prokonsuls). Nur bedingt verschlüsselte, bewusst vieldeutige Allegorisierungen und Anspielungen auf zeitgeschichtliche, vor allem nationalsozialistische Figuren und Konstellationen sind von der Forschung zu Recht betont worden.[18] Genera-

---

[16] Anspielung auf Leibniz und die Tradition des barocken Romans; vgl. dazu Voßkamp, Romantheorie in Deutschland.
[17] Montaigne und La Rochefoucauld gehören zu Jüngers Referenzautoren.
[18] Vgl. Martus, Ernst Jünger, S. 206 f.; Hohendahl, Erfundene Welten, S. 54 ff.

lisierend heißt es im Roman: Es handele sich darum, „Oberfläche mit Tiefe zu sättigen, so daß die Dinge zugleich symbolisch und Wirklichkeit sind" (428).

Der zweite Teil des Romans wendet sich, nicht anders als der erste, wiederkehrenden Traditionen des utopischen Scheibens zu. Das auch zuvor präsente Leitmotiv der Ordnung rückt deutlicher in den Vordergrund, und das bereits latent vorhandene Moment eines säkularisiert Eschatologischen dominiert im Thema des Scheiterns. ‚Ordnung' kann im utopischen Roman durch Verfahren der Pluralisierung oder radikalen Veränderung produktiv gemacht werden. Möglichkeitsräume lassen sich funktional erweitern oder verengen. Jünger spricht vom Wunderbaren, das „[...] im glücklichen Charakter der Mutation[...]" liege (425). Im Entwickeln von Ordnungen „an voneinander sehr entfernten Punkten wie in Retorten" (425) deutet sich die Möglichkeit neuer experimenteller Erfahrungsräume an. In der Vision einer „Wiederkunft" des (extraterrestrischen) „Regenten" (429) lässt sich ein authentisch-utopisches Moment erblicken, jenseits der bürgerkriegsähnlichen Polarität der beiden Heliopolis-Welten des Proconsuls und des Landvogts und des Burgenlands als Rückzugsort „jenseits der Hesperiden" (360). In der Projektion des „Regenten" und der Andeutung einer anderen Welt kann dann auch der Protagonist Lucius de Geer („im Gefolge des Regenten") seine Rettung und eine „neue Verwendung" (440) finden. Wann dieser Zeitpunkt zu erwarten ist, lässt der Erzähler, Heilsgeschichte assoziierend, offen: „Ein Vierteljahrhundert war verflossen seit dem Treffen im Syrtenmeer. Und ebenso lange sollte es währen, ehe sie im Gefolge des Regenten zurückkehrten. Uns aber liegen diese Tage fern" (440). Verheißungen müssen stets Verheißungen bleiben; sie sind lediglich imaginierbar. Insofern wird dieser interplanetarische ‚Zukunftsroman' nicht erzählt.

Im Zusammenhang mit Jüngers enzyklopädischer Neigung, möglichst viele Utopietraditionen aufzurufen und an sie anzuschließen, ist säkularisierte Heilsgeschichte eine weitere Nuance des Romans. Dominant bleibt indes die dystopische Spannung zwischen einer autoritär-totalitären Welt der Moderne, die durch Technik bestimmt ist, und einer elitären der (‚vergangenen') alteuropäischen Aristokratie. Eine damit verbundene Überhöhung der Künstler- und Gelehrtenwelt liegt dann ebenso auf der Hand wie deren eingeblendete poetologische und selbstreflexive Diskurse: Das „Kunstwerk [bleibt] der Kronzeuge geistiger Macht" (211). In der Tradition der Spätaufklärung und Frühromantik (Wieland, Novalis) postuliert Jünger für seine Vergegenwärtigung der Gesamtgesellschaft eine Universalität des Romans, die entsprechend der Hegelschen Romantheorie auf die Darstellung einer „Welt- und Lebensanschauung" zielt. Dafür ist ihm ein vielstimmiger Hypertext, der sich aus Traditionen von utopischen, dystopischen, apokalyptischen und Science Fiction-Elementen (vgl. die „Raumflotten", die in den Hesperiden-Häfen landen) zusammensetzt, gerade recht.

Die paradoxale Konstellation einer dystopischen Vision der Gegenwart als bürgerkriegsähnlicher Zustand einerseits und eines nostalgischen Rückblicks auf die Vergangenheit als Wunsch der Wiederherstellung ästhetisierter aristokratischer Verhältnisse ('desinvoltura' und 'souplesse') andererseits wird, wie schon angedeutet, ergänzt durch eine nicht erzählte interplanetarische utopische Perspektive. Der 'Verabschiedung' von Utopien folgt am Schluss ein Versprechen auf Wiederkehr des Utopischen, allerdings an einem Fluchtort. Jünger schreibt damit eine moderne, paradoxale Poetik und Geschichte der literarischen Utopie (im „Gleichnis" [123]) fort, die ihre genrespezifischen Grenzen selbst thematisiert (und überschreitet). Kontroverse Anschlussmöglichkeiten für divergente Rezeptionen[19] verstehen sich dann – nicht nur unter politisch-zeitgeschichtlichen Gesichtspunkten, wie im Roman *Auf den Marmorklippen* – von selbst.

---

19 Vgl. die zu Beginn des Kapitels zitierte Forschungsliteratur.

11 Zwischen Utopie und Apokalypse: Glücksphantasien in Bertolt Brechts *Aufstieg und Fall der Stadt Mahagonny*

Brechts *Aufstieg und Fall der Stadt Mahagonny* ist ein Experimentierfeld utopischer Glücksphantasien. Auch wenn sich Brecht weder an den theoretischen und politischen Utopie-Diskussionen der zwanziger Jahre unmittelbar beteiligt[1] noch zur Entstehungszeit der *Mahagonny*-Oper einen definitiven Utopiebegriff im Sinne seiner späteren, marxistisch begründeten (sozialistischen) Zeitutopie entwickelt hat, so fällt sein Interesse an utopischen Bildformen und Motiven doch besonders auf. Brechts Verhältnis und Verhalten zur Tradition utopischen Denkens und zur Geschichte literarischer Utopien ist allerdings stets kritisch und/oder ambivalent. Eine unbefangene Rezeption findet sich so wenig wie eine kritiklose Adaption. Satire bestimmt vielmehr durchgehend die eigentümliche literarische Aufnahme und Verarbeitung utopischer Motive.

Brecht nutzt dabei den archetypischen utopischen Bildvorrat, indem er auf überlieferte Glücksvorstellungen und alte emblematische Sehnsuchtsbilder zurückgreift: das Goldene Zeitalter, das Paradies, den Weg ins Gelobte Land aus den Regionen der Wüste, den Moment des Beginnens und Städtegründens, den aufgehenden Mond oder das sorglose Leben und das märchenhafte Schlaraffenland des nicht endenwollenden Überflusses. Die Oper (und nicht zuletzt hier zeigt sich die kongeniale Zusammenarbeit mit Kurt Weill) liefert das genrespezifisch adäquate ästhetische Medium der Erinnerung an archetypische Bilder, die in der sprachlich-musikalischen Vergegenwärtigung gebannt werden.

Vorherrschend sind bei Brecht Utopien des subjektiven Glücks als positive Gegenwelten zu der als Mangel empfundenen bestehenden Realität. ‚Utopia' wird weitgehend als ‚Eutopia' (Gutort) rezipiert, so dass Paradiesvorstellungen und Orte des schlaraffenlandähnlichen Wohllebens dominieren. Brecht spielt mit diesen archetypischen Gedankenbildern auf doppelte Weise. Er nutzt sie als Zitat, als satirisch einsetzbare Bildmotive seiner ästhetischen Verfahren und literari-

---

1 Vgl. Klaus-Detlef Müller: Utopische Intention und Kritik der Utopien bei Brecht. In: Literatur ist Utopie. Hrsg. von Gert Ueding. Frankfurt am Main 1978, S. 335–366; hier S. 336. Zur Utopie-Problematik bei Brecht vgl. außerdem: Jost Hermand: Utopisches bei Brecht. In: Brecht-Jahrbuch 1974. Frankfurt am Main 1974, S. 933 (jetzt auch in Jost Hermand: Orte. Irgendwo. Formen utopischen Denkens. Königstein im Taunus 1981, S. 87–105). Keith A. Dickson (Towards Utopia. A Study of Brecht. Oxford 1978) verwendet den Utopie-Begriff bei Brecht vornehmlich zur Charakterisierung des Konzepts marxistisch begründeter Geschichtsdialektik.

schen Konstruktionen und als Mittel der Aktivierung des Lesers und Zuhörers im Sinne einer Stimulierung des Wiedererkennens vertrauter Motive beim Rezipienten. Bestimmte Reizwörter und Topoi (Paradies, Goldenes Zeitalter, Schlaraffenland) lösen durch geschichtliche Tradition bedingte Assoziationen aus, mit denen Brecht wiederum satirisch arbeiten kann.[2] Entscheidend ist ein vom Autor und Komponisten hervorgerufener Prozess des Wiedererkennens, der durch eine spezifische Weise der Traditionsauswahl und Neukombination des archetypischen Bildervorrats erreicht wird. Auch in der verfremdenden Rezeption und/oder Satire utopischer Bildtraditionen offenbart sich ein produktives Verfahren, das die überlieferten Utopiegehalte selbst noch qua ästhetischer Negation aufbewahrt.

Vier Themen- und Bildbereiche lassen sich im *Aufstieg und Fall der Stadt Mahagonny* vornehmlich beobachten: Die satirische Verfremdung einer Raumutopie als Freizeit- und Konsumutopia („Paradiesstadt", „Goldstadt"), die ambivalente Darstellung einer anarchisch geprägten Utopie des Vergnügens und des ‚Carpe diem' am Beispiel der Geschichte Paul Ackermanns, das Einblenden subjektutopischer Motive der Liebe und Freundschaft im Kontext einer doppeldeutigen Genuss-Utopia und schließlich die Klimax der Oper in Form einer Apokalypse als Kontrapunkt und Inversion der Utopie.

Die einzelnen literarischen Gedankenbilder schließen sich weder zu einem Kontinuum utopischen Denkens oder der utopischen Erfahrung qua Erinnerung an archetypische Bildmotive zusammen noch erzeugen sie den Eindruck ästhetischer Totalität. Diskontinuität ist vielmehr das literarische und musikalische Konstruktionsprinzip. Die Fragmente der Utopie-Erinnerung sind collageartig zusammengefügt, und mit Hilfe einer verfremdenden Perspektive kann deren Zitatcharakter bewusst gemacht werden. Literarische Techniken einer „verschobenen Optik", der satirischen Überspitzung oder absurden Übertreibung führen im *Aufstieg und Fall der Stadt Mahagonny* nicht selten zu schockartigen Provokationen, so dass Adorno zu Recht von der „ersten surrealistischen Oper" sprechen konnte.[3]

---

[2] Vgl. dazu Winter, Compendium Utopiarum, 1. Teilbd., S. XXVIff.
[3] Theodor W. Adorno: Mahagonny. In: Moments musicaux. Frankfurt am Main 1964, S. 131– 140; hier S. 137 (zuerst 1930). Zur Literatur über die Mahagonny-Oper vgl. außerdem: Ernst Schumacher: Die dramatischen Versuche Bertolt Brechts 1918–1933. Berlin 1955, S. 262–289; Günter Hartung: Zur epischen Oper Brechts und Weills. In: Wissenschaftliche Zeitschrift der Martin-Luther Universität Halle-Wittenberg. Gesellschaftswissenschaftliche und sprachwissenschaftliche Reihe VIII. Halle 1959, S. 659–673; Helfried W. Seliger: Das Amerika-Bild Bertolt Brechts. Bonn 1974, S. 140–153; John Milfull: From Baal to Keuner. The „Second Optimism" of Bertolt Brecht. Frankfurt am Main 1974, S. 24–57; Gunter G. Sehn: Moses, Christus und Paul Ackermann. Brechts Aufstieg und Fall der Stadt Mahagonny. In: Brecht Jahrbuch 1976, S. 83– 100; Manfred Voigts: Brechts Theaterkonzeptionen. Entstehung und Entfaltung bis 1935. München 1977, S. 156–163; Gottfried Wagner: Weill und Brecht. Das musikalische Zeittheater. Mit

Im ersten Teil wird das Bild einer ‚klassischen' Sozialtopie als Wunschraum ironisch evoziert. Entstehung, Lage und Konzeption der „Paradiesstadt" Mahagonny erinnern an überlieferte Modelle utopischer Konstruktionen, die als Extrapolationen zeitgenössischer Wünsche und Bedürfnisse formuliert sind. Der Wunschraum selber kann unterschiedliche Gestalten annehmen: Bilder der idealen Stadt, der einsamen Insel oder eines abgegrenzten Paradiesgartens bieten sich an. Brecht wählt eine Komposition, die das Motiv des Paradieses mit dem der Stadt verbindet, um so den Assoziationsspielraum der utopischen Phantasie und deren Satiremöglichkeiten zu verdoppeln. Die „Paradiesstadt" Mahagonny ist angesiedelt im Nirgendland wie alle Raumutopien.[4] Die vagen Angaben zur nordamerikanischen Topographie (zwischen Küste und Wüste, Alaska und Kalifornien, Alabama und Florida) unterstreichen eher das Imaginäre des Orts und steigern die Phantasietätigkeit der Hörer und Leser. Entscheidend ist das: „Fern vom Getriebe der Welt [...]"[5] und das Abseits von den „großen Städten", in denen „Lärm und Zwietracht" herrschen.

Dass es sich bei Brechts ironischem Utopie-Konstrukt um keinen alternativen Gegenentwurf zur warenproduzierenden und -konsumierenden kapitalistischen Gesellschaft handelt, sondern um das aus dieser Wirklichkeit extrapolierte System von Konsum- und Freizeitwünschen, wird in den ersten Szenen der Oper literarisch und musikalisch illustriert. Die von den sie verfolgenden „Konstablern" bedrohten Gründer Mahagonnys aus Alaska sind ebenso wie die Witwe Begbick mit ihren „Freudenmädchen" und die später hinzukommenden „Unzufriedenen

---

einem Vorwort von Lotte Lenya. München 1977, S. 157–165 und S. 182–191; Müller, Utopische Intention und Kritik der Utopien, S. 349–351; Jan Knopf: Theater. Eine Ästhetik der Widersprüche. In: Brecht-Handbuch. 5 Bde. Bd. I: Stücke. Hrsg. von Jan Knopf. Stuttgart. Weimar 2001, S. 64–71, und ders.: Aufstieg und Fall der Stadt Mahagonny. In: Brecht-Handbuch. Bd. I, S. 178–197. Zur Musik der Mahagonny-Oper von Kurt Weill vgl. neben dem Aufsatz von Adorno: Kurt Weill: Anmerkungen zu meiner Oper Mahagonny. In: ders.: Ausgewählte Schriften. Hrsg. mit einem Vorwort von David Drew. Frankfurt am Main 1975, S. 56–61; Wagner, Weill und Brecht, S. 166–182 und S. 191–212. Zur Musik Weills insgesamt: Kim H. Kowalke: Kurt Weill in Europe. Ann Arbor 1979 (Studies in Musicology 14).

[4] Im ursprünglichen Mahagonny-Songspiel heißt es in unmittelbarer ironischer Anspielung auf den Nicht-Ort ‚Utopia':
   Denn Mahagonny, das gibt es nicht,
   Denn Mahagonny, das ist kein Ort,
   Denn Mahagonny ist nur ein erfundenes Wort.
   (Zit. Bei Seliger, Das Amerika-Bild, S. 141).

[5] Bertolt Brecht: Aufstieg und Fall der Stadt Mahagonny. In: ders.: Gesammelte Werke (Werkausgabe Edition Suhrkamp). Bd. II. Frankfurt am Main 1967, S. 505. Zitiert wird im Folgenden – auf der Grundlage der ‚Versuche', Heft 2, nach dieser Werkausgabe, Bd. II (WA II), mit den entsprechenden Seitenzahlen im Text.

aller Kontinente" (WA II, 506) am „Spaß" und Geld interessiert: „Nicht zu leiden und alles zu dürfen. Das ist der Kern des Goldes." (WA II, 502) Die „Gold- und Netzestadt" Mahagonny verspricht „sieben Tage ohne Arbeit" (WA II, 502) und ein konfliktfreies Zusammenleben „ohne Zank" (aber mit fairen Sportkämpfen) in einem von Naturgewalten ausgesparten Freiraum des Vergnügens. Die „Mitte" jedoch bildet der Reichtum. In parodistischer Anspielung auf die im Mittelpunkt utopischer Inseln liegenden architektonischen Zentren klassischer Sozialutopien siedelt Brecht „Das Hotel zum Reichen Mann" im Zentrum Mahagonnys an.

Damit sind die Hauptmerkmale des Wunschraums ‚Mahagonny' ebenso benannt wie ihre Zweideutigkeiten. Das Ideal eines arbeitsfreien Müßiggangs (‚Freizeit') wird zwar der Realität von „Mühe und Arbeit" kontrafaktisch gegenübergestellt, es bleibt aber an eine Gesellschaft gebunden, die durch den mit Geld zu bezahlenden Genuss bestimmt ist. Ein utopisches Konzept von produktiver, den Menschen als Menschen verwirklichender Tätigkeit gegenüber entfremdeter und entfremdender Arbeit wird nicht formuliert.[6] Es kann nicht formuliert werden, weil die entworfene Mahagonny-Welt eine Wunschprojektion der warenproduzierenden und -konsumierenden Gesellschaft und damit „Spießers Utopia" bleibt.[7]

Eine andere Dialektik der Mahagonny-Utopie offenbart das Ideal des konfliktfreien Miteinanderlebens. Brecht zitiert hier ironisch den in klassischen Sozialutopien vorausgesetzten (und institutionalisierten) vernünftigen Verhaltenskodex aller ihrer Mitglieder. Die Vollkommenheit utopischer Modelle beruht auf einem consensus omnium qua Einsicht und Vernunft. In Mahagonny jedoch verbürgt Konsens und Konfliktfreiheit allein die Zahlungsfähigkeit.

Freizeitutopie und Utopie der Konfliktlosigkeit sind deshalb Wunschprojektionen, die ohne Geld – einem traditionell antiutopischen Motiv – nicht auskommen können. Das „Hotel zum Reichen Mann" steht deshalb folgerichtig im Mittelpunkt der „Goldstadt". Es handelt sich um ein Sinnbild der Mahagonny-Utopie, in dem (zugespitzt) die intendierte Satire klassischer Sozialutopien erkennbar ist.

Kann man an den ersten, Mahagonny vorstellenden sechs Szenen ablesen, dass Brecht nicht nur vertraute utopische Bildbereiche evoziert, sondern sie im verfremdenden Zitieren gleichzeitig ironisch oder parodistisch umkehrt, lässt sich eine dritte Form des Umgangs mit Utopietraditionen dort feststellen, wo Mahagonny in „Krisen" gerät (7. bis 9. Szene). Brecht ergänzt das erinnernde und satirisch zitierende Verfahren durch Reflexionen über Utopien und ihre Schwierigkeiten.

Anlass und Ursachen liegen in der Konstruktion Mahagonnys selbst begründet. Die für das Funktionieren der „Goldstadt" konstitutive Rolle des Geldes

---

[6] Vgl. Müller, Utopische Intention, S. 350f.
[7] Diese Charakterisierung stammt von Arnolt Bronnen (zitiert bei Milfull, From Baal to Keuner, S. 24).

erfordert gute Geschäfte, das Modell der Konfliktlosigkeit setzt ein Verständnis darüber voraus, dass so die Bedürfnisse aller befriedigt werden können. Beides erweist sich als illusorisch. Einzelne Bewohner Mahagonnys beginnen, ihre Stadt zu verlassen; sie können nur mit Mühe (und Gewalt) zurückgehalten werden.

Brecht lässt die kritischen Vorbehalte wiederum satirisch aus der Perspektive der beiden Hauptfiguren der Oper, der Witwe Begbick und Paul Ackermanns, reflektieren. Die für die Organisation käuflicher Liebe zuständige Frau Begbick kommt nicht auf ihre Kosten, Mahagonny „ist kein Geschäft geworden" (WA II, 515), und Paul Ackermann macht die Erfahrung, dass „etwas fehlt" (WA II, 518); „zu viel Ruhe [...]. Und zu viel Eintracht [...]" (WA II, 523) verhindern das Glück, anstatt es zu ermöglichen.

Wird in der Satire vollständig verdinglichter Liebe als Geschäft eindeutige Kritik formuliert, bleibt die durch den Kontext satirisch verfremdete Kritik am utopischen Zustand der Ruhe ambivalent und mehrdeutig. Denn Brecht erinnert damit zugleich an ein zentrales Moment aller klassischen Sozialutopien, die durch Bewegungs- und (interne) Geschichtslosigkeit charakterisiert sind. Der Zwangscharakter von Utopien kann nicht nur in der vorausgesetzten konsensverbürgenden Vernünftigkeit sämtlicher Bewohner bestehen, sondern auch in der Verpflichtung aller zum unveränderbaren, stillstehenden Glück. Das Glücksgebot in „Ruhe und Frieden" verhindert dann die individuelle Entwicklung des Subjekts ebenso wie eine Geschichte des entworfenen utopischen Gesellschaftsmodells selbst. In der satirisch eingebetteten Kritik verweist Mahagonny auf ein prinzipielles Problem aller Sozialutopien.

Dass Brecht diese Reflexion nicht nur intendiert, sondern das Spannungsverhältnis von subjektiver Selbstverwirklichung und institutionalisiertem utopischen Modell in der literarisch-musikalischen Darstellung auf die Spitze treibt, wird genau in der Mitte der Oper deutlich, wo der historische Zufall (in Form der Bedrohung durch einen Hurrikan) und anarchisches Subjektverhalten in einen konstitutiven Zusammenhang gebracht werden. Im Angesicht des „Entsetzens" über den bevorstehenden Untergang Mahagonnys entdeckt Paul Ackermann „die Gesetze der menschlichen Glückseligkeit" (WA II, 523). Die Kontingenz des unberechenbaren Naturereignisses bewirkt eine extreme Aufwertung des Moments vor dem tödlichen Ende. Alles konzentriert sich auf das Jetzt; Paul Ackermann sieht die „aus der Angst des Augenblicks"[8] geborene Alternative zu allen Institutionen (und institutionalisierten Utopien, wie die Mahagonnys) im Anarchischen: „Es ist nichts verboten! [...] Du darfst es!" (WA II, 527ff).

---

8 Vgl. diese auf ‚Robinson Crusoe' gemünzte Formulierung bei Karl Heinz Bohrer: Der Lauf des Freitag. Die lädierte Utopie und die Dichter. Eine Analyse. München 1973, S. 134.

Damit wird eine für die Oper zentrale utopisch-voluntaristische Alternative des ‚Carpe diem' entworfen, die allen auf konsensualer Vernunft und selbstdisziplinierender Einsicht beruhenden Strukturen von Sozialutopien radikal widerspricht. Entscheidend ist allein der mit Absolutheitsanspruch formulierte anarchische Subjektivismus des momentanen Genusses, und in der konsequenten Verwirklichung dieses Genusses vermag er so schrecklich und zerstörerisch zu sein wie der Taifun: „Denn was er an Schrecken tun kann / Das können wir selber tun." (WA II, 526)

Brecht hält das Ideal dieser hedonistischen Subjektutopie, „das dunkle Glück der Anarchie"[9], für einen Augenblick in der Szene im 11. Bild fest, bevor er dessen Ambivalenzen und Schrecken demonstriert. Paul Ackermann wird zum beredten Prediger des ‚Carpe Diem':

> Laßt euch nicht betrügen
> Daß Leben wenig ist
> Schlürft es in vollen Zügen
> [...]
> Laßt euch nicht vertrösten
> Ihr habt nicht zu viel Zeit [...] (WA II, 527)

Mit dem Pathos biblischer Rede verkündet Ackermann weltlichen Genuss, der nur jetzt, im gegenwärtigen Moment zu haben ist. Augenblicklicher Lustgewinn sprengt alle zeitlichen und rechtlich-sozialen Schranken.

> Es gibt keine Wiederkehr. [...]
> Es kommt kein Morgen mehr [...] (WA II, 527)
> Wenn einer vorübergeht und hat Geld
> Schlag ihn auf den Kopf und nimm dir sein Geld:
> Du darfst es! (WA II, 528)

Die Verbotstafeln Mahagonnys werden zerschlagen: die einzige, gemeinsame Maxime lautet: „Wollen tuen nur, was uns beliebt! (WA II, 529). Angesichts der tödlichen Bedrohung durch den Taifun schrumpft die Mahagonny-Utopie zur voluntaristischen Augenblicksutopie des hedonistischen Genusses ohne politische oder soziale Bestimmtheit mit allerdings einer Ausnahme, die auch hier wirksam und entscheidend bleibt: Ohne Geld lässt sich der Genuss nicht realisieren, das ‚Carpe diem' konkret nicht leben.

Diese Dialektik der Mahagonnyschen Genuss-Utopie offenbart Brecht in dem Augenblick, als die „Goldstadt" – (plötzlich und unvorhersehbar) vom Hurrikan

---

9 Adorno, Mahagonny, S. 136.

verschont – das „Du darfst" zum „Leitspruch" ihres Handelns macht (13. bis 16. Szene). In vier Bildern zeigen sich die Schrecken des Genusses in ironisch zugespitzter Widersprüchlichkeit. Die Lust am Fressen führt zur Selbstzerstörung, „Jakob der Vielfraß" fällt am Ende tot um. Die (käufliche) Liebe ist ein Zeitproblem: „Jungens macht rasch, denn hier geht's um Sekunden." (WA II, 534) Der (Preis-)Boxkampf zwischen Dreieinigkeits-Moses und Alaska-Wolf-Joe endet für den letzteren tödlich und nimmt zudem die Form eines Geschäfts aufgrund wechselseitigen Bietens und Überbietens der Zuschauer an. Das Saufen schließlich führt zur endgültigen Katastrophe, weil Paul Ackermann dafür nicht bezahlen kann und sich so des schlimmsten Verbrechens schuldig macht, worauf die Todesstrafe steht.

Dass Brecht die Skala der Genüsse hier, im Unterschied zur 11. Szene, wo auch vom Genuss des Denkens noch die Rede war, auf die grotesk übersteigerten Bedürfnisse des Konsumierens reduziert, ermöglicht ihm eine satirische Überspitzung und gestische Demonstration der Grenzen auch anarchischer Subjektutopien. In einzelnen Bildern steckt zudem ein zusätzliches dialektisches Potential. Brecht hat in seinen *Anmerkungen zur Oper ‚Aufstieg und Fall der Stadt Mahagonny'* am Beispiel der Fressszene darauf hingewiesen:

> „Denn wenn nicht jeder am Fressen stirbt, der zu fressen hat, so gibt es doch viele, die am Hunger sterben, weil er am Fressen stirbt."[10] „Im Provokatorischen", fügt Brecht hinzu, „sehen wir die Realität wiederhergestellt."[11]

Zu den besonderen Kunstmitteln und produktiven Antinomien der Mahagonny-Oper gehören die eingeblendeten Liebes- und Freundschafts-Motive im Kontext der Genussutopie. Dem Tableau der käuflichen Liebe im Bordell der Witwe Begbick stellt Brecht in der 14. Szene das Gedicht der „Liebenden" gegenüber, das Jenny Smith und Paul Ackermann im Duett singen. Der Text des Liedes und der plötzliche Wechsel im Ton der Musik deuten für einen Moment das Bewahren des nichtverdinglichten authentischen Liebesglücks an. Im Flug der Kraniche und der Wolken werden Bilder aus der Tradition literarischer Utopien erinnert,[12] die das zugleich Vergängliche und Dauernde der Liebe symbolisieren.[13]

---

10 Bertolt Brecht: Gesammelte Werke, Bd. XVII. Frankfurt am Main 1967, S. 1008 (Brechts Anmerkungen sind 1930 und 1938 zusammen mit Peter Suhrkamp geschrieben; Entstehungszeit der Mahagonny-Oper: 1926–1929).
11 Brecht, Gesammelte Werke, S. 1008.
12 Manfred Voigts (Brechts Theaterkonzeptionen, S. 159) hat im Blick auf die Schiffsreise im Rausch und den – in der ersten Fassung der Oper eingefügten – ‚Benares'-Song von „Utopien in der Utopie" gesprochen.
13 Das Motiv der Wolke findet sich in einer Reihe von Brechts Gedichten; vgl. Bertolt Brecht: Ballade vom Tod der Anna Gewölkegesicht. In: ders.: Gesammelte Werke, Bd. VIII. Frankfurt am

JENNY: So unter Sonn und Monds wenig verschiedenen Scheiben
       Fliegen sie hin, einander ganz verfallen
PAUL: Wohin ihr?
JENNY: Nirgendhin.
PAUL: Von wem davon?
JENNY: Von allen. [...] (WA II, 536)

Das „Nirgendhin" korrespondiert mit dem ortlosen ‚Nirgendwo' der Utopie, das Weg-„Von allen" bezieht sich auf das Motiv der Flucht aus realer Wirklichkeit.

Auch das in der 16. Szene eingefügte Freundschaftsmotiv hat fluchtutopischen Charakter. Als Paul Ackermann nicht zahlen kann, flüstert er Jenny zu: „Am besten ist es, wir fliehn /Es ist ganz gleichgültig, wohin!" (WA II, 542)

Als utopische Metapher für diese Flucht wählt Brecht das Motiv der imaginären Schiffsreise. Unter dem „großen Navigator" Paul Ackermann besteigen alle Freunde im Rausch den Kahn der Phantasie und segeln nach Alaska, dem Ort der Erinnerung an gemeinsame Arbeit und Freundschaft.[14]

PAUL: Nein was da so schwarz ist, meine Freunde
      Das sind die Wälder von Alaska
      Jetzt steigt aus
      Jetzt könnt ihr ruhig sein. (WA II, 544)

Aber der desillusionierende Umschlag in die Wirklichkeit Mahagonnys ist so jäh wie der Sprung in die Phantasie. Die imaginäre Reise deutet auf das bloß Augenblickshafte zurückliegender Freundschaft.

Das skeptisch Eingeschränkte und zugleich ironisch Zurückgenommene von Liebe und Freundschaft in der Mahagonny-Oper lässt sich zudem daran ablesen, dass weder Jenny noch die Freunde für Paul Ackermann zahlen, als es für ihn um Kopf und Kragen geht. Die Priorität des Geldes wird auch hier satirisch-deiktisch festgehalten.

Freilich bleiben Liebe und Freundschaft als Momente authentischer Erfahrung sowohl in der Gerichts- als auch in der Hinrichtungsszene gegenwärtig.[15] Die

---

Main 1967, S. 46 – 48; Gesang von einer Geliebten. In: Ebd., S. 78; Jahr für Jahr. In: Ebd., S. 94 – 95; Erinnerung an die Marie A. In: Ebd., S. 232. Vgl. in der Interpretation dieses Gedichts von Albrecht Schöne (Die deutsche Lyrik. Form und Geschichte. Hrsg. von Benno von Wiese. Düsseldorf 1962, S. 485 – 494) den Hinweis auf das Wolken-Motiv bei Brecht.
14 Theodor W. Adorno sieht in der Rausch-Szene das „positive Zentrum" der Oper (vgl. Mahagonny, S. 134).
15 Zur zentralen Rolle der Gerichtsszenen in Brechts Dramatik vgl. Walter Hinck: Die Dramaturgie des späten Brecht. Göttingen, 6. Auflage 1977, S. 73 ff.; zur Parallelisierung des ‚Leidenswegs'

Verteidigung Paul Ackermanns vor Gericht geschieht im Denken „an Alaska". Als der zum Tode Verurteilte Abschied von Jenny und seinem „letzten Freund Heinrich" nimmt, deutet sich in der vergegenwärtigenden Erinnerung ein Augenblick unaufhebbaren Glücks an, während gleichzeitig die ‚verkehrte' Welt des Prozesses und die groteske Hinrichtung ihren Lauf nehmen. Vergleichbar der kontrastiven Technik des Einblendens von Liebe und Freundschaft in die Welt bloß konsumierenden Genusses, stellt Brecht hier das Motiv einer erinnerten Glückserfahrung der zur „Hölle" gewordenen „Paradiesstadt" gegenüber.

Die im Schlussbild veranschaulichte Apokalypse *Mahagonny* ist die Kehrseite der Utopie. Sie stellt mit ihrem „Fall" das Gegenbild zur Gründung und zum „Aufstieg" Mahagonnys dar. Die zu Anfang beschworene „Eintracht" verkehrt sich in „Feindschaft aller gegen alle" (WA II, S. 561). Das „brennende Mahagonny" deutet auf den unabweisbaren Untergang.

Angesichts dieser nicht mehr nur – wie beim heraufkommenden Taifun – angekündigten, sondern bereits eingetretenen Katastrophe bleiben die Spielregeln Mahagonnys und die Verhaltensweisen der Bedrohten dennoch unverändert. Die Bedeutung des Geldes nimmt auf Grund der eintretenden „Teuerung" noch zu, die Bewohner der „Goldstadt" halten an ihren „Idealen" des anarchischen ‚Carpe diem' und ungehemmten Genusses „unbelehrt" fest.

Die Paradoxien des apokalyptischen Untergangs werden in den Umzügen und den dabei mitgeführten Spruchtafeln ironisch demonstriert. In einer Revue sich widersprechender Parolen erinnert Brecht an Leitmotive der Oper. Die Ambivalenz oder Verkehrtheit utopischer Glücksphantasien wird in Spruchbandweisheiten reflektiert:

FÜR DAS EIGENTUM
FÜR DIE ENTEIGNUNG DER ANDEREN
FÜR DIE GERECHTE VERTEILUNG DER ÜBERIRDISCHEN GÜTER
FÜR DIE UNGERECHTE VERTEILUNG DER IRDISCHEN GÜTER
FÜR DIE LIEBE
FÜR DIE KÄUFLICHKEIT DER LIEBE
FÜR DIE NATÜRLICHE UNORDNUNG DER DINGE
FÜR DEN FORTBESTAND DES GOLDENEN ZEITALTERS
(WA II, 562)

Die Dialektik der Inschriften verweist auf die Dialektik verschiedener utopischer Denkmodelle. Dem Leser und Zuhörer bleiben dechiffrierende Enträtselung und Auflösung der widersprüchlichen Bilder und Formen aufgegeben. Trotz be-

---

Ackermanns mit der biblischen Passionsgeschichte vgl. Sehm, Moses, Christus und Paul Ackermann, S. 92 ff.

schwörender Wiederholungen der Inschrift „Für den Fortbestand des Goldenen Zeitalters" auf den meisten der herumgetragenen Tafeln enden alle Umzüge am Schluss mit einem Chor: „Können uns und euch und niemand helfen" (WA II, 564). Die apokalyptische Vision des brennenden Mahagonny trägt Züge eines provokativen ‚Endspiels'.

Mahagonny, hat Brecht in seinen Anmerkungen zur Oper betont, „ist ein Spaß [...], ihr Inhalt ist der Genuß"; zugleich jedoch solle „[...] eben das Kulinarische zur Diskussion" gestellt werden.[16]

Parallel dazu ließe sich formulieren: auch die vergegenwärtigten utopischen Glücksphantasien werden nicht nur dargestellt, sondern zugleich diskutiert. Dies geschieht in erinnerndem Rückgriff auf überlieferte Bilder und archaische Topoi der Utopie, ihre gleichzeitige ironische oder satirische Verfremdung und im Prozess ihrer kritischen Reflexion. Von daher begründet sich folgerichtig der gestisch-deiktische Charakter der („epischen") Oper.

Dass der „Genuß" dabei im Mittelpunkt steht, lässt sich nicht nur an der Struktur Mahagonnys – zwischen Utopie („Aufstieg") und Apokalypse („Fall") – ablesen. Wird im ersten Teil eine (aus der warenproduzierenden und -konsumierenden Wirklichkeit extrapolierte) Freizeitutopie als Satire überlieferter Sozialutopien vergegenwärtigt, bildet das Schlussbild die Inversion der Utopie als Apokalypse. Im Zentrum jedoch steht die voluntaristische Alternative einer hedonistischen Subjektutopie. Sie ist an das intensiv erlebende Ich und an das augenblickshafte Jetzt gebunden und entwirft kein Zukunftsbild.[17] Das bedeutet eine Reduktion der utopischen Intention im Sinne gesteigerter Augenblickserfahrung ohne Antizipationscharakter.

Dieser (auf die bloße momenthafte Gegenbildfunktion eingeschränkte) Utopiebegriff steht quer sowohl zur Tradition aufklärerischer Fortschrittsutopien als auch zur, seit den „Lehrstücken" von Brecht zugrunde gelegten, marxistischen Zeitutopie. Vielmehr deuten sich in der *Mahagonny*-Oper Zusammenhänge mit surrealistischen Traditionen der Moderne an: „Ist die Antizipation des kollektiven ‚Glücks' und normativer Exempla fragwürdig geworden, dann ist ‚Glück' vielleicht nur in individuellen Momenten zu retten."[18]

Dass dem Leser und Zuhörer damit gesteigerte Phantasiearbeit und nicht-identifikatorische Rezeptionsleistungen abverlangt werden, hat Brecht immer wieder betont.[19] Lustbetontes Vergnügungs- und ideologiezertrümmerndes Erkenntnisinteresse sind kein Gegensatz; die ständigen Umkehrungen, Sprünge und

---

16 Gesammelte Werke, Bd. XVII, S. 1007, 1008, 1016.
17 Vgl. Voigts, Brechts Theaterkonzeptionen, S. 161.
18 Bohrer, Utopie des ‚Augenblicks' und Fiktionalität, S. 186.
19 Vgl. etwa in den Anmerkungen (Gesammelte Werke, Bd. XVII, S. 1111).

dialektischen Widersprüche sollen für den Rezipienten Anreiz sein, selbst utopische Phantasien zu produzieren.

Das utopische Motiv des Glücks beschäftigt Brecht sein Leben lang. Als er 1914 im amerikanischen Exil ein Stück ‚Die Reisen des Glücksgotts' „überlegt", heißt es über den zum Tode verurteilten Glücksgott am Schluss:

> Er erweist sich als unsterblich, lachend sitzt er gemütlich zurückgelehnt im elektrischen stuhl, schmatzt, wenn er gift trinkt usw. völlig erschöpft ziehen die verstörten henker, richter, pfaffen usw. ab, während die menge vor dem totenhaus, die vor furcht erfüllt zur exekution gekommen war, von neuer hoffnung erfüllt, weggeht [...].[20]

---

[20] Bertolt Brecht: Arbeitsjournal. Erster Band 1938 bis 1942. Hrsg. von Werner Hecht. Frankfurt am Main 1973, S. 314.

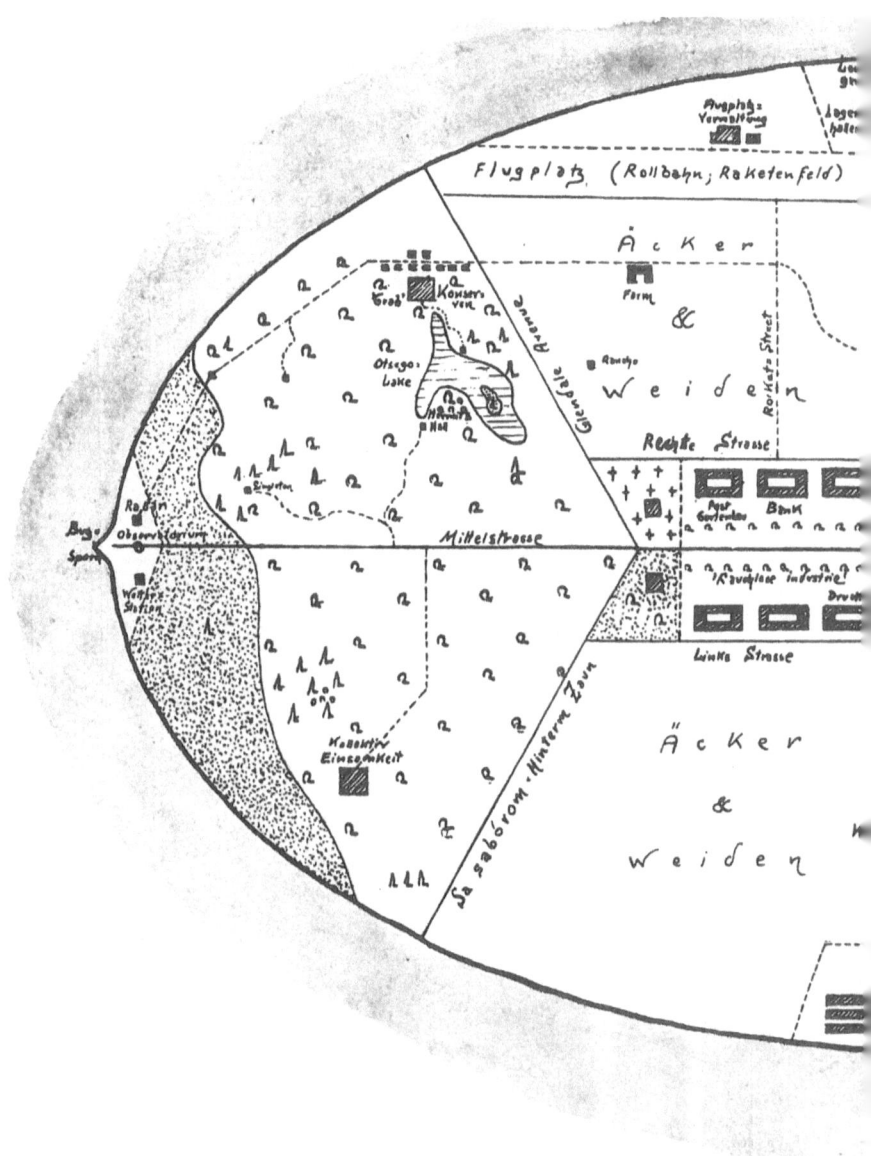

Abb. 8: Arno Schmidt: Die Gelehrtenrepublik. In: ders.: Das steinerne Herz. Tina. Goethe, Die Ge

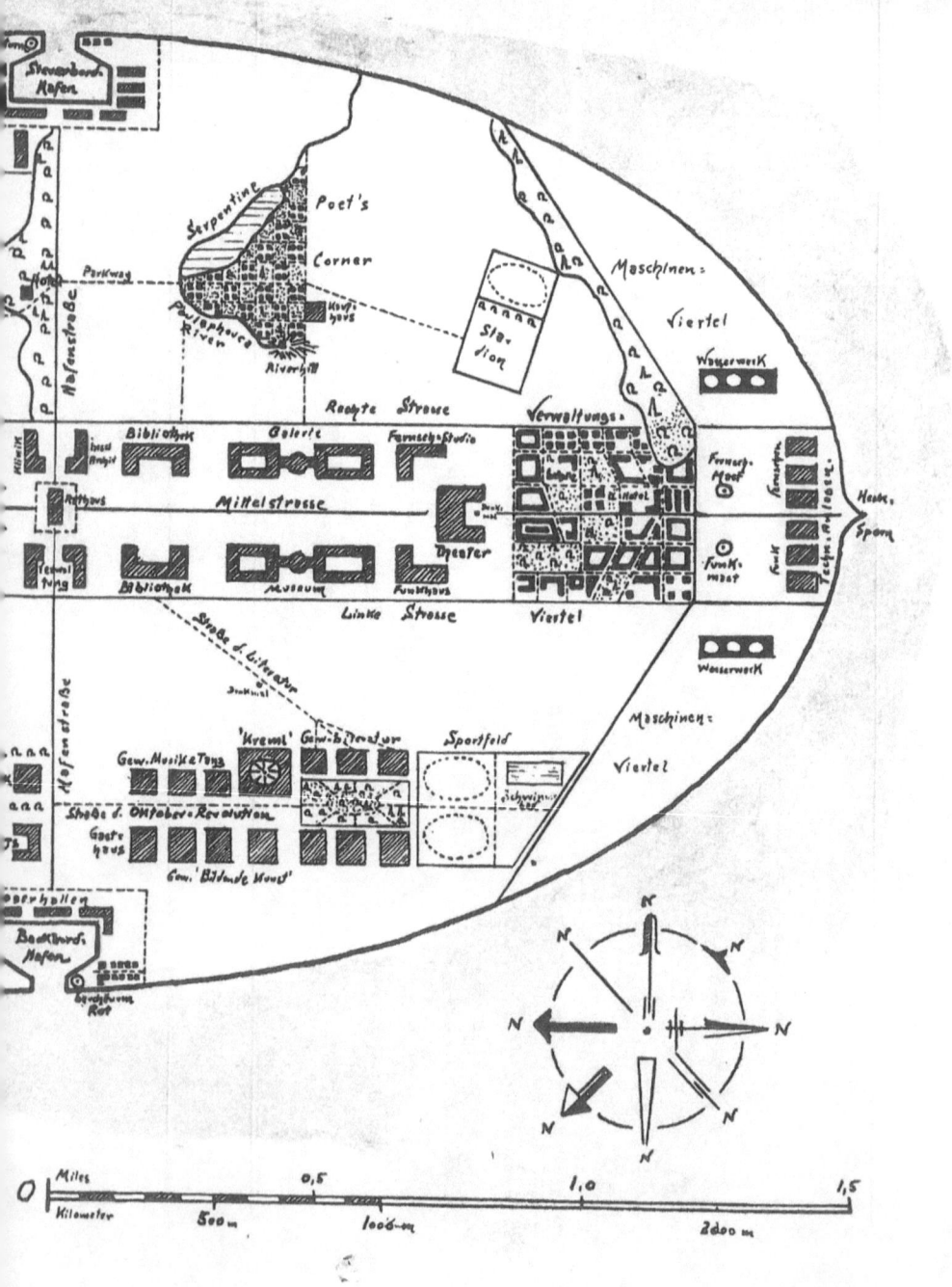

12 Gentechnologische Dystopie als Sprachkunstwerk: Arno Schmidts *Die Gelehrtenrepublik*. *Kurzroman aus den Rossbreiten*

I

In seinem Zukunftsroman *Die Gelehrtenrepublik*[1] verbindet Arno Schmidt auf ebenso raffinierte wie hybride Weise Elemente der utopischen und dystopischen Tradition seit der Frühromantik. Nicht nur rückt der „Wortweltenerbauer" (Johann Esaikais in Arno Schmidts *Kaff auch Mare Crisium*)[2] den Text in eine (jede realistische Perspektive vermeidende Distanz der mehrfachen Fiktionalisierung durch eine Übersetzer-, Archiv- und Herausgeberfiktion), auch die Science Fiction-Anspielung (der Roman erscheint 1957 und spielt im Jahr 2008) nimmt aktuelle und zugleich auf das „Weltende" anspielende apokalyptische Motive auf. Im Vorwort des fiktiven Übersetzers „Chr. M. Stadion" (einem Anagramm für Arno Schmidt, der damit zugleich auf den [historischen] Chr. M. Stadion, einen Gönner

---

[1] Zitierte Ausgabe: Arno Schmidt: Das erzählerische Werk in 8 Bänden. Bd. 5: Die Gelehrtenrepublik. Zürich 1985; zuerst erschienen im Stahl-Werk Verlag 1957. Wichtige Forschungsliteratur: Gerhard Schmidt-Henkel: Arno Schmidt und seine „Gelehrtenrepublik". In: Zs. für deutsche Philologie 87 (1968), S. 563–592; Boy Hinrichs: Utopische Prosa als Längeres Gedankenspiel. Untersuchungen zu Arno Schmidts Theorie der Modernen Literatur und ihrer Konkretisierung in „Schwarze Spiegel", „Die Gelehrtenrepublik" und „Kaff auch Mare Crisium". Tübingen 1986, darin vor allem S. 227–307; Christoph Jürgensen: „Der Rahmen arbeitet". Paratextuelle Strategien der Lektürelenkung im Werk Arno Schmidts. Göttingen 2007, vor allem: S. 118–144; Winand Herzog: Keine Experimente! Untersuchungen zu Arno Schmidt. „Die Gelehrtenrepublik". Mönchengladbach 2010; Christian Stein: Primat der Sprache. Leitmotivik und Topologie des Subjekts bei Arno Schmidt. Heidelberg 2012.

[2] Schmidt: Kaff auch Mare Crisium. In: Das erzählerische Werk in 8 Bänden. Bd. 7. Zürich 1985. Auch dieser Zukunftsroman spielt mit Motiven der utopischen Literatur; „[...] in seinen entscheidenden Partien im Jahre 1980 auf dem Monde. Die eingestreuten irdischen Szenen sind, nach Angabe des Verfassers, dem bayrischen Volxleben entnommen; da er jedoch weder das Land kennt, noch den Dialekt seiner Bewohner, auch Bergländer notorisch nicht ausstehen kann, und vor allem eine Lokalisierung unmöglich machen wollte, wurden die beobachteten Ereignisse und Gestalten zur Tarnung in ein Gebiet nördlich der unteren Weser verlegt, westlich der Linie Scheeßel=Groß Sittensen=Hollenbeck=Gutenholz=Himmelpforten=Assel." So der Erzähler in seinem ironischen Vorwort „Bargfeld, den 10. März 1960, das Individuums Schutzamt (gez.: D. Martin Box)". Der Roman beginnt mit dem klassischen Utopietopos: „Nichts Niemand Nirgends Nie!: Nichts Niemand Nirgends Nie!" (S. 9).

des von ihm bewunderten Christoph Martin Wieland anspielt), wird die „Übertragung [...] aus dem Amerikanischen in eine *tote* [deutsche] Sprache" annonciert: „Seit der so früh erfolgten Zerstrahlung des Mutterlandes hat Deutsch nicht mehr lebendigen Schritt halten können mit der technischen oder sozialen Entwicklung [...]."[3] Die Sprache werde deshalb bestimmten dadurch bedingten Phänomenen nicht mehr gerecht.

Unabhängig von dieser selbstironisch entworfenen katastrophischen Eingangsszene bleibt eine kritische-deiktische Perspektive erhalten.

Durchgehend wählt Arno Schmidt einen Negationsgestus, der vorliegende Genres und Motive sowohl zitiert wie parodiert. Paratextuelle Verfahren zielen auf eine Leserlenkung, die allerdings stets gebrochen ist. Jede palimpsestartige Formulierung ist durch eine dreifache Textperspektive (Paratext, Peritext und Epitext) geprägt.[4] Peritexte sind Titel, Vorwort und Autorname; Epitexte jene Texte, die dem Werk nicht angehören, sich aber auf alle Kontexte beziehen können, etwa auf Briefwechsel, Tagebücher, öffentliche Äußerungen des Autors u.s.f..[5] Damit wird die traditionelle Einheit des Textes von vornherein in Frage gestellt, mehr noch: in der Negation aller Einheitsbestrebungen artikuliert sich eine „Metawelt", die zugleich als „Text-Welt" charakterisiert werden kann. Arno Schmidt betont: „Die ‚wirkliche Welt'?: ist, in Wahrheit, nur die Karikatur unsrer Großen Romane! [...]"[6]

Zu Recht hat Christoph Jürgensen betont, dass „die konventionelle Grenze zwischen Text und Paratext, zwischen auktorialem Diskurs und [...] Diskurs der Erzählung überspielt [ist], wodurch ein Arrangement von Erzählinstanzen etabliert wird, das auf eine grundsätzliche Ironisierung aller Positionen im Text hinausläuft".[7] Dass bei aller Vielperspektivität und ironischen Selbst-Distanzierung dennoch eine literarische Struktur erkennbar bleibt, hängt mit jener hervorgehobenen Geste von Negationen zusammen, die die negierten Genres und travestierten Motive durchaus durchblicken und erkennen lässt.

Die Ich-Erzählung des Protagonisten, eines deutsch-amerikanischen Reporters Charles Henry Winer vom „Kalamazoo Herold", als Binnenhandlung folgt dem Muster der „Voyage Imaginère", jener Reiseroman-Gattung, die den Rahmen für viele utopische Erzählungen seit der Frühen Neuzeit bildet. Allerdings ist der Reiseroman

---

3 Vorwort des Übersetzers, S. 7.
4 Vgl. dazu Gerard Genette: Palimpseste. Literatur auf zweiter Stufe. Aus dem Französischen von Wolfram Bayer und Dieter Hornig. Frankfurt am Main 1993, S. 13; und Jürgensen, „Der Rahmen arbeitet", S. 118 ff.
5 Vgl. Jürgensen, ebd. S. 39.
6 Schmidt: Die Schule der Atheisten. In: Bargfelder Ausgabe 4, 2. Bargfeld 1995, S. 181; zit. Stein, Art der Sprache, S. 67.
7 Jürgensen, „Der Rahmen arbeitet", S. 144.

in Arno Schmidts *Gelehrtenrepublik* eingespannt in eine Teleologie des Sowohl-als-auch. Einerseits ist in gebührender ironischer Distanz von einer „Reise in die Vollkommenheit, ins Land des Geistes und sämtlicher Ideale, ‚Voyage de Zulma dans les pays des Fées'" (58)[8] – „Praktisch eine Fahrt in Richtung Elysium" – die Rede (60); andererseits wird wiederholt vom „Weltende" (29) geredet oder von einer Riesenmauer, die das „‚Ende der Welt'" bedeutet (23; 38): „‚Ach 1, 2 Stunden haben Sie Zeit: das Weltende ist doch ganz nahe'" (29; vgl. auch 38).

Die pikareske Reise in der Tradition der Voyage Imaginère führt zunächst durch einen „Hominidenstreifen" (mittels Autofahrt, Ballonflug, Wandern und Durchreiten des Gebiets). Das anvisierte Ziel bildet eine künstliche und schwimmende Stahlinsel der „International Republic for Artists and Scientists" (IRAS), einem in Ost und West geteilten staatsähnlichen Gebiet, das an Traditionen überlieferter Staatsromane erinnert. Die Gegenläufigkeit der beiden wiedererkennbaren Genres: pikaresker Reiseroman und utopischer Staatsroman[9] ist bewusst als Hinweis auf Vorbilder wie Johann Gottfried Schnabels *Insel Felsenburg* angelegt. Apokalyptische Züge bekommt dieses vertraute Modell indes durch Anspielungen auf zurückliegende Weltkriege und die Atomverstrahlung im „Hominidenstreifen", dessen Schilderung den ersten größeren Teil des Romans ausmacht.

Die Darstellung beider Topographien, des „Hominidenstreifens" einerseits und der im engeren Sinne in Ost und West parzellierten Gelehrtenrepublik andererseits durchbricht allerdings auf parodistische Weise das vertraute duale Schema von satirischer Reisedarstellung und beschreibender Schilderung des ‚utopischen' Gebiets. Auch der „Hominidenstreifen", der durch „Zentauren mit Hufen aus Gußstahl" bestimmt wird (25), erweist sich als eine bis ins Detail entworfene Hierarchie der Monster-Welt von gefräßigen Riesenspinnen („Never=nevers") bis zu schmetterlingsähnlichen „Fliegenden Köpfen" und „Fliegenden Masken", die den „Never=nevers" als Nahrung dienen und den Menschen als Exempel von Züchtungsphantasien vorgestellt werden. Dem korrespondiert die zweigeteilte eigentliche Gelehrtenrepublik, deren genaue Schilderung und durchorganisierte Verwaltung Modelle literarischer Staatsutopien ad absurdum führen. Die Charakterisierung beider Bereiche als ihre typologische ‚Erfüllung' parodiert strukturell Traditionen utopischen Schreibens in der Frühromantik.[10] Die Reise durch die in interne Bürgerkriege verwickelte Homindenwelt ist nur mit einer Besuchserlaubnis (begrenzt) möglich; die Zentaurin Thalja kämpft an der Seite des Reporter-Erzählers Winer und wird zu seiner grotesk-sexualisierten Geliebten bis „zum [nahen] Ende der Welt" (38). Davon ab-

---

8 Schmidt, Die Gelehrtenrepublik; S. 58. Seitenangaben dieser Ausgabe im Folgenden im Text.
9 Zum Staatsroman vgl. Jordheim, Der Staatsroman im Werk Wielands.
10 Vgl. das Schema von Erwartung und Erfüllung in Novalis' „Heinrich von Ofterdingen".

gegrenzt bildet die Gesellschaft der Künstler- und Wissenschaftler-Republik „IRAS" eine separierte andere Menschenwelt mit eigenen Codes und Spielregeln.[11]

II

Anspielungen auf Modelle literarischer Utopien bestimmen den Roman umso mehr, als die Grundstruktur eine imaginär-kartographische ist. Mittels eines „Zeichenverbundsystem"[12] verweist Arno Schmidt einerseits auf Jules Vernes Roman *L'île à Hélice* (Paris 1895) [*Die Propellerinsel*][13] und andererseits auf Klopstocks *Gelehrtenrepublik* (1774)[14]. Darüber hinaus bleibt die Basis-Referenz von Swifts *Gullivers Travels*[15] präsent. Swifts Insel Laputa erinnert an die fliegende Stahlinsel „IRAS" der Künstler und Wissenschaftler.

In der Tradition wechselseitig verweisender emblematischer Strukturen von Text und Karte bzw. Karte und Gebiet bei Thomas Morus (*Utopia*), Johann Gottfried Schnabel (*Die Insel Felsenburg*) oder Ernst Jünger (*Heliopolis*)[16] spielen Jules Verne und Friedrich Klopstock eine hervorgehobene Rolle. Für Verne bietet die durchgehend satirisch-ironisch dargestellte Verbindung von Natur und Technik neue literarische Variations-Möglichkeiten; Klopstocks *Gelehrtenrepublik* bildet einen akademisch authentischen Kontrapunkt unter wissenschaftlichen Aspekten gegenüber Arno Schmidts skurril entworfener Insel-Republik.[17] Arno Schmidt spricht von der

> große[n] Anregung für eben=diesen zweiten Teil meines Buches [...]; nämlich JULES VERNE's ‚L'île à Hélice', (+Lilli & Alice): ‚Die Propellerinsel'. 1894 war es, als er mit schon erlahmender Kraft, dieses *mir* immer = merkwürdige Stück zu Papier brachte – absolut genommen, ist es eines seiner schlechteren, hastigeren. [...] Nun war allerdings VERNE, wie sich's zu seiner Zeit

---

11 Dem „Vorwort des Übersetzers" ist – in Anspielung auf die Arkadientradition – von einem „Schwimmenden Parnass" bzw. „Helikon im Saragossa Meer" die Rede (S. 7).
12 Vgl. Stockhammer, Kartierung der Erde, S. 139.
13 Zugrunde gelegt wird die französische Ausgabe: Jules Verne: L'Ile à Hélice. 2 Vols. Paris 1895. Deutsche Übers. Die Propellerinsel. In: Vollständige Ausgabe in einem Bd. Berlin 2015.
14 Friedrich Gottlieb Klopstock: Die deutsche Gelehrtenrepublik, ihre Einrichtung, ihre Gesetze. Geschichte des letzten Landtags. Auf Befehl der Aldermänner durch Salogast und Wlemar (1774); zit. Ausg. F. G. Klopstock: Ausgewählte Werke. Hrsg. von Karl August Schleiden. Nachwort von Friedrich Georg Jünger. München 1962, S. 875–929.
15 Jonathan Swift: Travel into Several Remote Nations of the World in Four Arts by Lemuel Gulliver, First Sergant and then Captain of several Ships. Erstausgabe London 1726.
16 Vgl. Kap. III 10: Ernst Jüngers *Heliopolis*.
17 Vgl. Winand Herzog, Keine Experimente! S. 129f. Zu Recht hat Herzog darauf hingewiesen, dass Arno Schmidt im Großen den Plan der „Propellerinsel" übernimmt (S. 138).

für einen besten Aufklärer gehörte, technischer *Optimist*; das heißt, es kam ihm so gut wie nie in den Sinn, daß ein Mensch den Andern schließlich auch mit einem Portable erschlagen könne. (Im tiefsten Grunde ist das 1 Punkt *für* JULES VERNE, *für* einen Licht=Freund von Geist; *nicht gegen* ihn).[18]

Arno Schmidt fügt dann noch hinzu, dass ihm Jules Vernes herrlicher Einfall „[...] hoffnungslos ins Platte reduziert worden [sei]: es sind eben nur 2 schwerreiche Kaufmanns=Familien, die die Propellerinsel in halbierter Konkurrenz auf Aktien erbaut haben. Ein luxuriöser Tummelplatz für Technoides, durchtänzelt von Süßen Nichtigkeiten [...]."[19] Dennoch habe er [Schmidt] sich

> [...] außer dem Bilde der Großen Insel, diverse seiner Possen [...] angeeignet; schon aus dankbar gerührter Knabenerinnerung[...]. Die technischen Daten [...] hab' ich ihm zu Ehren, einfach ohne nachzurechnen, abgeschrieben: das war ich meinem Vorbild, dem Meister der Genauigkeiten, schuldig! Sonst allerdings kaum noch etwas. Wer sich die beiden Stücke nebeneinanderlegt, wird erkennen, dass ich – ob Szenerie; ob Ereignisse; ob Denkweisen der Personen & Persönchen; schweigen wir ganz vom ‚Styl'! – ihm *Entscheidendes* nicht zu verdanken habe.[20]

Vergleicht man die kartographischen Vorlagen genauer (auch eine Reihe anderer Übernahmen und Vorlieben Arno Schmidts für Jules Verne sind nicht zu übersehen), lassen sich Übereinstimmungen leicht feststellen. Auffallend ist eine für beide Romane bevorzugte Ellipsenstruktur, wobei in beiden Darstellungen, allerdings seitenverkehrt, ein urbaner Städtebereich von einem parkähnlichen unterschieden wird. Die „Exzentrizität des Ellipsoids"[21] (68) zeichnet sich sowohl bei Verne wie bei Schmidt dadurch aus, dass sich zwei Häfen in der Mitte der beiden Längsseiten – Steuerbordhafen und Backbordhafen – gegenüberliegen. Bei Jules Verne leben die Protestanten auf der Backbord-, die Katholiken auf der Steuerbordseite; in Arno Schmidts Entwurf liegt die „Freie Welt" auf der Steuerbord-, während sich die „Ostblockstaaten" auf der Backbordseite befinden (69). In Arno Schmidts zeichnerischer Darstellung spielt die mittlere Längsachse („Mittelstrasse") eine wichtige Rolle insofern auf beiden Seiten Bibliotheken, Fernsehstudios und große Galerien platziert sind; im Kreuzungspunkt befindet sich das Rathaus. Dem urbanen Viertel ist ein Theater vorgelagert; im Parkgebiet fällt ein Kubus zur „kollektiven Einsamkeit" auf.

---

18 Arno Schmidt: Dichter & ihre Gesellen: Jules Verne. In: Bargfelder Ausgabe IV, S. 413–425; hier S. 422; zit. Herzog, Keine Experimente!, S. 134f.
19 Ebd.
20 Ebd., S. 423.
21 Vgl. die von Schmidt entworfene Zeichnung der Propellerinsel. In: Das steinerne Herz. Tina. Goethe. Die Gelehrtenrepublik. Bargfelder Ausg. Werke Gruppe I. Romane. Erzählungen. Gedichte. Juvenilia. Bd. 2. Zürich 1986, S. 351.

Zwischen Stadtgebiet und Parklandschaft sind auf der einen Seite Äcker und Weiden und ein Flugplatz angelegt und auf der anderen Seite ein „poets corner" nebst einer „Straße der Literatur". Im Städtebereich lassen sich schließlich noch eine „Straße der Oktoberrevolution" und ein „Kreml" entdecken, um die entsprechende politische Zuordnung zu charakterisieren.

Die Ich-Erzählung des Protagonisten Charles Henry Winer folgt der graphischen Darstellung indes nur bedingt. Die Diskrepanz zwischen Kartographie und Text erlaubt neue ironisch-distanzierende Möglichkeiten während seiner auf lediglich fünfzig Stunden begrenzten Besichtigungsreise.

Der Erzähler lässt es sich – „endlich [angekommen] in der heiligen Stätte der Menschheit [...]" (65) – nicht entgehen, bekannte Topoi literarischer Utopien satirisch darzustellen und ad absurdum zu führen. Im Zentrum steht dabei jene Detailgenauigkeit (konstitutiv für alle Utopien), die eine möglichst genaue Beschreibung von Regeln und Grundsätzen eines gesellschaftlichen beziehungsweise gemeinschaftlichen Zusammenlebens vermittelt. Dazu gehören in Arno Schmidts Charakterisierung der Gelehrtenrepublik sechs täglich wechselnde Inselpräsidenten und die Frage nach der Anzahl von Genies in einer durchorganisierten Verwaltung. Mehr als nachvollziehbare ironische Pointen liefert die prinzipielle Frage, ob man die Insel verlassen könne oder welche Möglichkeiten bestehen, in die Verwaltung hinüberzuwechseln. Schließlich: Wer löst unvermeidbare „Streitigkeiten"? Wie lassen sich Ausschlusskriterien für eine Mitglieder-Auswahl formulieren oder für den Besuch utopischer Kolonien festschreiben? Damit nicht genug: die Thematisierung der eigenen Geschichte berührt die „Denkmalsfrage" (76), und Anspielungen auf ein atomar betriebenes Krematorium (77) lassen zeitgeschichtliche deiktische Hinweise immer einmal wieder aufblitzen. Das Historischwerden des eigenen Modells ist sicher das delikateste Problem insofern, als die ‚Zukunftslosigkeit' aller Utopien, nachdem sie vollständig beschrieben sind, nur noch den Rückblick auf die Geschichte als Zukunft erlaubt. Arno Schmidts diagnostische Fähigkeit im Blick auf jede Zukunft in allen Utopien könnte nicht prägnanter ausfallen.

III

Der kartographischen Emblematik der *Propeller-Insel* korrespondiert eine literarische. Die zentrale Referenz von Friedrich Gottlieb Klopstocks *Gelehrtenrepublik* übernimmt die Funktion einer Folie, die Schmidt wiederholt aktualisiert:

Da habe ich also, vor nun rund 10 Jahren, ein Buch geschrieben – ‚Die Gelehrtenrepublik'. Es besteht aus 2, jedoch sehr zusammengehörenden & immer wieder miteinander konfrontierten Hälften:
  a) der Schilderung einer ‚reservation', allwo sich die ‚Folgen' der doch wohl nicht aufzuhaltenden Atomversuche herumtummeln: scharmante Zentauren, die schon etwas unangenehmeren ‚Fliegenden Masken'; und endlich lugubere ‚Never=Nevers', die Riesenspinnen. Unter sie Alle gerät, ziemlich unversehens, ein armer Reporter; der an sich nur einen Permit für die ‚IRAS' hat, eben jene Stahlinsel der (parodiert-klopstock'schen) ‚Gelehrtenrepublik'.[22]

An anderen Stellen lässt der Verfasser den Protagonisten Winer vom „ehrenden Gedenken an das uns – zumindest einstens – geläufige Stück des großen Klopstock" (54) sprechen.

Beim Vergleich mit dem ebenso verehrten wie parodierten Klopstock-Text fällt einerseits eine die Gesellschaftsstruktur insgesamt bestimmende ‚altdeutsch' anmutende Hierarchie auf: „Die Republik besteht aus *Aldermännern, Zünften,* und *Volke*"[23] und andererseits der in den „Grundsätzen der Republik" formulierte Bildungsanspruch:

> *Der erste ist:* Durch Untersuchung, Bestimmung, Entdeckung, Erfindung, Bildung und Beseelung ehemaliger, neuer und würdiger Gegenstände des Denkens und der Empfindung sich recht viele und recht mannigfaltige Beschäftigungen und Vergnügen des Geistes zu machen.[24]
>
> [Zweitens soll]:
> Das Nützlichste und Schönste von dem, was jene Beschäftigungen und Vergnügungen unterhalten hat, durch Schriften; und das Notwendigste auf Lehrstühlen andern [mitgeteilt werden].
>
> [Drittens sollen] Schriften, deren Inhalt der gewissen Bildung nicht nur fähig, sondern auch würdig [sind], denen vorzuziehen [sein], die entweder ohne diesen Inhalt, oder ohne diese Bildung sind.[25]

Arno Schmidt lobt insbesondere Klopstocks Betonen des Zusammenhangs von Theorie und Praxis: „Handeln und Schreiben ist weniger unterschieden, als man gewöhnlich glaubt. Wer handelt und wer schreibt, bringt Wirkung hervor."[26]

Auch wenn der von Klopstock erhobene Bildungsanspruch von Arno Schmidt eher ironisch-selbstkritisch aufgenommen wird, bleibt er in seiner satirischen Transformation erhalten. Dafür findet der Autor eine karnevalistische Schreibweise, die nicht ohne Grund auf Goethes „Klassische Walpurgisnacht" im *Faust*

---

22 Schmidt, Dichter & ihre Gesellen, S. 421.
23 Klopstock, Die deutsche Gelehrtenrepublik, S. 875.
24 Ebd., S. 890.
25 Ebd.
26 Ebd.

anspielt.²⁷ Das „religiöse Gefühl" eines Klopstock findet in der Inversion eines säkularen literarischen Kanons sein Pendant: „[...] Das gibt es also durchaus: Voltaire; Diderot; Reimarus; Lessing wohl auch; Kantschopenhauernietzsche; David Friedrich Strauß – gar keine unfeine Namensperlenschnur!: Goethe vor allem!" (100). In diesem die entfremdete Welt vergegenwärtigenden literarischen Kosmos finden sich Eberhard Werner Happel (1647–1690)²⁸ ebenso wie Gottfried Benn und Samuel Beckett. Im Übergang von den Polyhistoren des 17. Jahrhunderts und den ‚Absurden' des 20. Jahrhunderts bilden Wielands Romane einen strukturellen Rahmen, in dem nicht nur die Romantiker Cooleridge, Keats und die Brontés, sondern auch noch Dickens ihren Platz haben: „So richtig was für die gehobenen Abderiten!" (93).

Die „karnevalistische Wahrheit" (Michael Bachtin) in Arno Schmidts Welt ist im Feld der kartographischen Phantasie und im emblematischen Wechselverhältnis von Bild und Text verankert. Wiederholt kommen visuelle Medien ins Spiel, so in einem Buch mit Darstellungen der „Maskentypen" aus dem Hominidenstreifen, das Winer als Gastgeschenk bei der Ankunft im Hotel erhält (49), oder im Zusammenhang von Bildern, die der Ich-Erzähler mit sich „herumschleppen mußte" (53) und bei Raoul Mercier, dessen Bruder Sebastien sich mit einem dreijährigen Stipendium für Malerei in der Gelehrtenrepublik befindet. In diesem kaum versteckten Hinweis auf Louis Sébastien Merciers *Das Jahr 2440* findet sich Arno Schmidts eigene selbstironische historische Einordnung in die Geschichte der literarischen Utopie und ihres paradigmatischen Wandels von der Raum- zur modernen Zeitutopie.²⁹ Noch in der autobiographischen Selbstpersiflage des Autors Stephen Graham Gregson (102) bleibt das utopische Erinnerungspotential gegenwärtig.

Es ist das „ALBUM", von dem Roland Barthes gesprochen hat: „Was vom BUCH bleibt, ist das Zitat (im sehr allgemeinen Sinne): das FRAGMENT, das Relief, das woandershin *transportiert* wurde".³⁰ Arno Schmidts ‚Transport' literarischer Traditionen des utopischen Schreibens erfolgt im karnevalistischen Kostüm, findet aber darin keinen Abschluss.

---

27 Schmidt, Die Gelehrtenrepublik, S. 31; Anmerkung 16. Seitenzahlen der ‚Gelehrtenrepublik' im Folgenden im Text.
28 Dessen Roman „Der Insulanische Mandorell" (1682), der die erste deutsche Übersetzung von Pierre Daniel Huets „Traité de l'origine des romans" (1670) enthält, hebt Schmidt lobend hervor.
29 Vgl. dazu Kap II 5: „Fortschreitende Vollkommenheit".
30 Roland Barthes: Die Vorbereitung des Romans. Frankfurt am Main 2005, S. 296 f.

IV

Dass der Negationsgestus in der literarischen Karnevalisierung des utopischen Schreibens erhalten bleibt, zeigt insbesondere der letzte Teil von Arno Schmidts *Gelehrtenrepublik*. Dazu gehört die satirische Parodie der Literaturproduktion in der russischen Hemisphäre im Künstlerkombinat:

> „Kombinat 8 erfüllt sein Romansoll" (108) ebenso wie ein Erholungspark entlang der ‚Straße der Oktober=Revolution'. „[...] Im Grünen ‚Vor den Toren', das ‚Kollektiv Einsamkeit' [...] (wo [...] ihre Großen sich in ländlicher Luft erholten; Krimwein tranken und Milchen aus Kasakstan. Spartanische Eurotasbäder nahmen; sich vorschriftsmäßig entspannten, und wieder jung wurden) (114).

Die bereits im „Hominidenstreifen", dem ersten Teil des Textes, thematisierte „Zuchtwahl" wird wieder aufgenommen, denn „‚Für Sowjetmenschen gibt es kein ‚Uunmögglich'" (116).

> Das bedeutet [...] daß sie selbstverständlich auch systematisch Zuchtwahl betrieben: Dichter auf Dichtin; Bildhauer auf Hauerin: ‚In 300 Jahren wird man auf uns herabsehen, wie wir zur Zeit auf Gorillen'./ Mein Zweifel: ‚Ergibt denn Dichter plus Dichtin auch wirklich Dichter hoch zwei?' Aber Professor Schukowski fiel ein: ‚Das Sprachzentrum vergrößert sich jedes Mal meßbar' (115).

Die parodistische (auch selbstironische) Schreibart darf allerdings nicht darüber hinwegtäuschen, dass auch diese Passagen ein kritisch-deiktisches Potential festhalten. Das zeigt sich insbesondere im Zusammenhang mit den zitierten „Bioprogramme[n]" (113) zum „Zusammenbasteln" eines „Supergehirn[s]" (117). In den gentechnologischen Literatur- und Gedankenspielen wird der künftige „Transhumanismus" vorweggenommen.[31] Die (selbstironische) Thematisierung der Identitätsfrage liegt dann folgerichtig auf der Hand. In den „Tischgespräche[n]" heißt es: „Ich wandte mich zur schönen Helena; ich fragte eindringlich: ‚Bist Du Du?' – Sie verstand mich sofort, nickte ernsthaft und antwortete: ‚Ich bin noch ich' (Immerhin: ‚noch!')" (118).

Wie scharfsichtig und genau eine dystopische Groteske künftige gentechnologische Verfahren und Experimente antizipierend kritisieren kann, macht schließlich die „Versuchsanstalt für Hibernation'" (125) deutlich, wofür die interne Kurzbezeichnung „Grab" steht. Hier werden gegenwärtig im Medium der Science Fiction-Literatur durchaus aktuelle Experimente prognostiziert. In den geschilderten Versuchen geht es um

---

31 Vgl. Krüger, Virtualität und Unsterblichkeit.

Lebensfunktionen [die] sich durch Kälte verlangsamen lassen – ‚bis zum Tode durch Erfrieren'. Bei entsprechender Unterkühlung tat das Herz nur alle Minuten noch 1 Schlag: Die Organabnützung war praktisch aufgehoben! ‚Nach vielen und vielfachen' [...] ‚Versuchen in dieser Richtung, waren wir um 1980 so weit, daß wir für eine gesicherte zwanzigjährige Hibernation jede Garantie übernehmen konnten – [...]' (126).

Nichts weniger wird aufgrund solcher Experimente möglich als „[...] die ganze Menschheit periodisch in Hibernation zu versenken: daß man also in naher Zukunft zwischen einer ‚Wachgeneration' und einer ‚Schlafgeneration' unterscheiden wird. Ein kleiner Teil der Wachenden betreut die Schlafenden, die in hundertstöckigen Großbauten" untergebracht sind (127). „Lebenszeiten von drei bis 400 Jahren werden zur Norm werden; ganz abgesehen davon, dass – bei entsprechend weiter entwickelter Technik der ‚Lagerung' – die Freie Welt Platz für die doppelte Bewohnerzahl haben wird'" (127).

Damit hat Arno Schmidt bereits 1957 gentechnologische (Real)Utopien ironisch vorweg genommen, die heute Gegenstand wissenschaftlicher Erörterungen sind, ob bei Ray Kurzweil in den USA oder in Überlegungen des Präsidenten der deutschen Max Planck-Gesellschaft:

[...] man müsste bei solch einer Lebenserwartung die Gesellschaft insgesamt lebensfähig erhalten. Die Hundert-, Zweihundert- oder Dreihundertjährigen wären ja nicht alte Leute, sondern Menschen, die einfach älter werden, statt maximal 122 Jahre 400 Jahre. Daher müssten sich viele Prozesse in der Gesellschaft und für das Individuum verändern: Jugend, Reifung, Lernen, Familiengründung, Berufstätigkeit, all das würde sich anders verteilen. Aber das heißt nicht, dass eine solche Gesellschaft grundsätzlich schlechter wäre.[32]

Das heute Gegenwärtige bleibt in Arno Schmidts „Gelehrtenrepublik" ein „snapshot, aus dem Bilderreservoir" (133). Der Schluss des Romans symbolisiert die ost-westliche Absurdität am Beispiel des sowohl Vorwärts- wie Rückwärts-Fahrens jener utopischen Stahlinsel, auf der die Gelehrtenrepublik beheimatet ist. „‚Die Amerikaner haben ‚Volle Kraft rückwärts' gegeben; die Russen ‚Unverändert Volldampf voraus'. / ‚Und das Ergebnis?'. *Das Ergebnis:* ‚Wir drehen Uns!' : Auf der Stelle!'" (131). Die Absurdität, die hier im Bild der Drehscheibe als zentrale Metapher zusammengefasst wird, macht auch die ebenso delikate wie heikle Gesamtkonstruktion der Arno Schmidtschen Dystopie sichtbar. Eine spezifisch ausgetüftelte Druckgestaltung kommt hinzu: Kursiv und Antiqua im Wechsel, eine dialogische, durch Doppelpunkte und Ausrufungszeichen zusätzlich irritierende

---

[32] Peter Gruss: Bio, Nano, Info, Neuro – ein Panopotikum. Im Gespräch mit Peter Gruss, Zellbiologe und Präsident der Max Planck-Gesellschaft. (München, 18. September 2009). In: Werden wir ewig leben?, S. 35–57; hier S. 57.

Orthographie und die Fülle von Zitaten und Selbstzitaten lässt Fragen nach der Kohärenz des Textes immer wieder stellen. Die Idee des „totalen Buchs", von der Roland Barthes spricht, findet sich bei Arno Schmidt darin verwirklicht, dass es bei einem häufig akustischen ‚ALBUM'[33] bleibt, einem frühromantischen Versuch des Fragments der Fragmente, das die Einbildungskraft des Lesers stimuliert.

Folgt man Arno Schmidts poetologischen „Berechnungen"[34], finden sich auf der ‚objektiven' erzählerischen Ebene („Unterwelt")Fotos und „Kleinbruchstücke", eine Kette und „kristallinische Struktur"[35] (166), die zwar ein mageres Prosagefüge bilden, aber keine fortlaufende Handlung, vielmehr ein „poröses Gefüge" und ein „löchriges Dasein" dokumentieren. Demgegenüber liefert die subjektive Realität („Oberwelt") jene Erlebnisebene, die den Konjunktiv für die „Längeren Gedankenspiele" leitet. Von daher stellt sich die Frage, ob der Bild-Textebene im Sinne der Realien eine konjunktivisch-utopische (im Sinne von Schmidts ‚subjektiver') Ebene korrespondiert, die das utopische Bewusstsein lebendig erhält.[36]

Karl Heinz Bohrer hat im Zusammenhang mit Schlegels Neuer Mythologie gefragt: „Was geschieht, wenn utopische Inhalte nicht mehr angenommen werden, nichtsdestotrotz eine utopische Mentalität aber weiterläuft?"[37] Auch bei Arno Schmidt bleibt eine subjektzentrierte Position dominant, die sich im künstlerischen Literatur- und Sprachspiel offenbart. Die utopische Einbildungskraft bleibt die Voraussetzung auch für die kritische Dystopie im Zeichen eines ‚ästhetischen Absolutismus'.

---

33 Barthes, Die Vorbereitung des Romans, S. 296.
34 Arno Schmidt, Berechnungen I. In: A. Schmidt, Essays und Aufsätze 1, Bargfeld 1995, S. 130 – 168; ders., Berechnungen II. In: Ebd., S. 274 – 284.
35 Schmidt, Berechnungen I, S. 166.
36 Vgl. dazu vor allem die grundlegende Arbeit von Hinrichs, Utopische Prosa als längeres Gedankenspiel.
37 Vgl. Bohrer, Utopie ‚Kunstwerk', S. 303.

13 Martin Buber und die Tradition der Utopie

I

Martin Bubers Konzeption der Utopie ist sowohl durch individual- als auch sozial- und religionsphilosophische Gesichtspunkte geprägt. Der Tradition aller Utopien folgend, geht auch Buber von der für utopisches Schreiben konstitutiven Figur der Negation aus. Nur die „Einsicht in die Verkehrtheit des Verkehrten"[1] liefert den Impuls für kontrafaktische Projektionen in eine räumliche oder zeitliche Gegenwelt. Das Hypothetisch-Mögliche, das Kontrafaktische und Antizipatorische – konstitutive Merkmale der gesamten Utopietradition – finden ihren Ausgangspunkt in einer Kritik der Gegenwart. Der Schritt in ein Noch-Nicht ist „von einem kritischen Grundverhältnis zu der gegenwärtigen Beschaffenheit der Menschenwelt nicht zu trennen"[2]. Diese Negationsgeste bedarf stets der Verbildlichung; Utopien sind narrativ und bildhaft zugleich.[3]

Um welche Verbildlichung handelt es sich bei Martin Buber? Sie ist, auch hier ganz traditionsbewusst, durch Imagination bestimmt: „Bilder von etwas, was nicht vorhanden ist, sondern nur vorgestellt wird".[4] Dieser bildschaffende utopische Wunsch ist nach Bubers Vorstellung stets „[...] an ein Überpersönliches gebunden, das mit der Seele kommuniziert, aber von ihr nicht bedingt ist".[5] Buber geht sogar so weit, dass er die „Sehnsucht nach der Verwirklichung des Geschauten" als Voraussetzung für das bildschaffende Prinzip des Menschen hervorhebt.[6]

Bevor davon im Einzelnen die Rede ist, sollte zunächst Martin Bubers Betonen eines grundlegenden Individualismus hervorgehoben werden. Ablesbar ist dies sowohl an seiner wissenschaftlichen Beschäftigung mit dem Problem des Individuums, so in seiner Dissertation zur „Geschichte des Individuationsproblems:

---

1 Martin Buber: Pfade in Utopia. Über Gemeinschaft und deren Verwirklichung. Zitierte Ausgabe. 3. erweiterte Aufl. Heidelberg 1985, S. 30. ‚Pfade in Utopia' erschien zuerst in der hebräischen Originalfassung 1947; in der deutschen Ausg. 1950. Eine 2. Aufl. unter dem Titel „Der utopische Sozialismus". Köln 1967. Zur Einführung vgl. das Nachwort zur zitierten Ausg. von Abraham Schapira: „Werdende Gemeinschaft und die Vollendung der Welt. Martin Bubers sozialer Utopismus", S. 417–461.
2 Ebd.
3 Voßkamp: Narrative Inszenierung von Bild und Gegenbild.
4 Buber, Pfade in Utopia, S. 29.
5 Ebd.
6 Ebd.

Nikolaus von Cues und Jakob Böhme"[7], als auch (und insbesondere) an der Verankerung in der Geschichte und Tradition des Chassidismus und seiner „subjektive[n] Selbstidentifikation" mit dem ‚letzten jüdischen Mystiker' Rabbi Nachman.[8] Zu Recht hat Bernd Witte darauf hingewiesen, dass sich Buber selbst als Zaddik verstanden hat. Seine *Ekstatische[n] Konfessionen* (1909) und die Anthologie der *Erzählungen der Chassidim* (Zürich 1949)[9] machen dies deutlich, auch wenn Bubers Chassidismus als eine Art „religiöser Nietzschianismus" bezeichnet werden mag.[10]

Sowohl der (individualistische) Ekstatiker als auch die charismatische Funktion des Zaddik machen allerdings darauf aufmerksam, dass es keine solipsistische Verabsolutierung des Individuums geben kann, sondern dass zugleich stets auch auf das Soziale verwiesen wird, das jedem individuellen Streben inhärent sein soll: „Seine Erfahrungen hat der Mensch von je als Ich gemacht, Erfahrungen mit anderen und mit sich; aber als Wir hat er aus Erfahrungen Welt gebaut und ausgebaut."[11] Die Form dieses Sozialen wird von Buber im Sinne eines

---

7 Wien 1904. Ablesbar ist Martin Bubers Intention auch am Interesse an „Meister Eckharts Predigten und Traktate", die er 1914 als Bücher bezeichnet, „die jetzt und immer zu lesen sind" (Buber: Werkausgabe, 1. Frühe kulturkritische und philosophische Schriften. 1891–1924. Bearbeitet, eingeleitet und kommentiert von Martin Tremle. Gütersloh 2001, S. 279–280; hier S. 280).

8 Bernd Witte unter Hinweis auf „Die Geschichte des Rabbi Nachman von ihm nacherzählt" von Martin Buber. Frankfurt am Main (Ruetten und Loening) 1920; Witte: Jüdische Tradition und literarische Moderne. Heine, Buber, Kafka, Benjamin. München 2007 (Kap. Die Renaissance des Judentums aus dem Geist der Moderne – Martin Buber, S. 95–140), insbesondere S. 116 und S. 254, Anm. 169.

9 Buber: Die Chassidischen Bücher. Berlin 1927; Buber: Die Erzählungen der Chassidim. Zürich 1949; vgl. das Vorwort S. 5–14 und das Geleitwort: „Martin Buber vertrat die [...] Auffassung, dass ein wirkliches Verständnis des Hasidismus nur aus den hasidischen Erzählungen zu gewinnen sei, weil in ihnen das wahrhafte hasidische Leben beschrieben werde und weil für die Hasidim das Wesentliche eben die Weisen des menschlichen Handelns und nicht die Lehren seien." (Karl Erich Grözinger: Jüdisches Denken. Theologie-Philosophie-Mystik. Bd. 2: Von der mittelalterlichen Kabbala zum Hasidismus. Darmstadt 2005, S. 684; vgl. insgesamt zum Chassidismus und zur Rolle des Zaddik in diesem Bd. S. 683–710).

Zur Rolle Bubers im Zusammenhang mit der modernen Geschichte der deutschen Juden: Paul Mendes-Flohr: German Jews. A Dual Identity. New Haven. London 1999.

10 Witte, Jüdische Tradition, S. 118. Auf die wichtige Rolle Wilhelm Diltheys hat Bernd Casper aufmerksam gemacht (Nachwort zu: Martin Buber: Ich und Du. Stuttgart 1995, S. 117–142; hier S. 133).

11 Buber: Dem Gemeinschaftlichen folgen (1956). In: Sprachphilosophische Schriften (Werkausgabe 6). Bearbeitet, eingeleitet und kommentiert von Asher Biemann. Gütersloh 2003, S. 103–123; hier S. 111. Vivian Liska spricht in ihrem Buch „Fremde Gemeinschaft. Deutsch-jüdische Literatur der Moderne". (Göttingen 2011) unter Anknüpfung an Formen von „uncommon com-

zentralen Mittelpunkts, als „Gemeinschaft" charakterisiert, die durch Erlebnis- und religiöse Momente mit bestimmt ist. Wie diese Gemeinschaft beschaffen ist, erweist sich als die eigentliche Frage und Problematik des gesamten Utopiekonzepts von Martin Buber.[12] Sie steht im Zusammenhang der Folgen des ersten Weltkrieges und einer zunehmenden „Auseinandersetzung mit ‚dem Politischen'".[13] Hier erhält Buber seine entscheidenden Impulse und ihm eigenen Vorstellungen vom Sozialismus. Dabei geht es ihm nicht um konkrete Analysen gesellschaftlicher und wirtschaftlicher Verhältnisse und eine daraus abgeleitete politische Intention für eine andere Gesellschaft, sondern darum, das „[…] menschliche Leben, die Beziehungen der Menschen zueinander zu verwandeln".[14] Es handelt sich um einen Imperativ für den ‚schöpferischen Sozialismus', aber um keinen konkreten Vorschlag für die Ausformung einer neuen Gesellschaft.

II

Dies hat zur Folge, dass die Spannung zwischen einem radikal individualistischen Ausgangspunkt und einer im Einzelnen genauer zu bestimmenden utopischen Konzeption von „Gemeinschaft" erhalten bleibt und Lösungen gesucht werden müssen, diese Spannung produktiv aufzulösen. Welche Rolle spielt dabei der Begriff der „Gesellschaft", welche Rolle das Religiöse? Lässt sich der Begriff der „Gemeinschaft" politisch konkretisieren und wie könnte das Verhältnis von dezidiertem Individualismus und gemeinschaftlichem, religiösem Kommunitarismus aussehen? Welche Schritte sind erforderlich, um den zunächst noch ab-

---

munities" prinzipiell in jüdischen Gemeinschaften von „verschiedenen Graden [der] Skepsis gegenüber jenen Idealen, die eine festgelegte kollektive Identität implizieren" (S. 10). Caspar Battegay hat für die „Verbindung des Einzelnen mit der Gemeinschaft" bei Buber die romantische Kategorie/Metapher des „Blutes" herausgearbeitet: „Die Gemeinschaft der konstanten Elemente – […] die Sprachgemeinschaft, die Bevölkerung und die kulturelle Gemeinschaft – muss mit der ‚Gemeinschaft des Bluts' als deren Ausprägungen die drei Elemente verstanden sind, synchron sein". In: Das andere Blut. Gemeinschaft im deutsch-jüdischen Schreiben 1880–1930. Köln. Weimar. Wien 2011, S. 184 f.
12 Zum Begriff der Gemeinschaft vgl. Manfred Riedel: Gesellschaft, Gemeinschaft. In: Geschichtliche Grundbegriffe, Bd. II, S. 801–862. Riedel weist daraufhin, dass „[…] ‚Gemeinschaft' [als Oppositionsbegriff zu ‚Gesellschaft'] in Deutschland zum sozialideologischen Leitbegriff [einer] national-konservativen und völkischen Bewegung" wurde, während in anderen europäischen Sprachen ‚Gesellschaft' und ‚Gemeinschaft' weiter synonym gebraucht werden (vgl. S. 859). Zur genaueren Begriffsbildung von ‚Gesellschaft' und ‚Gemeinschaft' S. 801–803.
13 Schapira, Werdende Gemeinschaft und die Vollendung der Welt, S. 428.
14 Ebd., S. 437.

strakten Begriff „Gemeinschaft" und damit das Konzept eines ‚utopischen' Sozialismus zu begründen?

Um diese Fragen beantworten zu können, bedarf es einer Unterscheidung von Bubers (säkularem) Utopiebegriff von einem heilsgeschichtlichen Konzept der Eschatologie. Es zeigt sich, dass beide Vorstellungen nicht unabhängig voneinander entwickelt werden, sondern wechselseitig aufeinander bezogen sind. Buber geht dabei zurück auf seinen Begriff der Veranschaulichung, indem er einerseits von der „Schau des Rechten in der Offenbarung" spricht und andererseits von der „Schau des Rechten in der Idee".[15] Mit dem Begriff der *Offenbarung* verbindet er „das Bild einer vollkommenen *Zeit:* als messianische Eschatologie"[16]; mit der *Idee* „das Bild eines vollkommenen *Raums:* als Utopie" (30). Der heilsgeschichtliche Aspekt gehe über das Soziale hinaus und rühre an das „Kreatürliche", indem Eschatologie als „Vollendung der Schöpfung", als ein entscheidender Akt von oben betrachtet wird (30), während Utopien auf der „Entfaltung der im Zusammenleben der Menschen ruhenden Möglichkeiten einer ‚rechten' Ordnung" basieren (30). Hier sei alles dem „bewussten Menschenwillen unterworfen" (30).

Eschatologische Offenbarung und ideelle Utopie durchdringen sich insofern, als es stets um einen *aktiven* Weg von der Gegenwart in die Zukunft geht. Dabei betont Buber, dass der moderne Sozialismus und Kommunismus charakteristische Elemente einer Eschatologie offenbarten, da auch sie „den Charakter der Verkündigung und des Aufrufs" (32) behielten. Dies unterscheide sie auch von einer säkularen Tradition der literarischen Utopie, die stets mit einem spielerischen Moment verbunden gewesen sei.

Diese Beobachtung trifft die Tradition der weltlichen Utopie auf das Genaueste, insofern seit Thomas Morus' *Utopia* (1516) gerade jenes spielerische Element auch den selbstironischen Duktus der gesamten fiktionalen Utopie-Literatur charakterisiert. Zu unterstreichen ist auch die Bemerkung, dass deren gattungsgeschichtliche Tradition in der Moderne mehr und mehr durch die Science Fiction-Literatur dominiert wird. Allerdings trifft Bubers Bemerkung nicht zu, dass sich diese als „recht dürftig" (32) erweise. Im Gegenteil: seit einigen Jahren belegen neuere Beispiele sowohl ihre künstlerische Experimentierfreudigkeit als auch ihr hohes Selbstreflexionsniveau.[17]

---

15 Buber, Pfade in Utopia, S. 30.
16 Ebd.; Seitenzahlen im Folgenden im Text.
17 Vgl. Hans Ulrich Seeber: Präventives statt Konstruktives Handeln. Zu den Funktionen der Dystopie in der anglo-amerikanischen Literatur. In: Möglichkeitsdenken, S. 185–205.

III

Martin Bubers Bestimmungen der säkularen Utopie beziehen sich auf eine lange Tradition historischer Vorläufer. Dabei unterscheidet er drei paradigmatische Beispielpaare: Saint-Simon und Fourier; Owen und Proudhon und (zentral für die anarchische Tradition) Kropotkin und Gustav Landauer. In seiner Darstellung der Geschichte literarischer Utopien finden sich keine Hinweise auf die Antike, die durchaus kritische und produktive Anschlüsse an Vorstellungen über das Soziale etwa bei Platon und Aristoteles böten.[18] Außerdem vermisst man in der Reihe der vornehmlich durch das Messianische bestimmten Utopiegeschichte Bubers eine Berücksichtigung Augustins und Joachim von Fiores. Spannend wäre zudem nicht nur unter historiographischen Aspekten ein Vergleich mit Ernst Blochs geschichtlichen „Grundrisse[n] einer besseren Welt" im *Prinzip Hoffnung*, die im Zeichen einer Dialektik von Freiheit und Ordnung stehen.[19]

Im Blick auf das Konzept eines utopischen Sozialismus bleibt schließlich noch, auf eine weitere (theologische) Differenzierung (bei Buber) aufmerksam zu machen. Zwei Formen der Eschatologie werden unterschieden: eine prophetische und eine apokalyptische. Die prophetische setzt auf eine mögliche „Erlösung in jedem gegebenen Augenblick" (33), die apokalyptische auf eine „von urher festgesetzte in seinem Vollzug", bei der Menschen nur als „Werkzeuge" dienten (34). Dies sei insbesondere im Marxismus in Gestalt der Hegelschen Dialektik beobachtbar.

Auch in diesem Zusammenhang betont Buber die Abgrenzung von sozialen Architekturen und festgelegten Anthropologien; vielmehr gehe es im Zeichen einer „Entwicklung der Individualität" (38) um „Gestaltungseinheiten und ihre Gesellungen" (40). Solche „Anstrengungen des Geistes" (41) dokumentierten auf das Bestimmteste, dass es keinen von der Macht der menschlichen Entscheidung unabhängigen Geschichtsablauf gäbe und deshalb ein Aufbau echter Gemeinschaften notwendig sei (42).

Die getroffenen, differenzierten Unterscheidungen von Eschatologie und Utopie und die Diagnose ihrer folgenreichen Wirkungsgeschichte münden in der Zielbestimmung eines Gemeinschaftskonzepts, dessen Konkretisierung noch zu entfalten bleibt.

---

18 Vgl. Arbogast Schmitt: Der Staat als Möglichkeitsraum individueller Selbstentfaltung bei Platon. In: Möglichkeitsdenken, S. 91–120.
19 Vgl. Kap. III,8: „Grundrisse einer besseren Welt".

IV

Martin Bubers dialogische Philosophie des „Ich und Du" übernimmt hier zweifellos die entscheidende Verbindung.[20] Im Kontext der gesamten abendländischen Utopietradition geht es stets um die Frage, ob und in wieweit die individuellen Bedürfnisse des Einzelnen (des Besonderen) mit den Möglichkeiten und Notwendigkeiten einer Gemeinschaft/Gesellschaft (dem Allgemeinen) zur Deckung/ in die Balance gebracht werden können. Bubers Vorschläge gehören in den Zusammenhang dieser Bemühungen, hier eine eigenständige Lösung zu finden.

Den Ausgangspunkt bildet eine (produktive) Kritik des idealistischen Denkens, vornehmlich in Anknüpfung an Ludwig Feuerbach:

> Ich stimme dem Idealismus darin bei, dass man vom Subjekt, vom Ich ausgehen müsse, da ja ganz offenbar das Wesen der Welt, die und *wie* sie für mich ist, nur von meinem eigenen Wesen, meiner eigenen Fassungskraft und Beschaffenheit überhaupt abhängt, die Welt also, *wie* sie mir Gegenstand, unbeschadet ihrer Selbständigkeit, nur mein vergegenständlichtes Selbst ist; aber ich behaupte, daß das Ich, wovon der Idealist ausgeht, das Ich, welches die Existenz der sinnlichen Dinge aufhebt, selbst keine Existenz hat, nur ein gedachtes, nicht das wirkliche Ich ist. Das wirkliche Ich [so Feuerbach] ist nur das Ich, dem ein Du gegenübersteht und das selbst einem anderen Ich gegenüber Du, Objekt ist; aber für das idealistische Ich existiert, wie kein Objekt überhaupt, so auch kein Du.[21]

Pointiert zusammengefasst: „Nicht Ich, nein, Ich und Du, Subjekt und Objekt, unterschieden und doch unzertrennlich verbunden, ist das wahre Prinzip des Denkens und Lebens, der Philosophie und Physiologie."[22]

Martin Buber, der dieser Konzeption folgt, differenziert und modifiziert diesen Grundgedanken in dreierlei Weise, indem er

1. die sprachliche Prägung des „Ich und Du" einem „Ich und Es" gegenüber stellt und als „Grundworte" überhöht. Das mag, von Buber im Nachwort zur Geschichte des dialogischen Prinzips selbst hervorgehoben, auf frühromantische

---

20 Buber: Das dialogische Prinzip. Gütersloh. 12. Aufl. 2012 (darin: Ich und Du. Zwiesprache. Die Frage an den Einzelnen. Elemente des Zwischenmenschlichen. Zur Geschichte des dialogischen Prinzips. [1923]), S. 7–136. Vgl. dazu insgesamt: Magdalena Anna Wojcieszuk: Der Mensch wird am Du zum Ich. Eine Auseinandersetzung mit der Dialogphilosophie des XX. Jahrhunderts. Freiburg 2010; vor allem: ‚Im Anfang ist die Beziehung': Dialogik Martin Bubers, S. 51–110; Michael Theunissen hat Bubers „Philosophie des Dialogs als Gegenentwurf zur Transzendentalphilosophie" charakterisiert (Der Andere. Studien zur Sozialontologie der Gegenwart. Zweite um eine Vorrede vermehrte Aufl. Berlin. New York 1977, S. 241–482).
21 Ludwig Feuerbach: Kleinere Schriften IV (1851–1866). 3. Aufl. Berlin 1990, S. 170–186; hier S. 171.
22 Ebd., S. 181.

Positionen etwa Friedrich Heinrich Jacobis zurückzuführen sein. Wichtig ist, dass Buber diesen „Grundworten" eine philosophische, quasi metaphysische Bedeutung unterlegt und dem „Reich des Du" einen „anderen Grund" zuweist[23] als der Erfahrungswelt des „Es": „die Welt der Erfahrung gehört dem Grundwort Ich-Es zu" (10).[24]

2. „Das Grundwort Ich-Du stiftet die Welt der Beziehungen" (10). Die Präsenz der „Welt der Beziehung" wird (im Zeichen von „Begegnung") lebensphilosophisch unter Aspekten der Natur, des Menschen und der „geistigen Wesenheiten" (10) unterteilt; entscheidend bleibt – auch am Beispiel von Naturphänomenen exemplifiziert – ein Begriff von „Ganzheit" (12), der der Erfahrungs- und Gegenstandswelt des Es-Bereichs dezidiert gegenübergestellt ist. Mehr noch, Martin Buber betont (wie Feuerbach): „Der Mensch wird am Du zum Ich" in der gelebten Gegenwart (vgl. 32), während die Es-Welt (im Zusammenhang von Raum und Zeit) der Vergangenheit zugeordnet ist (vgl. 17).

3. Welche bedeutende Rolle das Aussprechen des *Wortes* im Zusammenhang der Ich-Du-Beziehung hat, wird insbesondere am Beispiel von idealen Liebesbeziehungen („Wechsel von Aktualität und Latenz" [21]) überhöhend hervorgehoben. Diese „Du-Welt hat in Raum und Zeit keinen Zusammenhang" (37). Sie lässt sich deshalb auch kategorisch unterscheiden von einer fortschreitenden Es-Welt, die sich aufgrund ihrer vornehmlich technischen Ausrichtung als Kennzeichen der Moderne erweist. Sie dokumentiert das Feld jener kausalen „Ursächlichkeit" (53), die dezidiert vom Bereich der „Kultur" unterschieden wird, die auf einem „ursprünglichen Begegnungsereignis" (56) beruht.

Die scharfe Gegenüberstellung eines Bereichs, der durch Beziehungs- und Gemeinsinn charakterisiert ist, von einer Welt der modernen, rationalen Kausalität steht im zeitgenössischen Kontext der durch Ferdinand Tönnies eingeführten polaren Dichotomie und Gegenüberstellung von „Gemeinschaft und Gesellschaft", einer Untersuchung, die seit dem Erscheinen der ersten Auflage von 1887 die maßgeblichen Diskussionen über Gemeinschafts- und Gesellschaftsbildungen in der Moderne bestimmte.[25] Tönnies lieferte mit seinen Begriffsdefinitionen exemplarisch rezipierte Grundmodelle: „Gemeinschaft ist das dauernde und echte Zusammenleben, Gesellschaft nur ein vorübergehendes und scheinbares."[26] Gemeinschaft wird als „lebendiger Organismus" – Gesellschaft als ein „mechani-

---

23 Martin Buber, Ich und Du, S. 8. Seitenzahlen im Folgenden im Text.
24 Vgl. dazu auch Wojcieszuk, Der Mensch wird am Du zum Ich, S. 78 ff.
25 Zit. Ausg. Ferdinand Tönnies: Gemeinschaft und Gesellschaft. Grundbegriffe der reinen Soziologie. Berlin ⁴1922.
26 Ebd., S. 5.

sches Aggregat und Artefakt" charakterisiert.²⁷ Prinzipiell positive Charakterisierungen von Gemeinschaft stehen einem eher zurückhaltenden bis negativ konnotierten Begriff von Gesellschaft gegenüber: „[...] ein jeder [ist] für sich allein, und im Zustande der Spannung gegen alle übrigen. Die Gebiete ihrer Tätigkeit und ihrer Macht sind mit Schärfe gegen einander abgegrenzt, [...]."²⁸ Tönnies hebt hier die Rolle des Geldes und die moderne Bestimmung von Tätigkeit als Arbeit und Leistung hervor. Andererseits geht es bei der Schilderung des Gegenbildes um eine „gegenseitig gemeinsame, verbindende Gesinnung als eigener Wille einer Gemeinschaft [...], was hier als Verständnis (Consensus) begriffen werden soll".²⁹ Das häuslich-dörfliche Leben in überschaubaren familiären Verbindungen gilt als Ideal.

Martin Buber übernimmt, teilweise bis in den Wortlaut hinein, solche kontrafaktischen Gegenüberstellungen, wenn er emphatisch von der „Gesinnung der Gemeinschaftlichkeit"³⁰ oder vom „Fluten von Ich und Du [in der Gemeinschaft] wo Gemeinschaft geschieht"³¹ und von der „Gemeinschaftsweihe der Person vor der den Einsatz des Selbst heischenden vitalen Dialogik im Herzen der Welt" spricht.³² Allerdings wird deutlich, dass es über die von Tönnies betonte Dichotomie von Gemeinschaft und Gesellschaft hinaus um eine zusätzliche religiöse Dimension geht: um ein augenblickliches, messianisches Erblicken des dichotomischen Verhältnisses der Ich-Du-Welt gegenüber der Ich-Es-Welt:

> [...] das leere Ich ist mit Welt vollgestopft oder die Weltflut überströmt es und er [der Mensch] beruhigt sich. Aber ein Augenblick kommt, und er ist nah, da sieht der schaudernde Mensch auf und sieht in einem Blitz beide Bilder auf einmal. Und ein tieferer Schauder erfaßt ihn.³³

Diese Gottesbegegnung zielt auf das grundsätzlich Sinnhafte und auf „Erlösung".³⁴ Die Heilserwartung sprengt soziologische Kategorien von Gemeinschaft und Gesellschaft, indem „All das geregelte Chaos des Zeitalters auf den Durchbruch [wartet] und wo immer ein Mensch vernimmt und erwidert, *wirkt* er daran".³⁵ Damit wird die Rolle und Funktion des Einzelnen (aufgrund der Begegnung mit dem Anderen) noch einmal in das Zentrum gerückt. Hier spielen Diskussionen mit

---

27 Ebd.
28 Ebd., S. 39.
29 Ebd., S. 19.
30 Buber: Zwiesprache. In: Das dialogische Prinzip, S. 137–196; hier S. 184.
31 Ebd., S. 185.
32 Ebd.
33 Buber, Ich und Du, S. 75.
34 Ebd., S. 121.
35 Buber, Zwiesprache, S. 196.

Max Stirner und Annäherungen an Positionen Sören Kierkegaards eine Rolle. Die Tradition literarischer Utopien wird hier im stets wiederholten Versuch, das Besondere mit dem Allgemeinen momentan zur Deckung zu bringen, religiös transzendiert.

V

Dass das Messianische (die heilsgeschichtliche Naherwartung) das Konzept eines säkularen „utopischen Sozialismus" sprengt, liegt auf der Hand; es führt zu einem eigentümlich Oszillieren zwischen unterschiedlichen jüdisch-religiösen und utopisch-liberalen Positionen, die in der Zeit zwischen 1900 und 1933 auch bei anderen Intellektuellen beobachtbar sind.[36] Dabei geht es um keine Kontinuität oder Entwicklung vom jüdischen Messianismus zu säkularen Utopien. Allerdings versucht Martin Buber im Medium seiner Ich-Du-Dialogtheorie zweifellos zwischen den vorhandenen Polen zu vermitteln. Auch seine Vorstellung vom „Wir" (das sich jeweils unversehens aktualisiert)[37] und die Hoffnung auf eine (dritte) Möglichkeit in der „Sphäre des Zwischen"[38] deuten darauf hin.

Das Betonen des Erzieherischen, das als ein Dialogisches charakterisiert wird, verweist auf mögliche Spielräume in Bubers Konzept des „utopischen Sozialismus" als eines nicht genau umrissenen, zwischen Messianismus und Liberal-Utopischem Changierenden hin. Das betrifft auch den durchgehend antikapitalistischen Gestus in der neoromantischen und Nietzsche- Tradition.

Mehr noch: in einem Aufsatz über „Alte und neue Gemeinschaft" kommt Buber auf den in der deutschen Geistesgeschichte durchgehend präsenten idealistischen Dreischritt zurück:

> So wird die Menschheit, die von einer stumpfen und schönheitsbaren Urgemeinschaft ausgegangen ist, durch die wachsende Sklaverei der ‚Gesellschaft' hindurchgelangt, zu einer neuen Gemeinschaft kommen, die nicht mehr wie jene erste auf der Blutsverwandtschaft, sondern auf der Wahlverwandtschaft beruht.[39]

---

[36] Vgl. Michael Löwy: Jewish Messianism and Libertarian Utopia in Central Europe (1900–1933). In: New german critique 20 (1980), S. 105–115; hier S. 112.
[37] Vgl. Schapira, Werdende Gemeinschaft, S. 442.
[38] Ebd., S. 441.
[39] Alte und neue Gemeinschaft, Vortrag Anfang des 20. Jahrhunderts vor der Berliner ‚Neuen Gemeinschaft', in der Buber zum ersten Mal mit Gustaf Landauer zusammen traf. In: Mythos und Mystik. Frühe religionswissenschaftliche Schriften. Hrsg. von David Groiser. Martin Buber, Werkausgabe Bd. 2.1. Gütersloh 2013, S. 61–66; hier S. 66.

Das an Schiller, Hölderlin oder Novalis erinnernde Triasmodell offenbart eine geschichtsphilosophische Konzeption, in der ein ethischer Gestus dominiert:

> Die [...] Neue Gemeinschaft hat das Leben zum Zwecke [...] Unsere Revolution bedeutet, dass wir in kleinem Kreise in reiner Gemeinschaft ein neues Leben schaffen. Ein Leben, in dem die schöpferische Kraft so glüht und pocht, daß aus dem Leben ein Kunstwerk wird, so leuchtend in Form, so tönend in siegreicher Harmonie, so reich an süßer heimlicher Zaubermacht wie keines zuvor: die neue Kunst, die aus dem Ganzen Ganzes schafft und jedem Tage göttliche Festesweihe schenkt.⁴⁰

Im Abweisen zweckrationaler „Nutzwerke" wird das Leben als Kunstwerk überhöht und damit der politischen (Macht)sphäre enthoben. „Sozialphilosophisch kann Gemeinschaft [deshalb] genauso gut einer anarchistischen wie einer konservativen Weltanschauung dienlich gemacht werden."⁴¹

Nicht ohne Grund haben deshalb Kritiker im Kontext der Diskussionen über Ferdinand Tönnies' Begriff von „Gemeinschaft", der auch Martin Buber inspirierte, die weitgehende Vernachlässigung des Konkret-Politischen hervorgehoben und in den Zusammenhang einer „gemeinschaftsradikalen Mentalität in Deutschland" gestellt.⁴² Gerade die Hoffnung auf das Unvermittelte im Gemeinschafts-Begriff zeige die Grenzen dieser ebenso idealistischen wie neoromantischen Position.⁴³

Versucht man abschließend die wichtigsten Ergebnisse pointiert zusammenzufassen, ergeben sich fünf Punkte:

1. Martin Bubers Aufnahme utopischer Positionen stehen im paradoxalen Zusammenhang mit einer traditionell vorausgesetzten prinzipiellen Dichotomie von Besonderem (dem Individuellen) und Allgemeinem (dem Gemeinschaftlich/Gesellschaftlichen), ohne dass daraus konkrete politische Folgerungen abgeleitet werden.
2. Vielmehr erweisen sich seine nicht selten aporetischen Vorschläge⁴⁴ als Teil einer grundsätzlichen Moderne-Kritik am Beginn des 20. Jahrhunderts, die sowohl durch messianische als auch säkulare, geschichtsphilosophische Motive geprägt ist.

---

40 Ebd., S. 62; S. 65.
41 Vgl. den kritischen Kommentar in der Werkausgabe, S. 253.
42 Joachim Fischer: Nachwort zu Helmuth Plessner, Grenzen der Gemeinschaft. Eine Kritik des sozialen Radikalismus. Mit einem Nachwort von J. Fischer. Frankfurt am Main ⁴2013, S. 135–145; hier S. 137.
43 Vgl. Plessner, Grenzen der Gemeinschaft.
44 Schapira, Werdende Gemeinschaft, S. 376.

3. Dass das Betonen eines Augenblickshaften stets im Zusammenhang einer existenziellen Situation des Ich-Gebundenen erfolgt, liegt auch in der chassidischen Herkunftsgeschichte Bubers begründet. Das Hervorheben eines Ich-Du-Dialogs im Medium von „Begegnung" als Versuch einer idealen Gemeinschaftsbildung ist von daher folgerichtig.
4. Martin Bubers Schreibweise in der Verbindung von Dichterischem und Expositorischem ist nicht ohne Risiken. Wünschenswert wäre dazu eine sprachanalytische und sprachkritische Untersuchung.
5. Gerade das Vermischen und Durchdringen unterschiedlicher Diskurse im Werk Martin Bubers macht auf vielfältige polyfunktionale Rezeptionsmöglichkeiten aufmerksam. Für die aktuelle Utopieforschung bedürfte es einer kritischen Bestandsaufnahme insbesondere von prinzipiellen Kategorien, etwa des Unmittelbaren im Horizont der zeitgenössischen Dichotomisierung von Gemeinschaft und Gesellschaft, ohne beide Formationen gegeneinander auszuspielen.[45] Aktuelle Diskussionen über das „Wir" als Gemeinschaft *in* der Gesellschaft deuten dies an.[46]

Abschließend mag auf einen vermittelnden Weg hingewiesen werden. Richard Rorty hat in seinem Buch *Kontingenz, Ironie und Solidarität*[47] Letzteres zum Maßstab des Verhaltens postuliert, das den Begriff der Gemeinschaft oder des „Wir" als einen moralischen Standpunkt ausweist: „[...] in Auschwitz-Zeiten, wenn die Geschichte in Aufruhr ist und traditionelle Institutionen und Verhaltensmuster zusammenbrechen, brauchen wir etwas, das jenseits von aller Geschichte und allen Institutionen steht. Was kann das anderes sein als Solidarität unter den Menschen, als das wechselseitige Erkennen der Menschlichkeit, die uns allen gemeinsam ist?" (S. 305 f.)

Dem hätte Martin Buber ohne Einschränkung zugestimmt.

---

[45] Vgl. etwa Max Webers Unterscheidung von *Vergemeinschaftung* und *Vergesellschaftung*.
[46] Vgl. „Wir? Formen der Gemeinschaft in der liberalen Gesellschaft". In: Sonderheft 773/774 des MERKUR. Hrsg. von Christian Demand. Stuttgart 2013, S. 941–953. Außerdem: Amitai Etzoni: Übers Ego zum Wir. Neue Chancen für die globale Gemeinschaft; Axel Honneth: Die Gefährdungen des Wir. Zu Risiken des ökonomischen Liberalismus. (Reden zur Verleihung des Meister Eckhart Preises 2009 an der Universität zu Köln); ders.: Die Idee des Sozialismus. Versuch einer Aktualisierung. Berlin 2015.
[47] Frankfurt am Main 1992 (Originalausgabe: Contingency, irony and solidarity. Cambridge 1989).

14 „Wenn es Wirklichkeitssinn gibt, muß es auch Möglichkeitssinn geben": Traditionen des utopischen Denkens bei Robert Musil

Robert Musils lebenslanges Romanprojekt *Der Mann ohne Eigenschaften* lässt sich nicht nur als eine Enzyklopädie europäischen Erzählens, sondern auch als Summe abendländischen utopischen Denkens bezeichnen. Musil hat 1923 mit seinem Roman begonnen und 1930/32 lediglich einzelne Teile veröffentlicht; er arbeitete an seinem Lebenswerk bis zum Tod im Jahre 1942. Der Nachlass und die Publikationen seit Beginn der 1950er Jahre (vor allem durch Adolf Frisé) dokumentieren einen Roman von wahrhaft polyhistorischen Ausmaßen. Von den überlieferten 6000 Seiten, von Entwürfen, Vorstufen und Überarbeitungen liegt jetzt zwar ein wichtiger Teil gedruckt vor; viele unveröffentlichte Texte (im Musil-Archiv in Klagenfurt) warten aber noch auf ihre Publikation.[1]

Musils Romanschreiben bildet selbst ein unabgeschlossenes utopisches Projekt. Die Handlung des Romans setzt ein im August 1913; sie bildet in den ersten Teilen eine satirische Auseinandersetzung mit unterschiedlichen Vorstellungen und Ideologien der Jahre vor dem Ersten Weltkrieg, einer entscheidenden Zäsur des 20. Jahrhunderts.

Im Zentrum steht Ulrich, eine Mittelpunktsfigur in der Tradition deutscher Bildungsromane, der in ersten Entwürfen von Musil auch „Achilles" (und „Anders") oder – bezeichnend genug – „M. Le Vivisecteur" aber auch „Spion" genannt wird. Ulrich, nachdem er „drei Versuche, ein bedeutender Mann zu werden" (als Offizier, Ingenieur und Mathematiker), hinter sich gelassen hat, nimmt „ein Jahr Urlaub vom Leben", um sich in einer Art Selbstversuch Klarheit über sich selbst und seine zeitgenössische „Umwelt'" zu verschaffen. Diese ist charakterisiert durch ein Personengeflecht der K- und K-Monarchie, das sich selbstironisch genug

---

[1] Zitiert wird im Folgenden nach der Ausgabe: Robert Musil: Der Mann ohne Eigenschaften. I: Erstes und Zweites Buch. Hrsg. von Adolf Frisé; II: Aus dem Nachlass hrsg. von Adolf Frisé. Reinbek bei Hamburg 1987. Zur umfangreichen Literatur über Musils Roman vgl. Matthias Luserke: Robert Musil. Stuttgart. Weimar 1995; das Literaturverzeichnis in: Albert Kümmel: Das MoE-Programm. Eine Studie über geistige Organisation. München 2001 (Musil-Studienband 29), S. 456–465; außerdem Jiyoung Shin: Der „bewusste Utopismus" im ‚Mann ohne Eigenschaften' von Robert Musil. Würzburg 2008; Inka Mülder-Bach: Robert Musil. Der Mann ohne Eigenschaften. Ein Versuch über den Roman. München 2013; Martin Roussel: Möglichkeitsdenken. Utopie, Dystopie und Lektüre in Robert Musils ‚Der Mann ohne Eigenschaften'. In: Möglichkeitsdenken, S. 157–182 sowie den Musil-Kommentar zu dem Roman *Der Mann ohne Eigenschaften* von Helmut Arntzen, München 1982.

auf eine Jubiläumsveranstaltung, die sogenannte „Parallelaktion" der österreichisch-ungarischen Monarchie, konzentriert und zu deren Sekretär Ulrich auf Empfehlung seines Vaters, eines bekannten Jura-Professors, berufen wird. Die „Parallelaktion" besteht in einer patriotischen Unternehmung zur Feier der siebzigjährigen Wiederkehr der Thronbesteigung Seiner Kaiserlichen Majestät.

Es handelt sich um Aktionen in Wien, die sich auf die gleichzeitig stattfindenden Vorbereitungen der Preußen in Berlin beziehen, die für das Jahr 1918 ihr dreißigjähriges Kaiserjubiläum feiern wollen, und dahinter sollen selbstverständlich die entsprechenden Feierlichkeiten in Österreich nicht zurückstehen. Über den Schluss des Musilschen Romans haben Literaturwissenschaftler und Interpreten, wie bei Kafkas unvollendeten Romanen, viel spekuliert; darüber kurz am Ende dieses Kapitels.

Kennzeichnend für die Erzählweise des Romans ist ein Neben- und Ineinander im Unterschied zu einem kontinuierlichen narrativen Nacheinander. Die Doppelheit von Erzählen und Beschreiben beziehungsweise Reflektieren (und vice versa) in der Tradition utopischen Schreibens bestimmt den gesamten Roman; Fiktionalität und Essayistik zielen nicht auf Kontinuität trotz eines dominanten Erzählers und sich selbstbeobachtenden Kommentators.

Wenn man nach der Tradition von Utopien und utopischen Konzepten bei Musil fragt – und Musil hat keine Scheu, den Begriff „Utopie" in verschiedenen Zusammenhängen zu verwenden –, wird man zunächst feststellen, dass Musil weder an der Tradition von räumlichen Insel- und Sozialutopien im Sinne gesellschaftlicher Entwürfe besonders interessiert ist (seit Platos *Politeia* oder Thomas Morus' *Utopia*), noch in der Nachfolge von in die Zukunft gerichteten Zeitutopien steht (seit Louis-Sébastien Merciers *Das Jahr 2440*).[2] Auch Zeitutopien im Sinne individueller Selbstvervollkommnungsprozesse, wie sie der deutsche Bildungsroman entwickelt, betrachtet Musil mit Distanz. Hier Thomas Mann verwandt, geht auch Musil davon aus, dass der moderne Roman keine Bildungsromane von Charakteren, sondern vielmehr Bildungsromane von Ideen biete.

Wichtiger noch als literarische Modelle sind für Musil philosophische Traditionen und Diskussionen seiner Zeit wie Ernst Blochs *Der Geist der Utopie* [zuerst 1918] und Karl Mannheims *Ideologie und Utopie* [1929]. Musils in mannigfachen Variationen wiederholte Hauptidee ist die Rolle und Funktion des Möglichkeitssinns:

> Wer ihn besitzt, sagt beispielsweise nicht: Hier ist dies oder das geschehen, wird geschehen, muß geschehen; sondern er erfindet: Hier könnte, sollte oder müßte geschehen; und wenn man ihm von irgend etwas erklärt, daß es so sei, wie es sei, dann denkt er: Nun, es könnte

---

[2] Vgl. Kap. II 5: „Fortschreitende Vollkommenheit".

wahrscheinlich auch anders sein. So ließe sich der Möglichkeitssinn geradezu als die Fähigkeit definieren, alles, was ebenso gut sein könnte, zu denken und das, was ist, nicht wichtiger zu nehmen, als das, was nicht ist.³

Im Unterschied zu Blochs später im Einzelnen entwickelter Hoffnungsphilosophie erinnert Musils Konzeption eher an das, was Raymond Ruyer als „utopische Methode" bezeichnet hat. Die „utopische Methode", so Ruyer, „gehört ihrer Natur gemäß zum Bereich der Theorie und der Spekulation. Aber anders als die Theorie im herkömmlichen Sinne sucht sie nicht die Kenntnis dessen, was ist, vielmehr ist sie eine Übung oder ein Spiel mit den möglichen Erweiterungen der Realität."⁴

Bei der utopischen Denkweise handle es sich um die Freude am gedanklichen Erproben von Möglichkeiten, die über die Wirklichkeit hinausgehen oder aber zu einer anderen Form des ‚Verstehens' der Realität führen.⁵

Musil geht es um diese Art des Verstehens von Wirklichkeit im Experimentieren mit Utopien. Dafür ist die Kategorie *Möglichkeit* konstitutiv. Anders formuliert: Musils utopische Methode ist nicht als Handlungsanleitung zu lesen, sondern als eine Form des kommunikativen Handelns, die sich experimentell auf die Realität einlässt. Alle Entwürfe und Konzeptionen sind durchgehend mit Reflexion verbunden und niemals eindeutig. In Musils Tagebüchern findet sich darüber hinaus eine Art Selbstkommentar zum Roman, gewissermaßen eine zusätzliche „Beobachtung zweiter Ordnung" des eigenen Schreibens im Roman.⁶ Der Roman enthält eine Fülle von Zitaten und Anspielungen, so dass er zu Recht als eine Diskursenzyklopädie und als ein Kompendium der europäischen Literatur und Philosophie bezeichnet worden ist. Peter Pütz hat von einer „ironischen Inventur zeitgenössischer Theorien" gesprochen.⁷ Dies führt zu textueller Mehr- und Vielstimmigkeit, die sich literarisch vor allem im Dialog der im Roman zentralen Hauptpersonen artikuliert. Ulrich führt zudem ein Tagebuch (das seine Schwester Agathe später finden wird), welches zu weiteren Gesprächen und Reflexionen Anlass gibt.

Lässt sich in diesem Stimmen- und Schriftgewirr eine Typologie der Utopieprojekte Musils erkennen? Es sind vier Modelle, die sich idealtypisch unterscheiden lassen:

---

3 Musil, Der Mann ohne Eigenschaften, S. 16 (Kap. 4: „Wenn es Wirklichkeitssinn gibt, muß es auch Möglichkeitssinn geben"). Im Folgenden werden die Seitenzahlen dieser Ausgabe im fortlaufenden Text angegeben.
4 Vgl. Ruyer, Die utopische Methode, S. 339–360; hier S. 339. Vgl. auch Seel, Zukunftsdenken.
5 Vgl. dazu insgesamt Münz-Koenen, Konstruktion des Nirgendwo.
6 Vgl. Robert Musil: Tagebücher. 2 Bde, Reinbek bei Hamburg 1983.
7 Peter Pütz: Robert Musil. In: Deutsche Dichter des 20. Jahrhunderts. Hrsg. von Hartmut Steinecke. Berlin 1994, S. 233–252; hier S. 248.

I. Die Utopie des exakten Lebens (als Wissenschaft) und des „Essayismus" (als Lebenskunst);
II. Die Utopie der Dauerkommunikation (das satirisch-ironische Projekt der „Parallelaktion");
III. Die Utopie des „anderen Zustands" (als Bemühen um eine „ekstatische Sozietät");

und schließlich

IV. jene „Utopie der induktiven Gesinnung", von der Musil in den Entwürfen zum Schluss seines Romans handelt.

I Die Utopie des „exakten Lebens"

Robert Musils Utopie des „exakten Lebens" arbeitet gewissermaßen mit dem Rechenschieber und kritisiert die sentimentalen Romane seiner zeitgenössischen Schriftstellerkollegen und -konkurrenten:

> Wir plärren für das Gefühl, gegen den Intellekt und vergessen, dass Gefühl ohne diesen – abgesehen von Ausnahmefällen – eine Sache so dick wie ein Mops ist.
> Wir haben damit unsre Dichtkunst schon so weit ruiniert, dass man nach je zwei hintereinander gelesenen deutschen Romanen ein Integral auflösen muss, um abzumagern.[8]

Musil (und mit ihm der Erzähler des Romans) geht von der Experimentiergesinnung des Naturwissenschaftlers und der konstruktiven Phantasie des Logikers und Mathematikers aus.

Er vergleicht die Welt mit einem „Laboratorium" und einer „großen Versuchsstätte, wo die besten Arten, Mensch zu sein, durchgeprobt und neu entdeckt werden müssten" (152). Die Welt sei „sozusagen algebraisch [zu] behandeln"; es gebe heute, so der Erzähler, „keine zweite Möglichkeit eines so phantastischen Gefühls wie die des Mathematikers"[9]. Angeregt durch (den Physikprofessor) Georg Christoph Lichtenberg (dessen Texte er „verschlang"), geht es um „immer neue Lösungen, Zusammenhänge, Konstellationen, [um] Variable zu entdecken, Prototypen von Geschehensabläufen hinzustellen [und] lockende Vorbilder [... zu] erfinden".[10] Mit dieser Methode hatte sich Musil selbst 1908 im Zusammenhang

---

[8] Robert Musil im Tagebuch 1913; zit. Albrecht Schöne: Zum Gebrauch des Konjunktivs bei Robert Musil. In: Deutsche Romane von Grimmelshausen bis Musil. Hrsg. von Jost Schillemeit. Frankfurt am Main 1966, S. 290–318; hier S. 304.
[9] Vgl. ebd., S. 304 ff.
[10] Ebd., S. 306, auch zum Folgenden.

seiner Berliner Dissertation über den Philosophen Ernst Mach auseinandergesetzt, um die exakte Methodik der experimentellen Naturwissenschaften auf den geistigen, philosophischen Bereich übertragen zu können.

Dafür aber bietet sich kein anderes historisches Vorbild eher an als Gottfried Wilhelm Leibniz, den der junge Ulrich bereits in seinem Schulaufsatz zitiert, wenn er den göttlichen Schöpfer im Horizont des Conjunctivus potentialis interpretiert, der die Welt mache, aber gleichzeitig denke, „es könnte ebenso gut anders sein".

Nun hat sich jeder Entwurf möglicher Welten im Sinne der „Utopie des exakten Lebens" an den Ordnungsgesetzen der wirklichen Welt zu orientieren (vgl. die zu Anfang zitierte Gegenüberstellung von Wirklichkeitssinn und Möglichkeitssinn). Erst die genau beobachtete Wirklichkeit erlaubt Spielräume des Experimentierens:

> Utopien [...] bedeuten ungefähr so viel wie Möglichkeiten; darin, daß eine Möglichkeit nicht Wirklichkeit ist, drückt sich nichts anderes aus, als daß die Umstände, mit denen sie gegenwärtig verflochten ist, sie daran hindern, denn andernfalls wäre sie ja nur eine Unmöglichkeit; löst man sie nun aus ihrer Bindung und gewährt ihr Entwicklung, so entsteht die Utopie. [...]
> Utopie bedeutet das Experiment, worin die mögliche Veränderung eines Elements und die Wirkungen beobachtet werden, die sie in jener zusammengesetzten Erscheinung hervorrufen würde, die wir Leben nennen. (246)

Dieser bewusste „Utopismus, der die Wirklichkeit nicht scheut, wohl aber als Aufgabe und Erfindung behandelt", setzt für das Erproben von neuen Möglichkeiten Genauigkeit des Beobachtens und Denkens voraus. Das gilt auch für den Möglichkeitsbegriff. Musil versucht in den Tagebüchern, um jede Form des Phantastischen im Begriff Möglichkeit abzuwehren, eine Unterscheidung zwischen „zweckmäßigen und unzweckmäßigen" Möglichkeiten. Im Blick auf eine Utopie des exakten Lebens kann es nur um *zweckmäßige* Möglichkeiten gehen, die „offenbar durch eine verallgemeinernde Induktion aus vielen beobachteten Analogien" erschlossen werden können. Vom Einzelfall her ist nicht zu entscheiden. „Erst indem in vielen Wiederholungen ein Teil der Möglichkeiten den gleichen Fall als Folge mit sich führt – nennen wir diesen Teil seine zweckmäßigen Möglichkeiten [...]."[11] Man kann hieran noch einmal ablesen, dass es Musil im Roman bei seiner „Utopie des exakten Lebens" um die genauere Bestimmung des Verhältnisses von Wirklichkeit und Möglichkeit gehen muss im Sinne einer an den Naturwissenschaften orientierten induktiven Methode.

Das gilt auch dann noch, wenn Musil die (natur-)wissenschaftliche Begrifflichkeit zugunsten einer literarischen bzw. textuellen ersetzt oder erweitert und

---

11 Musil, Tagebücher, S. 77.

von einer „Utopie des Essayismus" spricht. Auch hier geht es um Experimentierverfahren, allerdings im Medium von Literatur und Kunst:

> In Ulrich war später, bei gemehrtem geistigen Vermögen daraus [aus seinem Möglichkeitsdenken] eine Vorstellung geworden, die er nun nicht mehr mit dem unsicheren Wort Hypothese, sondern aus bestimmten Gründen mit dem eigentümlichen Begriff eines Essays verband. Ungefähr wie ein Essay in der Folge seiner Abschnitte ein Ding von vielen Seiten nimmt, ohne es ganz zu erfassen [...] Der Wert einer Handlung oder einer Eigenschaft, ja sogar deren Wesen und Natur erschienen ihm abhängig von den Umständen, die sie umgaben, von den Zielen, denen sie dienten, mit einem Wort mit dem bald so bald anders beschaffenen Ganzen, dem sie angehörten. (250)

Den Unterschied zwischen dem wissenschaftlichen und ästhetischen Experimentalverfahren bestimmt der Roman darin, dass der „Essayismus" deutlicher als eine Kategorie des individuellen Erlebens ausgewiesen sei, ohne jedoch zu einem emphatischen Subjektbegriff zurückkehren zu müssen. Bezeichnenderweise redet Ulrich vom „ungeschriebenen Gedicht seines Daseins" (251) und formuliert spielerisch seine utopische Devise vom „Leben wie man liest".[12] Ohne Zweifel stehen beide Vorschläge – die Utopie des „exakten Lebens" und die des „Essayismus" – im Zeichen jenes hypothetischen Lebens, das das produktive Verhältnis von Wirklichkeit und Möglichkeit jeweils zu erproben hat. Der „Essayismus" zielt dabei auf jene selbstreflexive Gestaltung des Konjunktivs, die sich des Mediums der literarischen Texte selbst bedient. Festzuhalten bleibt, in der Tradition von Leibniz, die enge Verknüpfung von szientifischen und literarisch-textuellen Verfahren. Eine Zweiteilung der Welt in einen naturwissenschaftlichen und geisteswissenschaftlichen Bereich wäre Musil nie in den Sinn gekommen.

II Utopie und Dystopie der Kommunikation (das Projekt der „Parallelaktion")

Die Ironie des Musilschen Romans besteht darin, dass der Protagonist Ulrich, während er noch (in der Zeit seines „Urlaubs vom Leben") über hypothetische, essayistische oder induktive Verfahren des Lebens nachdenkt, vom zeitgenössischen politischen Leben der österreichisch-ungarischen Monarchie eingeholt wird. Er wird zum Sekretär der „Parallelaktion" berufen, eines Festkomitees, das die Veranstaltungen zum siebzigjährigen Thronjubiläum des österreichischen Kaisers Franz Joseph I im Jahr 1918 vorbereiten und dabei die parallel zu erwar-

---

[12] Vgl. Stefan Hajduk: Die Figur des Erhabenen. Robert Musils ästhetische Transgression der Moderne. Würzburg 2000, S. 156.

tenden Veranstaltungen in Berlin zum dreißigjährigen Regierungsjubiläum Wilhelms II. möglichst übertreffen soll.

Der Erzähler des Romans interpretiert und gestaltet diese gespenstische Jubiläumsaktion als eine satirisch-utopische Antwort auf das von ihm konstatierte Fehlen eines Konzepts von Geschichte, das historische Zeit strukturieren bzw. ordnen könnte. In einer Selbstinterpretation des Romans schreibt Musil über seine Mittelpunktsfigur Ulrich:

> [...] indes die Zeit rinnt, treten seine Erlebnisse nach allen Seiten über die Ufer, ohne dass ihm dies Über-die-Ufer-Treten gefällt. Ich sagte einmal sogar, dass sein und unser Leben den Faden der Erzählung verloren hat [...].[13]

In anderen Zusammenhängen – in einer Rede über das „hilflose Europa oder Reise vom Hundertsten ins Tausendste" (1922) – hat Musil das Fehlen zeitgenössischer Ordnungsbegriffe (bei gleichzeitiger Kritik an Oswald Spengler) beklagt und das Nebeneinander ganz unterschiedlicher, gegensätzlicher Richtungen hervorgehoben: „ [...] der Zeitmagen ist verdorben und stößt in tausend Mischungen immer wieder Brocken der gleichen Speisen auf, ohne sie zu verdauen."[14]

Die Kritik des „Seinesgleichen geschieht" (so sein Begriff sich vollziehender Geschichte) als „Koinzidenz der Tatsachen" und die beobachteten Legitimationsnöte des „kakanischen", österreichisch-ungarischen Staates provozieren Musil zu dem satirisch-ironischen Experiment einer „patriotischen" Jubiläumsveranstaltung, eben der „Parallelaktion".[15]

Beteiligt ist Graf Leinsdorf als der „Kopf" der Unternehmung, der ein Jubiläumsjahr unter vier Schlagworten vorstellt: „Friedenskaiser, europäischer Markstein, wahres Österreich und Besitz und Bildung" (87). Ihm zur Seite steht Ermelinda Tuzzi, die Frau eines Sektionschefs mit „bürgerlichem Korsett von Bildung", die Ulrich Diotima nennt (92). Er ironisiert diese „Seelenriesin":

> Es kamen aber keineswegs nur regierungsfähige, sondern auch geistige Kennerworte aus Diotimas Mund, wie „seelenlose, bloß von Logik und Psychologie beherrschte Zeit" oder

---

13 Vgl. Harald Haslmayr: Die Zeit ohne Eigenschaften: Geschichtsphilosophie und Moderne-Begriff im Werk Robert Musils. Wien. Köln. Weimar 1997, S. 78; vgl. außerdem Alexander Honold: Die Stadt und der Krieg. Raum- und Zeitkonstruktion in Robert Musils Roman „Der Mann ohne Eigenschaften". München 1995 (Musil-Studien, Bd. 25).
14 Musil in der Abhandlung: „Das hilflose Europa oder Reise vom Hundertsten ins Tausendste" (1922), zit. Volkmar Altmann: Totalität und Perspektive: Zum Wirklichkeitsbegriff Robert Musils im „Mann ohne Eigenschaften". Frankfurt am Main u. a. 1992, S. 32.
15 Vgl. dazu insgesamt: Norbert Christian Wolf: Kakanien als Gesellschaftskonstruktion. Robert Musils Sozioanalyse des 20. Jahrhunderts. Wien 2011.

„Gegenwart und Ewigkeit", und plötzlich [...] auch Berlin und der „Schatz von Gefühl" [...], den das Österreichertum im Gegensatz zu Preußen noch bewahre. (94)

Die dritte Hauptfigur ist Dr. Paul Arnheim (hinter dem sich als Schlüsselfigur der Industrielle und spätere von den Rechten ermordete Außenminister Walter Rathenau verbirgt).[16] Er wird eingeführt als „Mann großen Formats", der durch Tätigkeit charakterisiert ist und die „Vereinigung von Seele und Wirtschaft oder von Idee und Macht" verkörpert (108). Gerüchte besagen angeblich, dass er mit einem eigenen Zug in Wien angekommen sei, „ein ganzes Hotel gemietet habe und einen kleinen Negersklaven mit sich führe [...]" (97), wobei der Erzähler hinzufügt, dass die Wahrheit wesentlich bescheidener sei, weil Arnheim „sich niemals auffällig benahm" (97).

Der Ort des Zusammentreffens dieser Personen (einschließlich Ulrichs als neu berufener Sekretär, der als Teilnehmer und Beobachter fungiert) ist Diotimas Salon. Er vertritt jene traditionsreiche europäische Institution der geselligen Kommunikation, die in der angedeuteten Kritik und ironischen Distanz zu „Besitz und Bildung" (als Parodie auf eine Formel von Max Weber) die Vertreter der Wissenschaft, Kunst und Wirtschaft zusammenführt. Die Kritik zielt in der Nachfolge Friedrich Nietzsches auf den Begriff der herabgesunkenen, zu Schlagworten verkommenen Bildung, die nicht in die Tiefe, sondern „in die Breite" gehe (102) und auf jene „Kultur", die als „gewaltsame Geselligkeit" (101) lediglich menschliche Einheit vortäusche.

Der Erzähler veranschaulicht dies satirisch am Verlauf einer Sitzung des Festkomitees. Zuerst redet ein Professor, dann „eine um das Wohltätigkeitswesen sehr verdiente Dame", die eine „Groß-Österreichische-Franz-Joseph-Suppenanstalt" vorschlägt; darauf folgt ein Vertreter des Ministeriums mit dem Plan, ein „Monumentalwerk ‚Kaiser Franz Joseph I. und seine Zeit'" herauszugeben. (172f).

Das Ergebnis solcher Sitzungen kann man sich vorstellen: Eine Resolution, und die abschließende Behandlung im „Hauptausschuss" oder die „persönliche Gründung eines geistigen Ausschusses zur weiteren Bearbeitung der grundlegenden Ideen, natürlich im Einvernehmen mit allen anderen Ausschüssen" (179). Auch ans Archivieren ist selbstverständlich gedacht: entweder unter der Überschrift „Zurück zu ...!" oder „Vorwärts zu ...!" (234); so steht es auf den Mappen, die Ulrich dem Koordinator Leinsdorf überbringt.

Was so als heillose Jubiläums-Projektmacherei satirisiert und als groteske Parodie gesellschaftlich-geselliger Kommunikation verspottet wird, offenbart zugleich das Dilemma jeder ziellosen Kommunikation und Redehandlung.

---

16 Vgl. Tilmann Buddensieg, Thomas Hughes, Jürgen Kocka u. a.: Ein Mann vieler Eigenschaften. Walter Rathenau und die Kultur der Moderne. Berlin 1990.

Musil lässt in der Vielstimmigkeit seiner Personen und des Erzählerkommentars indes durchblicken, dass die „Parallelaktion" als eine in die ironische Distanz gerückte Suche nach Sinn in der Geschichte zu verstehen ist, die sich einer hypertrophen Utopie-Agentur bedient. Selbst wenn früh die Befürchtung geäußert wird, „dass man [...] über einen Abgrund von Reden nicht hinauskommen werde" (195), so hält man doch am Reden fest.

Welche Funktion hat dieses Dauerreden? In einem Dialog zwischen Tuzzi (dem Ehemann Diotimas) und dem Initiator der Aktion (Graf Leinsdorf) wird dies im Roman selbst thematisiert. Tuzzi: „Was geredet wird, bedeutet gar nichts. Das bedeutet nie etwas!" – Leinsdorf: „Mein Verehrter, sogar Revolutionen werden seit 1848 nur noch durch vieles Reden gemacht!" (1023).

Die Funktion des Redens ist nicht eindeutig. Die Dauerbeschäftigung des Redens in der „Parallelaktion" (vor dem Ersten Weltkrieg) klammert das politische Handeln aus; sie vermeidet (noch) den Krieg. Dieser ist aber der eigentliche Kontrapunkt der Rede. Fernab von jeder „idealen" Kommunikationsgemeinschaft – Diotimas Zusammenkünfte erscheinen als Parodie einer ruhmreichen Salonkultur – bleibt die „Parallelaktion" als kulturkritisch inszenierte Redeveranstaltung am Vorabend des Ersten Weltkriegs der utopisch-dystopische Gegenpol zur ‚Tat'. Solange geredet wird, gibt es keinen Krieg!

III Die Utopie des „anderen Zustands" („ekstatische Sozietät")

Das vor allem im zweiten Teil des Romans entwickelte Konzept des „anderen Zustands" kann als konstitutiv für Musils Modell der Utopie überhaupt angesehen werden.

Der ausgesparte Raum des „Nirgendland[s]" (876) – „U-topia" – erinnert an die abendländische (und orientalische) Tradition Arkadiens und des Gartens. Kapitelüberschriften wie „Die Reise ins Paradies" oder „Atemzüge eines Sommertags" verweisen auf den *hortus conclusus*, den verschlossenen Garten: „Ein wohlverschlossener Garten bist du meine Schwester, meine Braut! Ein wohlverschlossener Garten, ein versiegelter Quell", heißt es im Hohen Lied Salomons (4,12). Die arkadische Vorstellung des Gartens, die über die alttestamentarische, griechische und lateinische Literatur in die frühneuzeitliche bukolische Literatur der Renaissance (vgl. Sannazaros *Arcadia*) zeitgleich mit Thomas Morus' *Utopia* vermittelt wird, bietet topisch wiederkehrende Gegenorte zur städtischen Zivilisation und eröffnet unentfremdete Spielräume für individuelle Selbstentfaltung und Selbstverständigung. Zentrales Motiv ist stets die nicht ungefährdete, aber im

Prinzip 'symmetrische' Liebe, der „Wechseltausch" der Liebenden (Goethe), der als eigentliche Utopie der Individuation entfaltet wird.

Musil gibt dieser alteuropäischen Tradition eine eigentümliche Wendung. Wiederum in einer Experimentiersituation lässt er die Mittelpunktsfigur Ulrich mit seiner Zwillingsschwester Agathe nach langem Getrenntsein im Sterbehaus des Vaters zusammentreffen. Agathe möchte nicht mehr zu ihrem Ehemann, dem Pädagogen Gottlieb Hagauer, zurückkehren und beschäftigt sich seit längerem ausschließlich mit Lektüre und Selbstbeobachtung in einer, wie der Erzähler distanziert beobachtet, „leichten Gehobenheit des Lebensunwillens" (757). Agathe begegnet Ulrich zunächst in einem Pierrotkostüm, damit das Motiv des Hermaphroditischen bereits ankündigend. Angespielt wird auch auf Isis und Osiris.

Wichtiger ist aber, dass beide Geschwister in einen Zustand versetzt werden, der ihre Wahrnehmung grundsätzlich verändert. Musil betont in der Erklärung eines von ihm zunächst vorgesehenen Romantitels „Die Zwillingsschwester", dass die Zwillingsschwester „biologisch etwas sehr Seltenes [sei], aber sie lebt in uns allen als geistige Utopie, als manifestierte Idee unserer selbst. Was den meisten nur Sehnsucht bleibt, wird meiner Figur Erfüllung."[17]

Damit ist jenes Doppelgängermotiv angedeutet, das unter dem Titel „Siamesische Zwillinge" in einem eigenen Roman-Kapitel genauer entfaltet wird. Es geht um die „Doppelgängerei" insofern, als (so der Erzähler) das „Verlangen nach einem Doppelgänger im anderen Geschlecht [...] uralt [sei]. Es will die Liebe eines Wesens, das uns völlig gleichen, aber doch ein anderes als wir sein soll" (905). Bei der geheimnisvollen „Doppelgeschlechtlichkeit der Seele" gehe es um die „Bedeutung der Übereinstimmung und Ich-Wiederholung im Anderen" (905). Diese Empfindung, so Musil an einer späteren Stelle des Romans, lasse sich verallgemeinern: Entscheidend sei die „schattenhafte Verdopplung seiner selbst in der entgegengesetzten Natur", jedenfalls handle es sich um die „Sehnsucht" danach, wenn der Mensch „nicht heillos mit sich selbst zufrieden ist" (942).

Während in den im Roman zuvor geschilderten Liebesgeschichten Ulrichs (mit Bonadea, Diotima) das Scheitern der zweigeschlechtlichen Vereinigung dargestellt wird, experimentiert Musil im Modell der Geschwisterliebe mit einer spiegelbildlichen Symmetrievorstellung, wobei allerdings auch hier nicht klar ist, ob Agathe nicht wiederum zur Projektionsgestalt von Ulrichs Selbstvervollkommnungswillen gemacht wird – ein Erbe des klassischen Bildungsromans.

---

[17] Robert Musil: Prosa und Stücke. Bd. 2. Reinbek bei Hamburg 1978, S. 940. Vgl. Robert Leucht, Susanne Reichlin: „Ein Gleichgewicht ohne festen Widerhalt, für das wir noch keine rechte Beschreibung gefunden haben." Robert Musils ‚anderer Zustand' als Ort der Wissensübertragung. In: Medien, Technik, Wissenschaft. Wissensübertragung bei Robert Musil und seiner Zeit. Hrsg. von Ulrich Johannes Beil, Michael Gamper und Karl Wagner. Zürich 2011, S. 289–322.

Der das Verhalten der Geschwister reflektierende und kommentierende Erzähler charakterisiert ihre Liebe als eine Form der wechselseitigen Selbst- und Eigenliebe im Anderen, bei der das Selbstverhalten jenseits des (sexuellen) Verlangens erprobt werde. Bei dieser „Reise an den Rand des Unmöglichen" gelangten Ulrich und Agathe in die Nähe mystischer Erfahrung „ohne Okkultismus" (1839). Unter Berufung auf Ludwig Klages (*Vom kosmogonischen Eros* [1926]), Heinrich Gomperz (*Die Lebensauffassung der griechischen Philosophen* [1904]) und Martin Buber (*Ekstatische Konfessionen* [1909]) wird jene „seraphische Liebe" beschworen, die „fern jedem Begehren und vielleicht nah der Liebe" sei (878). Dieses „vielleicht" lässt allerdings auch einen Vorbehalt anklingen.

Charakteristisch für Musils utopischen Impuls ist nun, dass die Geschwisterliebe zugleich als Modell für eine mögliche „ekstatische Sozietät" erwogen wird. Dafür stehen weniger Friedrich Schillers „erlesene Zirkel" (in den *Briefe[n] über die ästhetische Erziehung des Menschen*) als vielmehr chiliastische Vorstellungen vom Tausendjährigen Reich unter Berufung auf die Offenbarung Johannis (20,4), die bei Joachim von Fiore und den Wiedertäufern, aber auch noch im Pietismus des 18. Jahrhunderts, etwa bei Friedrich Christoph Oetinger, eine wichtige Rolle spielen. Von Ulrich heißt es,

> daß er nicht nur im Scherz, wenn auch nur als Vergleich, den Ausdruck ‚Tausendjähriges Reich' gebraucht habe. Wenn man dieses Versprechen ernst nahm, kam es auf den Wunsch hinaus, mit der Hilfe gegenseitiger Liebe in einer so gehobenen weltlichen Verfassung zu leben, daß man nur noch das fühlen und tun kann, was diesen Zustand erhöht und erhält. (874)

Dass dies allerdings eine augenblickshafte Erfahrung bleiben muss und für eine „weltliche Verfassung" nicht tragfähig zu sein scheint – die Arkadien-Literatur hat das in vielen Variationen veranschaulicht –, zeigt auch die Begegnung zwischen Ulrich und Agathe, die sich zwar momenthaft in einen sich selbst überhebenden „gemeinsamen – ‚anderen'- Zustand" (1083) versetzen, aber danach wieder zu reflektierenden und distanzierenden *„Gesprächen"* übergehen. Gespräche bedeuten selbstvergegenwärtigende Erinnerung und erwartungsvolle Antizipation. Handelt es sich hierbei um bloße „Zwischengebilde von Eingebung und Einbildung" (wie Agathe vermutet) (1095) oder ist Liebe „eine Ekstase" (1130), die vom sprichwörtlichen „Hören- und Sehen-Vergehen" diametral verschieden ist (so Ulrich), wobei er den schwedischen „Metaphysikus und gelehrten Ingenieur" Emanuel Swedenborg zitiert und damit die Nähe zu mystisch-theologischen Vorstellungen andeutet.[18]

---

18 Vgl. dazu Friedrich Balke: Mystische Subjektivierung oder: Die Kunst der Erhebung über das

Gespräche im Zitat bilden auch den Hauptinhalt jener Kapitelentwürfe, an denen Musil in den letzten Jahren vor seinem Tod am 15. April 1942 gearbeitet hat. In der Dialektik von Reden und Schweigen entwickelt er eine durchgehende Paradoxie, die sich darin zeigt, dass Liebe einerseits das „gesprächigste aller Gefühle [ist] und [...] zum großen Teil ganz aus Gesprächigkeit besteht" (1219), aber andererseits die Sprache der Liebe eine „Geheimsprache" darstellt, die „in ihrer höchsten Vollendung so schweigsam wie eine Umarmung" ist (1102). Diese Paradoxie endet in den von Musil als „heilige Gespräche" charakterisierten Reden am Schluss des Romans in einem Schweigegebot:

> Ansichhalten muß man, bis Kopf, Herz und Glieder lauter Schweigen sind. Erreicht man so aber die höchste Selbstlosigkeit, dann berühren sich schließlich Außen und Innen, als wäre ein Keil ausgesprungen, der die Welt geteilt hat. (1234)

Dieser an Novalis erinnernde Satz lässt sich nur im Medium der Sprache (eben auch eines Romans) vergegenwärtigen.

Bieten stattdessen Bilder eine Alternative? Auch das wird von Musil erwogen. Um die unio mystica in der geschwisterlichen Vereinigung darzustellen, taucht bezeichnenderweise ein Motiv auf, das Stillstand signalisiert. Im Bild des Stillebens, der „nature morte", wird ein Motiv aufgerufen, das in der Arkadienliteratur ebenso wie in jeder Utopie zum Skandalon werden muss: der Tod.

Im Kapitel „Atemzüge eines Sommertags" (aus dem Nachlass) heißt es:

> Ein geräuschloser Strom glanzlosen Blütenschnees schwebte, von einer abgeblühten Baumgruppe kommend, durch den Sonnenschein; und der Atem, der ihn trug, war so sanft, dass sich kein Blatt regte. Kein Schatten fiel davon auf das Grün des Rasens, aber dieses schien sich von innen zu verdunkeln wie ein Auge. Die zärtlich und verschwenderisch vom jungen Sommer belaubten Bäume und Sträucher, die beiseite standen oder den Hintergrund bildeten, machten den Eindruck von fassungslosen Zuschauern, die, in ihrer fröhlichen Tracht überrascht und gebannt, an diesem Begräbniszug und Naturfest teilnahmen. Frühling und Herbst, Sprache und Schweigen der Natur, auch Lebens- und Todeszauber mischten sich in dem Bild; die Herzen schienen stillzustehen, aus der Brust genommen zu sein, sich dem schweigenden Zug durch die Luft anzuschließen. (1232)

Utopie des ekstatischen Augenblicks: Ein Bild des Stillstehens von Zeit; auch Tod als unabwendbare Erfahrung im „anderen Zustand".

Wissen. In: Erfahrung und System. Mystik und Esoterik der Literatur der Moderne. Hrsg. von Bettina Gruber. Opladen 1997, S. 27–48.

IV Die Utopie der „induktiven Gesinnung"

Über die Frage, wie Musil dieses für die abendländische Utopietradition zentrale (und heikle) Thema im Roman weitergeführt hätte, lassen sich nur Vermutungen anstellen. Auffallend ist, dass der Autor in seinen letzten Entwürfen auf ein anderes Utopie-Konzept zurückkommt, das bereits unter dem Stichwort des „exakten Lebens" oder des zu Anfang erwähnten „Essayismus" genannt wurde. Die Rede ist, so Musil, von der Notwendigkeit einer „Utopie der induktiven Gesinnung".

Gegenüber erkenntnistheoretischen Diskussionen zum Problem des Hypothetischen und Induktiven in den empirischen Naturwissenschaften betont Musil hier stärker *das Soziale* in der Ausrichtung auf ein gesellschaftliches „summum bonum". Damit stellt er sich in jene alteuropäische Tradition, die nach aristotelischem Vorbild die Verbindung von Klugheit und Tugend betont und in der „Übereinstimmung von Handlung und Gesinnung [...] die Sittlichkeit der Tat verbürgen" soll.[19] Vorstellungen, die Musil entwickelt, etwa zum „Tatsinn", sind zwar nicht frei von dezisionistischen Zügen, sie plädieren aber für eine seit der Rennaissance (vgl. Castigliones *Il Cortegeano*) vertraute „Utopie des motivierten Lebens" bzw. eine „Moral des nächsten Schritts" (vgl. 1819 ff.), die in der handlungsorientierten Kommunikation realisiert werden soll:

> „Es liegt in der Welt etwas", so Musil, „das uns zur äußersten Höflichkeit und Zurückhaltung (=induktive Demut) ihr gegenüber zwingen sollte, sei es wenn wir handeln, sei es, wenn sich unsere Gedanken mit ihr beschäftigen." (1919)

Für Musil ist die Literatur jenes kommunikative Medium des Experimentierens mit Utopiemodellen, dem er selbst eine utopische Funktion zuschreibt: „Was ich im Roman gebe", heißt es in den Tagebüchern Mitte der 1930er Jahre, „wird immer Utopie bleiben; es ist nicht die Wirklichkeit von morgen [...], es ist [allerdings] [...] zu zeigen [...], dass sie [die Literatur] in sich selbst maximal zu sein hat"[20] – auch im Unvollendeten:

> Als Fragment erscheint das Unvollkommene noch am erträglichsten – und also ist diese Form der Mitteilung dem zu empfehlen, der noch nicht im Ganzen fertig ist – und doch einzelne merkwürdige Ansichten zu geben hat.[21]

---

19 Vgl. Frank Maier-Solgk: Sinn für Geschichte. Ästhetische Subjektivität und historiologische Reflexion bei Robert Musil. München 1992, S. 177.
20 Musil, Tagebücher, S. 862.
21 Musil, Tagebücher, Bd. 2: Anmerkungen, Anhang Register.

Musils Hinweise zum „Sozialen" im Unvollendeten, noch nicht Vollendeten, mögen die Richtung seiner Antwort andeuten, auch im Fragment. Mehr noch: im Möglichkeitsdenken selbst sieht er den Inbegriff dessen, was den Menschen ausmacht.

Sören Kierkegaards Satz, den Theodor W. Adorno in seiner Dissertation zitiert, „Wenn ich mir etwas wünschen dürfte, so wünschte ich mir weder Reichtum noch Macht, sondern die Leidenschaft der Möglichkeit"[22], könnte auch von Robert Musil stammen.

---

22 Theodor W. Adorno: Kierkegaard. Konstruktion des Ästhetischen. In: ders.: Gesammelte Schriften, Bd. 2, S. 177 f.

Publikationsnachweise früherer Textfassungen

Kap. I 1
„Einleitung: Möglichkeitsdenken" geht teilweise zurück auf „Möglichkeitsdenken. Utopie und Dystopie in der Gegenwart. Einleitung". In: Möglichkeitsdenken. Utopie und Dystopie in der Gegenwart. Hrsg. von Wilhelm Voßkamp, Günter Blamberger, Martin Roussel unter Mitarbeit von Christine Thewes. München 2013, S. 13–30.

Kap. I 2
„Thomas Morus' *Utopia*: Konstituierung eines Prototyps" basiert auf: „Thomas Morus' *Utopia*: Konstituierung eines Prototyps". In: Utopieforschung. Interdisziplinäre Studien zur neuzeitlichen Utopie. 3 Bde. Frankfurt am Main 1985 (zuerst 1982). Bd. 2, S. 183–196.

Kap. I 3
„Utopische Gattungen als literarisch-soziale Institutionen" geht zurück auf „Gattungen als literarisch-soziale Institutionen (Zu Problemen sozial- und funktionsgeschichtlich orientierter Gattungstheorie und –historie). In: Textsortenlehre – Gattungsgeschichte. Hrsg. von Walter Hinck. Heidelberg 1977, S. 27–42.

Kap. I 4
„Utopie und Ritual" basiert auf „Utopie und Ritual. Utopische Methode versus Rituale". In: Paragrana. Internationale Zeitschrift für Historische Anthropologie 12 (2003), S. 661–679.

Kap. I 5
„Entzeitlichung von Utopien in Institutionen" basiert auf „Entzeitlichung. Utopien und Institutionen". In: Temporalität und Form. Konfigurationen ästhetischen und historischen Bewusstseins. Autoren-Kolloquium mit Karl Heinz Bohrer. Hrsg. von Wolfgang Lange, Jürgen Paul Schwindt, Karin Westerwelle. Heidelberg 2004, S. 21–37.

Kap. II 1

„Utopiegeschichte: Zusammenfassende Übersicht" geht zurück auf den Art. „Utopie". In: Fischer-Lexikon. Literatur. Bd. 3. Hrsg. von Ulfert Ricklefs. Frankfurt am Main 1996, S. 1931–1951.

Kap. II 2

„Literaturgeschichte als Funktionsgeschichte der Utopie" basiert auf „Literaturgeschichte als Funktionsgeschichte der Literatur (am Beispiel der frühneuzeitlichen Utopie)". In: Literatur und Sprache im historischen Prozess (2 Bde.). Hrsg. von Thomas Cramer. Bd. 1. Literatur. Tübingen 1983, S. 32–54.

Kap. II 3

„Interferenzen zwischen pikareskem und utopischem Erzählen bei Grimmelshausen" basiert auf „Figuren produktiver Negation. Interferenzen zwischen pikareskem und utopischem Erzählen bei Grimmelshausen". In: Spielräume. Ein Buch für Jürgen Fohrmann. Hrsg. von Jürgen Brokoff, Elke Dubbels, Andrea Schütte. Bielefeld 2013, S. 13–25.

Kap. II 4

„Utopie und Geheimnis von Bacon bis Goethe" geht zurück auf „Utopie und Geheimnis oder Wie lässt sich vom Geheimen erzählen, an Beispielen von Bacon bis Goethe". In: Deutsche Geheimgesellschaften. Von der Frühen Neuzeit bis zur Gegenwart. Hrsg. von Jost Hermand, Sabine Mödersheim. Köln u. a. 2013, S. 15–30.

Kap. II 5

„,Fortschreitende Vollkommenheit'. Der Übergang von der Raum- zur Zeitutopie" basiert auf „,Fortschreitende Vollkommenheit': Der Übergang von der Raum- zur Zeitutopie". In: 1984 und danach. Utopie. Realität. Perspektiven". Hrsg. von Erhard R. Wiehn. Konstanz 1984, S. 81–102.

Kap. II 6

„Von der Staats- zur Bildungs-Utopie in Johann Valentin Andreaes *Christianopolis*" basiert auf „Von der Staats- zur ‚Bildungs'-Utopie. Johann Valentin Andreaes ‚Christianopolis'". In: Innovation und Originalität. Hrsg. von Walter Haug, Burghart Wachinger. Tübingen 1993, S. 196–205.

Kap. II 7
„Homo Oeconomicus und Homo Poeticus bei Daniel Defoe und Johann Gottfried Schnabel" basiert auf „Homo Oeconomicus und Homo Poeticus. Über Arbeit und Kunst in den Robinsonaden von Daniel Defoe und Johann Gottfried Schnabel". In: Kunst und Arbeit. Zum Verhältnis von Ästhetik und Arbeitsanthropologie im 18. Jahrhundert bis zur Gegenwart. Hrsg. von Anja Lemke, Alexander Weinstock. München 2014, S. 177–188.

Kap. II 8
„,Ein irdisches Paradies': Johann Gottfried Schnabels *Insel Felsenburg*" basiert auf „,Ein irdisches Paradies'. Johann Gottfrieds Schnabels *Insel Felsenburg*". In: Literarische Utopien von Morus bis zur Gegenwart. Hrsg. von Klaus L. Berghahn, Hans Ulrich Seeber. Frankfurt am Main 1983, S. 95–104.

Kap. II 9
„Politische Macht der Tugend im Staatsroman: Johann Michael von Loëns *Der redliche Mann am Hofe*" geht teilweise zurück auf „Die Macht der Tugend – Zur Poetik des utopischen Romans am Beispiel von Schnabels *Insel Felsenburg* und von Loëns *Der redliche Mann am Hofe*". In: Dichtungstheorien der deutschen Frühaufklärung. Hrsg. von Theodor Verweyen in Zusammenarbeit mit Hans-Joachim Kertscher. Tübingen 1995, S. 176–186.

Kap. II 10
„Utopie und Utopiekritik in Goethes *Wilhelm Meister*-Romanen" basiert auf „Utopie und Utopiekritik in Goethes *Wilhelm Meister*-Romanen". In: Wilhelm Voßkamp: Der Roman des Lebens. Die Aktualität der Bildung und ihre Geschichte im Bildungsroman. Berlin 2009, S. 83–115.

Kap. III 1
„Transzendentalpoetik: Wielands *Goldner Spiegel*" basiert auf „Transzendentalpoetik. Zur Übersetzung utopischer Diskurse in Wielands ‚Goldnem Spiegel'". In: Wieland/Übersetzen. Sprachen, Gattungen, Räume. Hrsg. von Bettine Menke, Wolfgang Struck. Berlin. New York 2010, S. 227–236.

Kap. III 2
„Friedrich Schleiermachers Utopie der Geselligkeit". Originalbeitrag.

Kap. III 3
„Die Organisation der Arbeit als Voraussetzung für das allgemeine Glück. Edward Bellamys *Looking Backward*. Originalbeitrag.

Kap. III 4
„Vollkommenheit und Vervollkommnung: William Morris' *News from Nowhere or an Epoch of Rest*" basiert auf „Vollkommenheit und Vervollkommnung. William Morris' ‚News from Nowhere or an Epoch of Rest'". In: Vollkommenheit. Archäologie der literarischen Kommunikation X. Hrsg. von Aleida und Jan Assmann. München 2010, S. 285–296.

Kap. III 5
„Konstruktionen des Möglichen und Machbaren in Wissenschaft und Technik" basiert auf „Konstruktionen des Möglichen und Machbaren. Wissenschaft und Technik in literarischen Utopien der Neuzeit". In: Szenarien der Zukunft. Technikvisionen und Gesellschaftsentwürfe im Zeitalter globaler Risiken. Hrsg. von Armin Heinen, Vanessa Mai, Thomas Müller. Aachen 2009, S. 43–54.

Kap. III 6
„Selbstkritik und Selbstreflektion der Utopie" basiert auf „Selbstkritik und Selbstreflektion der literarischen Utopie". In: Modernisierung und Literatur. Fs. für Hans Ulrich Seeber. Hrsg. von Walter Göbel, Stephan Kohl, Hubert Zapf. Tübingen 2000, S. 233–243.

Kap. III 7
„Ernst Blochs Theorie der Apokalypse als Voraussetzung einer Konzeption der Kunst" basiert auf „‚Wie könnten die Dinge vollendet werden, ohne dass sie apokalyptische aufhören'. Ernst Blochs Theorie der Apokalypse". In: Aufklärung als Problem und Aufgabe. Hrsg. von Klaus Bohnen, Peer Øhrgaard. Fs. für Sven-Aage Jørgensen. München 1994, S. 295–304.

Kap. III 8
„Messianismus und Geschichte der Utopie bei Ernst Bloch" geht zurück auf „Ernst Bloch: ‚Grundrisse einer besseren Welt'". In: Juden in der deutschen Literatur. Hrsg. von Stéphane Mosès, Albrecht Schöne. Frankfurt am Main 1986, S. 316–329.

Kap. III 9
„‚Höchstes Exemplar des utopischen Menschen': Ernst Bloch und Goethes *Faust*" basiert auf „‚Höchstes Exemplar des utopischen Menschen': Ernst Bloch und Goethes ‚Faust'". In: Deutsche Vierteljahrsschrift für Literaturwissenschaft und Geistesgeschichte 59 (1985), S. 676–687.

Kap. III 10
„Abschied von Utopien und Wiederkehr des Utopischen. Ernst Jüngers *Heliopolis. Rückblick auf eine Stadt*". Originalbeitrag.

Kap. III 11
„Zwischen Utopie und Apokalypse: Glücksphantasien in Bertolt Brechts *Aufstieg und Fall der Stadt Mahagonny*" basiert auf „Zwischen Utopie und Apokalypse. Die Diskussion utopischer Glücksphantasien in Brechts ‚Aufstieg und Fall der Stadt Mahagonny'". In: Drama und Theater im 20. Jahrhundert. Fs. für Walter Hinck. Hrsg. von Hans Dietrich Irmscher, Werner Keller. Göttingen 1983, S. 157–168.

Kap. III 12
„Gentechnologische Dystopien als Sprachkunstwerk. Arno Schmidts *Die Gelehrtenrepublik. Kurzroman aus den Rossbreiten*". Originalbeitrag.

Kap. III 13
„Martin Buber und die Tradition der Utopie". Originalbeitrag.

Kap. III 14
„‚Wenn es Wirklichkeitssinn gibt, muß es auch Möglichkeitssinn geben'": Traditionen des utopischen Denkens bei Robert Musil" basiert auf „‚Wenn es Wirklichkeitssinn gibt, muß es auch Möglichkeitssinn geben'. Traditionen des utopischen Denkens bei Robert Musil". In: Was ist der Mensch, was geschieht?

Annäherungen an eine kulturwissenschaftliche Anthropologie. Hrsg. von Friedrich Jaeger, Jürgen Straub. Bielefeld 2005, S. 347–361.

Allen Verlagen sei für die Abdruckgenehmigung der Erstveröffentlichungen vielmals gedankt.

Literaturverzeichnis

Adorno, Theodor W.: Blochs Spuren. Zur neuen erweiterten Ausgabe 1959. In: T.W. Adorno: Noten zur Literatur II. Frankfurt am Main 1961, S. 131–151.
Adorno, Theodor W.: Zur Schlußszene des Faust. In: T.W. Adorno.: Noten zur Literatur II. Frankfurt am Main 1961, S. 7–18.
Adorno, Theodor W.: Mahagonny. In: T.W.Adorno: Moments musicaux. Frankfurt am Main 1964, S. 131–140.
Adorno, Theodor W.: Zum Charakter von Blochs Terminologie (1973). In: Materialien zu Ernst Blochs „Prinzip Hoffnung". Hrsg. und eingeleitet von Burghart Schmidt. Frankfurt am Main 1978, S. 71–90.
Adorno, Theodor W.: Kierkegaard. Konstruktion des Ästhetischen. Hrsg. von Rolf Tiedemann et al. Frankfurt am Main 1979 (Gesammelte Schriften in 20 Bänden, Bd. 2).
Agethen, Manfred: Geheimbund und Utopie. Illuminaten, Freimaurer und deutsche Spätaufklärung. München. 2. Aufl. 1987.
Altmann, Volkmar: Totalität und Perspektive: Zum Wirklichkeitsbegriff Robert Musils im „Mann ohne Eigenschaften". Frankfurt am Main u. a. 1992.
Ames, Russell: Citizen Thomas More and His „Utopia". Princeton, New Jersey 1949.
Andreae, Johann Valentin: Christianopolis (1619). Deutsch und lateinisch. Eingeleitet und hrsg. von Richard van Dülmen. Stuttgart 1972.
Andreae, Johann Valentin: Christianopolis. Aus dem Lateinischen übersetzt, kommentiert und mit einem Nachwort hrsg. von Wolfgang Biesterfeld. Stuttgart 1975.
Anglet, Andreas: Der ‚ewige' Augenblick. Studien zur Struktur und Funktion eines Denkbildes bei Goethe. Köln 1991.
Arntzen, Helmut: Kommentar: „Der Mann ohne Eigenschaften". München 1982.
Arntzen, Helmut: Art. „Satire". In: Ästhetische Grundbegriffe. Bd. V. Stuttgart. Weimar 2003, S. 345–365.
Apel, Karl-Otto: Das Problem einer Kritik der utopischen Vernunft. Zum Verhältnis von Utopie, Geschichtsphilosophie und Ethik. In: Utopieforschung. Interdisziplinäre Studien zur neuzeitlichen Utopie. Hrsg. von Wilhelm Voßkamp. Stuttgart 1982. Bd. 1, S. 325–355.
Aristoteles: Politik. Buch VI/VIII. Über die beste Verfassung. Übersetzt und erläutert von Eckart Schütrumpf. Darmstadt 2005 (Aristoteles. Werke, Bd. 9).
Arndt, Johann: Vier Bücher vom wahren Christenthum. Hamburg 1853 (Erstausgabe 1601–1610).
[Arndt] Johann Arnd's: Sechs Bücher vom wahren Christentum neben dessen Paradies-Gärtlein. Mit der Lebensbeschreibung des seligen Mannes. Neue Stereotyp-Ausg. Stuttgart 1908.
Assmann, Aleida und Jan in Verbindung mit Alois Hahn und Hans-Jürgen Lüsebrink (Hrsg.): Geheimnis und Öffentlichkeit. München 1997 (Schleier und Schwelle, Bd. I).
Assmann, Jan: Das kulturelle Gedächtnis. Schrift, Erinnerung und politische Identität in den frühen Hochkulturen. München 1992.
Baader, Horst: Typologie und Geschichte des spanischen Romans im ‚goldenen Zeitalter'. In: Renaissance und Barock. II. Teil. Hrsg. von August Buck. Frankfurt am Main 1972, S. 82–144.
Baader, Horst: Noch einmal zur Ich-Form im Lazarillo de Tormes. In: Romanische Forschungen 76 (1964), S. 437–446.

Baader, Horst: Spanische Schelmenromane. 2 Bde. München 1964/1965.
Bach, Oliver: Von der Herausgeberfiktion auf das ‚Schiff der Phantasie'. Die utopische Dichtung Thomas Morus' und Johann Valentin Andreaes und ihre naturrechtlichen Wahrheitsansprüche. In: Scientia Poetica 18 (2014), S. 1–27.
Bacon, Francis: Nova Atlantis. Fragmentorum alterum Franciscum Bacorum [...]. London 1638 [zuerst 1627]. Deutsche Übersetzung mit einem Essay „Zum Verständnis der Werke, Bibliographie und Kommentierung". In: Der utopische Staat. Hrsg. von Klaus J. Heinisch. Reinbek bei Hamburg 1960, S. 175–2015.
Bacon, Francis: Neues Organon (1620). Hrsg. mit einer Einleitung von Wolfgang Krohn. Lateinisch-deutsch. 2 Bde. Hamburg 1960.
Bacon, Francis: Neu-Atlantis. Übersetzt von Günther Bugge. Durchgesehen und neu herausgegeben von Jürgen Klein. Stuttgart 1982. Bibliographisch ergänzte Ausgabe 2003.
Baecker, Dirk: Studien zur nächsten Gesellschaft. Frankfurt am Main 2007.
Baioni, Giuliano: „Märchen" – „Wilhelm Meisters Lehrjahre" – „Hermann und Dorothea". Zur Gesellschaftsidee der deutschen Klassik. In: Goethe-Jahrbuch 92 (1975), S. 73–127.
Balke, Friedrich: Mystische Subjektivierung oder: Die Kunst der Erhebung über das Wissen. In: Erfahrung und System. Mystik und Esoterik der Literatur der Moderne. Hrsg. von Bettina Gruber. Opladen 1997, S. 27–48.
Barthes, Roland: Die Vorbereitung des Romans. Frankfurt am Main 2005.
Battegay, Caspar: Das andere Blut. Gemeinschaft im deutsch-jüdischen Schreiben 1880–1930. Köln. Weimar. Wien 2011.
Braunert, Horst: Theorie, Ideologie und Utopie im griechisch-hellenistischen Staatsdenken. In: Geschichte in Wissenschaft und Unterricht 14 (1963), S. 145–158.
Beauchamps, Gorman: Zamjatin's „We". In: No Place Else. Explorations in Utopian and Dystopian Fiction. Hrsg. von Eric S. Rabkin, Martin H. Greenberg, Joseph D. Olander. Carbondale. Edwardsville 1983, S. 56–77.
Becker, Franz Karl: Die Romane J.G. Schnabels. Bonn 1911.
Bellamy, Edward: Looking Backward 2000–1887. With an Introduction by Walter James Miller and a New Afterword by Eliot Fintushel. New York 2009. Dt. Übers.: Ein Rückblick aus dem Jahr 2000 auf 1887. Übers. Georg von Gizycki. Hrsg. von Wolfgang Biesterfeld. Stuttgart 1983.
Bellinger, Andréa, David J. Krieger (Hrsg.): Ritualtheorien. Opladen 1998.
Benjamin, Walter: Literaturgeschichte und Literaturwissenschaft. In: W. Benjamin: Gesammelte Schriften. Bd. III. Hrsg. von Hella Tiedemann-Bartels. Frankfurt am Main 1972, S. 283–290.
Benjamin, Walter: Goethe. Enzyklopädieartikel. In: W. Benjamin: Gesammelte Schriften II.2. Hrsg. von Rolf Tiedemann und Hermann Schweppenhäuser. Frankfurt am Main 1977, S. 705–759.
Benzoni, Hieronymus: NOVAE NOVI ORBIS HISTORIAE. Das ist/Aller Geschichten/So in der neueren Welt/welche Occidentalis India, das ist India, nach Abendwerts genent wird /[...] Helmstedt 1591.
Berger, Peter L., Thomas Luckmann: Die gesellschaftliche Konstruktion der Wirklichkeit. Eine Theorie der Wissenssoziologie. Stuttgart. 3. Aufl. 1972.
Berghahn, Klaus L.: Ästhetische Reflexion als Utopie des Ästhetischen. In: Utopieforschung. Interdisziplinäre Studien zur neuzeitlichen Utopie. Hrsg. von Wilhelm Voßkamp. Stuttgart 1982. Bd. 3, S. 146–171.

Berghahn, Klaus L.: Möglichkeit als Kategorie der Philosophie. Politik und Dichtung in Ernst Blochs ‚Das Prinzip Hoffnung'. In: Möglichkeitsdenken. Utopie und Dystopie in der Gegenwart. Hrsg. von Wilhelm Voßkamp, Günter Blamberger, Martin Roussel. München 2013, S. 121–135.

Berns, Jochen: Utopie und Polizei. Zur Funktionsgeschichte der frühen Utopistik in Deutschland. In: Literarische Utopie-Entwürfe. Hrsg. von Hiltrud Gnüg. Frankfurt am Main 1982, S. 101–116.

Biesterfeld, Wolfgang: Nachwort. In: Johann Valentin Andreae: Christianopolis. Aus dem Lateinischen übersetzt, kommentiert und mit einem Nachwort hrsg. von Wolfgang Biesterfeld. Stuttgart 1975, S. 153–167.

Blessin, Stefan: Die radikal-liberale Konzeption von „Wilhelm Meisters Lehrjahren". In: Deutsche Vierteljahrsschrift für Literaturwissenschaft und Geistesgeschichte 49 (1975) (Sonderheft „18. Jahrhundert"), S. 190*-225*.

Bloch, Ernst: Das Prinzip Hoffnung. Frankfurt am Main 1959.

Bloch, Ernst: Geist der Utopie. München. Leipzig 1918 (erste Fassung); Berlin 1923 (zweite Fassung); Frankfurt am Main 1964 (bearbeitete Neuauflage der zweiten Fassung).

Bloch, Ernst: Kann Hoffnung enttäuscht werden? Eröffnungs-Vorlesung. Tübingen 1961. In: E. Bloch: Literarische Aufsätze. Frankfurt am Main 1965, S. 385–392.

Bloch, Ernst: Thomas Münzer als Theologe der Revolution. Frankfurt am Main 1969 (Gesamtausgabe, Bd. 2).

Bloch, Ernst: Aktualität und Utopie. Zu Lukács' „Geschichte und Klassenbewußtsein" (1923). In: E. Bloch: Philosophische Aufsätze zur objektiven Phantasie. Frankfurt am Main 1969 (Gesamtausgabe, Bd. 10), S. 598–621.

Bloch, Ernst: Tübinger Einleitung in die Philosophie. Neue, erweiterte Ausgabe. Frankfurt am Main 1970 (Gesamtausgabe, Bd. 13).

Bloch, Ernst: Experimentum Mundi. Frage, Kategorien des Herausbringens, Praxis. Frankfurt am Main 1975 (Gesamtausgabe, Bd. 15).

Bloch, Ernst: Arkadien und Utopien. In: Europäische Bukolik und Georgik. Hrsg. von Klaus Garber. Darmstadt 1976 (Wege der Forschung, Bd. 355), S. 1–7.

Bloch, Ernst: Abschied von der Utopie? Vorträge. Hrsg. und mit einem Nachwort versehen von Hanna Gekle. Frankfurt am Main 1980.

Blumenberg, Hans: Wirklichkeitsbegriff und Möglichkeit des Romans. In: Nachahmung und Illusion. Hrsg. von Hans Robert Jauß. 2. durchgesehene Aufl. München 1969, S. 9–27.

Blumenberg, Hans: Die Lesbarkeit der Welt. Frankfurt am Main 1986.

Bohrer, Karl Heinz: Der Lauf des Freitag. Die lädierte Utopie und die Dichter. Eine Analyse. München 1973.

Bohrer, Karl Heinz: Plötzlichkeit. Zum Augenblick des ästhetischen Scheins. Frankfurt am Main 1981.

Bohrer, Karl Heinz: Subjektive Zukunft. In: MERKUR-Sonderheft 5 (2001), S. 756–768.

Bolz, Norbert: Auszug aus der entzauberten Welt. Philosophischer Extremismus zwischen den Weltkriegen. München 1989.

Brandl, Leopold: Vordefoesche Robinsonaden in der Weltliteratur. In: Germanisch-Romanische Monatsschrift 5 (1913), S. 233–261.

Braungart, Wolfgang: Die Kunst der Utopie. Vom Späthumanismus zur frühen Aufklärung. Stuttgart 1989.

Braungart, Wolfgang: Apokalypse und Utopie. In: Poesie der Apokalypse. Hrsg. von Gerhard R. Kaiser. Würzburg 1991, S. 63–102.

Braungart, Wolfgang: Ritual und Literatur. Tübingen 1996.

Braungart, Wolfgang: Forschungsorganisation und Ordnung des Wissens. Utopie und Akademie in der Frühen Neuzeit. In: Ideale Akademie. Vergangene Zukunft oder konkrete Utopie? Hrsg. von Wilhelm Voßkamp. Berlin 2002, S. 31–45.

Brecht, Bertolt: Aufstieg und Fall der Stadt Mahagonny. In: B. Brecht. Stücke I. Frankfurt am Main 1967, S. 499–564 (Gesammelte Werke in acht Bänden. Bd. I).

Brecht, Bertolt: Anmerkungen zur Oper „Aufstieg und Fall der Stadt Mahagonny". In: B. Brecht: Schriften I. Zum Theater. Frankfurt am Main 1967, S. 1004–1016. (Gesammelte Werke in acht Bänden. Frankfurt am Main 1967, Bd. VII).

Brecht, Bertolt: Arbeitsjournal. Erster Band (1938 bis 1942). Hrsg. von Werner Hecht. Frankfurt am Main 1973.

Brecht, Martin: Johann Valentin Andreae 1586–1654. Eine Biographie. Mit einem Essay von Christoph Brecht: Johann Valentin Andreae. Zum literarischen Profil eines deutschen Schriftstellers im 17. Jahrhundert. Göttingen 2008.

Brenner, Peter J.: Aspekte und Probleme der neueren Utopiediskussion in der Philosophie. In: Utopieforschung. Interdisziplinäre Studien zur neuzeitlichen Utopie. Hrsg. von Wilhelm Voßkamp. Stuttgart 1982, Bd. 1, S. 11–63.

Breuer, Dieter: Grimmelshausens politische Argumentation. Sein Verhältnis zur absolutistischen Staatsauffassung. In: Daphnis 5 (1976), S. 303–333.

Breuer, Dieter: Kommentar. In: Hans Jacob Christoffel von Grimmelshausen: Simplicissimus Teutsch. Hrsg von Dieter Breuer. Frankfurt am Main 1989, S. 701–1048.

Brokoff, Jürgen: Die Apokalypse in der Weimarer Republik. München 2001.

Brüggemann, Fritz: Utopie und Robinsonade. Untersuchungen zu Schnabels Insel Felsenburg (1731–1743). Weimar 1914.

Brummack, Jürgen: Zu Begriff und Theorie der Satire. In: Deutsche Vierteljahrsschrift für Literaturwissenschaft und Geistesgeschichte 45 (1971) (Sonderheft Forschungsreferate), S. 275–377.

Brummack, Jürgen: Art. „Satire". In: Reallexikon der deutschen Literaturwissenschaft. Hrsg. von Klaus Weimar et al. Berlin. New York 2003, Bd. 3, S. 355–360.

Brunner, Horst: Die poetische Insel. Inseln und Inselvorstellungen in der deutschen Literatur. Stuttgart 1967.

Buber, Martin: Die Chassidischen Bücher. Berlin 1927.

Buber, Martin: Die Erzählungen der Chassidim. Zürich 1949.

Buber, Martin: Pfade in Utopia. Über Gemeinschaft und deren Verwirklichung. 3. erweiterte Aufl. Heidelberg 1985.

Buber, Martin: Meister Eckharts Predigten und Traktate. In: M. Buber: Frühe kulturkritische und philosophische Schriften. 1891–1924. Bearbeitet, eingeleitet und kommentiert von Martin Tremle. Gütersloh 2001 (Werkausgabe, Bd. 1), S. 279–280.

Buber, Martin: Dem Gemeinschaftlichen folgen. In: Sprachphilosophische Schriften. Bearbeitet, eingeleitet und kommentiert von Asher Biemann. Gütersloh 2003 (Werkausgabe, Bd. 6), S. 103–123.

Buber, Martin: Das dialogische Prinzip. Gütersloh. 12. Aufl. 2012.

Buber, Martin: Alte und neue Gemeinschaft. In: M. Buber.: Mythos und Mystik. Frühe religionswissenschaftliche Schriften. Hrsg. von David Groiser. Gütersloh 2013 (Werkausgabe Bd. 2.1), S. 61–66.

Büchel, Christiane: Johann Michael von Loën im Wandel der Zeiten. Eine kleine Forschungsgeschichte. In: Das 18. Jahrhundert 16 (1992), S. 13–37.

Budde, Bernhard: Aufklärung als Dialog. Wielands antithetische Prosa. Tübingen 2000.
Buddensieg, Tilmann, Thomas Hughes, Jürgen Kocka u. a.: Ein Mann vieler Eigenschaften. Walter Rathenau und die Kultur der Moderne. Berlin 1990.
Burton, Robert: The Anatomy of Melancholy. Edited with an introduction by Holbrook Jackson and with a new introduction by William H. Gass (Ausg. letzter Hand 1651). New York 2001.
Campanella, Tommaso: Citivas Solis, Idea Reipublicae Philosophicae (1623). Übers. in: Der utopische Staat. Hrsg. von Klaus J. Heinisch. Reinbek 1960, S. 115–169.
Casper, Bernd: Nachwort. In: Martin Buber: Ich und Du. Stuttgart 1995, S. 117–142.
Christen, Anton F.: Ernst Blochs Metaphysik der Materie. Bonn 1979.
Conze, Werner: Art. „Arbeit". In: Geschichtliche Grundbegriffe. Historisches Lexikon zur politisch-sozialen Sprache in Deutschland. Hrsg. von Otto Brunner et al. Stuttgart 2004, Bd. 1, S. 154–215.
Defoe, Daniel: The Life and strange surprising Adventures of Robinson Crusoe, of York, Mariner: Who lived Eight and Twenty Years all alone in an un-inhabited Island on the Coast of America, near the Mouth of the Great River of Oroonoques. (1719) Hrsg. von Michael Shinagel. New York. London 1994.
Demand, Christian (Hrsg.): Wir? Formen der Gemeinschaft in der liberalen Gesellschaft. Merkur- Sonderheft 773/774. Stuttgart 2013.
Derrida, Jacques: Apokalypse. Hrsg. von Peter Engelmann. Wien 1985.
Desroche, H.: Art. „Messianismus". In: Religion in Geschichte und Gegenwart. Hrsg. von Kurt Gallung. Tübingen 1960. Bd. 4, Sp. 895–900.
Dickson, Keith A.: Towards Utopia. A Study of Brecht. Oxford 1978.
Doren, Alfred: Wunschräume und Wunschzeiten. In: Vorträge der Bibliothek Warburg. Berlin 1927, S. 157–205.
Dorsch, Theodor S.: Sir Thomas Morus und Lucian. Eine Interpretation der ‚Utopia'. In: Interpretationen. Englische Literatur von Thomas Morus bis Lawrence Sterne. Hrsg. von Willi Erzgräber. Frankfurt am Main 1970, S. 16–35.
Draganovic, Julia: Figürliche Schrift. Zur darstellerischen Umsetzung von Weltanschauung im erzählerischen Werk Ernst Jüngers. Würzburg 1998.
Dreitzel, Hans Peter: Die gesellschaftlichen Leiden und das Leiden an der Gesellschaft. Stuttgart. 3. Aufl. 1980.
Dubbels, Elke: Figuren des Messianischen in Schriften deutsch-jüdischer Intellektueller 1900–1933. Berlin. Boston 2011.
van Dülmen, Richard: Die Utopie einer christlichen Gesellschaft. Johann Valentin Andreae (1586–1654). Stuttgart 1978.
van Dülmen, Richard: Die Formierung der europäischen Gesellschaft in der Frühen Neuzeit. Ein Versuch. In: Geschichte und Gesellschaft 7 (1981), S. 5–41.
Dunker, Axel: Art. „Robinsonade". In: Handbuch der literarischen Gattungen. Hrsg. von Dieter Lamping. Stuttgart 2009, S. 622–626.
Dyson, Freeman J.: Unsere strahlende biotechnologische Zukunft. In: Neue Zürcher Zeitung, Nr. 238, 13./14.10.2009, S. 28–29.
Eisenstadt, Shmuel Noah: Social change, differentiation and evolution. In: American Sociological Review 29 (1964), S. 375–386.
Elias, Norbert: Thomas Morus' Staatskritik. In: Utopieforschung. Interdisziplinäre Studien zur neuzeitlichen Utopie. Hrsg. von Wilhelm Voßkamp. Stuttgart 1982, Bd. 2, S. 101–150.
Elliott, Robert C.: Die Gestalt Utopias. In: Der utopische Roman. Hrsg. von Rudolf Villgradter, Friedrich Krey. Darmstadt 1973, S. 104–125.

Entner, Heinz: Zum Dichtungsbegriff des deutschen Humanismus. Theoretische Aussagen der neulateinischen Poetik zwischen Konrad Celtis und Martin Opitz. In: Grundpositionen der deutschen Literatur im 16. Jahrhundert. Hrsg. von Ingeborg Spriewald et al. Berlin. Weimar 1972, S. 331–480.

Enzensberger, Christian: Literatur und Interesse. Eine politische Ästhetik mit zwei Beispielen aus der englischen Literatur. Frankfurt am Main 1981.

Erhart, Walter: Was nützen schielende Wahrheiten? Wieland, Rousseau und die Hermeneutik des Fremden. In: Rousseau in Deutschland. Hrsg. von Herbert Jaumann. Berlin. New York 1995, S. 47–78.

Erzgräber, Willi: Utopie und Anti-Utopie in der englischen Literatur. Morus, Morris, Wells, Huxley, Orwell. München 1980.

Eshel, Amir: Zukünftigkeit. Die zeitgenössische Literatur und die Vergangenheit. Aus dem Englischen von Irmgard Hölscher. Frankfurt am Main 2012.

Esselborn, Hans: Die Verwandlung von Politik in Naturgeschichte der Macht. Der Bürgerkrieg in Ernst Jüngers ‚Marmorklippen' und ‚Heliopolis'. In: Wirkendes Wort 42 (1997), S. 45–61.

Esselborn, Hans (Hrsg.): Ordnung und Kontingenz. Das kybernetische Modell in den Künsten. Würzburg 2009.

Etzioni, Amitai: Übers Ego zum Wir. Neue Chancen für die globale Gemeinschaft. Rede zur Verleihung des Meister Eckhart Preises 2009 an der Universität zu Köln. Köln 2009.

Fest, Joachim: Der zerstörte Traum. Vom Ende des utopischen Zeitalters. Berlin 1991.

Feuerbach, Ludwig: Kleinere Schriften IV (1851–1866). 3. Aufl. Berlin 1990, S. 170–186.

Fischer, Joachim: Nachwort. In: Helmuth Plessner: Grenzen der Gemeinschaft. Eine Kritik des sozialen Radikalismus. Mit einem Nachwort von J. Fischer. Frankfurt am Main. 4. Aufl. 2013, S. 135–145.

Fohrmann, Jürgen: Abenteuer und Bürgertum. Zur Geschichte der deutschen Robinsonaden im 18. Jahrhundert. Stuttgart 1981.

Fohrmann, Jürgen: Utopie, Reflexion, Erzählung: Wielands Goldner Spiegel. In: Utopieforschung. Interdisziplinäre Studien zur neuzeitlichen Utopie. Hrsg. von Wilhelm Voßkamp. Stuttgart 1982, Bd. 3, S. 24–49.

de Foigny, Gabriel: LA TERRE AUSTRALE CONNUE: C'EST ADIRE, LA DESCRIPTION de ce pays inconnu jusqu'ici, de ses moeurs & de ses coûtumes […]. Genf 1676.

Fortunati, Vita: Utopia as a Literary Genre. In: Dictionary of Literary Utopias. Ed. by V. Fortunati and Raymond Trousson. Paris 2000, S. 634–643.

Freyermuth, Gundolf S.: Designermutanten & Echtzeitmigranten. In: Renaissance der Utopie. Hrsg. von Rudolf Maresch, Florian Rötzer. Frankfurt am Main 2004, S. 65–91.

Frye, Northrop: Spielarten der utopischen Literatur. In: Wunschtraum und Experiment. Vom Nutzen und Nachteil utopischen Denkens. Hrsg. von Frank E. Manuel. Freiburg 1970, S. 52–83.

Ganseuer, Frank: ‚Teutscher Held' und ‚Teutsche Nation'- die Ironisierung der Kaiserprophetie in der Jupiter-Episode von Grimmelshausens Simplicissimus Teutsch. In: Simpliciana 10 (1988), S. 149–177.

Garber, Klaus (Hrsg.): Europäische Bukolik und Georgik. Darmstadt 1976 (Wege der Forschung, Bd. 355).

Gasiet, Seev: Menschliche Bedürfnisse. Eine theoretische Synthese. Frankfurt am Main. New York 1981.

Gebauer, Gunter, Christoph Wulf: Spiel – Ritual – Geste. Mimetisches Handeln in der sozialen Welt. Reinbek bei Hamburg 1998.

van Gennep, Arnold: Übergangsriten. (Les rites de passage). Aus dem Französischen von Sylvia M. Schomburg-Scherff, Klaus Schomburg. Frankfurt am Main. New York. Paris 1999.

Gehlen, Arnold: Anthropologische Forschung. Reinbek bei Hamburg 1967.

Genette, Gérard: Palimpseste. Literatur auf zweiter Stufe. Aus dem Französischen von Wolfram Bayer, Dieter Hornig. Frankfurt am Main 1993.

Gersch, Hubert: Geheimpoetik. Die Continuatio des Abenteuerlichen Simplicissimi, interpretiert als Grimmelshausens verschlüsselter Kommentar zu seinem Roman. Tübingen 1973.

Gille, Klaus F. (Hrsg.): Goethes Wilhelm Meister. Zur Rezeptionsgeschichte der Lehr- und Wanderjahre. Königstein im Taunus 1979.

Goethe, Johann Wolfgang: „Faust". Texte. Hrsg. von Albrecht Schöne. Frankfurt am Main 1994 (Sämtliche Werke Bd. 7,1).

Goethe, Johann Wolfgang: „Faust". Kommentare. Hrsg. von Albrecht Schöne. Frankfurt am Main 1994 (Sämtliche Werke Bd. 7,2).

Goethe, Johann Wolfgang: Wilhelm Meisters Wanderjahre. Hrsg. von Gerhard Neumann, Hans-Georg Dewitz. Frankfurt am Main 1989 (Sämtliche Werke. Briefe, Tagebücher und Gespräche, 1. Abteilung, Bd. 10).

Goethe, Johann Wolfgang: Wilhelm Meisters theatralische Sendung. Wilhelm Meisters Lehrjahre. Unterhaltungen deutscher Ausgewanderten. Hrsg. von Wilhelm Voßkamp, Herbert Jaumann. Unter Mitwirkung von Almuth Voßkamp. Frankfurt am Main 1992. (Sämtliche Werke. Briefe, Tagebücher und Gespräche, 1. Abteilung, Bd. 9).

Goethe, Johann Wolfgang: Napoleonische Zeit. Briefe, Tagebücher und Gespräche vom 10. Mai 1805 bis 6. Juni 1816. Teil I: Von Schillers Tod bis 1811. Hrsg. von Rose Unterberger. Frankfurt am Main 1993 (Sämtliche Werke. Briefe, Tagebücher und Gespräche, 2. Abteilung, Bd. 6).

Goethe, Johann Wolfgang: Das erste Weimarer Jahrzehnt. Briefe, Tagebücher und Gespräche vom 7. November 1775 bis 2. September 1786. Hrsg. von Hartmut Reinhardt. Frankfurt am Main 1997. (Sämtliche Werke. Briefe, Tagebücher und Gespräche, 2. Abteilung, Bd. 2).

Gott, Samuel: Novae Solymae Libri Sex. London 1648.

Götz, Max: Der frühe bürgerliche Roman in Deutschland (1720–1750). Diss. Phil. München 1958 (Masch.).

Gove, Philip B.: The Imaginary Voyage in Prose Fiction. London. 2. Aufl. 1961.

Greenblatt, Stephen: Renaissance self-fashioning. From More to Shakespeare. London. 2. Aufl. 1984.

Gregory, Rosalyn, Benjamin Kohlmann: Utopian Spaces of Modernism. In: Modernism/Modernity 19 (2013), S. 793–798.

Grimm, Gunter E.: Literatur und Gelehrtentum in Deutschland. Untersuchungen zum Wandel ihres Verhältnisses vom Humanismus bis zur Frühaufklärung. Tübingen 1983.

Grimm, Gunter E., Werner Faulstich, Peter Kuon (Hrsg.): Apokalypse. Weltuntergangsvisionen in der Literatur des 20. Jahrhunderts. Frankfurt am Main 1986.

Grimm, Jacob und Wilhelm: Art.: „Vollkommen"; „Vollkommenheit", In: Deutsches Wörterbuch. Hrsg. von Ludwig Erich Schmidt. Leipzig 1854, Bd. 25, Sp. 680–689; 689–693.

von Grimmelshausen, Hans Jacob Christoffel: Simplicissimus Teutsch. Hrsg. von Dieter Breuer. Frankfurt am Main 2005 (Grimmelshausen. Werke. Bd. I).

Groeben, Norbert: Frauen – Science fiction – Utopie. Vom Ende aller Utopie(n) zur Neugeburt einer literarischen Gattung. In: Internationales Archiv für Sozialgeschichte der deutschen Literatur 19 (1994), S. 173–206.

Grohnert, Dietrich: Aufbau und Selbstzerstörung einer literarischen Utopie. Untersuchungen zu Johann Gottfried Schnabels Roman ‚Die Insel Felsenburg'. St. Ingbert 1997.

Grözinger, Karl Erich: Jüdisches Denken. Theologie – Philosophie – Mystik. Bd. 2: Von der mittelalterlichen Kabbala zum Hasidismus. Darmstadt 2005.

Gruss, Peter: Bio, Nano, Info, Neuro – ein Panopotikum. Im Gespräch mit Peter Gruss, Zellbiologe und Präsident der Max Planck-Gesellschaft. (München, 18. September 2009). In: Werden wir ewig leben? Gespräche über die Zukunft von Mensch und Technologie. Hrsg. von Tobias Hülswitt, Roman Brinzanik. Berlin 2010, S. 35–57.

Günther, Hans: Struktur als Prozeß. Studien zur Ästhetik und Literaturtheorie des tschechischen Strukturalismus. München 1973.

Gustafsson, Lars: Utopien. Essays. München 1970.

Gustafsson, Lars: Negation als Spiegel. Utopie aus epistemologischer Sicht. In Utopieforschung. Interdisziplinäre Studien zur neuzeitlichen Utopie. Hrsg. von Wilhelm Voßkamp. Stuttgart 1982, Bd. 1, S. 280–292.

Gustafsson, Lars: Tommaso Campanella: ‚Der Sonnenstaat' (1623). In: Literarische Utopien von Morus bis zur Gegenwart. Hrsg. von Klaus L. Berghahn, Hans Ulrich Seeber. Königstein im Taunus 1983, S. 44–49.

Haas, Rosemarie: Die Landschaft auf der Insel Felsenburg. In: Zeitschrift für deutsches Altertum 91 (1961/1962), S. 63–84.

Habermas, Jürgen: Theorie und Praxis. Sozialphilosophische Studien. Darmstadt. 3. Aufl. 1969.

Habermas, Jürgen: Das Konzept der Menschenwürde und die realistische Utopie der Menschenrechte. Frankfurt am Main 2011.

Hahn, Alois: Konstruktionen des Selbst, der Welt und der Geschichte. Aufsätze zur Kultursoziologie. Frankfurt am Main 2000.

Hajduk, Stefan: Die Figur des Erhabenen. Robert Musils ästhetische Transgression der Moderne. Würzburg 2000.

Haken, Johann Christian Ludwig: Bibliothek der Robinsone. In zweckmäßigen Auszügen vom Verfasser der grauen Mappe. Berlin 1805.

Haslmayr, Harald: Die Zeit ohne Eigenschaften: Geschichtsphilosophie und Moderne-Begriff im Werk Robert Musils. Wien. Köln. Weimar 1997.

Hartmann, Nicolai: Möglichkeit und Wirklichkeit. Meisenheim 1938.

Hartung, Günter: Zur epischen Oper Brechts und Weills. In: Wissenschaftliche Zeitschrift der Martin-Luther Universität Halle-Wittenberg. Gesellschaftswissenschaftliche und sprachwissenschaftliche Reihe 8 (1959), S. 659–673.

Haug, Walter: Experimenta Medietatis im Mittelalter. In: Aufklärung und Gegenaufklärung in der europäischen Literatur, Philosophie und Politik von der Antike bis zur Gegenwart. Hrsg. von Jochen Schmidt. Darmstadt 1989, S. 129–151.

Hegel, Georg Wilhelm Friedrich: Vorlesungen über die Ästhetik oder Philosophie der Kunst. In: G.W. Hegel: Werke Bd. XIV. Frankfurt am Main 1970.

Hegel, Georg Wilhelm Friedrich: Phänomenologie des Geistes. In: G.W. Hegel: Werke Bd. III. Frankfurt am Main 1970.

Heinse, Wilhelm: Ardinghello und die glücklichen Inseln. Eine Italiänische Geschichte aus dem sechzehnten Jahrhundert (1787). Kritische Studienausgabe. Hrsg. von Max L. Baeumer. Stuttgart 1975.

Hempfer, Klaus W.: Gattungstheorie. Information und Synthese. München 1973.

Hempfer, Klaus W.: Art. „Gattung". In: Reallexikon der deutschen Literaturwissenschaft. Hrsg. von Klaus Weimar et al. Berlin. New York 2003. Bd. 1, S. 651–655.

Henkel, Arthur: Entsagung. Eine Studie zu Goethes Altersromanen. Tübingen 1954.
Hermand, Jost: Orte. Irgendwo. Formen utopischen Denkens. Königstein im Taunus 1981.
Herz, Dietmar, unter Mitwirkung von Veronika Weinberger: Thomas Morus. Zur Einführung. Hamburg 1999.
Herzog, Reinhart: Überlegungen zur griechischen Utopie: Gattungsgeschichte vor dem Prototyp der Gattung? In: Utopieforschung. Interdisziplinäre Studien zur neuzeitlichen Utopie. Hrsg. von Wilhelm Voßkamp. Stuttgart 1982, Bd. 2, S. 1–20.
Herzog, Winand: Keine Experimente! Untersuchungen zu Arno Schmidt: „Die Gelehrtenrepublik". Mönchengladbach 2010.
Hess, Gerhard: Deutsch-lateinische Narrenzunft. Studien zum Verhältnis von Volkssprache und Latinität in der satirischen Literatur des 16. Jahrhunderts. München 1971.
Hexter, James H.: The Composition of Utopia. In: The Complete Works of St. Thomas More. Vol IV: Utopia. Hrsg. von Edward Surtz, James H. Hexter. New Haven. London 1965.
Heyer, Andreas: Studien zur politischen Utopie. Theoretische Reflexionen und ideengeschichtliche Annäherungen. Hamburg 2005.
Heyer, Andreas: Der Stand der aktuellen deutschen Utopieforschung. Bd. 1: Die Forschungssituation in den einzelnen akademischen Disziplinen. Hamburg 2008.
Heyer, Andreas: Der Stand der aktuellen deutschen Utopieforschung Bd. 2: Ausgewählte Forschungsfelder und die Analyse der postmodernen Utopieproduktion. Hamburg 2008.
Heyer, Andreas: Der Stand der aktuellen deutschen Utopieforschung. Bd. 3: Theoretische und methodische Ansätze der gegenwärtigen Forschung, 1996–2009. Hamburg 2010.
Hinrichs, Boy: Utopische Prosa als Längeres Gedankenspiel. Untersuchungen zu Arno Schmidts Theorie der modernen Literatur und ihrer Konkretisierung in „Schwarze Spiegel", „Die Gelehrtenrepublik" und „Kaff auch Mare Crisium". Tübingen 1986.
Hinrichs, Wolfgang: Art. „Geselligkeit, gesellig". In: Historisches Wörterbuch der Philosophie. Hrsg. von Joachim Ritter. Basel 1974, Bd. 3, Sp. 456–458.
Hölscher, Lucian: Art. „Utopie". In: Geschichtliche Grundbegriffe. Historisches Lexikon zur politisch-sozialen Sprache in Deutschland. Hrsg. von Otto Brunner et al. Stuttgart 2004, Bd. 6, S. 733–780.
Hohendahl, Peter Uwe: Zum Erzählproblem des utopischen Romans im 18. Jahrhundert. In: Gestaltungsgeschichte und Gesellschaftsgeschichte. Literatur-, kunst- und musikwissenschaftliche Studien. Hrsg. von Helmut Kreuzer in Zusammenarbeit mit Käte Hamburger. Stuttgart 1969, S. 79–114.
Hohendahl, Peter Uwe: Reform als Utopie: Die preußische Bildungspolitik 1809–1817. In: Utopieforschung. Interdisziplinäre Studien zur neuzeitlichen Utopie. Hrsg. von Wilhelm Voßkamp. Stuttgart 1982, Bd. 2, S. 250–272.
Hohendahl, Peter Uwe: Erfundene Welten. Relektüren zu Form und Zeitstruktur in Ernst Jüngers erzählender Prosa. Paderborn 2013.
Hohendahl, Peter Uwe: ‚Heliopolis. Rückblick auf eine Stadt'. In: Ernst Jünger-Handbuch. Leben – Werk – Wirkung. Hrsg. von Matthias Schöning. Stuttgart u. a. 2014, S. 174–183.
Holz, Hans Heinz: Logos spermatikos. Zur Philosophie Ernst Blochs. Frankfurt am Main 1967.
Hondrich, Karl Otto: Menschliche Bedürfnisse und soziale Steuerung. Eine Einführung in die Sozialwissenschaft. Reinbek bei Hamburg 1975.
Hondrich, Karl Otto: Soziologische Theorieansätze und ihre Relevanz für die Sozialpolitik. Der bedürfnistheoretische Ansatz. In: Soziologie und Sozialpolitik. Hrsg. von Christian von Ferber, Franz Xaver Kaufmann. Köln 1977, S. 213–231 (Kölner Zeitschrift für Soziologie und Sozialpsychologie, Beiheft 19).

Honke, Gudrun: Die Rezeption der „Utopia" im frühen 16. Jahrhundert. In: Utopieforschung. Interdisziplinäre Studien zur neuzeitlichen Utopie. Hrsg. von Wilhelm Voßkamp. Stuttgart 1982, Bd. 2, S. 168–182.
Honneth, Axel: Die Gefährdungen des Wir. Zu Risiken des ökonomischen Liberalismus. Rede zur Verleihung des Meister Eckhart Preises 2009 an der Universität zu Köln. Köln 2009.
Honold, Alexander: Die Stadt und der Krieg. Raum- und Zeitkonstruktion in Robert Musils Roman „Der Mann ohne Eigenschaften". München 1995 (Musil-Studien, Bd. 25).
Hornig, Gottfried: Perfectibilität. Eine Untersuchung zu Geschichte und Bedeutung dieses Begriffs in der deutschsprachigen Literatur. In: Archiv für Begriffsgeschichte 24 (1980), S. 221–257.
Hudde, Hinrich, Peter Kuon (Hrsg.): De l'Utopie à l'Uchronie. Formes, Significations, Fonctions. Tübingen 1988.
Hülswitt, Tobias, Roman Brinzanik (Hrsg.): Werden wir ewig leben? Gespräche über die Zukunft von Mensch und Technologie. Berlin 2010.
Hutchings, William: Structure and Design in Soviet Dystopia: H. G. Wells, Constructivism and Jevgeny Samyatin's „We". In: Journal of Modern Literature 9 (1981–1982), S. 81–102.
Huxley, Aldous: Brave New World (1932). Ausgabe hrsg. von Dieter Hamblock. Stuttgart 1992.
Iser, Wolfgang: Die Wirklichkeit der Fiktion. In: Rezeptionsästhetik. Theorie und Praxis. Hrsg. von Rainer Warning. München 1975, S. 227–324.
Iser, Wolfgang: Der Akt des Lesens. Theorie ästhetischer Wirkung. München 1976.
Iser, Wolfgang: Das Fiktive und das Imaginäre. Perspektiven literarischer Anthropologie. Frankfurt am Main 1991.
Jacobs, Jürgen: Wilhelm Meister und seine Brüder. Untersuchungen zum deutschen Bildungsroman. München 1972.
Jacobs, Jürgen: Art. „Schelmenroman". In: Reallexikon der deutschen Literaturwissenschaft. Hrsg. von Klaus Weimar et al. Berlin. New York 2003, Bd. 3, S. 371–374.
Jaeger, C. Stephen: Grimmelshausen's Jupiter and the Figure of the Learned Madman in the 17th Century. In: Simpliciana 3 (1981), S. 39–64.
Jaeschke, Walter: Schleiermacher als politischer Denker. In: Christentum – Staat – Kultur. Akten des Kongresses der Internationalen Schleiermacher-Gesellschaft in Berlin, März 2006. Hrsg. von Andreas Arndt, Ulrich Barth, Wilhelm Gräb. Berlin. New York 2008, S. 301–315 (Schleiermacher-Archiv, Bd. 22).
Jameson, Frederic: Die Ontologie des Noch-Nicht-Seins im Übergang zum allegorisch-symbolischen Antizipieren: Kunst als Organon kritisch-utopischer Philosophie. In: Materialien zu Ernst Blochs „Prinzip Hoffnung". Hrsg. und eingeleitet von Burghart Schmidt. Frankfurt am Main 1978, S. 403–439.
Jameson, Frederic: World-Reduction in LeGuin: The Emergence of Utopian Narrative. In: Science Fiction Studies 2 (1985), S. 221–230.
Janz, Rolf-Peter: Zum sozialen Gehalt der „Lehrjahre". In: Literaturwissenschaft und Geschichtsphilosophie. Festschrift für Wilhelm Emrich. Hrsg. von Helmut Arntzen u. a. Berlin 1975, S. 320–340.
Jaumann, Herbert: Kommentar zu Christoph Martin Wieland: Der Goldne Spiegel und andere politische Dichtungen. Hrsg. von Herbert Jaumann. München 1979, S. 724–790.
Jauß, Hans Robert, Erich Köhler (Hrsg.): Theorie der Gattungen und Literatur des Mittelalters. Heidelberg 1973.
Jauß, Hans Robert: Versuche im Feld der ästhetischen Erfahrung. München 1977.
Jean Paul: Vorschule der Ästhetik. Hrsg. von Norbert Miller. München 1963.

Jolles, André: Einfache Formen. Legende, Sage, Mythe, Rätsel, Spruch, Kasus, Memorabile, Märchen, Witz. Halle an der Saale 1930.
Jones, Michael: Expressionism and Philosophical Aesthetics: Bloch's Geist der Utopie. In: Expressionism Reconsidered. Relationships and Affinities. Hrsg. von Gertrud Bauer Pickar, Karl Eugene Webb. München 1979 (Houston German Studies, Vol. 1), S. 74–79.
Jordheim, Helge: Der Staatsroman im Werk Wielands und Jean Pauls. Gattungsverhandlungen zwischen Poetologie und Politik. Tübingen 2007 (Communicatio, Bd. 38).
Jünger, Ernst: Heliopolis. Rückblick auf eine Stadt. Tübingen 1949.
Jürgensen, Christoph: „Der Rahmen arbeitet". Paratextuelle Strategien der Lektürelenkung im Werk Arno Schmidts. Göttingen 2007.
Jütte, Daniel: Das Zeitalter des Geheimnisses. Juden, Christen und die Ökonomie des Geheimen (1400–1800). Göttingen 2011.
Kablitz, Andreas: Kunst des Möglichen: Theorie der Literatur. Freiburg 2012.
Kalivoda, Robert: Emanzipation und Utopie. In: Utopieforschung. Interdisziplinäre Studien zur neuzeitlichen Utopie. Hrsg. von Wilhelm Voßkamp. Stuttgart 1982, Bd. 1, S. 304–324.
Kalmbach, Gabriele: Der Dialog im Spannungsfeld von Schriftlichkeit und Mündlichkeit. Tübingen 1996.
Kant, Immanuel: Was ist Aufklärung? Hrsg. von Wilhelm Weischedel. Frankfurt am Main 1974, S. 53–61 (Werke, Bd. 9).
Keller, Werner: Faust. Eine Tragödie. In: Goethes Dramen. Neue Interpretationen. Hrsg. von Walter Hinderer. Stuttgart 1980, S. 244–280.
Kellner, Beate, Jan Dirk Müller et al. (Hrsg.): Erzählen und Episteme. Literatur im 16. Jahrhundert. Berlin 2001.
Kiesel, Helmuth: Ernst Jünger. Die Biographie. München 2007.
Kinna, Ruth: William Morris: The Art of Socialism. Cardiff 2000.
Kittler, Friedrich A.: Über die Sozialisation Wilhelm Meisters. In: Dichtung als Sozialisationsspiel. Studien zu Goethe und Gottfried Keller. Hrsg. von Gerhard Kaiser, Friedrich A. Kittler. Göttingen 1978, S. 13–124.
Klarer, Mario: Frau und Utopie. Feministische Literaturtheorie und utopischer Diskurs im anglo-amerikanischen Roman. Darmstadt 1993.
Kleinschmidt, Erich: Neuzeit und Endzeit. Zur mentalen Konfiguration von Apokalypse und Utopie. In: Wege in die Neuzeit. Hrsg. von Thomas Cramer. München 1988, S. 287–300.
Klingenberg, Anneliese: Goethes Roman „Wilhelm Meisters Wanderjahre oder Die Entsagenden". Quellen und Komposition. Berlin. Weimar 1972.
Klopstock, Friedrich Gottlieb: Die deutsche Gelehrtenrepublik, ihre Einrichtung, ihre Gesetze. Geschichte des letzten Landtags. Auf Befehl der Aldermänner durch Salogast und Wlemar (1774). In: ders.: Ausgewählte Werke. Hrsg. von Karl August Schleiden. Nachwort von Friedrich Georg Jünger. München 1962, S. 875–929.
Knopf, Jan: Frühzeit des Bürgers. Erfahrene und verleugnete Realität in den Romanen Wickrams, Grimmelshausens, Schnabels. Stuttgart 1978.
Knopf, Jan: Aufstieg und Fall der Stadt Mahagonny. In: Brecht-Handbuch in 5 Bde. Bd. I: Stücke. Hrsg. von Jan Knopf. Stuttgart. Weimar 2001, S. 178–197.
Köhler, Erich: Wandlungen Arkadiens: Die Marcela-Episode des ‚Don Quijote' (I, 11–14). In: Europäische Bukolik und Georgik. Hrsg. von Klaus Garber. Darmstadt 1976, S. 202–230 (Wege der Forschung, Bd. 355).
Köhler, Erich: Gattungssystem und Gesellschaftssystem. In: Romanistische Zeitschrift für Literaturgeschichte 1 (1977), S. 7–21.

Kommerell, Max: Geist und Buchstabe der Dichtung. Goethe, Kleist, Hölderlin. Frankfurt am Main 1940.

König, René: Art. „Institution". In: Fischer Lexikon Soziologie. Hrsg. von René König. Frankfurt am Main 1967, S. 142–148.

Koschorke, Albrecht: Wahrheit und Erfindung. Grundzüge einer Allgemeinen Erzähltheorie. Frankfurt am Main 2012.

Koselleck, Reinhart: Kritik und Krise. Eine Studie zur Pathogenese der bürgerlichen Welt. Frankfurt am Main 1973 (zuerst 1959).

Koselleck, Reinhart: Art. „Geschichte, Historie". In: Geschichtliche Grundbegriffe. Historisches Lexikon zur politisch-sozialen Sprache in Deutschland. Hrsg. von Otto Brunner et al. Stuttgart 2004, Bd. 2, S. 593–717.

Koselleck, Reinhart: Art. „Fortschritt". In: Geschichtliche Grundbegriffe. Historisches Lexikon zur politisch-sozialen Sprache in Deutschland. Hrsg. von Otto Brunner et al. Stuttgart 2004, Bd. 2, S. 351–423.

Koselleck, Reinhart: Einleitung – Zur anthropologischen und semantischen Struktur der Bildung. In: Bildungsbürgertum im 19. Jahrhundert. Teil 2: Bildungsgüter und Bildungswissen. Hrsg. von Reinhart Koselleck. Stuttgart 1990, S. 11–46.

Kowalke, Kim H.: Kurt Weill in Europe. Ann Arbor 1979 (Studies in Musicology 14).

Krah, Hans: Die Apokalypse als literarische Technik. Ernst Jünger, ‚Heliopolis' (1949) im Schnittpunkt denk- und diskursgeschichtlicher Paradigmen. In: Ernst Jünger. Politik – Mythos – Kunst. Hrsg. von Lutz Hagestedt. Berlin. New York 2004, S. 225–251.

Kramm, Heinrich: Besitzschichten und Bildungsschichten der mitteldeutschen Städte im 16. Jahrhundert. In: Vierteljahrsschrift für Wirtschaftsgeschichte 51 (1964), S. 454–491.

Krohn, Wolfgang: Francis Bacon. Einleitung zum „Neuen Organon". Hamburg 1960.

Krohn, Wolfgang: Von einer ‚neuen Wissenschaft' zu einer ‚neuen Gesellschaft'. In: W. Krohn: Francis Bacon. München 1987, S. 156–172.

Krüger, Oliver: Virtualität und Unsterblichkeit. Die Visionen des Posthumanismus. Freiburg i. Br. 2004.

Kühlmann, Wilhelm: Gelehrtenrepublik und Fürstenstaat. Entwicklung und Kritik des deutschen Späthumanismus in der Literatur des Barockzeitalters. Tübingen 1982.

Kümmel, Albert: Das MoE-Programm. Eine Studie über geistige Organisation. München 2001 (Musil-Studienband 29).

Kuhl, Curt, Günther Bornkamm: Formen und Gattungen. In: Die Religion in Geschichte und Gegenwart. Hrsg. von Kurt Galling. Tübingen 1958. Bd. 2, Sp. 996–1005.

Kuon, Peter: Utopischer Entwurf und fiktionale Vermittlung. Studien zum Gattungswandel der literarischen Utopie zwischen Humanismus und Frühaufklärung. Heidelberg 1986.

Kurzke, Hermann: Die Demut des Aufklärers. ‚Der redliche Mann am Hofe' von Johann Michael von Loën. In: Text & Kontext 13.3 (1985), S. 233–243.

Kytzler, Bernhard: Utopisches Denken und Handeln in der Klassischen Antike. In: Der utopische Roman. Hrsg. von Rudolf Villgrater, Friedrich Krey. Darmstadt 1973, S. 45–68.

Landmann, Michael: Messianische Metaphysik. Bonn 1982.

Lange, Victor: Faust. Der Tragödie zweiter Teil. In: Goethes Dramen. Neue Interpretationen. Hrsg. von Walter Hinderer. Stuttgart 1980, S. 281–312.

Laube, Adolf, Hans Werner Seiffert (Hrsg.): Flugschriften der Bauernkriegszeit. Berlin 1975.

Lech-Anspach, Gabriele: Jevgenij Zamjatin. Häretiker im Namen des Menschen. Wiesbaden 1976.

Lefèvre, Joël: Das Utopische in Grimmelshausens ‚Simplicissimus'. Ein Vortrag. In: Daphnis 7 (1978), S. 267–285.
Le Guin, Ursula K.: The Dispossessed. Deutsche Übersetzung: Planet der Habenichtse von Gisela Stege. Science Fiction-Roman. München 1976.
Lem, Stanislaw: Sterntagebücher. Frankfurt am Main 1988.
Lem, Stanislaw: Der futurologische Kongreß. Frankfurt am Main 1994.
Lemke, Anja, Alexander Weinstock: Einleitung. In: Kunst und Arbeit. Zum Verhältnis von Ästhetik und Arbeitsanthropologie vom 18. Jahrhundert bis zur Gegenwart. Hrsg. von Anja Lemke, Alexander Weinstock unter redaktioneller Mitarbeit von Sabine Geicht, Julia Martel. München 2014, S. 9–22.
Lenk, Werner: ‚Ketzer'-Lehren und Kampfprogramme. Ideologieentwicklung im Zeichen der frühbürgerlichen Revolution. Berlin 1976.
Leslie, Marina: Renaissance Utopias and the Problem of History. Ithaca 1998.
Leucht, Robert, Susanne Reichlin: „Ein Gleichgewicht ohne festen Widerhalt, für das wir noch keine rechte Beschreibung gefunden haben." Robert Musils ‚anderer Zustand' als Ort der Wissensübertragung. In: Medien, Technik, Wissenschaft. Wissensübertragung bei Robert Musil und seiner Zeit. Hrsg. von Ulrich Johannes Beil, Michael Gamper, Karl Wagner. Zürich 2011, S. 289–322.
Levitas, Ruth: The Concept of Utopia. New York. London. Toronto 1990.
Lichtenstein, Ernst: Zur Entwicklung des Bildungsbegriffs von Meister Eckhart bis Hegel. Heidelberg 1966.
Liebknecht, Wilhelm (Hrsg.): Kunde von Nirgendwo. Ein utopischer Roman. Von William Morris. Stuttgart 1900.
Lipp, Wolfgang: Art. „Institution". In: Evangelisches Staatslexikon. Hrsg. von Werner Heun et al. Stuttgart. 2. Aufl. 1975, S. 1011–1018.
Liska, Vivian: Fremde Gemeinschaft. Deutsch-jüdische Literatur der Moderne. Göttingen 2011.
von Loën, Johann Michael: Der Redliche Mann am Hofe. Oder die Begebenheiten Des Grafens von Rivera [...]. Frankfurt am Main 1742. Faksimiledruck. Mit einem Nachwort von Karl Reichert. Stuttgart 1966 (Deutsche Neudrucke. Reihe Texte des 18. Jahrhunderts).
Löwe, Matthias: Idealstaat und Anthropologie. Problemgeschichte der literarischen Utopie im späten 18. Jahrhundert. Berlin. Boston 2012 (Communicatio 44).
Löwy, Michael: Jewish Messianism and Libertarian Utopia in Central Europe (1900–1933). In: New German Critique 20 (1980), S. 105–115.
Luhmann, Niklas: Soziologische Aufklärung. Bd. 1: Aufsätze zur Theorie sozialer Systeme. Opladen 1972.
Luhmann, Niklas: Soziologische Aufklärung. Bd. 2: Aufsätze zur Theorie der Gesellschaft. Opladen 1975.
Luhmann, Niklas. Über die Funktion der Negation in sinnkonstituierenden Systemen. In: Positionen der Negativität. Hrsg. von Harald Weinrich. München 1975, S. 201–218.
Luhmann, Niklas: Funktion der Religion. Frankfurt am Main 1977.
Luhmann, Niklas: Identitätsgebrauch in selbstsubstitutiven Ordnungen, besonders Gesellschaften. In: Identität. Hrsg. von Odo Marquard, Karl Heinz Stierle. München 1979, S. 315–345 (Poetik und Hermeneutik, Bd. 8).
Luhmann, Niklas: Gesellschaftsstruktur und Semantik. Bd. 1: Studien zur Wissenssoziologie der modernen Gesellschaft. Opladen 1980.
Luhmann, Niklas: Soziale Systeme. Grundriss einer allgemeinen Theorie. Frankfurt am Main 1984.

Luhmann, Niklas: Die Beschreibung der Zukunft. In: N. Luhmann: Beobachtungen der Moderne. Opladen 1992, S. 129–147.
Luhmann, Niklas: Kapitalismus und Utopie. In: MERKUR 48 (1994), S. 189–198.
Luhmann, Niklas: Die Gesellschaft der Gesellschaft. Frankfurt am Main 1997.
Luserke, Matthias: Robert Musil. Stuttgart. Weimar 1995.
Mähl, Hans-Joachim: Der poetische Staat. Utopie und Utopiereflexion bei den frühen Romantikern. In: Utopieforschung. Interdisziplinäre Studien zur neuzeitlichen Utopie. Hrsg. von Wilhelm Voßkamp. Stuttgart 1982, Bd. 3, S. 273–302.
Maier-Solgk, Frank: Sinn für Geschichte. Ästhetische Subjektivität und historiologische Reflexion bei Robert Musil. München 1992.
Malinowski, Bronislaw: Eine wissenschaftliche Theorie der Kultur. Frankfurt am Main 1975.
Mandelkow, Karl Robert (Hrsg.): Goethes Briefe. Unter Mitarbeit von Bodo Morawe. Hamburg 1967.
Mandelkow, Karl Robert (Hrsg.): Goethe im Urteil seiner Kritiker. Bd. I: 1773–1832. München 1975; Bd. II: 1832–1870. München 1977; Bd. III: 1870–1918. München 1979.
Mann, Thomas: Der Entwicklungsroman. In: Romantheorie. Dokumentation ihrer Geschichte in Deutschland seit 1880. Hrsg. von Eberhard Lämmert u. a. Köln 1975, S. 116–117.
Mannheim, Karl: Ideologie und Utopie. Frankfurt am Main 1978 (zuerst 1929).
Manuel, Frank E. und Fritzie P.: The Utopian Thought in the Western World. Cambridge, Mass. 1979.
Maresch, Rudolf, Florian Rötzer (Hrsg.): Renaissance der Utopie. Zukunftsfiguren des 21. Jahrhunderts. Frankfurt am Main 2004.
Marsch, Wolf-Dieter: Nach-idealistische Erneuerung von Teleologie. Bloch: Der homo absconditus auf der Suche nach Identität. In: Materialien zu Ernst Blochs „Prinzip Hoffnung". Hrsg. und eingeleitet von Burghart Schmidt. Frankfurt am Main 1978, S. 493–502.
Martini, Fritz: Der Bildungsroman. Zur Geschichte des Wortes und der Theorie. In: Deutsche Vierteljahrsschrift für Literaturwissenschaft und Geistesgeschichte 35 (1961), S. 44–63.
Martino, Alberto: Die Rezeption des ‚Lazarillo de Tormes' im deutschen Sprachraum (1555/62–1750). In: Daphnis 26 (1997), S. 301–399.
Martus, Steffen: Der Krieg der Poesie. Ernst Jüngers „Manie der Bearbeitungen und Fassungen" im Kontext der „totalen Mobilmachung". In: Jahrbuch der Schiller-Gesellschaft 44 (2000), S. 212–234.
Martus, Steffen: Ernst Jünger. Stuttgart. Weimar 2001.
Mayer, Hans: Musik als Luft von anderem Planeten. Ernst Blochs „Philosophie der Musik" und Ferruccio Busonis „Neue Ästhetik der Tonkunst." In: Materialien zu Ernst Blochs „Prinzip Hoffnung". Hrsg. und eingeleitet von Burghart Schmidt. Frankfurt am Main 1978, S. 464–472.
McInnes, Edward: Zwischen „Wilhelm Meister" und „Die Ritter vom Geist": Zur Auseinandersetzung zwischen Bildungsroman und Sozialroman im 19. Jahrhundert. In: Deutsche Vierteljahrsschrift für Literaturwissenschaft und Geistesgeschichte 43 (1969), S. 487–514.
Meckel, Miriam: NEXT. Erinnerungen an eine Zukunft ohne uns. Reinbek bei Hamburg 2011.
Meerse, Peggy Currey: The Ideal of Order and the Process of Experience in More's UTOPIA. Diss. Phil. University of Illinois at Urbana-Champaign 1972.

Meid, Volker: Utopie und Satire in Grimmelshausens ‚Simplicissimus'. In: Utopieforschung. Interdisziplinäre Studien zur neuzeitlichen Utopie. Hrsg. von Wilhelm Voßkamp. Stuttgart 1982, Bd. 2, S. 249–265.
Meid, Volker: Grimmelshausen. Epoche – Werk – Wirkung. München 1984.
Meier, Paul: William Morris. The Marxist Dreamer. Sussex 1978.
Mendes-Flohr, Paul: German Jews. A Dual Identity. New Haven. London 1999.
Mercier, Louis-Sébastien: L'an deux mille quatre cent quarante. Rêve s'il en fut jamais. Edition Introduction et Notes par Raymond Trousson. Bordeaux 1971 (Erstausgabe 1771).
Mercier, Louis-Sébastien: Das Jahr 2440. Ein Traum aller Träume. Aus dem Französischen übertragen von Christian Felix Weiße. Hrsg. mit Erläuterungen und einem Nachwort von Herbert Jaumann. Frankfurt am Main 1989.
Metscher, Thomas: Faust und die Ökonomie. Ein literarhistorischer Essay. In: Vom Faustus bis Karl Valentin: Der Bürger in Geschichte und Literatur. Berlin 1976, S. 28–155 (Argument-Sonderband 3).
Meyer, Daniel: Le Roman Utopique de Langue Allemande: 1918–1949, Thèse. Paris 2003.
Meyer, Martin: Ernst Jünger. München 2007.
Milfull, John: From Baal to Keuner. The „Second Optimism" of Bertolt Brecht. Frankfurt am Main 1974.
Moltmann, Jürgen: Die Apokalyptik im Messianismus. In: Materialien zu Ernst Blochs „Prinzip Hoffnung". Hrsg. und eingeleitet von Burghart Schmidt. Frankfurt am Main 1978, S. 482–493.
Morris, William: Neues aus Nirgendland. Ein Zukunftsroman von William Morris. Einzig autorisierte Ausgabe aus dem Englischen übersetzt von Paul Seliger. Leipzig 1900.
Morris, William: Art and Socialism: Lecture delivered for the Secular Society of Leicester, 23rd January 1884. In: The Collected Works of William Morris with Introductions by his Daughter May Morris. Vol. XXII, Signs of Change. Lectures on Socialism. London. New York 1915, S. 192–204.
Morris, William: News from Nowhere and Selected Writings and Designs. Hrsg. von Ada Briggs mit einer Ergänzung von Graeme Shankland zu William Morris. Middlesex 1962.
Morris, William: Kunde von Nirgendwo. Eine Utopie der vollendeten kommunistischen Gesellschaft und Kultur aus dem Jahre 1890. Mit einem Vorwort von Wilhelm Liebknecht. Neu hrsg. von Gert Selle. Reutlingen. 2. Aufl. 1981.
Morris, William: News from Nowhere or An Epoch of Rest. Hrsg. und mit einer Einleitung und Anmerkungen von David Leopold. Oxford 2003.
Morus, Thomas: Libellus vere aureus nec MINUS SALUTARIS QUAM FESTI=uus de optimo reip. statu, deq nova Insula Utopia [...] Löwen 1516.
Morus, Thomas: Utopia. In: Der utopische Staat. Hrsg. von Klaus J. Heinisch. Reinbek bei Hamburg 1960, S. 7–110.
Morus, Thomas: Utopia. Hrsg. Von Louis Martz Lohr. New Haven u. a. 1965 (The Complete Works of St. Thomas More, Bd. 4).
Morus, Thomas: Von der wunderbaren Insel Utopia. Hrsg. von Heiner Höfener. Hildesheim 1980.
Morus, Thomas: Utopia e Renascimento. No. 5. Hrsg. von Carlos Eduardo Ornelas Berriel. Campinas 2008 (Dossier: Utopia, Reforma e Contra-Reforma).
Mukařovský, Jan: Studien zur strukturalistischen Ästhetik und Poetik. München 1974.
Mülder-Bach, Inka: Robert Musil. Der Mann ohne Eigenschaften. Ein Versuch über den Roman. München 2013.

Müller, Götz: Gegenwelten. Die Utopie in der deutschen Literatur. Stuttgart 1989.
Müller, Günther: Gestaltung – Umgestaltung in Wilhelm Meisters Lehrjahren. Halle an der Saale 1948.
Müller, Jan-Dirk: Gedechtnus. Literatur und Hofgesellschaft um Maximilian I. München 1982.
Müller, Joachim: Die tragische Aktion. Zum Geschehen im 5. Akt von Faust II bis zum Tode Fausts. In: Goethe Jahrbuch 94 (1977), S. 188–205.
Müller, Johann Baptist: Art. „Bedürfnis." In: Geschichtliche Grundbegriffe. Historisches Lexikon zur politisch-sozialen Sprache in Deutschland. Hrsg. von Otto Brunner et al. Stuttgart 2004, Bd. 2, S. 440–489.
Müller, Klaus-Detlef: Utopische Intention und Kritik der Utopien bei Brecht. In: Literatur ist Utopie. Hrsg. von Gert Ueding. Frankfurt am Main 1978, S. 335–366.
Müller, Klaus-Detlef: Lenardos Tagebuch. Zum Romanbegriff in Goethes „Wilhelm Meisters Wanderjahre". In: Deutsche Vierteljahrsschrift für Literaturwissenschaft und Geistesgeschichte 53 (1979), S. 275–299.
Mulsow, Martin: Prekäres Wissen. Frankfurt am Main 2012.
Münch, Paul: Haus und Regiment – Überlegungen zum Einfluß der alteuropäischen Ökonomie auf die fürstliche Regierungstheorie und -praxis während der frühen Neuzeit. In: Europäische Hofkultur im 16. und 17. Jahrhundert. Hrsg. von August Buck, Georg Kauffmann, Blake Lee Spahr, Conrad Wiedemann. Hamburg 1981, Bd. 2, S. 205–210 (Wolfenbütteler Arbeiten zur Barockforschung, Bd. 9).
Münster, Arno: Utopie, Messianismus und Apokalypse im Frühwerk von Ernst Bloch. Frankfurt am Main 1982.
Münzenberger, Hermann: Beleuchtung des Romans oder Was ist der Roman? Was ist er geworden und Was kann er werden? Straßburg 1825.
Münz-Koenen, Inge: Kommunikationsform Utopie. In: Kommunikationsformen als Lebensformen. Hrsg. von K. Ludwig Pfeiffer, Michael Walter. München 1990, S. 261–289.
Murray Walker, Jeanne: Totalitarian and Liminal Societies in Zamjatyn's „We". In: Mosaic 20 (1987), S. 113–127.
Musil, Robert: Prosa und Stücke. Bd. 2. Reinbek bei Hamburg 1978.
Musil, Robert: Tagebücher. 2 Bde. Reinbek bei Hamburg 1983.
Musil, Robert: Der Mann ohne Eigenschaften. I: Erstes und Zweites Buch. Hrsg. von Adolf Frisé; II: Aus dem Nachlass hrsg. von Adolf Frisé. Reinbek bei Hamburg 1987.
Nate, Richard: Utopie der Wissenschaft/Utopie der Literatur. In: Mimesis: Studien zur literarischen Repräsentation. Hrsg. von Bernhard F. Scholz. Tübingen. Basel 1998, S. 215–228.
Naumann, Dietrich: Politik und Moral. Studien zur Utopie der deutschen Aufklärung. Heidelberg 1977.
Negt, Oskar: Nur noch Utopien sind realistisch. Göttingen 2011.
Nerlich, Michael: Plädoyer für Lazaro: Bemerkungen zu einer Gattung. In: Romanische Forschungen 80 (1961), S. 354–394.
Neugebauer-Wölk, Monika: Esoterische Bünde und bürgerliche Gesellschaft. Entwicklungslinien zur modernen Welt im Geheimbundwesen des 18. Jahrhunderts. Göttingen 1993.
Neumann, Gerhard: Wissen und Liebe. Der auratische Augenblick im Werk Goethes. In: Augenblick und Zeitpunkt. Studien zur Zeitstruktur und Zeitmetaphorik in Kunst und Wissenschaften. Hrsg. von Christian W. Thomsen, Hans Holländer. Darmstadt 1984, S. 282–305.

Neumann, Gerhard: Begriff und Funktion des Rituals im Feld der Literaturwissenschaften. In: Lesbarkeit der Kultur. Literaturwissenschaften zwischen Kulturtechnik und Ethnographie. Hrsg. von Gerhard Neumann, Sigrid Weigel. München 2000, S. 19–52.

Neuschäfer, Hans-Jörg: Boccaccio und der Beginn der Novelle. Strukturen der Kurzerzählung auf der Schwelle zwischen Mittelalter und Neuzeit. München 1969.

Nies, Fritz: Das Ärgernis ‚Historiette'. Für eine Semiotik der literarischen Gattungen. In: Zeitschrift für Romanische Philologie 89 (1973), S. 421–439.

Nipperdey, Thomas: Die Funktion der Utopie im politischen Denken der Neuzeit. In: Archiv für Kulturgeschichte 44 (1962), S. 357–378.

Nipperdey, Thomas: Die UTOPIA des Thomas Morus und der Beginn der Neuzeit. In: T. Nipperdey: Reformation, Revolution, Utopie. Studien zum 16. Jahrhundert. Göttingen 1975, S. 113–146.

Novalis: Schriften. Hrsg. von Richard Samuel in Zusammenarbeit mit Hans-Joachim Mähl, Gerhard Schulz. Stuttgart 1965–68.

Obersdorfer, Bernd: Geselligkeit und Realisierung von Sittlichkeit. Die Theorieentwicklung Friedrich Schleiermachers bis 1799. Berlin. NewYork 1995.

Øhrgaard, Peer: Die Genesung des Narzissus. Eine Studie zu Goethe: „Wilhelm Meisters Lehrjahre". Kopenhagen 1978.

Pape, Ingetrud: Von den „möglichen Welten" zur „Welt des Möglichen". Leibniz im modernen Verständnis. In: Studia Leibnitiana Supplementa. Bd. I. Wiesbaden 1968, S. 266–287 (Akten des internationalen Leibnizkongresses Hannover 14.-19.11.1966).

Pache, Walter: Profit and Delight. Didaktik und Fiktion als Problem des Erzählens. Dargestellt am Beispiel des Romanwerks von Daniel Defoe. Heidelberg 1980.

Parsons, Talcott: Das System moderner Gesellschaften. München 1972.

Petersen, Julius: Grimmelshausens „Teutscher Held". In: Euphorion. Zeitschrift für Literaturgeschichte 17 (1924); Ergänzungsheft, S. 1–30.

Pevsner, Nikolaus: Wegbereiter moderner Formgebung. Von Morris bis Gropius. Hamburg 1949.

Pfeiffer, K. Ludwig: Apocalypse: Is it Now or Never – Wie und zu welchem Ende geht die Welt so oft unter? In: Sprache im technischen Zeitalter 81 (1982), S. 181–196.

Pfeiffer, K. Ludwig: Wahrheit und Herrschaft. Zum systematischen Problem in Bacons New Atlantis. In: Literarische Utopien von Morus bis zur Gegenwart. Hrsg. von Klaus L. Berghahn, Hans Ulrich Seeber. Königstein im Taunus 1983, S. 50–58.

Platvoet, Jan, Karol van der Toorn (Hrsg): Pluralism and Identity. Studies in Ritual Behaviour. Leiden. New York. Köln 1995.

Plessner, Helmuth: Die Stufen des Organischen und der Mensch. Einleitung in die philosophische Anthropologie. Berlin. New York. 3. Aufl. 1975.

Pütz, Peter: Robert Musil. In: Deutsche Dichter des 20. Jahrhunderts. Hrsg. von Hartmut Steinecke. Berlin 1994, S. 233–252.

Rabelais, François: Gargantua und Pantagruel. Aus dem Französischen verdeutscht durch Gottlob Regis. 2 Bde. Leipzig 1832–1841. Ausg. 2 Bde. München 1964.

Raether, Martin: Probleme literarischer Gattungen (Zu Mario Fubini, Entstehung und Geschichte der literarischen Gattungen). In: Zeitschrift für Romanische Philologie 89 (1973), S. 468–476.

Rawls, John: Gerechtigkeit als Fairness. Ein Neuentwurf. Hrsg. von Erin Kelly. Frankfurt am Main 2002.

Reckwitz, Erhard: Die Robinsonade. Themen und Formen einer literarischen Gattung. Amsterdam 1976.

Rehberg, Karl Siegbert: Eine Grundlagentheorie der Institutionen: Arnold Gehlen. Mit systematischen Schlussforderungen für eine kritische Institutionentheorie. In: Die Rationalität politischer Institutionen. Interdisziplinäre Perspektiven. Hrsg. von Gerhard Köhler, Kurt Lenk, Rainer Schmalz-Bruns. Baden-Baden 1990, S. 115–144.

Rehberg, Karl Siegbert: Weltrepräsentanz und Verkörperung. Institutionelle Analyse und Symboltheorien. Eine Einführung in systematischer Absicht. In: Institutionalität und Symbolisierung. Verfestigung kultureller Ordnungsmuster in Vergangenheit und Gegenwart. Hrsg. von Gert Melville. Köln. Weimar. Wien 2001, S. 3–49.

Riedel, Manfred: Art. „Gesellschaft, Gemeinschaft". In: Geschichtliche Grundbegriffe. Historisches Lexikon zur politisch-sozialen Sprache in Deutschland. Hrsg. von Otto Brunner et al. Stuttgart 2004, Bd. 2, S. 801–862.

Roberts, David: „Menschheitsdämmerung": Ideologie, Utopie, Eschatologie. In: Expressionismus und Kulturkrise. Hrsg. von Bernd Hüppauf. Heidelberg 1983, S. 85–103.

Roemer, Kenneth M.: „Looking Backward". Popularität, Einfluß und vertraute Entfremdung. In: Literarische Utopien von Morus bis zur Gegenwart. Hrsg. von Klaus L. Berghahn, Hans Ulrich Seeber. Königstein im Taunus 1983, S. 146–162.

Rorty, Richard: Kontingenz, Ironie und Solidarität. Frankfurt am Main 1992.

Roussel, Martin: Möglichkeitsdenken. Utopie, Dystopie und Lektüre in Robert Musils „Der Mann ohne Eigenschaften". In: Möglichkeitsdenken. Utopie und Dystopie in der Gegenwart. Hrsg. von Wilhelm Voßkamp, Günter Blamberger, Martin Roussel. München 2013, S. 157–182.

Ruyer, Raymond: Die utopische Methode. In: Utopie. Begriff und Phänomen des Utopischen. Hrsg. von Arnhelm Neusüss. Neuwied. Berlin 1968, S. 339–360.

Ruyer, Raymond: Utopien in der ersten Hälfte des 19. Jahrhunderts. In: Der utopische Roman. Hrsg. von Rudolf Villgradter, Friedrich Krey. Darmstadt 1973, S. 231–240.

Saage, Richard: Utopische Profile, Bde. I-IV. Münster 2001, 2002, 2003.

Saage, Richard: Utopie heute. Zur aktuellen Bedeutung, Funktion und Kritik des utopischen Denkens und Vorstellens. Hrsg. von Beat Sitter-Liver, 2 Bde. Stuttgart 2007.

Sagmo, Ivar: Bildungsroman und Geschichtsphilosophie. Eine Studie zu Goethes Roman „Wilhelm Meisters Lehrjahre". Diss.phil. Tromsö 1979 [Masch.].

Salins, Marshall David, Elman Rover Service (Hrsg.): Evolution and Culture. Ann Arbor. 5. Aufl. 1968.

Samjatin, Jewgenij: „Wir" (1920/21), aus dem Russischen übertragen von Gisela Drohla, Nachwort von Ilmar Rakusa. Zürich 1977.

Sargent, Lyman Tower, Roland Schaer (Hrsg.): Utopie. La Quête de la societé à Occident. Paris 2000.

Scheffler, Israel: Symbolic Worlds. Art, Science, Language, Ritual. Cambridge 1997.

Scheffler, Leonore: Jevgenij Zamjatin. Sein Weltbild und seine literarische Thematik. Köln. Wien 1984.

von Scheliha, Arnulf: Religion, Gemeinschaft und Politik bei Schleiermacher. In: Christentum – Staat – Kultur. Akten des Kongresses der Internationalen Schleiermacher-Gesellschaft in Berlin, März 2006. Hrsg. von Andreas Arndt, Ulrich Barth, Wilhelm Gräb. Berlin. New York 2008, S. 317–336 (Schleiermacher-Archiv. Bd. 22).

Schelsky, Helmut: Über die Stabilität von Institutionen, besonders Verfassungen. Kulturanthropologische Gedanken zu einem rechtssoziologischen Thema. In: Institution und Recht. Hrsg. von Roman Schnur. Darmstadt 1968.

Schelsky, Helmut: Zur Theorie der Institution. Düsseldorf 1970.

Schings, Hans-Jürgen: Der Staatsroman im Zeitalter der Aufklärung. In: Handbuch des deutschen Romans. Hrsg. von Helmut Koopmann. Düsseldorf 1983, S. 151–169.

Schiller, Friedrich: Über die ästhetische Erziehung des Menschen in einer Reihe von Briefen. In: F. Schiller: Erzählungen / Theoretische Schriften. Hrsg. von Gerhard Fricke, Hans G. Göpfert. München. 3. Aufl. 1962, S. 570–669 (Sämtliche Werke, Bd. 5).

Schiller, Friedrich: Über naive und sentimentalische Dichtung. In: F. Schiller: Erzählungen / Theoretische Schriften. Hrsg. von Gerhard Fricke, Hans G. Göpfert. München. 3. Aufl. 1962, S. 694–780 (Sämtliche Werke, Bd. 5.)

Schilling, Hans: Bildung als Gottesbildlichkeit. Eine motivgeschichtliche Studie zum Bildungsbegriff. Freiburg im Breisgau 1961.

Schlaffer, Heinz: Fausts Ende. Zur Revision von Thomas Metschers ‚Teleologie der Faust-Dichtung'. In: Argument 99 (1976), S. 772–779.

Schlaffer, Heinz: Exoterik und Esoterik in Goethes Romanen. In: Goethe-Jahrbuch 95 (1978), S. 212–226.

Schlaeger, Jürgen: Die Robinsonade als frühbürgerliche ‚Eutopia'. In: Utopieforschung. Interdisziplinäre Studien zur neuzeitlichen Utopie. Hrsg. von Wilhelm Voßkamp. Stuttgart 1982, Bd. 2, S. 279–298.

Schlechta, Karl: Goethes Wilhelm Meister. Frankfurt am Main 1953.

Schlegel, Friedrich: Athenäumsfragmente. Hrsg. von Ernst Behler. München. Paderborn. Wien 1967 (Kritische Ausgabe, Bd. 1.2).

Schleiermacher, Friedrich Daniel: Einleitung zur Übersetzung [von Platons] Der Staat. Berlin 1828 [Neudruck Berlin 1987], S. 3–48.

Schleiermacher, Friedrich: Ethik: Das höchste Gut § 253. In: Schleiermacher Schriften. Hrsg. von Andreas Arndt. Frankfurt am Main 1996, S. 561–666.

Schleiermacher, Friedrich: Versuch einer Theorie des geselligen Betragens. In: F. Schleiermacher: Schriften. Hrsg. von Andreas Arndt. Frankfurt am Main 1996, S. 65–91.

Schmidt, Arno: Herrn Schnabels Spur. Vom Gesetz der Tristaniten. In: Nachrichten von Büchern und Menschen. Bd. I. Zur Literatur des 18. Jahrhunderts. Frankfurt am Main. Hamburg 1971, S. 28–57.

Schmidt, Arno: Die Gelehrtenrepublik. Zürich 1985 (Das erzählerische Werk in 8 Bänden, Bd. 5).

Schmidt, Arno: Kaff auch Mare Crisium. Zürich 1985 (Das erzählerische Werk in 8 Bänden, Bd. 7).

Schmidt, Arno: Das steinerne Herz. Tina. Goethe. Die Gelehrtenrepublik. Zürich 1986. (Bargfelder Ausgabe, Bd. 2).

Schmidt, Arno: Jules Verne. In: A. Schmidt: Dichter & ihre Gesellen. Zürich 1995, S. 413–425 (Bargfelder Ausgabe, Bd. 4).

Schmidt, Arno: Die Schule der Atheisten. Zürich 1995 (Bargfelder Ausgabe, Bd. 4.2).

Schmidt, Sarah: Die Konstruktion des Endlichen. Schleiermachers Philosophie der Wechselwirkung. Berlin. New York 2005.

Schmidt, Sarah: Plädoyer für eine Betrachtung der ‚Mittelzustände' vernünftiger Tätigkeiten oder das künstlerische Denken als innere Geselligkeit. In: Christentum – Staat – Kultur. Akten des Kongresses der Internationalen Schleiermacher-Gesellschaft in Berlin, März 2006. Hrsg. von Andreas Arndt, Ulrich Barth, Wilhelm Gräb. Berlin. New York 2008, S. 613–635 (Schleiermacher-Archiv. Bd. 22).

Schmidt-Biggemann, Wilhelm: Theodizee und Tatsachen. Das philosophische Profil der deutschen Aufklärung. Frankfurt am Main 1988.

Schmidt-Biggemann, Wilhelm: Philosophia perennis im Spätmittelalter. Eine Skizze. In: Innovation und Originalität. Hrsg. von Walter Haug, Burghart Wachinger. Tübingen 1993 (Fortuna vitrea, Bd. 9), S. 14 – 34.

Schmidt-Henkel, Gerhard: Arno Schmidt und seine „Gelehrtenrepublik". In: Zeitschrift für deutsche Philologie 87 (1968), S. 563 – 592.

Schmitt, Arbogast: Der Staat als Möglichkeitsraum individueller Selbstentfaltung bei Platon. In: Möglichkeitsdenken. Utopie und Dystopie in der Gegenwart. Hrsg. von Wilhelm Voßkamp, Günter Blamberger, Martin Roussel. München 2013, S. 91 – 120.

Schmitt-Sasse, Joachim: J. M. von Loën und Adolph Freiherr von Knigge. Bürgerliche Ideale in den Schriften deutscher Adeliger. In: Zeitschrift für deutsche Philologie 106 (1987), S. 169 – 183.

Schmitz, Hermann: Goethes Altersdenken im problemgeschichtlichen Zusammenhang. Bonn 1959.

Schnabel, Johann Gottfried: Wunderliche FATA einiger Seefahrer. Bd. 1: 1731, Bd. 2: 1732, Bd. 3: 1736, Bd. 4: 1743. Photomechanischer Nachdruck. Hildesheim. New York 1973.

Schnabel, Johann Gottfried: Die Insel Felsenburg. Erster Theil (1731). Hrsg. von Hermann Ulrich. Berlin 1902. (Deutsche Literaturdenkmale des 18. und 19. Jahrhunderts. N. F. 58 – 70).

Schnabel, Johann Gottfried: Insel Felsenburg [1. Teil.] Hrsg. von Wilhelm Voßkamp. Reinbek bei Hamburg 1969 (Rowohlts Klassiker. Deutsche Literatur, Bd. 3).

Schnabel, Johann Gottfried: Insel Felsenburg. Hrsg. von Volker Meid, Ingeborg Springer-Strand. Stuttgart 1979.

Schneider, Helmut J.: Staatsroman und Fürstenspiegel. In: Deutsche Literatur. Eine Sozialgeschichte. Bd. IV. Hrsg. von Ralph Rainer Wuthenow. Reinbek bei Hamburg 1980, S. 170 – 184.

Schölderle, Thomas: Utopia und Utopie. Thomas Morus, die Geschichte der Utopie und die Kontroverse um ihren Begriff. Baden-Baden 2011.

Schölderle, Thomas (Hrsg.): Idealstaat oder Gedankenexperiment. Zum Staatsverständnis in den klassischen Utopien. Baden-Baden 2014.

Scholem, Gershom: Über einige Begriffe des Judentums. Frankfurt am Main 1980.

Scholem, Gershom: Die jüdische Mystik in ihren Hauptströmungen. Frankfurt am Main 1980.

Scholtz, Harald: Evangelischer Utopismus bei Johann Valentin Andreae. Ein geistiges Vorspiel zum Pietismus. Stuttgart 1957.

Schöne, Albrecht: Zum Gebrauch des Konjunktivs bei Robert Musil. In: Deutsche Romane von Grimmelshausen bis Musil. Hrsg. von Jost Schillemeit. Frankfurt am Main 1966, S. 290 – 318.

Schöne, Albrecht: Aufklärung aus dem Geist der Experimentalphysik. Lichtenbergsche Konjunktive. München. 2. Aufl. 1983.

Schönert, Jörg: Roman und Satire im 18. Jahrhundert. Ein Beitrag zur Poetik. Stuttgart 1969.

Schöning, Matthias (Hrsg.): Ernst Jünger Handbuch. Leben – Werk – Wirkung. Stuttgart. Weimar 2014.

Schumacher, Ernst: Die dramatischen Versuche Bertolt Brechts 1918 – 1933. Berlin 1955.

Seeber, Hans Ulrich: Wandlungen der Form in der literarischen Utopie. Studien zur Entfaltung des utopischen Romans in England. Göppingen 1970 (Göppinger Akademische Beiträge 13).

Seeber, Hans Ulrich: Thomas Morus' „Utopia" (1516) und Edward Bellamys „Looking Backward" (1888): Ein funktionsgeschichtlicher Vergleich. In: Utopieforschung.

Interdisziplinäre Studien zur neuzeitlichen Utopie. Hrsg. von Wilhelm Voßkamp. Stuttgart 1982, Bd. 3, S. 357–377.

Seeber, Hans Ulrich: Tradition und Innovation in Ursula Le Guins „The Dispossessed". In: Utopian Thought in American Literature. Untersuchungen zur literarischen Utopie und Dystopie in den USA. Hrsg. von Arno Heller, Walter Hölbling, Waldemar Zacharasiewcz. Tübingen 1988, S. 147–169.

Seeber, Hans Ulrich: Präventives statt Konstruktives Handeln. Zu den Funktionen der Dystopie in der anglo-amerikanischen Literatur. In: Möglichkeitsdenken. Utopie und Dystopie in der Gegenwart. Hrsg. von Wilhelm Voßkamp, Günter Blamberger, Martin Roussel. München 2013, S. 185–205.

Seel, Martin: Drei Regeln für Utopisten. In: Zukunft Denken. Nach den Utopien. In: MERKUR-Sonderheft 5 (2001), S. 747–755.

Sehn, Gunter G.: Moses, Christus und Paul Ackermann. Brechts Aufstieg und Fall der Stadt Mahagonny. In: Brecht Jahrbuch 1976, S. 83–100.

Seibt, Ferdinand: Utopica. Modelle totaler Sozialplanung. Düsseldorf 1972.

Seifert, Arno: „Verzeitlichung". Zur Kritik einer neueren Frühneuzeitkategorie. In: Zeitschrift für Historische Forschung 10 (1983), S. 447–477.

Selbmann, Rolf: Der deutsche Bildungsroman. 2. überarbeitete und erweiterte Aufl. Stuttgart. Weimar 1994.

Selge, Kurt-Victor: Endzeitangst und Kirchenreform im Mittelalter: Joachim von Fiore. In: Kassandra die Ahnungsvolle. Propheten des Endes – Propheten neuer Zeiten. Hrsg. von Gebhard Fürst. Stuttgart 2002, S. 28–48.

Seliger, Helfried W.: Das Amerika-Bild Bertolt Brechts. Bonn 1974.

Shin, Jiyoung: Der „bewusste Utopismus" im „Mann ohne Eigenschaften" von Robert Musil. Würzburg 2008.

Simonis, Annette: Politische Utopie und Ästhetik. Die deutsche William Morris-Rezeption. In: Beiträge zur Rezeption der britischen und irischen Literatur des 19. Jahrhunderts im deutschsprachigen Raum. Amsterdam 2000, S. 174–214.

Simonis, Linda: Die Kunst des Geheimen. Esoterische Kommunikation und ästhetische Darstellung im 18. Jahrhundert. Heidelberg 2002.

Smith, Gary: Die Zauberjuden. German-Jewish Esotericism between the World Wars. Berlin 1991.

Sorg, Reto, Bodo Würffel (Hrsg): Utopie und Apokalypse in der Moderne. München 2010.

Stein, Christian: Primat der Sprache. Leitmotivik und Topologie des Subjekts bei Arno Schmidt. Heidelberg 2012.

Stempel, Wolf-Dieter: Gibt es Textsorten? In: Textsorten. Differenzierungskriterien aus linguistischer Sicht. Hrsg. von Elisabeth Gülich, Wolfgang Raible. Frankfurt am Main 1972, S. 175–179.

Stiegler, Bernd: Technische Innovation und literarische Imagination. Ernst Jüngers narrative Technikvisionen in „Heliopolis", „Eumeswil" und „Gläserne Bienen". In: Ernst Jünger und die Bundesrepublik. Ästhetik – Politik – Zeitgeschichte. Hrsg. von Matthias Schöning, Ingo Stöckmann. Berlin. Boston 2012, S. 295–308.

Stierle, Karlheinz: Der Gebrauch der Negation in fiktionalen Texten. In: Positionen der Negativität. Hrsg. von Harald Weinrich. München 1975, S. 235–262.

Stockhammer, Robert: Kartierung der Erde. Macht und Lust in Karten und Literatur. München 2007.

Stockinger, Ludwig: Ficta Respublica. Gattungsgeschichtliche Untersuchungen zur utopischen Erzählung in der deutschen Literatur des frühen 18. Jahrhunderts. Tübingen 1981.
Stockinger Ludwig: Aspekte und Probleme der neueren Utopiediskussion in der deutschen Literaturwissenschaft. In: Utopieforschung. Interdisziplinäre Studien zur neuzeitlichen Utopie. Hrsg. von Wilhelm Voßkamp. Stuttgart 1982, Bd. 2, S. 120–142.
Suvin, Darko: Poetik der Science Fiction. Zur Theorie und Geschichte einer literarischen Gattung. Frankfurt am Main 1979 (Originalausgabe 1978).
Swift, Jonathan: Travel into Several Remote Nations of the World in Four Arts by Lemuel Gulliver, First Sergant and then Captain of several Ships. Erstausgabe London 1726.
Szondi, Peter: Hegels Lehre von der Dichtung. In: Poetik und Geschichtsphilosophie I. Hrsg. von Senta Metz, Hans-Hagen Hildebrandt. Frankfurt am Main 1974, S. 267–520.
Szondi, Peter: Gattungspoetik im 19. und 20. Jahrhundert. In: Poetik und Geschichtsphilosophie II. Hrsg. von Wolfgang Fietkau. Frankfurt am Main 1974, S. 311–322.
Theunissen, Michael: Der Andere. Studien zur Sozialontologie der Gegenwart. 2. um eine Vorrede vermehrte Aufl. Berlin. New York 1977, S. 241–482.
Theunissen, Michael: Pindar. Menschenlos und Wende der Zeit. München 2000.
Thompson, Edward P.: William Morris. Romantic to Revolutionary. London 1955.
Tönnies, Ferdinand: Gemeinschaft und Gesellschaft. Grundbegriffe der reinen Soziologie. Berlin. 4. Aufl. 1922.
Trappen, Stefan: Grimmelshausen und die menippeische Satire. Eine Studie zu den historischen Voraussetzungen der Prosasatire im Barock. Tübingen 1994.
Trousson, Raymond: Voyage aux Pays de Nulle part. Histoire littéraire de la pensée utopique. Bruxelles. 3. Aufl. 1999.
Trousson, Raymond: Utopia and its Literary Genealogy. In: Dictionary of Literary Utopias. Ed. by Vita Fortunati, Raymond Trousson. Paris 2000, S. 631–634.
Trunz, Erich: Kommentar und Anmerkungen zu Johann Wolfgang Goethes „Wanderjahre[n]". In: Hamburger Ausgabe. Hrsg. von Erich Trunz. Hamburg. 5. Aufl. 1961, Bd. VIII, S. 579–730.
Trunz, Erich: Der deutsche Späthumanismus um 1600 als Standeskultur (zuerst 1931). In: Deutsche Barockforschung. Dokumentation einer Epoche. Hrsg. von Richard Alewyn. Köln 1965, S. 147–181.
Trunz, Erich: Kommentar und Anmerkungen zu Johann Wolfgang Goethes „Faust". In: Hamburger Ausgabe. Bd. III. 11. neubearbeitete Aufl. München 1981, S. 497–675.
Turner, Victor: Das Ritual. Struktur und Anti-Struktur. Frankfurt am Main 1989 (zuerst: The Ritual Process. Structure and Anti-Structure. 1969).
Ueding, Gert: Ernst Blochs Philosophie der Utopie. In: Utopieforschung. Hrsg. von Wilhelm Voßkamp. Stuttgart 1982, Bd. 1, S. 293–303.
Veiras, Denis: Eine Historie der Neu=gefundenen Völcker SEVERAMBES genannt 1689. Hrsg. von Wolfgang Braungart, Jutta Gowalski-Braungart. Tübingen 1990 (Deutsche Neudrucke: Reihe Barock 39).
Verne, Jules: L'Ile à Hélice. 2 Vols. Paris 1895.
Verne, Jules: L'Ile a Hélice. Vollständige Ausgabe in einem Band. Berlin 2015.
Versins, Pierre: Encyclopédie de l'Utopie des Voyages imaginaires et de la Science-Fiction. Lausanne 1972.
Vielhauer, Philipp: Apokalypsen und Verwandtes. In: Apokalyptik. Hrsg. von Klaus Koch, Johann Michael Schmidt. Darmstadt 1982, S. 403–439 (Wege der Forschung, Bd. 365).
Villgradter, Rudolf, Friedrich Krey [Hrsg.]: Der utopische Roman. Darmstadt 1973.

Voges, Michael: Aufklärung und Geheimnis. Untersuchungen zur Vermittlung von Literatur und Sozialgeschichte am Beispiel der Aneignung des Geheimbundmaterials im Roman des späten 18. Jahrhunderts. Tübingen 1987.
Voigts, Manfred: Thesen zum Verhältnis von Aufklärung und Geheimnis. In: Schleier und Schwelle. Bd. 2: Geheimnis und Offenbarung. Hrsg. von Aleida und Jan Assmann. München 1988, S. S. 65–80 (Archäologie der literarischen Kommunikation 5).
Voigts, Manfred: Brechts Theaterkonzeptionen. Entstehung und Entfaltung bis 1935. München 1977.
Vollhardt, Friedrich: Die Kritik der anthropologischen Begründung barocker Staatsphilosophie in der deutschen Philosophie des 18. Jahrhunderts (J. M. von Loën und J. A. Eberhard). In: Europäische Barockrezeption. Hrsg. von Klaus Garber. Wiesbaden 1991, Teil 1, S. 376–395 (Wolfenbütteler Arbeiten zur Barockforschung 20).
Vondung, Klaus: Die Apokalypse in Deutschland. München 1988.
Voßkamp, Wilhelm: Theorie und Praxis der literarischen Fiktion in Johann Gottfried Schnabels Roman ‚Die Insel Felsenburg'. In: Germanisch-Romanische Monatsschrift NF 18 (1968), S. 131–152.
Voßkamp, Wilhelm (Hrsg.): Utopieforschung. Interdisziplinäre Studien zur neuzeitlichen Utopie. Stuttgart 3 Bde. 1982 (Taschenbuchausg. Frankfurt am Main 1985)
Voßkamp, Wilhelm: Utopie als Antwort auf Geschichte. Zur Typologie literarischer Utopien in der Neuzeit. In: Geschichte als Literatur. Formen und Grenzen der Repräsentation von Vergangenheit. Hrsg. von Hartmut Eggert, Ulrich Profitlich, Klaus R. Scherpe. Stuttgart 1990, S. 273–283.
Voßkamp, Wilhelm: Die stabilisierende ‚Fiktionalität' von Präsenz und Dauer. In: Institutionen und Ereignis. Über historische Praktiken und Vorstellungen gesellschaftlichen Ordnens. Hrsg. von Reinhard Blänkner, Bernhard Jussen. Göttingen 1998, S. 381–407.
Voßkamp, Wilhelm (Hrsg.): Ideale Akademie. Vergangene Zukunft oder konkrete Utopie? Berlin 2002.
Voßkamp, Wilhelm: Narrative Inszenierung von Bild und Gegenbild. Zur Poetik literarischer Utopien. In: Vom Zweck des Systems. Beiträge zur Geschichte literarischer Utopien. Hrsg. von Arpad Bernath, Endre Hárs, Peter Plener. Tübingen 2006, S. 216–226.
Voßkamp, Wilhelm: Der Roman des Lebens. Die Aktualität unserer Bildung und ihre Geschichte im Bildungsroman. Berlin 2009.
Voßkamp, Wilhelm: Art. „Utopie". In: Handbuch der literarischen Gattungen. Hrsg. von Dieter Lamping. Stuttgart 2009, S. 740–750.
Voßkamp, Wilhelm: Utopie und Apokalypse. Zur Dialektik von Utopie und Utopiekritik in der literarischen Moderne. In: Die Gegenwart der Utopie. Zeitkritik und Denkwende. Hrsg. von Julian Nida-Rümelin, Klaus Kufeld. München 2011, S. 54–65.
Voßkamp, Wilhelm: „Bis an die Grenzen des überhaupt Möglichen". Francis Bacons Utopie der Wissenschaft. In: Gegenworte. Hefte für den Disput über Wissen 27 (2012), S. 32–35.
Voßkamp, Wilhelm, Günter Blamberger, Martin Roussel (Hrsg.): Möglichkeitsdenken. Utopie und Dystopie in der Gegenwart. München 2013.
Vranicki, Predag: Das Woher und Wohin des militanten Optimismus. In: Materialien zu Ernst Blochs „Prinzip Hoffnung". Hrsg. und eingeleitet von Burghart Schmidt. Frankfurt am Main 1978, S. 351–363.
Wagner, Gottfried: Weill und Brecht. Das musikalische Zeittheater. Mit einem Vorwort von Lotte Lenya. München 1977.
Watt, Ian: The Rise of the Novel. Studies in Defoe, Richardson and Fielding. London 1966.

Watt, Ian: Robinson Crusoe. In: Englische Literatur von Thomas Morus bis Lawrence Sterne. Interpretationen. Hrsg. von Willi Erzgräber. Frankfurt am Main 1970. Bd. VII, S. 227–260.
Watt, Ian: Robinson Crusoe as a Myth. In: Daniel Defoe: Robinson Crusoe. Authoritative Text. Contexts. Criticism. 2nd edition. Hrsg. von Michael Shinagel. New York. London 1994, S. 288–306.
Weill, Kurt: Anmerkungen zu meiner Oper Mahagonny. In: K. Weill: Ausgewählte Schriften. Hrsg. mit einem Vorwort von David Drew. Frankfurt am Main 1975, S. 56–61.
Weimann, Robert: Interpretation des Robinson Crusoe. In: Der englische Roman. Hrsg. von Franz K. Stanzel. Düsseldorf 1969, Bd. I, S. 108–143.
Weiße, Christian Felix (1772): „Das Jahr 2440. Ein Traum aller Träume". Hrsg. von Herbert Jaumann. Frankfurt am Main 1982.
Welzig, Werner: Einleitung. Die Erziehung des christlichen Fürsten. In: Erasmus von Rotterdam. Ausgewählte Schriften. Bd. 5. Darmstadt 1968, S. IX–XXXIX.
Welzig, Werner: Einleitung. Das Lob der Torheit. In: Erasmus von Rotterdam. Ausgewählte Schriften. 8 Bde. Lateinisch und Deutsch. Hrsg. von Werner Welzig. Bd. 2. Darmstadt 1975, S. VII–XX.
Werblowsky, R. J. Zwi: Das nachbiblische jüdische Messiasverständnis. In: Jesus – Messias? Heilserwartung bei Juden und Christen. Hrsg. von Hans-Jürgen Greschat, Franz Mußner. Regensburg 1982, S. 69–88.
Wezel, Johann Carl: Robinson Krusoe. Neu bearbeitet. Leipzig 1779 (Vorrede, S. XIVf.). In: Johann Carl Wezel: Kritische Schriften. Im Faksimiledruck hrsg. und mit einem Nachwort und Anmerkungen von Albert R. Schmitt, Bd. III. Stuttgart 1975.
Wiedemann, Conrad: Ideale Geselligkeit und ideale Akademie. Schleiermachers Geselligkeits-Utopie 1799 und heute. In: Ideale Akademie. Vergangene Zukunft oder konkrete Utopie? Hrsg. von Wilhelm Voßkamp. Berlin 2002, S. 61–80.
Wiegmann, Hermann: Utopie als Kategorie der Ästhetik. Zur Begriffsgeschichte der Ästhetik und Poetik. Stuttgart 1980.
Wiehn, Erhard R. (Hrsg.): 1984 und danach. Utopie. Realität. Perspektiven. Konstanz 1984.
Wieland, Christoph Martin: Aufsätze zu Literatur und Politik. Hrsg. von Dieter Lohmeier. Reinbek bei Hamburg 1970.
Wieland, Christoph Martin: „Der Goldne Spiegel" und andere politische Dichtungen. Hrsg. von Herbert Jaumann. München 1979.
Winter, Michael: Compendium Utopiarum. Typologie und Bibliographie literarischer Utopien. Erster Teilband. Von der Antike bis zur deutschen Frühaufklärung. Stuttgart 1978.
Winter, Michael: Bacon, Francis: New Atlantis. A Work unfinished [...] 1627. In: M. Winter, Compendium Utopiarum [...]. I. Teilbd., Stuttgart 1978, S. 59–62.
Winter, Michael: Don Quijote und Frankenstein. Utopie als Utopiekritik: Zur Genese der negativen Utopie. In: Utopieforschung. Hrsg. von Wilhelm Voßkamp. Stuttgart 1982, Bd. 3, S. 86–112.
Winter, Michael: Lebensläufe aus der Retorte. Glück und Utopie. (Carrières comme produits de laboratoire. Bonheur et utopie). In: Lili. Zeitschrift für Literaturwissenschaft und Linguistik. Göttingen 12 (1983), S. 48–69.
Witte, Bernd: Jüdische Tradition und literarische Moderne. Heine, Buber, Kafka, Benjamin. München 2007.
Wojcieszuk, Magdalena Anna: Der Mensch wird am Du zum Ich. Eine Auseinandersetzung mit der Dialogphilosophie des 20. Jahrhunderts. Freiburg 2010.

Wolf, Michael: System und Subjekt. Aufbau und Begrenzung von Subjektivität durch soziale Strukturen. Frankfurt am Main 1977.
Wolf, Norbert Christian: Kakanien als Gesellschaftskonstruktion. Robert Musils Sozioanalyse des 20. Jahrhunderts. Wien 2011.
Wölfel, Kurt: Prophetische Erinnerung. Der klassische Republikanismus in der deutschen Literatur des 18. Jahrhunderts als utopische Gesinnung. In: Utopieforschung. Hrsg. von Wilhelm Voßkamp. Bd. 3, Stuttgart 1982, S. 191–217.
Zyber, Erik: Homo Utopicus. Würzburg 2007.

Charlotte Coch und Almuth Voßkamp danke ich herzlich für Transkriptionen und Korrekturen

Abbildungsverzeichnis

Abb. 1: Thomas Morus: Utopiae Insulae Figura. Löwen 1516 —— 15
Abb. 2: Ambrosius Holbein: Utopiae Insulae Tabula. Basel 1518 —— 16
Abb. 3: Francis Bacon: Instauratio magna. London 1620 —— 120
Abb. 4: Johann Valentin Andreae: Christianopolis (Grundriß); 1619 —— 148
Abb. 5: Johann Valentin Andreae: Christianopolis (1619) —— 149
Abb. 6: Johann Gottfried Schnabel: Insel Felsenburg (1731) —— 172
Abb. 7: William Morris: News From Nowhere. Frontispiz der Kelmscott Press-Edition 1829 —— 232
Abb. 8: Arno Schmidt: Die Gelehrtenrepublik —— nach 316

www.ingramcontent.com/pod-product-compliance
Lightning Source LLC
Chambersburg PA
CBHW051250300426
44114CB00011B/963